Xpert.press

Springer
Berlin
Heidelberg
New York
Barcelona
Budapest
Hongkong
London
Mailand
Paris
Singapur
Tokio

Die Reihe **Xpert.press** des Springer-Verlags vermittelt Professionals
in den Bereichen Betriebs- und Informationssysteme, Software
Engineering und Programmiersprachen aktuell und kompetent
relevantes Fachwissen über Technologien und Produkte zur
Entwicklung und Anwendung moderner Informationstechnologien.

Elfriede Dustin · Jeff Rashka · John Paul

Software automatisch testen

Verfahren, Handhabung und Leistung

Mit 30 Abbildungen und 100 Tabellen

 Springer

Elfriede Dustin
Jeff Rashka
John Paul

testing@autotestco.com
www.autotestco.com

Translation copyright © 2001 by Springer-Verlag GmbH & Co
Original English language title: Automated Software Testing:
Introduction, Management, and Performance, First Edition by Elfriede Dustin,
Copyright © 1999, All Rights Reserved
Published by arrangement with the original publisher, Addison Wesley Longman,
a Pearson Education Company

Die Deutsche Bibliothek – CIP-Einheitsaufnahme

Dustin, Elfriede: Software automatisch testen: Verfahren, Handhabung und
Leistung/Elfriede Dustin; Jeff Rashka; John Paul. Aus dem Amerikan. übers.
von G & U Technische Dokumentation. – Berlin; Heidelberg; New York;
Barcelona; Hongkong; London; Mailand; Paris; Singapur; Tokio:
Springer, 2000
(Xpert.press)

Additional material to this book can be downloaded from http://extras.springer.com.
ISBN 3-540-67639-2

ISSN 1439-5428
ISBN 3-540-67639-2 Springer-Verlag Berlin Heidelberg New York

Springer-Verlag Berlin Heidelberg New York
ein Unternehmen der BertelsmannSpringer Science+Business Media GmbH

© Springer-Verlag Berlin Heidelberg 2001
Printed in Germany

Umschlaggestaltung: Künkel + Lopka Werbeagentur, Heidelberg
Übersetzung, Satz und Umbruch: G&U Technische Dokumentation, Flensburg
Gedruckt auf säurefreiem Papier   SPIN 10767214   33/3142SR – 5 4 3 2 1 0

Vorwort

Automated Software Testing wendet sich an die Softwarefachleute von heute, die mit echten Ablieferungsterminen konfrontiert sind und vor der Herausforderung stehen, das automatisierte Testen eines Projekts einführen, verwalten und durchführen zu müssen. Es geht dabei um automatisiertes Testen in einer Client/Server- oder Web-Umgebung.

Der Schwerpunkt des Buches liegt auf den pragmatischen Fragen und Informationen, die der **Softwaretestingenieur bzw. -manager** benötigt, der vor der Notwendigkeit steht, schneller und gründlicher zu testen. Dieselben Dinge können ferner auch für den **Softwareentwickler** gelten, der für Tests während der Entwicklung (d.h. für das Testen einzelner und integrierter Einheiten) und bei einigen Projekten für Systemtests zuständig ist. Außerdem stellt das Buch einen informativen Führer dar, der die Möglichkeit des **Qualitätssicherungsingenieurs** unterstützt, Qualitätsberichte über Testentwurf, Testverfahren und die Ergebnisse von Testaktivitäten zu erstellen.

Auch der **Softwareprojektmanager**, der für die Entwicklungsarbeit insgesamt zuständig ist, kann von diesem Buch profitieren. Der Text liefert ihm Leitlinien für die Ziele der Testarbeit und die Entscheidung, ob das Testen automatisiert werden soll. Außerdem bietet es eine Anleitung zur Einführung des automatisierten Testens in ein Projekt und skizziert den Vorgang der Planung, des Entwerfens, der Entwicklung, der Ausführung und der Bewertung von Tests.

Die Autoren haben eng mit einer Reihe von Fachleuten für automatisierte Tests in der ganzen Welt zusammengearbeitet, die bereit waren, auf ihre Fragen und Probleme einzugehen. Ein wesentliches Problem dieser Tester betraf den Umstand, dass die Testbranche nicht über solche strukturierten Methoden verfügt, wie Entwickler sie schon seit langem verwenden. Ebenso kann es vorkommen, dass Projektmanager, Testmanager und Testingenieur nicht mit der Art von Ansätzen vertraut sind, die für automatisiertes Testen im Unterschied zu traditionellen Testmethoden erforderlich sind.

Natürlich bedeutet die Betonung des automatisierten Testens für die Softwarebranche einen Paradigmenwechsel. Dieser Wechsel umfasst nicht nur die Anwendung von Werkzeugen und die Durchführung der Testautomatisierung, sondern durchdringt den gesamten Ablauf von Testen und Systementwicklung. Als Ergebnis dessen ändert sich der Ansatz der Projektmanager,

Testmanager, Softwareentwickler und Testingenieure. Damit Softwarefachleute den Sprung zum automatisierten Testen erfolgreich bewältigen können, müssen zum Testen strukturierte Ansätze gewählt werden.

Automated Software Testing ist insofern revolutionär, als es einen neuen strukturierten, bausteinartigen Ansatz in den gesamten Testlebenszyklus einbringt und gleichzeitig wichtige Leitlinien für die Automatisierung und die damit verbundene Verwaltung von Tests liefert, wie sie von den Testfachleuten der Branche benötigt werden.

Automatisiertes Testen

Softwareprojektmanager und Softwareentwickler, die zeitgemäße Anwendungen schreiben, sehen sich damit konfrontiert, dass der Zeitrahmen immer enger und die Ressourcen immer weniger werden. Als Bestandteil des Versuchs, mit geringeren Mitteln mehr zu erreichen, wollen die Organisationen die Software zwar angemessen, aber so schnell und gründlich wie möglich testen. Um dieses Ziel zu erreichen, gehen sie zum automatisierten Testen über.

Angesichts dieser Verhältnisse und in der Erkenntnis, dass sich viele Tests (zum Beispiel die Simulation tausend virtueller Benutzer als Massentest) nicht manuell durchführen lassen, nutzen Softwarefachleute in ihren Projekten automatisierte Tests. Sie sind zwar gezwungen, automatisiertes Testen einzuführen, wissen aber möglicherweise nicht, was mit dem Einbinden eines entsprechenden Testwerkzeugs in ihr Projekt verbunden ist, und sind vielleicht auch nicht mit der Anwendungsbreite moderner Werkzeuge zum automatisierten Testen vertraut. *Automated Software Testing* bietet in diesen Bereichen Hilfestellung.

Die Zunahme der automatisierten Testfähigkeiten ist hauptsächlich durch die wachsende Beliebtheit der schnellen Anwendungsentwicklung (Rapid Application Development – RAD) bedingt, einer Entwicklungsmethode, die sich auf die Minimierung der Entwicklungszeit und die Bereitstellung häufiger, inkrementeller Software-Builds konzentriert. Die Zielsetzung von RAD besteht darin, den Benutzer frühzeitig und während der gesamten Entwurfs- und Entwicklungsphase jedes Builds zu beteiligen, um die Software zu verfeinern und dadurch sicherzustellen, dass sie den Bedürfnissen und Vorlieben des Benutzers genauer entspricht. In dieser Umgebung mit ständigen Änderungen und Ergänzungen der Software durch jeden einzelnen Build, in der die Entwicklung von Anforderungen gefördert wird, bekommt auch das Testen der Software einen iterativen Charakter. Jeder neue Build wird von einer beträchtlichen Anzahl neuer Tests sowie der Umarbeitung bestehender Testskripts begleitet, entsprechend der Umarbeitung bereits freigegebener Soft-

waremodule. Angesichts der ständigen Änderungen und Ergänzungen an den
Anwendungen wird das automatisierte Testen der Software zu einem wichtigen Kontrollmechanismus, der die Korrektheit und Stabilität der Software in
jedem Build gewährleistet.

Wie bereits erwähnt, besteht ein wesentliches Ziel von RAD in der Verkürzung der Gesamtentwicklungszeit durch Angehen der risikoreichsten Entwicklungsaspekte in frühen Builds. Infolgedessen werden bereits zu Beginn
des ersten sowie in jedem weiteren RAD-Durchgang Testaktivitäten durchgeführt. Wie in Teil III des Buches erläutert wird, stellen Entwurf und Entwicklung von Tests ein komplexes Unterfangen dar. Die Testarbeit kann genau so
zeitaufwendig sein wie die Arbeit an der Entwicklung einer Anwendung.
Wenn sich das Projekt auch auf die Integration kommerzieller, im Handel ver-
fügbarer Produkte erstreckt, kann die Testarbeit zum Beispiel sogar mehr Ressourcen erfordern als die Entwicklung der Software. Fälle, in denen das Testteam nicht an der Softwarespezifikation beteiligt ist oder die Tests nicht früh
genug beginnen, bedeuten ein Risiko für das Projekt. In solchen Situationen
können unvollständige Softwaretests, zu wenig Zeit zum Testen und eine
unvorhergesehene Verlängerung der Entwicklungszeit zur Ermöglichung weiterer Tests das Ergebnis sein.

Ein großer Teil des für ein Projekt benötigten Testaufwands muss heute
von automatisierten Testwerkzeugen unterstützt werden. Manuelles Testen ist
arbeitsaufwendig und fehleranfällig, und es unterstützt nicht dieselben Qualitätsprüfungen, die mit einem automatisierten Testwerkzeug möglich sind. Ein
solches Werkzeug kann sture manuelle Testaktivitäten durch eine effizientere
und wiederholbare automatisierte Testumgebung ersetzen, die wiederum
Arbeitsmoral und Firmenbindung des Testingenieurs verbessert.

Obwohl einige automatisierte Testwerkzeuge als einfache Capture/Replay-
Werkzeuge angefangen haben, sind die Funktionalität und die Fähigkeiten der
Testpakete erweitert worden. Zu ihren Fähigkeiten zählen das Testen der grafi-
schen Benutzeroberfläche, der Erfüllung der Anforderungen, der Leistung bei
Belastung, der Codeabdeckung, der Web-Schnittstelle, der Netzwerkverbin-
dungen, von Speicherproblemen und mehr. Und immer noch kommen neue
Fähigkeiten hinzu, um mit der wachsenden Nachfrage nach Testunterstüt-
zung Schritt zu halten.

ATLM – Automated Test Life-Cycle Methodology

Dieses Buch konzentriert sich auf die Fragen des Fachmanns für Softwaretests
im Rahmen der Automated Test Life-Cycle Methodology (ATLM). Es handelt
sich dabei um eine strukturierte Methode, die auf die erfolgreiche Implementierung automatisierter Tests abzielt. Der ATLM-Ansatz spiegelt die Vorzüge

der modernen schnellen Anwendungsentwicklung wider, bei welcher der
Benutzer frühzeitig in den Entwicklungsablauf einbezogen wird. Der Endbenutzer des Softwareprodukts wird aktiv in Analyse, Entwurf, Entwicklung
und Test jedes Software-Builds eingebunden, der schrittweise erweitert wird.

Die ATLM stellt einen mehrstufigen Vorgang aus sechs Komponenten dar.
Sie unterstützt die detaillierten und zueinander in Beziehung stehenden Aktivitäten, die für die Entscheidung über die Anschaffung eines automatisierten
Testwerkzeugs erforderlich sind. Sie berücksichtigt den Vorgang der Einführung und Optimierung eines solchen Werkzeugs und befasst sich mit Planung, Analyse, Entwurf, Entwicklung, Ausführung und Verwaltung der Tests.
Im Testplan wird zu Beginn der Umfang des Testprogramms in Form einer
Beschreibung des Testansatzes und der Testimplementierung skizziert. Dieser
wird durch die Definition von Testzielen und -strategien weiter verfeinert.
Wie bei der Entwicklung von Softwareanwendungen werden vor dem Entwerfen des Tests Anforderungen spezifiziert. Ebenso muss das Testprogramm
skizziert und gewissenhaft entworfen werden, um zu gewährleisten, dass für
die Zielanwendung die effizientesten und wirkungsvollsten Tests eingesetzt
werden. Der Testentwurf entsteht mittels einer grafischen Darstellung der
Testarbeit, um Projekt- und Testmitarbeitern einen geistigen Rahmen für die
Abgrenzung und den Umfang des Testprogramms zu geben.

Weiterbildung

Die Entwicklung automatisierter Testverfahren hat neue Karrierechancen für
Softwareentwickler mit sich gebracht. Während die Nachfrage nach Fachleuten für automatisierte Softwaretests explodiert ist, haben Colleges und Universitäten nicht entsprechend reagiert, um den Bedarf der Branche zu befriedigen.

Universitäten, Unternehmen und die Regierung haben bereits einiges
unternommen, um auf die Veränderungen in der Softwarebranche zu reagieren, und Kurse für Softwaretests und Qualitätssicherung eingerichtet. Die
George Mason University (GMU) bietet beispielsweise solche Kurse an (mehr
dazu unter http://www.isse.gmu.edu/), und auch die Kansas State University (KSU) veranstaltet mehrere Kurse über Softwaretests und Qualitätssicherung sowie weitere Kurse, die das Thema streifen (vgl. die KSU-Website
unter http://www.ksu.edu/).

Die Purdue University bietet zwei Studentenkurse für Softwareentwicklung, die auch Softwaretests und das Thema der Zuverlässigkeit von Software
abdecken. Dort wurde außerdem ein Forschungszentrum für Softwareentwicklung eingerichtet (http://serc.uoregon.edu/serc/), an dem
Fakultäten von acht Universitäten und Vertreter von elf Firmen beteiligt sind.

Dieses Zentrum unterstützt neben anderen Bereichen Forschungen zur Softwarequalität. Weitere Informationen finden Sie auf der Website der Purdue University unter http://www.purdue.edu/.

Das North Seattle Community College besitzt einen der fortschrittlichsten Lehrpläne für das Testen von Software. Es bietet Kurse zu diesem Thema auf drei Niveaustufen (Einführung, Automatisierung und Leitung) sowie ein- und zweijährige Programme für Softwaretesten an. Weitere Informationen über diese Kurse und Programme sind auf der Website zu finden (http://nsccux.sccd.ctc.edu/).

Informationen über weitere Schulungsangebote von Universitäten und Firmen stehen auf der Website des Autors zur Verfügung (http://www.autotestco.com). Firmengebundene und andere Organisationen für die Weiterbildung in diesem Bereich finden Sie in Tabelle C.3 in Anhang C.

Automated Software Testing soll den Unterricht über das Testen von Software mit Hilfe der Fähigkeiten moderner automatisierter Testwerkzeuge unterstützen. Das Buch liefert Studenten eine Einführung in die Anwendung und Bedeutung von Softwaretests und beschreibt die unterschiedlichen Arten automatisierter Tests. Es folgen Abschnitte über die Definition des Testansatzes, Rollen und Zuständigkeiten des Testteams, Planung und Entwurf der Tests, Entwicklung von Testskripts, Testdurchführung, das Aufspüren von Fehlern und das Berichten über den Testverlauf.

Über die Autoren

Automated Software Testing wurde von drei Fachleuten aus der Softwarebranche zusammengestellt.

Elfriede Dustin hat als Systemanalytikerin und Programmiererin gearbeitet, Anwendungen und Dienstprogramme geschrieben, Prozess- und Datenmodellierung mit CASE-Tools betrieben und Simulationsmodelle für das Systemdesign entwickelt. Sie besitzt umfangreiche Erfahrungen in der Systemanwendungsentwicklung, darunter Informationsmanagementsysteme im Gesundheits-, Finanz-, Logistik- und Unternehmensbereich. Außerdem ist sie für die Implementierung des gesamten Entwicklungslebenszyklus verantwortlich, von der Anforderungsanalyse über Entwurf und Entwicklung bis zum automatisierten Softwaretest. Sie war Testmanagerin und führende Beraterin bei der Implementierung automatisierter Tests für viele Projekte. Wegen ihrer Kenntnisse auf dem Gebiet des automatisierten Testens wurde sie ausgewählt, um an der Verbesserung der Fähigkeiten kommerzieller Testwerkzeuge mitzuarbeiten, wo sich ihre Nutzung von und ihre Rückmeldungen über Testprodukte als unschätzbar erwiesen haben.

Jeff Rashka hat eine Vielzahl bedeutender Projekte im Bereich Informationssysteme und Systemintegration geleitet. Zu den Systemanwendungen, an denen er leitend beteiligt war, zählen Systeme für die weltweite Vermögensverwaltung von Transportgütern, für die Verwaltung von Unternehmensinformationen, für die Finanzverwaltung und zur Bestandsverwaltung mit Barcodes sowie Bordinformationssysteme auf Schiffen. Außerdem besitzt er Erfahrung in der Prozessverbesserung durch Implementierung der im Capability Maturity Model (CMM) des Software Engineering Institute enthaltenen Richtlinien.

John Paul hat als leitender Programmierer und Analytiker an Finanz- und Haushaltssystemen sowie vielen anderen Informationssystemen gearbeitet. Seine Leitungsverantwortung in der Softwareentwicklung hat sich auf Systemanalyse und -entwurf, Entwicklung von Anwendungsprototypen und Anwendungsentwicklung mit Hilfe vieler unterschiedlicher Methoden und Programmiertechniken erstreckt. Außerdem war er in der Softwareentwicklung für den Test von Anwendungen mit automatisierten Testwerkzeugen zuständig. In den Tests für die Jahr-2000-Fähigkeit hat er eine führende Rolle gespielt.

Die Autoren haben ihr gesammeltes Wissen über Softwareentwicklung, automatisiertes Testen und Verwalten eingesetzt, um ein Buch zu schreiben, das die pragmatischen Themen und Informationen anspricht, die der Softwareentwickler und Projektmanager benötigt. *Automated Software Testing* ist als nützlicher – und praktischer – Führer für Softwareentwickler und für Projektmanager gedacht, die für Softwaretests zuständig sind.

Aufbau des Buches

Der Aufbau dieses Buches entspricht den Phasen, Aufgaben und Schritten der ATLM und ist somit sinnvoll strukturiert. Es spricht den Leser so an, als hätte er gerade die Mitteilung bekommen, dass ihm die Verantwortung für den automatisierten Softwaretest für ein Projekt übertragen wurde. Eine erste Frage könnte folgendermaßen lauten: »Was versteht man genau unter Softwaretest, und wozu brauche ich das?« Teil I des Buches beantwortet diese Frage und stellt weitere nützliche Informationen bereit, die es dem angehenden Testingenieur erlauben, seine neue Zuständigkeit zuversichtlich anzupacken. Anschließend wird der Leser durch den Entscheidungsprozess für automatisiertes Testen sowie die Auswahl und Bewertung automatisierter Testwerkzeuge geleitet.

Nach dieser grundlegenden Unterweisung hätte der Testingenieur einige weitere Fragen: »Was ist mit der Einrichtung des Werkzeugs verbunden?« »Wie stelle ich das Testteam zusammen?« »Welche frühzeitige Planung ist zum Testen erforderlich?« Teil II beantwortet diese Fragen. Insbesondere wird der

Vorgang der Einführung eines automatisierten Testwerkzeugs skizziert, und es werden Leitlinien für die Zusammensetzung des Testteams gegeben.

Teil III konzentriert sich auf die Schritte Planung, Analyse, Entwurf und Programmerstellung für automatisierte Tests. In diesem Abschnitt werden Techniken für den Testentwurf angesprochen, die mit den Techniken für strukturierte Softwareentwicklung zu vergleichen sind, welche in den letzten 20 Jahren eingeführt wurden. Insbesondere wird hervorgehoben, dass beim Entwurf der Testautomatisierung Disziplin erforderlich ist. Das Ziel besteht darin, nützliche Informationen über den Testentwurf und die Entwicklung von Testfällen zu liefern, so dass der Testingenieur nicht erst (durch Versuch und Irrtum) herausfinden muss, wie man zu einem guten Testentwurf und einer Reihe von Testverfahren kommt.

Teil IV hilft dem Leser, mit einigen weiteren Fragen zurechtzukommen: »Was ist bei der Leistung von Tests zu beachten?« »Wie verwalte ich den Testplan?« »Wie werden Fehler aufgespürt und dokumentiert?« Dieser Abschnitt liefert Leitlinien zu Testausführung, Fehlersuche und Verfolgung des Testablaufs. Außerdem werden verschiedene bewährte Praktiken für Entwicklung und Ausführung automatisierter Testverfahren bereitgestellt, die Testern beim effizienten Durchführen der Tests helfen sollen.

Insgesamt ist das Buch bestrebt, den Belangen des professionellen Softwaretesters im Rahmen von ATLM gerecht zu werden. Die ATLM ist eine strukturierte Methode, die auf eine erfolgreiche Implementierung automatisierter Tests abzielt. Leser mit Fragen und Kommentaren können mit den Autoren über deren Homepage Kontakt aufnehmen (http://www.autotestco.com/). Dort finden sie auch weitere Informationen über automatisierte Softwaretests und Ressourcen für die Unterstützung von Programmen für automatisierte Softwaretests.

Danksagungen

Besonderer Dank gebührt Oliver Jones und Chris Dryer für ihre Begeisterung und ihre Unterstützung des Buches. Ihre Ermutigung, ihre positiven Rückmeldungen und ihre wertvollen Kommentare haben zur Verbesserung des dargestellten Materials beigetragen.

Dank auch an alle Testfachleute, z.B. Boris Beizer, für ihre Führungsrolle in der Testbranche und ihr stetes Streben nach Softwarequalität. Besonders dankbar sind wir den unten genannten Personen, deren Beiträge dieses Buch erst ermöglicht haben:

- Brad Appleton
- Stacey Cornelius
- Matthias Deigl
- Chris Dryer
- Joyce Enos
- Robert L. Glass
- Sam Guckenheimer
- Dave Gustafson
- Richard J. Hedger
- Oliver Jones
- Anuradha Kare

- Bruce Katz
- Kirk Knoernschild
- Matthew Leahy
- Tilo Linz
- Ian Long
- Brett Schuchert
- Robert Schultz
- Andy Tinkham
- Will Tracz
- Chris Welch

ELFRIEDE DUSTIN
JEFF RASHKA
JOHN PAUL

Inhaltsverzeichnis

Teil I
Was versteht man unter automatisiertem Testen?

Teil II
Einführung automatisierter Tests in ein Projekt

Teil III
Planung und Vorbereitung der Tests

Teil IV
Testdurchführung und -überprüfung

Teil V
Anhang

Was versteht man unter automatisiertem Testen?

1. Entstehung und Entwicklung des automatisierten Testens

Ein wirkungsvolles Testprogramm, das auch die Automatisierung der Softwaretests einschließt, erfordert einen eigenen, kleinen Lebenszyklus für die Entwicklung von Tests und Software, nämlich für Strategie- und Zielplanung, Definition von Testanforderungen sowie Durchführung von Analyse-, Design-, Entwicklungs-, Ausführungs- und Bewertungstätigkeiten.

1.1 Automatisiertes Testen

»Wir brauchen die neue Anwendung schon früher.« »Ich brauche die neuen Produktmerkmale jetzt.« Kommt Ihnen das bekannt vor?

Heute werden Softwareprojektmanager und -entwickler gedrängt, ihre Produkte mit immer engeren Terminvorgaben und immer weniger Ressourcen zu entwickeln. Über 90% der Entwickler haben schon einmal Lieferdaten überschritten. Terminüberschreitungen sind für 67% der Entwickler Routineereignisse. Außerdem sahen sich 91% gezwungen, zu einem späten Zeitpunkt in der Entwicklung Schlüsselfunktionen zu streichen, um den Termin einzuhalten [1]. Ein Bericht der Standish-Gruppe kommt zu ähnlichen Ergebnissen [2]. Ein Produkt möglichst früh auf den Markt zu bringen, kann über Leben und Tod des Produkts entscheiden – und damit über Leben und Tod der Firma.

Außerdem stehen Unternehmen und Regierungsstellen unter dem Druck, ihre Kosten zu reduzieren. Ein wichtiger Weg zu diesem Ziel besteht in der weiteren Automatisierung und Rationalisierung von Geschäftsprozessen mit Hilfe von Softwareanwendungen. Unternehmensleitung und führende Regierungsangestellte, die für die Anwendungsentwicklung zuständig sind, wollen nicht ein Jahr oder noch länger auf ein einsatzfähiges Produkt warten, sondern richten ihre Bemühungen bei der Softwareentwicklung auf eine minimale Entwicklungszeit aus, was häufig inkrementelle Software-Builds erfordert. Obwohl diese inkrementellen Softwareversionen dem Kunden etwas Greifbares liefern, das er sehen und benutzen kann, erhöht die Notwendigkeit, die Version des einen Builds mit dem nächsten Build zu kombinieren, Umfang und Komplexität der Testarbeit.

Bei ihrem Bestreben, mit geringeren Mitteln mehr zu erreichen, wollen die Organisationen ihre Software zwar angemessen, aber in möglichst kurzer Zeit testen. Um dieses Ziel zu erreichen, gehen sie zum automatisierten Testen über. Eine angemessene Definition für automatisiertes Testen könnte etwa folgendermaßen lauten: »Verwaltung und Durchführung von Testaktivitäten einschließlich der Entwicklung und Ausführung von Testskripts zur Überprüfung der Testanforderungen mit Hilfe eines automatisierten Testwerkzeugs«. Die Automatisierung von Testaktivitäten erweist in den Fällen ihren größten Wert, in denen Testskripts wiederholt oder Subroutinen für Testskripts erstellt und von einer Reihe Testskripts wiederholt aufgerufen werden. Derartige Testverfahren während der Entwicklungs- und Integrationsphasen zahlen sich besonders dann aus, wenn wieder verwendbare Skripts sehr häufig ausgeführt werden können.

Die Leistung von Integrationstests mit Hilfe eines automatisierten Testwerkzeugs für nachfolgende inkrementelle Software-Builds ist sehr hoch. Jeder neue Build bringt eine beträchtliche Anzahl neuer Tests mit sich, nutzt aber auch bereits entwickelte Testskripts. Angesichts der ständigen Veränderungen und Ergänzungen an Anforderungen und Software dienen automatisierte Softwaretests als wichtiger Kontrollmechanismus zur Gewährleistung der Korrektheit und Stabilität der Software in allen neuen Builds.

Regressionstests auf Systemtestebene stellen ein weiteres Beispiel für die effiziente Verwendung automatisierter Tests dar. Sie sollen sicherstellen, dass die von einem neuen System oder Programm bereitgestellten Funktionen wie festgelegt arbeiten und in der Funktionsweise des Systems oder Programms keine unbeabsichtigten Änderungen aufgetreten sind. Automatisiertes Testen ermöglicht die effizientere Durchführung von Regressionstests. (Einzelheiten und Beispiele für die Effizienz automatisierter Tests in diesem Zusammenhang kommen im weiteren Verlauf des Buches zur Sprache.)

Um den Kontext des automatisierten Testens zu verstehen, ist es erforderlich, die Testarten zu beschreiben, die typischerweise während der unterschiedlichen Phasen der Anwendungsentwicklung durchgeführt werden. In einer Client/Server- oder Web-Umgebung reicht das Zielsystem über eine Softwareanwendung hinaus. Tatsächlich kann es auf mehreren Plattformen laufen, mehrere Schichten unterstützender Anwendungen und Schnittstellen zu verschiedenen kommerziellen Produkten umfassen, eine oder mehrere Datenbanken unterschiedlichen Typs nutzen und sowohl Frontend- als auch Backend-Verarbeitung einschließen. In dieser Umgebung lässt sich u.a. Folgendes testen: Funktionsanforderungen, Serverleistung, Benutzerschnittstelle, einzelne Einheiten, Integration, Abdeckung des Programmcodes, Leistung bei Systembelastung, Abgrenzung, Sicherheit und vieles andere, und außerdem kann eine Prüfung auf Speicherprobleme und eine Analyse der Komplexität der Programmmodule vorgenommen werden.

Automatisiertes Testen kann diese Testarten heute unterstützen, weil die Funktionalität und dieFähigkeiten automatisierter Testwerkzeuge in den letzten Jahren erheblich erweitert wurden. Derartige Testoperationen können effizienter ausgeführt werden und lassen sich leichter wiederholen als beim manuellen Testen. Die Fähigkeiten automatisierter Tests nehmen weiter zu, um mit der wachsenden Nachfrage nach schnellerer und preisgünstigerer Produktion besserer Anwendungen Schritt zu halten.

1.2 Hintergründe zum Testen von Software

Die Geschichte des Softwaretestens spiegelt die Geschichte des eigentlichen Entwickelns von Software wieder. Die Softwareentwicklung konzentrierte sich lange Zeit auf umfangreiche Programme für Forschung und Verteidigung, die mit auf Großrechner- oder Minicomputerplattformen entwickelten Datenbanksystemen verbunden waren. In dieser Zeit wurden Testszenarien auf Papier festgehalten, und die Tests zielten auf den Verlauf von Steuerflüssen, die Berechnung komplexer Algorithmen und die Bearbeitung der Daten ab. Mit einem begrenzten Satz von Testverfahren ließ sich ein ganzes System effektiv testen. Die Tests wurden allgemein erst ganz am Ende des Projektplans gestartet und von den zu diesem Zeitpunkt zur Verfügung stehenden Mitarbeitern durchgeführt.

Das Erscheinen des PC brachte der gesamten Branche eine Menge Standardisierung, da man Softwareanwendungen jetzt im Wesentlichen für den Betrieb unter einem gemeinsamen Betriebssystem entwickeln konnte. Die Einführung des PC war die Geburtsstunde einer neuen Ära; sie führte zum explosionsartigen Wachstum der kommerziellen Softwareentwicklung, bei der kommerzielle Anwendungen hart um Vorherrschaft und Überleben konkurrierten. Die Marktführer der verschiedenen Marktsegmente überlebten, und die Computerbenutzer übernahmen die verbleibenden Programme als De-facto-Standards. Die Systeme wurden zunehmend zu Onlinesystemen, welche die Stapelverarbeitung ersetzten. Der Testablauf bei diesen Onlinesystemen erforderte einen anderen Ansatz beim Testdesign, weil sich Jobfolgen nun in fast beliebiger Reihenfolge aufrufen ließen. Diese Fähigkeit legte die Möglichkeit einer ungeheuren Anzahl von Testverfahren nahe, die eine unendliche Zahl von Abwandlungen und Kombinationen zulassen würden.

Die Client/Server-Architektur nutzt eine ganz spezielle Art von Software: Einerseits setzt sie Frontend-Werkzeuge mit grafischen Benutzeroberflächen (GUIs) zur Anwendungsentwicklung sowie Backend-Datenbankmanagementsysteme ein, andererseits profitiert sie auch von der verbreiteten Verfügbarkeit von PC-Netzwerken. Der Begriff »Client/Server« beschreibt die Beziehung zwischen zwei Softwareprozessen. In dieser Paarung fordert der Clientrechner einen Dienst an, welchen der Serverrechner ausführt. Sobald der Server die geforderte Funktion abgeschlossen hat, sendet er das Ergebnis an den Client zurück. Client- und Serveroperationen könnten zwar auf demselben Rechner laufen, aber normalerweise finden sie auf separaten Rechnern statt, die durch ein Netzwerk miteinander verbunden sind. Abbildung 1.1 zeigt ein stark vereinfachtes Diagramm einer Client/Server-Anlage.

Die Beliebtheit von Client/Server-Anwendungen bringt für den Testablauf zusätzliche Komplexität. Der Testingenieur erprobt nicht mehr wie früher eine einzelne, in sich geschlossene Anwendung, die auf einem einzelnen System läuft, sondern die Client/Server-Architektur besteht aus drei Komponenten: dem Server, dem Client und dem Netzwerk. Die plattformübergreifende Anbindung vergrößert das Fehlerpotenzial, da bis jetzt nur wenige Standards für den Client/Server-Betrieb entwickelt wurden. Infolgedessen beschäftigen sich Tests sowohl mit der Leistung von Server und Netzwerk als auch mit der Leistung und Funktionalität des gesamten Systems mit seinen drei Komponenten.

In Verbindung mit der neuen Komplexität, die durch die Client/Server-Architektur eingeführt wurde, bringen die speziellen Merkmale von GUI-Bildschirmen einige weitere Herausforderungen mit. Die grafische Benutzeroberfläche ersetzt zeichenbasierte Anwendungen und macht Anwendungen für fast jeden handhabbar, indem die Notwendigkeit reduziert wird, detaillierte Befehle zu kennen oder zu verstehen, wie die Software hinter den Kulissen funktioniert. Mit grafischen Benutzeroberflächen ist die Darstellung von Informationen in Fenstern auf dem Benutzerbildschirm verbunden.

Diese Fenster enthalten Objekte, die man auswählen kann, so dass der Benutzer den eigentlichen Ablauf steuert. Derartige Bildschirme, auf denen Objekte als Symbole dargestellt werden, lassen sich in ihrem Erscheinungsbild unendlich variieren, zum Beispiel in Bezug auf die Größe des Bildes auf dem Schirm oder seine Position auf dem Monitor. Jedes Objekt kann jederzeit und in beliebiger Reihenfolge ausgewählt werden. Dieser Ansatz, der auch als ereignisgesteuerte Umgebung bezeichnet wird, unterscheidet sich wesentlich von der prozeduralen Umgebung auf Großrechnerbasis.

Angesichts des Charakters von Client/Server-Anwendungen ist mit der Methode, ein Objekt auszuwählen, ein bedeutendes Maß an Zufälligkeit gegeben. Ebenso lassen sich Objekte in unterschiedlicher Reihenfolge auswählen. Innerhalb der Anwendung gibt es generell keine festgelegten Pfade, sondern die Module lassen sich in einer ermüdenden Vielfalt von Reihenfolgen aufrufen und ausführen. Daraus ergibt sich eine Situation, in der Testverfahren nicht ohne weiteres alle möglichen Funktionsszenarien durchspielen können. Die Testingenieure müssen daher ihre Aktivitäten auf den Teil der Anwendung, der die Mehrzahl der Systemanforderungen betrifft, und auf die Methoden konzentrieren, wie der Benutzer das System möglicherweise benutzt.

Mit der verbreiteten Nutzung von GUI-Anwendungen wurde die Möglichkeit des Aufzeichnens und Wiedergebens (Capture and Replay) des Bildschirminhalts und damit die Unterstützung von Benutzerszenarien zu einer attraktiven Testmethode für Anwendungen. Automatisierte Testwerkzeuge, die diese Fähigkeit besitzen, wurden auf den Markt gebracht, um diesen Bedarf zu befriedigen, und kamen langsam in Schwung. Testszenarien und Skripts wurden zwar im Allgemeinen immer noch mit Textverarbeitungsprogrammen verfasst, aber dessen ungeachtet stieg die Nutzung automatisierter Testwerkzeuge. Der komplexere Testablauf erforderte umfangreichere und gründlichere Planung. Diejenigen, die die Tests durchführten, mussten besser mit der zu testenden Anwendung vertraut sein und benötigten speziellere Kenntnisse und Fähigkeiten in Bezug auf Plattformen und Netzwerk, und das galt auch für die benutzten automatisierten Testwerkzeuge.

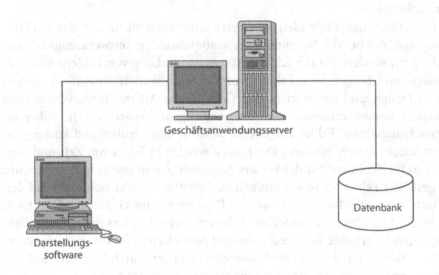

Geschäftsanwendungsserver

Datenbank

Darstellungs-
software

Abb. 1.1 Client/Server-Architektur

Automatisierte Testwerkzeuge, die das Aufzeichnen und Wiedergeben von Bildschirminhalten unterstützen, sind seitdem gereift und verfügen über weitaus mehr Fähigkeiten. Ständig entstehen unterschiedliche Arten von Testwerkzeugen mit speziellen Stärken in ganz bestimmten Bereichen. Außerdem ist das automatisierte Testen von Software immer stärker zur Programmierübung geworden, obwohl es immer noch die traditionellen Funktionen zur Testverwaltung umfasst, wie zum Beispiel die Verfolgbarkeit von Anforderungen, Planung und Design sowie Entwicklung von Testszenarien und -skripts.

1.3 Die Automated Test Life-Cycle Methodology (ATLM)

Die Verwendung automatisierter Testwerkzeuge zur Unterstützung des Testvorgangs zeigt ihre Vorteile in Form von Produktqualität und Minimierung von Testzeit und -aufwand (vgl. »Fallstudie: Bestimmung des Wertes einer Testautomatisierung«, in Kapitel 2). Um diese Vorteile zu erzielen, müssen Testaktivitäten und Testplanung bereits frühzeitig im Projektverlauf beginnen. Die Testingenieure müssen also in die Aktivitäten zur Analyse und Anforderungsfestlegung einbezogen und an Analyse- und Designreviews beteiligt werden. Diese Prüfungen können als wirkungsvolle Testtechniken dienen und spätere Fehler in Analyse und Design verhindern. Eine solche frühzeitige Beteiligung ermöglicht dem Testteam, Verständnis für die zu unterstützenden Kundenbedürfnisse zu entwickeln, was bei der Entwicklung einer Architektur für die geeignete Testumgebung und der Erstellung eines gründlichen Testdesigns hilfreich ist.

Das frühzeitige Einbinden von Tests unterstützt nicht nur das effektive Testdesign, das bei der Nutzung eines automatisierten Testwerkzeugs lebenswichtig ist, sondern führt auch zur frühen Aufdeckung von Fehlern und verhindert den Übergang von Fehlern von der Spezifikation der Anforderungen in das Design und von dort in den Code. Diese Art der Fehlervermeidung reduziert Kosten, minimiert die Umarbeitung und spart Zeit. Je früher im Entwicklungsablauf Fehler aufgedeckt werden, desto früher und kostengünstiger lassen sie sich beheben. Die Kosten werden in Form von Zeit und Ressourcen für die Korrektur des Fehlers gemessen. Ein in einem frühen Stadium festgestellter Fehler ist relativ einfach zu beseitigen, wirkt sich nicht auf den Betrieb aus und erfordert nur wenige Ressourcen. Im Gegensatz dazu kann ein in der Betriebsphase entdeckter Fehler mehrere Organisationen betreffen, umfangreiche erneute Tests bedingen und Ausfallzeiten für den Betrieb verursachen. Tabelle 1.1 skizziert die Kosteneinsparungen durch Fehleraufdeckung in den verschiedenen Stadien des Entwicklungslebenszyklus [3].

Tab. 1.1 Vorbeugen ist billiger als heilen – Die Kosten für die Fehlerbeseitigung multiplizieren sich im Verlauf der Systementwicklung.

Phase	Kosten
Definition	1 Euro
Allgemeines Design	2 Euro
Detailliertes Design	5 Euro
Programmierung	10 Euro
Einheitentest	15 Euro
Integrationstest	22 Euro
Systemtest	50 Euro
Nach Auslieferung	100 Euro und mehr

Die in diesem Buch behandelte und in Abbildung 1.2 skizzierte Automated Test Life-Cycle Methodology (ATLM) stellt einen strukturierten Ansatz für die Implementierung und Ausführung automatisierter Tests dar, der die Vorteile der modernen schnellen Anwendungsentwicklung widerspiegelt, bei welcher der Benutzer schon frühzeitig während der Analyse, des Designs und der – inkrementellen – Entwicklung jeder Programmversion beteiligt wird.

Wenn die ATLM-Grundsätze befolgt werden, wird der Testingenieur bereits zu einem sehr frühen Zeitpunkt in den Systemablauf eingebunden, von der Geschäftsanalyse an über die Anforderungsphase und das Design bis hin zur Entwicklung des einzelnen Builds. Dadurch wird das Testteam befähigt, die Spezifikation der Anforderungen und den Programmentwurf gründlich zu überprüfen, die geschäftlichen Bedürfnisse und Anforderungen besser zu verstehen, die am besten geeignete Testumgebung zu entwerfen und ein exakteres Testdesign zu erstellen. Ein unterstützender Vorteil bei der Verwendung einer Testmethode wie ATLM, die eine Parallele zum Entwicklungsverlauf bildet, besteht in der Entwicklung einer engen Arbeitsbeziehung zwischen Softwareentwicklern und Testingenieuren, was eine stärkere Kooperation fördert und bessere Ergebnisse beim Testen der Einheiten, der Integration und des gesamten Systems ermöglicht.

Die frühe Einbindung von Tests ist von Bedeutung, weil Anforderungen oder Verwendungssituationen die Grundlage oder den Bezugspunkt bilden, von dem aus Testanforderungen definiert werden und an denen der Testerfolg gemessen wird. Die Funktionsspezifikation eines Systems oder einer Anwendung sollte vom Testteam überprüft werden. Insbesondere müssen die Funktionsspezifikationen mindestens anhand der hier genannten und in Anhang A genauer beschriebenen Kriterien bewertet werden.

- Vollständigkeit.
  Bewerten, wie gründlich die Anforderungen definiert wurden.

- Konsistenz.
  Sicherstellen, dass sich die einzelnen Anforderungen nicht widersprechen.

- Machbarkeit.
  Bewerten, in welchem Ausmaß sich eine Anforderung mit der verfügbaren Technologie, den Hardwarespezifikationen, dem Projektbudget, der Zeit und den Kenntnissen der Projektmitarbeiter tatsächlich implementieren lässt.

- Aussagefähigkeit der Tests.
  Bewerten, in welchem Ausmaß eine Testmethode belegen kann, dass die Anforderung erfolgreich implementiert wurde.

Die Teststrategien sollten während der Phase der Spezifikation von Funktionen und Anforderungen festgelegt werden. Automatisierte Werkzeuge, welche die Anforderungsphase unterstützen, können zur Erstellung von testfähigen Funktionsanforderungen beitragen und damit Arbeitsaufwand und Kosten des Testens reduzieren. Produktentwurf und Programmierstandards können, wenn sie automatisierte Tests berücksichtigen, die richtige Umgebung bereitstellen, um möglichst großen Nutzen aus dem Testwerkzeug zu ziehen. Beispielsweise könnte der Entwickler Testfähigkeit in den Anwendungscode integrieren. In Kapitel 4 wird die Erstellung von testfähigem Code ausführlicher behandelt.

Die ATLM, deren Aufgabe in der Unterstützung der Testarbeit einschließlich automatisierter Testwerkzeuge besteht, umfasst einen mehrstufigen Prozess. Sie unterstützt die ausgefeilten zusammenhängenden Aktivitäten, die für die Entscheidung über den Einsatz eines automatisierten Testwerkzeugs erforderlich sind. Sie berücksichtigt auch den zur Einführung und Nutzung eines solchen Werkzeugs erforderlichen Vorgang, deckt Testentwicklung und Testdesign ab und befasst sich mit Ausführung und Verwaltung des Tests. Außerdem unterstützt sie die Entwicklung und Verwaltung von Testdaten und Testumgebung und beschreibt eine Möglichkeit für die Erstellung einer Testdokumentation, um auch Problemberichte einzubeziehen. Sie stellt einen strukturierten Ansatz dar, der den Vorgang beschreibt, wie man an Tests herangeht und sie durchführt. Dieser strukturierte Ansatz ist notwendig, um das Testteam vor einigen häufig vorkommenden Fehlern in Testprogrammen zu bewahren:

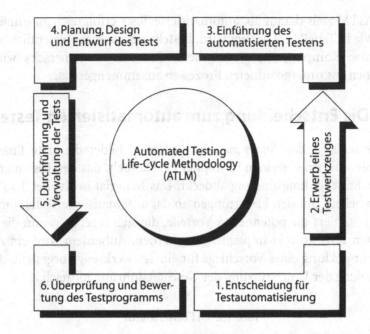

Abb. 1.2 Automated Test Life-Cycle Methodology (ATLM)

- Implementierung der Verwendung eines automatisierten Testwerkzeugs, ohne dass ein Testprozess vorhanden ist, was zu einem Ad-hoc-Testprogramm führt, das sich weder wiederholen noch bewerten lässt.

- Implementierung eines Testdesigns, ohne sich an irgendwelche Designstandards zu halten, was zur Erstellung von nicht wiederholbaren Testskripts führt, die sich deshalb nicht für inkrementelle Software-Builds wieder verwenden lassen.

- Versuch, die Testanforderungen zu 100% zu automatisieren, obwohl die angewandten Werkzeuge nicht die Automatisierung aller erforderlichen Tests unterstützen.

- Verwendung des falschen Werkzeugs.

- Beginn der Implementierung des Testwerkzeugs zu einem zu späten Zeitpunkt im Verlauf der Anwendungsentwicklung ohne ausreichend Zeit zur Einrichtung und Einführung des Testwerkzeugs (d.h. ohne Berücksichtigung einer Lernkurve).

- Zu späte Einbindung der Testingenieure in den Verlauf der Anwendungsentwicklung, was zu einem nicht ausreichenden Verständnis des Anwendungs- und Systemdesigns und daher zu unvollständigen Tests führt.

Die ATLM zielt darauf ab, automatisierte Tests erfolgreich zu implementieren. Wie in Tabelle 1.2 gezeigt wird, besteht sie aus sechs wesentlichen Prozessen bzw. Komponenten. Jeder dieser Prozesse ist seinerseits wie hier beschrieben aus untergeordneten Prozessen zusammengesetzt.

1.3.1 Die Entscheidung zum automatisierten Testen

Die *Entscheidung, das Testen zu automatisieren*, bildet die erste Phase der ATLM. Sie wird im einzelnen in Kapitel 2 behandelt, das den gesamten Vorgang der Entscheidungsfindung abdeckt. Das Material in Kapitel 2 soll dem Testteam helfen, mit den Erwartungen an das automatisierte Testen umzugehen, und skizziert die potentiellen Vorteile, die sich ergeben, wenn die automatisierten Tests korrekt implementiert werden. Außerdem wird ein Ansatz für die Entwicklung eines Vorschlags für ein Testwerkzeug vorgestellt, der bei der Einholung der Unterstützung der Geschäftsführung hilfreich ist.

Tab. 1.2 ATLM-Ablauf

Entscheidung zur Automatisierung	
1.1 Erwartungen an automatisierte Tests	Kapitel 2
1.2 Vorteile automatisierter Tests	Kapitel 2
1.3 Unterstützung durch die Geschäftsführung	Kapitel 2
Erwerb eines Testwerkzeugs	
2.1 Überprüfen der Systementwicklungsumgebung	Kapitel 3
2.2 Überprüfen der auf dem Markt verfügbaren Werkzeuge	Kapitel 3
2.3 Erproben und Beurteilen des Werkzeugs	Kapitel 3
2.4 Kauf des Werkzeugs	Kapitel 3
Einführung des automatisierten Testens	
3.1 Analyse des Testprozesses	Kapitel 4
3.2 Überlegungen zum Testwerkzeug	Kapitel 4
Planung, Design und Entwicklung von Tests	
4.1 Dokumentation des Testplans	Kapitel 6
4.2 Analyse der Testanforderungen	Kapitel 7
4.3 Testdesign	Kapitel 7
4.4 Testentwicklung	Kapitel 8

Tab. 1.2 ATLM-Ablauf (Forts.)

Ausführung und Verwaltung der automatisierten Tests	
5.1 Ausführung des automatisierten Tests	Kapitel 9
5.2 Grundspezifikation des Testprogramms bzw. Testbeds	Kapitel 8
5.3 Fehlerverfolgung	Kapitel 9
5.4 Verfolgung des Testfortschritts	Kapitel 9
5.5 Testmetriken	Kapitel 9
Bewertung und Verbesserung des Tests	
6.1 Nach der Freigabe: Verbesserung des Testprozesses	Kapitel 10

1.3.2 Auswahl von Testwerkzeugen

Die *Auswahl von Testwerkzeugen* stellt die zweite Phase der ATLM dar. Kapitel 3 führt den Testingenieur ausgehend von der Einholung der Unterstützung der Geschäftsführung durch den gesamten Prozess der Bewertung und Auswahl von Testwerkzeugen. Da ein solches Werkzeug die Testanforderungen der Organisation möglichst weitgehend erfüllen sollte, muss der Testingenieur die Systementwicklungsumgebung und andere Bedürfnisse der Organisation überprüfen. Kapitel 3 gibt einen Überblick über die verschiedenen Werkzeuge, die für die einzelnen Aspekte des Testlebenszyklus zur Verfügung stehen, und befähigt den Leser zu einer informationsgestützten Entscheidung in Hinblick auf die für ein bestimmtes Projekt auszuführenden Arten von Tests. Als nächstes leitet es den Testingenieur durch die Definition eines Bewertungsbereichs für eine probeweise Einführung des Testwerkzeugs. Wenn diese Schritte abgeschlossen sind, kann der Kontakt zum Händler hergestellt werden, um das bzw. die ausgewählten Werkzeuge zu erwerben. Anschließend bewerten die Testmitarbeiter das Werkzeug auf der Grundlage der in Kapitel 3 bereitgestellten Musterkriterien.

1.3.3 Einführung des automatisierten Testens

Der *Vorgang der Einführung des automatisierten Testens* für ein neues Projektteam bildet die dritte Phase der ATLM. Kapitel 4 skizziert die für die erfolgreiche Einführung des automatisierten Testens für ein neues Projekt erforderlichen Schritte, die hier zusammengefasst werden.

Analyse des Testprozesses. Die *Analyse des Testprozesses* stellt sicher, dass ein vollständiger Testprozess und eine vollständige Strategie vorhanden sind und gegebenenfalls geändert werden, um die erfolgreiche Einführung des automatisierten Testens zu ermöglichen. Der Testingenieur definiert und sammelt Messgrößen bzw. Metriken für den Testprozess zur späteren Verbesserung. Es müssen Testziele und -strategien definiert werden, und der Testprozess muss dokumentiert und dem Testteam bekannt gemacht werden. In dieser Phase werden die für die technische Umgebung anwendbaren Testverfahren sowie diejenigen Tests definiert, die sich durch automatisierte Werkzeuge unterstützen lassen. Pläne für die Einbeziehung von Benutzern werden bewertet und die Kenntnisse und Fähigkeiten des Testteams mit den Testanforderungen und den geplanten Testaktivitäten verglichen. Die frühzeitige Beteiligung des Testteams muss betont werden, weil sie die Umsetzung der Spezifikation von Anforderungen in Formen unterstützt, die sich angemessen testen lassen, und das Verständnis des Testteams für Anforderungen und Design der Anwendung erhöht wird.

Überlegungen zum Testwerkzeug. Die Phase der *Überlegungen zum Testwerkzeug* umfasst Schritte, in denen der Testingenieur untersucht, ob die Einbeziehung automatisierter Testwerkzeuge oder entsprechender Dienstprogramme für ein Projekt bei den vorhandenen Testanforderungen, der ver-fügbaren Testumgebung und den personellen Ressourcen, der Benutzerumgebung, der Plattform und der Produktmerkmale der zu testenden Anwendung sinnvoll ist. Der Projektzeitplan wird überprüft, um zu gewährleisten, dass ausreichend Zeit für die Einrichtung des Testwerkzeugs und die Entwicklung der Anforderungshierarchie vorhanden ist. Potenzielle Testwerkzeuge und Dienstprogramme werden den Testanforderungen zugeordnet. Die Kompatibilität des Testwerkzeugs mit der Anwendung und der Umgebung wird überprüft, und für dabei in Erscheinung getretene Probleme werden Lösungen entwickelt.

1.3.4 Planung, Design und Entwicklung der Tests

Planung, Design und Entwicklung der Tests bilden die vierte Phase von ATLM. Diese Themen werden in den Kapitel 6, 7 und 8 ausführlich behandelt und hier zusammengefasst.

Testplanung. Die Phase der *Testplanung* schließt die Überprüfung einer langen Vorlaufzeit von Testplanungsaktivitäten ein. In dieser Phase legt das Testteam Standards und Richtlinien für die Erstellung von Testverfahren fest, ermittelt, was an Hard- und Software sowie an Netzwerkvoraussetzungen für die Testaktivitäten gebraucht wird, stellt einen vorläufigen Zeitplan für die Tests auf, erhebt Anforderungen für die Leistungsmessung und stellt Prozeduren für die Steuerung der Testkonfiguration und -umgebung und für die Fehlerverfolgung sowie ein entsprechendes Verfolgungswerkzeug bereit.

Der Testplan integriert die Ergebnisse aller vorbereitenden Phasen der strukturierten Testmethode (ATLM). Er definiert Rollen und Zuständigkeiten, den Zeitplan für den Projekttest, Testplanungs- und Designaktivitäten, die Vorbereitung der Testumgebung, Risiken und Möglichkeiten sowie das geforderte Akzeptanzniveau (d.h. die Kriterien für die Testakzeptanz). Anhänge zum Testplan können außerdem Testverfahren, eine Beschreibung der Namenskonventionen, Standards für die Gestaltung der Testverfahren und eine Tabelle zur Verfolgung des Testablaufs enthalten.

Auch die Einrichtung einer Testumgebung ist Bestandteil der Testplanung. Das Testteam muss die Einrichtungsaktivitäten für die Testumgebung planen, verfolgen und verwalten, wobei die Materialbeschaffung eine lange Vorlaufzeit erfordern kann. Es muss einen Zeitplan dafür aufstellen und überwachen, Hard- und Software sowie Netzwerkressourcen für die Testumgebung installieren, die Ressourcen für die Testumgebung integrieren und installieren, Testdatenbanken beschaffen und verfeinern und Skripts für die Einrichtung der Testumgebung und eines Testprogramms bzw. Testbeds entwickeln.

Testdesign. Die Komponente *Testdesign* befasst sich mit der Notwendigkeit, die Anzahl der auszuführenden Tests, die einzuschlagenden Methoden (beispielsweise Pfade oder Funktionen) und die zu prüfenden Testbedingungen zu definieren. Dabei müssen Standards für das Testdesign definiert und befolgt werden.

Testentwicklung. Damit automatisierte Tests wieder verwendbar, wiederholbar und pflegeleicht sind, müssen Standards für die Testentwicklung definiert und befolgt werden.

1.3.5 Ausführung und Verwaltung von Tests

Das Testteam muss auf der Grundlage eines Zeitplans für die Ausführung von Testverfahren Testskripts ausführen und die Testskripts für die Integration verfeinern. Außerdem sollte es die Ergebnisse der Testausführung bewerten, um fehlerhafte Positiv- oder Negativergebnisse zu verhindern. Systemprobleme sollten in Form von Systemproblemberichten dokumentiert werden, und es sollten Anstrengungen unternommen werden, um das Verständnis der Entwickler für System- und Softwareprobleme und für die Replikation von Problemen zu fördern. Schließlich sollte das Team noch Regressions- und alle weiteren Tests durchführen und Probleme verfolgen.

1.3.6 Prüfung und Beurteilung des Testprogramms

Aktivitäten zur *Prüfung (Review) und Beurteilung (Assessment) des Testprogramms* sind während des gesamten Testlebenszyklus erforderlich, um die ständige Verbesserung zu ermöglichen. Während des gesamten Testlebenszyklus und der Testausführung müssen Metriken ausgewertet werden, und zum Schluss ist die Prüfung und Beurteilung nötig, damit der Testprozess verbessert werden kann.

1.4 Die Rolle der ATLM beim Testen von Software

1.4.1 Der Zusammenhang zwischen der ATLM und dem Lebenszyklus der Systementwicklung

Um möglichst stark von einem Testprogramm zu profitieren, muss der ATLM-Ansatz parallel zur Systementwicklung verfolgt werden. Abbildung 1.3 veranschaulicht die Beziehung zwischen der ATLM und dem Lebenszyklus der Systementwicklung. Beachten Sie, dass dieser in der Abbildung in der äußeren Schicht dargestellt ist. In der rechten unteren Ecke finden Sie die Phase der Prozessbewertung. Während dieser Phase des Lebenszyklus der Systementwicklung zeigen Verbesserungsmöglichkeiten häufig auf, dass die Automatisierung von Tests ein gültiger Ansatz zur Verbesserung des Testlebenszyklus ist. Die damit verknüpfte ATLM-Phase wird als »Entscheidung zur Testautomatisierung« bezeichnet.

Während der Phase der Analyse von Geschäft und Anforderungen unternimmt das Testteam Aktivitäten zum Erwerb eines Testwerkzeugs (ATLM-Schritt 2). Beachten Sie, dass ein Testwerkzeug zwar zu einem beliebigen Zeitpunkt erworben werden kann, dies bevorzugt aber dann getan wird, wenn die Systemanforderungen bekannt sind. Idealerweise unterstützt die Entwicklungsgruppe während der Einführungsphase des automatisierten Testens (ATLM-Schritt 3) diese Arbeit durch Entwicklung eines Pilotprojekts oder eines kleinen Prototyps, damit Diskrepanzen ausgebügelt und das zuvor Gelernte in die Praxis umgesetzt werden kann.

Planung, Design und Entwicklung von Tests (ATLM-Schritt 4) sollten parallel zu Design und Entwicklung des Systems ablaufen. Ein gewisses Maß an Testplanung wird zwar schon zu Beginn und während der Systementwicklung stattgefunden haben, aber in dieser Phase wird die Planung abgeschlossen. Ausführung und Verwaltung von Tests (ATLM-Schritt 5) finden in Verbindung mit der Integrations- und Testphase der Systementwicklung statt.

Systemtests und weitere Testaktivitäten, beispielsweise Akzeptanztests, folgen, sobald die Grundspezifikation (die Baseline) für den ersten Build festgelegt ist. Prüfung und Beurteilung des Testprogramms (ATLM-Schritt 6) werden während des gesamten Lebenszyklus durchgeführt, aber während der Produktions- und Wartungsphase der Systementwicklung abgeschlossen.

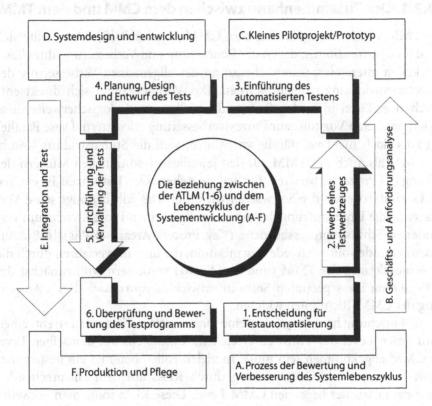

Abb. 1.3 Beziehung zwischen dem Lebenszyklus der Systementwicklung und der ATLM.

1.4.2 Test Maturity Model (TMM) – Erweiterung durch ein Reifegradmodell für das automatisierte Testen von Software

Testteams, welche die ATLM implementieren, bewegen sich in Richtung auf die Level 4 und 5 des Test Maturity Model (TMM), ein vom Illinois Institute of Technology entwickeltes Reifegradmodell für Tests [4]. Dieses enthält eine Folge von Reifegraden, über die eine Organisation zu einer höheren Testquali-tät gelangen kann, und auf jedem Level oberhalb von 1 eine Reihe empfohlener Vorgehensweisen. Ähnlich wie es das vom Software Engineering Institute (SEI) an der Carnegie Mellon University entwickelte Capability Maturity Model für Software beabsichtigte (dazu die SEI-Website unter http:// www.sei.cmu.edu/), fördert es höhere Professionalität beim Testen von Software.

1.4.2.1 Der Zusammenhang zwischen dem CMM und dem TMM

Das TMM wurde als Ergänzung zum CMM entwickelt [5]. Man stellte sich vor, dass Organisationen, die an der Beurteilung und Verbesserung ihrer Testfähigkeiten interessiert waren, ebenso an der allgemeinen Verbesserung der Softwareentwicklung beteiligt würden. Das Vorhandensein sich direkt entsprechender Level in beiden Reifegradmodellen würde logischerweise diese beiden parallelen Vorstöße zur Prozessverbesserung erleichtern. Diese Parallelität ist jedoch nicht vollständig vorhanden, weil die Stufenstruktur sowohl des CMM als auch des TMM auf den jeweiligen traditionellen Mustern der Reifung des Prozesses basieren, für den sie stehen. Der Testprozess ist ein Teil des Gesamtprozesses der Softwareentwicklung. Deshalb benötigt seine Verbesserung die Unterstützung der mit dem allgemeinen Prozesswachstum verbundenen Schlüsselprozessbereiche (Key Process Areas – KPAs) [6-8]. Aus diesem Grunde sollte sich jede Organisation, die ihre Testverfahren durch die Implementierung des TMM (und der ATLM) verbessern will, zunächst der Verbesserung ihres gesamten Softwareentwicklungsprozesses durch Anwendung der CMM-Richtlinien widmen.

Die Forschung hat gezeigt, dass eine Organisation, die danach strebt, einen bestimmten Level des TMM zu erreichen, mindestens auf demselben Level des CMM angekommen sein muss. In vielen Fällen benötigt ein bestimmter TMM-Level spezielle Unterstützung durch KPAs auf dem entsprechenden sowie dem darunter liegenden CMM-Level. Diese KPAs sollte man entweder vor oder parallel mit den TMM-Reifegradzielen in Angriff nehmen.

Das TMM-Modell passt gut zum automatisierten Testen von Software, weil wirkungsvolle Programme für Softwareverifizierung und -validierung aus gut geplanten, ausgeführten, verwalteten und überwachten Entwicklungsprogrammen heraus entstehen. Ein gutes Softwaretestprogramm kann nicht für sich allein stehen, sondern muss integraler Bestandteil des Softwareentwicklungsprozesses sein. Tabelle 1.3 enthält in der ersten Spalte die Level 1 bis 5 des TMM und die entsprechenden Level 1 bis 5 für den automatisierten

Softwaretest in der zweiten Spalte, die sich mit dem Reifegrad von Tests befasst, da dieser besonders das automatisierte Testen von Software betrifft.

Das Testteam muss auf der Grundlage der Firmenumgebung die TMM-Reifestufe bestimmen, die am besten zu der Organisation und den anwendbaren Softwareanwendungen oder -produkten passt. Das Testniveau sollte proportional zur Komplexität des Designs sein, und der Testaufwand sollte nicht komplexer sein als der Aufwand für die Entwicklung.

Tab. 1.3 Testing Maturity und Automated Software Testing Maturity Level 1-5.

TMM Level 1	Automatisiertes Testen von Software Level 1
Initial (Ausgangszustand). Testen ist hier ein chaotischer Prozess, schlecht definiert und nicht von der Fehlersuche abgegrenzt. Tests werden ad hoc nach Fertigstellung des Codes entwickelt. Testen und Fehlersuche sind miteinander verzahnt, um Fehler aus dem Programm zu entfernen. Das Ziel des Testens besteht im Nachweis, dass die Software funktioniert [9]. Softwareprodukte werden ohne Qualitätsgarantie freigegeben. Ressourcen, Werkzeuge und ordentlich ausgebildetes Personal fehlen. Eine derartige Organisation befände sich auf Level 1 des vom Software Engineering Institute entwickelten CMM. Hier gibt es keine Ziele in Bezug auf den Reifegrad.	Diese Stufe automatisierter Softwaretests wird als »zufällige Automatisierung« bezeichnet. Auf der untersten Ebene findet überhaupt kein oder nur augenblicksorientiertes automatisiertes Testen statt. Möglicherweise wird ein automatisiertes Testwerkzeug experimentell benutzt. Bei einem Capture/Replay-Werkzeug werden automatisierte Testskripts aufgezeichnet und abgespielt und nur vom Werkzeug selbst erzeugte Skripts verwendet. Skripts werden nicht zum Zweck der Wiederverwendbarkeit oder Pflegbarkeit modifiziert. Standards für das Design bzw. die Entwicklung automatisierter Skripts werden nicht befolgt. Die entstehenden Skripts lassen sich nicht wieder verwenden und nur schwer pflegen; sie müssen für jeden Software-Build neu erstellt werden. Durch diese Art der Automatisierung können sich die Testkosten um 125% oder noch mehr erhöhen – zum Beispiel um 150% der Kosten für manuelle Tests bei jedem Testzyklus (vgl. »Fallstudie: Bestimmung des Wertes einer Testautomatisierung«, in Kapitel 2).

Tab. 1.3　Testing Maturity und Automated Software Testing
Maturity Level 1-5. (Forts.)

TMM Level 2	Automatisiertes Testen von Software Level 2
Phase Definition (Definition der Phasen). Das Testen wird von der Fehlersuche getrennt und als auf die Programmierung folgende Phase definiert. Obwohl die Tests geplant werden, kann die Planung auf Level 2 aus Gründen, die mit der Unreife des Testprozesses zu tun haben, auch erst nach der Programmierung erfolgen. Auf Level 2 gibt es beispielsweise die Vorstellung, dass Tests grundsätzlich auf der Ausführung basieren und vom Code abhängig sind und deshalb erst geplant werden sollten, wenn der Code fertig ist. Das wesentliche Ziel des Testens besteht bei diesem Reifegrad darin, dass die Software ihre Spezifikationen erfüllt [10]. Einfache Testtechniken und -methoden sind vorhanden. Auf diesem TMM-Level treten viele Qualitätsprobleme deshalb auf, weil die Testplanung erst spät in der Softwareentwicklung erfolgt. Außerdem gehen Fehler aus der Anforderungs- und Designphase in den Code über, da diese wichtigen Fragen nicht von Prüfprogrammen erledigt werden. Ausführungsbasiertes Testen nach der Programmerstellung gilt immer noch als wesentliche Testaktivität.	»Auf dieser Stufe wird Testen zur geplanten Aktivität. Das impliziert, dass man sich der Vervollständigung der Testaktivitäten widmet. Ein Projektplanungswerkzeug hilft dem Projektmanager bei der Definition von Testaktivitäten und der Zuweisung von Zeit, Geld, Ressourcen und Mitarbeitern für den Testprozess.« [11] Diese Stufe des automatisierten Testens von Software wird als »Nebenbei-Automatisierung« bezeichnet. Hier Auf diesem Niveau werden automatisierte Testskripts zwar modifiziert, aber es gibt weder dokumentierte Standards noch Wiederholbarkeit. Zu den auf diesem Level eingesetzten Werkzeugen können Projektplanungswerkzeuge, Capture/Replay-Werkzeuge, Simulatoren und Emulatoren, Syntax- und Semantikanalysierer und Debugger gehören. Die Einführung automatisierter Testwerkzeuge für ein neues Projekt wird nicht geplant, und man befolgt keinen Prozess. Es gibt keine Standards für Testdesign und -entwicklung. Zeitpläne oder Anforderungen an Tests werden nicht erarbeitet oder sind nicht zuverlässig, wenn die Verwendung eines automatisierten Testwerkzeugs erwogen wird. Wie auf Level 1 bietet diese Art der Automatisierung keine hohen Erträge für die Investition und kann den Testaufwand sogar erhöhen.

Tab. 1.3 Testing Maturity und Automated Software Testing
Maturity Level 1-5. (Forts.)

TMM Level 3	Automatisiertes Testen von Software Level 3
Integration. Das Testen ist keine auf die Programmierung folgende Phase mehr, sondern wird in die gesamte Softwareentwicklung integriert. Organisationen können auf die auf Level 2 erworbenen Testplanungsfähigkeiten aufbauen. Anders als auf Level 2 (nach TMM geplante Tests) beginnt Level 3 mit der Anforderungsphase und setzt sich dann im weiteren Verlauf des Lebenszyklus fort. Dabei kommt Unterstützung von einer Version des V-Modells [12]. Testziele werden in Hinblick auf die Anforderungen auf der Grundlage von Benutzer- und Kundenbedürfnissen aufgestellt und für den Entwurf von Testfällen und Erfolgskriterien eingesetzt. Es gibt eine Testorganisation, und Testen gilt als professionelle Tätigkeit. Eine Organisation für technische Schulung strebt einen Testschwerpunkt an. Grundlegende Werkzeuge unterstützen wichtige Testaktivitäten. Organisationen beginnen auf diesem Level zwar, die wichtige Rolle von Prüfungen in der Qualitätskontrolle zu erkennen, aber es gibt noch kein formelles Prüfprogramm, und es gibt noch keine Überprüfungen über den gesamten Lebenszyklus hinweg. Es ist auch noch kein Testmessprogramm aufgestellt, um Prozess- und Produktattribute einzuordnen.	Diese Stufe der Testreife wird als »absichtliche Automatisierung« bezeichnet. Hier wird das automatisierte Testen sinnvoll definiert und ebenso gut verwaltet. Testanforderungen und Testskripts selbst gehen logisch aus den Spezifikationen der Softwareanforderungen und den Designdokumenten hervor. Auf der Grundlage von Testdesign und Entwicklungsstandards werden automatisierte Testskripts erstellt, aber das Testteam prüft noch keine automatisierten Testverfahren. Die automatisierten Tests lassen sich besser wieder verwenden und pflegen. Auf diesem Level des automatisierten Testens beginnen sich die Investitionen auszuzahlen, und mit zum Zeitpunkt des zweiten Regressionstests lässt sich bereits kostendeckend arbeiten (siehe »Fallstudie: Bestimmung des Wertes einer Testautomatisierung«, in Kapitel 2). Auf diesem Niveau werden Werkzeuge folgender Art eingesetzt: Werkzeuge für das Anforderungsmanagement, für die Projektplanung, für Capture/Replay, Simulatoren und Emulatoren, Syntax- und Semantikanalysierer und Debugger.

Tab. 1.3 Testing Maturity und Automated Software Testing
Maturity Level 1-5. (Forts.)

TMM Level 4	Automatisiertes Testen von Software Level 4
Management and Measurement (Verwaltung und Bewertung). Das Testen ist ein bewerteter und quantifizierter Prozess. Prüfungen in allen Phasen des Entwicklungsprozesses sind jetzt als Test- und Qualitätskontrollmaßnahmen anerkannt. Softwareprodukte werden auf Qualitätsattribute wie zum Beispiel Zuverlässigkeit, Benutzerfreundlichkeit und Pflegbarkeit getestet. Testfälle aus sämtlichen Projekten werden gesammelt und in einer Testfalldatenbank festgehalten, um die Wiederverwendung von Fällen und Regressionstests zu überprüfen. Fehler werden protokolliert und bekommen eine Schwerestufe. Mängel im Testprozess resultieren jetzt häufig aus dem Fehlen einer Fehlervermeidungsphilosophie und der nicht ausreichenden automatischen Unterstützung bei der Sammlung, Analyse und Verbreitung testbezogener Metriken.	Diese als »fortgeschrittene Automatisierung« bezeichnete Stufe der Testreife lässt sich erreichen, wenn man viele Aspekte der in diesem Buch beschriebenen ATLM übernimmt. Sie stellt eine erprobte und perfektionierte Version mit einer wesentlichen Ergänzung dar – der Fehlerverfolgung nach der Freigabe. Fehler werden aufgezeichnet und direkt durch den Prozess der Behebung, Überprüfung und des Regressionstests geschickt. Das Softwaretestteam ist jetzt integraler Bestandteil der Produktentwicklung. Testingenieure und Anwendungsentwickler arbeiten zusammen, um ein Produkt zu schaffen, das die Anforderungen erfüllt. Etwaige Softwarefehler werden früh entdeckt, wenn sie sich noch kostengünstig beheben lassen. Außer den auf den vorherigen Teststufen erwähnten Werkzeugen werden bei diesem Reifegrad Werkzeuge zum Verfolgen von Fehlern und Änderungen, zum Erzeugen von Testverfahren und zum Prüfen des Codes verwendet.

Tab. 1.3 Testing Maturity und Automated Software Testing
Maturity Level 1-5. (Forts.)

TMM Level 5	Automatisiertes Testen von Software Level 5
Ooptimizatito, Defect Prevention and Quality Control (Optimierung, Fehlervermeidung und Qualitätskontrolle). Aufgrund der durch das Erreichen der Reifegradziele der Level 1 bis 4 des TMM bereitgestellten Infrastruktur kann der Testprozess jetzt als definiert und verwaltet bezeichnet werden. Kosten und Wirksamkeit lassen sich überwachen. Auf Level 5 gibt es Mechanismen zur Feinabstimmung und ständigen Verbesserung der Tests. Fehlervermeidung und Qualitätskontrolle werden praktiziert. Der Testprozess wird mit Hilfe statistischer Verfahren sowie mit Metriken für das Vertrauensniveau, die Vertrauenswürdigkeit und die Zuverlässigkeit gesteuert. Für Auswahl und Bewertung von Testwerkzeugen steht ein anerkanntes Verfahren zur Verfügung. Automatisierte Werkzeuge liefern vollständige Unterstützung für die einmalige und wiederholte Ausführung von Testfällen, den Entwurf von Testfällen, die Pflege testbezogener Dinge, die Fehlersammlung und -analyse und die Anwendung testbezogener Metriken.	Wenn man sich an die in diesem Buch beschriebenen Richtlinien der ATLM hält und die anwendbaren Werkzeuge effizient einsetzt, lässt sich ein Reifegrad entsprechend TMM Level 5 erreichen. Zu den auf diesem Level benutzten Werkzeugen gehören die bereits erwähnten und außerdem Werkzeuge zum Erzeugen von Testdaten, für die Sammlung von Metriken, beispielsweise für Komplexitäts- und Größenmessungen, Abdeckungs- und Frequenzanalysierer und statistische Werkzeuge für Fehleranalyse und -vermeidung. (Sämtliche auf den verschiedenen Stufen beschriebenen Werkzeuge werden in Kapitel 3 detailliert behandelt, und in Anhang B finden Sie Beispiele für Werkzeuge.)

1.4.3 Entwicklung automatisierter Tests

Modularität, gemeinsam genutzte Funktionsbibliotheken, Verwendung von Variablen, Parameterübergabe, bedingtes Verzweigen, Schleifen, Datenfelder, Subroutinen – das ist heute die universelle Sprache nicht nur des Softwareentwicklers, sondern auch des Softwaretesters.

Automatisiertes Testen von Software, wie es heute mit automatisierten Testwerkzeugen durchgeführt wird, ist eine Entwicklungstätigkeit, die Programmierzuständigkeiten umfasst, welche denen des Entwicklers der zu testenden Anwendung ähneln. Während manuelles Testen häufig an das Ende des Systementwicklungslebenszyklus angehängt wird, unterstreicht effizientes automatisiertes Testen, dass Tests schon am Anfang der Systementwicklung einbezogen werden sollten. Man kann die Entwicklung eines automatisierten Tests tatsächlich als Miniaturausgabe eines Entwicklungszyklus betrachten.

Wie die Entwicklung von Softwareanwendungen erfordert auch die Entwicklung automatisierter Tests sorgfältiges Entwerfen und Planen.

Testingenieure, die mit automatisierten Tests arbeiten, verwenden automatisierte Testwerkzeuge, die beim Entwickeln von Testskripts, die eine Benutzeroberfläche verwenden, Code erzeugen. Dieser Code (der automatisierte Testskripts enthält) ist in Sprachen der dritten Generation, beispielsweise BASIC, C oder C++, abgefasst und lässt sich modifizieren und als automatisiertes Testskript für andere Anwendungen wieder verwenden, was weniger Zeit erfordert, als wenn der Testingenieur die Oberfläche des automatisierten Testwerkzeugs benutzen würde, um die neuen Skripts zu erzeugen. Mit Hilfe von Programmiertechniken lassen sich Skripts auch für die Durchführung von Aufgaben wie der Prüfung unterschiedlicher Datenwerte, des Testens einer großen Anzahl verschiedener Charakteristika von Benutzerschnittstellen oder für Massentests einrichten.

In sehr ähnlicher Weise wie bei der Softwareentwicklung besitzt der Softwaretestingenieur einen Satz von (Test-)Anforderungen, muss eine detaillierte Skizze (Design) zur effizienten Durchführung aller erforderlichen Tests anfertigen und ein Produkt (Testverfahren/Skripts) entwickeln, das stabil, modular und wieder verwendbar ist. Der daraus entstehende Testentwurf kann die Verwendung von Variablen in den Skriptprogrammen zum Einlesen einer Vielzahl von zu testenden Parameterwerten nahe legen. Es kann auch Schleifenkonstrukte einsetzen, um ein Skript wiederholt auszuführen oder bedingte Anweisungen aufzurufen, um eine Anweisung nur unter einer bestimmten Bedingung auszuführen. Das Skript kann Aufrufe von Schnittstellen für Anwendungsprogrammierung (Application Programming Interfaces – APIs) nutzen oder .dll-Dateien verwenden und Bibliotheken benutzen. Außerdem möchte der Testingenieur, dass sich der Testentwurf schnell und einfach an Produktänderungen des Softwareentwicklers anpassen lässt. Deshalb sind die Mission des Softwareentwicklers und die des Softwaretesters ähnlich. Wenn ihre Entwicklungsarbeit erfolgreich ist, kommt dabei ein zuverlässiges, pflegeleichtes und benutzerfreundliches System heraus.

Der Testingenieur erstellt – ebenfalls ähnlich wie der Softwareentwickler – Testskriptmodule, die belastbar, wiederholbar und pflegeleicht sein sollen. Er nutzt dazu die native Skriptsprache des automatisierten Testwerkzeugs, damit er die Testskripts wieder verwenden und modifizieren kann, um eine unendliche Anzahl von Tests durchzuführen. Eine derartige Vielseitigkeit von Testskripts ist weitgehend von dem Umstand veranlasst, dass moderne Online- und GUI-basierte Anwendungen Jobfolgen enthalten, die sich in fast beliebiger Reihenfolge abarbeiten lassen. Diese Flexibilität führt dazu, dass Testfälle benötigt werden, die eine unendliche Anzahl von Bildschirm- und Datenänderungen und -kombinationen unterstützen.

Testskripts müssen vielleicht auch für Prüfungen der Anwendungsumgebung geschrieben werden. Ist das LAN-Laufwerk korrekt zugeordnet? Ist eine bestimmte integrierte Anwendung von Fremdanbietern eingerichtet und in Betrieb? Möglicherweise muss der Testingenieur separate wieder verwendbare Dateien erstellen, die konstante Werte oder Variablen enthalten. Code, der häufig von einer Reihe unterschiedlicher Testskripts verwendet wird, muss eventuell als globale Subroutine in einem gemeinsamen Verzeichnis oder einer gemeinsamen Dienstdatei abgelegt werden, wo die Subroutine freigegebenen Code darstellt, der dem gesamten Testteam zur Verfügung steht.

Pflegeleichtigkeit ist für das Produkt des Test-Engineering (das Testskript) genau so wichtig wie für das Arbeitsergebnis des Softwareentwicklers (die zu testende Anwendung). Man kann es als gegeben betrachten, dass sich das Softwareprodukt während der Entwicklung ändert. Anforderungen werden modifiziert, Rückmeldungen von Benutzern regen Änderungen an, und Entwickler ändern den Code, um Fehler zu beheben. Die Skripts des Testteams müssen so strukturiert sein, dass sie in der Lage sind, globale Änderungen zu unterstützen. Die Änderung einer grafischen Benutzeroberfläche kann beispielsweise einige hundert Testskripts betreffen. Wenn die Objekte der Benutzeroberfläche in einer Datei abgelegt sind, lassen sich die Änderungen dort durchführen, und das Testteam braucht den Test nur an einer einzigen Stelle zu verändern. Als Ergebnis davon lassen sich alle betroffenen Testskripts auf einmal aktualisieren.

Wie bereits erwähnt, garantiert der Charakter von Client/Server-Anwendungen ein bedeutendes Ausmaß von Zufälligkeit, welches Objekt ausgewählt wird. Genau so viel Freiheit besteht hinsichtlich der Reihenfolge der Auswahl von Objekten. Es gibt innerhalb der Anwendung keine eindeutigen Pfade, sondern die Module können in einer ermüdenden Vielfalt von Reihenfolgen aufgerufen und ausgeführt werden. Infolgedessen können Testverfahren nicht ohne weiteres alle möglichen Funktionsszenarien durchspielen. Die Testingenieure müssen daher ihre Aktivitäten auf den Teil der Anwendung konzentrieren, der die Mehrzahl der Systemanforderungen ausführt.

Softwaretests, die ein automatisiertes Testwerkzeug mit einer eigenen Skriptsprache nutzen, setzen voraus, dass die Testingenieure analytische Fähigkeiten einsetzen und mehr und mehr ähnliche Design- und Entwicklungsaufgaben übernehmen wie Anwendungsentwickler. Testingenieure mit einem Hintergrund im manuellen Testen müssen sich möglicherweise, wenn sie in einem Projekt mitarbeiten, das ein oder mehrere automatisierte Testwerkzeuge einbezieht, der Führung derjenigen Mitglieder des Testteams anvertrauen, die mehr Erfahrung mit dem Testwerkzeug besitzen oder bedeutend mehr Programmiererfahrung haben. Diese erfahreneren Testingenieure sollten beim Testdesign und beim Erstellen der Testskripts sowie bei der Aufstellung von Standards und Rahmenwerk für die Skriptprogrammierung die Führungsrolle übernehmen. Diese erfahrenen Fachleute müssen auch als Mentoren für weniger erfahrene Testingenieure fungieren. Kapitel 5 nennt weitere Einzelheiten zu Rollen und Zuständigkeiten von Testingenieuren.

In Client/Server-Systemumgebungen auf der Grundlage grafischer Benutzeroberflächen müssen die Mitglieder des Testteams in höherem Maß Systemingenieure und Softwareentwickler sein. Das Kennen und Verstehen von Netzwerksoftware, Routern, LANs und verschiedenen Client/Server-Betriebssystemen sowie Datenbanksoftware sind in dieser Hinsicht nützlich. In Zukunft werden sich die für Softwareentwickler und Softwaretestingenieure erforderlichen Fähigkeiten noch weiter angleichen. Mancher junge Systemtechniker sieht – wie auch Netzwerkbetreuer und Systemadministratoren – die Position des Softwaretesters vielleicht als Möglichkeit an, seine Fähigkeiten in der Softwareentwicklung zu erweitern.

1.4.4 Testaufwand

»Wir haben nur noch eine Woche bis zum Beginn der Tests. Sollen wir ein automatisiertes Testwerkzeug einsetzen?« Diese Frage zu bejahen, ist keine gute Idee. Der Aufbau einer Infrastruktur aus automatisierten Testskripts zwecks schneller Durchführung von Tests erfordert beträchtliche Investitionen an Testplanung und -vorbereitung. Möglicherweise wurde eine Bemerkung des Projektmanagers überhört, die etwa folgendermaßen gelautet haben mag: »Der Testaufwand wird nicht so bedeutend sein, weil wir ein automatisiertes Werkzeug benutzen werden.« Das Testteam sollte vorsichtig sein, wenn es solche Aussagen hört. Wie in Tabelle 1.3 beschrieben wird, kann die Ad-hoc-Implementierung automatisierten Testens die Testkosten tatsächlich um 125 oder sogar 150% der Kosten für manuelles Testen für jeden Testlauf steigern.

Viele Softwarefachleute aus der Branche vertreten die Auffassung, dass der Aufwand für Softwaretests durch automatisierte Testwerkzeuge im Hinblick auf Personenstunden weniger bedeutend oder zumindest im Hinblick auf Planung und Ausführung weniger komplex würde. Tatsächlich brauchen die Einsparungen durch automatisierte Testwerkzeuge jedoch Zeit, um sich auszuwirken. Wenn ein Testteam zum ersten Mal ein bestimmtes automatisiertes Werkzeug einsetzt, sind keine oder nur geringe Einsparungen festzustellen.

Der Einsatz automatisierter Testwerkzeuge kann Anwendungsbereich und Breite des Testaufwands innerhalb eines begrenzten Zeitplans steigern und dazu beitragen, manuelle, langweilige und wiederkehrende Tätigkeiten abzulösen, die sowohl arbeitsintensiv als auch fehleranfällig sind. Beim automatisierten Testen können die Testingenieure ihre Fähigkeiten auf die anspruchsvolleren Aufgaben konzentrieren. Trotzdem bringt es ein neues Niveau an Komplexität mit sich, wie sie das Testteam eines Projekts möglicherweise noch nie erlebt hat. Es sind Kenntnisse in der Programmierung von Testskripts erforderlich, die für das Testteam neu sein können, und möglicherweise besitzen nur wenige Mitglieder des Teams Programmiererfahrung. Selbst wenn das Team mit einem automatisierten Testwerkzeug vertraut ist, kann für das nächste Projekt ein anderes Werkzeug erforderlich sein.

Für den Testingenieur oder Testmanager eines neuen Projekts ist es wichtig, darauf zu achten, welche Erwartungen der Projektmanager bzw. andere Projektmitarbeiter äußern. Wie in Kapitel 2 skizziert wird, muss der Testingenieur die Erwartungen an automatisierte Tests sorgfältig beobachten und seinen Einfluss geltend machen. Ohne aufmerksame Beachtung der Erwartungen kann sich das Testteam plötzlich damit konfrontiert sehen, dass der Zeitplan oder die Geldmittel auf ein Maß gekürzt werden, das keine ausreichenden Tests mehr zulässt. Weitere Konsequenzen beim Ignorieren dieses Aspekts des Testmanagements sind der Eintritt von Personen ohne ausreichende Test- oder Programmierfähigkeiten in das Testteam oder die Ablehnung eines Antrags auf gezielte Schulung an einem neuen automatisierten Testwerkzeug.

Die Verwendung automatisierter Testwerkzeuge bietet zwar die in Abschnitt 1.1 aufgeführten Vorteile, aber automatisiertes Testen stellt eine Investition dar, die sorgfältige Planung, einen definierten und strukturierten Prozess sowie kompetente Softwarefachleute für die Ausführung und Pflege der Testskripts voraussetzt.

1.5 Karriereaussichten als Softwaretester

»Ich liebe es, unterschiedliche Arbeiten zu erledigen, vieles zu lernen und mit vielen verschiedenen Produkten in Berührung zu kommen. Außerdem möchte ich meine Programmier- und Datenbankfähigkeiten einsetzen, aber nicht von anderen isoliert und abgeschlossen in meiner kleinen Welt leben und nichts anderes tun als Code in die Tastatur zu hämmern.« Kommt Ihnen diese Litanei wünschenswerter Tätigkeitsmerkmale bekannt vor?

Das Testen von Software kann interessante und anspruchsvolle Aufgaben und Karriereaussichten bieten, und außerdem besteht auf dem Markt eine hohe Nachfrage nach Fähigkeiten im Testen. Das Aufkommen automatisierter Testmöglichkeiten hat viele neue Karrierechancen für Softwareingenieure eröffnet. Dieser Trend wird durch US-Qualitätsstandards und Richtlinien für die Ausgereiftheit von Software, die Softwaretests und andere Disziplinen der Produktsicherheit stärker gewichten, noch verstärkt. Ein Überblick über

EDV-Stellenanzeigen in der Wochenendausgabe der größeren Tageszeitungen zeigt deutlich die zunehmende Nachfrage nach Fachkräften für automatisierte Softwaretests. Die Automatisierung von Softwaretests steckt als Fachrichtung noch in den Kinderschuhen, und im Augenblick kann die Anzahl der Testingenieure, die über Erfahrungen im automatisierten Testen verfügen, nicht mit der Nachfrage Schritt halten.

Viele Softwareingenieure entscheiden sich aus zwei Gründen für eine Laufbahn im Bereich des automatisierten Testens: erstens wegen der unterschiedlichen darin enthaltenen Aufgaben und zweitens wegen der Vielzahl der Anwendungen, für die sie eingeführt werden. In gleicher Weise kann Erfahrung mit automatisierten Testwerkzeugen für einen Karrieresprung sorgen. Sie rüstet den Softwareingenieur mit einem breiteren Spektrum von Fähigkeiten aus und kann ihm einen Karrierevorteil gegenüber der Konkurrenz bieten. Auch die Entwicklung von Fähigkeiten im automatisierten Testen kann genau das sein, was ein ehrgeiziger Hochschulabsolvent braucht, um eine Karriere in der Softwareentwicklung zu starten.

Vielleicht fragen Sie: »Woher weiß ich, ob ich ein guter Testingenieur wäre?« Wenn Sie bereits als Softwaretestingenieur arbeiten, halten Sie vielleicht inne, um sich zu fragen, ob eine Zukunft in dieser Fachrichtung das Richtige für Sie ist. Gute Softwareentwickler sind darauf trainiert und getrimmt, einen Sinn dafür zu haben, etwas in Gang zu bringen und Probleme zu umgehen, falls dies nötig sein sollte. Der Testingenieur dagegen muss in der Lage sein, Dinge fehlschlagen zu lassen, benötigt aber auch die Mentalität eines Entwicklers, um gegebenenfalls Ausweichlösungen zu entwickeln (besonders bei der Erstellung neuer Testskripts).

Testingenieure müssen strukturiert, mit einem Sinn für das Detail und organisiert arbeiten und sollten angesichts der Komplexitäten des automatisierten Testens eine kreative und vorausschauende Denkweise besitzen. Da sie eng und kooperativ mit Softwareentwicklern zusammenarbeiten, müssen sie sowohl durchsetzungsfähig als auch gelassen sein, wenn sie sich durch Fehlerberichte und Probleme mit Entwicklern kämpfen.

Angesichts der Komplexitäten der Testarbeit in einer Client/Server- oder einer mehrschichtigen Umgebung sollten Testingenieure über eine breite Skala technischer Fähigkeiten verfügen. Testingenieure und Testteams brauchen deshalb Erfahrungen, die mehrere Plattformen, mehrere Schichten unterstützender Anwendungen, Schnittstellen zu anderen Produkten und Systemen, Datenbanken unterschiedlichen Typs und Anwendungssprachen umfassen. Als ob das noch nicht genug wäre, muss der Testingenieur in einer Umgebung zum automatisierten Testen die Skriptsprache des wichtigsten eingesetzten Testwerkzeugs beherrschen.

Wie könnte der logische Weg für die Entwicklung einer Laufbahn als Testingenieur aussehen? Tabelle 1.4 skizziert eine Folge fortlaufender Schritte, die für eine individuelle Tätigkeit als professioneller Testingenieur denkbar sind. Dieses Entwicklungsprogramm für die Entwicklung einer Karriere als Testingenieur wird in Anhang C ausführlicher beschrieben. Es kennzeichnet die unterschiedlichen Fähigkeiten und Tätigkeiten in jedem einzelnen Stadium und gibt an, worauf angehende Testingenieure ihre Zeit und Aufmerksamkeit konzentrieren sollten, um ihre Fähigkeiten zu verbessern und ihre Karriere zu fördern. Wer bereits im Managementbereich arbeitet, kann dieses Programm als Leitlinie für die Gestaltung von Schulungs- und Weiterbildungsmaßnahmen für das Testpersonal benutzen.

Unter der Voraussetzung, dass der Testingenieur heute ein großes Spektrum an Fähigkeiten und Kenntnissen in Bereichen benötigt, zu denen Programmiersprachen, Betriebssysteme, Datenbankmanagementsysteme und Netzwerke gehören, besitzt der ehrgeizige Softwaretestingenieur das Potenzial, vom Testbereich aus in verschiedene Fachrichtungen zu wechseln. Er könnte beispielsweise in der Softwareentwicklung, in der Systemadministration, in der Netzwerkverwaltung oder in der Qualitätssicherung arbeiten.

Zum Glück für den Fachmann im Software-Engineering wird das manuelle Testen schrittweise durch Tests mit automatisierten Werkzeugen ersetzt. Es wird jedoch nicht völlig wegfallen, weil einige Tätigkeiten bleiben werden, die nur ein Mensch ausüben kann, wie zum Beispiel die Durchsicht der Ergebnisse eines Ausgabeberichts.

Wie bereits erwähnt, ist manuelles Testen arbeitsintensiv und fehleranfällig, und es unterstützt nicht dieselben Qualitätsprüfungen, die mit einem automatisierten Testwerkzeug möglich sind. Die Einführung solcher Testwerkzeuge kann einige manuelle Testprozesse durch eine effektivere und wiederholbare Testumgebung ersetzen. Diese Verwendung automatisierter Testwerkzeuge gibt dem professionellen Testingenieur mehr Zeit für tiefergehende und breiter angelegte Tests, für die Konzentration auf die Problemanalyse und für die Prüfung der korrekten Funktion der Software nach Änderungen und Korrekturen. In Verbindung mit der Gelegenheit, Programmieraufgaben durchzuführen, fördert diese Flexibilität die Firmenbindung und steigert seine Motivation.

In Zukunft wird die Testarbeit noch weiter automatisiert werden, und die verfügbaren Testarten werden zunehmen. Diese Trends machen es erforderlich, dass das Testpersonal organisierter arbeitet und technisch leistungsfähiger wird. Die weitere Automatisierung und die Ausbreitung mehrschichtiger Systeme verlangt von den Softwaretestingenieuren sowohl software- als auch systembezogene Fähigkeiten. Außerdem bietet das Testen von Software vielen jüngeren Softwareentwicklern einen Ausgangspunkt für ihre Karriere in der Softwarebranche.

Ein Artikel im US-Magazin *Contract Professional* beschrieb eine College-Studentin in Boston, die im Unterricht ein automatisiertes Testwerkzeug kennen gelernt hatte und nach ihrem Abschluss eine Stelle als Softwareingenieurin bekam. Sie sagte, dass ihr der Job gefalle, weil »man viele verschiedene Arbeiten erledigt, vieles lernt und mit vielen unterschiedlichen Produkten in Berührung kommt« [13]. Außerdem wurde in dem Artikel gesagt, dass Softwaretestingenieure stark nachgefragt würden, und diese Nachfrage dem »Boom der Internet-Entwicklung und dem wachsenden Bewusstsein für die Notwendigkeit von Softwarequalität« zugeschrieben.

Wahrscheinlich werden immer mehr Universitäten die Notwendigkeit anerkennen, Ausbildung in den Fachrichtungen Softwaretest und Softwarequalitätssicherung anzubieten. Einige Universitäten bieten bereits Studiengänge im Bereich der Produktgewährleistung an, die Schulung im Testen und in der Qualitätssicherung einschließen. Der Staat Oregon hat 2,25 Mio. Dollar bereitgestellt, um im für das Umfeld von Portland einen Master-Studiengang in der Entwicklung von Qualitätssoftware einzurichten [14]. Außerdem bietet das North Seattle Community College zwei- und vierjährige Studiengänge mit Abschlüssen sowie einzelne Kurse im automatisierten Testen an. (Weitere Informationen erhalten Sie unter `http://nsccux.sccd.ctc.edu/`).

Tab. 1.4 Stufen auf der Karriereleiter eines Softwaretesingenieurs.

Stufe auf der Karriereleiter	Beschreibung
Junior-Testingenieur	Eine Eingangsstelle für einen Absolventen mit Abschluss in Informatik oder jemanden mit Erfahrung im manuellen Testen. Entwickelt Testskripts und macht sich langsam mit dem Testlebenszyklus und Testtechniken vertraut.
Testingenieur/ Programmanalytiker	Testingenieur oder Programmierer mit ein oder zwei Jahren Erfahrung. Schreibt automatisierte Testskripts und übernimmt frühe Führungsaufgaben bei der Testprogrammierung. Entwickelt seine Fähigkeiten in Programmiersprachen, Betriebssystemen, Netzwerken und Datenbanken weiter.
Senior-Testingenieur/Senior-Programmanalytiker	Testingenieur oder Programmierer mit drei bis vier Jahren Erfahrung. Arbeitet an der Entwicklung oder Pflege von Test- oder Programmierstandards und -prozessen mit, leitet Prüfkolloquien im Kreis mehrerer Kollegen (Peer Reviews) und fungiert als Mentor für andere, weniger erfahrene Testingenieure oder Programmierer. Setzt die Entwicklung von Fähigkeiten in Programmiersprachen, Betriebssystemen, Netzwerken und Datenbanken fort.

Tab. 1.4 Stufen auf der Karriereleiter eines Softwaretesingenieurs. (Forts.)

Stufe auf der Karriereleiter	Beschreibung
Teamleiter	Testingenieur oder Programmierer mit vier bis sechs Jahren Erfahrung. Zuständig für die Aufsicht über ein bis drei Testingenieure oder Programmierer. Besitzt gewisse Zuständigkeiten für Zeitplanung und Arbeitsumfang-/Kostenschätzung. Die technischen Fähigkeiten treten stärker in den Mittelpunkt.
Leiter des Test-/ Programmier- bereichs	Testingenieur oder Programmierer mit sechs bis zehn Jahren Erfahrung. Zuständig für die Aufsicht über vier bis acht Mitarbeiter. Zuständig für Zeitplanung, Umfangs-/Kostenschätzung und Produktablieferung innerhalb des Zeit- und Kostenrahmens. Zuständig für die Entwicklung des technischen Ansatzes für das Projekt. Stellt ein gewisses Maß an Kundenunterstützung und Präsentation bereit. Entwickelt technische Fachkenntnisse auf einigen konkreten Gebieten.
Manager der Testabteilung, der Qualitätssi- cherung oder von Entwick- lungsprojekten	Mehr als zehn Jahre Erfahrung. Zuständig für acht oder mehr Mitarbeiter in einem oder mehreren Projekten. Verantwortung für den gesamten Entwicklungslebenszyklus innerhalb dieses Bereichs (Test/ Qualitätssicherung/Entwicklung). Gewisses Maß an Kundenbetreuung und viele Präsentationen. Verantwortung für Kosten, Zeitplan, Planung und Personaleinsatz.
Programmma- nager	Mehr als 15 Jahre Erfahrung in Entwicklung und Unterstützung (Test/ Qualitätssicherung). Zuständig für die Tätigkeit der Mitarbeiter in mehreren Projekten und den gesamten Entwicklungslebenszyklus. Übernimmt die Projektleitung und die Verantwortung für Gewinn und Verlust.

In den nächsten Jahren werden die bekanntesten Softwareentwicklungsumgebungen Client/Server-Anwendungen mit grafischen Benutzeroberflächen und Anwendungen auf Web-Basis sein. Automatisiertes Testen wird immer wichtiger werden, und die Abdeckung durch entsprechende Testwerkzeuge wird weiter zunehmen. Viele werden sich für Laufbahnen in der Fachrichtung Automatisiertes Testen entscheiden – bereits heute schlagen viele diesen Weg ein.

1.6 Zusammenfassung

• Die inkrementelle Freigabe von Software bringt in Verbindung mit der Entwicklung von Client/Server- oder mehrschichtigen Anwendungen auf der Grundlage grafischer Benutzeroberflächen neue Komplexität für die Testarbeit mit sich.

- Organisationen wollen ihre Software angemessen, aber mit minimalem Zeitaufwand testen.

- Der Ansatz der schnellen Anwendungsentwicklung verlangt wiederholte Programmier- und Testdurchgänge.

- Die Automatisierung von Testaktivitäten bringt den höchsten Ertrag in den Fällen, in denen Testskripts wiederholt abgearbeitet oder Subroutinen für Testskripts erstellt und dann wiederholt von einer Reihe von Testskripts aufgerufen werden.

- Die Verwendung automatisierter Testwerkzeuge zur Unterstützung des Testprozesses bringt Vorteile in Bezug auf Produktqualität und Minimierung von Testzeit und -aufwand.

- Die Automated Testing Life-Cycle Methodology (ATLM) umfasst sechs Komponenten. Sie stellt einen strukturierten Ansatz für die Implementierung und Durchführung von Tests dar.

- Die frühzeitige Einbindung von Testingenieuren in die Prüfung von Anforderungen und Design (wie sie von der ATLM betont wird) fördert das Verständnis der Testingenieure für Geschäftserfordernisse, verbessert die Testbarkeit der Anforderungen und unterstützt die Effektivität von Testdsesign und -entwicklung – ein äußerst wichtiger Faktor bei der Nutzung automatisierter Testwerkzeuge.

- Testunterstützung zum Zweck der frühzeitigen Aufdeckung von Fehlern im Entwicklungsprozess hat die größte Wirkung für die Reduzierung der Projektkosten.

- Das Testpersonal muss die zu testende Anwendung besser kennen und bestimmte Fähigkeiten in Bezug auf die eingesetzten Plattformen und das Netzwerk sowie auf die verwendeten automatisierten Testwerkzeuge besitzen.

- Automatisiertes Testen von Software mit Hilfe automatisierter Testwerkzeuge ist eine Entwicklungstätigkeit, die ähnliche Programmierzuständigkeiten wie die des Entwicklers der zu testenden Software umfasst.

- Der Aufbau einer Infrastruktur automatisierter Testskripts zur schnellen Durchführung von Tests erfordert beträchtliche Investitionen in Planung und Vorbereitung der Tests.

- Ein wirkungsvolles Testprogramm, das die Automatisierung von Softwaretests einbezieht, schließt einen eigenen Entwicklungslebenszyklus ein.

- Das Testen von Software kann interessante und anspruchsvolle Aufgaben und Karriereaussichten bieten, und auf dem Markt besteht eine hohe Nachfrage nach Fähigkeiten im Testbereich.

1.7 Literaturhinweise

1. CenterLine Software, Inc. Survey. 1996. CenterLine ist eine Firma für Werkzeuge zum Testen von Software und Automatisierung in Cambridge/ Massachusetts.

2. http://www.standishgroup.com/chaos.html.

3. Littlewood, B. *How Good Are Software Reliability Predictions? Software Reliability Achievement and Assessment.* Oxford: Blackwell Scientific Publications, 1987.

4. Burnstein, I., Suwanassart, T., Carlson, C. R. *Developing a Testing Maturity Model*, Teil II. Chicago, Illinois Institute of Technology, 1996.

5. Ebd.

6. Paulk, M., Weber, C., Curtis, B., Chrissis, M. *The Capability Maturity Model Guideline for Improving the Software Process.* Reading, MA: Addison-Wesley, 1995.

7. Paulk, M., Curtis, B., Chrissis, M., Weber, C. »Capability Maturity Model, Version 1.1.« *IEEE Software* Juli 1993: S. 18-27.

8. Paulk, M. et al, »Key Practices of the Capability Maturity Model, Version 1.1.« Technical Report CMS/SEI-93-TR-25. Pittsburgh, PA: Software Engineering Institute, 1993.

9. Vgl. Anmerkung 4.

10. Gelperin, D., Hetzel, B. »The Growth of Software Testing.« *CACM* 1998;31:687-695.

11. Vgl. Anmerkung 4.

12. Daich, G., Price, G., Ragland, B., Dawood, M. »Software Test Technologies Report.« STSC, Hill Air Force Base, Utah, August 1994.

13. Maglitta, M. »Quality Assurance Assures Lucrative Contracts.« *Contract Professional*, Okt./Sept. 1997.

14. Bernstein, L., Pacific Northwest Software Quality Conference (1997). *TTN On-Line Edition Newsletter* Dezember 1997.

2. Die Entscheidung zum automatisierten Testen

Wenn man ein qualitativ hochwertiges Softwaresystem haben will,
muss man sicherstellen, dass jeder einzelne Bestandteil qualitativ
hochwertig ist.

– Watts Humphrey

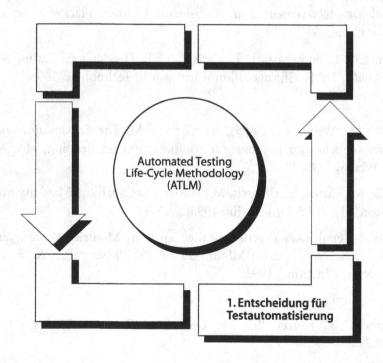

Eine Organisation hat festgestellt, dass ihr derzeitiges Testprogramm nicht wirkungsvoll arbeitet. Es wurde eine Bedarfsanalyse durchgeführt, die ergeben hat, dass der derzeitige manuelle Testprozess verbessert werden muss. Die Organisation sieht sich nach einem besser wiederholbaren und weniger fehleranfälligen Testansatz um. Eine Verbesserungsanalyse zeigt, dass auf automatisiertes Testen umgestellt werden sollte.

Der Leiter der Testabteilung der Organisation ist gerade über die Entscheidung zur Einführung automatisierter Tests informiert worden, es muss jedoch noch ein Pilotprojekt bestimmt werden. Sofort tauchen Fragen auf. Eignet sich die Anwendung, die als Bestandteil des aktuellen Projekts entwickelt wird, für die Automatisierung? Der Leiter der Testabteilung stellt alle im Rahmen der Verbesserungsanalyse über automatisiertes Testen gesammelten Informationen zusammen, sucht im Web nach weiteren Informationen darüber und denkt darüber nach, welche automatisierten Testwerkzeuge für das aktuelle Projekt in Frage kommen. Hinsichtlich der Entscheidung über den besten Ansatz für das automatisierte Testen ist er jedoch nicht sicher, wo man anfangen soll.

Dieses Kapitel skizziert eine strukturierte Methode, die Entscheidung für das automatisierte Testen anzugehen. Abbildung 2.1 veranschaulicht diesen Schritt-für-Schritt-Ansatz. Zwischen den einzelnen Schritten muss jeweils eine Entscheidung getroffen werden: Soll der Prozess fortgesetzt werden, oder soll er mit der Entscheidung, die Tests für dieses konkrete Projekt nicht zu automatisieren, abgebrochen werden?

Die in Abbildung 2.1 skizzierten Schritte gehen auf die Anliegen eines führenden Testingenieurs oder Testmanagers ein, der vor der Testarbeit für ein neues Projekt steht. Welches automatisierte Testwerkzeug soll benutzt werden? Wie lässt sich die Geschäftsführung davon überzeugen, dass automatisiertes Testen für dieses Projekt von Vorteil ist oder auch nicht? Diese Probleme scheinen im ersten Augenblick überwältigend zu sein. Manuelles Testen mag in der Organisation in der Tat allgemein bekannt sein. Ebenso kann es aber sein, dass nur wenige oder gar keine Testingenieure der Organisation mit automatisiertem Testen zu tun hatten und es deshalb nur wenige oder gar keine Befürworter gibt.

Wie würde der Testingenieur vorgehen, um ein neues Konzept wie das automatisierte Testen einzuführen? Wie kann er feststellen, ob sich die Anwendung zum automatisierten Testen eignet? Das in diesem Kapitel skizzierte Material und der von ihm vorgestellte strukturierte Ansatz tragen dazu bei, die verschiedenen Fragen zu ordnen. Schritt-für-Schritt-Anleitungen bieten Führung in Bezug auf die Entscheidung, ob eine Anwendung zum automatisierten Testen geeignet ist.

Das Potenzial für unrealistische Erwartungen an automatisierte Tests wird ebenfalls untersucht, da einige Softwareentwickler und Manager automatisiertes Testen als Patentrezept für alle qualitätsbezogenen Probleme ansehen. Das Kapitel stellt einige Missverständnisse über automatisiertes Testen dar und spricht Möglichkeiten an, mit einem Teil dieser »Elfenbeinturm«-Erwartungen umzugehen. (Kapitel 3 beschreibt die zur Verfügung stehenden Werkzeugtypen.) Die potenziellen Vorteile automatisierter Tests werden an dieser

Stelle aufgezeigt, und es werden Leitlinien bereitgestellt, wie sich die Geschäftsführung davon überzeugen lässt, dass automatisiertes Testen die Produktqualität erhöht. Zusätzlich wird ein strukturierter Ansatz beschrieben,
wie man die Bindung von Ressourcen und die Unterstützung der Geschäftsführung erreicht.

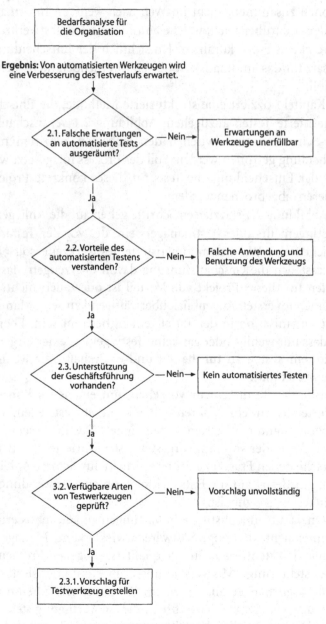

Abb. 2.1   Ablauf der Entscheidungsfindung.

2.1 Ausräumen falscher Erwartungen an automatisierte Tests

Auf einem Einführungstreffen für das neue Projekt stellt die Projektmanagerin Sie als Testleiter vor. Sie erwähnt, dass für das Projekt ein automatisiertes Testwerkzeug eingesetzt werden soll, und fügt hinzu, dass der Testaufwand aufgrund dieser Planung nicht sehr groß ist. Sie schließt mit der Forderung, dass Sie innerhalb der nächsten Woche eine Empfehlung für das benötigte Testwerkzeug und eine Kostenschätzung für dessen Beschaffung vorlegen sollen. Sie werden von den Bemerkungen der Projektmanagerin völlig überrascht und wundern sich über ihre Erwartungen im Hinblick auf das automatisierte Testen. Natürlich müssen alle falschen Erwartungen sofort ausgeräumt werden.

Mit der Vorstellung automatisierter Tests sind hohe Erwartungen verknüpft. Es werden hohe Ansprüche an Technologie und Automatisierung gestellt. Manche Menschen glauben, ein automatisiertes Testwerkzeug müsse in der Lage sein, alles von der Planung bis zur Ausführung der Tests ohne jeden manuellen Eingriff zu erledigen. Es wäre zwar großartig, wenn es ein solches Werkzeug gäbe, aber das ist heute nicht der Fall. Andere glauben (was nicht stimmt), ein einziges Testwerkzeug könne sämtliche Testanforderungen unterstützen, ohne Rücksicht auf Umgebungsparameter wie zum Beispiel das eingesetzte Betriebssystem oder die verwendete Programmiersprache.

Einige gehen vielleicht fälschlicherweise davon aus, dass ein automatisiertes Testwerkzeug Aufwand und Zeitrahmen für das Testen sofort reduziert. Die Investitionen für automatisiertes Testen können sich zwar auszahlen, aber ein unmittelbarer Ertrag wird nicht immer erzielt. Dieser Abschnitt spricht einen Teil der falschen Vorstellungen an, die in der Softwarebranche zu finden sind, und liefert Leitlinien, um mit einigen dieser Utopien fertig zu werden.

2.1.1 Erstellen eines Plans für das automatisierte Testen

Im Augenblick kann kein kommerziell verfügbares Werkzeug automatisch einen umfassenden Testplan erstellen und gleichzeitig Design und Ausführung der Tests unterstützen. Dieser Mangel kann für die Geschäftsführung eine bittere Pille darstellen, die es schlucken muss.

Im Verlauf seiner Karriere kann ein Testingenieur damit rechnen, Zeuge von Testwerkzeugvorführungen zu werden und eine gewaltige Menge von Literatur dazu zu lesen. Häufig wird er gebeten, einer Führungskraft oder einer Gruppe leitender Angestellter einen Überblick über die Funktionalität des Testwerkzeugs zu geben. Wie immer muss der Vortragende auf die Vorbildung der Zuhörer achten. In diesem Fall können sich Personen darunter befinden, die gerade so viel technisches Verständnis besitzen, dass sie sich für automatisiertes Testen begeistern, aber die damit verbundene Komplexität nicht erfassen. Insbesondere könnte es vorkommen, dass sie Informationen aus dritter Hand über automatisierte Testwerkzeuge bekommen und falsche Schlüsse über deren Fähigkeiten gezogen haben.

Das Publikum bei der Präsentation für die leitenden Angestellten erwartet vielleicht zu hören, dass das vorgeschlagene Werkzeug automatisch den Testplan entwickelt, die Testverfahren entwirft und erstellt, die Abläufe ausführt und die Ergebnisse analysiert. Statt dessen beginnen Sie die Präsentation mit der Information, dass automatisierte Testwerkzeuge als *Verbesserung des manuellen Testens* zu betrachten sind, aber nicht automatisch den Testplan entwickeln, die Testverfahren entwerfen und erstellen und die Verfahren durchführen.

In der Präsentation wird bald und nach ein paar Fragen sehr deutlich, wie groß der Unterschied zwischen den wirklichen Fähigkeiten des Testwerkzeugs und den Vorstellungen der einzelnen Zuhörer ist. Der Begriff »*automatisiertes Testwerkzeug*« scheint eine Menge Wunschdenken auszulösen, das nicht an der Realität ausgerichtet ist. Ein solches Werkzeug wird den menschlichen Faktor nicht ersetzen, der zum Testen eines Produkts erforderlich ist. In der Tat werden die Dienste von Testingenieuren und anderen Fachleuten für Qualitätssicherung immer noch benötigt, um die Testmaschinerie am Laufen zu halten. Daher kann ein Testwerkzeug als zusätzlicher Bestandteil der Maschinerie betrachtet werden, der die Freigabe eines guten Produkts unterstützt.

2.1.2 Das ultimative Testwerkzeug

Im Augenblick gibt es kein einziges Testwerkzeug, das alle Betriebssystemumgebungen unterstützt. Daher wird ein einziges Testwerkzeug bei den meisten Organisationen nicht alle Anforderungen erfüllen. Nehmen Sie zum Beispiel die Erfahrungen eines Testingenieurs, der auf folgende Fehlvorstellung stieß: Sein Chef beauftragte ihn, ein Testwerkzeug zu suchen, mit dem alle Jahr-2000-Tests der Abteilung automatisiert werden könnten. Die Abteilung setzte eine Vielzahl von Technologien ein: Großrechner und Sun-Workstations, Betriebssysteme wie MVS, UNIX, Windows 3.1, Windows 95 und Windows NT, Programmiersprachen wie COBOL, C, C++, MS Access und Visual Basic, andere Client/Server-Technologien und Web-Technologien.

Mit Erwartungen muss man zurechtkommen, d.h., der Testleiter muss klarmachen, dass im Augenblick kein einziges marktgängiges Werkzeug mit sämtlichen Betriebssystemen und Programmiersprachen kompatibel ist. Zum Testen der verschiedenen Technologien sind mehrere Werkzeuge erforderlich.

2.1.3 Unmittelbare Verringerung des Testaufwands

Die Einführung automatisierter Testwerkzeuge verringert den Testaufwand nicht unmittelbar. Auch dieses Problem kann im Widerspruch zu den Erwartungen der Geschäftsführung stehen.

Ein wesentlicher Anstoß für die Einführung eines automatisierten Testwerkzeugs als Bestandteil eines Projekts besteht in der Verringerung des Testaufwands. Die Erfahrung hat gezeigt, dass mit Versuchen, automatisiertes Testen auf ein neues Projekt anzuwenden und eine effektive Verwendung zu erreichen, eine Lernkurve verbunden ist. Test- oder Projektmanager haben vielleicht einige Bücher über Testwerkzeuge gelesen und sind begierig, das Potenzial dieser Werkzeuge zu erleben. Man sollte ihnen bewusst machen, dass Einsparungen beim Testaufwand nicht unbedingt unmittelbar auftreten.

Überraschenderweise besteht eine gute Chance, dass der Testaufwand sogar höher wird, wenn in der Organisation zum ersten Mal ein automatisiertes Testwerkzeug zum Einsatz kommt. Die Einführung eines automatisierten Testwerkzeugs für ein neues Projekt bringt eine ganz neue Komplexitätsstufe in das Testprogramm. Solange die Testingenieure noch damit beschäftigt sind, sich mit dem Werkzeug und seiner effizienten Nutzung vertraut zu machen, müssen für das Projekt noch manuelle Tests durchgeführt werden. Die Gründe dafür, dass sich nicht die gesamte Testarbeit automatisieren lässt, werden im weiteren Verlauf dieses Abschnitts skizziert.

Die erste Einführung automatisierter Tests erfordert auch eine sorgfältige Analyse der Zielanwendung, um zu ermitteln, welche Teile davon der Automatisierung zugänglich sind. Außerdem erfordert die Automatisierung der Tests, dass das Team beim Entwerfen und Entwickeln der Testverfahren sehr sorgfältig vorgeht. Der automatisierte Testablauf kann als eigenständiger (kleiner) Entwicklungslebenszyklus betrachtet werden – mit sämtlichen Fragen der Planung und Koordination, die mit jeder Entwicklungsarbeit verbunden sind. Die Einführung eines automatisierten Testwerkzeugs verlangt vom Testteam außerdem, die in ATLM-Schritt 3 (Einführung des automatisierten Testwerkzeugs) skizzierten Tätigkeiten durchzuführen, was ausführlich in Kapitel 4 behandelt wird.

2.1.4 Unmittelbare Verkürzung des Zeitplans

Eine weitere Fehlvorstellung betrifft die Erwartung, die Verwendung eines automatisierten Testwerkzeugs für ein neues Projekt werde eine direkte Beschleunigung der Tests bewirken. Da der Testaufwand in Wirklichkeit sogar zunehmen kann, wie in Abschnitt 2.1.3 beschrieben wurde, wird der Testplan zunächst nicht die erwartete Verkürzung erfahren, sondern kann sich sogar verlängern. Bei der ersten Einführung eines automatisierten Testwerkzeugs ist daher die Bewilligung einer Verlängerung des Zeitplans erforderlich. Beim ersten Einsatz eines automatisierten Testwerkzeugs muss der aktuelle Testprozess erweitert oder ein völlig neuer Prozess entwickelt und implementiert werden. Das gesamte Testteam und möglicherweise auch das Entwicklungsteam muss sich mit dem neuen automatisierten Testprozess vertraut machen (also mit der ATLM) und lernen, sich daran zu halten. Sobald ein automatisierter Testprozess eingerichtet und wirksam implementiert ist, kann man davon ausgehen, dass das Projekt Produktivitäts- und Zeitgewinne verbuchen kann, die sich positiv auf Zeitplan und Kosten auswirken.

2.1.5 Benutzerfreundlichkeit des Testwerkzeugs

Ein automatisiertes Werkzeug setzt neue Fähigkeiten voraus, so dass zusätzliche Schulung erforderlich ist. Planen Sie Schulungen und eine Lernkurve ein!

Viele Anbieter versuchen, ihr Werkzeug durch Übertreiben seiner *Benutzerfreundlichkeit* zu verkaufen. Sie bestreiten, dass mit dem Einsatz eines neuen Werkzeugs eine Lernkurve verbunden sei. Anbieter sind schnell bei der Hand mit dem Werbeargument, dass das Werkzeug in der Lage sei, einfach die Tastenanschläge des Benutzers festzuhalten (Capture) und im Hintergrund ein Skript zu erstellen, das man dann wiedergeben kann (Replay). Effiziente Automatisierung ist aber eigentlich nicht so einfach. Die vom Werkzeug bei der Aufzeichnung automatisch erzeugten Testskripts müssen manuell modifiziert werden (was Kenntnisse in der Skripterstellung voraussetzt), um sie belastbar, wieder verwendbar und pflegeleicht zu machen. Um die Skripts modifizieren zu können, muss der Testingenieur im Umgang mit dem Werkzeug und der darin integrierten Skriptsprache geschult sein. Daher wird mit dem Einsatz jedes neuen Werkzeugs Weiterbildung und neues Lernen erforderlich.

2.1.6 Universelle Anwendbarkeit der Testautomatisierung

Wie bereits erläutert, stellt automatisiertes Testen eine Verbesserung des manuellen Testens dar, aber man kann nicht erwarten, dass sich alle Tests eines Projekts automatisieren lassen. Bei der Ersteinführung eines automatisierten Testwerkzeugs für grafische Benutzeroberflächen ist es beispielsweise von Vorteil, zunächst einige Kompatibilitätstests mit der Zielanwendung durchzuführen, um festzustellen, ob das Werkzeug alle Objekte und Steuerelemente von Fremdanbietern erkennt. Kapitel 4 beschäftigt sich ausführlicher mit Kompatibilitätstests.

Die Durchführung von Kompatibilitätstests ist besonders bei Testwerkzeugen für grafische Benutzeroberflächen von Bedeutung, weil solche Werkzeuge Schwierigkeiten haben, bestimmte individuell angepasste Steuerelementfunktionen innerhalb der Anwendung zu erkennen. Dazu gehören die kleinen Kalender oder Drehfelder, die in viele Anwendungen, insbesondere solche unter Windows, integriert sind. Früher hießen diese Steuerelemente (bzw. Widgets) VBX-Steuerelemente, dann OCX-Steuerelemente, und heute werden sie in der Welt der Windows-Oberflächen als ActiveX-Steuerelemente bezeichnet. Sie werden normalerweise von Fremdanbietern erstellt, und die meisten Hersteller von Testwerkzeugen können nicht mit der Vielzahl der Steuerelemente Schritt halten, die auf den Markt kommen.

Ein Testwerkzeug mag zum Beispiel mit sämtlichen Versionen von Visual Basic und PowerBuilder kompatibel sein, aber wenn ein nicht kompatibles Steuerelement von einem Fremdanbieter in die Anwendung integriert ist, erkennt es dieses Bildschirmobjekt möglicherweise nicht. Vielleicht wird in großen Teilen der Zielanwendung ein Raster eines Fremdanbieters verwendet, welches das Testwerkzeug nicht erkennt. Dann muss der Testingenieur entscheiden, ob dieser Teil der Anwendung mit Hilfe einer Umgehungslösung automatisiert werden soll oder ob er das Steuerelement nur manuell testet. Die Probleme mit der Inkompatibilität lassen sich umgehen, wenn der Testingenieur von Anfang an das richtige Werkzeug auswählt, das die Ansprüche des Projekts erfüllt, wie in Kapitel 3 dargestellt wird.

Andere Tests sind einfach physisch nicht automatisierbar, wie zum Beispiel die Prüfung einer gedruckten Ausgabe. Der Testingenieur kann zwar automatisch ein Dokument an den Drucker senden, muss dann aber die Ergebnisse physisch verifizieren, indem er zum Drucker geht und sich überzeugt, dass das Dokument wirklich ausgedruckt wurde. Der Drucker hätte schließlich auch nicht angeschlossen sein oder kein Papier haben können.

Häufig ist mit der Vorstellung, ein automatisiertes Testwerkzeug könne den Testaufwand umgehend verringern, der Trugschluss verbunden, dass man mit einem solchen Werkzeug die Testerfordernisse jeder beliebigen Testarbeit zu 100% automatisieren könne. Angesichts einer unendlichen Anzahl von Abwandlungen und Kombinationen von System- und Benutzeraktivitäten, die in n-schichtigen Architekturen (Client/Mittelschicht/Server) und Anwendungen mit grafischen Benutzeroberflächen möglich sind, hat der Testingenieur jedoch nicht genug Zeit, um jede Möglichkeit zu testen.

Es braucht nicht erwähnt zu werden, dass das Testteam weder genug Zeit noch genug Ressourcen hat, um die hundertprozentige Testautomatisierung einer ganzen Anwendung zu unterstützen. Wie in diesem Abschnitt bereits angedeutet, ist das vollständige Testen moderner Systemanwendungen zu einer nicht endenden Aufgabe geworden. Es ist nicht möglich, alle Eingaben oder sämtliche Kombinationen oder Abwandlungen aller Eingaben zu testen.

Selbst bei einem nur mäßig komplexen System ist es unmöglich, alle Pfade erschöpfend zu prüfen. Infolgedesssen ist es nicht machbar, die Testarbeit für die gesamte zu testende Anwendung mit dem Ziel anzugehen, die Anwendung hundertprozentig zu testen.

Ein weiterer einschränkender Faktor sind die Kosten. Einige Tests können bei Automatisierung teurer werden als beim manuellen Testen. Ein nur einmal ausgeführter Test lohnt häufig die Automatisierung nicht. Ein Jahresabschlussbericht für ein Krankenkassensystem wird wegen der Einrichtungsarbeit für die Erstellung möglicherweise nur einmal ausgeführt. Infolgedessen zahlt es sich möglicherweise nicht aus, diesen Test zu automatisieren. Bei der Entscheidung, welche Testverfahren automatisiert werden sollen, muss der Testingenieur entscheiden, ob es sich lohnt, die Zeit für die Entwicklung eines automatisierten Skripts zu investieren.

Der Testingenieur sollte die Anwendung sorgfältig daraufhin analysieren, welche Testbedürfnisse die Automatisierung rechtfertigen und welche Tests manuell ausgeführt werden sollten. Bei dieser Analyse muss er auch redundante Tests aussondern. Dieser Analyseprozess »manuell contra automatisiert« wird in Kapitel 7 ausführlicher behandelt. Das Abdeckungsziel von Testverfahren mit Hilfe der Automatisierung besteht für jeden einzelnen Test darin, mehrere Dinge auszuführen, aber Doppeltests zu vermeiden.

2.1.7 100%-Tests

Selbst mit Automatisierung lässt sich nicht alles testen. Ein wesentlicher Grund dafür, dass das Testen zu einer nicht endenden Aufgabe werden kann, besteht darin, dass eine Funktion mit allen möglichen Daten – sowohl gültigen als auch ungültigen – getestet werden muss, um auszuschließen, dass es Probleme gibt. Automatisiertes Testen kann Breite und Tiefe der Testabdeckung erhöhen, aber trotzdem sind nicht genug Zeit oder Ressourcen vorhanden, um einen erschöpfenden hundertprozentigen Test durchzuführen.

Es ist unmöglich, einen 100%-Test mit allen möglichen einfachen Eingaben für ein System durchzuführen. Der reine Umfang der Abwandlungen und Kombinationen ist einfach zu gewaltig. Nehmen Sie beispielsweise den Test einer Funktion, die Benutzerkennwörter überprüft. Jeder Benutzer des Rechnersystems besitzt ein Kennwort von im Allgemeinen sechs bis acht Zeichen Länge, bei dem jedes Zeichen ein Großbuchstabe oder eine Ziffer ist. Jedes Kennwort muss mindestens eine Ziffer enthalten. Wie viele Zeichenkombinationen für das Kennwort sind möglich? Nach Kenneth H. Rosen in *Discrete Mathematics and Its Application* gibt es 2 684 483 063 360 mögliche Varianten. Selbst wenn es möglich wäre, jede Minute einen Testlauf bzw. 60 Testläufe pro Stunde abzuarbeiten (d.h. 480 Testläufe täglich), würde es immer noch 155

Jahre dauern, einen vollständigen Test vorzubereiten und durchzuführen. Deshalb können bei einem Test nicht alle möglichen Eingaben geprüft werden. Bei dieser Art schneller Ausdehnung wäre es fast unmöglich, alle Eingaben auszuführen; eigentlich hat es sich erwiesen, dass es allgemein unmöglich ist.

Es ist unmöglich, jede Systemkombination erschöpfend zu testen. Nehmen Sie den Test des Telefonsystems in Nordamerika. Das Format der US-Telefonnummern ist durch einen Nummerierungsplan festgelegt. Eine Telefonnummer besteht aus zehn Ziffern: einem dreistelligen Bereichscode, einem dreistelligen Zweigstellencode und einem vierstelligen Anschlusscode. Aufgrund von signalbezogenen Überlegungen gelten für einige dieser Ziffern bestimmte Beschränkungen. Um das zulässige Format zu kennzeichnen, soll X eine Ziffer bezeichnen, die jeden Wert von 0 bis 9 annehmen kann, und N eine Ziffer von 2 bis 9.

Die drei Segmente einer Telefonnummer haben folgendes Format: NNX, NXX und XXXX. Wie viele verschiedene US-Telefonnummern sind nach diesem Plan möglich? Es gibt $8 \times 8 \times 10 = 640$ Zweigstellencodes im Format NNX und $8 \times 10 \times 10 = 800$ im Format NXX. Außerdem gibt es $10 \times 10 \times 10 \times 10 = 10\,000$ Anschlusscodes im Format XXXX. Folglich stehen $640 \times 800 \times 10\,000 = 5\,120\,000$ unterschiedliche Nummern zur Verfügung. In dieser Zahl sind nur gültige Nummern und Systemeingaben enthalten; die ungültigen Nummern, die man eingeben könnte, sind noch nicht einmal betroffen. Dies verdeutlicht, dass es unmöglich ist, alle Kombinationen von Eingabedaten für ein System zu testen [1].

Selbstverständlich ist Testen potenziell eine Aufgabe ohne Ende. Angesichts dieser Möglichkeit verlassen sich Testingenieure häufig auf zufällige Codeprüfungen kritischer Module. Sie können sich auch auf den Testprozess stützen, um Fehler frühzeitig zu entdecken. Solche Testaktivitäten, die das Durcharbeiten der Anforderungen, des Designs und des Codes einschließen, unterstützen den Prozess der Fehlervermeidung. (Techniken zur Fehlervermeidung und -aufdeckung werden ausführlich in Kapitel 4 behandelt.) Angesichts des möglichen Umfangs jedes Tests muss sich das Testteam auf Techniken des Entwurfs von Testverfahren wie zum Beispiel Äquivalenztests verlassen, die nur repräsentative Daten verwenden. (Techniken für das Testdesign werden in Kapitel 7 beschrieben.)

2.2 Vorteile des automatisierten Testens

Automatisiertes Testen kann einige Vorteile bringen, wenn es korrekt implementiert ist und einem streng festgelegten Prozess folgt. Der Testingenieur muss bewerten, ob die potenziellen Vorteile den geforderten Verbesserungskriterien entsprechen und ob das Streben nach automatisierten Tests für das Projekt unter Berücksichtigung der Bedürfnisse des Unternehmens immer noch logisch erscheint. Es wurden drei bedeutende Vorteile automatisierter Tests (in Verbindung mit manuellen Tests) festgestellt: 1. Erstellung eines zuverlässigen Systems, 2. Verbesserung der Testqualität und 3. Verringerung des Testaufwands und Reduzierung des Zeitplans.

2.2.1 Erstellung eines zuverlässigen Systems

Ein strategisches Ziel der Testarbeit besteht im Auffinden von Mängeln und damit in der Reduzierung von Fehlern in der Anwendung, damit das System erwartungsgemäß und mit geringer Ausfallzeit läuft. Ein weiteres wesentliches Ziel besteht in der Gewährleistung, dass die Leistungsanforderungen an das System die Erwartungen der Benutzer erfüllen oder übertreffen. Um diese Ziele wirkungsvoll zu unterstützen, sollte die Testarbeit bereits während der Entwicklungsphase der Anforderungsdefinition beginnen, in der die Anforderungen aufgestellt und verfeinert werden.

Die Verwendung automatisierter Tests kann sämtliche Bereiche des Testens verbessern, einschließlich der Entwicklung von Testverfahren, der Testausführung, der Analyse der Testergebnisse, der Überwachung von Fehlerstatus und Korrektur sowie der Berichterstellung. Außerdem werden alle Testphasen unterstützt, wie zum Beispiel Einheiten-, Integrations-, Regressions-, System-, Benutzerakzeptanz-, Leistungs-, Belastungs- und Konfigurationstests.

In sämtlichen Bereichen der Entwicklung trägt automatisiertes Testen zur Erstellung zuverlässiger Systeme bei, vorausgesetzt, automatisierte Testwerkzeuge und Methoden werden korrekt implementiert, und es wird ein definierter Testprozess wie zum Beispiel die ATLM eingehalten. Tabelle 2.1 nennt die speziellen Vorteile, die vom Einsatz automatisierter Tests zu erwarten sind.

2.2.1.1 Erweiterte Definition der Anforderungen

Wie bereits dargestellt, beginnen zuverlässige und kostengünstige Softwaretests in der Anforderungsphase mit dem Ziel, hochgradig zuverlässige Systeme zu schaffen. Wenn die Anforderungen unzweideutig sind und sämtliche Informationen, die der Testingenieur benötigt, in überprüfbarer Form darstellen, werden sie als testfertig oder testfähig bezeichnet. Viele Werkzeuge auf dem Markt sind in der Lage, das Erstellen testfähiger Anforderungen zu erleichtern. Einige lassen zu, dass die Anforderungen mit Hilfe eines syntaxgesteuerten Editors in einer formalen Sprache wie LOTOS oder Z geschrieben werden [2], andere erlauben die grafische Modellierung der Anforderungen. (Kapitel 3 bringt weitere Einzelheiten über verfügbare Anforderungswerkzeuge.)

Testfertige Anforderungen verringern Testaufwand und Kosten. Anforderungen, die sich in testfertigem Zustand befinden, unterstützen die Vorbereitung eines effizienten Testdesigns und von Anforderungen für die Nachvollziehbarkeit von Testdesign und Testverfahren. Diese bessere Verfolgbarkeit wiederum gibt dem Testteam größere Sicherheit in Bezug auf die Vollständigkeit des Tests. In Anhang A finden Sie weitere Informationen zu testbereiten Anforderungen.

Tab. 2.1 Erstellung eines zuverlässigen Systems.

Erweiterte Definition der Anforderungen
Verbessertes Testen der Leistungsfähigkeit
Verbessertes Testen der Belastbarkeit
Qualitätsmessungen und Testoptimierung
Verbesserte Zusammenarbeit mit dem Entwicklungsteam
Verbesserter Lebenszyklus der Systementwicklung

2.2.1.2 Verbessertes Testen der Leistungsfähigkeit

Leistungsdaten werden nicht mehr mit der Stoppuhr gesammelt. Noch 1998 wurde in einer *Fortune*-100-Firma die Leistung so getestet, dass ein Testingenieur mit einer Stoppuhr dasaß und die Ausführungszeit der Funktionen bestimmte, die ein anderer Testingenieur manuell ausführte. Diese Methode der Erhebung von Leistungsdaten ist sowohl arbeitsintensiv als auch in hohem Maße fehleranfällig, und es ist keine automatische Wiederholung möglich. Heute gibt es auf dem Markt viele Werkzeuge für *Leistungstests*, mit denen man die Systemfunktionen automatisch testen kann, die Zahlen und Kurven über Zeitwerte ausgeben und die Engpässe und Schwellenwerte aufzeigen. Der Testingenieur braucht nicht mehr mit der Stoppuhr zu arbeiten, sondern startet ein Testskript, das die Leistungsstatistik automatisch aufzeichnet und ihn für kreativere und intellektuell anspruchsvolle Aufgaben freimacht.

Früher war eine Reihe verschiedener Rechner und Personen erforderlich, die eine Vielzahl von Tests immer wieder durchführten, um statistisch gültige Leistungsdaten zu gewinnen. Neue automatisierte Leistungstestwerkzeuge erlauben dem Testingenieur den Einsatz von Programmen, die Daten aus einer Datei oder Tabelle lesen oder vom Werkzeug erzeugte Daten verwenden, und zwar unabhängig davon, ob die Informationen aus einer einzigen oder aus mehreren hundert Datenzeilen bestehen. Noch andere Programme lassen sich aus Testprogrammbibliotheken entnehmen oder mit diesen entwickeln, um Schleifenkonstrukte und bedingte Anweisungen zu unterstützen.

Die neue Generation der Testwerkzeuge versetzt den Testingenieur in die Lage, Leistungstests unbeaufsichtigt laufen zu lassen, weil sich die Ausführungsdauer im voraus festlegen lässt; das Testskript wird dann automatisch ohne jeden manuellen Eingriff gestartet. Viele automatisierte Leistungstestwerkzeuge machen virtuelle Benutzertests möglich, bei denen der Testingenieur eine beliebige Anzahl von Benutzern simulieren kann, die verschiedene Testskripts ausführen.

Das Ziel von Leistungstests besteht im Nachweis, dass ein System entsprechend den Spezifikationen für die Leistungsanforderungen arbeitet, was akzeptable Reaktionszeiten betrifft, wenn es die geforderten Mengen von Transaktionen an einer Datenbank in Produktionsgröße ausführt. Während der Leistungstests werden realistische Belastungen benutzt, um das Verhalten vorherzusagen, und zur Messung der Reaktionszeit wird eine kontrollierte und gemessene Belastung verwendet. Die Analyse der Ergebnisse der Leistungstests trägt zur Abstimmung der Leistung bei.

2.2.1.3 Verbessertes Testen der Belastbarkeit

Ein Testwerkzeug, das Leistungstests unterstützt, unterstützt auch Belastungstests. Der Unterschied zwischen diesen Testarten betrifft nur die Art der Testausführung. Das Testen der Belastbarkeit ist der Prozess des Betreibens von Clientrechnern in Massenszenarien, um festzustellen, wann und wo die Anwendung unter dem Druck *zusammenbricht*. Bei Belastungstests wird das System extremen und maximalen Belastungen unterworfen, um herauszufinden, ob und wo es zusammenbricht und welche Komponente zuerst aufgibt. Die Feststellung der Schwachpunkte des Systems ist wichtig. Die Systemanforderungen sollten diese Schwellen definieren und die Reaktion des Systems auf eine Überlastung beschreiben. Belastungstests sind sinnvoll, um das System bei maximal vorgesehener Belastung zu betreiben und sich zu überzeugen, dass es richtig funktioniert. Diese Art des Testens zeigt, ob sich das System wie festgelegt verhält, wenn es einer Überlastung ausgesetzt wird.

Für Belastungstests braucht man nicht mehr mindestens zehn Testingenieure. Die Automatisierung von Belastungstests ist für alle Betroffenen von Vorteil. Eine Geschichte, an der ein Testingenieur namens Steve beteiligt war, veranschaulicht dies. Steve war einer von 20 Testingenieuren in einem umfangreichen Projekt. Nach einer Woche Testarbeit forderte sein Testleiter, dass alle 20 Testingenieure am Sonnabend arbeiten sollten, um die Belastungstests durchzuführen. Er betonte, dass das gesamte Testteam anwesend sein müsse, damit jeder das System umfangreich nutzen könne, was als »Belastungstest« für das System anzusehen sei.

Wie der Testleiter erklärte, würde jeder Testingenieur die komplexesten Funktionen des Systems zur selben Zeit ausführen. Steve und seine Kollegen schleppten sich also an diesem Sonnabendmorgen pflichtbewusst zur Arbeit. Als sie ankamen, wurde schnell deutlich, dass ihr Chef eine winzige Kleinigkeit des Wochenendplans vergessen hatte. Keiner der Angestellten hatte einen Schlüssel für das Gebäude – und die Einrichtung hatte weder einen Wachmann noch Lesegeräte für magnetische Zugangsschlüssel. Schließlich machten alle Testingenieure kehrt und gingen wieder nach Hause; der Weg zur Arbeit an diesem Morgen war reine Zeitverschwendung. Steve drückte es so aus: »Ich glaube, jeder einzelne von uns machte einen persönlichen 'Belastungstest'.«

Mit einem automatisierten Testwerkzeug benötigt das Testteam keine zusätzlichen Ressourcen, und häufig kann man den Testingenieuren Überstunden oder Wochenendarbeit ersparen. Und das Unternehmen braucht keine Überstunden zu bezahlen. Mit einem automatisierten Werkzeug für *Belastungstests* kann der Testingenieur festlegen, wann der Test durchgeführt werden soll, welche Tests gemacht werden sollen und wie viele Benutzer simuliert werden sollen – alles ohne Benutzereingriff.

Es ist teuer, schwierig, unpräzise und zeitaufwendig, eine Anwendung mit ausschließlich manuellen Methoden unter Belastung angemessen zu testen. Für den Testprozess wird eine große Anzahl von Benutzern und Arbeitsstationen benötigt. Es ist kostspielig, ausreichende Ressourcen für die Tests bereitzustellen, und schwierig, die benötigten Benutzer und Rechner einzusetzen. Eine wachsende Anzahl von Testwerkzeugen bietet mit der Simulation des Zusammenspiels vieler Benutzer mit dem System auf einer begrenzten Anzahl von Clientrechnern eine Alternative zu manuellen Belastungstests. Im Allgemeinen beginnt der Prozess mit der Aufzeichnungen von Benutzeraktionen in der Anwendung und auf dem Datenbankserver in einer Reihe von Testskripts. Dann führt die Testsoftware mehrere Instanzen der Testskripts aus, um eine große Benutzerzahl zu simulieren.

Viele automatisierte Testwerkzeuge besitzen einen Belastungssimulator, mit dem der Testingenieur mehrere hundert oder tausend Benutzer simulieren kann, die gleichzeitig mit der Zielanwendung arbeiten. Es braucht niemand anwesend zu sein, um die Tests in Gang zu setzen oder zu überwachen, man kann den Startzeitpunkt für das Skript angeben, und die Skripts können unbeaufsichtigt ablaufen. Die meisten dieser Werkzeuge geben ein Testprotokoll aus, das die Ergebnisse des Belastungstests auflistet. Das Werkzeug kann alle unerwartet aktiven Fenster aufzeichnen (zum Beispiel Fehlermeldungen). Ein Fenster kann beispielsweise unbeabsichtigt aktiv werden, wenn der Testingenieur einen Test mit geöffnetem Fenster A aufzeichnet, aber bei der Wiedergabe des Skripts feststellt, dass auch Fenster B entgegen seinen Erwartungen offen ist.

Ein Beispiel für Belastungstests ist auch der Dauerbetrieb einer Clientanwendung über mehrere Stunden oder das Ausführen einer großen Anzahl
unterschiedlicher Testläufe zur Simulation einer Mehrbenutzerumgebung. Zu
den typischen Fehlern, die bei Belastungstests aufgedeckt werden, zählen
Speicherprobleme, Leistungsprobleme, Sperrprobleme, Parallelitätsprobleme,
übermäßige Inanspruchnahme von Systemressourcen und Platzmangel auf
Speichermedien.

2.2.1.4 Qualitätsmessungen und Testoptimierung

Automatisierte Tests erbringen Metriken für die Qualität und ermöglichen
eine Optimierung der Tests. Ihre Ergebnisse lassen sich später messen und
analysieren. Sogar der automatisierte Testprozess als solcher kann gemessen
und wiederholt werden. Bei einem manuellen Testprozess kann es vorkommen, dass die beim ersten Durchgang unternommenen Schritte nicht genau
dieselben sind wie beim zweiten Durchgang. Infolgedessen ist mit diesem
Ansatz das Erzeugen vergleichbarer Qualitätsmessungen schwierig. Bei automatisiertem Testen sind die Schritte dagegen wiederhol- und messbar.

Die Analyse der Qualitätsmessungen durch die Testingenieure unterstützt
die Optimierung der Tests – aber nur dann, wenn die Tests wiederholbar sind.
Wie bereits erwähnt, ermöglicht die Automatisierung die Wiederholbarkeit.
Nehmen Sie zum Beispiel die Situation, dass ein Testingenieur einen manuellen Test durchführt und einen Fehler findet. Er versucht, den Test erneut zu
machen, aber ohne Erfolg. Bei einem automatisierten Test hätte das Skript
erneut abgespielt werden können, und der Test wäre sowohl wiederhol- als
auch messbar gewesen. Das automatisierte Werkzeug erzeugt viele Messwerte,
erstellt üblicherweise ein Testprotokoll und kann automatisch Messberichte
liefern.

Automatisierte Tests unterstützen außerdem die Optimierung. Der Testingenieur kann beispielsweise eine Folge von Regressionstests durch Ausführen
der folgenden Schritte optimieren:

1. Starten der Regressionstestfolge.

2. Wenn Fälle ermittelt werden, für welche die Regressionstests zufriedenstellend verlaufen sind, bei denen aber später Fehler sichtbar werden, lässt sich
   feststellen, welche Testläufe diese Fehler aufgedeckt haben.

3. Durch Wiederholen dieser Schritte wird das Regressionstestpaket mit Hilfe
   von Qualitätsmessungen ständig verbessert. (In diesem Fall wären Menge
   und Art der im Verlauf der Tests aufgetretenen Fehler die Metrik.)

2.2.1.5 Verbesserte Zusammenarbeit mit dem Entwicklungsteam

Als der Testingenieur John in einer *Fortune*-100-Firma automatisierte Tests implementierte, bestand eine seiner zahlreichen Pflichten darin, weniger erfahrene Testingenieure anzuleiten. John beriet viele Projektteams oder fungierte als Mentor für sie. Bei einem Projekt wurde er gebeten, einem Entwickler einer Arbeitsgruppe beim Einsatz eines automatisierten Testwerkzeugs zu helfen. Er installierte das Werkzeug in etwa 15 Minuten und half dem Entwickler, einen Kompatibilitätstest zwischen dem Testwerkzeug und der Zielanwendung zu starten.

Er lieferte dem Entwickler einen Überblick über die wichtigsten Funktionen des Werkzeugs und begann dann, einige Kompatibilitätstests durchzuführen. Er beobachtete, dass es einige Objekte erkennen konnte. Schließlich zeigten die Tests, dass das Testwerkzeug nicht in der Lage war, eines der wichtigsten von einem Drittanbieter stammenden Steuerelemente (Widgets) zu erkennen, das auf jedem Bildschirm der in der Entwicklung befindlichen Anwendung verwendet wurde. Man beschloss, dass das Werkzeug nicht mit der Zielanwendung kompatibel sei. Später erzählte ihm der Entwickler, dass er Johns Hilfe beim Kennenlernen des Werkzeugs wirklich begrüßt habe. Er teilte ihm seine Erfahrungen mit:

>»Ich arbeitete an diesem einer Durchschlageübung ähnlichen (Zitat) Projekt mit sehr engem Zeitplan, als mein Chef mit dem großen Karton zu mir kam, in dem sich das automatisierte Testprogramm XYZ befand. Er sagte: 'Hier, nimm dieses automatisierte Testwerkzeug, dann geht das Testen schneller.' Ich stellte den Karton zur Seite und fragte mich, wann ich mit der Nutzung des Werkzeugs zurechtkommen sollte, angesichts des engen Entwicklungszeitplans und der vielen anderen Zuständigkeiten, die meine Aufgabe waren. Ich fragte mich, wann ich die Zeit fände, das Werkzeug kennenzulernen und zu verstehen.«

Der Entwickler erzählte sehr detailliert, welche Sorgen er sich darüber machte, ohne Schulung, Hilfe oder Anleitung mit dem Werkzeug zurechtkommen zu müssen. Er erzählte, wie John unerwartet auf die Bildfläche trat und das Werkzeug für ihn installierte, ihm einen Überblick vermittelte, ihm zeigte, wie es funktionierte, und ihm Starthilfe gab. Es kostete John nur einen Bruchteil der Zeit, die der Entwickler gebraucht hätte, um in die Verwendung des Werkzeugs einzusteigen und festzustellen, dass es nicht mit der Zielanwendung kompatibel war. Für den Entwickler trug die Tatsache, dass John sich daran machte, ihm in Bezug auf das Werkzeug auf die Beine zu helfen, dazu bei, eine enge Arbeitsbeziehung zwischen ihnen aufzubauen.

Automatisiertes Testen stellt für den Testingenieur und für den Anwendungsentwickler eine angenehme Methode der Zusammenarbeit dar. Da der Testingenieur jetzt ähnliche Softwarefähigkeiten braucht, ergeben sich mehr Gelegenheiten für Zusammenarbeit und gegenseitigen Respekt. Früher wurden Testaktivitäten häufig von Personen durchgeführt, die ausschließlich zu Dateneingaben in der Lage waren. In einer solchen Umgebung betrachtete der Entwickler denjenigen, der die Tests durchführte, nicht als gleichwertigen Partner oder Vertrauten.

Da automatisierte Testwerkzeuge zur Durchführung von Tests während der Entwicklung eingesetzt werden, arbeiten die Entwickler selbst mit diesen Werkzeugen, um Einheiten, Speicherprobleme, Codeabdeckung, Benutzerschnittstellen und Server zu testen. Infolgedessen müssen Testingenieure dieselben Qualifikationen haben wie Entwickler – und dieselben Karrierechancen (Vergütung, Beurteilung). Der gegenseitige Respekt von Anwendungsentwicklern und Testingenieuren wird weiter zunehmen, und im Idealfall wird die Beziehung eher als Partnerschaft betrachtet werden.

2.2.1.6 Verbesserter Lebenszyklus der Systementwicklung

Automatisierte Tests können jede Phase der Systementwicklung unterstützen. Heute stehen mehrere automatisierte Testwerkzeuge dafür zur Verfügung. Es gibt zum Beispiel Werkzeuge für die Phase der Anforderungsdefinition, die testfertige Anforderungen erzeugen, um Aufwand und Kosten der Tests zu minimieren. In ähnlicher Weise können Werkzeuge zur Unterstützung der Designphase, zum Beispiel Modellierungswerkzeuge, die Anforderungen in Anwendungsfällen (oder Use Cases) aufzeichnen. Diese Fälle stellen Benutzerszenarien dar, die verschiedene Kombinationen von (betriebsorientierten) Anforderungen auf Systemebene anwenden. Sie besitzen einen definierten Ausgangspunkt, einen definierten Benutzer (eine Person oder ein externes System), eine Folge bestimmter Schritte und ein definiertes Kriterium für die Beendigung.

Außerdem gibt es Werkzeuge für die Programmierphase, wie zum Beispiel zur Überprüfung des Codes, zum Erstellen von Berichten über das Einhalten der Metriken, zur Instrumentarisierung von Code und zur Erzeugung produktbasierter Testverfahren. Wenn Anforderungsdefinition, Softwaredesign und Testverfahren richtig vorbereitet wurden, kann die Anwendungsentwicklung vielleicht zum einfachsten Teil des Ganzen werden. Die Testausführung läuft unter diesen Voraussetzungen mit Sicherheit glatter.

Es gibt noch viele weitere Werkzeuge, welche die Testarbeit unterstützen können, beispielsweise solche für Leistungstests und zum Aufzeichnen und Wiedergeben (Capture/Replay). All die verschiedenen Testwerkzeuge tragen in der einen oder anderen Weise zum Systementwicklungslebenszyklus und zur endgültigen Qualität des Endprodukts bei. Obwohl jedes Werkzeug seinen bestimmten Zweck hat, ist es unwahrscheinlich, dass alle für ein bestimmtes Projekt denselben Nutzen haben oder dass die Organisation jedes Werkzeug zur Verfügung hat.

2.2.2 Verbesserung der Testqualität

Durch Verwendung eines automatisierten Testwerkzeugs lassen sich Tiefe und Breite von Tests steigern. Spezielle Vorteile werden in Tabelle 2.2 skizziert.

2.2.2.1 Verbessertes Testen der Software-Builds (Smoke-Test)

Der »Smoke-Test« (Test zur Verifizierung von Software-Builds) konzentriert sich auf die Testautomatisierung der Systemkomponenten, welche die wichtigste Funktionalität umfassen. Anstatt alles wiederholt neu zu testen, wenn ein neuer Software-Build dazukommt, führt ein Testingenieur den Smoke-Test neu aus und überzeugt sich, dass die wesentliche Funktionalität des Systems noch gegeben ist. Mit einem automatisierten Testwerkzeug kann er die manuellen Testschritte aufzeichnen, die normalerweise bei der Prüfung der Software-Builds bzw. Versionen stattfänden. Mit Hilfe eines automatisierten Testwerkzeugs lassen sich Tests durchführen, die das Vorhandensein aller wesentlichen Funktionen bestätigen, bevor unnötige manuelle Tests unternommen werden.

Tab. 2.2 Verbesserte Testqualität.

Verbesserte Verifizierung der Software-Builds (Smoke-Test)
Verbesserte Regressionstests
Verbesserte Kompatibilitätstest für mehrere Plattformen
Verbessertes Testen der Softwarekonfigurationen
Verbesserte Ausführung einfacher Tests
Stärkere Konzentration auf fortgeschrittenere Testaspekte
Durchführung von Tests, die mit manuellen Verfahren nicht möglich sind
Fähigkeit zur Reproduktion von Softwarefehlern
Verbesserte Nutzung von Geschäftswissen
Tests außerhalb der Arbeitszeiten

Das automatisierte Testwerkzeug unterstützt den Smoke-Test dadurch, dass der Testingenieur das Skript ausführen kann. Es durchläuft automatisch jeden Schritt, den der Testingenieur sonst manuell durchgeführt hätte, und verringert so wiederum den Testaufwand. Während der Zeit, in der das Skript läuft, kann sich der Testingenieur auf andere Fragen konzentrieren und so die Fähigkeiten des gesamten Testteams steigern.

Smoke-Tests stellen sicher, dass keine Arbeit durch Testen eines unvollständigen Builds vergeudet wird. In einer großen Firma machte die Testingenieurin Mary Ellen beim Testen einer neuen Softwareversion (Build) folgende Erfahrung:

1. Die geschäftlichen Nutzer wurden vom fünften Stock in den Testraum im vierten Stock gerufen, um sich zu überzeugen, dass bestimmte Probleme im neuen Software-Build behoben waren. Sie wurden oft aufgefordert, das, was sie gerade taten, fallenzulassen, um einen Regressionstest mit einer neuen Version/einem neuen Build durchzuführen. Manchmal begannen sie mit dem Test und stießen sofort auf einen Fehler, der den weiteren Betrieb des Systems unmöglich machte. Sie meldeten den Fehler und kehrten nach oben zurück, weil sie den Test erst fortsetzen konnten, wenn die Fehlerkorrektur in den Build eingearbeitet war. Fünf Personen vergeudeten mindestens eine Stunde, nur um einen Fehler festzustellen.

2. Bei manueller Durchführung von Tests konnte es vorkommen, dass ein neu in zuvor laufende Funktionalität hineingekommener Fehler erst nach stundenlangen Regressionstests gefunden wurde. Infolgedessen wurde noch mehr Zeit vergeudet, da der gesamte neue Build neu erstellt und erneut getestet werden musste. Dieser Fall trat häufig auf, weil die Testmitarbeiter selbstzufrieden wurden und dachten: »Ich habe diese Funktionen schon beim letzten Mal getestet, und es lief hervorragend; statt dessen konzentriere ich mich jetzt auf das, was damals nicht funktioniert hat.«

Bei einem Smoke-Test führt der Entwickler oder der unabhängige Testingenieur das Testskript lediglich aus, wenn eine neue Softwareversion oder ein neuer Build fertig ist, um sich zu vergewissern, dass die wesentliche Funktionalität, die in der vorherigen Version des Programmcodes in Ordnung war, auch in der neuesten Version läuft. Auch die Mitarbeiter im Konfigurationsmanagement können von diesem Test profitieren, indem sie sich mit Hilfe dieses Tests überzeugen, dass alle Versionen des Builds korrekt geprüft wurden. Auch der Spezialist für das Konfigurationsmanagement kann sofort in Erfahrung bringen, ob eine Version oder ein Teil des Builds fehlt. Damit kann ein Smoke-Test Entwicklern, dem Konfigurationsmanagement, Geschäftsbenutzern und Testingenieuren viel wertvolle Zeit sparen.

2.2.2.2 Verbesserte Regressionstests

Ein Regressionstest ist ein Test (oder eine Testreihe), der auf einem (in einem Konfigurationsmanagementwerkzeug) grundspezifizierten System oder Produkt ausgeführt wird, nachdem ein Teil der Systemproduktumgebung geändert wurde. Das Ziel besteht darin, sicherzustellen, dass die von dem modifizierten Produkt oder System bereitgestellten Funktionen die Spezifikationen erfüllen und keine versehentliche Änderung in den Betriebsfunktionen aufgetreten ist. Ein automatisiertes Testwerkzeug ermöglicht einfachere Regressionstests. Automatisierte Regressionstests können auf zweckmäßige Weise gewährleisten, dass sich keine Fehler in einen neuen Build eingeschlichen haben. Die Erfahrung zeigt, dass die Modifikation eines vorhandenen Programms (nach Fehlerzahl pro geschriebene Anweisungen) fehleranfälliger ist als das Schreiben eines neuen Programms [3].

Regressionstests sollten nach jeder Freigabe einer bereits getesteten Anwendung erfolgen. Der in Abschnitt 2.2.2.1 beschriebene Smoke-Test ist ein weniger umfangreicher, schneller Regressionstest der wesentlichen Funktionalität auf hoher Ebene. Regressionstests erweitern den Smoke-Test so, dass er die gesamte Funktionalität erfasst, die sich bereits als anwendbar erwiesen hatte. Das Regressionstestpaket stellt eine Teilmenge der Testverfahren dar, welche die wesentliche Funktionalität der Anwendung prüfen. Es kann Testverfahren enthalten, die mit höchster Wahrscheinlichkeit die meisten Fehler entdecken. Diese Art des Testens sollte mit Hilfe eines automatisierten Werkzeugs durchgeführt werden, weil sie normalerweise langwierig und zäh und deshalb anfällig für menschliche Fehler ist.

Die Ausführung einer Test-Shell oder einer Mantelfunktion, die eine vollständige Gruppe von Systemtestskripts enthält, stellt ein Beispiel für die effiziente Verwendung automatisierter Skripts im Rahmen von Regressionstests dar. Eine Test-Shell ist ein Testverfahren, das mehrere Tests aufruft oder zusammenfasst und dann in einer bestimmten vordefinierten Reihenfolge ausführt. Eine solche Prozedur erlaubt dem Testingenieur, ein umfassendes Testpaket zu erstellen und auszuführen und die Ergebnisse der Tests anschließend in einem einzigen Protokoll abzulegen.

2.2.2.3 Verbesserte Kompatibilitätstests für mehrere Plattformen

Ein weiteres Beispiel für die Einsparungen, die man der Verwendung automatisierter Tests zuschreiben kann, ist die Wiederverwendung von Testskripts, um mehrere Plattformen (Hardwarekonfigurationen) zu testen. Änderungen an Rechnerhardware, Netzwerkversionen und Betriebssystemen können zu unerwarteten Kompatibilitätsproblemen mit der bestehenden Konfiguration führen. Die Ausführung automatisierter Testskripts vor der Auslieferung einer neuen Anwendung an eine große Zahl von Benutzern kann eine saubere Methode sein, um sicherzustellen, dass diese Änderungen keinen negativen Einfluss auf aktuelle Anwendungen und Betriebsumgebungen hatten.

Vor dem Aufkommen automatisierter Tests hätte der Testingenieur beispielsweise jeden für eine Windows 95-Umgebung erforderlichen manuellen Test beim Testen in einer Windows NT-Umgebung Schritt für Schritt wiederholen müssen. Wenn er heute die Skripts für eine zu testende Anwendung auf einer Windows 95-Plattform erstellt, kann er dieselben Skripts einfach mit Hilfe von Multiplattformwerkzeugen wie zum Beispiel TestStudio von Rational oder AutoScriptor Inferno, auf der Windows NT-Plattform ausführen. (In Anhang B finden Sie mehr über diese Werkzeuge.)

2.2.2.4 Verbessertes Testen der Softwarekonfigurationen

Dasselbe Prinzip, das den Kompatibilitätstests für mehrere Plattformen zugrunde liegt, gilt auch für das Testen von Softwarekonfigurationen. Softwareänderungen (zum Beispiel Aktualisierungen oder die Implementierung einer neuen Version) können unerwartete Kompatibilitätsprobleme mit vorhandener Software verursachen. Die Ausführung automatisierter Testskripts kann eine saubere Methode sein, um sicherzustellen, dass diese Änderungen keinen negativen Einfluss auf aktuelle Anwendungen und Betriebsumgebungen hatten.

2.2.2.5 Verbesserte Ausführung einfacher Tests

Ein automatisiertes Testwerkzeug beseitigt die Monotonität sich wiederholender Tests. Einfache sich wiederholende Tests sind die Ursache dafür, dass viele Fehler der Entdeckung entgehen. Der Testingenieur bekommt es möglicherweise satt, dieselben monotonen Testschritte ständig zu wiederholen. Die Testingenieurin Jo Ann war für die Durchführung von Jahr-2000-Tests mit Hilfe eines automatisierten Werkzeugs zuständig. Ihre Testskripts gaben Hunderte von Daten in sage und schreibe 50 Bildschirme ein, mit verschiedenen Durchgangsdaten, und einige davon mussten wiederholt ausgeführt werden. Der einzige Unterschied bestand darin, dass Jo Ann in einem Durchgang Datenzeilen hinzufügte, welche die Daten enthielten, sie in einem anderen Durchgang löschte und in einem weiteren eine Aktualisierung durchführte. Außerdem musste das Systemdatum zurückgesetzt werden, um risikobehaftete Jahr-2000-Daten zu berücksichtigen.

Ständig wurden dieselben Schritte wiederholt, wobei die einzige Änderung in der Art der Operation bestand, die ausgeführt wurde (Hinzufügen, Löschen, Aktualisieren). Ein Endbenutzer, der Akzeptanztests durchführt, wäre bei der Ausführung dieser langweiligen und sich wiederholenden Tests sehr schnell ermüdet und würde vielleicht einige auslassen in der Hoffnung, dass das System trotzdem richtig funktioniert. Ein wichtiges Testobjekt wie zum Beispiel die Jahr-2000-Prüfung lässt sich jedoch nicht kurzschließen. Deshalb wurden die Tests im Fall von Jo Ann automatisiert. Dieser Fall stellt ein weiteres gutes Beispiel dafür dar, wann sich die Automatisierung auszahlt, weil es einem Testskript egal ist, ob es dieselben monotonen Schritte immer wieder ausführen muss, und sich die Ergebnisse automatisch prüfen lassen.

2.2.2.6 Stärkere Konzentration auf fortgeschrittenere Testaspekte

Automatisiertes Testen ermöglicht die einfache Weiderholung von Tests. Ein bedeutender Teil der Testarbeit betrifft die grundlegenden Operationen der Benutzerschnittstelle einer Anwendung. Wenn die Anwendung ausreichend betriebsfähig ist, können die Testingenieure mit dem Testen der Geschäftslogik in der Anwendung und anderer Verhaltensweisen fortfahren. Sowohl bei manuellen als auch bei automatisierten Regressionstests investieren die Testteams wiederholt Arbeit in erneutes Ausführen derselben grundlegenden Tests der Betriebsfähigkeit. Bei jeder neuen Freigabe muss sich das Testteam zum Beispiel vergewissern, dass alles, was in der vorhergehenden Version funktionierte, auch im neuesten Produkt noch funktioniert.

Die Zähigkeit dieser Tests verzögert nicht nur die weitere Arbeit, sondern verlangt denjenigen, die manuell testen, viel ab. Das manuelle Testen kann sich wegen der Wiederholung dieser Tests und auf Kosten des Vorankommens mit weiteren Tests hinziehen. Automatisiertes Testen bietet die Gelegenheit, schneller voranzukommen und innerhalb des zulässigen Zeitplans umfassender zu testen, was bedeutet, dass die automatisierte Erstellung von Tests zur Betriebsfähigkeit der Benutzerschnittstelle diese Tests schnell aus dem Weg räumt. Außerdem werden dabei Testressourcen freigemacht, was dem Testteam erlaubt, seine Kreativität und Arbeitskraft komplizierteren Problemen und Fragen zuzuwenden.

2.2.2.7 Durchführung von Tests, die mit manuellen Verfahren nicht möglich sind

Softwaresysteme und -produkte werden immer komplexer, und manchmal kann manuelles Testen nicht alle gewünschten Tests unterstützen. Wie in der Einleitung zu diesem Abschnitt gesagt wurde, lassen sich viele Arten der Testanalyse heute manuell einfach nicht durchführen, wie zum Beispiel die Analyse der Entscheidungsabdeckung oder die Sammlung von Metriken für zyklomatische Komplexität. Die Analyse der Entscheidungsabdeckung prüft, ob jeder Ein- und Austrittspunkt innerhalb des Programms mindestens einmal aufgerufen und jede vorkommende Entscheidung mindestens einmal für jedes mögliche Ergebnis getroffen wurde [4]. Die zyklomatische Komplexität (Cyclomatic Complexity), welche aus einer Analyse potenzieller Pfade durch den Quellcode abgeleitet wird, wurde zuerst von Tom McCabe veröffentlicht und ist heute Bestandteil des *Standard Dictionary of Measures to Produce Reliable Software* des IEEE. Es würde eine erhebliche Menge an Arbeitszeit erfordern, die zyklomatische Komplexität des Codes für eine umfangreiche Anwendung zu erarbeiten. Außerdem wäre es so gut wie unmöglich, Methoden zum Testen von Speicherproblemen manuell zu handhaben.

Heute können marktgängige Werkzeuge in Sekundenschnelle testen, ob die Web-Links der Anwendung in Betrieb sind. Dies manuell festzustellen, würde Stunden oder sogar Tage dauern.

2.2.2.8 Fähigkeit zur Reproduktion von Softwarefehlern

Wie oft hat ein Testingenieur beim manuellen Testen schon einen Fehler bemerkt, nur um festzustellen, dass er die Schritte, die zu diesem Fehler geführt haben, nicht wiederholen kann? Automatisierte Tests beseitigen dieses Problem. Mit einem automatisierten Testwerkzeug werden die manuellen Schritte zur Erstellung eines Tests aufgezeichnet und in einem Testskript gespeichert. Das Skript führt genau die Folge von Schritten aus, die zuvor ausgeführt wurden. Um die Sache noch weiter zu vereinfachen, kann der Testingenieur den betreffenden Entwickler über den Fehler informieren, und dieser kann das Skript ablaufen lassen, um die Ereignisfolge aus erster Hand zu erleben, die den Softwarefehler ausgelöst hat.

2.2.2.9 Verbesserte Nutzung von Geschäftswissen

Wahrscheinlich haben schon viele Testmanager die Situation erlebt, dass der einzige ortsansässige und mit den Funktionen vertraute Experte im Testteam während einer kritischen Testphase dem Projekt nicht zur Verfügung steht. Der Testingenieur Bill hat ein solches Dilemma durchgemacht. Es war ein Schock für ihn, als er eines Tages erfuhr, dass der wichtigste Experte für den Geschäftsbereich, der den Test unterstützen sollte, in Urlaub war. Natürlich stellte die Kommunikation der Projektteilnehmer untereinander ein Problem dar. Für viele Bereiche der Zielanwendung besaß ausschließlich der Geschäftsexperte das notwendige Wissen. Zum Glück für Bill und das übrige Testteam hatte dieser sein gesamtes Wissen über die Geschäftsfunktionalität in automatisierten Testskripts festgehalten.

Ein anderer Geschäftsanwender vertrat denjenigen, der in Urlaub gegangen war. Dieser war jedoch nicht in gleicher Weise mit der Anwendung vertraut. Trotzdem war er in der Lage, die Testskripts ablaufen zu lassen, die der Experte erstellt hatte. Der Einsatz dieser Skripts ermöglichte es dem Team, sich zu überzeugen, dass die ursprüngliche Funktionalität erhalten geblieben war. Er verhinderte außerdem, dass sich das Testteam darüber Sorgen machte, dass sich der ansässige Experte für eine Woche zu den Sonnenstränden von Hawaii aufgemacht hatte. Gleichzeitig lernte der neue Geschäftsanwender mehr über die »andere Seite« der Geschäftsfunktionalität der im Test befindlichen Anwendung, indem er beobachtete, wie das Skript die genaue Schrittfolge durchspielte, die zum Ausführen der Funktionen erforderlich war.

2.2.2.10 Tests außerhalb der Arbeitszeiten

Wie bereits gesagt, ermöglicht automatisiertes Testen die einfache Wiederholung von Tests. Da sich mit den meisten Werkzeugen Skripts so einrichten lassen, dass sie zur angegebenen Zeit starten, werden Tests außerhalb der normalen Arbeitszeit ohne Benutzereingriffe möglich. Der Testingenieur kann zum Beispiel morgens ein Skriptprogramm einrichten, welches vom automatisierten Testwerkzeug um 11 Uhr abends gestartet wird, während das Testteam zu Hause selig schläft. Wenn die Teammitglieder am nächsten Tag zur Arbeit erscheinen, können sie das Testprotokoll durchsehen und analysieren.

Weitere günstige Zeitpunkte zum Starten eines Skripts sind der Beginn der Mittagspause, die Zeit unmittelbar vor einer Konferenz oder kurz vor Feierabend. Durch das Anstoßen von Tests zu diesen Zeiten werden Testlabor und Zeit optimal genutzt.

2.2.3 Verringerung des Testaufwands und Minimierung des Zeitplans

Wie in Abschnitt 2.1 aufgezeigt wurde, erlebt das Testteam möglicherweise nicht sofort eine unmittelbare oder gewaltige Reduzierung der Testarbeit. Zu Anfang kann es sogar wegen der Notwendigkeit der Einrichtung des Testwerkzeugs eine gewisse Zunahme des Aufwands feststellen, wie in Abschnitt 2.1 erläutert wurde. Der Testaufwand steigt zwar wahrscheinlich zunächst, aber nach dem ersten Durchgang der Implementierung eines automatisierten Testwerkzeugs zeigen sich durch höhere Produktivität des Testteams Erträge der Investitionen für das Testwerkzeug. Die Verwendung eines automatisierten Testwerkzeugs kann sowohl den Testaufwand als auch den Testzeitplan reduzieren. Die Fallstudie am Ende dieses Abschnitts unter dem Titel »Bestimmung des Wertes einer Testautomatisierung« enthält weitere Einzelheiten darüber, wie die Testarbeit durch Automatisierung reduziert werden kann. Die spezifischen Vorteile durch effizienteres Testen finden Sie hier.

Ein Benchmark-Vergleich des Quality Assurance Institute analysierte den spezifischen Aufwand für Tests mit manuellen Methoden, gemessen in Personenstunden, verglichen mit dem Einsatz automatisierter Testwerkzeuge. Die Studie ergab, dass die gesamte Testarbeit mit Hilfe automatisierter Werkzeuge nur 25% der Personenstunden erforderte, die das manuelle Testen benötigte [5].

Die Verringerung des Testaufwands wirkt sich wahrscheinlich am stärksten auf die Kürzung des Projektzeitplans während der Phase der Testausführung aus. Zu den Tätigkeiten in dieser Phase gehören üblicherweise die Durchführung der Tests, die Analyse der Ergebnisse, die Korrektur der Fehler und das Erstellen von Testberichten. Die Benchmark-Studie zeigte, dass das manuelle Testen fast siebenmal mehr Arbeit erforderte als automatisiertes Testen.

Tabelle 2.3 nennt die Ergebnisse dieses Vergleichs für verschiedene Testschritte, wie ihn das Quality Assurance Institute im November 1995 durchgeführt hat. Der Test umfasste 1 750 Testläufe und 700 Fehler. Die Zahlen in Tabelle 2.3 spiegeln eine durch Testautomatisierung erzielte Gesamtreduzierung des Testaufwands um 75% wider.

Entwicklung eines Testplans – höherer Testaufwand. Bevor die Entscheidung zur Einführung eines automatisierten Testwerkzeugs getroffen wird, müssen zahlreiche Aspekte des Testprozesses durchdacht werden. Die Anforderungen der für den Test vorgesehenen Anwendung sollten geprüft werden, um zu ermitteln, ob diese mit dem Testwerkzeug kompatibel ist. Die Verfügbarkeit von für die automatisierten Tests geeigneten Musterdaten muss bestätigt sein. Art und Abwandlungen der erforderlichen Daten müssen skizziert werden, und es sollte ein Plan für das Beschaffen und/oder Entwickeln von Musterdaten aufgestellt werden. Damit die Skripts wieder verwendbar sind, müssen Standards für Testdesign und -entwicklung definiert und befolgt werden. Modularität und erneute Verwendung von Testskripts müssen erwogen werden. Automatisiertes Testen bedarf daher einer eigenen Art von Entwicklungsarbeit mit einem eigenen kompakten Entwicklungslebenszyklus. Die zur Unterstützung des Entwicklungslebenszyklus für die automatisierten Tests erforderliche Planung parallel zur Arbeit an der Anwendungsentwicklung kommt zur Testplanung hinzu. Weitere Details zur Testplanung finden Sie in Kapitel 6.

Tab. 2.3 Manuelles und automatisiertes Testen im Vergleich.

Testschritte	Manuelle Tests (in Std.)	Automatisierte Tests (in Std.)	Prozentsatz der Verbesserung mit Werkzeugen
Entwicklung des Testplans	32	40	-25%
Entwicklung von Testverfahren	262	117	55%
Testausführung	466	23	95%

Tab. 2.3 Manuelles und automatisiertes Testen im Vergleich. (Forts.)

Testschritte	Manuelle Tests (in Std.)	Automatisierte Tests (in Std.)	Prozentsatz der Verbesserung mit Werkzeugen
Analyse der Testergebnisse	117	58	50%
Überwachung von Fehlerstatus und Korrektur	117	23	80%
Berichterstellung	96	16	83%
Gesamtdauer	1 090	277	75%

Entwicklung von Testverfahren – geringerer Testaufwand. Früher war die Entwicklung von Testverfahren ein langsamer, teurer und arbeitsaufwendiger Vorgang. Wenn sich eine Softwareanforderung oder ein Softwaremodul änderte, musste der Testingenieur häufig vorhandene Testverfahren neu entwickeln und von Grund auf neue Testverfahren erstellen. Die heutigen automatisierten Testwerkzeuge ermöglichen dagegen das Auswählen und Ausführen eines bestimmten Testverfahrens durch Anklicken eines Symbols. Mit den modernen Programmen zur Erzeugung von Testverfahren bzw, Use Cases (mehr dazu in Kapitel 3) verringert sich die Zeit für die Erstellung und Prüfung von Testverfahren im Vergleich zu manuellen Testmethoden gewaltig, manchmal auf wenige Sekunden. Die Verwendung von Werkzeugen zur Erzeugung von Testdaten (ebenfalls in Kapitel 3 beschrieben) trägt zu einer weiteren Verringerung des Testaufwands bei.

Testausführung – geringerer Arbeits- und Zeitaufwand. Das manuelle Durchführen von Tests ist arbeitsintensiv und fehleranfällig. Ein Testwerkzeug ermöglicht das Ablaufenlassen von Testskripts zur Ausführungszeit mit minimalen manuellen Eingriffen. Bei richtiger Einrichtung und im Idealfall stößt der Testingenieur lediglich das Skript an, und dann arbeitet das Werkzeug unbeaufsichtigt. Die Tests können so oft ausgeführt werden, wie es nötig ist, und lassen sich so einrichten, dass sie zu einer bestimmten Zeit beginnen und gegebenenfalls über Nacht laufen. Diese Fähigkeit des unbeaufsichtigten Ablaufs erlaubt dem Testingenieur, sich auf andere Aufgaben mit höherer Priorität zu konzentrieren.

Analyse der Testergebnisse – geringerer Arbeits- und Zeitaufwand. Automatisierte Testwerkzeuge besitzen im Allgemeinen irgendeine Art von Berichtsmechanismus für Testergebnisse und sind fähig, ein Testprotokoll zu führen. Einige erzeugen farbig gekennzeichnete Ergebnisse, bei denen grüne Ausgaben vielleicht besagen, dass der Test bestanden wurde, rote dagegen das

Gegenteil. Die meisten Werkzeuge können zwischen einem bestandenen und einem nicht bestandenen Test unterscheiden. Testprotokolle dieser Art erleichtern die Testanalyse. Außerdem ermöglichen die meisten Werkzeuge den Vergleich der fehlgeschlagenen Daten mit den Originaldaten und das automatische Hervorheben der Unterschiede, was wiederum die Analyse erleichtert.

Überwachung von Fehlerstatus und Korrektur – geringerer Arbeits- und Zeitaufwand. Einige der verfügbaren automatisierten Werkzeuge bieten die automatische Dokumentierung von Fehlern mit minimalen manuellen Eingriffen, wenn ein Testskript einen Fehler festgestellt hat. Zu den auf diese Art dokumentierten Informationen zählen die Ermittlung des Skripts, in dem der Fehler aufgetreten ist, die Bestimmung des zu diesem Zeitpunkt laufenden Testdurchgangs, eine Fehlerbeschreibung sowie Datum und Uhrzeit des Auftretens. Mit TestStudio lässt sich beispielsweise ein Mängelbericht erstellen, sobald ein Skript auf einen Fehler gestoßen ist, indem man einfach das Erzeugen eines Fehlers auswählt, der sich dann automatisch und dynamisch in die Testanforderungen einbinden lässt und damit das Sammeln von Metriken vereinfacht.

Berichterstellung – geringerer Arbeits- und Zeitaufwand. Viele automatisierte Testwerkzeuge besitzen integrierte Berichtgeneratoren, mit denen der Benutzer Berichte schreiben und anpassen kann, die für einen bestimmten Bedarf maßgeschneidert sind. Selbst Testwerkzeuge ohne Berichtgenerator machen vielleicht Im- und Export relevanter Daten im gewünschten Format möglich, so dass die Ergebnisse des Testwerkzeugs in Datenbanken eingefügt werden können, die ihrerseits die Berichterstellung unterstützen.

Ein weiterer Vorteil betrifft den Einsatz automatisierter Testwerkzeuge zur Unterstützung des Testingenieurs bei der Durchführung von Testmethoden und -techniken, die früher manuell betrieben wurden. Wie bereits erwähnt, können automatisierte Testwerkzeuge die Notwendigkeit, manuelle Tests zu veranstalten, nicht vollständig beseitigen. Einiges muss der Testingenieur immer noch manuell erledigen. Viele Tätigkeiten beim Einrichten von Tests müssen zum Beispiel manuell erfolgen. Infolgedessen sind sowohl Kenntnisse im manuellen als auch im automatisierten Testen erforderlich, um einen vollständigen Test durchzuführen und ein System hervorzubringen, das die Bedürfnisse des Endbenutzers erfüllt. Deshalb kann man automatisierte Testwerkzeuge nicht als Patentrezept für sämtliche Testaspekte und -fragen ansehen.

Fallstudie

Bestimmung des Wertes einer Testautomatisierung

Das hier dargestellte Beispiel für den Wert einer Testautomatisierung gibt eine in Europa geleistete Forschungsarbeit wieder, die mit dem Zweck der Untersuchung der Vorteile der Testautomatisierung im Vergleich mit manuellen Tests Messwerte zur Automatisierung von Tests gesammelt hat. Sie wurde von der Firma imbus GmbH durchgeführt und von der Europäischen Kommission unterstützt [6]. Die European Systems and Software Initiative (ESSI) der Europäischen Kommission förderte dieses Experiment zur Prozessverbesserung durch automatisiertes Testen grafischer Benutzerschnittstellen (ESSI Project Number 24306). Das Experiment bestand aus zwei Teilen: dem Grundprojekt und dem Experiment.

Mit *Grundprojekt* ist das Projekt gemeint, für das die Softwareentwicklung der Firma (neben anderen Systementwicklungsaktivitäten) durchgeführt wurde. Es bestand aus der Entwicklung eines integrierten PC-Werkzeugs, RBT genannt, das für die Wartung der Ausrüstung eines Radiosenders eingesetzt wurde. Diese Anwendung stellte eine grafische Benutzerschnittstelle für Kommissionierung, Parameterdefinition, Hardwarediagnose, das Herunterladen von Software, das Erstellen einer Ausrüstungsdatenbank sowie Offline- und Felddiagnosen verschiedenartiger Basisstationen für GSM-Radiokommunikation einschließlich eines rein grafischen Editors für die Ausrüstungsdefinition bereit.

Im eigentlichen *Experiment* wurde eine neue Methode der Testdurchführung benutzt – automatisiertes Testen. Um herauszufinden, ob diese eine Verbesserung darstellte, wurde ihre Leistung mit derjenigen der alten Methode – manuelles Testen – verglichen, die zusätzlich zum automatisierten Testen parallel zum Grundprojekt eingesetzt wurde.

Das Ziel dieses Projekts bestand in der Optimierung des Testprozesses für grafische Benutzeroberflächen und der Steigerung des Automatisierungsgrades beim Testen durch Verwendung geeigneter Werkzeuge. Das Projekt begann im März 1997 und wurde im März 1998 abgeschlossen. Um für den Vergleich Leistungsdaten zu gewinnen, führten die Forscher in einem Beispiel manuelle und in einem zweiten automatisierte Tests durch. Die in der Testspezifikation definierten Anforderungen wurden von einem Testingenieur im Grundprojekt manuell durchgeführt. Gleichzeitig verwendete das Projektteam die Testanforderungen zur Entwicklung automatisierter Testverfahren und führte dann Tests und Regressionstests mit Hilfe des automatisierten Werkzeugs *WinRunner* durch.

Um zu ermitteln, um wie viel wirtschaftlicher automatisiertes Testen grafischer Benutzeroberflächen im Vergleich zum manuellen Testen ist, maß und verglich die Studie den Aufwand für beide Methoden während des Experiments. Die wesentliche Frage, mit der sich die Studie beschäftigte, stellte in den Mittelpunkt, wie oft ein bestimmter Test wiederholt werden musste, damit automatisiertes Testen kostengünstiger wurde als manuelles Vorgehen. Die Ergebnisse dieses Experiments zur Prozessverbesserung werden in Tabelle 2.4 dargestellt.

Tab. 2.4   Break-Even-Punkt der Automatisierung von GUI-Tests.

Test	Vorbereitung V Manuell	Automatisiert	Durchführung D Manuell	Automatisiert	N	Aufwand E für n automatisierte Tests 1	5	10	20
Test 1	16	56	24	1	1,74	143%	45%	26%	15%
Test 2	10	14	2	0,1	2,11	118%	73%	50%	32%
Test 3	10	16	4,5	0,2	1,40	112%	52%	33%	20%
Test 4	20	28	1,5	0,2	6,15	131%	105%	86%	64%
Test 5	10	15	1	0,1	5,56	137%	103%	80%	57%
Test 6	10	15	1,5	0,1	3,57	131%	89%	64%	43%
Test 7	10	11,5	0,75	0,1	2,31	108%	87%	71%	54%
Test 8	10	11,5	0,5	0,1	3,75	110%	96%	83%	68%
Test 9	10	14	3	0,1	1,38	108%	58%	38%	23%
Test 10	10	10,6	0,5	0,1	1,50	102%	89%	77%	63%
Gesamt	116	191,6	39,25	2,1	2,03	125%	65%	42%	26%

Test i: In der Testspezifikation des Grundprojekts spezifizierte Tests.
V_m: Aufwand für Testspezifizierung.
V_a: Aufwand für Testspezifizierung und -implementierung.
D_m: Aufwand für einzelne, manuelle Testausführung.
D_a: Aufwand für Testinterpretation nach dem automatisierten Testen. Die Zeit für den Testprozess wurde nicht gezählt, weil er ohne Überwachung mit einem Capture/Replay-Werkzeug durchgeführt wurde.
V und D sind in Arbeitsstunden angegeben.
$E_n = A_a/A_m = (V_a + n * D_a)/(V_m + n*D_m)$
N = Break-Even-Punkt

Die Spezifikation der Testanforderungen für das »Testen des Herunterladens von Software«, wobei »Herunterladen von Software« ein über die Schaltfläche »DOWNLOAD« erreichbares Produktmerkmal war, benötigte 10 Stunden für die Vorbereitung (V_m in der Zeile Test 2 in Tabelle 2.4). Das Programmieren dieser Tests erforderte weitere 4 Stunden, was zu einer Gesamtvorbereitungszeit für die Testautomatisierung (V_a) von 14 Stunden führte (siehe Ergebnisse von Test 2). Die manuelle Durchführung dieser Tests dauerte 2 Stunden (D_m manuell) im Gegensatz zu 0,1 Stunden (D_a), da der Testingenieur die vom Testwerkzeug beim automatisierten Testlauf erzeugten Berichte durchlesen und analysieren musste. Aus diesen Messungen für den einzelnen Testlauf lässt sich eine Hochrechnung des Aufwands erstellen, der für 5, 10 oder 20 erneute Testläufe erforderlich wäre. In unserem Beispiel senken 5 automatisierte Testläufe den Testaufwand verglichen mit manuellem Testen wie folgt:

$$E_5 = A_a/A_m$$
$$= (V_a + 5 * D_a) / (V_m + 5*D_m)$$
$$= (14 + 5 * 0,1) / (10 + 5*2)$$
$$= 14,5 / 20 = 0,725 = 73\%$$

In Tabelle 2.4 wird dieser Break-Even-Punkt im Allgemeinen durch den Faktor N dargestellt, entsprechend der Gleichung $E_n = A_a/A_m = 100\%$, wobei E der relative und A der absolute Aufwand ist (A_a = absoluter Aufwand bei Automatisierung, A_m = absoluter Aufwand bei manueller Ausführung). N ist der Break-Even-Punkt, V steht für Vorbereitung und D für Durchführung.

Die in diesen Experimenten vorgenommenen Messungen zeigen, dass bereits beim zweiten Regressionstestlauf der Break-Even-Punkt erreicht werden kann (n_{gesamt} = 2,03). Dafür müssen jedoch zwei Voraussetzungen erfüllt sein: 1. Der Test muss vollständig ohne menschliche Eingriffe laufen (beispielsweise über Nacht), und 2. es sind keine weiteren Änderungen an Testskripts erforderlich, um die Tests für spätere Freigaben des Produkts wiederzuverwenden. Wie bereits erwähnt, ist das nicht so leicht zu erreichen. Wenn nach dem Erwerb des Werkzeugs sofort die Aufzeichnung von Testläufen beginnt, steigen die Testkosten auf 125% (siehe Gesamtsumme E_1) oder mehr – beispielsweise auf 150% der Kosten für manuelles Testen in jedem Testlauf.

Der Grund hierfür liegt darin, dass sich die zusätzlichen Kosten für die Testvorbereitung (191/116 = 165%; Gesamtsummen aus der Spalte V) nicht auszahlen (unter der gegebenen Voraussetzung). Die unzureichende Testprogrammierung zu Beginn erzwingt die Pflege der Testskripts bei jedem weiteren Testlauf. Wenn das Testteam dagegen einen kompletten Rahmen für die Automatisierung von GUI-Tests erstellt (in dem das Capture/Replay-Werkzeug einen Eckstein, nicht die vollständige Lösung bildet), ist eine Reduzierung der Kosten auf etwa 40% für einen typischen Produkttestzyklus (E_{10}) realistisch.

2.3 Unterstützung durch die Geschäftsführung

Wann immer eine Organisation versucht, eine neue Technologie zu übernehmen, steht sie vor der bedeutenden Arbeit, zu ermitteln, wie sie diese an ihre Bedürfnisse anpassen soll. Selbst nach Abschluss von Schulungsmaßnahmen schlagen sich Organisationen mit zeitaufwendigen Fehlstarts herum, bevor sie sich mit der neuen Technologie auskennen. Für das an der Implementierung automatisierter Testwerkzeuge interessierte Testteam besteht die Herausforderung darin, wie es der Geschäftsführung die Implementierung einer neuen Technologie zur Automatisierung von Tests am besten nahe bringt.

Die Testingenieure müssen ihren Einfluss auf die Erwartungen der Geschäftsführung hinsichtlich des automatisierten Testens von Projekten geltend machen. Sie können zur Bewältigung dieser Erwartungen beitragen, indem sie der Geschäftsführung hilfreiche Informationen zur Verfügung stellen. Das Aufwerfen des Themas »Testwerkzeuge« in Strategie- und Planungssitzungen kann ebenfalls bei der Entwicklung eines besseren Verständnisses in Bezug auf die Fähigkeiten von Testwerkzeugen aller an einem Projekt oder innerhalb der Organisation Beteiligten helfen. Ein Testingenieur könnte beispielsweise Schulungsmaterial zum Thema »Automatisiertes Testen« erstellen und sich gegenüber der Geschäftsführung dafür einsetzen, dass ein Seminar zur Mitarbeiterschulung angesetzt wird.

Der erste Schritt in Richtung auf eine Entscheidung zum automatisierten Testen für ein Projekt erfordert, dass das Testteam das Verständnis der Geschäftsführung für die richtige Anwendung dieser Technologie auf die augenblicklichen Bedürfnisse beeinflusst. Es muss beispielsweise prüfen, ob die Geschäftsführung gegen Kosten eingestellt ist und nicht bereit wäre, die geschätzten Kosten für automatisierte Testwerkzeuge für eine bestimmte Arbeit zu akzeptieren. Falls das der Fall ist, muss es die Geschäftsführung durch eine Kosten-Nutzen-Analyse von den potenziellen Erträgen der Investition überzeugen.

In einigen Fällen ist die Geschäftsführung zwar bereit, in ein automatisiertes Testwerkzeug zu investieren, aber nicht willens oder in der Lage, ein Testteam mit Mitgliedern auszustatten, die über die richtigen Fähigkeiten im Softwarebereich verfügen, oder für angemessene Schulung am Testwerkzeug zu sorgen. Dann muss das Testteam die damit verbundenen Risiken aufzeigen und möglicherweise die Empfehlung zur Automatisierung der Testarbeit neu überdenken.

Unter der Voraussetzung, dass die Geschäftsführung angemessene Erwartungen an den Einsatz automatisierter Tests hat, kann das Testteam in der Entscheidung zum automatisierten Testen zum nächsten Schritt übergehen, der die Definition der Ziele dieser Testmethode betrifft. Was beabsichtigt das Testteam mit der Verwendung automatisierter Testwerkzeuge zu erreichen, und welche Bedürfnisse werden dadurch erfüllt?

Die Geschäftsführung muss auch wissen, welche zusätzlichen Kosten mit der Einführung eines neuen Werkzeugs verknüpft sind – nicht nur für den eigentlichen Erwerb des Werkzeugs, sondern auch für die anfängliche Zunahme des Zeitplans und der Kosten, zusätzliche Schulungskosten sowie Kosten für die Ausweitung des vorhandenen oder die Implementierung eines neuen Testprozesses.

Testautomatisierung ist eine hoch flexible Technologie, die mehrere Methoden zum Erreichen eines Ziels bietet. Ihr Einsatz erfordert neue Wege des Denkens, was das Problem der Implementierung des Testwerkzeugs vergrößert. Viele Organisationen können ohne weiteres Beispiele für Technologien aufzählen, die ihr Potenzial wegen des Syndroms des »Was ist jetzt schiefgegangen?« nicht zeigen konnten. Zu den potenziellen Hindernissen, welche die Organisationen bei der Übernahme automatisierter Testsysteme überwinden müssen, zählt Folgendes:

- Suche und Verpflichtung von Experten für Testwerkzeuge

- Verwendung des richtigen Werkzeugs für die anstehende Aufgabe

- Entwickeln und Implementieren eines automatisierten Testprozesses, wozu auch das Aufstellen von Standards für Design und Entwicklung automatisierter Tests gehört

- Analyse verschiedener Anwendungen, um zu ermitteln, welche sich am besten für die Automatisierung eignen

- Analyse der Testanforderungen, um zu bestimmen, welche sich für die Automatisierung eignen

- Schulung des Testteams im automatisierten Testprozess einschließlich Entwurf, Entwicklung und Durchführung des Prozesses

- Umgang mit dem anfänglichen Anstieg von Zeitplan und Kosten

2.3.1 Vorschlagen eines Testwerkzeugs

Als Testingenieur für ein neues Projekt haben Sie sicher den im vorigen Kapitel skizzierten strukturierten Ansatz befolgt, um einige Ergebnisse zu erzielen. Sie haben die Erwartungen der Geschäftsführung mit dem tatsächlichen Potenzial und den Auswirkungen automatisierter Tests auf das Projekt in Einklang gebracht. Im Zusammenhang mit der Entscheidung zum automatisierten Testen wurden Analysen durchgeführt, und Sie haben jeden einzelnen der Entscheidungspunkte (Qualitätstore) durchgearbeitet. Außerdem müssen Sie sich über die verfügbaren Werkzeuge informieren, um herauszufinden, welches den Testbedarf erfüllt (siehe Abschnitt 3.2 über Werkzeuge, die den Testlebenszyklus unterstützen). Der nächste Schritt besteht in der Erstellung eines Vorschlags für ein Testwerkzeug, welcher der Geschäftsführung vorgelegt wird. Die Geschäftsführung muss die Entscheidung zur Einführung eines Testwerkzeugs durch wirkliche Bindung an seine Verwendung unterstützen. Der Vorschlag muss die Geschäftsführung davon überzeugen, dass mit dem Erwerb eines automatisierten Testwerkzeugs ein echter Kostenvorteil verknüpft ist.

Die Erarbeitung eines Vorschlags für ein Testwerkzeug zielt darauf ab, die Geschäftsführung zur Freigabe von Mitteln für Erprobung und Beschaffung sowie für Schulung und Implementierung des Testwerkzeugs zu bewegen. Außerdem kann er zur langfristigen Budgetplanung der Organisation beitragen. Normalerweise legen Organisationen den Finanzbedarf für ein oder mehrere Jahre im voraus fest. Infolgedessen lassen sich Mittel wie diejenigen, die für die Beschaffung von und Schulung an automatisierten Testwerkzeugen erforderlich sind, bereits früh in die Haushaltsplanungen einbeziehen.

Die Entwicklung eines Testwerkzeugvorschlags trägt dazu bei, die Kosten für die Beschaffung und Schulung detailliert zu skizzieren. Außerdem dokumentiert der Vorschlag Planungsphasen, während derer die Lizenzen für das Testwerkzeug nach und nach erworben werden. Darüber hinaus kann er zur Dokumentation der Notwendigkeit des schrittweisen Aufbaus einer Gruppe von Testingenieuren sowie der gewünschten Fähigkeiten für dieses Testteam dienen.

Der Testingenieur muss sich vergewissern, ob im Budget der Organisation ausreichend Mittel für den Erwerb von Werkzeugen zur Unterstützung der Softwareentwicklung vorgesehen sind. Möglicherweise sind zwar keine Mittel speziell für automatisierte Testwerkzeuge reserviert, aber vielleicht erwartet die Geschäftsführung vom Testteam einen Vorschlag oder Plan, der die erforderlichen Investitionen darstellt. Es fällt häufig in die Zuständigkeit des Testteams, den Bedarf der Organisation an Testwerkzeugen zu definieren und eine Kostenschätzung dafür zu liefern.

Der Vorschlag für ein Testwerkzeug sollte die Vorteile aufzeigen und eine Vorstellung von den Funktionen des bzw. der vorgeschlagenen automatisierten Testwerkzeuge vermitteln. Es sollte den potenziellen Bewertungsbereich angeben, zu dem auch gehört, auf welche Anwendungen das Testwerkzeug am besten anzuwenden ist. Bei der Ermittlung dieser Zielanwendungen ist ein Überblick über die jeweiligen Entwicklungszeitpläne wichtig, um sicherzustellen, dass diese ausreichend Zeit für die Einführung eines oder mehrerer automatisierter Testwerkzeuge enthalten. In Kapitel 3 werden Auswahlkriterien für Pilotversuche und Bewertungsbereiche erläutert.

Außerdem muss geprüft werden, ob die betroffenen Projektteams die erforderlichen Fähigkeiten zum erfolgreichen Einsatz des automatisierten Testwerkzeugs besitzen. Wenn die Fähigkeiten nicht ausreichen, muss die Möglichkeit einer Schulungsmaßnahme geprüft werden. Am wichtigsten ist, dass sich das Testteam an den in Kapitel 4 behandelten Einführungsprozess für das automatisierte Testwerkzeug hält.

Kurz gesagt: Die Zusage der Geschäftsführung, Ressourcen bereitzustellen, ist notwendig, um ein automatisiertes Testwerkzeug zu beschaffen und einzuführen und es schließlich erfolgreich einzusetzen. Abschließend muss der Testingenieur einen Finanzplan aufstellen, der rationale und genaue Schätzungen für die Beschaffung von Hard- und Software, die Personalschulung und weitere Erwerbs- und Verwaltungskosten enthält. Kapitel 3 hilft dem Testteam bei der weiteren Definition der Funktionen des Werkzeugs, und Kapitel 5 unterstützt die Definition der Rollen und Zuständigkeiten. Um die Unterstützung der Geschäftsführung für die benötigten Ressourcen zu gewinnen, sollte der Vorschlag für ein Testwerkzeug im Idealfall die in Tabelle 2.5 veranschaulichten Elemente enthalten.

2.3.1.1 Zu erwartende Gelegenheiten für Verbesserungen

Am Ende des Testlebenszyklus muss das Testteam eine Beurteilung des Testprogramms durchführen (wie es im einzelnen in Kapitel 9 behandelt wird). Durch eine Analyse der Unternehmensbedürfnisse oder eine erneute Betrachtung der gewonnenen Erkenntnisse wird der Organisation möglicherweise deutlich, dass die Notwendigkeit zur Einführung automatisierter Testwerkzeuge besteht. In anderen Situationen wendet sich das Testteam vielleicht dem automatisierten Testen zu, nachdem es Fachliteratur durchgearbeitet hat, welche die potenziellen Vorteile unterstreicht. In diesem Fall ist es besonders wichtig, ein Maß für die potenziellen Gewinne (eingesparte Stunden) durch die Implementierung eines bestimmten automatisierten Werkzeugs zu entwickeln. Manchmal scheint ein automatisiertes Werkzeug die perfekte Lösung für ein Problem zu sein, aber eine weitere Analyse zeigt keinen spezifischen Gewinn. Häufig ist es von Vorteil, die vorgeschlagenen Änderungen mit Hilfe

eines kleinen Prototyps oder Pilotprojekts zu implementieren und dem Testteam eine zuverlässige Einschätzung der angenommenen Gewinne durch Korrekturmaßnahmen oder Verbesserungen zu ermöglichen.

Tab. 2.5 Vorschlag für ein Testwerkzeug.

Geschätzte Gelegenheiten für Verbesserungen
Ansatz für die Auswahl des richtigen Werkzeugs
Kostenumfang für das Werkzeug
Zusätzliche Zeit für die Einführung des Werkzeugs
Benötigtes Fachwissen
Schulungskosten
Bewertungsbereich für das Werkzeug
Einführungsplan für das Werkzeug

Tabelle 2.6 enthält ein Beispiel für eine vereinfachte Tabelle der Verbesserungen, die als Ergebnis von Untersuchungen der Möglichkeiten des automatisierten Testens erstellt wurde. Die dritte Spalte mit dem Titel »Gewinn M«
gibt durch die Verwendung manueller Testmethoden erzielte Produktivitätsgewinne an, die Spalte mit dem Titel »Gewinn A« dagegen durch die Verwendung automatisierter Testmethoden erzielte Produktivitätsgewinne. Die
Tabelle veranschaulicht Schätzungen von Produktivitätsgewinnen in Form
von prozentualen Einsparungen an Testaufwand durch den Einsatz automatisierter Werkzeuge.

Möglicherweise braucht die Organisation ein oder mehrere Testwerkzeuge
mit jeweils eigenen Funktionen und Stärken. Diese können einmalige Testinteressen unterstützen und speziellen Nischenwert besitzen. Diese Überlegung
kann besonders dann wichtig sein, wenn die Art des unterstützten Tests von
besonderem Interesse für den Endbenutzer ist oder wegen der Art des unterstützten Systems oder der unterstützten Anwendung besondere Bedeutung
hat. Die Geschäftsführung muss Funktionalität und Wert jedes einzelnen
Testwerkzeugs genau kennen. Eine Liste der Vorteile muss Bestandteil des
Vorschlags sein, wie in Abschnitt 2.2 bereits gesagt wurde.

2.3.1.2 Kriterien für die Auswahl des richtigen Werkzeugs

Welchen Ertrag die Investitionen für ein automatisiertes Testwerkzeug bringen, hängt weitgehend von der richtigen Auswahl des Werkzeugs ab. Automatisierte Testwerkzeuge liegen in ihrer Funktionalität zwischen einfach und
komplex und in ihrer Leistung zwischen mittelmäßig und hervorragend. Ein

Testwerkzeug mit nur minimaler Funktionalität kostet häufig weniger als eines mit vielen Funktionen. Die Herausforderung für den Testingenieur besteht darin, das beste Werkzeug für das Unternehmen und/oder die konkrete Testarbeit zu wählen und zu verstehen, welche Werkzeugtypen es gibt, die die Bedürfnisse erfüllen können. Beispielsweise lässt sich ein Werkzeug für das Anforderungsmanagement wie DOORS auch zur Verwaltung von Tests einsetzen, obwohl es nicht als solches beworben wird. Im Hinblick auf die Werkzeugauswahl muss der Testingenieur die wichtigsten Auswahlkriterien festlegen.

Die hier genannten Richtlinien für die Definition von Kriterien dienen zur Unterstützung der Budgetplanung und werden im einzelnen in Abschnitt 3.1 behandelt:

- Sammeln Sie Informationen über die Anforderungen an das Werkzeug bei Geschäftsführung, Personal und Kunden.

- Wählen Sie Kriterien aus, welche die Systementwicklungsumgebung der Organisation widerspiegeln.

- Spezifizieren Sie Kriterien auf der Grundlage langfristiger Investitionsannahmen.

- Stellen Sie sicher, dass das Werkzeug in zahlreichen Testphasen einsetzbar ist.

Tab. 2.6 Geschätzter Nutzen.

Testaktivität	Aktuelle Methode	Gewinn M	Verwendung von Werkzeug A	Gewinn A	Schätzbasis für Gewinn A
Integration von Testwerkzeug und Werkzeug zum Anforderungsmanagement	Excel-Arbeitsblatt	0	Werkzeug besitzt ein integriertes Werkzeug für das Anforderungsmanagement und erlaubt eine automatische Zuordnung von Test- und Geschäftsanforderungen	30%	Geschätzte Zeit, die normalerweise für das manuelle Erstellen und Pflegen einer Vergleichs- und Zuordnungstabelle aufgewendet wird

Tab. 2.6 Geschätzter Nutzen. (Forts.)

Testaktivität	Aktuelle Methode	Gewinn M	Verwendung von Werkzeug A	Gewinn A	Schätzbasis für Gewinn A
Integration von Testwerkzeug und Werkzeugen für das Konfigurationsmanagement (KM)	Manuell (mit Hilfe des KM-Werkzeugs XYZ)	0	Werkzeug besitzt kein integriertes KM-Werkzeug	5%	Geschätzte Zeit, die normalerweise für den Versuch aufgewendet wird, Kompatibilitätsprobleme zwischen dem Testwerkzeug und dem KM-Werkzeug zu beheben
Vorbereitung von Testverfahren	Manuell	0	Werkzeug ermöglicht automatisiertes Erzeugen von Testverfahren auf Codebasis	20%	Geschätzte eingesparte Zeit, weil das Werkzeug automatisierte Testverfahren erstellt (wobei klar ist, dass zusätzliche manuelle Testverfahren erstellt werden müssen)
Testausführung	Manuell	0	Werkzeug ermöglicht Aufzeichnung/Wiedergabe von Testskripts einschließlich automatischer Erfolgs-/Misserfolgsberichte mit Zuordnungskontrolle für die Testanforderungen	60%	Geschätzte Zeitersparnis nach Angaben aus der Literatur
Vorbereitung von Testdaten	Manuell	0	Werkzeug kann Testdaten erzeugen	10%	Geschätzte Zeitersparnis nach Angaben aus der Literatur
Belastungs- und Lasttests	Manuell	0	Werkzeug ermöglicht Belastungs- und Lasttests mit virtuellen Benutzern	80%	Geschätzte Zeitersparnis durch nicht manuelle Ausführung von Belastungs- und Lasttests

Tab. 2.6 Geschätzter Nutzen. (Forts.)

Testaktivität	Aktuelle Methode	Gewinn M	Verwendung von Werkzeug A	Gewinn A	Schätzbasis für Gewinn A
Fehlerverfolgung	Selbst angelegte Access-Datenbank	0	Werkzeug besitzt eine integrierte Fehlerverfolgung	20%	Geschätzte Zeitersparnis durch automatisiertes Erzeugen von Fehlereinträgen, nachdem ein Fehler gefunden wurde

Der Vorschlag muss unbedingt herausstellen, dass das Ermitteln von Anforderungen an das Werkzeug und das Erproben und Bewerten der verschiedenen Werkzeuge Personal, Zeit und Geld erfordert.

2.3.1.3 Geschätzte Kosten des Werkzeugs

Nach der Beschreibung der Vorteile des vorgeschlagenen automatisierten Testwerkzeugs müssen die Kosten geschätzt werden. Möglicherweise ist es erforderlich, eine schrittweise Implementierung der Testwerkzeuge einzuplanen, damit die Kosten über eine gewisse Zeit verteilt werden können. Für größere Käufe lassen sich vielleicht Preisabschläge erzielen. Eine gute Quelle für Informationen über Funktionen und Kosten des Werkzeugs ist das World Wide Web.

Nachdem das Testteam die voraussichtlichen Kosten für die Erstanschaffung eines automatisierten Testwerkzeugs ermittelt hat, ist eine schnelle geistige Abschätzung wertvoll, ob diese Kosten auf einer Linie mit den Erwartungen der Geschäftsführung liegen. Rufen Sie sich in Erinnerung, dass das Testteam in den in Abschnitt 2.1 beschriebenen Schritten Untersuchungen angestellt hat, die Erwartungen der Geschäftsführung festzustellen und mit zu formen. Hat die Geschäftsführung in diesem Stadium einen akzeptablen Kostenrahmen genannt? Liegt die Schätzung für den Erwerb des Werkzeugs in diesem Rahmen? Wiederum kann es erforderlich sein, den Plan für die schrittweise Implementierung der Testwerkzeuge zu verändern, um die kurzfristige Implementierungsstrategie mit der Haushaltswirklichkeit in Einklang zu bringen. Eine weitere Möglichkeit besteht darin, Gründe für die Erhöhung des Budgets anzuführen, um den höheren Anforderungen der Organisation an die Testdurchführung gerecht zu werden. Es sollte eine Kosten-Nutzen-Analyse durchgeführt werden, deren Finanzierung das Testteam zuvor sicherstellen muss.

Vorausgesetzt, dass die Erwartungen der Geschäftsführung, das Budget für den Werkzeugerwerb und die Kosten für das Testwerkzeug auf einer Linie liegen, ist es vorteilhaft, eine Vorführung des vorgeschlagenen Testwerkzeugs durch den Anbieter und eine Präsentation, welche die Vorteile des Werkzeugs für die Organisation wiederholt, für die Geschäftsführung zu organisieren. Möglicherweise müssen in der Präsentation auch die Kosten erneut zur Sprache gebracht werden. Die Kosten für die Implementierung des Testwerkzeugs können auch Kosten für aus Gründen der Leistung notwendige Hardwareaufrüstungen, für erforderliche Verträge über die Pflege der Software, für Hotline-Unterstützung und für Schulung am Werkzeug umfassen.

Wenn die Mitglieder des Testteams im Vorschlagsstadium nicht sicher sind, welchem Werkzeug sie den Vorzug geben sollen, ist möglicherweise eine Kostenschätzung erforderlich, die für jedes in Frage kommende Testwerkzeug einen Kostenrahmen liefert. Wenn das Testteam ein sehr leistungsfähiges Werkzeug gefunden hat, das die Anforderungen erfüllt, aber das geplante Budget deutlich übersteigt, gibt es mehrere Möglichkeiten. Erstens könnte das Team ein preisgünstigeres Werkzeug wählen, das die Anforderungen kurzfristig angemessen erfüllt. Zweitens könnte es die Kosteneinsparungen oder leistungssteigernden Vorteile in einer Weise aufzeigen, welche die Geschäftsführung davon überzeugt, dass das Werkzeug die anfänglichen Investitionen wert ist. Drittens könnte es die Implementierung des Testwerkzeugs weniger umfangreich gestalten und in der nächsten Haushaltsperiode eine Erweiterung einplanen.

2.3.1.4 Zusätzlich benötigte Zeit zur Einführung des Werkzeugs

Ein wichtiges Anliegen bei der Werkzeugauswahl stellt die Auswirkung und Einpassung in den Zeitplan dar. Ist genug Zeit vorhanden, damit die erforderlichen Personen das Werkzeug innerhalb des zeitlichen Rahmens kennenlernen können? Kann das Team, wenn nicht genug Zeit für die Implementierung eines ausgefeilten Werkzeugs gegeben ist, ein leicht bedienbares Werkzeug einsetzen? Der Anwendungsbereich des automatisierten Testens wäre vielleicht eingeschränkt, aber die Arbeit könnte dennoch von der Verwendung eines solchen Werkzeugs profitieren. Dieser Ansatz ist möglicherweise in Fällen, in denen schwer Geld für die Software unterstützende Werkzeuge zu bekommen ist, nicht zu empfehlen. Das Verwenden des Geldes für ein weniger teures, leicht bedienbares Werkzeug mit minimaler Funktionalität kann für das Testteam bedeuten, dass es später schwierig wird, ein Werkzeug zu beschaffen, das die langfristigen Bedürfnisse der Organisation besser erfüllt.

Wenn der Zeitplan des Projekts nicht genug Zeit für die Einführung eines für die Organisation geeigneten Testwerkzeugs enthält, kann es ratsam sein, sich gegen die Implementierung eines automatisierten Testwerkzeugs zu entscheiden. Durch Verschieben der Einführung eines Testwerkzeugs auf einen günstigeren Zeitpunkt kann das Testteam dem Risiko aus dem Weg gehen, das richtige Werkzeug auf das falsche Projekt anzuwenden oder das für die Organisation falsche Werkzeug zu wählen. In beiden Fällen käme das Testwerkzeug wahrscheinlich nicht gut an, und die Personen, die sonst vielleicht große Befürworter der Verwendung automatisierter Testwerkzeuge geworden wären, werden vielleicht deren größte Gegner.

Vorausgesetzt der Zeitplan des Projekts erlaubt die Einführung eines geeigneten Testwerkzeugs, muss das Testteam sicherstellen, dass es in einer Weise auf den Weg gebracht wird, die zur tatsächlichen Verwendung führt. Wenn am Ende niemand in der Organisation das Werkzeug benutzt, ist die gesamte Arbeit für Erwerb und Einbindung umsonst gewesen.

2.3.1.5 Für das Werkzeug benötigtes Fachwissen

Wenn ein automatisiertes Testwerkzeug eingeführt wird, glauben – entgegen den Tatsachen – viele, dass das Testteam keine technischen Fähigkeiten benötige. Das Kenntnisprofil des Testteams muss jedoch technisches Wissen über Betriebssysteme, Datenbankmanagementsysteme, Netzwerksoftware, Gerätetreiber und Entwicklungswerkzeuge zum Beispiel zum Konfigurations- und Anforderungsmanagement umfassen. Außerdem sind Erfahrungen in der Skriptsprache des automatisierten Testwerkzeugs erforderlich.

Einige Mitglieder des Testteams sollten einen technischen Hintergrund oder einen Hintergrund in der Softwareentwicklung besitzen, der sicherstellt, dass die Funktionen des automatisierten Werkzeugs ausreichend getestet werden. Ebenso muss das Testteam seine Kenntnisse im manuellen Testen pflegen.

Wenn es aus Personen ohne technisches Wissen besteht, braucht das Testteam möglicherweise die Genehmigung der Geschäftsführung zur Erweiterung der Testgruppe um Experten für Testwerkzeuge. Es könnte beispielsweise neue Leute einstellen, Personal aus anderen Projekten »ausleihen« oder externe Berater beauftragen. Wenn ausreichend Vorlaufzeit vorhanden ist, könnte ein Softwarefachmann freigestellt werden, um seine Erfahrungen in der Verwendung des Werkzeugs zu erweitern, der dann möglicherweise in der Lage ist, die übrigen Mitglieder des Testteams anzuleiten. (In Kapitel 5 werden Strategien für die Zusammenstellung des Testteams ausführlicher behandelt.)

Die Einführung eines neuen Testwerkzeugs für ein Projekt oder in die Organisation überhaupt bringt kurzfristig Komplexität und zusätzlichen Aufwand für die Bewertung und Implementierung des Werkzeugs sowie für Testplanung und -entwicklung mit sich. Die richtige Zusammensetzung des Testteams kann zur Verringerung von Leistungsrisiken beitragen, insbesondere, wenn es mit Personen besetzt wird, die über einen tragfähigen technischen Hintergrund verfügen.

2.3.1.6　Kosten für die Schulung des Umgangs mit dem Werkzeug

Die stärkere Verwendung automatisierter Testwerkzeuge in der Softwareentwicklungsarbeit hat die Verringerung des Umfangs manueller Testaktivitäten zur Folge gehabt. Know-how und analytische Fähigkeiten in Bezug auf manuelles Testen werden zwar in der Testarbeit weiterhin benötigt, aber trotzdem müssen Kenntnisse über automatisierte Testwerkzeuge und Testautomatisierung erworben werden. Infolgedessen müssen Testingenieure ihre Fähigkeiten um technische Kenntnisse und mehr Erfahrung mit automatisierten Testwerkzeugen erweitern. Einige ergreifen selbst die Initiative und lassen sich technisch fortbilden. Diese sind möglicherweise auch freiwillig bereit, Zeit in Projekte mit automatisierten Testwerkzeugen zu investieren, um weitere Erfahrungen zu machen.

Führungskräfte, die die Projektplanung oder den Projektstart für die Arbeit mit automatisierten Tests unterstützen, müssen die Zusammensetzung des Testteams sorgfältig überdenken. Benötigen die Mitglieder des Testteams eine Auffrischungsschulung in den betreffenden automatisierten Testwerkzeugen? Besitzen einige überhaupt keine Erfahrungen im automatisierten Testen?

Der Vorschlag für das Testwerkzeug sollte die Kosten für die zur erfolgreichen Implementierung des automatisierten Testwerkzeugs erforderliche Schulung berücksichtigen. Das Testteam wiederum muss ermitteln, welche Personen Schulung benötigen und wie diese aussehen muss. Das können Auffrischungskurse für ein bestimmtes Testwerkzeug, ein Einführungstraining an einem bestimmten Testwerkzeug für denjenigen, der keine Erfahrung damit hat, oder fortgeschrittenere Schulung in Testdesign und -entwicklung mit Anwendungsmöglichkeiten für eine Vielzahl von Testwerkzeugen sein.

Sobald eine »Einkaufsliste« über den Schulungsbedarf erstellt ist, sollte das Testteam ermitteln, wer die gewünschte Schulung anbietet. Für jede erforderliche Schulungsart sollten Kostenschätzungen aus verschiedenen Quellen eingeholt werden. Schulungen werden unter anderem von Testwerkzeugherstellern und Beratungsfirmen für Testarbeit veranstaltet.

Vielleicht möchte das Testteam auch für eine gewisse Zeit Testberater als Mentoren für das Projekt in Anspruch nehmen. Solche Berater können den Mitgliedern des Testteams in Bereichen wie Testdesign und -entwicklung sinnvolle Hilfestellung bieten. Beachten Sie jedoch, dass das Testteam in Bezug auf die Ausführung der Tests nicht vollständig von den Beratern abhängig sein sollte. Falls das der Fall ist, nimmt die Wiederholbarkeit der Testprogramme für die übrige Testorganisation ab, sobald die Berater gegangen sind und keine Unterstützung mehr geben können, und die Pflege der automatisierten Skripts könnte schwierig werden.

Der Vorschlag für ein automatisiertes Testwerkzeug sollte die mit Schulung und Hilfestellung aus verschiedenen Quellen verbundenen Kosten aufführen, die für ein bestimmtes Projekt oder eine bestimmte Organisation nötig sind. Es kann sich dabei um grobe Schätzungen auf der Grundlage von Informationen aus Websites oder aus Telefonaten mit Schulungsinstituten handeln.

Um das Ganze zusammenzufassen: Das Testteam muss Testwerkzeug-kenntnisse erwerben, wenn es von den leistungsfähigen, Zeit sparenden Funktionen des Werkzeugs profitieren will. Schulung kann auf verschiedenen Niveaus erforderlich sein, beispielweise für den Testingenieur mit Hintergrund im manuellen Testen, der zwar Erfahrungen mit automatisierten Testwerkzeugen, aber nicht mit dem konkret anzuwendenden besitzt, oder für einen Geschäftsanwender oder einen anderen Fachmann, der dem Testteam vorübergehend zugewiesen wird.

2.3.1.7 Werkzeugbewertung

Im Rahmen des Vorschlags für ein Testwerkzeug sollte auch die Methode bedacht werden, mit der das oder die Testwerkzeuge bewertet werden. Das Testwerkzeug muss zum Beispiel während der Bewertung im Zusammenhang mit einer bestimmten Anwendung oder einer bestimmten Betriebsumgebung ausgeführt werden. Diese Bewertung kann selbst Kosten verursachen, die in den Vorschlag einbezogen werden müssen. Außerdem kann sie weitere Koordination und Genehmigungen von mehreren Führungskräften erfordern. Diese Kosten- und Logistikfaktoren sollten im Vorschlag für das Testwerkzeug verdeutlicht werden.

Die konkrete Anwendung und die konkrete Betriebsumgebung für die Bewertung des Testwerkzeugs können im Grunde das erste Projekt darstellen, für welches das Testteam die Implementierung des Testwerkzeugs anstreben kann. Kapitel 3 enthält einige Richtlinien für die Auswahl einer Pilotanwendung, an die sich das Testteam bei deren Auswahl und der Auflistung der gefundenen Kandidaten halten kann.

Bei der Auswahl des Bewertungsbereichs ist es von Vorteil, eine in der Organisation im Test befindliche Anwendung mit hohem Bekanntheitsgrad zu wählen. Ein langfristiges Ziel des Testteams besteht darin, dass die Organisation Fachwissen im Testbereich hoch einschätzt. Wenn eine oder mehrere Erfolgsgeschichten bekannt werden, haben es andere Testteams in der Organisation beim Befürworten und Implementieren automatisierter Tests leichter. Außerdem wird das Interesse für automatisiertes Testen unter den Anwendungsentwicklern der Organisation zunehmen.

Wenn ein Testwerkzeug zuerst für ein allgemein bekanntes Projekt implementiert wird, bringt der Erfolg große Vorteile – aber Entsprechendes gilt
auch für die Nachteile eines Fehlschlags. Es ist wichtig, dass sich das Testteam
bei der Einführung automatisierter Testwerkzeuge für ein neues Projektteam
an einen definierten Prozess hält. Kapitel 4 behandelt den Einführungsprozess
ausführlicher.

2.3.1.8 Einführung des Werkzeugs

Ein weiterer Punkt des Vorschlags für ein automatisiertes Testwerkzeug gilt
der Methode, mit der das Testwerkzeug in der Organisation implementiert
oder zum Einsatz gebracht wird. Nachdem das Testwerkzeug die Entscheidungspunkte der Auswahl, der Werkzeugbewertung und der Genehmigung
durch die Geschäftsführung hinter sich gebracht hat, muss das Testteam einen
Plan zum Einsatz des Werkzeugs für das oder die Zielprojekte ausführen.

Möglicherweise spricht sich das Testteam dafür aus, einen besonders guten
Anwendungsentwickler oder Testingenieur mit der Aufgabe zu betrauen, das
Testwerkzeug zu beurteilen, vereinfachte Implementierungsprozeduren zu
entwickeln und dann Mitglieder des Testteams in der Verwendung des Werkzeugs zu unterweisen oder ihnen Hilfestellung zu geben. Die betreffende Person kann zum Meister des Werkzeugs werden. Alternativ kann das Testteam
das gewählte Werkzeug verschiedenen Entwicklern zur Verfügung stellen, die
dann die Funktionen kennenlernen, den Zugang rational gestalten und die
anderen Entwickler unterrichten.

Die Erfahrung hat gezeigt, dass die beste Einführungsstrategie darin besteht, das Werkzeug von einem eigenen Team implementieren zu lassen.
Dabei bewertet ein eigenes Testteam das neue Werkzeug, erwirbt Kenntnisse
in der Benutzung und assistiert dann den Projektteams bei der Einführung.
Die Verwendung eines solchen unabhängigen Testteams stellt einen strukturierten Ansatz dar, der im Allgemeinen verhindert, dass die Anwendungsentwickler viele frustrierende Wochen lang mit gleichzeitigem, ineffizientem Lernen durch Versuch und Irrtum verbringen. Weitere Informationen zur
Einrichtung von Testteams finden Sie in Kapitel 5, zur Einführungsstrategie in
Kapitel 4.

Außerdem möchte das Testteam möglicherweise mit Hilfe von Präsentationen und Vorführungen des Testwerkzeugs Nachfrage und Interesse innerhalb des Projekts oder der Organisation steigern. Es könnte auch Informationen über ein oder mehrere automatisierte Testwerkzeuge in das Intranet des
Unternehmens stellen – schließlich ist es wichtig, die potenziellen Vorteile der
verschiedenen Werkzeuge bekannt zu machen. Das Team könnte auch über
die Einführung einer Benutzergruppe für das Testwerkzeug innerhalb der

Organisation nachdenken, die für einen entsprechenden Wissenstransfer
sorgt.

Wenn der Vorschlag für das Testwerkzeug angenommen und mit Haus-
haltsmitteln versehen wird, braucht das Testteam die Genehmigung zur Fortsetzung der Testautomatisierung. Als nächstes sollte es die in Kapitel 3 umrissene Auswahl und Bewertung abschließen und die Richtlinien in Kapitel 4 zur
Einführung eines automatisierten Testwerkzeugs für ein neues Projekt befolgen.

2.4 Zusammenfassung

- Die innerhalb des Entscheidungsprozesses zum automatisierten Testen
  skizzierten Schritte stellen eine strukturierte Methode dar, der Entscheidung zum automatisierten Testen näher zu kommen. Diese Schritt-für-
  Schritt-Anweisungen befähigen den Testingenieur, eine Entscheidung darüber zu treffen, ob sich die Softwareanwendung zum automatisierten
  Testen eignet.

- Ein Schritt in Richtung auf die Automatisierung des Testens für ein Projekt
  erfordert, dass das Testteam sicherstellt, dass die Geschäftsführung die
  richtige Anwendung automatisierten Testens für die anstehende Aufgabe
  versteht.

- Ein weiterer Schritt in diese Richtung erfordert, dass das Testteam entscheidet, in welchem Ausmaß die Testarbeit angesichts der zu entwickelnden Anwendung, der Hardwareumgebung und des Zeitplans mit einem
  automatisierten Testwerkzeug unterstützt werden kann.

- Vorteile des automatisierten Testens (bei korrekter Implementierung)
  können reduzierter Testaufwand, Verkürzung der Testzeit, Produktion
  eines zuverlässigen Systems und Verbesserung des Testprozesses sein.

- Mit der richtigen Planung, einem geeigneten Testwerkzeug und einem
  definierten Prozess für die Einführung des automatisierten Testens beträgt
  der Gesamtaufwand für automatisiertes Testen nur einen Bruchteil der mit
  manuellen Methoden erforderlichen Arbeit.

- Von einem automatisierten Testwerkzeug kann bei keiner Testarbeit eine
  hundertprozentige Unterstützung der Testanforderungen erwartet werden.

- Automatisiertes Testen kann Breite und Tiefe der Testabdeckung vergrößern, aber dennoch gibt es weder ausreichend Zeit noch genügend Ressourcen für einen 100%-Test.

- Der optimale Nutzen der Testautomatisierung wird durch die Wahl des richtigen Testwerkzeugs für die jeweilige technische Umgebung und die erfolgreiche Anwendung der Automated Test Life-Cycle Methodology (ATLM) erzielt.

- Um bei der Geschäftsführung Rückhalt für die benötigten Ressourcen zu bekommen, ist es von Vorteil, einen Vorschlag für ein automatisiertes Testwerkzeug zu erarbeiten, der die Anforderungen der Organisation an das Testwerkzeug sowie die Vorteile definiert und eine Kostenschätzung enthält. Der Vorschlag kann besonders bei der Überzeugung der Geschäftsführung hilfreich sein, weitere Haushaltsmittel für die Unterstützung des Testwerkzeugs bereitzustellen.

2.5 Literaturhinweise

1. Rosen, K. H. *Discrete Mathematics and Its Application*, 2. Ausg. New York: McGraw-Hill, 1991.

2. Poston, R. *A Guided Tour of Software Testing Tools*. San Francisco: Aonix, 1988. www.aonix.com.

3. Myers, G. J. *The Art of Software Testing*. New York: John Wiley and Sons, 1979.

4. RTCA. "Software Considerations in Airborne Systems and Equipment Certification." Dokumentnr. RTCA/DO-178B, vorbereitet von SC-167. 1. Dezember 1992.

5. Quality Assurance Institute. *QA Quest*. November 1995. Siehe http://www.qaiusa.com/journal.html.

6. Linz., T., Daigl, M. *GUI Testing Made Painless. Implementation and Results of the ESSI Project Number 24306*. 1998. www.imbus.de.

3. Bewertung und Auswahl von Testwerkzeugen

Wenn man als einziges Werkzeug einen Hammer besitzt, neigt man dazu, jedes Problem als Nagel zu betrachten.

– Abraham Maslow

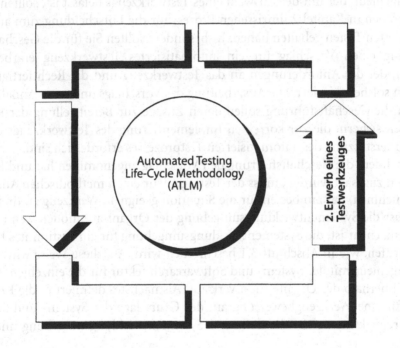

Häufig findet die Auswahl eines automatisierten Testwerkzeugs lange nach der Festlegung von Entwicklungsplattform und -werkzeugen statt. Im Idealfall wäre das Testteam in der Lage, ein Testwerkzeug auszuwählen, das die Kriterien für die Systementwicklungsumgebung der Organisation erfüllt, sowie ein Pilotprojekt festzulegen, das sich in einem frühen Stadium des Systementwicklungslebenszyklus befindet. In der Realität ist das detaillierte Systemdesign für ein Projekt häufig schon vorhanden, bevor man die Frage des Softwaretests angeht.

Unabhängig von der konkreten Situation stellen die Kosten für ein Testwerkzeug und die formelle und im Verlauf der Arbeit stattfindende Schulung der Mitarbeiter des Testteams eine Investition der Organisation dar. Unter dieser Voraussetzung sollte sich das Testwerkzeug in die gesamte Systementwicklungsumgebung einfügen. Dieser Ansatz erlaubt der ganzen Organisation, das Werkzeug möglichst umfassend zu nutzen. Um dieses Ziel zu erreichen, muss das Testteam bei der Bewertung und Auswahl des Testwerkzeugs einen strukturierten Ansatz verfolgen.

Dieses Kapitel führt den Testingenieur systematisch durch die dazugehörigen Bewertungs- und Auswahlkriterien. Abbildung 3.1 zeigt einen groben Überblick über den Auswahlprozess für ein automatisiertes Testwerkzeug. Als Testingenieur, der mit der Auswahl eines Testwerkzeugs befasst ist, sollten Sie sich an den in Kapitel 2 umrissenen Prozess für die Entscheidung zum automatisierten Testen gehalten haben. Insbesondere sollten Sie für die Geschäftsführung einen Vorschlag für ein automatisiertes Testwerkzeug erarbeitet haben, der die Anforderungen an das Testwerkzeug und die Rechtfertigung für ein solches skizziert. Die Ausarbeitung des Vorschlags und seine Annahme durch die Geschäftsführung sollen deren Zusage zur Bereitstellung der Ressourcen sichern, die zur korrekten Implementierung des Testwerkzeugs und zur Unterstützung des automatisierten Testprozesses erforderlich sind.

Nachdem die Geschäftsführung den Vorschlag angenommen hat und Ressourcen zugesagt wurden, muss der Testingenieur einen methodischen Ansatz unternehmen, das am besten für die Situation geeignete Werkzeug zu finden. Er muss die Systementwicklungsumgebung der Organisation oder, wenn das nicht machbar ist, die Systementwicklungsumgebung für ein bestimmtes Projekt prüfen, wie in Abschnitt 3.1 beschrieben wird. Auf diese Weise wird der Testingenieur mit der System- und Softwarearchitektur für die einzelnen Projekte innerhalb der Organisation vertraut. Als nächstes definiert er die Kriterien für eine Werkzeugbewertung auf der Grundlage der System- und Softwarearchitektur, welche die definierte Systementwicklungsumgebung unterstützt.

Anschließend ermittelt der Testingenieur, welche der unterschiedlichen Arten von Testwerkzeugen für ein bestimmtes Projekt geeignet sein könnte. Abschnitt 3.2 skizziert, welche Arten automatisierter Testwerkzeuge für die Unterstützung der Testarbeit in den verschiedenen Phasen des Entwicklungsverlaufs zu bekommen sind. Der Testingenieur muss die auf dem Markt vertretenen automatisierten Testwerkzeuge bewerten und ermitteln, welche davon in der Lage sind, die Systementwicklungsumgebung der Organisation zu unterstützen. Außerdem muss festgestellt werden, ob die definierten Systemanforderungen durch die Verwendung eines oder mehrerer Testwerkzeuge zu erfüllen sind.

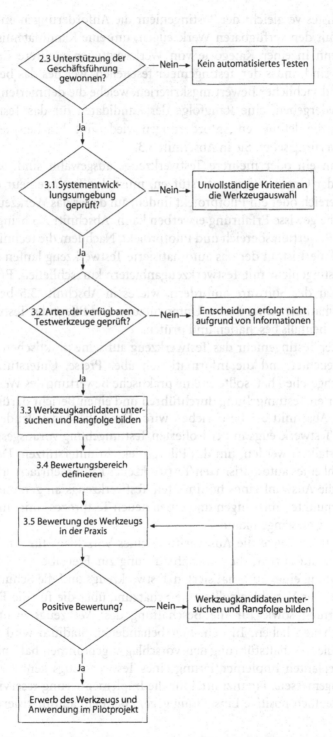

Abb. 3.1 Auswahl eines Werkzeugs zum automatisierten Testen.

Als nächstes vergleicht der Testingenieur die Anforderungen an das Testwerkzeug mit den verfügbaren Werkzeugen, um eine Kandidatenliste aufzustellen. Wenn in einer Kategorie von Werkzeugtypen mehrere Kandidaten vorhanden sind, muss der Testingenieur feststellen, welches das beste ist. Er stellt anhand sachlicher Bewertungskriterien, welche die definierten Anforderungen wiedergeben, eine Rangfolge der Kandidaten für das Testwerkzeug auf, welche die definierten Anforderungen wiedergibt. Ein Beispielformular für die Bewertung sehen Sie in Abschnitt 3.3.

Nachdem ein oder mehrere Testwerkzeuge ausgewählt sind, welche die Testarbeit der Organisation unterstützen, muss der Testingenieur einen Bewertungsbereich oder ein Pilotprojekt finden, auf das er das Werkzeug anwenden und eine gewisse Erfahrung erwerben kann. Abschnitt 3.5 bringt Überlegungen zu Bewertungsbereich und Pilotprojekt. Nachdem die technische Umgebung definiert ist, in der das automatisierte Testwerkzeug laufen soll, kann sich der Testingenieur mit Testwerkzeuganbietern kurzschließen. Er sollte ein Prüfexemplar der Software anfordern, wie es in Abschnitt 3.5 beschrieben wird. Informationen über Preise, Unterstützung und Pflege des Testwerkzeugs lassen sich ebenfalls beschaffen und prüfen.

Wenn der Testingenieur das Testwerkzeug auf seine praktischen Fähigkeiten durchleuchtet und die Informationen über Preise, Unterstützung und Pflege durchgesehen hat, sollte er eine praktische Bewertung des Werkzeugs in einer isolierten Testumgebung durchführen und einen Bericht darüber erstellen, wie in Abschnitt 3.5 beschrieben wird. Das zufriedenstellende Funktionieren des Testwerkzeugs in der isolierten Testumgebung vorausgesetzt, kann es dann installiert werden, um das Pilotprojekt zu unterstützen. Der Prozess zur Auswahl eines automatisierten Testwerkzeugs kann mehrfach erforderlich sein, weil die Auswahl eines bestimmten Testwerkzeugs an zahlreichen Entscheidungspunkten misslingen und einen neuen Testprozess mit einem anderen Werkzeug erzwingen kann.

Abschnitt 2.3 zeigte die Ausarbeitung eines Vorschlags für ein Testwerkzeug, der darauf abzielt, die Geschäftsführung zur Freigabe von Mitteln für die Beschaffung eines automatisierten Testwerkzeugs und die Schulung dafür zu bringen. Der Vorschlag sollte eine Schätzung über die für die Erprobung und Bewertung sowie für die Beschaffung des Werkzeugs erforderlichen Kosten enthalten haben. In dem hier behandelten Stadium wird vorausgesetzt, dass die Geschäftsführung den Vorschlag angenommen hat und die Vorteile der geplanten Implementierung eines Testwerkzeugs kennt. Außerdem sollte es angemessene Finanzmittel für die Implementierung reserviert haben und eine deutlich positive Einstellung gegenüber dem automatisierten Testen zeigen.

3.1 Die Systementwicklungsumgebung der Organisation

Nachdem sich die Geschäftsführung zur Bereitstellung der erforderlichen Ressourcen verpflichtet hat, prüft der Testingenieur die Systementwicklungsumgebung der Organisation. Er will sicherstellen, dass das Werkzeug mit möglichst vielen Betriebssystemen, Programmiersprachen und anderen Aspekten der technischen Umgebung kompatibel ist, die in der Organisation eingesetzt werden. Dazu geht er die in diesem Abschnitt beschriebenen Punkte an und dokumentiert seine Feststellungen.

3.1.1 Externe Informationen von Geschäftsführung, Personal und Endbenutzern

Es ist vorteilhaft, die Geschäftsführung, die Projektmitarbeiter und die Kunden als Endbenutzer in Form einer Umfrage einzubeziehen, um deren Erwartungen hinsichtlich automatisierter Tests zu verstehen. Eine derartige Untersuchung erlaubt dem Testingenieur, zu ermitteln und zu dokumentieren, welche Funktionalität das Testwerkzeug unterstützen muss. Sie gewährleistet, dass alle potenziell betroffenen Personen die Anforderungen und Ziele des automatisierten Testwerkzeugs verstehen und unterstützen.

Die folgenden Fragen sollten im Rahmen einer Datensammlung behandelt werden, die sicherstellt, dass die gewünschte Funktionalität des Werkzeugs angemessen definiert ist:

- Wie wird das Werkzeug in der Organisation benutzt?

- Werden andere Gruppen und Abteilungen das Werkzeug einsetzen?

- Welche Funktion des Werkzeugs ist am wichtigsten?

- Welche Funktion des Werkzeugs ist am unwichtigsten?

- Wie wird das Werkzeug hauptsächlich eingesetzt?

- Wie portierbar muss es sein?

Während der Untersuchung ermittelt der Testingenieur die Architektur von Datenbank und technischer Anwendung einschließlich aller in der Organisation oder für ein bestimmtes Projekt benutzten Middleware-, Datenbank- und Betriebssysteme. Außerdem stellt er fest, in welcher Sprache die grafischen Benutzeroberflächen der einzelnen Anwendungen geschrieben sind. Daneben muss er ein Verständnis für das Design der Architektur im einzelnen gewinnen, welches sich auf die Leistungsanforderungen auswirken kann. Eine Prüfung des vorherrschenden Leistungsbedarfs – einschließlich Leistung unter hoher Last, komplizierter Sicherheitsmechanismen sowie hoher Verfügbarkeit und Zuverlässigkeit des Systems – ist von Vorteil. Insbesondere sollte der Testingenieur erfragen, ob ein großer Teil der Anwendungen auftragskritische Operationen unterstützt.

Das Testteam muss die von der zu testenden Anwendung verwalteten Daten verstehen und definieren, wie das automatisierte Testwerkzeug Fragen der Datenprüfung unterstützt. Ein Hauptzweck der meisten Anwendungen besteht in der Umwandlung von Daten in aussagekräftige Informationen. Das Testteam sollte verstehen, wie dies vor sich geht, um Teststrategien entwickeln zu können, welche die Verifizierung der Daten und die Validierung Umwandlung unterstützen.

Aus der Untersuchung gewinnt der Testingenieur eine Gesamtvorstellung von der Entwicklungsumgebung der Organisation, so dass sich der Werkzeugbedarf richtig ermitteln lässt. Wenn die Organisation Großrechner- und Client/Server-Anwendungen entwickelt, aber die meisten Problemberichte des Systems Client/Server-Anwendungen betreffen, sollte der Schwerpunkt der Anforderungen an das Testwerkzeug auf der Client/Server-Umgebung liegen. Wenn die Client/Server-Anwendungen jedoch in erster Linie Leistungsprobleme aufweisen, kann sich die Auswahl des Testwerkzeugs auf Werkzeuge zur Leistungsüberwachung konzentrieren.

Das für die Implementierung eines Testwerkzeug zuständige Testteam muss auch seine eigenen Erwartungen in Rechnung stellen. Da ein einziges Werkzeug im Allgemeinen nicht alle Testinteressen und -erfordernisse der Organisation abdeckt, sollte es mindestens die dringendsten Anforderungen erfüllen. Da sich die Branche für automatisierte Testwerkzeuge weiter entwikkelt und wächst, wird wahrscheinlich auch die Abdeckung der Systemanforderungen zunehmen, und vielleicht steigt die Chance, dass ein einziges Werkzeug die wesentliche gewünschte Funktionalität liefern kann. Im Augenblick sieht es so aus, dass sich das eine Werkzeug perfekt zum Testen grafischer Benutzeroberflächen eignet, ein anderes für Leistungstests erforderlich sein könnte und ein drittes für das Testen von Einheiten. Daher muss man überlegen, mehrere Testwerkzeuge einzusetzen, und die Erwartungen an diese müssen geregelt werden. Auch die Bedeutung der Integration von Werkzeugen sollte bewertet werden. Der Testingenieur muss die aus dem Überblick über die Testwerkzeuge gewonnenen Informationen dokumentieren und mit den Funktionen der in Betracht gezogenen Werkzeuge vergleichen.

Die für eine automatisierte Testarbeit eingesetzten Werkzeuge sollten die Qualitätsanliegen und Prioritäten der Kunden exakt wiedergeben. Der Testingenieur muss Bedürfnisse und Erwartungen der Kunden klar erfassen, um

Breite und Reichweite der Tests richtig anzusetzen. Möglicherweise möchten einige Kunden, dass für die Akzeptanztests dasselbe Testwerkzeug benutzt wird wie für die Systemtests.

3.1.2 Werkzeugkriterien vor dem Hintergrund der Systementwicklungsumgebung

Als nächstes sollte der Testingenieur die System- und Softwarearchitektur für die meisten Projekte und Umgebungen in der Organisation untersuchen (je nach Größe der Organisation). Diese anderen Projekte und Umgebungen haben möglicherweise andere Testziele, und man kann andere Tests durchführen. Auf welche Phase der Softwareentwicklung sollen automatische Tests angewandt werden? Wie wird das Testwerkzeug in der Organisation eingesetzt werden? Besteht Interesse an einem Werkzeug für das Anforderungsmanagement, das während der Phase der Anforderungsdefinition eingesetzt werden könnte? Besteht Interesse an der Durchführung von Verwendbarkeitstests während der Designphase?

Abschnitt 3.2 beschreibt die verschiedenartigen Testwerkzeuge für die unterschiedlichen Phasen der Systementwicklung. Der Testingenieur muss feststellen, welche Arten von Testwerkzeugen am besten einsetzbar sind. Idealerweise wird zur Unterstützung der einzelnen Phasen der Softwareentwicklung ein automatisiertes Werkzeug benutzt. Im Allgemeinen fällt es nicht in die Zuständigkeit des Testteams, ein automatisiertes Werkzeug zu finden, das jede Tätigkeit bei der Softwareentwicklung unterstützt, sondern diese Aufgabe wird von einem leitenden Mitarbeiter in der Softwareentwicklung oder einer Prozessverbesserungsgruppe übernommen. Integrierte Werkzeuge sind zu bevorzugen, weil man dann die Ergebnisse des einen als Eingaben für das nächste Werkzeug verwenden kann.

Hinsichtlich der Untersuchung der Systemanforderungen müssen einige Fragen gestellt werden. Wollen Sie die automatisierte Testarbeit in der Entwicklungsphase konzentrieren? Brauchen Sie ein Werkzeug, das Tests auf Speicherprobleme unterstützt? Ein solches Werkzeug analysiert ein Computerprogramm darauf, welcher Teil den Arbeitsspeicher nicht effektiv nutzt. Einige unterstützen Analysen der Modulkomplexität, d.h., sie erfassen die gegenseitigen Abhängigkeiten der Programmmodule in einem gegebenen System. Diese Fähigkeit kann sinnvoll sein, um Programme zu ermitteln, die strukturiert oder in zwei oder mehr Programme aufgeteilt werden müssen. Außerdem können Informationen über die Komplexität hilfreich beim Aufspüren von Programmcode sein, der eine eingehendere Untersuchung rechtfertigt. Probleme dieser Art könnten jedoch bereits in einer Analyse der Bedürfnisse der Organisation aufgedeckt worden sein.

Das Testteam wird seine Untersuchung im Allgemeinen auf die für die Testphase brauchbarsten Testwerkzeuge konzentrieren. Es ist wichtig, den Bedarf an Werkzeugen für die Unterstützung von Regressions-, Belastungs- und Massentests zu analysieren. Der Testingenieur muss die Bedeutung von Anforderungen an die Systemleistung verstehen und ermitteln, welche technischen Kriterien während der Testphase am wichtigsten sind. Dazu könnte die Fähigkeit zur Pflege von Testskripts und zur schnellen und gründlichen Durchführung von Regressionstests gehören. Der Grad der Ausgefeiltheit eines automatisierten Testwerkzeugs ist ein wichtiger Faktor für die Auswahl. (Fragen und Anliegen zur Ausgefeiltheit von Testwerkzeugen werden im weiteren Verlauf dieses Kapitels in Tabelle 3.2 aufgeführt.)

Die speziellen Auswahlkriterien für eine bestimmte Aufgabe sind von den Systemanforderungen der Zielanwendungen abhängig. Wenn das Testteam in der Lage wäre, ein oder mehrere automatisierte Testwerkzeuge zu finden, die für mehrere Projekte oder Anwendungen einsetzbar sind, könnte es erforderlich sein, die Auswahlkriterien auf die wichtigsten zu testenden Anwendungen der Organisation einzuschränken. Im Idealfall sollte man die Auswahlkriterien für ein Testwerkzeug aber nicht auf ein einziges Projekt begrenzen, denn das kann zu einer Investition führen, die nur für dieses Projekt allein gut ist, so dass das Testwerkzeug im Regal verstaubt, nachdem dieses Projekt abgeschlossen ist.

3.1.3 Güte der Softwarequalität

Bei den Überlegungen zu automatisierten Testwerkzeugen sollte der Testingenieur den erwarteten Reifegrad der Softwarequalität für das Projekt definieren und feststellen, welche Aspekte der Softwareentwicklung für ein bestimmtes Projekt oder eine Aufgabe am wichtigsten sind. Er sollte erkunden, ob die Organisation die Einhaltung von brancheninternen Qualitätsrichtlinien wie zum Beispiel ISO 9000 oder des Capabilty Maturity Model (CMM) des Software Engineering Institute anstrebt. Außerdem sollte er Einsicht in den Umfang der geplanten Anwendungsentwicklungsarbeit gewinnen. Wenn diese beispielsweise über die Gesamtdauer des Projekts fünf Vollzeitentwickler bindet, wäre der ausgedehnte Einsatz einer Vielzahl von Testwerkzeugen angesichts des Projektumfangs wahrscheinlich zu teuer. Für Projekte mit 30 oder mehr Entwicklern wäre jedoch die Verwendung einer größeren Zahl von Testwerkzeugen durch Tiefe und Komplexität der Arbeit gerechtfertigt.

Außerdem muss der Testingenieur die wesentlichen Aspekte der wichtigsten Anwendungen in der Organisation definieren. Hohe Softwarequalität wäre zum Beispiel für eine Firma lebenswichtig, die Patientenmonitore entwickelt, diejenigen elektronischen Geräte, welche die physiologischen Parameter (EKG, Puls, Blutdruck, Sauerstoffgehalt) lebensbedrohlich erkrankter Patienten in Echtzeit überwachen. Die Qualitätskriterien für eine Organisation, die unkritische Software entwickelt, wären dagegen nicht so umfassend. Bei Finanzinstituten, die Systeme zur Verwaltung des täglichen Flusses von Millionen von Euro einsetzen, ist ein hoher Grad von Verfügbarkeit ein wesentliches Anliegen.

3.1.4 Vorliegende Problemberichte

Wenn eine Anwendung oder eine Version einer Anwendung in Betrieb ist, kann das Testteam vorliegende Problemberichte überwachen, um den Verlauf der vorherrschenden Probleme der Anwendung zu prüfen. Wenn eine neue Version der Anwendung entwickelt wird, kann es seine Arbeit auf die wichtigsten Probleme des Systems konzentrieren und ein Testwerkzeug suchen, das diese Testart unterstützt.

3.1.5 Einschränkungen im Budget

Wenn der Testingenieur die Zusage der Geschäftsführung für ein Testwerkzeug erlangt hat und mit einem begrenzten Budget eine große Anzahl von Testerfordernissen befriedigen muss, muss er bei der Suche nach einem oder mehreren Werkzeugen sowohl selektiv als auch kostenbewusst vorgehen. Möglicherweise muss er ein einziges Werkzeug kaufen, das die meisten Anforderungen erfüllt, oder eines, das die wichtigsten Anforderungen am besten erfüllt.

3.1.6 Testarten

Da sich für jedes beliebige Projekt viele Arten von Tests durchführen lassen, muss man prüfen, welche Testarten von Interesse sind. Zu den in Betracht zu ziehenden Arten gehören Regressionstests, Belastungs- oder Massentests und Brauchbarkeitstests. Welche Werkzeugfunktion wird am ehesten benötigt? Wird das Werkzeug hauptsächlich für Belastungstests eingesetzt? Einige Testwerkzeuge sind auf die Analyse des Quellcodes spezialisiert, d.h., sie ermitteln alle möglichen Quellcodepfade, die beim Testen geprüft werden müssen. Ist diese Fähigkeit für das oder die konkreten Projekte erforderlich? Andere Testwerkzeuge enthalten vielleicht Unterstützung für Prozessautomatisierung oder das Laden großer Datenmengen über Eingabedateien. Überlegen Sie, was das Testteam mit dem Testwerkzeug zu erreichen versucht. Wie heißt das Ziel? Welche Funktionalität wird gewünscht?

3.1.7 Langfristige Aspekte der Investition

Die Verwendung eines oder mehrerer Testwerkzeuge sollte auf mehr als ein Jahr angelegt sein. Infolgedessen sollte das Werkzeug als langfristige Investition betrachtet werden, die mehrere Aktualisierungen einschließt. Zu den Auswahlkriterien sollte deshalb auch die Leistungsfähigkeit auf lange Sicht gehören. Wer ist der Anbieter? Besitzt das Produkt gute Qualitätsnachweise? Wie hoch ist der Akzeptanzgrad in der Branche? Im Idealfall sollte der Anbieter zum Beantworten der Fragen zur Verfügung stehen und regelmäßige Softwareupgrades liefern, um mit der technischen Entwicklung Schritt zu halten.

Das Potenzial des Werkzeugs für einen ausgedehnteren Einsatz in der Organisation bildet ein weiteres zu bedenkendes Element. Es ist ein weiterer Grund dafür, dass der Testingenieur die Struktur der Systementwicklung der gesamten Organisation untersuchen sollte.

3.1.8 Einführung des Testwerkzeugs

Denken Sie bei der Bewertung eines Testwerkzeugs daran, dass das Testteam dieses in die Organisation einführen muss. Daher muss sich der Testingenieur überzeugen, dass die Geschäftsführung bereit ist, angemessene Ressourcen für den Einführungsprozess zu genehmigen. Vorausgesetzt der Zeitplan des Projekts lässt genügend Raum zur Einführung eines geeigneten Testwerkzeugs für die Organisation, muss das Testteam dafür sorgen, dass dieses in einer Weise implementiert wird, welche die Akzeptanz fördert. Schließlich ist die Arbeit der Beschaffung und Einführung des Werkzeugs vertan, wenn es niemand in der Organisation benutzt. Dabei sollte ein geeigneter Einführungsprozess befolgt werden, wie es in Kapitel 4 beschrieben wird, und alle, die mit dem Werkzeug zu tun haben, sollten in der Benutzung geschult und an der Implementierung beteiligt werden.

3.1.9 Vermeiden von Mängeln

Um die Anforderungen an das Testwerkzeug zu ermitteln, muss sich der Testingenieur mit weiteren Fragen befassen, wie zum Beispiel: »Werde ich eine umfangreiche Testarbeit zu unterstützen haben?« Beim Durchdenken der Anforderungen für ein Projekt mit geringem Testumfang ist es wiederum vorteilhaft, die spätere Anwendung des Testwerkzeugs auf andere Projekte zu beachten. Denken Sie daran, dass die Auswahl von Testwerkzeugen als langfristige Investition zu betrachten ist!

Ein weiteres Anliegen bei der Auswahl sind Auswirkungen auf und Einpassung in den Zeitplan des Projekts. Ist ausreichend Zeit vorhanden, damit die

notwendigen Personen das Testwerkzeug innerhalb des Zeitplans kennen lernen können? In einer Situation, in welcher der Zeitplan die Einführung eines
geeigneten Testwerkzeugs ausschließt, kann es ratsam sein, kein automatisiertes Testwerkzeug einzuführen. Durch Verschieben der Einführung eines Testwerkzeugs auf einen günstigeren Zeitpunkt kann das Testteam dem Risiko aus
dem Weg gehen, in aller Eile das richtige Werkzeug für das falsche Projekt zu
starten oder das für die Organisation falsche Werkzeug zu wählen. In beiden
Fällen käme das Testwerkzeug wahrscheinlich nicht gut an, und die Personen,
die sonst vielleicht große Befürworter der Verwendung automatisierter Testwerkzeuge geworden wären, werden vielleicht deren größte Gegner.

3.2 Werkzeuge zur Unterstützung des Testlebenszyklus

Bei der Durchführung einer Verbesserungs- oder Bedarfsanalyse in der Organisation ist es wichtig, sich mit den verschiedenartigen Testwerkzeugen auf
dem Markt vertraut zu machen. Dieser Abschnitt bietet einen Überblick über
Werkzeuge, welche die verschiedenen Phasen des Testlebenszyklus unterstützen. Er soll nicht umfassend sein, sondern enthält eine Beispielgruppe von
Werkzeugen zur Verbesserung des Testablaufs. Tabelle 3.1 nennt Werkzeuge,
welche die einzelnen Phasen des Testablaufs erleichtern. Neben Testwerkzeugen sind auch andere Werkzeuge in die Tabelle aufgenommen worden, weil sie
das Erstellen eines testfähigen Systems unterstützen. Einige Werkzeuge werden zwar in unterschiedlichen Phasen eingesetzt (zum Beispiel Werkzeuge zur
Fehlerverfolgung, zum Konfigurationsmanagement und zur Erzeugung von
Testverfahren), aber die Tabelle führt sie nur in der ersten Phase auf, in der sie
benutzt werden. Anhang B nennt Beispiele und Einzelheiten der hier aufgeführten Werkzeuge sowie einige andere Informationsquellen für Werkzeuge.

Die in Tabelle 3.1 genannten Werkzeuge gelten als wertvoll für die Verbes-
serung des Testlebenszyklus. Bevor sich eine Organisation jedoch entschließt,
ein bestimmtes Werkzeug zu erwerben, sollte sie eine Bedarfs- und Verbesserungsanalyse durchführen. Sie muss ermitteln, welche Werkzeuge die größten
Vorteile für die Verbesserung des Systementwicklungsprozesses versprechen.
Diese Bewertung erfolgt durch Vergleich des derzeitigen Prozesses mit einem
Zielprozess und Auswerten der Verbesserungsanzeichen sowie durch eine
Kosten-Nutzen-Analyse. Vor dem Kauf eines Werkzeugs zur Unterstützung
der Softwareentwicklung sollte eine Bewertung des Werkzeugs durchgeführt
werden, etwa in der Art der in diesem Kapitel beschriebenen Bewertung des
automatisierten Testwerkzeugs..

Tab. 3.1 Werkzeuge zur Unterstützung des Testablaufs.

Phase des Test-lebenszyklus	Art des Werkzeugs	Beschreibung des Werkzeugs
Geschäfts-analyse	Werkzeuge zur Modellierung der Geschäftsprozesse	Ermöglichen das Aufzeichnen von Benutzerbedürfnissen und das Automatisieren der schnellen Erstellung flexibler grafischer Client/Server-Anwendungen
	Werkzeuge für das Konfigurationsmanagement	Erlauben die Grundspezifikation wichtiger Datenspeicher
	Werkzeuge zur Fehlerverfolgung	Verwalten Fehler im Systemablauf
	Verwaltung technischer Reviews	Erleichtert die Kommunikation und automatisiert den Prozess des technischen Reviews/der technischen Inspektion
	Dokumentationsgeneratoren	Automatisieren das Erstellen der Dokumentation
Definition der Anforderungen	Werkzeuge für das Anforderungsmanagement	Verwalten und organisieren Anforderungen; erlauben das Entwerfen von Testverfahren; ermöglichen Berichte über den Testfortschritt
	Anforderungsverifiztierung	Überprüfen Syntax, Semantik und Testfähigkeit
	Anwendungsfallgeneratoren	Ermöglichen das Erstellen von Anwendungsfällen
Analyse und Design	Werkzeuge zum Entwerfen von Datenbanken	Bieten eine Lösung für die Entwicklung von Client/Server-Systemen der zweiten Generation für Unternehmen
	Werkzeuge zum Entwerfen von Anwendungen	Definieren die Softwarearchitektur; ermöglichen objektorientierte Analyse, Modellierung, Design und Konstruktion
	Struktur-, Fluss- und Sequenzdiagramme	Helfen beim Prozessmanagement
	Testverfahrengeneratoren	Erzeugen Testverfahren aus Anforderungen, aus dem Design von Daten- und Objektmodellen oder aus Ursache-Wirkungs-Diagrammen

Tab. 3.1 Werkzeuge zur Unterstützung des Testablaufs. (Forts.)

Phase des Test-lebenszyklus	Art des Werkzeugs	Beschreibung des Werkzeugs
Programmer-stellung	Werkzeuge zur Syntaxprüfung/ Debugger	Ermöglichen Syntaxprüfungen und Fehlersuche; besitzen üblicherweise integrierte Compiler für Programmiersprachen
	Werkzeuge zum Aufspüren von Speicherproblemen und Laufzeit-fehlern	Spüren Laufzeitfehler und Speicherprobleme auf
	Werkzeuge für statische und dyna-mische Analyse	Prüfen Pflegbarkeit, Portierbar-keit, Komplexität, zyklomatische Komplexität und Einhaltung von Standards
	Verschiedene Werkzeuge zur Implementierung von Code	Veranschaulichen Qualität und Struktur des Codes Unterstützen je nach Anwendung u.a. das Erzeugen des Codes
	Werkzeuge zum Testen von Ein-heiten	Automatisieren das Testen von Einheiten
Metriken	Werkzeuge zur Analyse der Code-bzw. Testabdeckung oder Codein-strumentierung	Ermitteln nicht getestete Code-abschnitte und unterstützen das dynamische Testen
	Werkzeuge zur Ausgabe von Metriken	Lesen den Quellcode und zeigen Informationen über Metriken an
	Werkzeuge zur Bewertung der Benutzerfreundlichkeit	Liefern Benutzerprofile, Aufga-benanalysen, Prototypen und Analysen des Benutzerverhaltens
Andere Werk-zeuge zur Unterstützung des Testlebens-zyklus	Testdatengeneratoren Prototyping-Werkzeuge	Erzeugen Testdaten Ermöglichen das Erstellen von Prototypen für Anwendungen mit Hilfe höherer Programmier-sprachen wie Visual Basic
	Werkzeuge zum Erzeugen von Stub-Routinen	Erlauben das Erzeugen von Stub-Routinen, wenn noch nicht alle Module geschrieben sind, aber Teile des Codes als selbständige Einheiten getestet werden müssen
	Hilfsprogramme zum Dateiver-gleich	Ermöglichen die Suche nach Diskrepanzen zwischen Dateien, deren Inhalt identisch sein sollte
	Simulationswerkzeuge	Simulieren Anwendungen u.a. für Skalierbarkeitsmessungen

Tab. 3.1 Werkzeuge zur Unterstützung des Testablaufs. (Forts.)

Phase des Test-lebenszyklus	Art des Werkzeugs	Beschreibung des Werkzeugs
Testphase	Werkzeuge zum Verwalten von Tests	Ermöglichen das Verwalten von Tests
	Werkzeuge für Netzwerktests	Ermöglichen Überwachung, Messung, Testen und Diagnose der Leistung über das gesamte Netzwerk
	Werkzeuge zum Testen grafischer Benutzeroberflächen (Capture/Replay)	Erlauben automatisierte Tests grafischer Benutzeroberflächen; Capture/Replay-Werkzeuge zeichnen die Interaktion von Benutzern mit Online-Systemen auf, so dass sie sich automatisch abspielen lassen
	Treiber für Tests ohne grafische Benutzeroberflächen	Ermöglichen die automatisierte Ausführung von Tests für Produkte ohne grafische Oberflächen
	Werkzeuge für Leistungs- und Belastungstests	Ermöglichen Leistungs- und Belastungstests
	Werkzeuge zum Testen von Umgebungen	Testwerkzeuge für verschiedene Testumgebungen einschließlich MVS, UNIX und X-Windows sowie das WWW

Tab. 3.1 Werkzeuge zur Unterstützung des Testablaufs. (Forts.)

Phase des Test-lebenszyklus	Art des Werkzeugs	Beschreibung des Werkzeugs
Werkzeuge für Jahr-2000-Tests (Y2K)	Werkzeuge zum Verwalten und Planen von Jahr-2000-Tests Codeanalysierer, Werkzeuge für Bestands- und Codeanalyse	Ermöglichen das Verwalten von Tests und Berichte über Metriken Analysieren Quellcode für Groß-rechner oder Client/Server-Systeme auf Dateneinfluss Analysieren Excel-Arbeitsblätter und Access-Datenbanken Untersuchen Solaris und Sun OS auf datumsbezogene Systemauf-rufe nm: Zeigt Symboltabelleninfor-mationen für Solaris-Binärda-teien an ar: Wird zur Prüfung von Biblio-theksabhängigkeiten eingesetzt Unterstützt die Erstellung von Jahr-2000-Testdaten gemäß Grundspezifikation (Baseline)
	Erzeugung von Testdaten gemäß der Grundspezifikation (Baseline)	Ermöglicht das automatische Vor- und Zurücksetzen der Werte von Datumsfeldern in Testdaten für Jahr-2000-Tests
	Werkzeuge zur Datenalterung Datumssimulation	Erlaubt die Simulation des Datums und der Jahr-2000-Test-umgebung

3.2.1 Werkzeuge zur Geschäftsanalyse

Zahlreiche auf dem Markt angebotene Werkzeuge unterstützen die Phase der Geschäftsanalyse. Einige unterstützen verschiedene Ansätze, wie zum Beispiel die Unified Modeling Language (UML), andere können Gelegenheiten zur Prozessverbesserung aufzeichnen und besitzen Datenorganisationsfähigkeiten, mit denen man den Testlebenszyklus verbessern kann. Weitere Einzelheiten zu den für diese Phase aufgeführten Werkzeugen finden Sie in Anhang B.

3.2.1.1 Geschäftsmodellierung

Werkzeuge zur Geschäftsmodellierung unterstützen das Erstellen von Pro-zess-, Organisations- und Datenmodellen. Sie können Definitionen der Benutzerbedürfnisse aufzeichnen und das schnelle Erstellen flexibler, grafik-orientierter Client/Server-Anwendungen automatisieren. Einige dieser Werkzeuge sind in andere Phasen des Systementwicklungs- bzw. Testlebenszyklus involviert wie zum Beispiel in die Datenmodellierung, das Design, die Programmierung und das Management von Tests und Konfigurationen. Sie können für die Unterstützung der Testarbeit sehr wertvoll sein. Wenn sie korrekt und effizient eingesetzt werden, wird die Prozessmodellierung im gesamten Systemlebenszyklus verbessert und gleichzeitig das Erstellen testfähiger Systeme unterstützt.

3.2.1.2 Konfigurationsmanagement

Werkzeuge zum Konfigurationsmanagement sollten schon früh im Lebenszyklus eingesetzt werden, um Änderungen zu verwalten und einen wiederholbaren Prozess zu etablieren. Diese Werkzeugkategorie wird zwar in Tabelle 3.1 als Bestandteil der Geschäftsanalyse beschrieben, aber Werkzeuge zum Konfigurationsmanagement werden eigentlich im gesamten Lebenszyklus verwendet. Die Endergebnisse jeder Systementwicklungsphase sollten in einem solchen Werkzeug als Grundspezifikation (Baseline) festgelegt werden.

3.2.1.3 Fehlerverfolgung

Genau wie die Verwendung von Werkzeugen zum Konfigurationsmanagement im gesamten Testlebenszyklus ist auch der Einsatz von Werkzeugen zur Fehlerverfolgung von Testbeginn an und während des gesamten Testlebenszyklus wichtig. Alle während der Systementwicklung auftretenden Fehler oder Softwareprobleme sollten dokumentiert und erledigt werden. Das Verfolgen von Fehlern ist das primäre Ziel von Test- und Qualitätssicherungsaktivitäten. Damit Fehler erfolgreich aus der Anwendung entfernt werden können, müssen sie erkannt und bis zur Behebung überwacht werden.

3.2.1.4 Verwaltung technischer Reviews

Eine der besten Strategien zum Aufspüren von Fehlern stützt sich auf technische Reviews bzw. Inspektionen, weil diese die frühzeitige Entdeckung von Fehlern ermöglichen. Reviews und Inspektionen stellen eine formelle Bewertungstechnik dar, die sich auf Softwareanforderungen, Design, Code und andere Ergebnisse der Softwarearbeit anwenden lassen. Sie bringen eine gründliche Untersuchung durch andere Personen als den Autor mit sich.

Werkzeuge zur Verwaltung technischer Reviews ermöglichen das Automatisieren des Inspektionsprozesses und erleichtern gleichzeitig die Kommunikation. Außerdem unterstützen sie das automatische Sammeln wesentlicher Metriken wie zum Beispiel der Aktionen während eines Reviews.

3.2.1.5 Dokumentationserstellung

Werkzeuge zum Erstellen von Dokumentationen können den Testlebenszyklus vereinfachen, indem sie die für die manuelle Dokumentation erforderliche Arbeit reduzieren. Auch sie sind während des gesamten Testlebenszyklus nützlich.

3.2.2 Werkzeuge zum Definieren der Anforderungen

Software muss im Verhältnis zu einer Vorstellung über ihre Leistung bewertet werden. Diese Vorstellung ist in die Spezifikation von Anforderungen oder die Definition von Anwendungsfällen verpackt. Die Qualität der definierten Anforderungen kann das Testen (und natürlich auch die Entwicklung) relativ mühelos oder auch äußerst schwierig gestalten.

Wenn die Spezifikation der Anforderungen sämtliche vom Testingenieur benötigten Informationen in brauchbarer Form enthält, sagt man, die Anforderungen seien testfertig. Testfähige Anforderungen minimieren Aufwand und Kosten des Testens. Wenn die Anforderungen nicht testfertig oder testfähig sind, müssen die Testingenieure die fehlenden Informationen suchen – ein langwieriger, zäher Vorgang, der die Testarbeit deutlich verlängern kann. In Anhang A finden Sie weitere Informationen über testfähige Anforderungen.

3.2.2.1 Anforderungsmanagement

Werkzeuge zum Verwalten von Anforderungen ermöglichen das schnelle und effiziente Aufzeichnen von Anforderungen. Diese können mit Hilfe eines Texteditors innerhalb des Werkzeugs in einer natürlichen Sprache wie zum Beispiel Englisch festgehalten, aber auch mit einem syntaxgesteuerten Editor in einer formalen Sprache wie LOTOS oder Z [1] geschrieben werden. Außerdem lassen sich Anforderungen mit Hilfe von Werkzeugen wie zum Beispiel Validator/Req grafisch modellieren (mehr zu diesem Werkzeug in Anhang B).

Eine Methode zum Modellieren von Anforderungen arbeitet mit Anwendungsfällen. Das Anwendungsfallkonstrukt definiert das Verhalten des Systems oder einer anderen semantischen Einheit, ohne deren interne Struktur offen zu legen. Jeder Anwendungsfall enthält eine Folge von Aktionen einschließlich Varianten, welche die Einheit durch Zusammenspiel mit ihren Benutzern ausführen kann.

Viele Werkzeuge für das Anforderungsmanagement unterstützen die Verfolgbarkeit von Informationen, die mehr als nur das Verfolgen an sich umfasst. Das Verknüpfen sämtlicher Informationen miteinander – beispielsweise Verknüpfungen zwischen Anforderungen/Anwendungsfällen und entweder Design-, Implementierungs- oder Testverfahren – ist ein wesentlicher

Faktor beim Nachweis der Erfüllung der Anforderungen und der Vollständigkeit des Projekts. Möglicherweise muss zum Beispiel der Designer die Designbestandteile bis hin zu den einzelnen Systemanforderungen verfolgen, der Entwickler dagegen die Codebestandteile bis zu den Designbestandteilen. Der Testingenieur muss die Systemanforderungen zu den Testverfahren verfolgen und dadurch messen, wie weit die Verfahrenserstellung abgeschlossen ist. Werkzeuge zum Anforderungsmanagement können auch automatisch ermitteln, welche Testverfahren von der Änderung einer Anforderung betroffen sind.

Außerdem unterstützen Werkzeuge für das Anforderungsmanagement das Informationsmanagement. Unabhängig davon, ob das Projekt Software, Hardware, Firmware oder einen Prozess betrifft, müssen während aller Entwicklungsphasen Daten verwaltet und verfolgt werden, um die Übereinstimmung mit den Anforderungen zu gewährleisten. Werkzeuge wie diese lassen sich auch zur Unterstützung der Rekapitulation gemachter Erfahrungen bzw. des *Lessons Learned Review* (siehe im Einzelnen Kapitel 10) und zur einfacheren Verwaltung von Problemen und Mängeln einsetzen.

3.2.2.2 Anforderungsverifizierung

Werkzeuge zum Aufzeichnen von Anforderungen sind seit langem etabliert und werden ständig mit neuen Merkmalen und Methoden wie zum Beispiel Anwendungsfällen aktualisiert. Werkzeuge zur Anforderungsverifizierung [2] sind dagegen relativ neu. Bevor sie auf den Markt kamen, konnten aufgezeichnete Informationen über Anforderungen auf zweierlei Weise geprüft werden: 1. durch Verwendung einer anderen Funktion aus einem Werkzeug zur Analyse von Anforderungen, um sicherzustellen, dass die Informationen mit gewissen Methodenregeln konform waren, oder 2. durch manuelle Prüfung der Informationen. Keine dieser Prüfungen konnte jedoch gewährleisten, dass die Anforderungsinformationen ein testfähiges Produkt bildeten.

Um testfähig zu sein, müssen die Anforderungsinformationen unzweideutig, konsistent, quantifizierbar und vollständig sein. Ein Begriff oder Wort in einer Anforderungsdefinition ist dann unzweideutig, wenn es eine und nur eine Definition besitzt. Die Anforderungsdefinition ist dann konsistent, wenn jeder der vorkommenden Begriffe in einer und nur einer bestimmten Weise benutzt wird. Nehmen Sie zum Beispiel das Wort *report*. In einer Anforderungsspezifikation muss es entweder als Nomen oder als Verb verwendet werden. Durch Verwendung sowohl als Name als auch als Handlung würde die Spezifikation inkonsistent.

Aus der Sicht des Testingenieurs bedeutet Vollständigkeit, dass die Anforderungen notwendige und ausreichende Informationen für die Tests enthalten. Jede Handlungsanweisung muss eine definierte Eingabe, eine definierte

Funktion und ein definiertes Ergebnis haben. Außerdem muss der Testingenieur wissen, dass alle Anweisungen vorhanden sind. Wenn irgendeine
Anweisung oder die als Anforderungsspezifikation bezeichnete Sammlung
von Anweisungen unvollständig ist, wird das Testen schwierig. Noch schlimmer: Einige Organisationen besitzen gar keine Anforderungsspezifikationen,
was das Testen unmöglich macht. Weitere Einzelheiten über testfähige Anforderungen finden Sie in Anhang A.

Werkzeuge zur Prüfung von Anforderungen prüfen schnell und zuverlässig
auf Zweideutigkeit, Inkonsistenz und Vollständigkeit der Anweisungen. Ein
automatisiertes Prüfwerkzeug kann jedoch nicht feststellen, ob die Sammlung
der Anforderungsanweisungen vollständig ist. Es kann nur das prüfen, was
zuvor eingegeben wurde – nicht, was eingegeben werden *sollte*. Diese Prüfung
muss daher manuell vorgenommen werden.

Die meisten Test- und Entwicklungswerkzeuge, die zu einem späteren
Zeitpunkt der Softwareentwicklung eingesetzt werden, sind von der Verfüg-
barkeit zuverlässiger Anforderungsinformationen abhängig. Daher kann ein
Werkzeug zur Prüfung der Anforderungen bei der Schaffung dieser gesunden
Grundlage von hohem Wert sein. Anders als die meisten Testwerkzeuge, die
separate Pakete bilden, werden diese Prüfwerkzeuge normalerweise in andere
Werkzeuge eingebettet.

3.2.3 Werkzeuge für Analyse und Design

Eine Anforderungsspezifikation definiert, *was* von einem Softwaresystem
erwartet wird, die Designphase legt dagegen fest, *wie* diese Anforderungen
implementiert werden.

3.2.3.1 Visuelle Modellierung

Werkzeuge zum visuellen Modellieren, die während der Geschäftsanalyse eingesetzt werden, können auch in der Designphase hilfreich sein. Diese Werkzeuge wie zum Beispiel Rational Rose ermöglichen den Entwicklern, eine
Softwarearchitektur zu definieren und zu übermitteln, was die Entwicklung
durch Verbesserung der Kommunikation der Teammitglieder untereinander
beschleunigt, die Qualität durch Zuordnung von Geschäftsprozessen zur Softwarearchitektur verbessert und die Durchschaubarkeit und Vorhersagbarkeit
durch explizite Visualisierung kritischer Entscheidungen in Designfragen
erhöht.

Außerdem lassen sich die während der Anforderungsphase mit Hilfe von
Werkzeugen zum Anforderungsmanagement gesammelten Informationen in
der Designphase wieder verwenden. Ein Detailentwurf entsteht aus diesen
detaillierten Systemanforderungen, Anwendungsfällen und Anwendungsfall-

diagrammen. Neben dem Einsatz von Werkzeugen, die früheren Phasen des Systementwicklungsablaufs zugeordnet sind, können in der Designphase Spezialwerkzeuge zum Design von Datenbanken und Anwendungen die Designarbeit und damit auch die Testphase verbessern. Struktur-, Fluss- und Sequenzdiagramme können das Prozessmanagement unterstützen. Weitere Einzelheiten über diese Art von Werkzeugen finden Sie in Anhang B.

3.2.3.2 Generatoren für Testverfahren

Das in Abschnitt 3.2.2 behandelte Werkzeug für das Anforderungsmanagement lässt sich mit einem spezifikationsgesteuerten Generator für Testverfahren (Anwendungsfälle) koppeln. Ein Werkzeug für das Anforderungsmanagement zeichnet Anforderungsinformationen auf, welche der Generator dann zu Testverfahren verarbeitet. Ein Testverfahrengenerator erzeugt mit statistischen, algorithmischen oder heuristischen Mitteln Testverfahren. Ein statistischer Generator wählt Eingabestrukturen und Werte, um daraus eine statistische Zufallsverteilung oder eine mit dem Verwendungsprofil der zu testenden Software übereinstimmende Verteilung zu bilden. Beim Erzeugen von Testverfahren anhand von Algorithmen befolgt das Werkzeug eine Reihe von Regeln oder Prozeduren, die im Allgemeinen als Strategien oder Techniken für das Testdesign bezeichnet werden. Meistens wenden Testverfahrengeneratoren aktions-, daten-, logik-, ereignis- und statusgesteuerte Strategien an. Jede einzelne sucht nach einer anderen Art von Softwarefehler. Beim Erzeugen von Testverfahren mit heuristischen oder fehlergesteuerten Mitteln benutzt das Werkzeug Informationen des Testingenieurs wie zum Beispiel Fehler, die das Testteam in der Vergangenheit häufig festgestellt hat. Dadurch wird es zu einem wissensbasierten Werkzeug, das sein Wissen über frühere Fehler zum Erstellen von Testverfahren benutzt.

Früher haben sich Testingenieure in erster Linie auf das Erstellen und Ändern von Testverfahren konzentriert. Das war ein langsamer, teurer und arbeitsintensiver Vorgang. Wenn sich eine Anforderung änderte, musste der Testingenieur viele vorhandene Abläufe umarbeiten und neue Verfahren erstellen. Mit modernen Testverfahrengeneratoren lässt sich dagegen die Zeit für die Erstellung und die Prüfung auf wenige Sekunden Rechenzeit reduzieren [3].

Werkzeuge dieser Art lassen sich während der Design- und Entwicklungsphase sowie in den Testphasen einsetzen. Interactive Development Environments (IDE) hat beispielsweise angekündigt, dass eine Version des Werkzeugs StP/T für Softwareentwicklungsteams verfügbar gemacht werden soll. Mit diesem Werkzeug können Entwickler den Programmcode automatisch auf die im Analyse- und Designstadium spezifizierte Funktionalität testen. Der Testverfahrengenerator von IDE verknüpft den Testprozess mit Analyse und

Design am Anfang. Infolgedessen können die Entwickler von Anfang an testfertige Designs erstellen und damit Zeit und Kosten für mehrere Designdurchgänge drastisch kürzen. Durch diese Verknüpfung von Analyse- und Designwerkzeugen erzeugt StP/T Testfälle direkt aus den in den Daten- und Objektmodellen der Anwendung genannten Spezifikationen.

3.2.4 Programmierwerkzeuge

Die während der Phasen von Geschäftsanalyse und Design verwendeten Modellierungswerkzeuge können häufig aus den in den früheren Phasen erstellten Modellen Code erzeugen. Wenn diese Einrichtungs- und Vorbereitungstätigkeiten richtig ausgeführt wurden, wird die Programmierung vereinfacht. Programmierer sollten sich also an Standards halten und durch die gewissenhafte Wahl von Namen für Methoden, Funktionen, Klassen und andere Strukturen vieles von dem ausdrücken, wozu ein System fähig ist. Außerdem sollten sie ausführliche Vorbemerkungen oder Kommentare in ihren Code aufnehmen, die Zweck und Aufbau des Programms dokumentieren und beschreiben. Ferner sollten Anwendungsentwickler Programmlogik und Algorithmen schreiben, welche die Ausführung des Codes unterstützen.

Die Vorbemerkungen und Algorithmen sowie der Programmcode können als Eingaben für Testwerkzeuge während der Entwicklungsphase der Testautomatisierung dienen. Sie machen es dem Testingenieur einfacher, einen Test zu entwerfen. Vorbemerkungen können als Anforderungsbeschreibungen für die kleinen Softwareeinheiten angesehen werden, die der Programmierer entwickkelt. Auch die in der Anforderungsphase eingesetzten Testwerkzeuge können wieder benutzt werden, um diese Codeblöcke zu testen.

Werkzeuge wie zum Beispiel zur Beurteilung von Metriken, zur Codeüberprüfung und zur Codeinstrumentalisierung können auch Tests in der Programmierphase unterstützen. Manchmal werden sie als statische Analysewerkzeuge klassifiziert, weil sie Code außerhalb der Ausführung prüfen, wenn er sich in einem statischen Zustand befindet. Näheres dazu wird in Abschnitt 3.2.5 gesagt.

3.2.4.1 Werkzeuge zur Syntaxprüfung und Fehlerbehebung

Werkzeuge zur Syntaxprüfung sowie zur Fehlerbehebung (Debugger) sind normalerweise in einem Paket mit einer höheren Programmiersprache zusammengefasst. Sie unterstützen die Testfähigkeit der Software und sind daher für deren Verbesserung während der Programmierphase wichtig. Zur Fehlersuche kann das Setzen von Haltepunkten im Code, um das laufende Programm zum Zweck der Fehlersuche anzuhalten, und das Einfügen einer

Haltebedingung zum Untersuchen des Quellcodes und der Betrachtung und
Änderung von Variablen gehören.

3.2.4.2 Werkzeuge zum Aufspüren von Speicherproblemen und von Laufzeitfehlern

Werkzeuge zum Aufspüren von Speicherproblemen und Laufzeitfehlern können Speicherprobleme feststellen und zeigen, wo Speicher zugewiesen wurde,
für den keine Zeiger existieren – derartige Speicherbereiche können weder
benutzt noch freigegeben werden. Laufzeitfehler können sich in Bibliotheken
von Fremdanbietern, gemeinsam genutzten Bibliotheken oder in anderem
Code verbergen. Werkzeuge der genannten Art können Probleme wie nicht
initialisierte lokale Variablen, Fehler durch Stack-Überlauf und durch Zugriffe
auf den statischen Speicher aufdecken, um nur einige zu nennen, und stellen
wertvolle Ergänzungen des Testlebenszyklus dar.

3.2.4.3 Werkzeuge zum Testen des Quellcodes

Ein frühes Werkzeug zum Testen von Quellcode namens LINT, das es heute
immer noch gibt, stand Anwendungsentwicklern als Bestandteil des Betriebs-
systems UNIX zur Verfügung. Daneben werden heute noch zahlreiche andere
Codeprüfwerkzeuge (Code Checker) zur Unterstützung anderer Betriebssysteme angeboten.

Der Name »LINT« passt sehr gut, weil das Werkzeug den Code durchgeht
und sämtlichen »Kram« herauspickt, der das Programm unsauber und fehleranfällig macht. Werkzeuge dieser Art suchen nach falsch platzierten Zeigern,
nicht initialisierten Variablen und Abweichungen von Standards. Anwen-
dungsentwicklungsteams, die Softwareuntersuchungen als Element statischer
Tests verwenden, können den Aufwand für solche Tests reduzieren, indem sie
eine Codeprüfung benutzen, um winzige Probleme vor der Untersuchung zu
ermitteln [4]. Codeprüfwerkzeuge wie zum Beispiel CodeCheck von Abraxas
Software messen die Pflegbarkeit, Portierbarkeit, Komplexität und Einhaltung
von Standards in C- und C++-Quellcode.

3.2.4.4 Werkzeuge zur statischen und dynamischen Analyse

Einige Werkzeuge dienen zur statischen und dynamischen Analyse von Quellcode. LDRA zum Beispiel (weitere Einzelheiten in Anhang B) führt statische
Analysen durch, indem es den Code auf Programmierstandards, auf Metriken
für Komplexität, auf unerreichbaren Code und noch vieles mehr durchleuchtet. Werkzeuge dieser Art unterstützen auch dynamische Analysen, zu denen
das Ausführen des Codes mit Testdaten zum Aufspüren von Laufzeitfehlern

sowie das Ermitteln nicht getesteter Codeabschnitte, die Analyse der Ausführung von Anweisungen und Verzweigungen und mehr gehört. Der Quellcode wird analysiert und die Ergebnisse sowohl in Textform als auch grafisch dargestellt.

3.2.5 Metrikwerkzeuge

Werkzeuge zum Erheben von Metriken, die im Rahmen von Einheiten- und Integrationstests eingesetzt werden, können nicht getestete Codeabschnitte ermitteln und dynamisches Testen unterstützen. Sie liefern Analysen der Testabdeckung, welche gewährleisten sollen, dass der Code so detailliert wie möglich getestet wurde.

3.2.5.1 Werkzeuge zur Ausgabe von Metrikberichten

Werkzeuge zur Ausgabe von Metrikberichten (Metrics Reporter) [5] sind schon seit Jahren auf dem Markt und immer noch wertvoll. Sie lesen den Quellcode und geben Metrikberichte aus, häufig in grafischem Format. Ein Metrics Reporter misst die Komplexität hinsichtlich Datenfluss, Datenstruktur und Steuerfluss. Außerdem liefert er Metriken über die Codegröße in Bezug auf Module, Operanden, Operatoren und Codezeilen. Ein Werkzeug dieser Art kann dem Programmierer helfen, den Code zu korrigieren und zu pflegen, und den Testingenieur dabei unterstützen, diejenigen Codeabschnitte zu ermitteln, die der größten Aufmerksamkeit bedürfen.

3.2.5.2 Werkzeuge zur Analyse der Codeabdeckung und zur Instrumentalisierung von Code

Das Messen der strukturellen Abdeckung vermittelt dem Entwicklungsteam einen Einblick in die Effektivität von Tests und Testpaketen. Werkzeuge wie das Visual Test Tool von McCabe können beispielsweise die Komplexität des Designs quantifizieren, messen, wie viele Integrationstests zum Qualifizieren des Designs erforderlich sind, die gewünschten Integrationstests erstellen und messen, wie viele Integrationstests nicht durchgeführt wurden.

Andere Werkzeuge wie zum Beispiel Hindsight messen die Testabdeckung auf mehreren Ebenen, u.a. auf Segment-, Verzweigungs- und Bedingungsebene. Welche Ebene angemessen ist, hängt von der Bedeutung der jeweiligen Anwendung ab. (Weitere Einzelheiten zu diesen Werkzeugen können Sie Anhang B entnehmen.)

3.2.5.3 Werkzeuge zum Beurteilen der Benutzerfreundlichkeit

Die Werkzeuge dieser Kategorie bewerten die Benutzerfreundlichkeit (Usability) einer Client/Server-Anwendung. Weitere Informationen erhalten Sie in Anhang B.

3.2.6 Andere Werkzeuge für den Testlebenszyklus

3.2.6.1 Testdatengeneratoren

Es gibt heute viele Werkzeuge zum Erzeugen von Testdaten und Füllen von Datenbankservern. Solche Daten können in allen Testphasen benutzt werden, insbesondere bei Leistungs- und Belastungstests, und vereinfachen den Testprozess. Beispiele für Testdatengeneratoren finden Sie in Anhang B.

3.2.6.2 Hilfsprogramme zum Vergleichen von Dateien

Hilfsprogramme zum Vergleichen von Dateien suchen nach Diskrepanzen zwischen Dateien, deren Inhalt identisch sein sollte. Solche Vergleiche sind für die Feststellung sinnvoll, dass die Regressionstests dieselben Ergebnisse liefern wie die in der Grundspezifikation angegebenen, bevor Codekorrekturen implementiert werden. Vergleichsprogramme sind häufig Funktionen von Capture/Replay-Werkzeugen.

3.2.6.3 Simulationswerkzeuge

Werkzeuge zum Modellieren von Simulationen können das Verhalten von Modellen der im Test befindlichen Anwendung nachahmen und dabei verschiedene Abwandlungen der Zielanwendungsumgebung als Bestandteil von »Was wäre wenn«-Szenarien einsetzen. Sie bieten Einblick in Leistung und Verhalten vorhandener oder geplanter Netzwerke, Systeme und Prozesse. Beispiele für Simulationswerkzeuge sind in Anhang B aufgeführt.

3.2.7 Testwerkzeuge

3.2.7.1 Werkzeuge für das Testmanagement

Werkzeuge zum Verwalten von Tests unterstützen den Testlebenszyklus dadurch, dass sie das Planen, Verwalten und Analysieren aller damit verbundenen Aspekte ermöglichen. Einige von ihnen, wie zum Beispiel TestStudio von Rational, sind mit Werkzeugen zum Anforderungs- und Konfigurationsmanagement integriert und vereinfachen dadurch den gesamten Testlebenszyklus. Weitere Einzelheiten zu Werkzeugen dieser Art sind in Anhang B zu finden.

3.2.7.2 Werkzeuge zum Testen des Netzwerks

Das Aufkommen von Anwendungen, die in einer mehrschichtigen, einer Client/Server- oder einer Web-Umgebung laufen, hat für die Testarbeit neue Komplexität gebracht. Der Testingenieur erprobt nicht mehr wie in der Vergangenheit eine einzelne, abgeschlossene Anwendung, die auf einem einzigen System ausgeführt wird, sondern die Client/Server-Umgebung umfasst drei Bestandteile: den Server, den Client und das Netzwerk. Außerdem steigert die plattformübergreifende Anbindung das Fehlerpotenzial. Infolgedessen muss sich das Testen sowohl auf die Leistung des Servers als auch auf die Gesamtsystemleistung und -funktionalität mit allen drei Bestandteilen konzentrieren. Viele Werkzeuge zum Testen des Netzwerks erlauben dem Testingenieur, die Leistung im gesamten Netzwerk zu überwachen, zu messen, zu testen und Diagnosen darüber zu erstellen. Weitere Einzelheiten zu diesen Werkzeugen sind in Anhang B genannt.

3.2.7.3 Werkzeuge zum Testen von GUI-Anwendungen (Record/Replay-Werkzeuge)

Auf dem Markt werden viele automatisierte Werkzeuge zum Testen grafischer Benutzeroberflächen (GUIs) angeboten, die normalerweise eine Funktion zum Aufzeichnen (Record) und Wiedergeben (Replay) besitzen, mit deren Hilfe der Testingenieur automatische Tests für mehrere Umgebungen erstellen (aufzeichnen), ändern und ausführen (wiedergeben) kann. Werkzeuge, welche die GUI-Elemente auf der Ebene der Steuerelemente aufzeichnen (anstatt auf der Bitmap-Ebene), sind von hohem Nutzen. Die Tätigkeit des *Aufzeichnens* hält die vom Testingenieur ausgeführten Tastenanschläge fest und erzeugt daraus automatisch im Hintergrund ein Skript in einer höheren Programmiersprache. Diese Aufzeichnung stellt ein Computerprogramm dar, das als »Testskript« bezeichnet wird. Die ausschließliche Verwendung der Aufzeichnungs- und Wiedergabefähigkeiten nutzt normalerweise nur 10% der Möglichkeiten des Testwerkzeugs. Um möglichst hohen Nutzen zu erzielen, muss man mit der integrierten Skriptsprache arbeiten. Der Testingenieur muss das Skript modifizieren, um daraus ein wieder verwendbares und pflegeleichtes Testverfahren zu machen (siehe Kapitel 8 zu Richtlinien über das Entwickeln automatisierter Tests). Dieses Skript wird zum Testwerkzeug für die Grundspezifikation und kann später zu Vergleichszwecken auf einen neuen Software-Build angewandt werden.

Testwerkzeuge mit Aufzeichnungsfähigkeit werden normalerweise mit einem *Vergleichswerkzeug* zusammengefasst, das automatisch tatsächliche und erwartete Ergebnisse gegenüberstellt und die Ergebnisse protokolliert. Der Vergleich kann Pixel für Pixel und Zeichen für Zeichen durchgeführt werden, da das Werkzeug automatisch und punktgenau die Nichtübereinstimmung von erwartetem und tatsächlichem Ergebnis erfasst. Das Testwerkzeug Rational Robot beispielsweise protokolliert ein positives Ergebnis im Test Log Viewer als *pass (bestanden)* und stellt es auf dem Bildschirm in grüner Farbe dar, während ein *fail (nicht bestanden)* in roter Farbe erscheint.

3.2.7.4 Werkzeuge zum Testen von Last, Leistung und Belastung

Werkzeuge für Lasttests wie zum Beispiel PerformanceStudio von Rational ermöglichen Leistungstests, bei denen sich das Werkzeug so programmieren lässt, dass es eine Reihe von Client/Server-Rechnern gleichzeitig betreibt, um das Client/Server-System zu *belasten* und die Reaktionszeit zu messen. Lasttests erstrecken sich normalerweise auf verschiedene Szenarien, um zu analysieren, wie das Client/Server-System unter verschiedenen Lasten reagiert.

Unter Belastungstests ist das Betreiben der Client/Server-Rechner in Szenarien mit hoher Belastung zu verstehen, um den Zeitpunkt des Zusammenbrechens zu ermitteln.

3.2.7.5 Werkzeuge für Umgebungstests

Es gibt viele Arten von Werkzeugen, welche die zahlreichen Umgebungen unterstützen (Großrechner, UNIX, X-Windows und Web). Die Anzahl der Testwerkzeuge, die Web-Anwendungen unterstützen, ist im Steigen begriffen. Es gibt inzwischen spezielle Web-Testwerkzeuge zum Testen von Web-Anwendungen, wie Anhang B zeigt.

3.2.7.6 Werkzeuge zum Testen auf Jahr-2000-Verträglichkeit

Eine Reihe von Testwerkzeugen unterstützt Jahr-2000-Tests. Sie analysieren Großrechner- oder Client/Server-Quellcode hinsichtlich der Auswirkungen des Datums und zeichnen die Ergebnisse auf. Einige von ihnen unterstützen die Erstellung einer Grundspezifikation (Baseline) von Jahr-2000-Daten, andere erlauben das »Altern« der Daten für diesen Zweck, noch andere liefern simulierte Daten und stellen die Jahr-2000-Testumgebung nach.

3.2.7.7 Werkzeuge zum Erzeugen produktbasierter Testverfahren

Produktbasierte Testverfahrengeneratoren sind seit den siebziger Jahren bekannt [6]. Sie lesen und analysieren den Quellcode und leiten daraus Testverfahren ab. Es wird versucht, Testverfahren für jede Anweisung, jede Verzweigung und jeden Pfad zu erzeugen (strukturelle Abdeckung). Umfassende strukturelle Abdeckung stellt zwar ein lohnendes Ziel dar, aber das Problem dieser Werkzeugkategorie besteht darin, dass sie versucht, von der Codestruktur anstatt von der Anforderungsspezifikation auszugehen.

Die Kritik derartiger Testmethoden hat ihren Ursprung in dem Umstand, dass die Struktur des Programmcodes nur das darstellt, was das Produkt macht – nicht das, was es machen soll. Der Programmcode kann unvollständig sein oder Fehlfunktionen enthalten, und ein von der Codestruktur ausgehendes Testprogramm besitzt keine Möglichkeit, solche Fehler auszugleichen. Da das Testwerkzeug nicht zwischen gutem und schlechtem Code unterscheiden kann, versucht es, Testverfahren für die Prüfung aller Teile des Programmcodes zu erzeugen, und warnt den Testingenieur nicht, dass ein Teil des Codes fehlerhaft sein könnte.

Beim Einsatz eines produktbasierten Testverfahrengenerators bleibt die Feststellung, ob der Code gut oder schlecht ist, dem Testingenieur überlassen. Wie bereits erwähnt, vergleicht dieser dazu das tatsächliche Verhalten des Codes mit dem festgesetzten oder erwarteten Verhalten. Wenn keine schriftlichen Anforderungsspezifikationen vorhanden sind und die Testingenieure von ihrer Neuzusammenstellung der Spezifikationen ausgehen müssen, ist das Testteam möglicherweise geneigt, dem produktbasierten Testverfahrengenerator zu vertrauen. Es gibt schließlich keinen anderen Bezugspunkt für die Testarbeit. In diesem Fall stützt es seine Überzeugung auf Berichte, die eine hohe strukturelle Abdeckung zeigen, was im Widerspruch zu den Tatsachen steht. Testingenieure, die über schriftliche oder als Modell vorliegende Spezifikationen verfügen, besitzen dagegen den erforderlichen definitiven Bezugspunkt für vollständige Softwaretests. Infolgedessen brauchen sie die Software nicht gegen sich selbst zu testen und benötigen deshalb keinen produktbasierten Testverfahrengenerator.

3.3 Suche nach geeigneten Testwerkzeugen

Die in Abschnitt 3.2 bereitgestellten Informationen helfen dem Testingenieur, eine »Wunschliste« für Testwerkzeugfunktionen anzulegen, welche die Systementwicklungsumgebung der Organisation unterstützen. Sie skizziert die verschiedenen Arten der in Betracht zu ziehenden Testwerkzeuge. Als nächstes muss der Testingenieur die Notwendigkeit einer bestimmten Art von Testwerkzeug in ein oder mehrere Testwerkzeugkandidaten umsetzen.

Auf der Grundlage der Anforderungen an das Testwerkzeug muss das Testteam ein Spezifikations- und Bewertungsformular für Testwerkzeuge entwickeln. Vielleicht besitzt die Organisation bereits ein Standardformular zur Werkzeugbewertung. Es lohnt sich, die Prozess- oder Normbibliothek der Organisation auf vorhandene Richtlinien und Formulare durchzusehen.

Es ist wichtig, dass die Funktionalität, die Sie als der für die Implementierung eines Testwerkzeugs zuständige Testingenieur fordern, als Faktor in den Bewertungsprozess eingeht. Sie sollten erkunden, ob ein Werkzeug zum Verwalten von Anforderungen oder irgendein anderes Werkzeug eingesetzt werden soll, das sich möglicherweise mit einem Testwerkzeug integrieren lässt. Für jede der in den verschiedenen Phasen der Systementwicklung benötigten Werkzeugarten sollte eine Funktionsprüfliste aufgestellt werden, da für jede Phase andere Anforderungen und Bedürfnisse gelten.

Einige Fragen müssen noch gestellt werden. Brauchen Sie ein Werkzeug zum Aufzeichnen und Wiedergeben oder ein Werkzeug zum Testen der Codeabdeckung oder beides? Was wollen Sie mit dem Testwerkzeug erreichen? Brauchen Sie ein Werkzeug für das Testmanagement? Haben Sie vor, das Werkzeug für Leistungstests einzusetzen oder nur für Regressionstests? Beim Zusammenstellen der Testwerkzeugkriterien und der gewünschten Funktionen sind die mit dem Testwerkzeug verfolgten Ziele zu berücksichtigen. Tabelle 3.2 enthält ein Beispiel eines Testbogens für ein Werkzeug zum automatisierten Testen grafischer Benutzeroberflächen.

3.3.1 Verbesserungsmöglichkeiten

Am Ende des Testlebenszyklus finden Überprüfungen (Reviews) des Testprogramms statt, wie sie in Kapitel 10 vorgestellt werden. Das Ergebnis dieser Tätigkeiten könnte die Notwendigkeit eines automatisierten Testwerkzeugs nahe legen und diejenigen Prozesse oder Produkte ermitteln, die verbesserungsbedürftig sind, sowie umreißen, was von einem automatisierten Testwerkzeug für die Verbesserung zu erwarten wäre. Der Testingenieur muss die Ergebnisse der Überprüfung bei der Zusammenstellung der Kriterien für ein neues Testwerkzeug verarbeiten.

Ausgerüstet mit dokumentierten Erwartungen hinsichtlich der von den Testwerkzeugen zu liefernden Funktionalität beginnt der Testingenieur, sich die Werkzeuge näher anzusehen, welche die konkreten Bedürfnisse erfüllen. Eine gründliche Bewertung erfordert eine große Anzahl von Anbietern und Produkten. Es gibt verschiedene Methoden, Kandidaten zu finden. Im WWW und in Veröffentlichungen über Softwaretests sind viele Informationen verfügbar. Lesen Sie Zeitschriften, speziell über Software- und Datenbankentwicklung, und suchen Sie nach tiefer gehenden Artikeln, technischen Berichten und Anzeigen von Anbietern. Nutzen Sie Programme wie Computer Select, das mehrere zehntausend Artikel aus Hunderten von Zeitschriften katalogisiert und über einen Index erschließt. Häufig lassen Anbieter von Werkzeugen ihre Erfolgsgeschichten in branchenspezifischen Periodika veröffentlichen. Außerdem prüfen und bewerten viele Softwarezeitschriften marktgängige Testwerkzeuge. Eine weitere Möglichkeit bieten die Suchdienste von Firmen wie der Gartner Group.

Tab. 3.2 Werkzeugbewertung – Automatisiertes Testen von GUI-Anwendungen (durch Aufnehmen und Wiedergeben).

Merkmal des Testwerkzeugs	Gewichtung (1-10)	Punktzahl (1-5)	Wert (1-50)
Einfachheit der Benutzung			
Lernkurve	7	5	35
Pflegeleichtigkeit des Werkzeugs	5	5	25
Einfache Installation – schwierige Installation kann zu Nichtbenutzung führen	5	3	15
Anpassung des Werkzeugs			
Lässt sich das Werkzeug anpassen (lassen sich vom Werkzeug gepflegte Felder hinzufügen oder löschen)?	7	4	28
Unterstützt das Werkzeug die erforderliche Namenskonvention für Testverfahren?	8	4	32
Plattformunterstützung			
Lässt es sich übertragen und unmittelbar über ein Netzwerk auf mehreren Plattformen betreiben (d.h. übergreifende Windows-Unterstützung für Windows 95 und Windows NT)?	8	4	32
Mehrbenutzerfähigkeit			
Welche Datenbank setzt das Werkzeug ein? Ist es skalierbar?	8	5	40
Testdatenbank im Netzwerk – erforderlich bei Zugriff mehrerer Benutzer	8	5	40
Aufspüren von Fehlern (weitere Einzelheiten zur Bewertung von Werkzeugen zur Fehlererfassung in Kapitel 8)			
Besitzt das Werkzeug eine integrierte Funktion zum Aufspüren von Fehlern?	10	3	30
Funktionalität des Werkzeugs			
Skriptsprache – wird eine flexible und trotzdem belastbare Skriptsprache benutzt? Wie komplex ist die Skriptsprache: Gehört sie der 4. Generation an? Ist modulare Skriptentwicklung möglich?	9	5	45
Komplexität der Skriptsprache	9	5	45

Tab. 3.2 Werkzeugbewertung – Automatisiertes Testen von
GUI-Anwendungen (durch Aufnehmen und Wiedergeben). (Forts.)

Merkmal des Testwerkzeugs	Gewichtung (1-10)	Punktzahl (1-5)	Wert (1-50)
Skriptsprache ermöglicht Deklaration und Verwendung von Variablen sowie Übergabe von Parametern zwischen Funktionen	9	5	45
Wird für die Testskripts ein Compiler oder ein Interpreter verwendet?	9	5	45
Interaktive Fehlersuche beim Testen – erlaubt die Skriptsprache dem Benutzer, Variablenwerte einzusehen, den Code schrittweise durchzugehen, Testverfahren zu integrieren oder in andere externe Verfahren zu springen?	8	4	32
Ist Aufzeichnen auf Steuerelementebene (Objekterkennungsebene) möglich?	10	5	50
Gibt es Schnittstellen zu externen .dll- und .exe-Dateien?	9	5	40
Veröffentlichte APIs – Schnittstellenfunktionalität der Sprache	10	4	40
ODBC-Unterstützung – werden ODBC-fähige Datenbanken unterstützt?	10	4	40
Ist das Werkzeug intrusiv (d.h., muss der Quellcode durch Einfügen zusätzlicher Anweisungen erweitert werden)?	9	4	36
Kommunikationsprotokolle – lässt sich das Werkzeug an mehrere Kommunikationsprotokolle anpassen (z.B. TCP/IP, IPX)?	9	3	27
Unterstützung benutzerdefinierter Steuerelemente – erlaubt das Werkzeug die Zuweisung zusätzlicher Steuerelemente und bleibt trotzdem kompatibel und benutzbar?	10	3	30
Fähigkeit, Skripts zu einem festgesetzten Zeitpunkt zu starten; Skripts können ohne Überwachung ausgeführt werden	9	5	45
Timer können hinzugefügt werden	10	5	50
Beim Aufzeichnen können Kommentare eingefügt werden	7	5	35
Kompatibilität mit der GUI-Programmiersprache und der gesamten für die zu testende Anwendung benutzten Hard- und Softwareentwicklungsumgebung (z.B. VB, PowerBuilder)	10	5	50
Testdaten lassen sich bei der Wiedergabe abfragen oder aktualisieren (d.h., es können SQL-Anweisungen verwendet werden)	10	4	40

Tab. 3.2 Werkzeugbewertung – Automatisiertes Testen von GUI-Anwendungen (durch Aufnehmen und Wiedergeben). (Forts.)

Merkmal des Testwerkzeugs	Gewichtung (1-10)	Punktzahl (1-5)	Wert (1-50)
Unterstützt das Anlegen einer Bibliothek wieder verwendbarer Funktionen	10	5	50
Erlaubt Wrapper (Shells), in denen mehrere Verfahren verknüpft und mit einer einzigen Funktion aufgerufen werden können	10	5	50
Analyse der Testergebnisse – lässt sich leicht erkennen, ob die Tests geglückt sind oder nicht (d.h., gibt es eine automatische Erstellung eines Ergebnisprotokolls)?	10	3	30
Testausführung bei der Wiedergabe des Skripts – beherrscht das Werkzeug die Wiederherstellung nach Fehlern, kann es mit unerwartet aktiven Fenstern umgehen, Diskrepanzen protokollieren und die Wiedergabe fortsetzen (automatische Wiederherstellung nach Fehlern)?	5	3	15
Synchronisation zwischen Client und Server möglich	5	10	50
Automatisches Erzeugen von Daten möglich	8	5	40
Automatisches Erzeugen von Tesabläufen möglich	8	5	40
Jahr-2000-Verträglichkeit	10	5	50
Berichtsfähigkeiten			
Grafische Darstellung der Ergebnisse (Diagramme und Kurven)	8	5	40
Berichterstellung	8	5	40
Welcher Berichtgenerator wird benutzt?	8	5	40
Lassen sich vordefinierte Berichte modifizieren und/oder neue Berichte erstellen?	8	5	40
Leistungs- und Belastungstests			
Werkzeug für Leistungs- und Belastungstests ist mit Werkzeug für GUI-Tests integriert	9	5	45
Unterstützung von Belastungs-, Last- und Leistungstests	10	3	30
Benutzersimulation ist ohne Einsatz physischer Arbeitsstationen möglich	10	3	30
Konfigurationstests möglich (d.h., Tests können unter verschiedenen Hard- und Softwarekonfigurationen durchgeführt werden)	10	3	30
Möglichkeit, ein variables Skript aus einer Bibliothek mit Skripts/Dateneinträgen sowie Anmelde-IDs und Kennwörtern zu verwenden	10	3	30

Tab. 3.2 Werkzeugbewertung – Automatisiertes Testen von GUI-Anwendungen (durch Aufnehmen und Wiedergeben). (Forts.)

Ressourcenüberwachung wird unterstützt (Arbeitsspeicher, Platz auf Datenträgern, Systemressourcen)	10	3	30
Synchronisationsfähigkeit, so dass ein Skript zur selben Zeit mehrmals auf einen Datensatz in einer	10	5	50
Datenbank zugreifen kann, um den Sperrmechanismus zu überprüfen, Deadlock-Bedingungen aufzudecken und Probleme mit der Gleichzeitigkeit aufzuspüren.	9	5	45
Fähigkeit, zuverlässig festzustellen, wann Ereignisse abgeschlossen sind	10	3	30
Fähigkeit, Reaktionszeiten des Clients auf den Server festzustellen	8	5	40
Fähigkeit, Ergebnisse grafisch darzustellen			
Fähigkeit, Leistungsmessungen für die Datenlast zu liefern	10	5	50
Versionskontrolle			
Besitzt das Werkzeug eine integrierte Fähigkeit zur Versionskontrolle?	10	4	40
Lässt es sich mit anderen Werkzeugen zur Versionskontrolle integrieren?	8	3	24
Planen und Verwalten von Tests			
Werkzeug zum Planen und Verwalten von Tests ist mit Werkzeug für GUI-Tests integriert	8	5	40
Werkzeug zum Planen und Verwalten von Tests ist mit Werkzeug zum Verwalten von Anforderungen integriert	8	5	40
Werkzeug zum Planen und Verwalten von Tests erfüllt bestimmte Industrienormen für den Testprozess (z.B. SEI/CMM, ISO)	7	4	28
Verwaltung der Testausführung wird unterstützt	10	5	50
Testplanung möglich – unterstützt das Werkzeug Planung, Verwaltung und Analyse der Testarbeit?	10	5	50
Kann es Testpläne, Vergleichstabellen und Produktspezifikationen referenzieren, um Verfolgbarkeit zu erzielen?			
Testprozess kann gemessen werden	10	5	50
Verschiedene Berichtstätigkeiten möglich	9	4	36
Preisgestaltung			
Liegt der Preis im geschätzten Bereich?	10	4	40
Welche Art von Lizenzen wird vergeben (fließend, fest)?	7	3	21
Ist der Preis konkurrenzfähig?	9	4	36

Tab. 3.2 Werkzeugbewertung – Automatisiertes Testen von
GUI-Anwendungen (durch Aufnehmen und Wiedergeben). (Forts.)

Merkmal des Testwerkzeugs	Gewichtung (1-10)	Punktzahl (1-5)	Wert (1-50)
Qualifikationen des Anbieters			
Ausgereiftheit des Produkts	8	4	32
Marktanteil des Produkts	8	4	32
Anbieterqualifikationen, z.B. finanzielle Stabilität und Existenzdauer. Wie sieht das Entwicklungsprofil des Anbieters aus?	8	4	32
Werden Software-Patches geliefert, wenn sie nötig erscheinen?	8	4	32
Gibt es regelmäßige Aktualisierungen?	8	5	40
Kundenunterstützung	10	3	30
Schulung verfügbar	9	4	36
Besitzt das Werkzeug eine Hilfefunktion? Ist es gut dokumentiert?	9	5	45
Verfügbarkeit und Zugriff auf Benutzergruppen	8	4	32
Gesamtsumme			2 638

Sprechen Sie mit Kollegen und bitten Sie sie, Ihnen Werkzeuge und Anbieter zu empfehlen. Lesen Sie Newsgroups und Diskussionsforen zum Thema Tests und holen Sie Rückmeldungen über Werkzeuge und andere Expertenmeinungen ein.

Schränken Sie die Suche durch Ausschluss von Werkzeugen ein, welche die Mindestanforderungen nicht erfüllen, und konzentrieren Sie sich auf weitere Erkundigungen über die Werkzeuge, die wenigstens den Mindestanforderungen genügen. Man muss viele Fragen stellen, um zu erfahren, ob das Werkzeug die benötigte Funktionalität bietet. Wie wird es in der Organisation benutzt werden? Welche Funktion ist am wichtigsten? Wie groß muss die Portierbarkeit sein, damit mehrere Plattformen unterstützt werden? In welche Phasen der Systementwicklung sollte sich das Werkzeug integrieren lassen?

Das Testteam muss untersuchen, ob andere Gruppen oder Abteilungen in der Organisation bereits bestimmte Werkzeuge verwenden und gute Erfahrungen mit diesen mitzuteilen haben. Sobald der Testingenieur die Suche nach einer bestimmten Art von Testwerkzeug auf zwei oder drei Favoriten eingeschränkt hat, kann er die in Tabelle 3.2 gezeigten Bewertungsbogen einsetzen, um zu ermitteln, welche Werkzeuge die konkreten Anforderungen am besten erfüllen.

Da die gewichteten Werte für die Charakteristika des Testwerkzeugs für die einzelnen Werkzeugarten unterschiedlich sind, möchte das Testteam mögli-

cherweise für jede erforderliche Art ein Bewertungsformular entwickeln. In
Tabelle 3.2 wird ein Kandidat für das automatische Testen von GUI-Anwendungen durch Aufnehmen und Wiedergeben mit den gewünschten Merkmalen verglichen. Der Gesamtwert von 2 638 für diesen Kandidaten muss dann
den Werten für die anderen beiden Kandidaten gegenübergestellt werden. Wie
in der Zusammenfassung des folgenden Beispielbewertungsbogens gezeigt
wird, hat Kandidat 3 bei der Abdeckung der gewünschten Testwerkzeugmerkmale einen Wert von 75,3% erzielt:

Kandidat	Punkte	Prozentsatz
Kandidat 1	2 360	67,4%
Kandidat 2	2 530	72,3%
Kandidat 3	2 638	75,3%

Das Ermitteln einer Rangfolge der drei Kandidaten nur nach den wichtigsten Merkmalen des Testwerkzeugs ist eine andere Möglichkeit. Beachten Sie,
dass 12 der Merkmale ein Gewichtung von 10 bekommen haben. Tabelle 3.3
enthält die Punkte für die drei Testwerkzeugkandidaten anhand einer Punkteliste für den Vergleich der bevorzugten Eigenschaften auf der Grundlage von
Produktinformationen der einzelnen Anbieter.

Nach diesem Modell erreicht Kandidat 2 eine höhere Einstufung als Kandidat 3, der mit dem Bewertungsbogen die höchste Platzierung bekommen
hatte. Er hat eine Abdeckung von 90,0% der Testwerkzeugmerkmale mit der
höchsten Priorität erreicht.

Kandidat	Punkte	Prozentsatz
Kandidat 1	97	74,6%
Kandidat 2	117	90,0%
Kandidat 3	103	79,2%

Die Bewertung der einzelnen für eine Organisation in Betracht gezogenen
Arten von Testwerkzeugen unterscheidet sich, weil jede Art ihre eigenen
erwünschten Merkmale besitzt und ein anderes Gewichtungssystem erfordert.
Die Leitlinien dafür, worauf man bei der Bewertung eines GUI-Testwerkzeugs
achtet und wie man es gewichtet, unterscheiden sich beispielsweise von denen
für ein Werkzeug zur Überwachung des Netzwerks.

Tab. 3.3 Punkteliste zum Vergleich der bevorzugten Eigenschaften – GUI-Testwerkzeuge mit Aufnahme und Wiedergabe.

Merkmal des Testwerkzeugs	Kandidat 1 (1-5)	Kandidat 2 (1-5)	Kandidat 3 (1-5)
Integrierte Fehleraufdeckungsfunktion	3	5	3
Aufzeichnen auf Steuerelementebene	5	5	5
Veröffentlichte APIs – Sprachschnittstellenfähigkeiten	4	5	4
ODBC-Unterstützung – ODBC-fähige Datenbanken werden unterstützt	4	4	4
Unterstützung benutzerdefinierter Steuerelemente	3	5	3
Timer können hinzugefügt werden	4	5	5
Kompatibilität mit GUI-Sprache/Entwicklungsumgebung	5	5	5
Testdaten können bei Wiedergabe abgefragt oder aktualisiert werden	4	4	4
Erstellung einer Bibliothek wieder verwendbarer Funktionen wird unterstützt	4	4	5
Wrapper (Shells) möglich	4	5	5
Analyse der Testergebnisse	3	5	3
Jahr-2000-Verträglichkeit	5	5	5
Unterstützung von Belastungs-, Last- und Leistungstests	3	5	3
Benutzersimulation möglich	3	5	3
Konfigurationstests werden unterstützt	3	3	3
Variable Skripts können benutzt werden	3	4	3
Ressourcenüberwachung wird unterstützt	3	4	3
Synchronisationsfähigkeit	4	5	5
Reaktionszeiten Client an Server	3	4	3
Leistungsmessungen des Datenabrufs	3	4	3
Versionskontrolle	4	4	4
Verwalten der Testausführung wird unterstützt	5	4	5
Testplanung möglich	4	3	5
Testverlauf kann gemessen werden	5	5	5

Tab. 3.3 Punkteliste zum Vergleich der bevorzugten Eigenschaften – GUI-Testwerkzeuge mit Aufnahme und Wiedergabe. (Forts.)

Merkmal des Testwerkzeugs	Kandidat 1 (1-5)	Kandidat 2 (1-5)	Kandidat 3 (1-5)
Preis liegt im Schätzbereich	3	5	4
Kundenunterstützung	3	5	3
Gesamtwert	97	117	103

3.4 Definition von Bewertungsbereichen

Auch wenn der Anbieter des Testwerkzeugs möglicherweise dessen Funktionalität garantiert, zeigt die Erfahrung, dass Werkzeuge in der konkreten Umgebung häufig nicht erwartungsgemäß funktionieren. Es lohnt sich, einen Bewertungstestplan zu entwickeln, der detailliert zeigt, wie das Werkzeug getestet werden muss, um zu prüfen, ob es bestimmte Systemanforderungen erfüllt und mit der Zielumgebung kompatibel ist. Der Anwendungsbereich des Testplans zur Bewertung des Produkts hängt in hohem Maß davon ab, wie viel Zeit zum Prüfen des Testwerkzeugs zur Verfügung steht.

Um einen oder mehrere Testwerkzeugkandidaten zu bewerten, ist es vorteilhaft, diese zunächst in einer isolierten Testumgebung (Testlabor) zu prüfen, bevor man das Testwerkzeug auf ein Pilotprojekt (Zielbewertungsbereich) anwendet. Im Idealfall ist die Übereinstimmung zwischen der Testumgebung und der Umgebung für das Pilotprojekt so hoch, dass das Testwerkzeug mit Sicherheit im Pilotprojekt zufriedenstellend funktioniert. Sowohl die isolierte Testumgebung als auch die Umgebung für das Pilotprojekt stellen Bewertungsbereiche dar. Die Bewertung innerhalb der Testumgebung zielt auf den Beweis der Behauptungen über Testprodukte in der Literatur und auf die Unterstützung einer Bewertung des Testwerkzeugs aus erster Hand ab. Die Bewertung in der Pilotprojektumgebung zielt auf die Einschätzung der tatsächlichen Leistung des Testwerkzeugs in einem ersten Projekt ab.

Die Hard- und Softwarekonfiguration im Testlabor stellt zusammen mit der für den Test gewählten Endbenutzeranwendung die Testumgebung dar. Wenn die Hard- und Softwarekonfiguration nur für eine einzige Anwendung benutzt wird, lässt sich die isolierte Testumgebung einfach einrichten. Wenn ein breiterer Bewertungsbereich bevorzugt wird, sollte das automatisierte Testwerkzeug jedoch an mehreren Produkten bewertet werden.

Zur Unterstützung eines breiteren Bewertungsbereichs muss die Testumgebung auf mehrere Anwendungen erweitert werden, vorausgesetzt, solche Anwendungen und die Ressourcen, diese zu testen, sind verfügbar. Umfangreichere Bewertungsbereiche ergeben nicht nur bessere und umfangreichere

Auswahlanforderungen, sondern können auch abschnitts- oder abteilungs-übergreifende Partnerschaften innerhalb der Organisation fördern. Diese breitere Basis kann bei der Steigerung der Akzeptanz des Auswahlprozesses hilfreich sein. Sie könnte einen Test des Werkzeugs in mehreren Betriebssy-stemumgebungen und einen Test mit in mehreren Programmiersprachen geschriebenen Anwendungen umfassen. Indem der Auswahlprozess so umfas-send wie möglich gestaltet wird, wird die spätere Einführung des Testwerk-zeugs eher als freiwillig denn als erzwungen betrachtet werden.

Möglicherweise kann das Testteam ein Anwendungsentwicklungsprojekt als Pilotprojekt für den Einsatz des Testwerkzeugs auswählen; bei anderen Gelegenheiten muss es jedoch ein Testwerkzeug zur Unterstützung eines bestimmten Projekts aussuchen. Tabelle 3.4 bietet eine Reihe von Leitlinien für die Auswahl eines Anwendungsentwicklungsprojekts als Pilotprojekt für den Fall, dass ein Kandidat für ein Werkzeug zum Aufzeichnen und Wiederge-ben eingesetzt werden soll.

Tab. 3.4 Auswahlrichtlinien für Pilotprojekte – Werkzeuge zum Aufnehmen und Wiedergeben [7].

Die Anwendungsarchitektur ist ein zweischichtiges Client/Server-System

Die für den Test verwendete Anwendung wurde mit einem wichtigen Entwicklungswerk-zeug (z.B. PB, VB oder Gupta) oder in einer gebräuchlichen Sprache (z.B. C, C++ oder Java) erstellt.

Die für den Test verwendete Anwendung wurde mit Hilfe der RAD- oder OO-Technolo-gie (objektorientiert) oder etwas Gleichwertigem und einem RAD- oder OO-Entwick-lungslebenszyklus entwickelt.

Hard- und Softwarekonfiguration ist typisch für die in der Organisation eingesetzte Art von Umgebung.

Die für den Test verwendete Anwendung ist typisch für die Art von Anwendungen, die in der Organisation häufig entwickelt oder benutzt werden.

Die für den Test verwendete Anwendung befindet sich noch in einem frühen Stadium der Entwicklung, obwohl bald ein Prototyp oder ein früher Build erwartet wird.

Die für den Test verwendete Anwendung wird vollständig im eigenen Haus entwickelt, was bedeutet, dass die Entwickler des Anwendungscodes anwesend oder leicht erreichbar sind.

Die für den Test verwendete Anwendung wird nicht als vertraulich betrachtet, so dass ihre Details nicht behandelt werden dürfen; sie ist ohne weiteres verfügbar und bereits für Präsentations-, Analyse- und Vorführzwecke zugänglich.

Anhaltspunkte für ein ungeeignetes Pilotprojekt

Die Anwendung ist eine GUI-Clientschnittstelle, die einen Großrechner unterstützt.

Der Zugriff auf die Anwendung erfolgt über einen Terminal-Emulator.

Tab. 3.4 Auswahlrichtlinien für Pilotprojekte – Werkzeuge zum
Aufnehmen und Wiedergeben [7]. (Forts.)

Die für den Test verwendete Anwendung ist eine Spezialanwendung, die für die in der Organisation entwickelten und verwendeten Anwendungen nicht typisch ist.
Die Anwendung wird von einem Dritten entwickelt oder erworben (außer wenn dieser im Hause entwickelt).
Die Anwendung ist neu und den Testingenieuren unbekannt und befindet sich bereits in den letzten Stadien der Entwicklung.
Der Zeitplan der Anwendung drängt auf Abschluss und Einsatz in der allernächsten Zeit (innerhalb von vier bis sechs Wochen).

Neben dem Bewertungsbereich muss auch die Organisationsstruktur des Testteams bedacht werden. Insbesondere sollten Sie möglichst früh feststellen, ob die Organisation ein zentrales Testteam einrichten will, das alle für die zahlreichen Entwicklergruppen erforderlichen Testfunktionen übernimmt. Eine alternative Methode ist eine verteilte Organisation, in der die verschiedenen Entwicklungsprojektgruppen für das Testen ihrer eigenen Anwendung mit nur begrenzten anwendungsübergreifenden Anforderungen zuständig sind.

Die Struktur der Testorganisation hat Einfluss auf die Merkmale des gewünschten Testwerkzeugs. Ein zentrales Testteam wird ein leistungsfähiges automatisiertes Testwerkzeug nutzen wollen, das umfangreiche Flexibilität, Programmiersprachenfähigkeiten und Wachstumspotenzial bietet. Eine dezentrale Organisation ist mit einem leicht bedienbaren Werkzeug besser bedient, das nur wenig Zeit und Aufwand zum Erlernen der Verwendung erfordert. Kapitel 5 enthält weitere Einzelheiten darüber, wie das Testteam innerhalb der Organisation strukturiert werden kann.

Nicht nur Hard- und Softwarekonfiguration des Testlabors und das Finden einer Anwendung für den Test ist wichtig, sondern auch das Aussuchen der Personen, die das Testwerkzeug im Testlabor bewerten. Außerdem ist es erforderlich, die Rollen der einzelnen Testingenieure im Bewertungsprozess zu definieren. In Kapitel 5 werden diese Rollen und Zuständigkeiten ausführlicher behandelt.

3.5 Bewertung von Werkzeugen in der Praxis

Als für die Auswahl eines automatisierten Testwerkzeugs zuständiger Testingenieur haben Sie jetzt einige der für Bewertung und Auswahl erforderlichen Schritte durchgeführt. Sie haben sich mit System- und Softwarearchitektur der Anwendungsprojekte in der Organisation vertraut gemacht, indem Sie sich einen Überblick über die Systementwicklungsumgebung verschafft haben. Die Testgruppe hat die verschiedenen auf dem Markt angebotenen Arten von Testwerkzeugen geprüft, jeden Kandidaten für die Auswahl mit Hilfe eines Bewertungsbogens im Vergleich mit den gewünschten Merkmalen eingestuft, eine isolierte Testumgebung gefunden, einen Zielbewertungsbereich definiert und die Mitarbeiter ausgesucht, welche die Bewertung des Testwerkzeugs in der Testumgebung durchführen sollen.

Nun muss der Testingenieur Kontakt mit dem Anbieter des Testwerkzeugs aufnehmen, das er als Favoriten ansieht, um eine Vorführung des Produkts zu vereinbaren. Während der Vorführung sollte er alle Fragen und Ungewissheiten notieren und hinsichtlich aller Fragen, die bei dieser Gelegenheit nicht beantwortet werden können, mit dem Anbieter in Kontakt bleiben. Bei der Zusammenarbeit mit einem Vertreter des Anbieters sollte der Testingenieur dessen Professionalität beachten. Es ist wichtig zu beurteilen, ob der Vertreter bei der nachfolgenden eigentlichen Beschaffung des Werkzeugs hilfsbereit und zur Zusammenarbeit fähig ist.

Der Testingenieur sollte den Anbieter um eine Testversion des Testwerkzeugs bitten. Fast alle Anbieter besitzen Programme, die potenziellen Kunden das Ausprobieren für eine bestimmte Zeit ohne Verpflichtung zum Kauf erlauben. Diese Frist kann zwischen zwei Wochen und 30 Tagen liegen, manchmal ist sie sogar länger. Der Testingenieur muss die Fristangabe genau verstehen, weil eine verspätete Rückgabe des Produkts automatisch zum Kauf verpflichten kann.

Einige Anbieter wünschen möglicherweise, dass ein Kaufauftrag vorbereitet ist, bevor sie ihre Produkte für einen unverbindlichen Test zur Verfügung stellen. Wenn irgend möglich, sollte der Testingenieur Vereinbarungen dieser Art meiden. Im Idealfall sollte der Bewertungsprozess nicht länger als zwei Monate dauern. Die Dauer hängt natürlich davon ab, wie viele Werkzeuge bewertet werden. Wenn der Zeitrahmen zum Fällen einer Entscheidung über ein Testwerkzeug begrenzt ist, ist das Testteam wahrscheinlich darauf angewiesen, mehr als ein Testwerkzeug gleichzeitig im Bewertungsbereich zu installieren. In diesem Fall ist es wichtig, dafür zu sorgen, dass ausreichend Ressourcen für die Durchführung der Bewertung zur Verfügung stehen. Außerdem sollten diejenigen, welche die Bewertung durchführen, die erforderlichen Funktionen der einzelnen Testwerkzeugkandidaten verstehen. Für jede benötigte Testwerkzeugart sollte ein Testplan aufgestellt werden. Denken Sie an das Ziel – zu gewährleisten, dass sich das Testwerkzeug entsprechend der Werbung verhält und in der erforderlichen Umgebung funktioniert.

3.5.1 Bewertungsbericht

Während der Vorführung des Testwerkzeugs (oder der Erprobung der Testversion) sollte der Testingenieur die Leistung des Testwerkzeugs mit der Einstufung der gewünschten Testwerkzeugeigenschaften vergleichen, wie sie mit Hilfe des Bewertungsbogens und nach der Punkteliste der bevorzugten Eigenschaften dokumentiert wurde (siehe Tabellen 3.2 und 3.3). Wenn sich die Einstufung deutlich von der als Bestandteil der Suche nach einem Testwerkzeug entwickelten Zielwertung unterscheidet (skizziert in Abschnitt 3.3), muss der Testingenieur möglicherweise überdenken, ob dieses Testwerkzeug das beste Produkt für die konkreten Anforderungen darstellt.

Nach Abschluss des Bewertungsprozesses sollte ein Bewertungsbericht vorbereitet werden, der die Ergebnisse der direkten Untersuchung des Testwerkzeugs dokumentiert [8]. Dieser Bericht wird erst verfasst, wenn der Bewertungsprozess abgeschlossen ist – d.h. nach der Vorführung des Testwerkzeugs durch den Anbieter und der Untersuchung der Testversion in einer isolierten Testumgebung.

Der Bewertungsbericht stellt die Bewertungsergebnisse offiziell in klaren deutlichen Worten dar und zielt darauf ab, Anliegen der Geschäftsführung anzusprechen. Der Verteiler des Berichts sollte alle Funktionsbereiche berücksichtigen, die am Bewertungsprozess teilgenommen haben oder anderweitig von der Einführung des Werkzeugs betroffen sind. Der Bericht sollte Hintergrundinformationen, technische Feststellungen, Produktzusammenfassungen und eine Schlussfolgerung enthalten. Außerdem sollte er die während der Vorführung des Testwerkzeugs angesprochenen Fragen und Antworten zusammenfassen, die in einer Bewertungsperiode gezeigte Leistung des Testwerkzeugs festhalten und einen aktualisierten Bewertungsbogen umfassen.

Es folgt jetzt ein beispielhafter Entwurf für einen typischen Bewertungsbericht, den das Testteam auf die konkreten Bedürfnisse seiner Organisation zuschneiden kann.

1.0 Einleitung. Die Einleitung kennzeichnet das Dokument, beschreibt seinen Zweck und den Anwendungsbereich und liefert einige Hintergrundinformationen. Beispielsweise muss unbedingt festgehalten werden, ob der Umfang der Testwerkzeugbewertung für 32-Bit-VB-Anwendungen oder für andere Anwendungen gilt. Wenn diese Informationen fehlen, könnte jemand ein Jahr später in den Bericht sehen und annehmen, er decke auch Großrechneranwendungen ab. In der Einleitung (und am Schluss) wäre es aus Gründen der Höflichkeit angebracht, den Mitarbeitern in den Funktionsbereichen zu danken, die am Bewertungsprozess beteiligt waren oder anderweitig von der Einführung des Werkzeugs betroffen sind.

2.0 Zusammenfassung. Fassen Sie den abgelaufenen Prozess sowie Rollen und Beteiligungen bestimmter Gruppen zusammen. Benennen Sie alle Voraussetzungen, die während des Auswahlprozesses getroffen wurden, wie zum Beispiel die angenommene Organisationsstruktur des Projekts, die bevorzugten Betriebssysteme und gewisse technische Erfordernisse. Die Zusammenfassung ist der Bereich, in dem das Testteam sämtliche Anliegen der Geschäftsführung klärt. Inwiefern ist dieses Werkzeug hilfreich? Wo liegen die Erträge der Investition?

3.0 Hintergrundinformationen. Führen Sie Namen, Adressen und Kontaktinformationen für alle potenziellen Anbieter sowie Informationen über nicht formell bewertete Testwerkzeuge auf. Die Liste sollte umfassend genug sein, um zu zeigen, dass das Testteam eine gründliche Suche durchgeführt hat. Nennen Sie die Namen der Produkte, die bei den frühen Tests durchgefallen sind, und begründen Sie, warum dies der Fall war. Beschreiben Sie die für die Bewertung benutzte Testumgebung und die dabei eingesetzte(n) Anwendung(en). Fassen Sie sich kurz, aber achten Sie darauf, dass das Team zum Ausdruck bringt, dass es die zur Bewertung eingesetzten Anwendungen verstanden hat.

4.0 Technische Ergebnisse. Fassen Sie die Ergebnisse zusammen und heben Sie Punkte von besonderem Interesse hervor. Schreiben Sie, welches Produkt die beste Bewertung bekommen hat und warum. Dieser Abschnitt stellt einen Überblick ausschließlich über die technischen Ergebnisse dar; versuchen Sie nicht, an dieser Stelle sämtliche Bewertungskriterien anzusprechen.

5.0 Produktzusammenfassungen. Dieser Abschnitt sollte die Ergebnisse für jeden einzelnen Anbieter und sein Produkt zusammenfassen. Der Schwerpunkt liegt auf der Firma und dem Werkzeug, nicht auf den Anforderungen. Nennen Sie die Ergebnisse des Bewertungsbogens für jedes Testwerkzeug, und stellen Sie sie in absteigender Reihenfolge dar, vom besten bis zum schlechtesten. Stellen Sie Fragen, die über die absolute Punktwertung hinausgehen. Der Prozess sollte zwar objektiv sein, aber Sie sollten auch »innere Gefühle« und Instinkte erwähnen, wenn diese die Sache betreffen. Eine Preisliste für Dinge wie das Werkzeug an sich, Hotline-Unterstützung, Pflege, Schulung und weitere Kosten wäre eine nette Ergänzung. Wenn Sie eine Preisliste aufnehmen, sollten Sie daran denken, die vermutlich benötigten Mengen sowie Einzel- und Gesamtpreise zu nennen.

6.0 Schluss. Wiederholen Sie das Ziel und die Empfehlung des Bewertungsteams. Fassen Sie sich kurz. Neben der Einleitung könnte auch der Schluss eine gute Stelle für Danksagungen an das Testpersonal sein, das gute Arbeit geleistet hat.

3.5.2 Lizenzvereinbarungen

Nachdem die Entscheidung für ein bestimmtes Testwerkzeug gefallen ist, muss der Testingenieur sicherstellen, dass die daraus folgende Vereinbarung über den Erwerb (die Lizenzierung) die Betriebserfordernisse erfüllt. Außerdem kann er möglicherweise die Kosten für die Organisation verringern, indem er Absprachen über Lizenzen für den Gesamtstandort oder Mengenrabatt für den Kauf trifft.

Der Testingenieur muss die Lizenzvereinbarung prüfen, bevor sie von der Einkaufsabteilung der Organisation unterzeichnet wird. Er muss sie vollständig verstehen, weil sich das Testteam daran halten muss. Auch wenn die ursprüngliche Vereinbarung zum Schutz des Lizenzgebers (des Anbieters des Werkzeugs) dient, nicht zum Schutz des Lizenznehmers, bedeutet das nicht, dass man sie so akzeptieren muss, wie sie ist. Die im Folgenden aufgeführten Themen können bei den Verhandlungen über die Lizenzvereinbarung für ein Testwerkzeug berücksichtigt werden. (Beachten Sie, dass diese Abhandlung nicht als juristischer Rat gedacht ist.)

Namentlich genannte Benutzer im Vergleich mit gleichzeitigen Benutzern. Ändern Sie die Vereinbarung so, dass unabhängig vom Einsatzort die parallele Benutzung des Werkzeugs zulässig ist. Normalerweise wird Testwerkzeugsoftware für den Betrieb auf einem Einzelplatzrechner lizenziert. Die Installation auf einem anderen stationären Rechner setzt voraus, dass das Werkzeug vom ersten Rechner entfernt wird. Dieses Vorgehen könnte zum logistischen Albtraum werden, wenn die Umgebung umfangreich und dynamisch ist. Eine *Parallelnutzung*sklausel kann dieses Problem verringern, indem sie die Anzahl der Exemplare einschränkt, die gleichzeitig betrieben werden dürfen, nicht die Anzahl der Einzelplatzrechner, auf denen das Werkzeug installiert werden darf.

Verlängerte Wartung. Wartungsverträge verlängern sich normalerweise um jeweils ein Jahr, wenn sie nicht rechtzeitig explizit gekündigt werden. Ziehen Sie eine Änderung des Wartungsvertrags in der Art in Betracht, dass der positive Akt der Bezahlung (oder eine Mitteilung über die Zahlung) den Wartungsvertrag verlängert und Nichtbezahlung die weitere Wartung beendet.

Denken Sie trotzdem daran, dass Anbieter im Allgemeinen eine Gebühr erheben, um die Wartung wieder aufleben zu lassen, wenn Sie den Wartungsvertrag haben ablaufen lassen. Wenn sich der Lizenzgeber das Recht vorbehält, die verlängerte Wartung zu beenden, sollten Sie diesen Text aus der Lizenzvereinbarung streichen lassen. (Solange Sie für die Dienstleistung bezahlen, sollte das Recht, sie zu beenden, bei Ihnen liegen.) Achten Sie schließlich darauf, dass die Lizenzvereinbarung die jährliche Erhöhung der Wartungskosten ausdrücklich begrenzt.

Vertragsende. Wenn der Vertrag Beendigung aufgrund von »Materialbruch« erwähnt, achten Sie darauf, dass der Lizenzgeber angibt, was diese Wendung im Einzelnen nach sich zieht oder ob sie sich beispielsweise auf ein regelndes Gesetz bezieht. Einige Lizenzen geben an, dass für Streitigkeiten die Gesetze eines bestimmten Landes gelten. Ziehen Sie eine Änderung in der Weise in Betracht, dass der Gerichtsstand in einem Land mit günstigeren Bestimmungen liegt.

Upgrades. Während der Bewertung verweist der Anbieter möglicherweise darauf, dass bestimmte Funktionen erst in einer späteren Version erscheinen. Überlegen Sie an einem Zusatz, der den Anbieter auf ein bestimmtes Verfügbarkeitsdatum für die neuen Funktionen oder Betaversionen und die Lieferung der Upgrades verpflichtet [9].

3.6 Zusammenfassung

- Im Idealfall wählt das Testteam der Organisation ein Testwerkzeug aus, das nach Möglichkeit die Kriterien der Systementwicklungsumgebung erfüllt, sowie ein Pilotprojekt, das sich im Frühstadium des Entwicklungslebenszyklus befindet.

- Der Testingenieur muss unter Berücksichtigung der Systementwicklungsumgebung feststellen, welche der unterschiedlichen Arten von Testwerkzeugen auf ein bestimmtes Projekt anwendbar sind. Es muss ermittelt werden, ob die definierten Systemanforderungen mit einem oder mehreren Testwerkzeugen zu erreichen sind. Die Anforderungen an das Testwerkzeug müssen mit den verfügbaren Arten von Testwerkzeugen in Übereinstimmung gebracht werden, um eine Liste mit Kandidaten aufzustellen.

- Bei den Erwägungen zu den einzelnen Testwerkzeugarten sollte der Testingenieur definieren, welches Softwarequalitätsniveau vom Projekt erwartet wird, und ermitteln, welche Aspekte der Softwareentwicklung für das konkrete Projekt bzw. die konkrete Aufgabe entscheidend sind.

- Der Testingenieur schränkt die Suche nach einem Testwerkzeug ein, indem er Werkzeuge streicht, welche die Minimalanforderungen nicht erfüllen, und die weitere Suche auf diejenigen Werkzeuge konzentriert, die wenigstens den Minimalanforderungen gerecht werden.

- Nachdem der Testingenieur die Suche nach einer bestimmten Art von Testwerkzeug auf zwei oder drei Favoriten eingeschränkt hat, kann er mit Hilfe eines Bewertungsbogens ermitteln, welches Werkzeug die konkreten Anforderungen am besten erfüllt.

- Eine optionale Bewertungsmethode stellt eine Rangfolge der Kandidaten nur anhand der wichtigsten Testwerkzeugmerkmale auf.

- Wenn der Testingenieur einen Spitzenkandidaten für ein Testwerkzeug gefunden hat, muss er Kontakt zum Anbieter aufnehmen, um eine Vorführung zu vereinbaren und eine Testversion anzufordern. Die Erfahrung zeigt, dass Werkzeuge in der konkreten Umgebung nicht immer erwartungsgemäß funktionieren, selbst wenn der Anbieter die Funktionalität garantiert. Es lohnt sich, einen Bewertungstestplan zu entwickeln, der die Tests mit dem Werkzeug detailliert umreißt und dem Testteam ermöglicht, die Erfüllung der Systemanforderungen und die Kompatibilität mit der Zielumgebung zu überprüfen.

- Nach dem Abschluss des Bewertungsprozesses sollte ein Bericht vorbereitet werden, der die Ergebnisse der direkten Untersuchung des Testwerkzeugs dokumentiert. Dieser Bericht wird erst erstellt, wenn der Bewertungsprozess abgeschlossen ist – d.h. nach der Vorführung des Anbieters und dem Test der Testversion in einer isolierten Testumgebung.

3.7 Literaturhinweise

1. Poston, R. *A Guided Tour of Software Testing Tools.* San Francisco: Aonix, 1988.

2. Ebd.

3. Ebd.

4. Ebd.

5. Ebd.

6. Ebd.

7. Entnommen aus dem SQA-Prozess »Cust_Chk.doc«, Januar 1996. Siehe www.rational.com.

8. Greenspan, S. »Selecting Automated Test Tools During a Client/Server Migration.« Ein auf der STAR-Konferenz in Orlando/Florida, 13.-17. Mai 1996, vorgestelltes Papier.

9. Verwendet mit Erlaubnis von Steven Greenspan. »Selecting Automated Test Tools During a Client/Server Migration.« Ein auf der STAR-Konferenz in Orlando/Florida, 13.-17. Mai 1996, vorgestelltes Papier.

Teil II

Einführung automatisierter Tests in ein Projekt

Wer einen Paradigmenwechsel propagiert, stößt im Allgemeinen auf wenig Zustimmung und in einigen Fällen sind selbst die Motive der wenigen Interessenten undurchsichtig. Sind diese jedoch hinreichend kompetent, werden sie der Sache Auftrieb verleihen, ihr Potenzial ausloten und anderen aufzeigen, wie es wäre, zur Gilde der Förderer zu gehören. Erweist sich das neue Paradigma als durchsetzungsfähig, dann werden mit der Zeit auch die Argumente dafür an Zahl und Überzeugungskraft gewinnen.

– Thomas Kuhn:
»*The Structure of Scientific Revolution*« [1]

4. Einführung des automatisierten Testens

Ein Werkzeug ist nur so gut, wie der Prozess, mit Hilfe dessen es verwirklicht wird. Die Implementierung und die Verwendung eines Werkzeugs sind alles, was zählt.

– Anonym

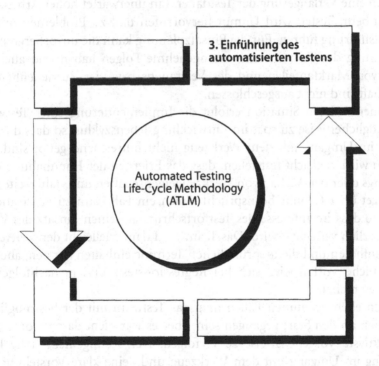

3. Einführung des automatisierten Testens

Automated Testing Life-Cycle Methodology (ATLM)

Eine neue Technologie wird häufig mit Argwohn betrachtet – die Automatisierung von Softwaretests macht da keine Ausnahme. Die Art und Weise, wie Testteams Werkzeuge zum Testen von Software in ein Projekt einbringen, ist darum fast so entscheidend wie die Auswahl des richtigen Testwerkzeugs für das Projekt.

Im Laufe der letzten Jahre haben Testteams zahlreiche automatisierte Testwerkzeuge implementiert, ohne zuvor eine Strategie für die notwendigen Arbeitsschritte zu entwickeln, die für den wirtschaftlichen Gebrauch von Werkzeugen notwendig ist. Dabei wurden hauptsächlich Testskripts entwickelt, die nicht wieder verwendbar sind, so dass diese Testskripts nur einem einzigen Testdurchlauf dienen und auf spätere Softwareversionen nicht angewendet werden können. Müssen Softwarepakete wegen Änderungen im Quellcode wiederholt aktualisiert werden, dann sind die Testskripts jedes Mal neu zu erstellen und auf die kleinsten Softwareänderungen anzupassen. Auf diese Weise vermehren sich der Arbeitsaufwand beim Testen sowie die nachfolgende Protokollierung und die Kosten.

Der unangenehmste Nebeneffekt eines unstrukturierten Testprogramms ist jedoch eine Verlängerung der Testdauer. Ein unerwartet hoher Arbeitszeitaufwand beim Testen wird Unmut hervorrufen und zu Problemen mit der Geschäftsführung führen. Für die Einsatzplanung kann die unvorhergesehene Verlängerung des Testzeitraums unangenehme Folgen haben und auch der Verlust von Marktanteilen und des Vertrauens bzw. der Zufriedenheit der Kundschaft sind nicht ausgeschlossen.

In einer anderen Situation erfolgt die Implementierung eines Testwerkzeugs möglicherweise zu spät im Entwicklungslebenszyklus, so dass die Mitarbeiter im Umgang mit dem Werkzeug nicht hinreichend geübt sind. Das Testteam wird vielleicht feststellen, dass das Erlernen der Handhabung eines Werkzeugs oder der Ausbau von Werkzeugeigenschaften und -fähigkeiten das Zeitbudget über Gebühr beansprucht. Solch ein Fall kann zu Frustrationen führen, so dass im Interesse des Testfortschritts auf einen Einsatz des Werkzeugs gänzlich verzichtet wird. Das Team wird dann vielleicht den Zeitverlust wieder aufholen und die ursprünglichen Termine einhalten können, aber der vermeintliche Vorteil wird sich bei Regressionstests und in nachfolgenden Testphasen rächen.

In den eben genannten Fällen mag das Testteam mit der bestmöglichen Motivation an den Start gegangen sein, aber es war nicht darauf vorbereitet, die effektivste Vorgehensweise zu verfolgen. Der Testingenieur hatte keine Erfahrung im Umgang mit dem Werkzeug und keine klare Vorstellung von der geeigneten Vorgehensweise. Was geschieht in solch einem Fall? Dem Testwerkzeug wird gewöhnlich die Hauptschuld am vergrößerten Aufwand und den unzureichenden Ergebnissen zugeschrieben. Im Grunde ist jedoch das Fehlen einer klar umrissenen Teststrategie oder ihre mangelhaften Anpassungsfähigkeit an den Prozess für den Misserfolg verantwortlich.

Schlechte Erfahrungen im Umgang mit einem Testwerkzeug bei einem Projekt können subtile Auswirkungen auf das Unternehmen zur Folge haben. Das Ansehen der Testgruppe könnte in Mitleidenschaft gezogen werden. Das

Vertrauen von Produkt- und Projektmanager in das Werkzeug kann erschüttert werden, so dass das Testteam möglicherweise gar nicht mehr die Möglichkeit bekommt, bei späteren Einsätzen einen besseren Gebrauch von einem Testwerkzeug zu machen. Zudem können sich bei Engpässen im Budget Probleme mit anfallenden Ausgaben für die Softwarelizenz eines Testwerkzeugs und die damit einhergehenden Dienstleistungen ergeben.

Durch das Entwickeln und Verfolgen einer Strategie für den Einsatz eines automatisierten Testwerkzeugs kann das Testteam größere Umstrukturierungen während der Testphase vermeiden, die für ein Team oftmals erhebliche Belastungen darstellen. Falls für das Projekt manuelle Tests erforderlich sind, lässt sich zudem auf diese Weise Testpersonal einsparen.

Es ist sinnvoll, für die Analyse der Testaufgabe und die Definition eines geeigneten Testwerkzeugs genügend Zeit einzuplanen. Dieser Vorgang ist für den längerfristigen Erfolg im Umgang mit einem automatisierten Testprogramm wesentlich. Testteams müssen die Einführung eines automatisierten Testwerkzeugs in ein neues Projekt als Prozess und nicht als Ereignis betrachten. Das Werkzeug soll sich in den Prozess einfügen, nicht umgekehrt. Abbildung 4.1 veranschaulicht den Prozess der Einführung eines Testwerkzeugs, der Fehlstarts vermeiden hilft.

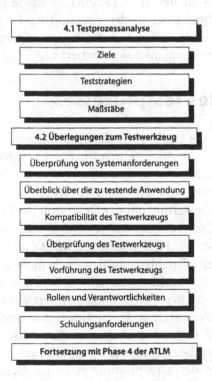

Abb. 4.1 Prozess der Einführung von Testwerkzeugen

Beim Analysieren des gesamten Testprozesses und bei der Entwicklung der Testziele und -strategien (wie in Abschnitt 4.1 dargestellt), muss das Testteam darauf achten, dass ein automatisiertes Testwerkzeug den Großteil der Testanforderungen des Projekts abdeckt. Rufen Sie sich noch einmal ins Gedächtnis, dass die in Kapitel 3 genannten Auswahlkriterien auf die Übereinstimmung eines wirklich hilfreichen Testwerkzeugs mit den Anforderungen der Systementwicklungsumgebung der Organisation ausgerichtet waren. Diese Auswahlkriterien sollen bei der Anschaffung eines speziellen Testwerkzeugs ausschlaggebend sein.

Abschnitt 4.2 verdeutlicht die Schritte, mit denen sich feststellen lässt, ob ein Testwerkzeug den speziellen Ansprüchen eines Projekts genügt, und es wird anhand des Projektzeitplans und anderer Kriterien darauf eingegangen, ob automatisiertes Testen überhaupt angebracht ist. Dieser Abschnitt beschäftigt sich außerdem mit den Fragen, ob ausreichende Kenntnisse des Testwerkzeugs vorliegen und ob sich die Mitglieder des Testteams über die Zuständigkeit bei der Einführung des Testwerkzeugs und die Aufgabenverteilung beim Design, der Erstellung und der Anwendung der Testskripts einig sind.

Hat das Testteam über die Tauglichkeit eines Werkzeugs für das Projekt entschieden, folgt als nächstes die ATLM mit der Planung (Kapitel 6), der Analyse und dem Design der Tests (Kapitel 7) sowie der Testentwicklung (Kapitel 8). Die Ergebnisse der in den Abschnitten 4.1 und 4.2 erläuterten Arbeitsschritte müssen als Teil der Testplanung aufgezeichnet werden, die innerhalb des formalen Testplans dokumentiert ist.

4.1 Analyse des Testprozesses

Das Testteam beginnt die Einführung des Testwerkzeugs mit der Analyse des aktuellen Testprozesses. Im Allgemeinen wird bereits irgendeine Art von Test durchgeführt, so dass mit der praktischen Arbeit an der Prozessdefinition schon eine Optimierung des Prozesses einhergehen kann. Grundsätzlich beginnt die Prozessverbesserung mit der Definition des Prozesses.

Der Testprozess muss so dokumentiert werden, dass er sich anderen Mitarbeitern vermitteln lässt. Wird der Testprozess nicht dokumentiert, dann ist er später nicht mehr nachvollziehbar und lässt sich nicht auf die gleiche Weise wiederholen. Lässt er sich nicht vermitteln oder wird er nicht dokumentiert, so wird der Prozess in der Regel nicht implementiert werden.

Bei fehlender Dokumentation des Testprozesses lässt sich dieser zudem nicht folgerichtig und einheitlich ausbauen. Andererseits kann man einen dokumentierten Prozess beurteilen und somit verbessern.

Ist der Testprozess der Organisation in seiner Gesamtheit noch nicht dokumentiert bzw. ist die Dokumentation veraltet oder ungeeignet, dann wird das Testteam vielleicht einen vorhandenen Prozess ganz oder teilweise übernehmen wollen. Das Testteam könnte sich für die in diesem Buch beschriebene Automated Test Life-cycle Methodology (ATLM) als Standardprozess entscheiden. Eventuell übernimmt das Testteam die ATLM mit einigen Änderungen, um sie auf spezielle Ziele und Fragestellungen anzupassen. Beim Definieren und Anpassen eines Testprozesses kann es für den Testingenieur hilfreich sein, sich einen Überblick über die Produktentwicklung der Organisation oder das Prozessdokument der Softwareentwicklung zu verschaffen, sofern dieses verfügbar ist.

Beim Definieren eines Testprozesses für eine Organisation sollte sich das Testteam mit den Vorstellungen der Organisation bezüglich der Qualität und der Prozessoptimierung vertraut machen. Vielleicht ist die Organisation an der Einhaltung von Industrienormen bezüglich der Qualität und an der Einstufung nach Richtlinien wie beim Capability Maturity Model (CMM) des Software Engineering Institute interessiert. Das CMM für Software wurde als Richtlinie für Softwareentwickler entworfen, die bei der Erstellung und Pflege ihrer Software eine strukturierte Vorgehensweise garantieren wollen. Dieses Modell verlangt von den Organisationen, die Disziplin während der Entwicklung mittels eines evolutionären Ansatzes zu wahren, bei dem gewisse Reifegrade erreicht und überschritten werden müssen.

Die Implementierung der CMM-Richtlinien hat das Ziel, eine Infrastruktur von Arbeitskräften und bewährten Praktiken zu erstellen, die einer Organisation die Herstellung von qualitativ hochwertigen Produkten, die Realisierung von Kundenwünschen und das Erreichen von Projektzielen ermöglichen. In Übereinstimmung mit dem CMM wird das Testteam Prozessvorgaben, Ergebnisse und prozessspezifische Metriken definieren und verfeinern. Das Testteam sollte sich nicht mit dem Wissen zufrieden geben, dass die gesamte Organisation auf einer ausgereiften Entwicklungsstufe operiert, wenn keine Testverfahren definiert und Testdokumentationen nicht auf konsistente Weise geführt worden sind. Nur wenn der Testprozess dokumentiert ist und Metriken definiert, gesammelt und analysiert wurden, kann das Testteam mit effektiven Fortschritten beim Testprozess rechnen.

Für die weitere Unterstützung der Prozessziele wird das Testteam eine Datenbank für Testergebnisse einrichten, um diese mit den gesteckten Zielsetzungen vergleichen zu können. Strebt die Organisation eine Einstufung (ein Assessment) gemäß den CMM-Richtlinien an, dann wird das Bewertungsteam die geleistete Arbeit hinsichtlich der Übereinstimmung mit den für den Prozess definierten Zielen einschätzen. Außerdem wird das Bewertungsteam darauf achten, dass die Ergebnisse des Prozesses sowie die erstellten Werkzeuge mit dem definierten Testprozess im Einklang stehen.

Der Sinn einer Analyse des Testprozesses einer Organisation besteht darin, die Testziele zu formulieren und Strategien zu entwickeln, die in den Testprozess einzubinden sind. Diese allgemeinsten Betrachtungen der Testplanung dienen als Orientierungspunkte für das Testprogramm eines Projekts. Durch die Dokumentierung der Einführung eines Testwerkzeugs soll gewährleistet werden, dass das Team bei der Implementierung des automatisierten Testens einen klar definierten Weg verfolgt, wodurch die Funktionalität und die Möglichkeit der Zeitersparnis des automatisierten Testwerkzeugs voll genutzt werden können.

Der zusätzliche Zeitaufwand für das Dokumentieren und Implementieren eines Testwerkzeugs kann Konflikte verursachen. Ein gut geplanter und gut ausgeführter Prozess wird sich jedoch mehrfach bezahlt machen, weil er das bessere Auffinden und Entfernen von Fehlern garantiert, so dass sich der Entwicklungslebenszyklus verkürzt und sich Arbeitskraftreserven herausbilden. Für ein Testteam, das gewöhnt ist, Testziele zu definieren und diese in die Definitionen von Prozessen einzubeziehen, wird die Rekrutierung neuer Mitarbeiter anhand der benötigten Kenntnisse und die Auswahl von Testwerkzeugen kein Problem darstellen. Diese Art von Disziplin unterstützt bei ihrer zunehmenden Einbeziehung die Bemühungen des Testteams und der gesamten Organisation um Qualität und Produktreife bei den verschiedenen Reifegraden.

4.1.1 Überprüfung des bestehenden Prozesses

Wie schon erwähnt muss der Testingenieur den Prozess der Entwicklung und des Testens analysieren. In dieser analytischen Phase sollte er oder sie feststellen, ob der aktuelle Testprozess die folgenden Vorbetrachtungen berücksichtigt:

- Die Testziele müssen definiert worden sein.

- Die Teststrategien müssen definiert worden sein.

- Die benötigten Werkzeuge müssen für die Implementierung der vorgesehenen Strategien bereitstehen.

- Eine Vorgehensweise (Methode) muss definiert worden sein.

- Der Testprozess ist besprochen und dokumentiert worden.

- Für den Testprozess sind Metriken festgelegt worden.

- Die Implementierung des Testprozesses wird überwacht.

- Benutzer sind in das Testprogramm einbezogen.

- Das Testteam arbeitet vom Beginn der Systementwicklung an zusammen.

- Parallel zur Systementwicklung wird getestet.

- Der Zeitplan ist auf die Implementierung des Prozesses abgestimmt.

- Das Budget ist auf die Implementierung des Prozesses abgestimmt.

Dieser Abschnitt enthält Informationen, die dem Testingenieur ermöglichen, die Übereinstimmung des Testprozesses mit den oben genannten Kriterien zu erkennen. Außerdem zeigen wir, worauf bei der Auswertung des Testprozesses geachtet werden muss und wie der Testprozess verbessert und implementiert wird. Testziele gelten in Verbindung mit Strategien, mit welchen sich diese Ziele erreichen lassen. Abbildung 4.2 zeigt, dass es wichtig ist, die Ergebnisse der Einführung verschiedener Testwerkzeuge im Testplan zu dokumentieren.

Abb. 4.2 Dokumentieren der Ergebnisse der Analyse des Testprozesses

Ein erfolgreich eingeführter Testprozess verringert den Zeitaufwand, erhöht die Wahrscheinlichkeit für das Auffinden von Fehlern, verbessert die Softwarequalität und unterstützt die Entwicklung zuverlässiger Systeme, welche die Benutzer zufrieden stellen. Dieser Abschnitt beschreibt bewährte Praktiken, die sich im Review eines Testprozesses anwenden lassen.

4.1.1.1 Frühe Einbeziehung des Testteams

Der Testprozess sollte gleichzeitig mit der Systementwicklung begonnen werden. Das frühe Einbeziehen des Testteams ist wesentlich. In der Phase der Geschäftsanalyse vervollständigt das Testteam sein Verständnis der Geschäftsregeln und -abläufe und entwickelt ein Gespür für die Bedürfnisse der Kunden. Während der Definition der Anforderungen verifiziert das Testteam deren Prüfbarkeit. Die frühe Einbeziehung von Tests erlaubt außerdem eine frühzeitige Fehlererkennung und verhindert die Fehlerfortpflanzung von der Phase der Anforderungsdefinition zum Design bis zur anschließenden Implementierung.

4.1.1.2 Wiederholbarer Prozess

Der Testprozess der Organisation sollte wiederholbar sein. Für einen wiederholbaren Testprozess lassen sich Metriken festlegen, man kann ihn abstimmen und verbessern. Der Prozess sollte auf Qualität und Effizienz ausgerichtet sein. Ein solcher Prozess ist messbar, zuverlässig und vorhersagbar. Ein wiederholbarer Prozess lässt sich durch die *Dokumentation aller Prozessschritte* realisieren. Bei geeigneter Dokumentation eines Testprozesses kann man die Tests einheitlich kontrollieren und implementieren.

Zusätzlich zur Dokumentierung stellt die *Automatisierung von Tests* die wirkungsvollste Möglichkeit zur Gewährleistung der Wiederholbarkeit dar. Konventionelle Testtechniken sollten um automatisierte statische und dynamische Analysen erweitert werden. Ein wiederholbarer Prozess lässt sich zudem durch die Anwendung *wieder verwendbarer Testskripts* erreichen. Kapitel 8 enthält ausführliche Informationen zur Erstellung solcher wieder verwendbarer Skripts.

Die Sammlung und die Analyse von Messwerten müssen ebenfalls Teil des Testprozesses sein. In vielen Organisationen ist eine Gruppe für die Qualitätssicherung zuständig, die bestimmte Prüfungen (so genannte Audits) durchführt, um abzusichern, dass diese mit den definierten Abläufen in Einklang stehen. Das Testteam muss deswegen auf die korrekte Implementierung des ATLM-Prozesses achten. Dazu sollte das Testteam die Kriterien beachten, nach denen die Metriken für den ATLM-Prozess formuliert worden sind. Zu diesen Kriterien gehören [2]:

- **Durchführung des Prozesses.** Zunächst muss eine Metrik für Produktattribute, die aus dem ATLM-Prozess resultieren, festgelegt werden. Ferner benötigt man eine Metrik für den Prozess an sich.

- **Wiederholbarkeit.** Könnte jemand anderes die Messungen wiederholen und zum gleichen Ergebnis gelangen?

- **Produktverfolgbarkeit.** Man muss beurteilen, ob sich Produkte an Normen halten bzw. Produkte den Prozessvorgaben folgen.

- **Prozessstabilität.** Können die Produkte planmäßig fertig gestellt werden? Sind Verhaltensänderungen vorhersagbar und unerwartete Ergebnisse selten? Muss der Prozess für qualitativ höherwertige Produkte verbessert werden?

- **Erfüllung der Prozesskriterien.** Die tatsächliche Durchführung muss mit dem definierten Testprozess übereinstimmen. Tabelle 4.1 benennt Ressourcen und Attribute für die Bildung von Metriken zur Erfüllung der Prozesskriterien.

- **Einsatzfähigkeit.** Verfügen die Testingenieur über die notwendigen Werkzeuge und können sie mit ihnen umgehen? Sind die Werkzeuge und Verfahren für den Einsatzzweck geeignet?

- **Verwendung des definierten Prozesses.** Die konsistente Durchführung des Prozesses ist erforderlich. Wird der Prozess so durchgeführt, wie er definiert wurde?

- **Fähigkeit des Prozesses.** Wenn ein Prozess beherrscht ist und den Anforderungen genügt, wird er als fähig bezeichnet.

Tab. 4.1 Richtwerte für das Erfüllen der Prozesskriterien

Einsatzfähigkeit		Verwendung des definierten Prozesses	
Sind alle Voraussetzungen für die erfolgreiche Ausführung gegeben (beispielsweise Personal, Kenntnisse, Erfahrungen, Übung, Arbeitsumgebung, Werkzeuge, dokumentierte Prozeduren)?		Ist der ausgeführte Prozess zuverlässig? Werden Werkzeuge, Methoden, Übungen und Arbeitspläne verwendet?	
Ressourcen	**Attribute**	**Ressourcen**	**Attribute**
Mitarbeiter	Kenntnisse, Erfahrung, Übung, Quantität	Mitarbeiter	Arbeits- und Zeitaufwand
Werkzeug	Verfügbarkeit, Eignung, Nutzen, Fähigkeiten	Werkzeug	Verwendung: wofür, wie häufig, wie lange
Verfahren	Abdeckung, Angemessenheit, Qualität, Dokumentation	Verfahren	Anwendung: wofür, wie häufig, wie lange
Arbeitsumgebung	Räumlichkeiten, Rechner, technische Unterstützung, Angemessenheit	Arbeitsumgebung	Verwendung: wofür, wie häufig, wie lange
Arbeitsplan	Ziele, Strukturierung und Aufgabenteilung, Verständlichkeit, Realisierbarkeit	Arbeitsplan	Anwendung: wofür, wie häufig, wie lange

4.1.1.3 Stetige Verbesserung

Bei der Durchführung eines Testprozesses ist die stetige Verbesserung eine sinnvolle Ergänzung. Das Hauptziel ist die Verfeinerung und Verbesserung des Testprozesses. Um diese Prozessverbesserung zu erreichen, müssen Erkenntnisse aus der Testarbeit und aus den Qualitätssicherungsaudits in Frage/Antwort-Form dokumentiert werden, damit Korrekturmaßnahmen rechtzeitig vorgenommen werden können. Außerdem sollte man Erkenntnisse am Ende des Entwicklungslebenszyklus dokumentieren. Der Zweck dieser Arbeit besteht in der Formulierung notwendiger Verbesserungen und der Vermeidung von Fehlerfortpflanzung in die nächste Testphase, die nächste Softwareaktualisierung oder das nächste Projekt. Kapitel 10 behandelt dieses Themengebiet.

Die Formulierung und Dokumentation von Vorteilen der Verwendung von automatisierten Testwerkzeugen und die Bereitstellung dieser Informationen für alle Mitarbeiter unterstützt ebenfalls die stetige Prozessverbesserung. Außerdem wird so das Verständnis der Mitarbeiter für den Einsatz solcher Werkzeuge erleichtert. In Kapitel 9 gehen wir auf diese Vorteile ein.

Eine weitere Möglichkeit der Prozessverbesserung bieten Umfragen. Das Testteam kann Umfragen verteilen, in denen die Projektmitarbeiter ihre Eindrücke vom Testprozess und von dessen Ergebnissen mitteilen. Die Umfrage kann auch auf das Erkennen von Möglichkeiten zur Prozessverbesserungen ausgerichtet sein. Zu den Projektmitarbeitern können Anwendungsprogrammierer, Versuchs- und Praxisanwender sowie Testingenieure gehören.

Prozessbeurteilungen und Audits sind sinnvoll, um zu verifizieren, dass der Prozess korrekt implementiert wurde, wodurch die stetige Verbesserung unterstützt wird. Für diese Aufgaben ist normalerweise die Abteilung für Qualitätssicherung zuständig.

Eine weitere Möglichkeit für das Erkennen von Fehlerquellen ist die Grundlagenanalyse. Wir gehen darauf in Kapitel 9 näher ein.

4.1.1.4 Sichern der Integrität des automatisierten Testprozesses

Um die Integrität eines automatisierten Testprozesses zu sichern, muss das Testteam Aktualisierungen der automatisierten Testwerkzeuge in einer isolierten Umgebung ausprobieren. Zudem kann das Team validieren, dass das Werkzeug die Qualitätsanforderungen des Produkts und des Markts erfüllt. Das Testteam sollte verifizieren, dass die Aktualisierung in der momentanen Umgebung der Organisation ausgeführt werden kann. Auch wenn die vorige Version in der Umgebung gut funktioniert hat, muss das nicht für das Upgrade gelten. In Kapitel 3 wird beschrieben, wie die Verifizierung eines

Testwerkzeugs in einer isolierten Umgebung realisiert werden kann. Die Verwendung eines Konfigurationsmanagementwerkzeugs zum Erstellen von Grundspezifikationen bzw. Baselines kann zudem dazu beitragen, die Integrität des automatisierten Testprozesses zu sichern.

Obwohl die Prozessdefinition, das Erfassen von Messwerten und die Tätigkeiten zur Prozessverbesserung zeitintensiv sein können, ist der Aufwand für die Erstellung und Dokumentation von Standards und Prozeduren für ein automatisiertes Testwerkzeug nicht größer als bei einem manuellen Testprogramm. Die Verwendung automatisierter Testwerkzeuge mit Skripts, Funktionen zur Testerkennung und den Möglichkeiten der automatisierten Dokumentation kann sogar kostenreduzierend wirken, weil grundlegende Funktionen schon vorbereitet sind.

Bei der bisher beschriebenen Ausführung der Testprozessanalyse muss das Testteam entscheiden, ob der Prozess überarbeitet werden muss oder ob das Team auf dem vorhandenen Testprozess aufbauen kann. Nach der Definition eines Prozesses sowie dessen Überprüfung und der Aktualisierung in mehreren Wiederholungen zur Fehlerbeseitigung kann das Testteam die Testziele und die Teststrategien für eine bestimmtes Projekt der Entwicklungsarbeit definieren.

4.1.2 Testziele

Was soll die Testarbeit leisten? Im Allgemeinen will man mit Tests feststellen, ob Software bestimmten Kriterien entspricht und die Anforderungen des Benutzers erfüllt. Das allgemeine Ziel des Testens ist die Identifizierung von Fehlern im Anwendungsprogramm und somit die Vermeidung, Erkennung und die darauf folgende Entfernung von Fehlern sowie die Stabilisierung des Systems.

Das Hauptziel des Testens besteht darin, die Wahrscheinlichkeit für eine fehlerfreie Ausführung des Programms unter allen Umgebungsbedingungen zu erhöhen, Anforderungen zu erfüllen und letztendlich die Benutzer zufrieden zu stellen, indem man so viele Fehler wie möglich beseitigt. Ein Ziel des automatisierten Testens ist die Unterstützung manueller Testarbeit für das Erreichen des Testziels. Automatisiertes Testen ermöglicht bei korrekter Implementierung ein schnelleres, besseres und effizienteres Testen. Es kann letztlich zur Verringerung des Testaufwands führen, einer Verringerung des Zeitaufwands, der Erstellung eines zuverlässigen Systems und zur Verbesserung der Wiederholbarkeit von Testprozessen.

Beim Testen wird überprüft, ob die Software den Spezifikationen entspricht. Man spricht davon, dass ein Programm korrekt funktioniert, wenn die folgenden Kriterien erfüllt sind:

1. Auf eine gültige Eingabe liefert das Programm die korrekte Ausgabe.

2. Eine ungültige Eingabe wird vom Programm korrekt und angemessen zurückgewiesen.

3. Das Programm stürzt weder bei gültigen noch bei ungültigen Eingaben ab.

4. Das Programm wird so lange korrekt ausgeführt, wie es von ihm erwartet wird.

5. Das Programm verhält sich gemäß seiner Spezifikationen.

Außer der Verifikation auf die fehlerfreie Funktion von Programmen untersucht das Testteam zusammen mit der Abteilung für Qualitätssicherung, ob sich weitere Ergebnisse des Entwicklungslebenszyklus der Anwendung wie verlangt einstellen. Zu diesen Kriterien gehören Anforderungsspezifikationen, Verfahren für die Entwicklung und zur Unterstützung der Entwicklung, die Dokumentation des Projekts, der Testentwurf und Testverfahren und andere Ergebnisse, die für die Entwicklung spezifisch sind. Außerdem dient das Testen dem Auffinden von Fehlern, so dass diese beseitigt werden können. Weiterhin ermöglicht die Testarbeit die Definition eines Qualitätsanspruchs, falls Kriterien für die Entscheidung über die Freigabe von Software festgelegt wurden.

Nach der Definition der Testziele und der Vermittlung an das Testteam müssen die Mitarbeiter konkrete Zielstellungen definieren, die in der Testphase erreicht werden sollen. Das Erreichen der allgemeinen Testziele erfordert die Erfüllung der konkreten Ziele. Sind die konkreten Ziele definiert, muss das Testteam die Teststrategien zum Erreichen dieser Ziele ausarbeiten. Teststrategien umfassen sehr spezifische Vorgänge, die vom Testteam durchgeführt werden. Die verschiedenen Teststrategien zur Unterstützung der Entwicklungsphase werden in Kapitel 7 genauer beschrieben.

Als ein Beispiel für allgemeine und konkrete Ziele wollen wir die Erfahrungen der Testingenieurin Erika betrachten. In ihrem Unternehmen sollte die größte Anwendung ein neues Design erhalten. Die Anwendung umfasste viele Teile und vereinigte eine Vielzahl von Funktionen. Das System sollte vollständig neu entworfen werden, aber dieser Neuentwurf musste schrittweise erfolgen, weil das System einsatzfähig bleiben musste.

Das System wurde demnach stückweise aktualisiert. Jede Aktualisierung hatte einen einprägsamen Namen wie Skywalker oder Chewy. Erika musste das Testziel im Hinblick auf den Einsatzzweck der Anwendung formulieren. Erikas Test könnte folgendermaßen formuliert werden:

- Vergrößere die Wahrscheinlichkeit dafür, dass alle Anwendungen, die zum Gesamtsystem gehören, in das vorhandene im Einsatz befindliche System integriert werden können, wobei alle Systemanforderungen und Akzeptanzkriterien erfüllt werden müssen, indem so viele Fehler wie möglich erkannt und beseitigt werden.

Die konkreten Ziele umfassten die folgenden Punkte:

- Garantiere, dass jede Folgeversion der Anwendung ihre spezifischen Anforderung ohne größere Fehler erfüllt, wobei innerhalb eines wiederholbaren Integrationsprozesses die Systemanforderungen beachtet werden.

- Verwende ein automatisiertes Testwerkzeug, das wieder verwendbare Skripts zum wiederholten Durchführen von Regressions- sowie Leistungs- und Belastungstests bei der Einbindung neuer Module in das vorhandene System verwendet.

- Erstelle und unterhalte wieder verwendbare Testskripts, um spätere Tests zu vereinfachen.

Die spezifischen Testziele können sich zwischen den Testphasen unterscheiden, so dass der Testingenieur mehrere Fragen stellen muss. Was will das Testteam in dieser Testphase leisten? Welche Aufgabe hat die getestete Software? In Abschnitt 4.1.3 sind weitere Details zu den Problemen der verschiedenen Testphasen und deren Auswirkungen auf die Fehlererkennungsstrategie zusammengestellt.

Testziele können auch von den Systemanforderungen abhängen. Testziele für ein kommerzielles Werkzeug unterscheiden sich beispielsweise von den Testzielen für ein firmeninternes System. Beim Testen eines Werkzeugs liegt der Schwerpunkt auf der Integration in das übrige System, und das entsprechende Testziel basiert auf einem Black-Box-Test. Andererseits beschäftigt sich das Testteam bei einem firmeninternen Programm mit den Interna einer Anwendung, was einen White-Box-Test erforderlich macht, sowie mit der Integration in andere Systeme mittels eines Black-Box-Tests.

Beim White-Box-Test kann die Testperson den Programmcode einsehen und nach Fehlern suchen, die sich auf den Ausführungspfad, den Anwendungsbereich, Fallunterscheidungen und logische Konstrukte beziehen. Der Black-Box-Test überprüft das externe Verhalten von Eingaben und zugehörigen Ausgaben und die Funktionalität der Software entsprechend den Anforderungen. Kapitel 7 bietet weitere Informationen über White- und Black-Box-Tests.

Letztlich können sich die Testziele auch nach der Testphase unterscheiden. Ein Testziel für eine Belastungsprüfung ist nicht unbedingt bei der Überprüfung der Funktionalität angebracht. Bei der Belastungsprüfung lautet das Testziel, eine Umgebung aufzubauen, in der mehrere Rechner auf einen oder mehrere Server gleichzeitig zugreifen, um Messungen der Antwortzeiten von Clients und Servern durchzuführen. Beim Testen der Funktionalität soll festgestellt werden, ob das System den Geschäftsanforderungen entspricht.

Testziele sollten frühzeitig im Planungsprozess ausgearbeitet werden und müssen klar definiert sein. Es hat sich bewährt, die Testziele in der Einführung des Testplans zu vermerken. Tabelle 4.2 zeigt eine beispielhafte Dokumentation der Testprozessanalyse, die in der Einführung des Testplans des Projekts wiederzufinden ist. Diese Dokumentation ist ein Ergebnis der gemeinsamen Prozessausarbeitung des Testteams unter Beachtung der allgemeinen und konkreten Testziele.

Tab. 4.2 Dokumentieren der Analyse des Testprozesses

Überprüfung (Review) des bestehenden Prozesses

Testprozess. Das Projekt verwendet den standardmäßigen Testprozess der Organisation, der sich an der ATLM orientiert.

Einführung des Testwerkzeugs. Zur Gewährleistung einer reibungslosen Implementierung des automatisierten Testwerkzeugs verifiziert das Projektteam die Definition von Zielen sowie deren Kompatibilität mit dem automatisierten Testen. Vor Phase 4 und allen folgenden Phasen der ATLM gibt es eine Phase zur Ausarbeitung des Testwerkzeugs.

Allgemeine Testziele

Erhöhung der Wahrscheinlichkeit für das korrekte Verhalten der getesteten Anwendung unter allen Bedingungen.

Erhöhung der Wahrscheinlichkeit für das Erfüllen der definierten Anforderungen der getesteten Anwendung.

Ausführung eines vollständigen Tests der Anwendung innerhalb eines kurzen Zeitrahmens.

Konkrete Testziele

Einhalten der definierten Client- und Server-Antwortzeiten.

Korrekte Ausführung der kritischsten Benutzeraktionen im System.

Eine korrekte Bildschirmdarstellung.

Die Gewährleistung, dass Änderungen der Datenbank keine Auswirkungen auf Softwaremodule haben.

Ein Testentwurf, der den Arbeitsaufwand bei Folgeprüfungen der Anwendung minimiert.

Tab. 4.2 Dokumentieren der Analyse des Testprozesses (Forts.)

Konkrete Testziele

Der Einsatz automatisierter Testwerkzeuge, wo es sinnvoll ist.

Durchführung von Tests, die der Vermeidung und der Erkennung von Fehlern dienen.

Verwendung automatisierter Testdesign- und Entwicklungsstandards mittels wieder verwendbarer und pflegeleichter Skripts.

Fallstudie:

Testziele und -strategien

Betrachten Sie als Beispiel für die Definition von Testzielen die Erfahrungen des Testingenieurs Jake, dessen Aufgabenbereich das Testen eines Datenbankmanagementsystems (DBMS) innerhalb eines Redesignprojekts ist. Die Datenbank wurde wegen zusätzlicher Anforderungen an die Daten bei einer Aktualisierung des Systems neu entworfen. Als Ergebnis der Aktualisierung wurden neue Tabellen hinzugefügt und einige gelöscht. Zudem findet eine neu Version von Sybase Verwendung.

Jake definierte sein Testziel folgendermaßen: Überprüfe das korrekte Verhalten der Anwendung nach der Änderung der Datenbank. Wie sollten seine konkreten Testziele aussehen? Jake notierte einige Anmerkungen, die ihm bei der Analyse der Situation behilflich sein sollten. Die grafische Benutzeroberfläche der Zielanwendung war unverändert geblieben, aber die Ausgabedaten mussten trotzdem überprüft werden. Außerdem musste er verifizieren, dass die Eingabefelder und die Datensteuerelemente der Bildschirmanzeige die Daten korrekt wiedergeben. Obwohl sich der Test auf Daten bezog, waren Leistungs- und Belastungsmessungen erforderlich. Jake entwickelte letztlich die folgende Liste von Testzielen:

- Stelle nach der Konvertierung der Daten sicher, dass die Daten korrekt von der alten in die neue Datenbank übertragen wurden.

- Stelle nach der Konvertierung der Daten sicher, dass es keine Auswirkungen auf vorhandene Softwaremodule gibt und dass die vom System verwalteten Daten durch Hinzufügen, Löschen, Aktualisieren, Wiederherstellen oder Abfragen nicht beschädigt wurden.

- Stelle nach der Konvertierung der Daten sicher, dass das Anwendungsentwicklungsteam das Datenbankmanagementsystem (DBMS) erfolgreich aktualisieren kann.

- Stelle sicher, dass das System die definierten Antwortzeiten für Clients und Server noch erfüllt.

- Stelle sicher, dass die Benutzerpfade durch das System und die Benutzerbildschirme korrekt sind.

Jake musste die Teststrategien definieren, die zur Unterstützung des Testens implementiert werden mussten. Das bedeutet, dass er seine Testziele zu überdenken und geeignete Strategien zu entwerfen hatten, die diese Ziele erfüllen konnten. Er entwickelte danach die folgende Liste der Teststrategien. (Weitere Informationen zur Entwicklung von Teststrategien finden Sie in Abschnitt 4.1.3.)

Testen der Datenkonvertierung und der Datenintegrität. Zeichne für das ursprüngliche System eine Baseline von Testskripts auf und verifiziere deren Funktionalität. Verwende diese Skripts dann nach der Datenkonvertierung für das aktualisierte System mit dem neuen Datenbankschema wieder. Können die Skripts problemlos ausgeführt werden und stimmen die Ergebnisse überein, dann ist das aktualisierte System fehlerfrei.

Aktualisierung der Datenbankversion. Verifiziere im Anschluss an das Testen der Datenbankkonvertierung, dass das aktualisierte System korrekt funktioniert. Verwende dazu die alte DBMS-Version und führe dann das Datenbank-Upgrade durch. Wende anschließend die Testskript-Baseline auf das aktualisierte System mit der neuen DBMS-Version an. Können die Skripts problemlos ausgeführt werden und stimmen die Ergebnisse überein, dann ist das System fehlerfrei.

Leistungstest. Zeichne eine Grundmenge von Skripts zur Leistungsbeurteilung auf und entwickle diese im Hinblick auf das Ausgangssystem. Führe diese Skripts im Anschluss an die Datenkonvertierung und das Upgrade auf die neue Datenbank aus und vergleiche die Ergebnisse des neuen Tests mit den Resultaten des Baseline-Systems. Prüfe die Ergebnisse, um sicherzustellen, dass das System keine Abwertung erfahren hat. Verifiziere, dass das System den neuen Leistungsanforderungen genügt.

Regressionstest. Wende die Baseline-Skripts für den Regressionstest auf das aktualisierte System mit der neuen Datenbankstruktur und der neuen DBMS-Version an. Wenn die Ergebnisse unverändert sind und die Testskripts erfolgreich ausgeführt wurden, funktionieren die Benutzerpfade und die Benutzerbildschirme fehlerfrei.

4.1.3 Teststrategien

Zur Unterstützung der definierten Testziele kann eine Reihe von Teststrategien implementiert werden. Eine sorgsame Untersuchung der Ziele und Einschränkungen sollte zur Festlegung von systematischen Teststrategien führen, die besser vorhersagbare Testergebnisse von höherer Qualität produzieren und die eine weitreichende Automatisierung erlauben. Teststrategien lassen sich in zwei Kategorien einteilen: Fehlervermeidungstechnologien und Fehlererkennungstechnologien. In Tabelle 4.3 finden Sie eine Auswahl von Teststrategien.

Tab. 4.3 Teststrategien und -verfahren

Fehlervermeidungstechnologien (Abschnitt 4.1.3.1)	
Untersuchung von Einschränkungen	
Frühe Einbeziehung von Tests	
Verwendung von Prozessnormen	
Inspektionen und Durchsichten (Walkthroughs)	
Qualitätstore	
Fehlererkennungstechnologien (Abschnitt 4.1.3.2)	
Inspektionen und Durchsichten (Walkthroughs)	
Qualitätstore (siehe Abbildung 4.2)	
Testen der Ergebnisse eines Produkts	
Einbinden der Testfähigkeit in die Anwendung	
Verwendung automatisierter Testwerkzeuge	
Einheitentestphase	Testen von Bedingungen, Pfaden, Falscheingaben, Speicherknappheit, Fehlerbehandlung, Zeichenketten, Anweisungen, Fallunterscheidungen, gegenseitige zyklomatischer Komplexität, Datenfluss
Integrationstestphase	Test der Integration
Systemtestphase	Unterarten von Systemtests: Belastung, Regression, Replikation, Datenintegrität, Konfiguration, Leistung, Funktionalität, Sicherheit, Alpha/Beta-Akzeptanz, Kompatibilität/Konvertierbarkeit, Benchmark, Usability, Raten von Fehlern, Datensicherung und -wiederherstellung, Einsatzfähigkeit, Zufall (siehe Kapitel 7)
Akzeptanztestphase	Wie Systemtestphase

Tab. 4.3 Teststrategien und -verfahren (Forts.)

Verfolgung eines Testprozesses
Risikoabschätzung
Strategischer manueller und automatisierter Testentwurf
Ausführung und Verwaltung automatisierter Tests
Methode der Testverifizierung
Einbeziehung der Benutzer

Die Fehlervermeidung bringt die größten Kosten- und Zeitersparnisse im Verlauf der Anwendungsentwicklung. Aufgrund der Komplexität von Systemen und menschlichen Fehlleistungen kann die Fehlervermeidung allein Fehler in der getesteten Anwendung jedoch nicht ausschließen. Darum ist der sinnvollste Einsatz von Fehlererkennungstechnologien die Kombination mit der Fehlervermeidung.

Die spezifischen Teststrategien eines Projekts hängen von den definierten Testzielen ab. Der Testingenieur sollte darum die Testziele überdenken und dann die passende Strategie wählen.

4.1.3.1 Strategien zur Fehlervermeidung

Bei dem am Illinois Institute of Technology entwickelten Testing Maturity Model (TMM) ist 5 der höchste Reifegrad: Optimierung, *Fehlervermeidung* und Qualitätskontrolle [3]. Die Verwendung von Fehlervermeidungsstrategien ist nicht nur ein Ausdruck hoher Testdisziplin, sondern stellt den größten Faktor der Kostensenkung der gesamten Testarbeit dar. Die frühe Erkennung von Fehlern im Entwicklungslebenszyklus verringert die Fehlerfortpflanzung von der Anforderungsspezifikation zum Design und von dort zur Implementierung.

Das Einbeziehen von Tests in frühe Stadien der Anwendungsentwicklung ist eine eindeutige Abweichung vom herkömmlichen Ansatz des Testens, wie er in den letzten Jahrzehnten verfolgt wurde. Früher stand die Fehlersuche am Ende des Entwicklungslebenszyklus. Man konzentrierte sich dabei auf die ausführbare Datei des fertigen Produkts. In letzter Zeit hat man in der Software-Industrie erkannt, dass die besten Entwicklungsergebnisse dann zu erwarten sind, wenn die Testarbeit in allen Stadien der Systementwicklung einbezogen wird. In Tabelle 1.1 auf Seite 9 finden Sie Angaben zu den Kostenersparnissen, die bei der frühen Einbeziehung des Testteams möglich sind.

Untersuchung der Einschränkungen. Beim Testen einer Programmkonzeptionsphase soll verifiziert werden, dass das Produkt realisierbar und testfähig ist. Eine sorgsame Untersuchung der Ziele und Einschränkungen kann zur Auswahl einer geeigneten Menge von Teststrategien führen, mit denen besser vorhersagbare, qualitativ hochwertige Ergebnisse erreichbar sind und die ein hohes Maß von Automatisierung erlauben. Mögliche Einschränkungen können eine kurzes Zeitintervall bis zur geplanten Markteinführung eines Software-Produkts oder eine geringe Personaldecke sein. Andere Einschränkungen können daraus entstehen, dass ein neuer Designprozess oder ein neues Testwerkzeug Anwendung findet. Das Testteam muss diese Einschränkungen, welche die Wirksamkeit von Fehlervermeidungstechnologien beeinflussen, sorgfältig prüfen, und in Verbindung mit Fehlererkennungstechnologien Teststrategien ableiten, die für die spezielle Anwendungsentwicklung günstig sind.

Frühe Einbeziehung von Tests. Das Testteam muss vom Beginn der Anwendungsentwicklung an einbezogen werden. Das ist vor allem in der Anforderungsphase von entscheidender Bedeutung. Ein Bericht der Standish-Gruppe schätzt, dass 40% aller Softwareprojekte fehlschlagen, während bei weiteren 30% die Zeit- und Kostenbudgets überschritten bzw. die Funktionalität eingeschränkt werden. Laut diesem Bericht sind nur 27% aller Softwareprojekte erfolgreich. Die wichtigsten Faktoren für den Erfolg eines Projekts hängen mit den Anforderungen zusammen. Dazu gehören die Einbeziehung der Benutzer, klare Geschäftsziele und gut organisierte Anforderungen. Verwaltungsfragen, die sich auf Anforderungen beziehen, bilden 45% der Faktoren, die für den Erfolg des Projekts verantwortlich sind [4].

In der Phase der Definition von Anforderungen sollte die Testarbeit die Formulierung expliziter, eindeutiger Anforderungen unterstützen. Die Einbindung des Testteams in die Anforderungsphase muss auch garantieren, dass Systemanforderung testfähig formuliert werden. In diesem Zusammenhang bedeutet das Wort *testfähig*, dass ein Testingenieur bei gegebenem Anfangszustand des Systems und bekannter Eingabe die Zusammensetzung der Systemausgaben exakt vorhersagen kann.

Anhang A enthält eine detaillierte Beschreibung des Testens von Anforderungen. Der Test von Systemanforderungen sollte ein immanenter Teil einer jeden Systementwicklung sein. Software, die auf ungenauen Anforderungen basiert, wird niemanden zufrieden stellen, unabhängig von der Qualität der detaillierten Designdokumentation oder des gut geschriebenen Codes, aus dem die Softwaremodule bestehen. Zeitungen und Zeitschriften sind voller Geschichten über katastrophale Softwarefehler. In diesen Geschichten wird allerdings nicht gesagt, dass die meisten dieser Probleme aus falschen, fehlenden, unklaren oder unvollständigen Anforderungen resultieren. Seit einigen Jahren wird die Bedeutung der Absicherung von Qualitätsanforderungen besser verstanden. Projekt- und Produktmanager wissen nun, dass sie sich mit Fragen der Implementierung von Anforderungstests befassen müssen, bevor die Software-Lösung erstellt werden kann.

Während der Design- und Entwicklungsphasen haben die Testaktivitäten den Zweck, die Einhaltung von Design- und Entwicklungsstandards zu prüfen und andere Probleme zu vermeiden. In Kapitel 3 werden verschiedene automatisierte Testwerkzeuge beschrieben, die sich während dieser Phasen verwenden lassen.

Verwendung von Normen. Es gibt viele Gründe für die Verwendung von Normen. Die Entwicklung nach Normen hilft, Fehler zu vermeiden. Standardrichtlinien erleichtern zudem die Erkennung von Fehlern und verringern den Pflegeaufwand einer Anwendung. Testaktivitäten beeinflussen sich gegenseitig und erfordern von allen Beteiligten ein bemerkenswertes Maß an Teamarbeit. Teamarbeit erfordert wiederum Regeln für den effektiven Austausch. Normen stellen Regeln oder Richtlinien für das Zusammenspiel des Projektpersonals bereit.

Es wurden eine ganze Reihe verschiedener Normen entwickelt. Es gibt Normen für das Softwaredesign, die Implementierung des Codes und für grafische Benutzeroberflächen. Es gibt Normen von Herstellern wie Microsoft, von Organisationen der Software-Industrie und solche, die vom Verteidigungsministerium der USA herausgegeben wurden. Es gibt Normen zu Kommunikationsprotokollen, zur Sicherheit und viele andere. Außerdem definieren und fördern viele große Firmen ihre eigenen, internen Standards.

Eine Norm zum Softwaredesign kann die Entwicklung von Strukturtabellen erfordern, und eine Implementierungsnorm kann für jedes Softwaremodul einen einzelnen Eintrittspunkt und einen einzelnen Austrittspunkt vorschreiben. Die Implementierungsnorm kann von der Software maximale Kohäsion (intramodulare Abhängigkeit) und minimale Kopplung (intermodulare Abhängigkeit) verlangen. Typischerweise fördern solche Normen die Modularität von Code zum Zweck der funktionalen Unabhängigkeit. In einigen Firmen geben die Testteams den Ton an, indem sie von den Entwicklern die Beachtung von Normen zum Softwaredesign fordern. Dieser Ansatz ist günstig, wenn die Abteilung für Qualitätssicherung nicht vorhanden oder zu gering besetzt ist (beispielsweise während Inspektionen, Einheitentests und Systemtests). Jedes Softwareprojekt kann auf diese Weise zur Einhaltung von Entwicklungsnormen ausgerichtet werden. Das Testteam benötigt eine Liste der Normen – eventuell aus dem Projektplan, wenn es einen gibt.

Das Testteam kann außerdem für die Einhaltung von Normen zum Leistungstest in der ganzen Organisation verantwortlich sein. Die Mitarbeiter können sich für standardmäßige Testwerkzeuge oder die Befolgung der ATLM (beschrieben in Kapitel 1) als standardmäßigen Testprozess der Organisation entscheiden. Da Normen Methoden oder bewährte Techniken repräsentieren, unterstützt ihre Befolgung die Entwicklung hochwertiger Softwareprodukte. Bei Tests muss deshalb auf die Einhaltung der geforderten Normen geachtet werden. In gleichem Maße sollte die Entwicklung von Testverfahren im Hinblick auf eine Norm erfolgen.

Inspektionen und Walkthroughs. Inspektionen und Durchsichten bzw. Walkthroughs stellen formale Bewertungstechniken dar, die sich in Abhängigkeit von ihrem Anwendungsgebiet als Fehlervermeidungs- oder Fehlerbehebungstechnologien einordnen lassen. Die Verwendung von Inspektionen und Walkthroughs ist laut dem Airlie Software Council eine der wichtigsten Softwarepraktiken überhaupt [5].

Walkthroughs und Inspektionen bieten eine formale Auswertung von Software-Anforderungen, Designs, Code und anderen Softwareprodukten wie Testverfahren und automatisierte Testskripts. Auf diese Weise können umfangreiche Testmaßnahmen von Personen oder Gruppen übernommen werden, so dass der Autor entlastet wird. Inspektionen sind auf das Erkennen von Fehlern und Verstößen gegen Entwicklungsnormen, Probleme mit Testverfahren und anderes ausgerichtet. Walkthroughs haben die gleiche Zielsetzung wie Inspektionen, sind aber oberflächlicher.

Beispiele für Fehlervermeidungsaktivitäten sind Walkthroughs und Inspektionen von Systemanforderungen und Designdokumentation. Diese Aktivitäten sollen verhindern, dass später Fehler im Anwendungscode auftreten. Wenn Anforderungen mit Rücksicht auf Testfähigkeit und Korrektheit definiert werden, vermeidet man, dass Fehler in die Systementwicklung Einzug halten, was schließlich zu Fehlern des Gesamtsystems führen würde. Designwalkthroughs können sicherstellen, dass das Design mit den definierten Anforderungen, Standards und anwendbaren Designprinzipien übereinstimmt und dass wenige Fehler enthalten sind.

Walkthroughs und Inspektionen haben einige positive Auswirkungen: Sie unterstützen die Erkennung und Entfernung von Fehlern früh im Entwicklungs- und Testprozess, sie verhindern die Fehlerfortpflanzung in die folgenden Entwicklungsphasen, sie verbessern die Qualität und die Produktivität und sie verringern die Kosten, die Entwicklungszeit sowie den Pflegeaufwand. Solche technischen Prüfungen und Inspektionen haben sich als effektive Mittel zur Erkennung und Entfernung von Fehlern erwiesen. Wie in Kapitel 3 beschrieben, gibt es Werkzeuge zur Verwaltung von technischen Reviews, die diese Vorgänge automatisieren.

Qualitätstore. Der erfolgreiche Abschluss von Testaktivitäten (wie Walkthroughs und Inspektionen) sollten die einzigen zulässigen Qualitätstore zur nächsten Phase der Softwareentwicklung sein. Abbildung 4.3 zeigt typische Qualitätstore eines Testzyklus. Qualitätstore stehen außerdem im gesamten Entwicklungslebenszyklus nach jeder iterativen Phase.

Das Testteam muss für alle Stufen in Abbildung 4.3 überprüfen, ob die Ausgabe als Eingabe zur nächsten Stufe dienen kann. Diese Aufgabe kann iterativ gelöst werden, und das Ziel ist der Vergleich mit anwendbaren Normen oder projektspezifischen Kriterien.

Die Ergebnisse von Walkthroughs, Inspektionen und anderen Testaktivitäten sollten mit Qualitätsebenen anwendbarer Softwareentwicklungsnormen vergleichbar sein.

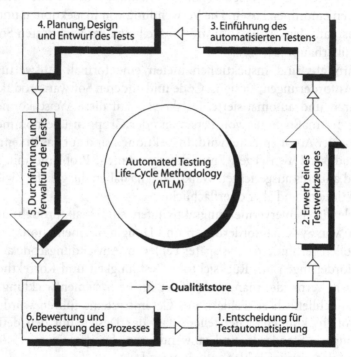

Abb. 4.3   Testlebenszyklus und Qualitätstore

Die Befolgung dieser Normen durch das Testteam und dessen frühe Einbeziehung in den Entwicklungslebenszyklus macht den Nutzen der Fehlervermeidungsmethoden wahrscheinlich.

4.1.3.2 Strategien zur Fehlererkennung

Obwohl die in Abschnitt 4.1.3.1 beschriebenen Methoden zur Fehlervermeidung effektiv sind, lassen sich Fehler in der getesteten Anwendung nicht ausschließen. Anwendungen sind sehr komplex, und es ist schwierig, alle Fehler ausfindig zu machen. Die Fehlererkennung und die folgende Entfernung ergänzen die Fehlervermeidung. Die beiden Verfahren erhöhen zusammen die Wahrscheinlichkeit für das Erfüllen der definierten Testziele.

Die Fehlererkennungsstrategien untersuchen die Anwendung, um bisher unentdeckte Fehler zu finden. Erkennung und Entfernung von Fehlern erhöhen das Vertrauen des Entwicklers in die den Benutzer zufrieden stellende Funktion. Als Ergebnis kann sich der Benutzer auf die Funktion des Systems verlassen. Schließlich unterstützt ein hinreichend getestetes System die Bedürfnisse des Benutzers und reduziert den Unmut über Fehlfunktionen sowie Kosten und Aufwand für die Wartung des Systems.

Die Verfolgung von Fehlern ist während der Fehlervermeidung und der Fehlererkennung sehr wichtig. Jeder, der sich mit dem Testen und Entwickeln befasst, muss gefundene Fehler verfolgen und protokollieren. In Kapitel 7 finden Sie weitere Details zur Fehlerverfolgung.

Inspektionen und Walkthroughs. Wie schon erwähnt können Inspektionen und Walkthroughs abhängig von ihrem Einsatzgebiet als Fehlervermeidungs- oder Fehlererkennungstechnologien klassifiziert werden. Fehlervermeidungsaktivitäten sollen Fehler vor Beginn der Implementierung vermeiden helfen. Fehlererkennungsaktivitäten konzentrieren sich auf das Auffinden von Fehlern nach Beginn der Implementierung. Inspektionen und Walkthroughs zum Zwecke der Fehlererkennung umfassen Prüfungen des Programmcodes und der Testverfahren.

Ein *Codewalkthrough* besteht aus einer oberflächlichen Prüfung des Programmcodes, um festzustellen, ob der Code mit den geltenden Normen übereinstimmt. Normalerweise verwendet man dazu ein Prüfliste, die gewährleistet, dass die wichtigsten Richtlinien der Implementierungsnorm eingehalten werden. Bei einer *Codeinspektion* wird der Code genauer untersucht, indem ihn die Programmierer erläutern und die beispielhaften Testverfahren als Gruppe mündlich durchlaufen. Analog dazu wird ein *Testverfahren-Walkthrough* oberflächlich durchgeführt, während eine *Testverfahreninspektion* eine genauere Untersuchung von Testverfahren und Testskripts umfasst.

Betrachten Sie als Beispiel für eine Codeinspektion die Erfahrung des Anwendungsentwicklers Jason, der Programmcode entwickelt hat und nun seine erste Codeinspektion durchführt. Jason wurde vom Entwicklungsleiter darüber informiert, dass das Codeinspektionsteam seine Arbeit genauer begutachten will, und Jason soll dabei die Struktur und die Wirkungsweise seines Codes erläutern. Jason weiß, dass er die Zusammenhänge in seinem Programm Anweisung für Anweisung darstellen muss. Der Entwicklungsleiter erklärt weiter, dass die Gruppe der Inspektoren aus Programmiererkollegen, einem Mitarbeiter der Qualitätssicherung und einem Softwaretestingenieur zusammengesetzt sein wird. Die Gruppe soll in seinem Programm nach typischen Programmierfehlern suchen. Während der Codeinspektion wird die Gruppe die Testverfahren für das Programms gedanklich ausführen und ihre Erkenntnisse verbal zum Ausdruck bringen. Jason erfährt, dass normalerweise drei oder mehr Personen an einer Codeinspektion teilnehmen. Die definierten Rollen für die Codeinspektion lauten:

Moderator. Der Moderator verteilt den Programmcode vor der eigentlichen Zusammenkunft, legt die Zeitplanung fest, leitet die Zusammenkunft, schreibt die benötigte Zeit auf und verfolgt alle resultierenden Aktionen.

Programmierer. Jeder Programmierer ist für die Erläuterung seines Codes von Anfang bis Ende verantwortlich.

Testleiter. Der Testleiter sollte sich mit einigen Testverfahren vorbereitet haben, die in der Gruppe durchgesprochen werden.

Kollegen. Programmierer helfen bei der Einsicht des von anderen entwickelten Codes und geben objektiv Auskunft über die Erfüllung der Ziele.

Obwohl die Codeinspektion Fehler in Jasons Programm findet, werden keine Lösungen zur Fehlerbeseitigung angeboten. Stattdessen streicht der Moderator die Fehler im Code an. Jason wird informiert, dass der Moderator die nötigen Korrekturmaßnahmen sammelt und sie dann an den Entwicklungsleiter zur letzten Begutachtung weitergibt. (Wahrscheinlich wird dies darauf hinauslaufen, dass Jason die Fehler im Code behebt, falls davon nicht andere Bereiche des Entwicklungslebenszyklus berührt werden.)

Testen der Ergebnisse eines Produkts. Eine weitere wirksame Strategie zur Fehlererkennung ist die Beobachtung der Ergebnisse eines Produkts. Ergebnisse sind in diesem Zusammenhang die Arbeitsergebnisse, die auch die Dokumentation einschließen. Dokumentierte Arbeitsergebnisse können tatsächlich dem Benutzer übergeben werden oder ein internes Dokumentergebnis darstellen. Produktergebnisse können Anforderungsspezifikationen, die Designdokumentation, den Testplan, Übungsmaterial, Bedienungsanleitungen, Systemhilfen, Anleitungen zur Systemverwaltung und Pläne zur Systemimplementierung enthalten. Produktergebnisse können aus gedruckten Dokumenten oder Onlinedokumenten bestehen.

Das Testteam sollte die Produktergebnisse begutachten und vermutete Fehler aufzeichnen. Bei der Überprüfung der Testverfahren könnten beispielsweise Fehler im Zusammenhang mit Anforderungen, Implementierungsprobleme und Anwendungsprobleme auftreten. Produktergebnisse können einzeln oder im Vergleich zu anderen Produktergebnissen betrachtet werden. Eine effektive Fehlererkennung ist beispielsweise der Vergleich eines Benutzerhandbuchs mit der getesteten Anwendung. Lassen sich Unterschiede ausmachen, dann stellt sich die Frage, wo der Fehler steckt. Bei solchen Fehlern muss der Testingenieur weitere Untersuchungen anstellen, um herauszufinden, was falsch ist.

Einbinden der Testfähigkeit in die Anwendung. Die Fehlererkennung ist effektiver, wenn die Testfähigkeit bereits im Entwicklungsprozess berücksichtigt wird. Das Einbinden der Testfähigkeit in die Anwendung ist ein globaler Prozess, der mit der Projekt- oder Produktkonzeption beginnt. Das *IEEE Standard Glossary of Software Engineering Terminology* definiert »Testfähigkeit« als: (1) der Grad, bis zu dem ein System oder eine Komponente die Formulierung von Testkriterien und die Durchführung von Tests erlaubt, die diese Kriterien überprüfen, und (2) der Grad, bis zu dem eine Anforderung so festgelegt werden kann, dass sie die Formulierung von Testkriterien und die Leistungserfassung mit Tests erlaubt, die diese Kriterien überprüfen [6].

Produkt- oder projektbezogene Aussagen sollten so formuliert werden, dass sie sich in den Anforderungen der Endanwender wiederfinden. Benutzeranforderungen sollten ihrerseits knapp und gut verständlich sein. (In Anhang A finden Sie weitere Details zu diesem Thema.) Diese Anforderungen sollten dann in Systemanforderungen überführt werden, die im Hinblick auf Testfähigkeit bzw. Verifizierbarkeit formuliert sein müssen.

Die Dokumentierung der Systemanforderungen ist oft ein kritischer Punkt für die Entwicklungsarbeit. Wie in Abschnitt 1.3 betont wurde, sind unzureichende Anforderungsspezifikationen der Hauptgrund für den Misserfolg von Projekten. Nicht testfähige Anforderungen führen dazu, dass weder der Entwickler noch der Benutzer eine gelieferte Systemanwendung darauf überprüfen kann, ob sie dem Einsatzzweck gerecht wird.

Die Einbindung von Testfähigkeit in das Systemdesign ist wichtig, um die Wahrscheinlichkeit der effektiven Entwicklung zu vergrößern. Strukturierte und objektorientierte Designmethoden stellen die Mittel für die Strukturierung oder Modularisierung von Designkomponenten in Form strukturierter Tabellen oder Objekte bereit. Diese Überführung erlaubt die Prüfung der Designkomponenten. Die Designdokumentation, die testfähig sein soll, verwendet Entwurfskomponenten, welche die Trennung von Ausgabe und der Analyse kompletter Funktionalitätszusammenhänge ermöglichen. Es ist einfacher, eine grafische Designdokumentation einzusehen und zu ändern, als später Fehler im Code zu korrigieren, da sich Fehler im Code auf Grund eines schlechten Designs fortpflanzen können. Durch die Einbindung der Testfähigkeit in die Designdokumentation verringert sich die zu erwartende Anzahl logischer und struktureller Fehler. Außerdem erfordert Programmcode, der aus einer Designdokumentation mit eingebundener Testfähigkeit hervorgeht, weniger Aufwand bei der Fehlersuche.

Die Testfähigkeit muss auch in den Entwicklungsstrategien berücksichtigt werden. Wenn Programmmodule klein und funktional assoziativ (zusammenhängend) sind, können sie mit weniger Fehlern in der internen Logik und der Spezifikation entwikkelt werden. Wenn Programmmodule nur durch die erforderlichen Daten miteinander verbunden sind (leicht gekoppelt), dann gibt es weniger Möglichkeiten für die Störung eines Moduls durch ein anderes. Durch die Einhaltung dieser beiden Entwicklungsstrategien kann die Anzahl schwerer Fehler verringert werden. Die verbleibenden Fehler in den Programmmodulen sind dann hauptsächlich syntaktische und andere weniger schwere Fehler, von denen viele durch einen Compiler oder ein Hilfsprogramm zur Problemanalyse entdeckt werden können.

Eine weitere Entwicklungsstrategie, welche die Testfähigkeit einbindet, wird als Anwendungspartitionierung bezeichnet. Bei dieser Strategie werden Anwendungen in verschiedene Schichten unterteilt, zu denen eine Benutzerschnittstelle, anwendungsspezifische Logik, Geschäftsregeln (oder entferne Logik) und Datenzugriffslogik gehören. Die Benutzerschnittstelle und die anwendungsspezifische Logik sollten auf einem Server untergebracht sein. (»Server« bedeutet hier entweder eine Datenbank oder ein Anwendungsserver.) Der Testvorteil eines in Schichten unterteilten Anwendungsdesigns entsteht daraus, dass die Ergebnisse besser wieder verwendbar sind sowie dass die Leistungsabstimmung einfacher und die Fehlersuche besser isoliert ist [7].

Viele Faktoren, welche die Testfähigkeit eines Programms verbessern, vereinfachen auch die Wartung. Das Befolgen von Implementierungsnormen ist beispielsweise eine weitere Möglichkeit, die Testfähigkeit zu verbessern. Die Verwendung solcher Standards reduziert die Kosten und den Aufwand der Softwarewartung und des Testens. Die Verwendung von Präambeln oder Kommentaren am Programmanfang zur Beschreibung und Dokumentation des Zwecks und des Aufbaus eines Programms machen das übrige Programm beispielsweise lesbarer und testbarer. Solche Präambeln können beim Schritt hin zur Testautomatisierung die Ausgangspunkte für die Testanforderungen darstellen.

Sowohl Anwendungsprogrammierer als auch Testingenieure müssen beachten, dass Richtlinien aus den Normen nicht überstrapaziert werden sollten. Selbst die reifsten Richtlinien müssen manchmal geändert und an die Entwicklungsziele angepasst werden. Obwohl die Verwendung von Normen spätere Qualitätsprüfungen und Wartungsziele erleichtert, sollte das Befolgen einer Norm das allgemeine Projektziel nicht versperren, sondern ein effektives Produkt hervorbringen.

Benutzerdefinierte Steuerelemente, Widgets oder Produkte fremder Anbieter, die zum Beispiel in Visual Basic oder in einer anderen Programmiersprache geschrieben sein können, verursachen oft Inkompatibilitäten mit dem Testwerkzeug und reduzieren somit die automatisierte Testfähigkeit einer Anwendung. Um dieses Problem zu beheben, sollten Testingenieure eine Liste der benutzerdefinierten Steuerelemente führen, mit denen das Testwerkzeug kompatibel ist. Die Verwendung der Steuerelemente in dieser Liste sollte zu einer Norm erhoben werden, damit die Entwickler sich dessen bewusst sind, dass die Steuerelemente mit dem Testwerkzeug kompatibel sind, und damit sie nur die unterstützten Steuerelemente von Fremdanbietern verwenden. Auch die Abteilungs- und Geschäftsführung sollte auf diese Weise dazu gebracht werden, die Verwendung von Steuerelementen von Drittanbietern zu billigen, die das automatisierte Werkzeug unterstützen. Durch die Implementierung einer solchen Richtlinie ergibt sich die Chance, dass die resultierenden Anwendungen dasselbe Look-and-Feel aufweisen werden und dass die Testingenieure nicht mehr gezwungen sein werden, ständig Problemlösungen für Inkompatibilitäten zu entwickeln, die durch die Verwendung ungeeigneter Steuerelemente von Fremdanbietern verursacht werden.

Bezüglich der Testfähigkeit ist außerdem zu beachten, ob die im Test befindliche Anwendung auf genau die gleiche Weise auf den Testrechnern installiert wurde wie sie später beim Benutzen installiert werden wird. Eine gute Installationsprozedur, die während des gesamten Entwicklungslebenszyklus eingesetzt wird, verbessert die Testfähigkeit ebenfalls.

Verwendung automatisierter Testwerkzeuge. Zusätzlich zur intensiven manuellen Prüfung und zu den zuvor in diesem Abschnitt erwähnten Inspektionsstrategien können automatisierte Testwerkzeuge eingesetzt werden, um die Fehlererkennung zu unterstützen. Beim Testen von Software muss von der Automatisierung Gebrauch gemacht werden, damit die heutigen anspruchsvollen Zeitrahmen für die zunehmend komplexer werdenden Anwendungen eingehalten werden können.

Codetests können beispielsweise Statistiken zur Codekomplexität generieren und Informationen über die Arten von Einheitentests bereitstellen. Programme zur Analyse der Codeabdeckung (Code Coverage Analyzers) untersuchen den Quellcode und erstellen Berichte und Statistiken wie die Anzahl der logischen Verzweigungen, der Pfade oder der Funktionsaufrufe bei der Ausführung einer Testreihe.

Testwerkzeuge werden angewendet, um Testdaten zu generieren, die Tests in Katalogen zu erfassen, Tests auszuführen, Testergebnisse abzuspeichern und Daten zu analysieren. (Kapitel 3 beschreibt die verschiedenen verfügbaren Testwerkzeuge.) Diese Werkzeuge erweitern die Testmöglichkeiten bei der Entwicklungsarbeit. Da mittlerweile viele spezialisierte Werkzeuge verfügbar sind, kann die Verwendung von automatisierten Testwerkzeugen selbst als Strategie für das Erreichen von Testzielen betrachtet werden.

Einschränkungen bei der Zeitplanung sind weitere Gründe dafür, die Verwendung automatisierter Testwerkzeuge als Strategie zum Erreichen von Testzielen zu betrachten. Die Testautomatisierung ist die einzige Möglichkeit für Testingenieure, mit den Anwendungsentwicklern mitzuhalten und die Zuverlässigkeit beim Testen jeden neuen Softwarebuilds zu wahren.

Traditionelle Testphasen. Die verschiedenen Testtechniken, die in den traditionellen Testphasen gewöhnlich verwendet werden, repräsentieren die am weitesten verbreiteten Strategien der Fehlererkennung. In dem Buch *Software System Testing and Quality Assurance* nennt Boris Beizer drei Testphasen: Einheiten-, Integrations- und Systemtest. Normalerweise erscheint der Akzeptanztest in Projektzeitplänen als Erweiterung zum Systemtest. Während des Akzeptanztests werden für eine gewisse Zeit Rückmeldungen von den Benutzern nach dem Systemtest gesammelt.

Einheitentests werden auch als Modultests bezeichnet und umfassen die Prüfung der kleinsten Einheiten von Programmcode. Eine Softwareeinheit ist als Sammlung von Codesegmenten definiert, die ein Modul oder eine Funktion bilden.

Der Zweck des *Integrationstests* besteht in der Prüfung der Zusammenarbeit der verschiedenen Einheiten.

Der *Systemtest* versucht, alle Aspekte des Systemdesigns zu prüfen. Er besteht aus einer Sammlung von Teiltests einschließlich Regressions-, Belastungs-, Umfangs- und Leistungstests und weiterer Testarten.

Die verschiedenen Testphasen werden in Kapitel 7 näher beschrieben.

Einhalten eines Testprozesses. Das Einhalten eines Testprozesses durch das Testteam kann als effektive Fehlererkennungsstrategie gelten. Das zuverlässige Befolgen gewährleistet die korrekte Abarbeitung notwendiger Aktivitäten eines effektiven Testprogramms. Durch das Einhalten der notwendigen Schritte wird die richtige Abfolge garantiert und alle erforderlichen Aktivitäten werden in erforderlichem Maße mit den gegebenen Einschränkungen ausgeführt. Das Endergebnis ist eine Anwendung, die so korrekt ist und so genau den definierten Anforderungen entspricht wie in Anbetracht der Einschränkungen des Zeitplans und der Arbeitskraft möglich. Das Einhalten des definierten Testprozesses durch das Testteam macht die Identifizierung und Verfeinerung des definierten Prozesses möglich und erlaubt so die ständige Prozessverbesserung.

Wie in Abschnitt 4.1 erwähnt, sollten sich die Testziele und Strategien für einen speziellen Test im definierten Testprozess wiederfinden. Diese allgemeinen Elemente der Testplanung repräsentieren Eckpfeiler bei der Entwicklung des Tests zu einem Projekt.

Risikoabschätzung. Ein wichtiger Teil einer Teststrategie ist die Risikoabschätzung. Das Prinzip ist einfach. Der Testingenieur identifiziert die Teile eines Projekts, die das größte Gefahrenpotenzial besitzen, sowie die Funktionalität, die wahrscheinlich Probleme bereiten wird. Der Testingenieur entwickelt dann zuerst die Tests für diese Teile. Testziele umfassen normalerweise Betrachtungen zur Minimierung des Fehlerrisikos, wobei »Fehler« als Überschreitung des Budgets, des Zeitplans sowie hinsichtlich kritischer Softwarefehler usw. zu verstehen ist. Das Testteam muss deshalb das Risiko abwägen, dass die Systemanforderungen nicht erfolgreich unterstützt werden können.

Die Risikoabschätzung sollte eine Festlegung der Wahrscheinlichkeit für das Auftreten eines definierten Risikos einschließen, wie auch eine Folgeabschätzung bei Eintreten des potenziellen Problems. Strategien zur Risikominderung sollten für die Systemanforderungen definiert werden, die als am kritischsten eingestuft sind. In den Kapiteln 6 und 8 wird auf die Testplanung und die Testentwicklung unter Berücksichtigung des Risikomanagements eingegangen.

Strategischer manueller und automatisierter Testentwurf. Eine effektive Teststrategie gibt die Art und Weise der Realisierung eines Testdesigns an. Wenn das Testdesign im Hinblick auf Wiederverwendbarkeit und Wartung erfolgt, können Fehler wiederholt erkannt werden. Ein Testdesign, das schwerpunktmäßig die wichtigsten Systemfunktionen testen, spielt beim Entfernen von Fehlern an den entscheidenden Komponenten der Anwendung eine wesentliche Rolle. Eine solche Komponente kann der Teil der Software sein, der am häufigsten verwendet wird, oder der Teil, der am wichtigsten ist. In beiden Fällen sollten die kritischste Komponente so fehlerfrei wie möglich sein. Das Thema Testdesign wird detailliert in Kapitel 7 beschrieben.

Entwicklung automatisierter Tests. Ein weiterer Teil einer effektiven Teststrategie umfasst die Entwicklung von automatisierten Testentwicklungsrichtlinien. Wenn Tests einheitlich, wiederholbar, pflegeleicht und effektiv sein sollen, muss das Testteam den Testentwicklungsrichtlinien folgen. Kapitel 8 beschreibt Beispiele für automatisierte Testentwicklungsrichtlinien.

Ausführung und Verwaltung automatisierter Tests. Die Art und Weise der Ausführung und Verwaltung automatisierter Softwaretests kann ebenfalls als Fehlererkennungsstrategie dienen. Auch hierbei muss das Testteam den oft zu engen Zeitrahmen und die begrenzten Projektressourcen beachten. Die Auswahl der richtigen Elemente der Testausführung und die Anwendung dieser Elemente auf die richtige Weise (also mit der richtigen Verwaltung) verhilft dazu, dass die Tests die bestmöglichen Ergebnisse erzielen. Das Endergebnis sollte eine Anwendung sein, die korrekt funktioniert und den definierten Anforderungen entspricht. Teil IV beschäftigt sich mit der Testausführung, der Testskriptkonfigurationsmanagement, der Fehlerverfolgung und -berichterstattung, der Testfortschrittsüberwachung und Testmetriken.

Methode der Testverifizierung. Die Methode der Testverifizierung ist ein weiterer Teil der Teststrategie. Bei dieser Strategie wird eine Testqualifizierungsmethode verwendet, um festzustellen, ob die Anwendung alle Systemforderungen erfüllt. Diese Methode schließt die Erstellung einer zusammenfassenden Testverifizierungstabelle ein, welche die verschiedenen Systemanforderungen herausstellt und eine spezielle Methode für das Testen der Anforderungen nennt. In dieser Tabelle ist jeder Systemanforderung ein Testfähigkeitsindikator zugeordnet, der auch als Testauswertungsmethode bezeichnet wird. Verifizierungsmethoden umfassen Demonstration, Analyse, Inspektion und Test. Abschnitt 6.2 geht auf diese Thematik näher ein.

Einbeziehung der Benutzer. Die Zusammenarbeit des Testteams mit den Benutzern ist wahrscheinlich die wichtigste Strategie, um sicherzustellen, dass Fehlervermeidung oder Fehlererkennung zu einem Bestandteil des Testprozesses werden. Wie schon erwähnt, sollte das Testteam an der Anforderungsphase teilnehmen. Vor allem die Testingenieure sollten eng mit den Benutzern zusammenarbeiten, um zu gewährleisten, dass die Systemanforderungen testfähig formuliert werden.

Die Einbindung der Benutzer in das Testteam setzt sich als Teil der Fehlererkennungsstrategie fort. Das Testteam benötigt Rückmeldungen von den Benutzern für den Testplan, der die allgemeine Teststrategie wiedergibt, sowie für die Testverfahren und -skripts, welche die tatsächlich geplanten Tests definieren. Mit den Rückmeldungen soll sichergestellt werden, dass der Testplan und die Testskripts den Anforderungen der Benutzer an die Funktionalität und die Leistungsfähigkeit gerecht werden. Wie könnte die Akzeptanz der Anwendung durch die Kunden besser gefördert werden, als durch die Einbeziehung der Benutzer in den gesamten Testlebenszyklus?

In diesem Abschnitt wurden viele verschiedene Teststrategien aufgezeigt, die das Testteam verwenden kann. Die tatsächlich benutzte Teststrategie in einem speziellen Projekt hängt von der Entwicklungsumgebung sowie von den Testzielen und den Anforderungen ab. Eine erfolgreiche, kostengünstige Teststrategie verlangt eine klare Vorstellung von den Projektzielen und den Einschränkungen, die sich ergeben können. Wählen Sie die Teststrategie für ein Projekt sorgfältig entsprechend ihres Nutzens für das Testteams aus. Denken Sie daran, dass es keine Lösung für alle Situationen gibt. Kommunikation und Analyse sind die wichtigsten Punkte bei der Auswahl der richtigen Zusammenstellung von Teststrategien zum Erreichen der Testziele.

4.2 Überlegungen zum Testwerkzeug

Als Testingenieur, der ein Testprogramm für das nächste Projekt entwirft und die Verwendung automatisierter Testwerkzeuge als Teil dieser Arbeit betrachtet, haben Sie sicherlich zur Einführung die Kapitel 2 und 3 gelesen. In diesen beiden Kapiteln wurde dargestellt, nach welchen Gesichtspunkten ein Team den Einsatz automatisierter Testwerkzeuge erwägen soll und welcher Nutzen davon zu erwarten ist. In Kapitel 3 wurden vom Testteam mehrere Testwerkzeuge in Betracht gezogen und schließlich eines oder mehrere gefunden, die sämtliche relevante Betriebsumgebungen und die meisten GUI-Sprachen unterstützen. Wir wollen nun davon ausgehen, dass das nächste Projekt, das Testunterstützung benötigt, bekannt geworden ist.

Nach den Anweisungen in Abschnitt 4.1 hat sich der Testingenieur einen Überblick über den Testprozess sowie die definierten Testziele und -strategien verschafft. Mit diesem Wissen kann er entscheiden, ob der Einsatz eines automatisieren Testwerkzeugs zweckdienlich ist. Vor allem muss der Testingenieur darauf achten, dass sich das Werkzeug in die Umgebung einfügt und die Systemanforderungen erfüllt. In Abbildung 4.4 sind die einzelnen Schritte bei der Entscheidung für ein Testwerkzeug dargestellt.

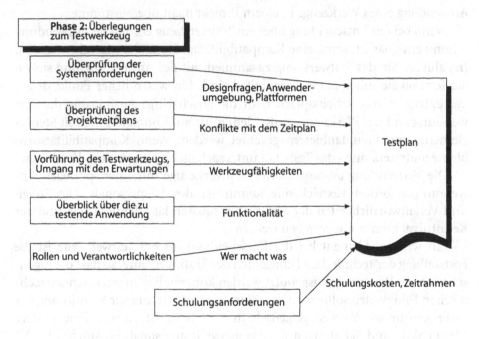

Abb. 4.4 Prozess der Einführung von Testwerkzeugen (Phase 2)
– Überlegungen zum Testwerkzeug

Der erste Schritt bei den Überlegungen zum Testwerkzeug ist die Überprüfung der Systemanforderungen. Das Testteam muss feststellen, ob das Testwerkzeug die Benutzerumgebung, die Rechnerplattform und die Produkteigenschaften unterstützt. Wenn ein Prototyp oder ein Teil der zu testenden Anwendung schon vorhanden ist, sollte das Testteam eine Beschreibung der Anwendung anfordern. Danach ist es möglich, die verschiedenen Teile der Anwendung zu bestimmen, die für den Einsatz eines automatisierten Testwerkzeugs geeignet sind.

Danach sollte der Zeitplan begutachtet werden. Bietet der Zeitplan genügend Reserven für die Einführung des Testwerkzeugs? Denken Sie daran, dass das automatisierten Testen vom Beginn des Entwicklungslebenszyklus einbezogen werden sollte. Vielleicht sollte der Zeitplan so ausgerichtet werden, dass er genügend Freiraum für die Einführung des Testwerkzeugs bietet.

Während des Entscheidungsprozesses für ein Testwerkzeug sollte dieses dem neuen Projektteam vorgeführt werden, so dass alle Mitarbeiter dessen Fähigkeiten abschätzen können. Zum Personal des Projektteams sollten in diesem Fall Anwendungsprogrammierer, Testingenieure, Spezialisten für die Qualitätsprüfung und Konfigurationsexperten gehören. Beachten Sie, dass Softwarespezialisten oft Vorstellungen von Testwerkzeugen haben, die mit der Anwendung eines Werkzeugs in einem Projekt nicht übereinstimmen.

Wenn bei der Entscheidung über ein Testwerkzeug ein Teil der Anwendung schon verfügbar ist, sollte eine Kompatibilitätsprüfung durchgeführt werden. Installieren Sie das Testwerkzeug zusammen mit der Anwendung und stellen Sie fest, ob sie miteinander kompatibel sind. Ein wesentlicher Punkt ist die Verfügbarkeit von Arbeitsspeicher für die gleichzeitige Ausführung der Anwendung und des Werkzeugs. Außerdem muss auf Kompatibilität mit Steuerelemente von Fremdanbietern geachtet werden. Wenn Kompatibilitätsprobleme auftreten, muss das Testteam untersuchen, ob sie sich umgehen lassen.

Die Verwendung automatisierter Testwerkzeuge mit einer speziellen Anwendung erfordert ausreichende Kenntnisse des Testpersonals. Die Rollen und Verantwortlichkeiten der Mitarbeiter müssen klar definiert sein und der Kenntnisstand muss abgewogen werden.

Ein weiteres Element bei der Entscheidung für ein Testwerkzeug ist die Feststellung der technischen Fähigkeiten der Testingenieure, so dass die Eigenschaften des Werkzeugs ausgenutzt werden können. Bei unzureichenden technischen Fähigkeiten sollte man den Einsatz eines Mentors zur Vermittlung der fortgeschrittenen Werkzeugeigenschaften in Betracht ziehen. Eine weitere Möglichkeit sind Schulungen für das ganze Testpersonal. In Abschnitt 4.2.7 wird auf Schulungsfragen eingegangen.

Nach der Entscheidungsphase für ein Testwerkzeug kann das Testteam eine letzte Analyse durchführen, um für das Projekt eine Entscheidung für oder gegen den Einsatz eines automatisierten Testwerkzeugs zu treffen.

4.2.1 Überprüfung projektspezifischer Systemanforderungen

In Abschnitt 3.1 wurde auf die Entwicklungsumgebung und die allgemeinen Anforderungen der Organisation eingegangen. Während der Entscheidungsphase für ein Testwerkzeug ist der Testingenieur an den Anforderungen des Projekts interessiert. Bevor er ein automatisiertes Testwerkzeug effektiv einführen und benutzen kann, muss der Testingenieur die Anforderungen der zu testenden Anwendung verstanden haben. Nach der Aufstellung projektspezifischer Anforderungen kann sich das Testteam sicherer sein, dass das Testwerkzeug den Belangen des Projekts genügt.

Das Testteam muss die Benutzerumgebung, die Rechnerplattformen und die Produkteigenschaften der zu testenden Anwendung verstehen, deren Gesamtheit man als Systemarchitektur bezeichnet. Ein Client/Server-Projekt kann beispielsweise ein DBMS, einen Codegenerator, ein Netzwerkbetriebssystem, Datenbankhilfsschnittstellen, Software zur Quellcodeverwaltung, Installationswerkzeuge, Hilfe-Compiler, Werkzeuge zur Leistungsmessung, elektronische Vertriebssoftware, die Verfolgung von Hilfeanfragen und eventuell Systemverwaltungssoftware zur Gewährleistung von Sicherheit und zur Verfolgung von Rückzahlungen erfordern. Für ein System zur Entscheidungsunterstützung (möglicherweise als Ersatz für einen Codegenerator) kann ein Projekt auch ein entsprechendes Frontend-Werkzeug und möglicherweise einige lokale temporäre Tabellen umfassen, um Abfragen zuvor heruntergeladener Daten zu beschleunigen. Für ein umfangreiches Online-Transaktionsverarbeitungssystem kann das Projekt einen Transaction Processing Monitor (TPM) und RPC-Software verwenden. Eine Anwendung, die viele Suchanfragen bewältigen muss, kann eine Reihe von Datenbank-Backends benutzen und sich auf einen Frontend-Browser mit einer Benutzerschnittstelle beschränken oder alternativ auf Data-Mining-Werkzeuge zurückgreifen [8].

Das Testteam muss zur Feststellung der Kompatibilität eines Testwerkzeugs mit der Systemarchitektur und den Systemanforderungen der zu testenden Anwendung eine genaue Analyse vornehmen. Der zu erwartende Nutzen eines Werkzeugs für ein Projekt sollte im Testplan dokumentiert werden.

Es ist entscheidend, dass das Testteam ein Verständnis für die eigentlichen Aufgaben der Anwendung entwickelt. Dazu sollten einige Fragen gestellt werden. Mit welchen Transaktionen oder Szenarien werden beispielsweise die Aufgaben erfüllt? Welche Art von Daten verlangt eine Transaktion oder ein Szenario?

Wenn das Testteam vom Beginn des Entwicklungslebenszyklus an in ein Projekt eingebunden ist, sollte es untersuchen, ob das Entwicklungsteam den Einsatz einer zum Werkzeug inkompatiblen Arbeitsumgebung oder zum

Werkzeug inkompatibler Anwendungseigenschaften, wie zum Beispiel inkompatibler Widgets, plant. Gibt es eine solche Inkompatibilität, kann sich
das Testteam mit den Entwicklern auf geeignete Änderungen einigen. Lässt
sich die Inkompatibilität nicht auflösen, kann das Testteam ein anderes Werkzeug ausprobieren oder das automatisierte Testen unterlassen.

Das Testteam sollte die Art der Datenbankaktivitäten bestimmen (Hinzufügen, Löschen, Ändern) und herausfinden, wann sie auftreten. Es ist hilfreich, die Rechenregeln sowie die zeitkritischen Transaktionen, Funktionen
und Bedingungen bzw. Ursachen von Leistungsengpässen der Anwendung in
Erfahrung zu bringen. Umstände wie knapper Arbeits- oder Festplattenspeicher, die eine Belastung des Systems hervorrufen, sollten identifiziert werden.
Das Testteam sollte mit den verschiedenen Konfigurationsmöglichkeiten der
Anwendung vertraut sein zusätzliche Funktionen identifizieren, die zur
Unterstützung der zu testenden Anwendung aufgerufen werden. Weitere
Aspekte sind der Plan für die Installation der zu testenden Anwendung sowie
etwaige Standards, Regeln und Ereignisse der Benutzerschnittstelle.

Hat das Testteam Antworten auf alle diese Fragen gefunden und alle wichtigen Punkte abgearbeitet, muss entschieden werden, ob das Testwerkzeug
weiterhin verwendet werden soll. Das Testteam wird sich vielleicht bei verschiedenen Projekten für verschiedene Werkzeuge entscheiden. Der Aufwand
bei der Analyse der Systemanforderungen soll verifizieren, dass ein automatisiertes Testwerkzeug eine bestimmte Menge von Ansprüchen und Anforderungen erfüllen kann.

Beim Versuch der Analyse der Systemanforderungen sollte das Testteam
das Arbeitsprofil und die Eigenschaften potenzieller Benutzer der zu testenden Anwendung identifizieren. Das heißt, dass die Häufigkeit der Verwendung aller Systemanforderungen sowie die Anzahl, der Typ und die Kenntnisse der Benutzer (also der Benutzertyp) für jede Anforderung bekannt sein
müssen. Es ist außerdem hilfreich zu verstehen, ob an die Systemanforderungen Bedingungen geknüpft sind. Das Bestimmen von Arbeitsprofilen und
Benutzereigenschaften ist sehr schwierig und zeitaufwendig und erfordert
einige Erfahrungen.

4.2.2 Überblick über die zu testende Anwendung

Wurde für die Arbeitsumgebung in einer Organisation ein automatisiertes
Testwerkzeug angenommen, dann muss das Testteam immer noch überprüfen, ob das Werkzeug mit der Anwendungsentwicklung verträglich ist. Wenn
Teile der zu testenden Anwendung schon verfügbar sind oder wenn es eine
alte Version gibt, sollten sich die Testingenieure mit der Anwendung beschäftigen, falls das nicht schon geschehen ist. Sie sollten bei der Entscheidung für

ein Testwerkzeug eine Beschreibung der Anwendung anfordern, wie schon erwähnt wurde. Diese Beschreibung kann aus einem Systemprototyp bestehen, falls nur Teile der Systemanwendung verfügbar sind. Sie könnte aber auch in Form einer Darstellung der Benutzerschnittstelle dargeboten werden, falls nur ein detaillierter Entwurf vorhanden ist.

Als nächstes müssen technische Aspekte der Anwendung ermittelt werden. Welche GUI-Sprache oder welche Entwicklungsumgebung wird verwendet? Soll die Anwendung in einer Client/Server- oder in einer mehrschichtigen Umgebung eingesetzt werden? Welche Middleware kommt zum Einsatz, wenn sie in einer mehrschichtigen Umgebung benutzt werden soll? Welche Datenbank wird verwendet?

Das Testteam sollte auch feststellen, welcher Abschnitt oder Teil der Anwendung von einem automatisierten Testwerkzeug unterstützt wird. Nicht alle Systemanforderungen können mit automatisiertem Testen unterstützt werden, und nicht alle Systemanforderungen können mit einem einzigen Werkzeug unterstützt werden. Der beste Ansatz besteht in der Unterteilung der Systemanforderungen. Das bedeutet, *dass festzustellen ist, welches automatisierte Werkzeug für welche Systemanforderung oder für welchen Teil der Anwendung verwendet werden kann.*

Da sich die Werkzeuge voneinander unterscheiden und verschiedene Tests durchgeführt werden müssen, muss das Testteam Testingenieure mit verschiedenen Kenntnissen einsetzen. Für einen GUI-Test kann man ein Capture/Replay-Werkzeug wie Rational TestStudio verwenden. Für die Background-Verarbeitung lässt sich ein Werkzeug zur Belastungsmessung wie Rational Performance Studio einsetzen. UNIX-Systemanforderungen können von UNIX-Shellskripttestwerkzeugen erfüllt werden. Werkzeuge zur Leistungsüberwachung (so genannte Performance Monitore) wie Landmark TMON können den Anforderungen des Datenbanksystemtestens genügen. Ein automatisiertes Testwerkzeug kann auch Netzwerktests unterstützen. Kapitel 3 enthält weitere Details zu den verschiedenen verfügbaren Werkzeugen.

Das Ziel dieses Schritts der Phase der Entscheidung für ein Testwerkzeug ist die Erkennung potenzieller Probleme im Design oder technischer Art, die bei der Verwendung eines automatisierten Testwerkzeugs auftreten können. Wenn es in dieser Phase zu Inkompatibilitätsproblemen kommt, können Gegenmaßnahmen in Betracht gezogen werden und das Testdesign kann sich auf alternative Testverfahrenansätze konzentrieren.

4.2.3 Überprüfung des Projektzeitplans

Wie schon erwähnt, wird ein automatisiertes Testwerkzeug am besten zu Beginn des Entwicklungslebenszyklus eingeführt. Die frühe Einführung gewährleistet, dass sich das Testteam mit dem Werkzeug und seinen Eigenheiten vertraut machen kann. Außerdem können auf diese Weise Systemanforderungen in ein Testmanagementwerkzeug geladen werden, Testdesignaktivitäten können Testwerkzeugfähigkeiten einbeziehen und Testverfahren sowie Skripts lassen sich rechtzeitig fertig stellen.

Nehmen Sie sich vor Entwicklungsprojektleitern in Acht, die Ihnen eine Mitarbeit in einem Testteam am Ende eines Entwicklungslebenszyklus anbieten! Der Projektleiter mit den Tests der Anwendung unzufrieden sein und verzweifelt nach neuem Personal suchen. Hinter dieser Situation können sich verschiedene Probleme verbergen. Die Testingenieure kommen nicht mit der Anwendung zurecht. Die Qualität der Systemanforderungen kann fraglich sein. Es ist keine Zeit vorhanden, um das Testdesign einzuschätzen oder es mit den Systemanforderungen zu vergleichen. Das Testteam kann vielleicht nicht einmal feststellen, ob ein standardmäßiges automatisiertes Testwerkzeug zur Anwendung und zur Umgebung kompatibel ist. Die Erstellung der Testverfahren und -skripts kann überstürzt worden sein. Bei solchen oder ähnlichen Hürden für die Testdurchführung kann das Testteam leicht unter Druck geraten. Es sollte niemanden überraschen, wenn einige Testingenieure des Teams die Organisation auf der Suche nach besseren Arbeitsbedingungen verlassen.

Die Entscheidung, am Ende eines Entwicklungslebenszyklus ein automatisiertes Testwerkzeug einzuführen, ist immer riskant. Das Testteam ist der Gefahr ausgesetzt, nicht genügend Anwendungsfehler zu erkennen. Andererseits können die Tests ausreichen, dabei aber den Zeitrahmen überschreiten und somit die Freigabe des Produkts verzögern.

Die planmäßige Auslieferung von Produkten hat einige Konsequenzen. Der Marktanteil – und selbst die Überlebensfähigkeit der Organisation – können auf dem Spiel stehen. Darum muss das Testteam den Produktzeitplan beachten und die Einführung eines automatisierten Testwerkzeugs darauf ausrichten.

Selbst wenn das Testteam seit Beginn des Entwicklungslebenszyklus eingebunden ist, muss das Personal garantieren, dass das automatisierte Testwerkzeug verfügbar ist und rechtzeitig eingeführt wird. Ist das automatisierte Testwerkzeug bis zum Ende des Entwicklungsprozesses nicht verfügbar, müssen sich das Testteam und der Projektleiter auf eine Überraschung gefasst machen. Sie werden dann feststellen, dass der Zeitrahmen nicht eingehalten werden kann, weil für einen Testprozess ein neues Werkzeug eingeführt werden muss.

Bei der Verwendung eines automatisierten Testwerkzeugs und beim Ausführen eines automatisierten Testprozesses liegt ein Großteil des Aufwands bei der Testplanung, dem Design und der Entwicklung. Die tatsächliche Durchführung der Tests und der Fehlererfassung benötigen dagegen weniger Zeit. Es ist darum notwendig, dass das automatisierte Testwerkzeug parallel zum Entwicklungslebenszyklus eingeführt wird, wie in Abbildung 1.3 auf Seite 17 beschrieben.

In der Phase der Entscheidung für ein Testwerkzeug muss das Testteam festlegen, ob der Zeitrahmen des Projekts die Verwendung eines automatisierten Testwerkzeugs und die Durchführung eines automatisierten Testprozesses zulässt. Man kann vielleicht eine peinliche und unangenehme Situation vermeiden, indem man den Zeitplan einsieht und ggf. einen Kommentar dazu abgibt. Zumindest muss das Testpersonal die gesetzten Termine gut verstehen. Sind die zu erwartenden Konflikte mit dem Zeitplan gering, dann können sie vielleicht durch geschickte Planung verhindert werden. Das Ergebnis dieser Projektdurchsicht – einschließlich der Identifikation von Problemen, aktualisierten Zeitplänen und Aspekten des Testdesigns – sollte im Testplan vermerkt werden.

Ohne ein Review des Projektzeitplans kann sich das Testteam in einer Situation wiederfinden, in der zu viel in zu kurzer Zeit erledigt werden muss. Eine solche Situation kann zu Spannungen zwischen dem Testteam und anderen Mitarbeiter wie dem Entwicklerteam führen, das für die Entwicklung und Freigabe der Software verantwortlich ist. Durch hitzige Debatten und gegenseitige Schuldzuweisungen, die sich unvermeidlich einstellen werden, wird das automatisierte Testwerkzeug letztlich zum Sündenbock degradiert. Es trägt dann möglicherweise einen schlechten Ruf davon und wird nicht wieder verwendet. Die Organisation verzichtet dann eventuell gänzlich auf den Einsatz automatisierter Testwerkzeuge.

4.2.4 Überprüfung der Kompatibilität des Testwerkzeugs

In Abschnitt 4.2.2 haben wir den Nutzen einer Anwendungsübersicht erläutert. Bei der näheren Betrachtung der Anwendung hat das Testteam möglicherweise Kompatibilitätsprobleme entdeckt. Trotzdem ist noch eine praktische Kompatibilitätsprüfung notwendig, vorausgesetzt, dass ein Teil der Anwendung oder ein Prototyp existiert, um verifizieren zu können, dass das Testwerkzeug die zu testende Anwendung unterstützt.

Dazu muss die Testgruppe das Testwerkzeug auf einer Arbeitsstation installieren, auf der auch die Anwendung zu finden ist, und Kompatibilitätstests durchführen. Beim Kompatibilitätstest sollten alle Komponenten geprüft werden, die in die Anwendung eingebunden sind oder mit ihr in Verbindung stehen. Zusätzliche Anwendungsmodule wie Widgets oder andere Steuerelemente von Fremdanbietern sollten aus der Zulassungsliste der Organisation stammen. Die meisten Anbieter bieten Listen der Steuerelementen an, die mit ihren Werkzeugen kompatibel sind.

Einige Werkzeuge können so konfiguriert werden, dass sie die Steuerelemente von Drittanbietern erkennen. In dieser Situation sollte ein Anbieter eine Liste der kompatiblen Steuerelementen gemeinsam mit einer Konfigurationsanweisung für das Werkzeug anbieten. In Abhängigkeit von diesen Anforderungen wird der Testingenieur vielleicht verifizieren wollen, dass das resultierende Werkzeug immer noch zur Anwendung kompatibel ist, indem er die folgenden Tests durchführt:

1. Einen Aufruf aus der Darstellungsschicht des Datenbankservers

2. Einen Aufruf aus der Darstellungsschicht des Funktionsservers

3. Einen Test von dem einen Ende der Anwendung zum anderen (Darstellungsschicht zum Funktionsserver hin zum Datenbankserver)

4. Den Aufruf eines Funktionsservers durch einen anderen Funktionsserver

5. Den Aufruf eines Funktionsserver durch einen Datenbankserver

Hüten Sie sich vor dem Anbieter, der sein Werkzeug nicht vollständig offenbart. Sammeln Sie Informationen über die Akzeptanz eines Anbieters und seiner Werkzeuge bei Firmen.

Wenn Konflikte des Werkzeugs mit der Anwendung auftreten, sollte man versuchen, diese zu umgehen. Die mögliche Notwendigkeit einer solchen Lösung ist ein weiterer Grund für die Einführung automatisierter Testwerkzeuge zu einem frühen Zeitpunkt im Entwicklungslebenszyklus. Wenn es die Zeit zulässt, könnte das Testteam das Werkzeug unter verschiedenen Betriebssystemen installieren und ausprobieren, die von ihm angeblich unterstützt werden.

Außerdem sollte das Testteam verifizieren, dass es Zugriff auf die internen Vorgänge wie versteckte APIs und Protokolle der Anwendung hat.

Die Kompatibilitätsprüfung bietet einen weiteren Vorteil. Wenn das Testwerkzeug erst einmal installiert ist, kann das Testteam verifizieren, dass die Zielplattform mit dem Werkzeug kompatibel ist. Der Testingenieur kann beispielsweise sicherstellen, dass genügend Festplatten- und Arbeitsspeicher vorhanden ist. Die Ergebnisse der Kompatibilitätsprüfung sollten im Testplan vermerkt werden.

4.2.5 Vorführung des Werkzeugs für das Projektteam

Es ist wichtig, das projektweite Verständnis und die Akzeptanz des automatisierten Testwerkzeugs zu fördern. Dies kann sich später rentieren, falls das Testteam Schwierigkeiten bei der Testarbeit hat. Wenn andere Mitarbeiter, wie Projektmanager und Anwendungsentwickler, den Nutzen und Wert des automatisierten Testwerkzeugs verstehen, sind sie in aller Regel geduldiger und kooperativer bei Problemen.

Eine Vorführung des vorgeschlagenen Testwerkzeugs oder Werkzeugs kann diese Unterstützung herbeiführen. Das ist besonders hilfreich, wenn das Werkzeug Entwicklungstests während der Einheitentestphase ausführt. In der Einheitentestphase verwendete Werkzeuge betreffen die Codeabdeckung, das Feststellen von Speicherengpässen und Capture/Replay-Werkzeuge usw.

Für das Projektpersonal ist es hilfreich, das Werkzeug aus erster Hand kennen zu lernen. Eine Vorführung gibt ihnen zu verstehen, wie das Werkzeug angewendet wird, um die Belange des Projekts zu unterstützen. Ohne eine solche Vorführung könnten Mitarbeiter das Werkzeug mit anderen verwechseln oder sie erfassen nicht die Fähigkeiten des Werkzeugs.

Manche Leute erwarten, dass ein Testwerkzeug alles vom Design der Testverfahren bis zu deren Ausführung abdeckt. Es ist wichtig, dass die Mitarbeiter sowohl die Fähigkeiten als auch die Grenzen eines Testwerkzeugs kennen. Nach der Vorführung des Werkzeugs kann das Testteam den Grad der Akzeptanz konkretisieren, indem alle auftauchenden Probleme angesprochen werden und man beobachtet, wie über das Werkzeug geurteilt wird. Die Testgruppe muss dann entscheiden, ob mit der Vorführung fortgefahren werden soll oder ob man ein anderes Werkzeug verwendet. Fällt die Wahl auf ein anderes Werkzeug, dann sollte das Testteam die Gründe dafür dokumentieren.

Projektmanager und andere Softwarespezialisten gehen oft davon aus, dass ein Testwerkzeug zwangsläufig die Testarbeit automatisiert und beschleunigt. Automatisierte Testskripts verkleinern in Wirklichkeit jedoch nur den Zeitrahmen für die Testdurchführung und machen sich erst bei der zweiten Version der Software bezahlt, bei der Skripts wieder verwendet werden können – nicht aber bei der ersten Einrichtung der Testskripts bei der ersten Version. Automatisierte Testskripts können sich auch positiv auf die Erstversion auswirken, wenn ein Belastungstest oder ein Regressionstest durchgeführt wird. Weitere Informationen zum Nutzen des automatisierten Testens finden Sie in Kapitel 2.

4.2.6 Unterstützungsprofil für ein Testwerkzeug

Ein wichtiger Faktor bei der Entscheidung für ein Testwerkzeug ist die Verfügbarkeit von Testpersonal mit ausreichender Erfahrung in der Benutzung des
Werkzeugs zur Planung, Vorbereitung und Ausführung der Tests. Eine andere
Frage ist die Erfahrung der Person oder des Testteams mit den fortgeschrittenen Funktionen des Werkzeugs. Dem Testteam ist das Werkzeug vielleicht nur
kurz bei einer Verkaufsvorführung durch Spezialisten des Werkzeuganbieters
vorgestellt worden und das Werkzeug schien leicht bedienbar zu sein, aber in
einer Testsituation stellt sich eventuell heraus, dass die Kenntnisse doch nicht
ausreichen.

Der Testteammanager sollte ein Mitarbeiterprofil aller Teammitglieder
erstellen, um sich der Stärken und Schwächen des Teams bewusst zu werden.
Mit Hilfe dieses Profils kann der Manager dann entscheiden, ob ausreichende
Kenntnisse und Erfahrungen für alle Systemanforderungen vorhanden sind,
um das Testwerkzeug einsetzen zu können. In einem fünfköpfigen Team sollten alle Erfahrungen mit dem Werkzeug oder zumindest Grundkenntnisse
über das Werkzeug und seine Möglichkeiten haben.

Mindestens ein Testingenieur sollte in einem fünfköpfigen Team die Führung bei der Automatisierung der Tests übernehmen können. Er sollte umfassende Erfahrungen mit dem Werkzeug, an einem Fortgeschrittenenkurs für
das Werkzeug teilgenommen haben oder über Erfahrungen in der Softwareentwicklung verfügen. Außerdem wären Kenntnisse in SQL, C, UNIX, MS
Access und Visual Basic nützlich. Sinnvollerweise sollten zwei Testingenieure
mit umfassenden Erfahrungen dem Team angehören, für den Fall, dass einer
das Projekt aus irgendeinem Grund verlassen muss.

Tabelle 4.4 zeigt ein Unterstützungsprofil für ein Testwerkzeugs. In diesem
Beispiel erwägt das Testteam den Einsatz des automatisierten Testwerkzeugs
Rationals TestStudio.

Tab. 4.4 Unterstützungsprofil für ein Testwerkzeug

	Erfahrungen mit dem Testwerkzeug	Teilnahme an einer Werkzeugschulung	Fortgeschrittene Erfahrungen mit dem Werkzeug
Testteammanager			
Kenntnisse: Rational TestStudio, Purify, WinRunner, MS Project, MS Access, UNIX, C, SQL, Oracle	✔		

Tab. 4.4 Unterstützungsprofil für ein Testwerkzeug (Forts.)

	Erfahrungen mit dem Testwerkzeug	Teilnahme an einer Werkzeugschulung	Fortgeschrittene Erfahrungen mit dem Werkzeug
Testteamleiter			
Kenntnisse: QA Partner, Rational Rerformance Studio, Visual Basic, MS Access, UNIX, C, SQL, Sybase	✔	✔	✔
Testingenieur 1			
Kenntnisse: C, C++, Visual Basic, MS Access, MVS, COBOL, Fortran			
Testingenieur 2			
Kenntnisse: C, UNIX, HTML, Java, Powerbuilder, Novell Netware			
Testingenieur 3			
Kenntnisse: Visual Test, C, C++, PVCS, Visual Basic, MS Access, SQL, Oracle	✔		
Testingenieur 4			
Kenntnisse: Visual Test, C, C++, Visual Basic, MS Access	✔		

Die zweite Spalte gibt an, ob das Teammitglied zumindest Grunderfahrungen mit Rationals TestStudio oder einem ähnlichen Werkzeug hat. In der dritten und der vierten Spalte kann man sehen, ob die Person in TestStudio geschult wurde oder ob fortgeschrittene Erfahrungen vorhanden sind. Wenn Teammitglieder ausreichende Erfahrungen mit dem automatisierten Testwerkzeug haben, kann das Testwerkzeug verwendet werden. Andernfalls kann der Testteammanager das Problem durch einführende und fortgeschrittene Schulungen beseitigen, in denen die Testingenieure die Fähigkeiten zum Umgang mit dem Werkzeug erlernen. Eine weitere Möglichkeit ist die Beauftragung eines Mentors zur Vermittlung von Kenntnissen über Testdesign, -entwicklung und -ausführung.

Kann das Team kein geschultes Personal für das Projekt bereitstellen und sind keine ausreichenden Schulungsangebote vorhanden, dann muss der Einsatz eines alternativen Werkzeugs oder einer alternativen Testmethode wie manuelles Testen in Erwägung gezogen werden.

Es kann sinnvoll sein, die gewünschten Kenntnisse im Testplan der Anwendung zu dokumentieren, um zu gewährleisten, dass das Mitarbeiterprofil den Anforderungen entspricht. Rollen und Verantwortlichkeiten des Testteams werden in Kapitel 5 beschrieben.

4.2.7 Überprüfung der Schulungsanforderungen

In der Phase der Entscheidung für ein Testwerkzeug muss auch der Schulungsaufwand berücksichtigt werden. Der Teammanager stellt anhand des Unterstützungsprofils für das Testwerkzeug fest, ob Weiterbildung notwendig ist (siehe Tabelle 4.4).

Es ist wichtig, eine Sicherheit im Umgang mit dem Testprozess unter den Mitarbeitern zu entwickeln, die am Softwaretest beteiligt sind. Es reicht nicht aus, über einen klar definierten Testprozess zu verfügen. Die Testingenieure müssen mit dem Prozess vertraut sein und ihn benutzen. Außerdem sollten sich die Mitglieder des Testteams durch die Teilnahme an Schulungen, durch den Wissensaustausch mit Benutzergruppen, durch die Beteiligung an einer Benutzergruppen-Website oder durch die Mitarbeit in einer Organisation für Qualitätssicherung von Software selbst Kenntnis in einem oder mehreren Testwerkzeugen aneignen.

In einem Testteam mit unzureichenden Erfahrungen kann Frustration entstehen, so dass von der Verwendung eines automatisierten Testwerkzeugs Abstand genommen wird, um vermeintlich schnellere Fortschritte beim Testen zu erzielen, was jedoch eine Verschleppung des Testzeitplans tatsächlichen und regressiven Tests nach sich zieht. Oft wird dem Werkzeug die Schuld für unzureichende Testergebnisse zugeschoben, obwohl lediglich der Testprozess nicht eingehalten wurde oder nicht vorhanden war.

4.3 Zusammenfassung

- Wie Testteams ein automatisiertes Testwerkzeug in ein neues Projekt einführen, ist fast so wichtig wie die Auswahl des richtigen Werkzeugs.

- Der Zweck der Analyse des Testprozesses, die in der Testanalysephase gefordert wird, ist die Festsetzung von allgemeinen und konkreten Testzielen und Strategien, die im Testprozess realisiert werden sollen.

- Die Dokumentation der Prozessanalyse wird im Zuge der Prozessüberprüfung und der Analyse der Testziele durch das Testteam erstellt. Diese Dokumentation nennt die allgemeinen und konkreten Testziele und Strategien für eine spezielle Tätigkeit. Es ist üblich, diese Informationen im Einführungsabschnitt des Testplans festzuhalten.

- Teststrategien können in zwei Kategorien eingeordnet werden: Fehlervermeidungs- und Fehlererkennungstechnologien. Fehlervermeidungstechnologien bringen im Verlauf der Anwendungsentwicklung die größten Kosten- und Zeiteinsparungen mit sich.

- Fehlervermeidungstechnologien können das Auftreten von Fehlern in der zu testenden Anwendung nicht immer vermeiden, weil Anwendungen sehr komplex sind und nicht alle Fehler entdeckt werden können. Fehlererkennungstechnologien ergänzen die Bemühungen um die Fehlervermeidung, und beiden Ansätze zusammen vergrößern die Wahrscheinlichkeit der Erfüllung der Testziele.

- Einheitentests werden oft von den Entwicklern der Einheit oder des Moduls ausgeführt. Das kann problematisch sein, weil der Entwickler beim Testen seines Produkts keinen objektiven Standpunkt einnimmt.

- Die Teststrategien für ein Projekt hängen von der Entwicklungsumgebung sowie von den Testzielen und den Anforderungen ab.

- Einer der wichtigsten Faktoren bei der Entscheidung für ein Testwerkzeug ist die Frage, ob der Zeitplan die Verwendung eines automatisierten Testwerkzeugs zulässt und ob automatisiertes Testen unter den gegebenen Umständen sinnvoll ist.

- Die Kompatibilitätsprüfung soll gewährleisten, dass die Anwendung mit dem automatisierten Testwerkzeug zusammenarbeitet, und Lösungen für Problemfälle aufzeigen.

- Der Testteammanager muss feststellen, ob die Mitarbeiter über ausreichende Kenntnisse für den Einsatz eines automatisierten Testwerkzeugs verfügen.

4.4 Literaturhinweise

1. Kuhn, T. *The Structure of Scientific Revolution, Foundations of the Unity of Science*, Band II, Chicago: University of Chicago, 1970.

2. Florac, W.A., Park, R.E., Carleton, A.D. *Practical Software Measurement: Measuring for Process Management and Improvement.* Guidebook CMU/ SEI-97-HB-003. Pittsburg, PA: Software Engineering Institute, Carnegie Mellon University, April 1997.

3. Burnstein, I., Suwanassart, T., Carlson, C.R. *Developing a Testing Maturity Model*, Teil II. Chicago: Illinois Institute of Technology, 1996.

4. Standish Group. http://www.standishgroup.com/chaos.html.

5. Im Rahmen einer Best-Practice-Initiative des Verteidigungsministeriums der USA versammelten sich Ende 1994 verschiedene Gruppen von Fachleuten, die anschließend das Airlie Software Council in Virginia gründeten. Yourdon, E. »The Concept of Software Best Practices.« `http://www.yourdon.com/articles/BestPractice.html`.

6. Voas, J. und Miller, K. »*Software Tastability. The New Verification.*«, IEEE Software, Seite 3. Mai 1995. `http://www.rstcorp.com/papers/chrono-1995.html`.

7. Corporate Computing Inc. *Corporate Computing's Top Ten Performance Modeling Tips.* Monroe, LA, 1994.

8. Corporate Computing Inc. *Corporate Computing's Test to Evaluate Client/Server Expertise.* Monroe, LA, 1994.

5. Testteam-Management

Eine Erwartungshaltung zu korrigieren erfordert in manchen Situationen Mut. Es scheint einfacher zu sein, so zu tun, als ob es keine Unstimmigkeiten gibt, und zu hoffen, dass die Dinge sich von selbst regeln, als die Widersprüche in Angriff zu nehmen und gemeinsam nach Lösungen zu suchen, mit denen alle leben können.

– Steve Covey

Automatisierte Testwerkzeuge können nur dann effiziente Lösungen bereitstellen, wenn das zu behandelnde Problem gut verstanden wird. Hat man die Aufgabenstellung erkannt, dann besteht die Herausforderung darin, die richtigen Mitarbeiter zu finden. Testarbeiten sind komplex und setzen eine Reihe von Kenntnissen voraus. Das Testteam braucht Mitarbeiter mit Spezialwissen, das es ihnen ermöglicht, den Testaufwand in ganzer Breite und Tiefe abzuschätzen und eine Strategie zur Ausführung und Implementierung des Testprogramms zu entwickeln.

Für die Ausführung eines erfolgreichen Testprogramms muss das Testteam entworfen und zusammengestellt werden, und es sind Rollen und Verantwortlichkeiten auf die Mitarbeiter zu verteilen. Erfahrene Mitarbeiter müssen die Testplanung leiten und Testverfahren für manuelle und automatisierte Tests schreiben. Um zu gewährleisten, dass sich jeder im Team über die anstehenden Aufgaben und die Führungsposition im Klaren ist, müssen den Teammitgliedern Rollen und Verantwortlichkeiten zugeordnet und diese dokumentiert werden.

Über die Rollen und Verantwortlichkeiten sollte man sich in mündlicher und für jeden verfügbar in schriftlicher Form verständigen. Durch die Zuweisung von Rollen zu den Mitarbeitern des Projekts kann jeder seinen Verantwortungsbereich erkennen. Neue Mitglieder werden dann schneller feststellen können, an wen sie sich mit einem Problem wenden können.

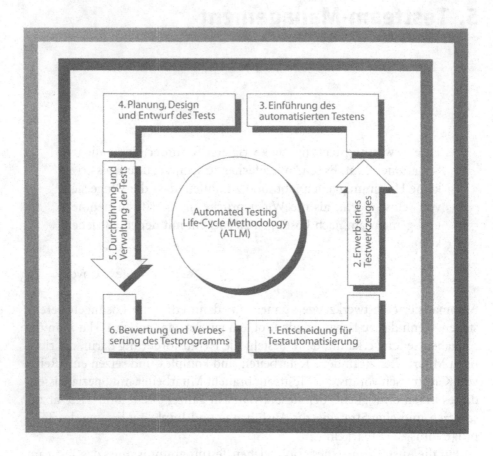

Um sich ein Bild von den Personen machen zu können, die an der Bewältigung einer Aufgabe mitarbeiten, sollte eine Aufgabenbeschreibung erstellt werden. Wurde der Umfang einer Aufgabe verstanden, dann ist die Zuordnung einer bestimmten Begabung leichter. Um die erfolgreiche Ausführung einer Aufgabe zu ermöglichen, können Arbeitsschritte gebündelt an die Mitarbeiter übergeben werden. Solche Bündel konkretisieren normalerweise die Aufgabenorganisation, den technischen Ansatz, den Zeitplan, die Zeiteinteilung für die einzelnen Mitarbeiter und die anwendbaren Normen und Prozesse.

Gemeinsam mit dem Personal der Qualitätssicherungsabteilung übernimmt das Testteam die Verantwortung für das Ordnen der test- und qualitätsorientierten Aufgaben, einschließlich der Durchsetzung von Entwicklungs- und Codeinspektionsnormen. Sind solche projektspezifischen Normen nicht verfügbar, dann sollte sich das Testteam nach Normen auf Organisationsebene erkundigen, die für das Projekt übernommen oder angepasst werden können. Andere Quellen anwendbarer Normen, die von den Anforderungen der Organisation abhängen, sind das Software Engineering Institute (SEI), das IEEE, die ISO, Organisationen für Militärstandards u.a. Weiterhin sollte das Testteam für die Wissensvermittlung zum Testprozess, zu Methoden und Testwerkzeugen verantwortlich sein. Rollen und Verantwortlichkeiten werden detailliert in Abschnitt 5.5 beschrieben.

Wenn Testaktivitäten den gesamten Entwicklungslebenszyklus umfassen, kann das Testteam die Kommunikation zwischen der Projektentwicklung und den Testgruppen erleichtern. Dies lässt sich durch Diskussionen bei Einsatzbesprechungen, die Analyse des Testprozesses, die Diskussion des Testlebenszyklus, die Bereitstellung von Übersichten zu Testwerkzeugen und die Durchführung von Übungen erreichen.

Testteams müssen Mitglieder des Projektteams über den im Projekt verwendeten Testansatz informieren, so dass diese sich vom Umfang der Testarbeiten eine Vorstellung machen und den Testprozess angemessen unterstützen können. Diese Information kann formal oder nicht formal geschehen. Beispielsweise kann das Testteam eine Vorführung der Eigenschaften des verwendeten Werkzeugs anbieten. Die Orientierung des Testprogramms kann auch die Teilnahme des Testteams an technischen Besprechungen mit den Endanwendern vorsehen, wenn diese Art der Kommunikation nicht schon eine Standardpraktik ist.

Die ATLM betont, dass das Testteam Anforderungs- und Designwalkthroughs durchführen soll, um verifizieren zu können, dass Anforderungen testfähig sind, dass der Code testfähig entworfen wurde und dass die Verfolgbarkeit zwischen den Anforderungen und dem Design möglich ist. Das Testteam kann außerdem über die Veröffentlichung von Testwerkzeug- und Prozessinformationen im Intranet der Organisation in Verbindung mit passenden Links, beispielsweise zur Website des Werkzeugherstellers, entscheiden.

Das Testteam muss eng mit der Entwicklergruppe zusammenarbeiten. Es ist sinnvoll, eine Kontaktperson des Entwicklerteams festzulegen und bei Bedarf die Teammitglieder einzeln zusammenarbeiten zu lassen. Das Testteam sollte ständig die Einbeziehung von Entwicklern in die Testaktivitäten fördern. Ein Testteamleiter sollte stets eine Vorstellung von den Testzielen haben und diese dem Entwicklerteam vermitteln.

In Abhängigkeit von der Organisation kann das Testteam auf unterschiedliche Weisen strukturiert sein. Die möglichen organisatorischen Strukturen werden im folgenden Abschnitt beschrieben.

5.1 Organisatorische Struktur eines Testteams

Die Struktur des Testteams ist von der Organisation abhängig. Außerdem spielten die Art des getesteten Produkts und die Aufgabe des Testteams eine Rolle. Einem Testteam, das für die Ausführung von Testaktivitäten und für die Einführung des automatisierten Testens in ein Projekt verantwortlich ist, können eine Reihe unterschiedlicher Strukturen auferlegt werden. Die Freiheiten eines Testmanagers beim Zusammenstellen eines Testteams hängen jedoch in den meisten Fällen von der Kultur einer Organisation und deren Einfluss auf die Zusammensetzung des Projektteams ab. Softwaretests werden meist von Testpersonal ausgeführt, das auf Anwendungsgruppen (44%) verteilt ist, anstatt von einer separaten, zentralen Softwaretestabteilung (39%) [1].

Einige Organisationen stellen Testingenieure für die Dauer eines Projekts ein. Innerhalb dieser Organisationen spielen Langzeittests kaum eine Rolle. Die Aufgabenstellungen, nach denen über die Rekrutierung von Mitarbeitern entschieden wird, richten sich ausschließlich nach den Bedürfnissen eines speziellen Projekts. Nach Beendigung des Testprojekts verlassen die Testingenieure die Organisation häufig wieder und nehmen aus dem Projekt die Erfahrungen im Umgang mit der getesteten Anwendung und den Testwerkzeugen, Kenntnisse aus Schulungen sowie Einsichten in Prozesse und Verfahren mit. Zum Zweck der näheren Erläuterung nennen wir diese Strukturen *Durchgangs-Testteams*.

Andere Organisationen betrachten das professionelle Testen von Software als strategische Investition. Diese Organisationen stellen *zentrale Testteams* auf. Dabei wird versucht, professionelle Testingenieure einzustellen, indem man ihnen Aufstiegsmöglichkeiten innerhalb der zentralen Sofwaretestabteilung, Ausbildung für automatisierte Testwerkzeuge und deren Entwicklung, die Möglichkeit der Unterstützung durch erfahrene Testingenieure, einen sicheren Arbeitsplatz durch den Einsatz des Testingenieurs in verschiedenen Projekten und zunehmend professionelle Entwicklungsmöglichkeiten durch die Verwendung unterschiedlicher Technologien und Werkzeuge in verschiedenen Projekten in Aussicht stellt.

Neben der Strategie der Organisation von Testteams mittels verteilten oder zentralisierten Konzepten können sich Testteamstrukturen auch durch die Aufgabenstellung unterscheiden. Einige Organisationen betrachten das Testen als verzweifelten Kampf, als Lückenfüller am Ende des Entwicklungslebenszyklus und ordnen es als unabhängige Verifizierung und Validierung (UVV) ein. Testingenieure in einem *UVV-Testteam* führen einen Akzeptanztest mit der Anwendung und einen Review der Softwaredokumentation zur Validierung der Produktqualität durch. Andere Testteams stehen im Mittelpunkt der internen Qualitäts-, Test- und Prozessentwicklung und stellen Berater für die verschiedenen Projekte einer Organisation zur Verfügung stellt. In diesen Organisationen wird das Testen von so genannten *SMT-Gruppen (SMT – System Methodology and Test)* übernommen.

Tabelle 5.1 schlägt eine Beispielzusammensetzung für diese unterschiedlichen Arten von Testorganisationen vor.

Tab. 5.1 Testteamprofile

Durchgangs-Testteam (klein)	Durchgangs-Testteam (groß)	Zentrales Testteam	UVV-Testteam	SMT-Gruppe
Testleiter	Testmanager	Testdirektor	UVV-Manager	SMT-Manager
Testingenieure (1-4)	Testleiter (1-2)	Testmanager	UVV-Leiter	Prozessleiter
	Testingenieure (4-8)	Testleiter (3-5)	UVV-Spezialisten (1-4)	Testleiter
		Testingenieure (10-20)		Testingenieure (1-4)
				Ingenieure (1-3)

5.1.1 Durchgangs-Testteam

Ein Manager, der für ein spezielles Projekt verantwortlich ist, wird wahrscheinlich Gespräche mit Kandidaten für das Testteam führen und seine Entscheidungen für Einstellungen treffen. Aufgrund der verschiedenen Startaktivitäten, welche die Aufmerksamkeit des Projektmanagers in Anspruch nehmen, kann es sein, dass das Testteam erst dann zusammengestellt wird, wenn die Arbeiten am Projekt schon begonnen haben. Das Testplandokument für das Projekt kann daher vom Projektmanager vor der Einsetzung von Testingenieuren entwickelt werden.

Ein Durchgangs-Testteam umfasst normalerweise zwei bis fünf Testingenieure. Diese Testteammitglieder gehören nicht zu einer separaten Testorganisation, sondern übergeben Berichte an einen Aufgabenmanager des Projekts oder an den eigentlichen Projektmanager. Einer der Testingenieure fungiert als Testleiter und die anderen Testingenieure führen die Testentwicklungs- und -ausführungsaktivitäten durch.

Das zusammengestellte Testteam wird wahrscheinlich mit dem Testwerkzeug bekannt gemacht, das zu Beginn der Projektkonzeption ausgewählt wurde, oder darum gebeten, einen kurzen Review der Testwerkzeuge durchzuführen, damit das richtige Testwerkzeug beschafft und installiert werden kann. In einigen Situationen kann der Projektmanager das Testteam darüber informieren, dass das Budget die Anschaffung eines Testwerkzeugs nicht zulässt, dem führenden Testingenieur eine Kopie des Testplans aushändigen und das Testteam bitten, mit der Entwicklung der Testverfahren zu beginnen.

Der Testleiter entwickelt ein Testdesign für die Entwicklung von Testverfahren und ordnet dann die Entwicklungsaufgaben zu. Nach der Ausführung der Testarbeiten finden sich die Ingenieure möglicherweise in einer unsicheren Lage wieder, weil sie nicht wissen, wo sie als nächstes eingesetzt werden. Nach Abschluss des Projekts gibt es keinen formalen Mechanismus zur Absicherung der Erkenntnisse aus der Testarbeit. Außerdem kennt die Organisation keine formale Möglichkeit des Transfers von Testprozessen und -methoden sowie Kenntnissen und Fertigkeiten im Umgang mit automatisierten Testwerkzeugen.

5.1.2 Zentrales Testteam

Einige Organisationen betrachten die Möglichkeit zum professionellen Testen von Software als strategische Investition. Sie erkennen, dass Testexperten über Kenntnisse im Umgang mit automatisierten Testwerkzeugen und mit Netzwerkoperationen sowie funktionales Wissen über bestimmte Arten von Anwendungen und über Softwareprogrammierung verfügen. Aus diesem Grund betrachten sie Experten für Softwaretests als sehr vielseitig und als wichtige Mitarbeiter in der Organisation.

Das zentrale Testteam ist stolz auf seine Mitarbeiter, die gemeinsam eine Reihe von Projekten unterstützen. Jeder Testingenieur kann zu einem Zeitpunkt in einem oder mehreren Projekten mitarbeiten. Da zum Testteam 10 bis 30 Testingenieure gehören können, sollte die zentrale Testorganisation von einem Testdirektor geführt werden. Der Testdirektor trägt die volle Verantwortung für die Gewährleistung der Professionalität und der technischen Kenntnisse der Gruppe. Er muss absichern, dass Testaktivitäten innerhalb der Zeitpläne der verschiedenen Projekte korrekt ausgeführt werden. Um diese Aufgabe zu erfüllen, muss der Testdirektor gewährleisten, dass die zentrale Testorganisation Dienste von Testexperten mit einer Vielzahl technischer Kenntnisse und unterschiedlichen Ausbildungsgraden in Anspruch nehmen kann.

Während der Anfangsphase eines neuen Projekts kann das zentrale Team oft zeitlich begrenzt Personal zur Ausführung von Aktivitäten bereitstellen, die andernfalls dem Projektmanager überlassen blieben. Diese Aktivitäten umfassen die Einordnung des Umfangs von Testarbeiten, die Entwicklung von Beschreibungen für den Aufgabenbereich eines Testingenieurs, das Unterstützen der Testingenieurbefragung, das Unterstützen der Testautomatisierungsentscheidung (siehe Kapitel 2), das Unterstützen der Einführung von Automatisierungswerkzeugen (siehe Kapitel 3), das Unterstützen der Testwerkzeugbewertung und -auswahl (siehe Kapitel 3) und das Unterstützen der Einführung von Testwerkzeugen (siehe Kapitel 4). Das zentrale Testteam stellt im Allgemeinen einen Mitarbeiter zur Entwicklung des Testplans des Projekts zur Verfügung.

Das zentrale Testteam könnte in der Lage sein, einen oder mehrere Testingenieure von Anfang an ganztägig für das Projekt einzuplanen. Diese Ingenieure können bei den Startvorbereitungen behilflich sein und eine vollständige Lebenszyklusunterstützung initiieren. (Der ganze Umfang der bei diesem Schritt anfallenden Aufgaben wird in Abschnitt 5.2 beschrieben.)

Die Organisation könnte erkennen, dass das zentrale Team durch die Möglichkeit des Einsatzes in verschiedenen Projekten eine weit reichende Flexibilität bietet. Ein Testingenieur könnte beispielsweise einem neuen Projekt als Teilzeitarbeitskraft zugewiesen werden, um die nachträgliche Überprüfung von Softwareanforderungen zu unterstützen und somit abzusichern, dass die Anforderungen testfähig formuliert worden sind. Diese Teilzeithilfe kann sich als wertvoll erweisen, wenn die für das Projekt eingeplanten Testingenieure noch nicht eingestellt worden sind oder noch nicht arbeiten. In anderen Situationen könnte das zentrale Testteam in der Zeit der intensivsten Arbeit am Projekt zusätzliche Testingenieure bereitstellen. In noch anderen Situationen könnte das Projekt für einen begrenzten Zeitraum die Dienste eines Testingenieurs mit speziellen Kenntnissen benötigen.

Die Tatsache, dass eine Organisation über ein zentrales Testteam verfügt, kann talentierte Softwaretester zur Mitarbeit in der Organisation motivieren. Der Testingenieur wird das zentrale Testteam wahrscheinlich als organisierte Hierarchie wahrnehmen, innerhalb derer man sich weiterentwickeln kann. Er wird vielleicht auch die Gelegenheiten zu schätzen wissen, einen erfahrenen Ingenieur des Teams als Mentor zugewiesen zu bekommen. Weitere wahrnehmbare Vorteile der Etablierung eines zentralen Testteams könnten die Verfügbarkeit von Schulungen, der Umgang mit einer Vielzahl verschiedener Technologien und Werkzeuge innerhalb eines Projekts, der Informationsaustausch und der Technologietransfer zwischen den Testingenieuren sowie die Sicherheit des Arbeitsplatzes sein.

In einigen Organisationen könnte das zentrale Testteam ein Teil einer größeren Organisation sein, die für die Implementierung der generellen Softwareverwaltung und von Durchführungsdisziplinen im Projekt verantwortlich ist. Die größere Organisation kann als Zentrum oder Abteilung zur Unterstützung der Systementwicklung (oder Systems Engineering Support Department – SES) betrachtet werden. Die SES-Organisation ist normalerweise für die Implementierung von Schlüsselprozessbereichen (Key Process

Areas) der Reifegrade 2 und 3 verantwortlich, die im Capability Maturity
Model (CMM) des Software Engineering Institute (SEI) beschrieben werden.
(Weitere Informationen zum CMM von SEI finden Sie unter http://
www.sei.cmu.edu/.) Sie ist wahrscheinlich aus Mitarbeitern zusammengesetzt, die Aufgaben außerhalb der Testtätigkeiten durchführen, wie beispielsweise Anforderungsmanagement, Risikoverwaltung, Qualitätssicherung und
Konfigurationsmanagement. (Die Zusammensetzung des zentralen Testteams
in Tabelle 5.1 konzentriert sich nur auf die Testdisziplin; sie geht nicht auf die
Unterstützung dieser anderen Bereiche ein.)

Nach Abschluss des Projekts wenden sich die am Projekt beteiligten Testingenieure an das zentrale Team, um neue Aufgaben entgegenzunehmen. Die
bei der Testarbeit erworbenen Kenntnisse werden wahrscheinlich in einer
Datenbank festgehalten, die das zentrale Testteam unterhält. Desgleichen
unterhält das Testteam vielleicht eine Datenbank der Testprozesse, -methoden
und -verfahren, sowie der Ergebnisse von Testwerkzeugbewertungen und
Codebibliotheken für die Testautomatisierung.

5.1.3 UVV-Testteam

Eine weitere mögliche Struktur für ein Testteam ist die Gruppe für unabhän-
giges Verifizieren und Validieren (UVV). Ein Team diesen Typs kann aus Mitarbeitern bestehen, die einer separaten Gruppe innerhalb der Softwaretestorganisation zugeordnet sind, oder es handelt sich um eine Gruppe, die wie ein
Zulieferer außerhalb der Softwaretestorganisation existiert. Die UVV-Gruppe
entscheidet oft, ob eine neue Softwareversion ausgereift ist und ausgeliefert
werden kann. Ihre Verantwortlichkeiten bestehen in der Teilnahme an Walkthroughs, der Verifizierung, dass Normen befolgt werden, der Durchführung
von Qualitätssicherungsreviews der Softwaredokumentation und der Durchführung anderer Testarbeiten. Die UVV-Gruppe konzentriert sich normalerweise auf Systemtests (siehe Kapitel 7 für weitere Details zu Systemtests) und
beschäftigt sich nicht mit den internen Abläufen von Anwendungen.

Die UVV-Gruppe ist nicht für die Entwicklung eines Projekttestplans verantwortlich, sondern für die Gewährleistung der Tauglichkeit und Vollständigkeit des Testplans, der Einhaltung von Normen und die Unterstützung
geeigneter Systemanforderungen und abgeleiteter Testanforderungen. Man
kann sie darum als ersten und anspruchsvollsten Benutzer betrachten, was
bedeutet, dass wirtschaftliche Kenntnisse in Kombination mit technischen
Kenntnissen unbedingte Voraussetzung für ein Mitglied einer UVV-Gruppe
sind.

Eine organisatorische Struktur diesen Typs ist beispielsweise für ein Unternehmen angebracht, das den Großteil seiner Arbeit auf einem bestimmten Gebiet wie der Finanz- oder Logistikverwaltung bzw. der Satellitenkontrollsysteme leistet. Die UVV-Gruppenstruktur kann aber auch in großen kommerziellen Softwareentwicklungsorganisationen oder in einem Unternehmen vorteilhaft sein, das Programme für umfangreiche Finanzdienstleistungen unterhält und eventuell vermarktet. In einer solchen Umgebung ist es für die Organisation lohnenswert, durch Weiterbildung der UVV-Mitarbeiter die Investitionen zu rechtfertigen.

Nach Abschluss eines Projekts wenden sich die UVV-Spezialisten an den UVV-Gruppenmanager oder einen anderen Organisationsmanager, um für neue Aufgaben eingeteilt zu werden. Die bei der UVV-Testarbeit an einem Projekt erworbenen Kenntnisse können bewahrt werden, und die Organisation kann eine Datenbank der UVV-Prozesse und -Verfahren einrichten.

5.1.4 Team für Systemmethodik und Tests

In einigen Organisationen liegt die Verantwortung für den Transfer von Testtechnologien bei einer separaten Gruppe innerhalb derselben Organisation, die als SMT-Team (SMT – System Methodology and Test) bezeichnet wird. Die Arbeitsergebnisse dieser Gruppe werden von der eigentlichen Projektorganisation gesondert eingeordnet. Diese Testgruppe ist oft für die Ausführung der Startaktivitäten der Testprogramme in verschiedenen gleichzeitig ablaufenden Projekten verantwortlich.

Ein SMT-Team wird im Allgemeinen als eine Gruppe interner Berater innerhalb der Organisation betrachtet. Die SMT-Mitarbeiter sind für die Aufrechterhaltung des Wissenstransfers der Methoden und Normen, für die Bekanntgabe von Richtlinien für die Entwicklung und das Testen, für die Entwicklung und Verbesserung von Testtechniken, für die Ausführung von Bewertungen und Schulungen im Umgang mit automatisierten Testwerkzeugen sowie für die Einführung von Testwerkzeugen in Projekte verantwortlich. Teammitglieder sollten mit verschiedenen Projektentwicklungsteamleitern persönlich zusammenarbeiten, um den Wissenstransfer und andere Aktivitäten umzusetzen.

Zum SMT-Team sollten Softwareexperten gehören, die ihre Testfähigkeiten wie auch ihr Talent bezüglich des Entwerfens, des Organisierens und der Planung unter Beweis gestellt haben. Die Ausarbeitung von Prozessen und Methoden erfordern einen disziplinierten Ansatz, damit prozedurale Schritte alle erforderlichen Aktionen abdecken und die Ergebnisse aller Schritte die gestellten Anforderungen des nächsten Schritts erfüllen. Mitglieder eines

SMT-Teams müssen ein Verständnis für den kompletten Testlebenszyklus entwickeln und über Softwarekenntnisse zur Unterstützung des Testdesigns, der Testtechnologie, der Testautomatisierung und der Testausführung verfügen.

SMT-Mitarbeiter haben normalerweise wichtige Aufgaben bei den Startaktivitäten eines Projekts wie auch bei den Testplanungs- und -designaktivitäten, sind aber weniger in die Testentwicklung und -durchführung eingebunden. Ihre Pflichten umfassen nicht die Testausführung bei einem Projekt, sondern die Beratung, Schulung und Anleitung des Projektpersonals, das mit der Testentwicklung und -durchführung beauftragt ist.

Im Verlauf der Testentwicklung bei einem Projekt übernimmt ein SMT-Testingenieur normalerweise routinemäßige SMT-Aktivitäten, zu denen die Erforschung neuer Testmethoden und -werkzeuge, die Teilnahme an Konferenzen zu Werkzeugen, die Pflege der Software und der verwendeten Testprozesse der Organisation, die Pflege der Datenbank, in der die erworbenen Kenntnisse vermerkt werden, und die Pflege einer Datenbank mit Testwerkzeugbewertungen und Testautomatisierungscode.

5.1.5 Zusammenfassung zu Testteams

Die Struktur eines Testteams hängt von mehreren Variablen ab, einschließlich der Organisationskultur. Die entscheidende Auswirkung der Testteamorganisation zeigt sich in der Wahrscheinlichkeit für die stetige Verbesserung der Prozessreife und der Leistungsfähigkeit von Softwaretests. Strukturen, die Projekte überdauern, bieten Möglichkeiten zur Pflege und Verbesserung von Prozessen, Verfahren und Werkzeugkenntnissen sowie dem Transfer von Wissen in neue Projekte. Tabelle 5.2 beschreibt die Vor- und Nachteile für verschiedene Testorganisationen.

Tab. 5.2 Vergleich der Testteams

Testteam	Vorteile	Nachteile
Durch-gangs-Testteam	Die vollständige Kontrolle über die Testarbeiten verbleibt innerhalb der Projektorganisation.	Der Arbeitsaufwand beim Teststart ist nicht effektiv.
	Berater können zur Unterstützung vorübergehend bereitgestellt werden.	Die Reserven an Testkenntnissen im Team sind begrenzt.
		Die Testarbeiten werden oft nicht von Beginn des Entwicklungslebenszyklus an eingebunden.

Tab. 5.2 Vergleich der Testteams (Forts.)

Testteam	Vorteile	Nachteile
		Es gibt keine formale Möglichkeit für die Organisation, den Testprozess zu verbessern.
		Die Möglichkeiten der Organisation zum Wissenstransfer zu Prozessen und Testwerkzeugen ist begrenzt.
Zentrales Testteam	Einem Mitarbeiter der Organisation wird die Leitung des Testteams anvertraut.	Der Verwaltungsaufwand für den Austausch von Testingenieuren zwischen Projekten ist hoch.
	Es gibt eine Einsatzliste für Testexperten mit verschiedenen Software-/ Testerfahrungen.	Für die Organisation entstehen höhere Personalkosten, weil Testingenieure zwischen Projekten in der Organisation bleiben.
	Ein zentrales Team kann oft vorübergehend Personal für ein Projekt bereitstellen.	
	Testexperten können zu Beginn eines Projekts zur Unterstützung eingesetzt werden.	
	Erfahrene Testingenieure können unerfahrenere einweisen.	
	Testingenieure profitieren vom Einsatz verschiedener Technologien und Werkzeuge bei verschiedenen Projekten.	
	Informationsaustausch und Wissenstransfer zwischen Testingenieuren sind erleichtert.	
	Langfristige Sicherheit von Arbeitsplätzen ist möglich.	
	Eine Datenbank von Testprozessen, Testwerkzeugbewertungen und Testautomatisierungscode wird geführt.	
	Es gibt wenig Fluktuation und verbesserte Bindungen von Testingenieuren.	

Tab. 5.2 Vergleich der Testteams (Forts.)

Testteam	Vorteile	Nachteile
UVV-Testteam	Die Organisation profitiert von speziellen UVV-Kenntnissen, die herausgebildet werden.	Die Karriere von Testingenieuren kann auf UVV-Kenntnisse zugeschnitten werden.
	Berater können zur Unterstützung vorübergehend bereitgestellt werden.	Die Softwarekenntnisse der Testingenieure können veralten.
SMT-Gruppe	Das SMT-Team profitiert von den neuesten Prozessen, Werkzeugen und Techniken.	SMT-Teams verursachen für die Organisation höhere Kosten als ein einfaches Stovepipe-Team.
	Umfangreiche Erfahrungen, die in verschiedenen Projekten gesammelt werden, verbessern die Kenntnisse und Fähigkeiten der Testingenieure.	
	Eine Datenbank aus Testprozessen, Testwerkzeugbewertungen und Testautomatisierungscode wird geführt.	
	Durch Schulungen und die Hilfestellung des SMT-Teams wird die Testarbeit in neuen Projekten verbessert.	
	Informationsaustausch und Wissenstransfer zwischen Testingenieuren werden erleichtert.	
	Die SMT-Gruppe bietet ständige Beratung für alle Projektteams innerhalb der Organisation an.	
	Es gibt wenig Fluktuation und verbesserte Bindungen von Testingenieuren.	
	Der Unterhalt des SMT-Personals ist kostengünstiger als ein zentrales Team.	

Im Folgenden sind die 10 wichtigsten Aspekte einer erfolgreichen Testgruppe (für alle Organisationstypen) aufgelistet:

1. **Wirtschaftliche Kenntnisse.** Testingenieure benötigen wirtschaftliche Kenntnisse und arbeiten eng mit den Anwendern und Benutzern des Systems zusammen.

2. **Technische Kenntnisse.** Anwendungen werden zunehmend komplexer und für das Verständnis technischer Zusammenhänge einer Anwendung sind sowohl Kenntnisse im Umgang mit automatisierten Testwerkzeugen als auch technisches Grundwissen notwendig.

3. **Aufgabenteilung.** Wirtschaftliche Aufgaben werden von technischen Aufgaben unterschieden.

4. **Ressourcenmanagement.** Wirtschaftliche und technische Ressourcen können miteinander kombiniert werden.

5. **Verhältnis zum Entwicklungsteam.** Testingenieure arbeiten mit den Entwicklern Hand in Hand.

6. **Frühe Einbeziehung in den Lebenszyklus.** Das Testteam wird von Beginn des Entwicklungslebenszyklus an einbezogen.

7. **Definierte Testmethode.** Methoden, Normen und Prozesse müssen verfügbar sein bzw. nach Bedarf implementiert oder geändert werden.

8. **Flexibilität/Anpassungsfähigkeit.** Jede Anwendung ist anders. Eine Teststrategie, die sich bei einem Projekt als nützlich erwiesen hat, kann bei einem anderen fehlschlagen.

9. **Metriken.** Das Testteam kann lernen, welche Metriken erfasst werden müssen, und mit diesen Metriken den Testprozess verbessern. Metriken werden während des gesamten Entwicklungslebenszyklus gesammelt.

10. **Prozessverbesserung.** Das Testteam kann nach stetiger Verbesserung der definierten Testmethode streben.

5.2 Aufgaben im Rahmen des Testprogramms

Tabelle 5.3 beschreibt die verschiedenen Typen von Testaufgaben, die durchgeführt werden können. Die in der Tabelle dargestellte Testgliederung kann im Zusammenhang mit Zeit sparenden Aktivitäten zur Entwicklung einer Liste der für verschiedene Projekte geleisteten Arbeit zur Umsetzung verschiedener Aktivitäten herangezogen werden. Das Führen einer solchen Liste zahlt sich bei der Bestimmung des Testaufwands für ein neues Projekt aus. Die Gliederung eines Testprogramms ist bei der Erfassung von Metriken des Testprogramms hilfreich, wie es in Kapitel 9 beschrieben wird.

Testteams werden sich vielleicht für eine weitere Aufteilung der Elemente 8.7 und 9.3 in Tabelle 5.3 entscheiden, um die Testverfahren-/Skriptentwicklung und -ausführung entsprechend den verschiedenen Teiltests zu skizzieren. Die verschiedenen Teiltests können u.a. das Testen funktionaler Anforderungen, der Serverleistung, der Benutzerschnittstelle, die Leistungsmessung, die Analyse der Programmmodulkomplexität, der Programmcodeabdeckung, der Systemleistung bei Belastung, der Grenzen, der Sicherheit, der Speicherauslastung und der Antwortzeiten umfassen.

Tab. 5.3 Gliederung eines Testprogramms

Nummer	Element der Testgliederung
1	**Beginn des Projekts**
1.1	Prozessverbesserung. Review der erworbenen Kenntnisse und vorgeschlagene Verbesserungsaktivitäten abgeschlossener vergleichbarer Projekte. Entscheidung, welche Verbesserungsaktivitäten implementiert werden sollen.
1.2	Prozess. Verständnis für die Automated Test Life-Cycle Methodology (ATML) entwickeln.
1.3	Zielsetzung. Ausarbeiten von Testzielen.
1.4	Umfang. Abschätzen des Testumfangs.
1.5	Teamzusammenstellung. Analyse der Testteamzusammensetzung und Aufgabenbeschreibung für die Testingenieure.
1.6	Einstellung. Ausarbeiten der Stellenausschreibungen und Leitung der Einstellungsgespräche.
2	**Frühe Unterstützung des Projekts**
2.1	Ziele. Weitere Definition der Testziele und gemeinsame Überprüfung der Testziele mit der Projektleitung, der Entwicklungsgruppe und den Testingenieure zur Entwicklung des Verständnisses und der Akzeptanz der Testziele.
2.2	Prüfung der Einschränkungen. Review der Einschränkungen des Projekts wie kurze Entwicklungsphase und begrenzte Ressourcen.
2.3	Review der Testfähigkeit. Gewährleisten, dass die Anwendung testfähig ist.
2.4	Review der Anforderungen. Absichern, dass die Anforderungen testfähig formuliert werden.
2.5	Review der Normen. Anwendbare Normen identifizieren und kennen lernen. Entscheidung auf der Grundlage der erworbenen Kenntnisse, ob Normen angepasst werden müssen. Fehlende Normen definieren.
2.6	Analyse des Testprozesses. Analyse des aktuellen Testprozesses der Organisation.
2.7	Einbeziehung der Kunden. Absichern, dass Kunden von Beginn des Testlebenszyklus an einbezogen werden.

Tab. 5.3 Gliederung eines Testprogramms (Forts.)

Nummer	Element der Testgliederung
3	**Entscheidung für automatisiertes Testen**
3.1	Testziele/-strategien. Definition der Testziele für das Projekt verbessern und Teststrategien entwickeln.
3.2	Nutzen des Testwerkzeugs. Abschätzen der Vorteile eines automatisierten Testwerkzeugs.
3.3	Vorschlag eines Testwerkzeugs. Entwickeln eines Vorschlags zum Erwerb eines Testwerkzeugs.
4	**Auswahl und Bewertung des Testwerkzeugs**
4.1	Systementwicklungsumgebung. Review der Systementwicklungsumgebung der Organisation.
4.2	Verfügbare Testwerkzeuge. Review der Typen verfügbarer Testwerkzeuge.
4.3	In Frage kommende Testwerkzeuge. Erforschung, Bewertung und Einschätzung der in Frage kommenden Testwerkzeuge.
4.4	Definieren der Bewertungskriterien.
4.5	Leiten der Werkzeugbewertung.
4.6	Zusammenfassung der Testwerkzeugbewertung. Zusammenfassung und Dokumentation der Werkzeugauswahl und der Ergebnisse der Bewertung.
4.7	Erwerb des Testwerkzeugs. Aufgaben der Bestellung in Koordination mit der Einkaufsabteilung.
5	**Einführung des Testwerkzeugs**
5.1	Testprozess. (Falls noch nicht vorhanden) Implementieren des Testprozesses, von Testmethoden und des »Lebenszyklus«-Ansatzes zur Einführung automatisierter Testwerkzeuge. Sicherstellen, dass die Testdurchführung parallel zur Entwicklung erfolgt. Einrichten und Unterhalten eines Einführungsprozesses für Testwerkzeuge (siehe ATLM).
5.2	Fehlerbeseitigungsaktivitäten. Durchführung von Inspektionen und Walkthroughs und anderer Fehlerbeseitigungsaktivitäten.
5.3	Kenntnisse im Umgang mit dem Testwerkzeug. Teilnahme der Testingenieure an Testwerkzeugschulungen, Durchführung von Reviews der Testwerkzeughandbücher und Übungen mit den Testwerkzeugen. Beauftragung von Werkzeugexperten, falls notwendig.
5.4	Testwerkzeugvalidierung. Validierung neuer Versionen von Testwerkzeugen, um zu verifizieren, dass das Werkzeug entsprechend der Spezifikation und in einer speziellen Arbeitsumgebung funktioniert.

Tab. 5.3 Gliederung eines Testprogramms (Forts.)

Nummer	Element der Testgliederung
5.5	Testberatung. Der Testingenieur unterhält eine Testhotline und beantwortet Fragen zum Umgang mit dem Testwerkzeug und zum Testprozess. Dokumentieren aller Werkzeugprobleme und Lösungen zum späteren Nachschlagen. Bereitstellung von Unterweisungen zum Umgang mit dem Testwerkzeug.
5.6	Testwerkzeugorientierung. Der Testingenieur bietet Präsentationen und Vorführungen an, um dem Personal einen Eindruck vom Testwerkzeug zu vermitteln.
5.7	Zusammenarbeit. Entwickeln einer funktionierenden Zusammenarbeit mit der Entwicklungsgruppe und Erleichterung der Kommunikation zwischen den Mitgliedern des Projektteams.
5.8	Einrichtung der Netzwerkumgebung. Beratung über die Einrichtung einer Datenbank zu automatisierten Testwerkzeugen im lokalen Netzwerk. Anforderung zusätzlicher Netzwerkspeicherkapazität, falls notwendig.
5.9	Fehlermanagementsprozess. Aufbau eines Prozesses (Workflow) zur Fehlerübermittlung und -auflösung für ein Projekt. Aufzeigen anwendbarer Normen und Formate.
5.10	Schulung zum Fehlermanagement. Anbieten von Schulungen zum Prozess der Fehlerübermittlung und -auflösung.
5.11	Testwerkzeugberichte. Feststellen, welche Arten automatisierter Testberichte in einem Projekt einsetzbar sind.
6	**Testplanung**
6.1	Testanforderungen. Dokumentieren der Anforderungen für die zu testende Anwendung, wie von den Systemanforderungen abgeleitet.
6.2	Prüfung der Einschränkungen. Identifikation und Herausstellung der Einschränkungen wie eines kurzen Entwicklungszeitraums und begrenzter Arbeitskraftressourcen.
6.3	Testziele. Dokumentieren der Ziele für den Test (wie Skalierbarkeit und Regression) innerhalb des Testplans. Einschließen von Zielen der Einbeziehung von Endanwendern in den Testprozess.
6.4	Teststrategie. Dokumentieren der Teststrategien und der Typen von Testwerkzeugen, die im Projekt verwendet werden.
6.5	Testprogrammaktivitäten. Entwickeln einer Teststrategie, bei der die Testaktivitäten frühzeitig in den Entwicklungslebenszyklus einbezogen werden.
6.6	Zwischenprodukte. Identifizieren der Zwischenprodukte des Projekts, die vom Testpersonal einem Review unterzogen oder getestet werden können.
6.7	Kritische Erfolgsfunktionen. Zusammenarbeit des Projektteams mit den Geschäftsanwendern zur Identifizierung kritischer Erfolgsfunktionen und zu deren Dokumentation innerhalb des Testplans.

Tab. 5.3 Gliederung eines Testprogramms (Forts.)

Num-mer	Element der Testgliederung
6.8	Testprogrammparameter. Definition der Testprogrammparameter wie Voraussetzungen, Vorbereitungsaktivitäten, Systemakzeptanzkriterien und Testprogrammrisiken sowie deren Dokumentation innerhalb des Testplans.
6.9	Qualitätsniveau. Zusammenarbeit des Projektteams mit den Geschäftsanwendern zur Feststellung des Qualitätsniveaus des Projekts und der Dokumentation innerhalb des Testplans.
6.10	Testprozess. Dokumentieren des Testprozesses innerhalb des Testplans einschließlich der Betrachtungen bezüglich des Testwerkzeugeinführungsprozesses und des Fehlermanagementsprozesses.
6.11	Testschulung. Dokumentieren von Testschulungsanforderungen und -plänen innerhalb des Testplans.
6.12	Entscheidung für automatisiertes Testen. Dokumentieren der Einschätzung unter Hervorhebung der Vorteile bei der Verwendung eines automatisierten Testwerkzeugs in einem Projekt und der Möglichkeit der Einbeziehung eines automatisierten Testwerkzeugs in ein gegebenes Projektschema.
6.13	Technische Umgebung. Dokumentieren der technischen Umgebung in der die zu testende Anwendung entwickelt und eventuell eingesetzt wird. Identifizierung möglicher Probleme mit dem Anwendungsdesign oder mit technischen Fragen des automatisierten Testwerkzeugs, die gelöst werden müssen.
6.14	Überprüfung der Testwerkzeugkompatibilität. Dokumentieren der Ergebnisse der Überprüfung der Testwerkzeugkompatibilität. Dokumentieren von Problemlösungen und alternativen Testmethoden beim Auftreten von Inkompatibilitätsproblemen.
6.15	Qualitätstore. Planen der Einbeziehung von Qualitätstoren und -prüfungen.
6.16	Risikoabschätzung. Durchführen von Risikoabschätzungen zur Unterstützung von Reviews der Projektleitung und Berichten von Anforderungen.
6.17	Reviews der Testbereitschaft. Planung und Analyseaktivitäten ausführen, die zur Unterstützung von Reviews der Testbereitschaft notwendig sind. Präsentationen entwickeln und ausführen, wo es notwendig ist.
6.18	Testplandokument. Die Testplandokumentation zu einem Testplan zusammenstellen. Änderungen am Testplan als Ergebnis der Testplanreviews durch die Projektleitung und Endanwender einbringen.
6.19	Testdaten. Dokumentieren von Testdatenanforderungen und -plänen zur Entwicklung und Pflege einer Datenbank für Testdaten.
6.20	Testumgebung. Identifizieren von Anforderungen für ein Testlabor oder eine Testumgebung und Bestimmen des Personals, das für die Einrichtung und Dokumentierung der Umgebung im Testplan verantwortlich ist.

Tab. 5.3 Gliederung eines Testprogramms (Forts.)

Nummer	Element der Testgliederung
6.21	Berichtsanforderungen. Definieren von Berichtsanforderungen und Dokumentieren der Anforderungen im Testplan.
6.22	Rollen und Verantwortlichkeiten. Definieren und Dokumentieren von Rollen und Verantwortlichkeiten der Teammitglieder für die Testarbeiten.
6.23	Systemadministration des Testwerkzeugs. Definieren aller im Testlebenszyklus verwendeten Werkzeuge. Hervorheben der Anforderungen für das Einrichten und den Unterhalt der automatisierten Testwerkzeuge und der Umgebung sowie Bestimmen des Personals, das für das Einrichten und den Unterhalt der Testwerkzeuge verantwortlich ist. Administrative Aufgaben umfassen die Einrichtung von Werkzeugbenutzern und verschiedenen privilegierten Gruppen.
7	**Testdesign**
7.1	Prototyp der automatisierten Umgebung. Vorbereiten und Einrichten einer Testumgebung zur Unterstützung des Testdesigns und der Testentwicklung.
7.2	Techniken und Werkzeuge. Identifizieren von Testtechniken/-strategien und automatisierten Werkzeugen, die für die Projektanwendung und deren Schnittstellen verwendet werden sollen.
7.3	Designnormen. Vorbereiten und Einrichten von Designnormen für Testverfahren.
7.4	Design von Testverfahren/-skripts. Entwickeln einer Liste und Hierarchie von Testverfahren und Testskripts. Identifizieren der Prozeduren und Skripts, die manuell ausgeführt werden sollen und die von einem automatisierten Testwerkzeug unterstützt werden. Entscheiden über und Definieren anderer Testverifikationsverfahren (wie Analyse und Vorführung).
7.5	Zuweisung der Testverfahren/-skripts. Zuweisung von Testteampersonal zu verschiedenen Testverfahren und -skripts.
7.6	Eingaben/Ausgaben. Entwickeln von Eingaben und erwarteten Ausgaben der Testverfahren/-skripts.
7.7	Skriptbibliothek für die Testautomatisierung. Suchen von Testautomatisierungsskripts aus der Skriptbibliothek der Organisation, die sich im Projekt verwenden lassen.
8	**Testentwicklung**
8.1	Empfohlene Vorgehensweisen/Normen. Entwickeln/Anpassen von empfohlenen Vorgehensweisen und Normen für das Testen des Projekts.
8.2	Normen für die Testverfahrensentwicklung. Implementieren von Normen für die Testverfahrensentwicklung (beispielsweise das Bereitstellen von Kommentaren bei jedem Schritt der automatisierten Testwerkzeugskripts, Angeben von Informationen im Header von Testskripts, Erzwingen von Modularität usw.)

Tab. 5.3 Gliederung eines Testprogramms (Forts.)

Num-mer	Element der Testgliederung
8.3	Normen für die Skriptausführung. Implementieren von Normen für die Durchführung von Testverfahren (beispielsweise eine konsistente Umgebung, Sicherung der Testdatenbank, Wiederherstellung).
8.4	Testeinrichtung. Implementieren von Testskripts während verschiedener Testphasen (beispielsweise während der Regressionstestphase oder der Leistungstestphase)
8.5	Pseudocode. Vorbereiten schrittweisen Pseudocodes für die Testverfahren. Anfügen des Pseudocodes als Anhang zum Testplan erwägen.
8.6	Problemlösungen. Entwickeln von Problemlösungen für Inkompatibilitäts-probleme des Werkzeugs oder der zu testenden Anwendung.
8.7	Entwickeln von Testverfahren/-skripts für verschiedene Testphasen und Teiltests.
8.7.1	Testverfahren/-skripts für den Einheitentest. Überwachte Ausführung von Einheitentestverfahren und -skripts.
8.7.2	Testverfahren/-skripts für den Integrationstest. Überwachte Ausführung von Integrationstestverfahren und -skripts.
8.7.3	Testverfahren/-skripts für Systemtests. Entwickeln von Testverfahren und automatisierten Skripts, die alle Phasen des Systemtestzyklus unterstützen. (das heißt Regression, Leitung, Belastung, Sicherung und Wiederherstellbarkeit)
8.7.3.1	Entwickeln eines Ausführungsplans für die Testverfahren.
8.7.3.2	Analyse der Wiederverwendbarkeit der automatisierten Tests.
8.7.3.3	Analyse zur Bestimmung der zu automatisierenden Tests.
8.7.3.4	Entwickeln einer Tabelle der Modularitätsbeziehungen.
8.7.4	Testverfahren/-skripts für den Akzeptanztest. Entwickeln und Unterhalten von Testverfahren und -skripts.
8.8	Datenbankgruppenkoordination. Zusammenarbeit mit Datenbankgruppe zur Entwicklung der Testdatenbankumgebung. Festlegen einer Baseline und Pfle-gen der Testdaten zur Unterstützung der Testausführung.
8.9	Peer Reviews von Testverfahren. Vergleichen der Testverfahren mit Design- und Entwicklungsnormen (Kommentare für jeden Schritt der Testwerkzeugskripts, Header-Informationen, Modularität usw.). Dokumentierung und Verwaltung von Fehlern und Aktionseinträgen zum Abschluss.
8.10	Wiederverwendungsbibliothek. Entwickeln und Unterhalten einer Bibliothek zur Wiederverwendung von Testverfahren für das Projekt.
8.11	Testhilfen. Unterstützung der Erstellung/Änderung eigener Hilfsprogramme, welche die Testeffizienz erhöhen.

Tab. 5.3 Gliederung eines Testprogramms (Forts.)

Nummer	Element der Testgliederung
9	**Testdurchführung**
9.1	Einrichtung der Umgebung. Entwickeln von Skripts zur Umgebungseinrichtung.
9.2	Testbed-Umgebung. Entwickeln von Referenzskripts und Durchführung von logistischen Aktivitäten zur Testbed-Entwicklung.
9.3	Testdurchführung. Durchführung der verschiedenen Testphasen – strategische Ausführung des automatisierten Testens. Aufzeichnen von Softwarefehlern zum Abschluss.
9.4	Testzusammenfassung. Vorbereitung von Testberichten.
9.5	Problemlösung. Auflösung der täglichen Fragen bezüglich der Probleme mit dem automatisierten Testwerkzeug. Falls notwendig, Kontaktaufnahme zum Werkzeughersteller zwecks Unterstützung.
9.6	Pflege der Testdatenbank. Sichern/Wiederherstellen der Testwerkzeugdatenbank und Durchführen von Aktivitäten zur Fehlersuche.
10	**Testmanagement und -unterstützung**
10.1	Prozessreviews. Durchführen eines Testprozessreviews, um abzusichern, dass Normen und der definierte Testprozess eingehalten werden.
10.2	Spezielle Weiterbildung. Herausfinden von Schulungsmaßnahmen für Testingenieure, die spezielle Testanforderungen erfüllen müssen, welche sich im Testlebenszyklus herausgebildet haben. Ausbau der technischen Kenntnisse des Testpersonals.
10.3	Konfigurationsmanagement (KM) zur Verwaltung des Testbeds. Unterhalten einer kompletten Datenbank (mit Testdaten, Testverfahren und -skripts, Softwareproblemberichten usw.) mit einem KM-Werkzeug. Definieren von Testskripts für den KM-Prozess und Absichern, dass das Testpersonal eng mit der KM-Gruppe zusammenarbeitet, um die Wiederverwendbarkeit des Testverfahrens zu gewährleisten.
10.4	Bericht zum Testprogrammstatus. Identifizieren von Mechanismen zur Verfolgung des Testprogrammfortschritts. Entwickeln periodischer Berichte zum Testprogrammfortschritt. Berichte sollten Abschätzungen zur Fertigstellung in Bearbeitung befindlicher Aufgaben wiedergeben.
10.5	Fehlermanagement. Definieren des Fehlerverfolgungsprozesses. Ausführen von Fehlerverfolgung und -berichten. Teilnahme an Konferenzen zur Fehleranalyse.
10.6	Erfassung und Analyse von Metriken. Erfassung und Review aller Metriken zur Feststellung, ob Verfahrensänderungen notwendig sind, und zur Feststellung, ob das Produkt marktreif ist.

Tab. 5.3 Gliederung eines Testprogramms (Forts.)

Nummer	Element der Testgliederung
11	**Verbesserung des Testprozesses**
11.1	Schulungsmaterial. Entwickeln und Pflegen von Material zur Weiterbildung im Testprozess und im Testwerkzeug.
11.2	Testprozessressourcen. Unterhalten einer Datenbank für Testprozessressourcen wie Normen, Prozesse und Verfahren, Testwerkzeugvorschläge, Werkzeugbewertungen, Abschätzungen des Testaufwands früherer Projekte, erworbenes Testwissen, Testautomatisierungsskripts und Testmetriken sowie Analyseberichte.
11.3	Erworbenes Wissen. Leiten von Sitzungen zu erworbenem Wissen während des gesamten Entwicklungslebenszyklus und sammeln von Informationen zu Lebenszyklusvorteilen.
11.4	Analyse und Zusammenfassung von Metriken. Ausführen der Analyse von Testprozessmetriken in der Organisation und Zusammenfassung der Ergebnisse der Analyse.
11.5	Testteam-Intranet. Entwickeln/Unterhalten einer Testteam-Website zur Kommunikation mit dem Rest der Organisation.
11.6	Untersuchung der Benutzerunterstützung. Leiten von Untersuchungen zu Projekten, die vom Testteam unterstützt werden, um Möglichkeiten zur Verbesserung des Testprozesses und der Testteamunterstützung herauszufinden.
11.7	Stetige Prozessverbesserung. Verbesserung der Testprozessressourcen anhand des erworbenen Wissens, von Umfrageergebnissen, Metrikanalysen und Erfahrungen mit neuen Testwerkzeugen. Verifizieren, dass Verbesserungsvorschläge implementiert werden.
11.8	Testkonferenzen und Berufsverbände. Mitwirkung in Testwerkzeugbenutzergruppen, Testkonferenzen und Zusammenkünften anderer Berufsverbände, die Informationsaustausch und professionelle Netzwerkarbeit fördern.

5.3 Umfang des Testaufwands

Der Testaufwand bei einem gegebenen Projekt hängt von mehreren Variablen wie der Kultur oder der Testreife der Organisation, dem Gültigkeitsbereich der für das Projekt definierten Testanforderungen, den Kenntnissen der Testingenieure und dem Typ der Testteamorganisation ab, welche die Testarbeit unterstützt. Das Test Maturity Model (TMM) benennt den Umfang des Testaufwands eines Projekts in Relation zur Testreife der Organisation. Die Personalkosten variieren entsprechend der Testreife der Organisation, wie durch TMM definiert [2].

Testreife Ebene 1. Auf der Ebene 1 der Testreife sind Tests oft auf das Debuggen beschränkt. Ein Programmierer schreibt und debuggt die Software, bis
alles korrekt zu funktionieren scheint. Da nur der Programmierer involviert
ist, bleiben die Testkosten oft in den Entwicklungskosten versteckt. Gleichfalls
sind die möglichen Vorteile besserer Testpraktiken in den Kosten für Feldun-
terstützung und Produktaktualisierung enthalten. Kosten, die in abgeschlossenen Projekten auf Ebene 1 entstanden sind, lassen sich schwer feststellen.

Testreife Ebene 2. In Softwaretestprogrammen der Ebene 2 wird das Testen als
separate Funktion betrachtet. Testpläne und -skripts werden generell von
erfahrenen Produktbenutzern oder Dienstleistern entwickelt. Diese Personen
können Erfahrungen mit der Automatisierung (und der Programmierung)
von Tests haben oder auch nicht. In diesem Fall müssen die testenden Personen die Softwareanforderungen und Designspezifikationen gut genug kennen, um einen tauglichen Testplan und zugehörige Testskripts zu erarbeiten.
Sind die Testskripts vorhanden, so können sie den Testingenieuren angeboten
werden, die sie ausführen und die Ergebnisse aufzeichnen.

Auf Ebene 2 könnte das Testteam aus einer Gruppe relativ unerfahrener
Endanwender und Personen mit ausreichenden funktionalen Kenntnissen
bestehen. Die Aufgabe dieser Personen besteht sowohl darin, das System zum
Absturz zu bringen, als auch darin zu verifizieren, dass es korrekt funktioniert. Auf Ebene 2 kann die Testarbeit auch Dienste eines oder mehrerer
erfahrener Testingenieure umfassen, welche die Umsetzung der Tests koordinieren, die beteiligten Testingenieure anleiten und die Ergebnisse bearbeiten.
Obwohl einmalige Einrichtungskosten bei der Implementierung eines Cap-
ture/Playback-Werkzeugs entstehen, zahlen sich die Investitionen aus, wenn
eine Reihe von Testzyklen involviert ist. Bei späteren Zyklen werden Testskripts wieder verwendet und automatisch ausgeführt, wodurch im Hinblick
auf die Entwicklung und die Ausführung von Skripts viel Arbeitskraft eingespart wird.

Testreife Ebenen 3-5. Auf höheren Ebenen der Testreife sollte der Testingenieur, der für die Entwicklung des Testplans verantwortlich ist, an Produkt-
entwicklungssitzungen mit Designingenieuren teilnehmen, damit das Produkt testfähig gemacht werden kann. Die Programmierkenntnisse des
Testingenieurs und die Vertrautheit mit dem Produkt führen zur Erstellung
effizienter Tests, welche sich auf die schwächsten Aspekte des Produkts konzentrieren. Wenn das Testwerkzeug über Fähigkeiten des White-Box-Testens
verfügt, kann der Testingenieur von seinen Kenntnissen der internen System-
abläufe Gebrauch machen, um Tests für Funktionen zu spezifizieren, die nicht
manuell getestet werden können. Der Testplan dient zur Dokumentation der
Ergebnisse des Testdesigns. Das Testdesign stellt wiederum eine Richtlinie dar,

die für die Entwicklung von Testskriptprogrammen durch Testingenieure notwendig ist.

Die Testskriptentwicklung kann von einem Team aus Testingenieuren oder von den Anwendungsprogrammierern durchgeführt werden. Die für das Entwickeln von Testskripts benötigten Programmiererfahrungen hängen vom verwendeten Testwerkzeug und von der Komplexität der Tests ab. Im Allgemeinen verwenden die vielseitigsten Werkzeuge Skripts, die in einer gängigen Programmiersprache wie C geschrieben sind. Andere Werkzeuge können vereinfachte Sprachen benutzen. In jedem Fall muss mindestens ein Mitglied des Testteams Erfahrungen mit der Entwicklung einer strukturierten Menge von Programmanweisungen haben. Automatisierte Werkzeuge werden zur automatischen Erstellung von Testprotokollen, zur Dokumentation von Fehlern und zur Erstellung von Teststatusausgaben verwendet. Diese Werkzeuge verringern den Arbeitsaufwand bei der Testausführung und -management.

5.3.1 Methoden zum Bestimmen der Testteamgröße

Man kann verschiedene Methoden verwenden, um die Größe eines Testteams zu bestimmen, die zur Unterstützung der Testarbeiten nötig ist. Früher konzentrierten sich Softwareentwicklungsprogramme auf die Abschätzung der erforderlichen Entwicklungsarbeit und den Arbeitsaufwand für das gesamte Projekt. Der Aufwand zur Sicherung der Produktqualität wurde dann im Verhältnis zum Entwicklungsaufwand des gesamten Projekts festgelegt.

Kommerzielle Schätzwerkzeuge wie COCOMO, PriceS und SLIM erfordern die Eingabe verschiedener Parameter im Zusammenhang mit der Entwicklungsgröße, dem Produktivitätsaufwand und dem Umfang der Projektmanagementaktivitäten. Die Genauigkeit der Ausgaben dieser kommerziellen Werkzeuge gibt, wenig überraschend, die Qualität der Eingabedaten wieder. Nur wenige dieser Werkzeuge berücksichtigen die wachsende Bedeutung und Komplexität von Disziplinen zur Sicherung der Produktqualität wie das Softwaretesten bei der Abschätzung des Ressourcen- und Kostenaufwands.

Der Umfang der Testarbeiten zur Unterstützung eines gegebenen Projekts hängt von verschiedenen Variablen ab, die als Eingabe für komplexe Schätzmodelle zur Entwicklung von Testteamressourcenabschätzungen verwendet werden können. Andere, einfachere Schätzmodelle können benutzt werden, wenn Werte für eine Reihe von Eingabeparametern fehlen. Aufgrund der Bemühungen der Industrie, den Aufwand der Softwareentwicklung abzuschätzen, basieren Abschätzungen für Testprogramme oft auf den Ergebnissen der Softwareentwicklungsabschätzung, die sich in der verhältnisorientierten Methode widerspiegeln.

5.3.2 Die verhältnisorientierte Methode

Eine schnelle und einfache Methode zum Abschätzen des Testaufwands für
die Unterstützung eines Testprogramms ist die Feststellung, wie viele Testingenieure bei der Anzahl der Softwareentwickler des Projekts benötigt werden.
Die Größe des Testteams wird über das gewünschte Zahlenverhältnis der Entwickler in einem Projekt zu den Testingenieuren berechnet. Der Ausdruck
»Entwickler« schließt in diesem Fall die Mitarbeiter ein, die mit dem Design,
der Entwicklung, der Kompilierung und Einheitstestaktivitäten beschäftigt
sind. Obwohl die Rollen einiger Entwickler nicht zu den traditionellen Entwicklungsaktivitäten gehören, wird die Klassifikation der Entwickler zum
Zweck der Anwendung dieser Verhältnismethode auf diese speziellen Aktivitäten begrenzt. Diese Klassifikation schließt die Personen aus, die (als Vollzeitbeschäftigung) funktionale Analyse, Anforderungsmanagement, Konfigurationsmanagement, Qualitätssicherung, Prozessverbesserung, Projektverwaltung und Softwaretests sowie die Entwicklung von Schulungsmaterial und
Benutzerhandbüchern betreiben.

Das Verhältnis der Entwickler zu den Testingenieuren hängt vom Typ der
Softwarearbeit ab, wie in Tabelle 5.4 zu sehen ist. Die Verhältnisse in Tabelle
5.4 (die aus den Erfahrungen des Autors abgeleitet wurden) gehen auch davon
aus, dass zum Umfang der Testarbeiten funktionelles und leistungsorientiertes Testen auf Integrations- und Systemtestebene gehört. Die Werte in den
Spalten »Eingeplante Entwickler« und »Größe des Testteams« geben die
Anzahl der Mitarbeiter wieder.

Tab. 5.4 Die verhältnisorientierte Methode

Entwicklungstyp	Eingeplante Entwickler	Verhältnis	Größe des Testteams
Kommerzielles Produkt (Großer Markt)	30	3:2	20
Kommerzielles Produkt (Kleiner Markt)	30	3:1	10
Anwendungsentwicklung auf Kundenwunsch	30	6:1	5
Entwicklung und umfassende Integration von Fertigprodukten auf Kundenwunsch	30	4:1	7
Anwendungsentwicklung zur internen Verwendung in Behörden	30	5:1	6
Anwendungsentwicklung zur internen Verwendung in Gesellschaften	30	4:1	7

Einige kritische Softwareprojekte könnten eine größere Anzahl von Testingenieuren als von Entwicklern erfordern. Das Verhältnis zwischen der Anzahl der Anwendungsentwickler und der Testingenieure kann dann die Rollen widerspiegeln, die für Entwickler und Testingenieure festgelegt wurden. Die Zahlen in Tabelle 5.4 setzen voraus, dass Testingenieure nur in die Ausführung der Testlebenszyklusaktivitäten involviert sind, jedoch keine direkte Entwicklungsarbeit verrichten.

5.3.3 Die Prozentmethode

Eine weitere schnelle Möglichkeit der Abschätzung des Testaufwands zur Unterstützung eines Testprogramms ist die Verwendung der Prozentmethode, die in Tabelle 5.5 dargestellt ist. Diese Methode berücksichtigt bei der Berechnung der Testteamgröße die Anzahl der Mitarbeiter, die zur Unterstützung eines Projekts eingeplant sind. Die für Testteams angegebenen Faktoren in Tabelle 5.5 setzen voraus, dass zum Umfang der Testarbeiten funktionelles und leistungsorientiertes Testen auf Integrations- und Systemtestebene gehört.

Außerdem finden Sie in Tabelle 5.5 den Größenfaktor für ein Team zur Produktsicherung (PS). Organisationen, die Softwareentwicklung auf der Basis von Richtlinien des CMM durchführen, verlangen die Dienste von Personen, welche die verschiedenen Schlüsselprozessgebiete des CMM unterstützen. Die in Tabelle 5.5 genannte Zusammensetzung des PS-Teams umfasst sowohl Testteampersonal als auch Personal für das Anforderungsmanagement, das Konfigurationsmanagement, die Qualitätssicherung und die Prozessverbesserung. In diesem Zusammenhang bedeutet »Prozessverbesserung«, dass Mitarbeiter die Arbeit zur Anpassung von Organisationsprozessen spezieller Projekte überwachen, geschultes Testpersonal bereitstellen und Projektdurchführungsmetriken erfassen und analysieren.

Tab. 5.5 Die Prozentmethode

Entwicklungstyp	Anzahl der Projektmitarbeiter	Größenfaktor für das Testteams	Testteamgröße (Mitarbeiter)	Größenfaktor für das Produktsicherungsteam	Größe des Produktsicherungsteams
Kommerzielles Produkt (Großer Markt)	50	27%	13	37%	18
Kommerzielles Produkt (Kleiner Markt)	50	16%	8	28%	14
Anwendungsentwicklung auf Kundenwunsch	50	10%	5	20%	10
Entwicklung und Integration von Fertigprodukten auf Kundenwunsch	50	14%	7	23%	11
Anwendungsentwicklung zur internen Verwendung in Behörden	50	11%	5	20%	10
Anwendungsentwicklung zur internen Verwendung in Gesellschaften	50	14%	7	23%	11

5.3.4 Die Testverfahrenmethode

Eine weitere Möglichkeit der Abschätzung des Testaufwands zur Unterstützung eines Testprogramms ist die Verwendung der Anzahl der für das Projekt eingeplanten Testverfahren. Die Organisation muss Aufzeichnungen der abgeschlossenen Entwicklungsprojekte und der zugehörigen Entwicklungsgrößenwerte, der Anzahl der erforderlichen Testverfahren und des Umfangs der Testarbeiten in Mannstunden entwickeln. Entwicklungsgrößenwerte können als Anzahl der Codezeilen, Codezeilenentsprechungen, Funktionspunkte oder Anzahl der produzierten Objekte erfasst werden.

Gibt es Aufzeichnungen abgeschlossener Projekte, dann kann das Testteam das bisherige Verhältnis zwischen Größenwerten und der Anzahl der entwikkelten Testverfahren bestimmen und damit die Anzahl der für das aktuelle Projekt benötigten Testverfahren abschätzen. Wenn die Anzahl der Testverfahren abgeschätzt wurde, könnte das Testteam das bisherige Verhältnis zwischen der Anzahl der Testverfahren und der Anzahl der Mannstunden des Testteams feststellen. Dieser Faktor würde dann verwendet werden, um die Anzahl der einzuplanenden Mannstunden oder der Vollzeitarbeitskräfte abzuschätzen, die zur Unterstützung der Testarbeit im neuen Projekt benötigt werden. Die Werte der abgeschlossenen Projekte sind ein Maß für die Kultur oder Testreife der Organisation, und die Anzahl der verwendeten Testverfahren korreliert mit dem Umfang des Testanforderungen.

Tabelle 5.6 gibt ein Beispiel für die Verwendung der Testverfahrenmethode, bei dem ein Testteam abgeschätzt hat, dass ein neues Projekt 1120 Testverfahren erfordern wird. Das Team hat Aufzeichnungen abgeschlossener Projekte eingesehen und einen Testumfang von 860 Testverfahren bei einem Zeitaufwand von 5300 Stunden ausgemacht. Das Verhältnis der Stunden zur Anzahl der Testverfahren beträgt somit 6,16. Die 5300 Stunden waren auf neun Monate verteilt, wobei umgerechnet auf Vollzeitbeschäftigung 3,4 Testingenieure eingesetzt wurden. Mit dem Verhältnis 6,16 der Stunden zur Anzahl der Testverfahren berechnet das Testteam 6900 Stunden zur Abarbeitung der 1120 Testverfahren des Projekts. Da das neue Projekt auf 12 Monate angesetzt ist, berechnet das Testteam, dass 3,3 Testingenieure benötigt werden. Diese Zahl wird berechnet, indem man die Anzahl der Stunden (6900) durch die Anzahl der Stunden pro Person (2080) für den angesetzten Zeitraum (12 Monate) dividiert.

Tab. 5.6 Die Testverfahrenmethode

	Anzahl der Testverfahren	Faktor	Mann-stunden	Zeitraum	Testteamgröße (Personen)
ähnliches, abgeschlossenes Projekt	860	6,16	5300	9 Monate (1560 Stunden)	3,4
Abschätzung für neues Projekt	1120	6,16	6900	12 Monate (2080 Stunden)	3,3

5.3.5 Die Aufgabenplanungsmethode

Eine weitere Möglichkeit zur Abschätzung des Testaufwands beinhaltet einen Review der Aufzeichnungen abgeschlossener Projekte unter Beachtung der Anzahl der Mannstunden, die für ähnliche Aufgaben notwendig waren. Das Testteam müsste Aufzeichnungen zu den verschiedenen Arbeitsaufgaben aus Tabelle 5.3 machen. Aufzeichnungen abgeschlossener Projekte würden dann entwickelt werden, um den Zeitaufwand für die verschiedenen Aufgaben darzustellen. Danach wird die geschätzte Anzahl der Testverfahren (1120) für das neue Projekt mit den Aufzeichnungen verglichen, wie es in Tabelle 5.7 zu sehen ist. Die aufgezeichneten Daten zeigen die Anzahl der Mannstunden für ein Projekt mit 860 Testverfahren als 5300 Stunden an, woraus sich ein Faktor von 6,16 ergibt. Mit diesem Faktor wird dann die Anzahl der benötigten Stunden für die Durchführung von Tests mit 1120 Testverfahren abgeschätzt. Derselbe Vergleich mit aufgezeichneten Daten erschien in Tabelle 5.6.

Das Testteam führt dann einen Review der Aufzeichnungen zu den aufgewendeten Stunden in Verbindung mit den verschiedenen Testprogrammaufgaben in der Tabelle der Arbeitsaufgaben aus Tabelle 5.3 durch. Tabelle 5.8 fasst die benötigten Stunden für jeden Gliederungselement zusammen.

Tab. 5.7 Schätzung der Gesamtarbeitszeit eines neuen Projekts

	Anzahl der Testverfahren	Faktor	Mannstunden
ähnliches, abgeschlossenes Projekt	860	6.16	5300
Abschätzung für neues Projekt	1120	6.16	6900

Tab. 5.8 Die Aufgabenplanungsmethode

Nummer	Gliederungselement	Aufgezeichneter Wert	Anteil in Prozent	Erstabschätzung	Korrigierte Abschätzung
1	Projektbeginn	140	2,6	179	179
2	Frühe Projektunterstützung	120	2,2	152	152
3	Entscheidung für automatisiertes Testen	90	1,7	117	-
4	Auswahl und Bewertung des Testwerkzeugs	160	3	207	-
5	Einführung des Testwerkzeugs	260	5	345	345
6	Testplanung	530	10	690	690
7	Testdesign	540	10	690	690
8	Testentwicklung	1980	37	2553	2553
9	Testdurchführung	870	17	1173	1173
10	Testmanagement und -unterstützung	470	9	621	621
11	Testprozessverbesserung	140	2,5	173	-
	Summe	5300	100	6900	6403

Das Testteam entwickelt eine Erstabschätzung der Stunden für jedes Gliederungselement unter Verwendung des Werts für den prozentualen Anteil der aufgezeichneten Daten. Wenn das automatisierte Testwerkzeug, das für das Projekt verwendet werden soll, festgelegt wurde, wird der Testaufwand neu abgeschätzt, wie es in der letzten Spalte der Tabelle 5.8 zu sehen ist. Das Testteam ist außerdem angewiesen worden, dass für das Projekt keine Mittel zur Verbesserung des Testprozesses zur Verfügung stehen. Die letzte Spalte in Tabelle 5.8 wird daraufhin noch einmal überarbeitet.

Tab. 5.9 Testteamgröße

	Anzahl der Testverfahren	Abschätzung der Mannstunden	Korrigierte Abschätzung	Durchführungszeitraum	Testteamgröße
Abschätzung des neuen Projekts	1120	5,71	6403	12 Monate (2080 Stunden)	3,1

Danach berechnet das Testteam die Testteamgröße anhand der korrigierten Mannstundenschätzung von 6403 Stunden, wie in Tabelle 5.9 zu sehen ist. Die Testteamgröße wird auf 3,1 Testingenieure für das auf 12 Monate angesetzte Projekt berechnet. Wenn dem Testteam genau drei Vollzeitmitarbeiter für die Dauer der Testarbeiten angehören, wird das Testteam eine etwas höhere Produktivität als vorherige Testteams erreichen müssen, um die Testarbeiten im gegebenen Zeitplan durchführen zu können. Dazu könnte ein anderer Ansatz der Arbeitsteilung mit zwei Voll- und zwei Teilzeittestingenieuren verwendet werden. Die Teilzeitarbeit könnte auf verschiedene Weisen in 50% für eine Person und 60% für die andere Person aufgeteilt werden. Bei diesem Ansatz wäre es empfehlenswert, wenn die beiden Teilzeitmitarbeiter bestimmte Tests ausführen oder eine bestimmte Funktionalität testen würden.

5.3.6 Faktoren mit Einfluss auf den Testaufwand

Die folgenden Faktoren sollten bei der Abschätzung des Testaufwands in Betracht gezogen werden:

1. **Organisation.** Dieser Faktor umfasst die Kultur oder die Testreife der Organisation.

2. **Umfang der Testanforderungen.** Auszuführende Tests betreffen funktionale Anforderungen, Serverleistung, Benutzerschnittstellen, Programmmodulgeschwindigkeit, Programmmodulkomplexität, Programmcodeabdeckung, Systemleistung unter Belastung, Grenzen, Sicherheit, Speicherknappheit, Antwortzeiten und Benutzbarkeit. In Kapitel 8 finden Sie weitere Informationen zu den verschiedenen Testarten.

3. **Kenntnisstand der Testingenieure.** Dieser Faktor schließt die technischen Kenntnisse der Mitarbeiter ein, welche die Tests durchführen.

4. **Leistungsfähigkeit des Testwerkzeugs.** Durch die Einführung automatisierter Tests wird ein neuer Grad der Komplexität erreicht, mit dem das Testteam möglicherweise noch keine Erfahrungen hat. Die Programmierung von Testskripts setzt Kenntnisse voraus, die dem Team vielleicht neu sind, und vielleicht hatten bisher nur wenige Testteammitglieder die Möglichkeit, Erfahrungen beim Implementieren von Code zu sammeln. Auch wenn das Team Erfahrungen mit einer bestimmten Art automatisierter Testwerkzeuge gemacht hat, kann sich das Werkzeug, das für das neue Projekt erforderlich ist, davon unterscheiden.

5. **Wirtschaftliche Kenntnisse.** Testteammitglieder müssen mit der Vermarktung der Anwendung vertraut sein.

6. **Testteamorganisation.** Dieser Faktor umfasst den Typ der Testteamorganisation, der die Testarbeiten unterstützt. In Abschnitt 5.1 finden Sie weitere Informationen zu den Organisationstypen von Testteams.

7. **Anwendungsbereich des Testprogramms.** Ein effektives automatisiertes Testprogramm ist für Entwicklungsarbeiten einsetzbar, die Strategie- und Zielplanung sowie Definition, Analyse, Design und Implementierung von Testanforderungen einschließen.

8. **Beginn der Testarbeiten.** Testaktivitäten und die Testplanung sollten zu einem frühen Zeitpunkt des Projekts begonnen werden, was bedeutet, dass Testingenieure in die Analyse- und Designreviewaktivitäten einbezogen werden sollten. Diese Reviews können als effektive Testkomponenten dienen, indem sie Fehler in der Analyse und im Design vermeiden helfen. Eine solche Einbeziehung ermöglicht dem Testteam, die Anforderungen und das Design des Projekts besser zu verstehen, die passendste Testumgebung zu entwickeln und ein sorgfältigeres Testdesign zu erstellen. Die frühe Einbeziehung unterstützt nicht nur ein effektives Testdesign, dem bei der Verwendung eines automatisierten Testwerkzeugs eine entscheidende Rolle zukommt, sondern auch das frühe Erkennen von Fehlern und das Vermeiden der Fehlerfortpflanzung von der Spezifikation der Anforderungen zum Design und vom Design zur Implementierung.

9. **Anzahl der geplanten Softwareversionen.** Viele industrielle Softwareexperten gehen davon aus, dass bei der Verwendung automatisierter Testwerkzeuge die Testarbeit weniger Arbeitszeit erfordert oder dass die Planung und die Durchführung weniger komplex sind. In der Realität zahlt sich der Einsatz automatisierter Testwerkzeuge jedoch erst nach und nach aus. Bei der ersten Verwendung eines bestimmten automatisierten Testwerkzeugs durch ein Testteam lassen sich nur wenige Einsparungen erzielen. Stattdessen ergeben sich erst bei nachfolgenden Versionen einer Anwendung Effizienzgewinne.

10. **Prozessdefinition.** Die Verwendung von definierten (dokumentierten) Prozessen durch das Testteam kann die Effizienz der Testarbeiten verbessern. Das Fehlen definierter Prozesse zeigt den gegenteiligen Effekt, was sich in größerem Lernaufwand für unerfahrene Testingenieure äußert.

11. **Missionskritische Anwendungen.** Der Anwendungsbereich und die Breite des Testens missionskritischer Anwendungen, bei denen Softwarefehler eine Gefahr für Leib und Leben darstellen oder der Erfolg einer Organisation beeinträchtigt werden kann, ist größer als bei Anwendungen, die keine gesteigerten Risiken bergen. Beispielsweise ist das Testen von medizinischer Software zur Kontrolle von Organfunktionen kritischer als des Testen der Leistungsfähigkeit eines Computerspiels.

12. **Testentwicklungs-/Testausführungsplan.** Kurze Zeitrahmen für die Durchführung der Testentwicklung und -ausführung können Auswirkungen auf Testarbeiten haben und zusätzlichen Testaufwand erfordern.

5.4 Einstellen von Testingenieuren

Ein Testmanager, der sich der Herausforderung ausgesetzt sieht, Mitarbeiter für das Testprogramm eines Projekts zu finden und das Programm durchzuführen, muss Testingenieure mit geeigneten Fähigkeiten einstellen. Der Manager wird sich wahrscheinlich eine Reihe von Fragen stellen. Was macht einen guten Testingenieur aus? Über welche Kenntnisse muss ein Testingenieur verfügen? Wie erkenne ich die für die Stelle geeignetsten Bewerber?

Gute Softwareentwickler sind so ausgebildet und geeicht, dass sie an brauchbaren Ergebnissen interessiert sind und Probleme umschiffen können, falls es notwendig ist. Testingenieure müssen dagegen die Fähigkeit besitzen, die Dinge zum Scheitern zu bringen, und zugleich die Mentalität des Entwicklers haben, zum Beispiel bei der Erstellung von Testskripts Fehler zu umschiffen.

Testingenieure sollten analytisch, detailorientiert und organisiert denken und wegen der Komplexität des automatisierten Testens eine kreative und vorausschauende Arbeitseinstellung besitzen. Da Testingenieure eng und kooperativ mit Softwareentwicklern zusammenarbeiten müssen, sollten sie sowohl durchsetzungsfähig als auch ausgeglichen sein, um sich bei der Diskussion von Fehlerberichten und Fragestellungen mit Entwicklern durchsetzen zu können. Außerdem müssen Testingenieure über weitreichende technische Kenntnisse und Erfahrungen mit verschiedenen Plattformen, Betriebssystemen, mehrschichtigen Anwendungen, Schnittstellen zu anderen Produkten und Systemen, Datenbanken und Anwendungssprachen verfügen. Es ist nützlich, wenn sie außerdem mit der Skriptsprache des wichtigsten automatisierten Testwerkzeugs vertraut sind.

5.4.1 Qualitäten von Testingenieuren

Der Testingenieur wird aufgefordert, verschiedene Testaufgaben auszuführen, die in Tabelle 5.3 aufgelistet sind. Dieser Softwareexperte sollte darum mit einer Reihe verschiedener Aufgaben vertraut sein, die oft auch parallel ausgeführt werden müssen. Der Testingenieur muss sich schnell in neue Technologien einarbeiten können. Er sollte außerdem über soviel technisches Hintergrundwissen verfügen, dass er die Schwierigkeiten einer Anwendung erkennen kann.

Der Testingenieur könnte Tests mit einer großrechnergestützten Anwendung eines Projekts ausführen und dann eine Client/Server-Anwendung des nächsten Projekts testen. Ein Experte für automatisiertes Testen muss sich nicht nur mit Entwicklungstechniken, sondern auch mit Netzwerk-, Datenbank- und Middleware-Fragen auskennen.

Die Kenntnisse, die für die Mitarbeit im Testteam notwendig sind, hängen von der Art der auszuführenden Tests und des verwendeten Testwerkzeugs ab. Beim Testen von grafischen Benutzerschnittstellen sollte der Testingenieur mit Visual Basic, MS Access, SQL Server und Windows-basierten Betriebssystemen vertraut sein. Das Testen von Servern erfordert Kenntnisse im Umgang mit C, C++, SQL, UNIX und/oder UNIX-Skriptprogrammierung sowie ein Verständnis für entfernte Prozeduraufrufe (Remote Procedure Calls – RPCs). Anwendungen, die in Client/Server-Umgebungen laufen, überbrücken mit RPCs die Lücken zwischen den Prozessen der verschiedenen Schichten. Da die Verarbeitung auf verschiedene Plattformen verteilt sein kann, müssen die Daten so zur Zielplattform gesendet werden, dass sie von ihr gelesen werden können. Mit RPCs kann die Versendung und Übersetzung sowohl auf den Client als auch auf den Server transparent durchgeführt werden. Das Clientprogramm kann die Ergebnisse von Serveraufrufen entgegennehmen, als ob der Server zur lokalen Prozedur kompatibel wäre.

Qualitäten und Kenntnisse, die beim Einstellen von Testingenieuren beachtet werden müssen, sind im Folgenden aufgelistet. Es kann lohnenswert sein, die gewünschten Kenntnisse der Testteammitglieder im Testplan der Anwendung zu dokumentieren.

1. Anpassungsfähigkeit – Fähigkeit zur Arbeit mit vielen verschiedenen technischen Umgebungen und Vertrautheit mit verschiedenen Prozessen, Werkzeugen und Methoden.

2. Schnelle Auffassungsgabe – Freude an der Ausführung unterschiedlicher Aufgaben, am Erwerb neuer Kenntnisse und am Umgang mit verschiedenen Produkten.

3. Konzeptionelle Fähigkeiten – Begabung zur Konzeptionalisierung komplexer Abläufe und zur Formulierung von Gedanken und Vorstellungen.

4. Organisatorische Fähigkeiten – Verstehen komplexer Testanforderungen und Fähigkeit zur Formulierung von Testplan- und -designansätzen zur Unterstützung der Anforderungen; Fähigkeit zur gleichzeitigen Durchführung mehrerer verschiedener Verantwortlichkeiten.

5. Problemlösung – Fähigkeit der Umgehung von Problemen, die während der Testentwicklung und -ausführung auftreten.

6. Kreativität – Einstellung, die das Erkennen verschiedener Herangehensweisen an die Untersuchung eines Systems oder einer Anwendung erlaubt, mit denen die fehlerfreie Funktion unter allen Umständen festgestellt werden kann; Fähigkeit zum Erfassen aller Bedingungen, unter denen die Software oder das System versagen könnte.

7. Analyse-/Programmierkenntnisse – Ausbildung, Erfahrung und Kenntnisse, die zur Entwicklung automatisierter Testskripts notwendig sind.

8. Wissen um die Möglichkeiten zur Vermarktung der Anwendung – Vertrautheit mit oder Verständnis für die notwendige Funktionalität der kommerziellen Anwendung.

9. Verhandlungs-/Kooperationsfähigkeit – Fähigkeit zur engen und effektiven Zusammenarbeit mit Softwareentwicklern; setzt gute verbale Kommunikationsfähigkeit voraus.

10. Softwareexperte – Fertigkeiten zur Untersuchung des Systems und Kenntnisse zur Erkennung und Mitteilung von Problemen an den Entwickler.

11. Technische Kenntnisse – Fähigkeit zur Einrichtung und Bewertung von Testwerkzeugen; Entwickeln und Pflegen von Testdaten; Steuern der Testkonfiguration und der Umgebung sowie Verständnis von Netzwerk-, Datenbank- und Middleware-Fragen.

12. Testerfahrung – Ausmaß der Erfahrungen im Umgang mit Testprogrammen. Ein effektives Testprogramm, das die Automatisierung des Softwaretestens einschließt, führt zu einem eigenen Entwicklungslebenszyklus. Der Testingenieur sollte Erfahrungen mit Teststrategien, der Planung von Zielen, der Definition von Testanforderungen und des Testdesigns, der Entwicklung und der Ausführung haben.

13. Genauigkeit – Beachtung von Details wie der Erkennung schwer auffindbarer Fehler und ausgeprägtes Interesse an der Qualitätsverbesserung eines Softwareprodukts.

14. Prozessorientierung – Fähigkeit zum Verstehen von Eingaben, logischer Schrittfolgen und erwarteter Ausgaben.

15. Wortgewandtheit/Grammatikkenntnisse – Fähigkeit zum effektiven Bewerten und Verbessern der Anforderungsspezifikationen und der Dokumentation zum Softwaredesign.

5.4.2 Zusammensetzung des Testteams

Um Testingenieure für ein Testprogramm einstellen zu können, muss man die Zielzusammensetzung des Testteams verstehen. Das Testteam ist als Ganzes für die Erfüllung aller Testanforderungen eines Projekts und die Durchführung aller Tests mit so viel Kenntnissen verantwortlich, dass der vereinbarte Testprozess und die verwendeten Testwerkzeuge bewältigt werden können. Das Team muss mit dem Testwerkzeug vertraut sein und Erfahrungen gesammelt haben, um Tests angemessen planen, vorbereiten und ausführen zu können. Die Zusammensetzung des Testteams sollte im Testteamprofil festgehalten werden, wie es in Tabelle 5.10 zu sehen ist.

Das Testteamprofil in Tabelle 5.10 veranschaulicht die Zusammensetzung eines Testteams, das für ein Testprogramm unter Verwendung eines automatisierten Testwerkzeugs mit dem Namen QA Partner verantwortlich ist. Das Projekt umfasst die Entwicklung einer Client/Server-Anwendung zur Patienten- und Ressourcenmanagement in der Gesundheitsfürsorge, die auf Windows-Clientrechnern und UNIX-Servern arbeiten soll. Die Anwendung wird in Visual Basic und C++ mit einem SQL Server-Backend entwickelt. Der Testumfang dieses Projekts umfasst funktionale Anforderungen, die Serverleistung, die Benutzerschnittstelle, die Speicherreservierung und die Systembelastung.

Das Team, das in Tabelle 5.10 beschrieben wird, besteht aus einem Testmanager, einem Testleiter, drei Testingenieuren und einem Nachwuchstestingenieur. Das Testteamprofil schlägt vor, dass der Testmanager über mindestens sechs Jahre Erfahrung mit Softwaretests und zwei Jahre Führungserfahrung verfügen muss. Im Idealfall würde die Führungserfahrung Personalführung einschließen. In der Realität könnten sich die Erfahrungen des Testmanagers sowohl auf die Softwareentwicklung als auch auf Softwaretests beziehen. Im Idealfall hätte der Testmanager mindestens ein Jahr Erfahrung mit dem wichtigsten Testwerkzeug, das für das Projekt verwendet werden soll, wie auch Kenntnisse anderer auf dem Markt erhältlicher Testwerkzeuge. Zudem wäre es für den Manager günstig, sich mit verschiedenen Softwarewerkzeugen auszukennen, welche die Verwaltung der Testarbeiten unterstützen oder die den Teammitgliedern helfen, sich in der Testbed-Umgebung zurechtzufinden.

Tab. 5.10 Testteamprofil

Position	Pflichten/Kenntnisse	Testerfahrung (Jahre)	SQA-Werkzeuge (Jahre)
Testmanager	Pflichten: Verantwortlich für das Testprogramm, Kundenkontakte, Einstellungen, Einführung des Testwerkzeugs, Leitung des Teams, Testplanung/-design/-entwicklung und -ausführung Kenntnisse: MS Project, C/C++, SQL, MS Access, UNIX, Erfahrung mit Testwerkzeugen	6+	1+
Testleiter	Pflichten: Unterstützt den Kundenkontakt, Einstellungen, Einführung des Testwerkzeugs, Leitung des Teams, Kosten-/Fortschrittsberichte, Testplanung/-design/-entwicklung und -ausführung Kenntnisse: QA Partner, Purify, SQL, SQA Basic, UNIX, MS Access, C/C++, SQL Server	4+	2+
Testingenieur	Pflichten: Verantwortlich für Umsetzung von Testplanung/-design/-entwicklung und -ausführung Kenntnisse: Erfahrung mit Testwerkzeugen und Systemen der Gesundheitsfürsorge	2+	Etwas
Testingenieur	Pflichten: Verantwortlich für Umsetzung von Testplanung/-design/-entwicklung und -ausführung Kenntnisse: Erfahrung mit Testwerkzeugen und Systemen der Gesundheitsfürsorge	2+	Etwas

Tab. 5.10 Testteamprofil (Forts.)

Position	Pflichten/Kenntnisse	Testerfahrung (Jahre)	SQA-Werkzeuge (Jahre)
Testinge-nieur	Pflichten: Verantwortlich für Erstellung und Steuerung der Testwerkzeugumgebung, Netzwerk- und Middleware-Tests sowie Umsetzung von Testplanung/-design/-entwicklung und -ausführung Kenntnisse: Visual Basic, SQL, CNE, UNIX, C/C++, SQL Server	1+	-
Junior-Testinge-nieur	Pflichten: Verantwortlich für Umsetzung von Testplanung/-design/-entwicklung und -ausführung Kenntnisse: Visual Basic, SQL, UNIX, Java, CGI/Perl, HTML, MS Access	-	-

Während der Testmanager für die Gesamtheit der Arbeiten verantwortlich ist und sich auf langfristige und strategische Belange konzentriert, ist der Testleiter für die technische Ausführung des Testprogramms verantwortlich. Das Testteamprofil in Tabelle 5.10 schlägt vor, dass der Testleiter mindestens vier Jahre Testerfahrung und mindestens zwei Jahre Erfahrung mit dem Testwerkzeug QA Partner haben soll. Der ideale Kenntnisstand des Testleiters umfasst Kenntnisse im Umgang mit dem Testwerkzeug Purify und einigen Programmiersprachen sowie Vertrautheit mit relationalen Datenbanken unter SQL Server.

Das Profilbeispiel verlangt weiterhin drei Testingenieure. Obwohl alle drei allgemeine Testaktivitäten durchführen, würden idealerweise zwei Erfahrungen im Einsatz der Anwendung haben und einer sollte über Fertigkeiten im Netzwerk- und Administrationsbereich verfügen. Diese Fertigkeiten können in Netzwerkerfahrung oder in einer Zertifizierung beispielsweise zum Certified Network Engineer (CNE) bestehen.

Ein Nachwuchstestingenieur, der direkt von der Hochschule kommt oder erst ein oder zwei Jahre Erfahrung mit Softwareentwicklung im Allgemeinen hat, würde das Testteam abrunden. Der Nachwuchstestingenieur unterstützt das Testteam als Aushilfskraft. Er würde zunächst einfache Aufgaben wie die Verifizierung des Benutzerhandbuchs und der Hilfedateien ausführen. Der Nachwuchstestingenieur würde sich nach und nach mit dem Testlebenszyklus, den im Projekt verwendeten Testwerkzeugen und der kommerziellen Anwendung selbst vertraut machen. Es wäre für dieses Teammitglied nützlich, über umfangreiche Softwarekenntnisse einschließlich Schulungskenntnissen und akademischen Erfahrungen in neuen Softwarewerkzeugen und Programmiersprachen zu verfügen.

5.4.3 Stellenausschreibung

Ausgerüstet mit klaren Vorstellungen von den gewünschten Qualifikationen der Testingenieurbewerber und der Zusammensetzung des Testteams kann der Testmanager den Einstellungsprozess beginnen. Bei den meisten Organisationen muss ein Formular ausgefüllt werden, mit dem für die freien Stellen geworben wird. Dieses Formular kann als Stellenausschreibung, Positionsbeschreibung oder Einstellungsanforderung bezeichnet werden. Sein Zweck ist die Definition der Merkmale der Stelle, wobei auf erforderliche Kenntnisse und geleistete Arbeit verwiesen wird, die für die Ausübung der Tätigkeit notwendig sind. Das Formular wird normalerweise in der Organisation verteilt und an freie Arbeitsvermittler sowie staatliche oder lokale Arbeitsämter übermittelt. Zum Zweck der näheren Beschreibung nennen wir das Formular in diesem Kapitel Stellenausschreibung.

Der Inhalt einer Stellenausschreibung ist nahezu standardisiert. Die Stellenausschreibung enthält normalerweise das Datum der Veröffentlichung, den Namen der zu besetzenden Stelle, den Arbeitsort und die Stellenidentifikationsnummer. Sie stellt Pflichten heraus, die mit der Stelle verbunden sind, sowie erforderliche und erwünschte Kenntnisse. Sie wird normalerweise den Bildungsabschluss und die erforderliche Berufserfahrung festsetzen.

Für jede der Stellen im Testteamprofil in Tabelle 5.10 muss eine Stellenausschreibung erstellt werden. Ein Beispiel für eine Stellenausschreibung für die Position des Testleiters sehen Sie in Abbildung 5.1 (nächste Seite).

5.4.4 Einstellungsaktivitäten

Die Fähigkeit einer Organisation zur effektiven Einstellung eines Qualitätstestingenieurs unterscheidet sich auf der Grundlage des Typs des Testteams, das in der Organisation beschäftigt werden soll. Organisationen mit Durchgangs-Testteams (siehe Abschnitt 5.1) stellen Testexperten nur für die Dauer eines Projekts ein. Bei solch einem Szenario setzt die für das Projekt verantwortliche Organisation einen Projektmanager ein, der den Beginn und die Ausführung des Projekts überwacht. Während der Startphase des Projekts untersucht und bewertet dieser Manager Werkzeuge für das Projekt, entwickelt Stellenausschreibungen für das benötigte Personal, unterhält sich mit Bewerbern für die verschiedenen Stellen und entscheidet über die Einstellung von Personal. Dieser Projektmanager hat vielleicht begrenzte Erfahrungen mit professionellen Softwaretestprogrammen gesammelt und weiß möglicherweise nicht, wie die für das Team benötigten Kenntnisse definiert, eingestellt oder erkannt werden.

Andere Arten von Testteams, wie zentrale und SMT-Teams, die in Abschnitt 5.1 vorgestellt wurden, verfügen über Infrastrukturen, welche die

Stellenausschreibung

Titel: Testleiter   VZ/TZ: Vollzeit

Datum: (aktuelles Datum)   Stellennummer: 10068

Gehalt: (Minimum - Maximum)   Ort: Fairfax, Virginia

Abteilung: 002   Manager: John Smith

Erforderliche Qualifikationen:

- FH-Abschluss in Informatik, Informationstechnologie, Ingenieurwissenschaften, Wirtschaftswissenschaften oder einer anderen verwandten wissenschaftlichen oder technischen Disziplin
- 4 Jahre Erfahrung mit Softwaretests
- 1 Jahr Erfahrung mit einem automatisierten Testwerkzeug
- Erfahrungen mit der Entwicklung von Testplänen
- Vertrautheit mit dem gesamten Softwareentwicklungslebenszyklus

Wünschenswerte Qualifikationen:

- Erfahrungen mit den automatisierten Testwerkzeugen WinRunner und Purify
- Vertrautheit mit RDBMS- bzw. SQL Server-Software
- Erfahrungen mit Systemintegration/Softwareprogrammierung/QS-Verantwortlichkeit
- Vertrautheit mit C oder C++, UNIX-Shellskriptprogrammierung, Visual Basic oder Powerbuilder
- Ausgeprägte Kommunikationsfähigkeit und Belastbarkeit
- Teamfähigkeit und gute Zusammenarbeit mit Vorgesetzten

Beschreibung/Pflichten:

- Unterstützen der Kundenkontakte, Durchführung von Einstellungen, Einführung von Testwerkzeugen, Leitung des Teams, Testplanung/-design/-entwicklung und -ausführung
- Verantwortlich für Testaufgaben wie: Analysieren von Systemanforderungen für die Testfähigkeit; Ableiten von Testanforderungen und Teststrategien; Bewerten automatisierter Testwerkzeuge; Verifizieren der Kompatibilität automatisierter Testwerkzeuge mit der zu testenden Anwendung; Planen der Einführung des Testwerkzeugs in das Projekt; Umgehen von Problemen der Kompatibilität des Testwerkzeugs; Planen von Testaktivitäten; Bestimmen der auszuführenden Testarten; Planen, Verfolgen und Verwalten der Einrichtungsaktivitäten der Testumgebung; Entwickeln von Testdesigns; Entwickeln und Ausführen von Testverfahren; Entwickeln und Verwalten von Testdaten; Steuern der Testkonfiguration und -umgebung; Fördern einer engen Zusammenarbeit zwischen Softwareentwicklern und Testingenieuren; Durchführen von Reviews zur Testbereitschaft; Dokumentieren, Verfolgen und Vervollständigen von Fehlerberichten

Abb. 5.1 Eine Stellenausschreibung

Rotation der Testingenieure durch verschiedene Projekte ermöglichen. Diese Testorganisationen können im Allgemeinen auf ein Netzwerk von Testexperten zurückgreifen, falls die Situation eintritt, dass das Team für ein Projekt zusätzliches Testpersonal benötigt. Per Definition sind in diesen Organisationen Testingenieure angestellt, die für das Aufstellen einer Stellenausschreibung verfügbar sind, Informationen für eine Stellenanzeige bereitstellen und Gespräche mit Testingenieurbewerbern führen können. Sie genießen einige Vorzüge im Vergleich zur Durchgangs-Testorganisation, weil es für sie leichter ist, Bewerber zum Beitritt zur Organisation zu bewegen, wie in Abschnitt 5.1 bemerkt wurde. Da die Nachfrage nach professionellen Testingenieuren das Angebot in den letzten Jahren überholt hat – eine Entwicklung, die voraussichtlich anhalten wird – sind möglicherweise erhöhte Anstrengungen für ein erfolgreiches Einstellen und Beschäftigen von Testingenieuren nötig. Arbeitgeber müssen sicherlich umfassende Vergütungspakete, Weiterbildungsangebote, flexible Arbeitszeiten, attraktive Stellenbezeichnungen und Prämien aussetzen. Ein weiterer wichtiger Aspekt ist die Verfügbarkeit moderner Softwareentwicklungs- und -unterstützungswerkzeuge sowie die Verwendung zeitgemäßer Hardwareausstattung.

Zentrale und SMT-Organisationen versuchen oft, professionelle Testingenieure durch das Angebot von Aufstiegschancen innerhalb einer zentralen Softwaretestabteilung, Weiterbildungsmöglichkeiten und Entwicklung automatisierter Testwerkzeuge, Anleitung durch erfahrene Testingenieure, erhöhte Arbeitsplatzsicherheit durch Rotation der Testingenieure durch Projekte und erhöhte professionelle Entwicklungsmöglichkeiten durch die Verwendung einer Vielzahl von Technologien und Werkzeugen in verschiedenen Projekten zu gewinnen.

5.4.5 Finden von Testingenieuren

Ungeachtet des Typs der Testteamorganisation muss die Person, die für das Bewerben und Einstellen von Testingenieuren verantwortlich ist, wissen, wie man interessante Kandidaten finden kann. Diese Person muss außerdem bei einem Gespräch einen außergewöhnlichen Bewerber von einem mittelmäßigen Bewerber unterscheiden können.

Lebensläufe von Testingenieuren können mit verschiedenen Mitteln erbeten oder gefunden werden. Ein Ansatz ist ein Review der Datenbank der Organisation, welche die Einstellungsdaten oder Lebensläufe enthält. Alternativ können Lebensläufe über Stellenangebote in einer Zeitung oder einer Zeitschrift erbeten werden. Eine aktivere und möglicherweise kostengünstigere Möglichkeit ist die Abfrage von einschlägigen Internet-Quellen oder das Anbieten unbesetzter Stellen bei Mitarbeiterkontaktbörsen oder testorientierten Newsgroups. Angestelltenreferenzprogramme sind, wenn angeboten, ebenfalls nützlich zum Anfordern von Lebensläufen von Testingenieuren, und spezielle Beförderungen, wie solche, die Reisen zu exotischen Orten anbieten, können auch hilfreich sein.

Nach den Anstrengungen zum Auffinden oder Anfordern von Lebensläufen von Testingenieuren muss der einstellende Manager den Stapel der zu erwartenden Lebensläufe zu einer Hand voll oder so verkleinern, bis nur diejenigen übrig bleiben, die den spezifischen Anforderungen des Managers am ehesten entsprechen. Der Manager muss die Bewerber dann persönlich kennen lernen.

5.4.6 Gespräche mit Testingenieuren

Zur Vorbereitung auf Gespräche mit Testingenieuren sollte der einstellende Manager eine Liste bedeutsamer Fragen entwickeln, um sich zu vergewissern, dass der Bewerber über die erforderlichen Fertigkeiten verfügt. Wenn diese Fragen vorbereitet worden sind, sollten sie an alle Mitarbeiter verteilt werden, die am Gesprächs teilnehmen.

Die Personen, die ein Gespräch leiten, sollten die Antworten auf alle Fragen dokumentieren oder zusammenfassen. Der Gesprächsführer sollte zudem Beobachtungen notieren, die sich auf den Bewerber beziehen. Diese Dokumentation wird später hilfreich sein, wenn eine Entscheidung über die Einstellung eines Bewerbers getroffen oder zwischen zwei Bewerbern entschieden werden muss. Wenn es möglich ist, sollte der Bewerber von zwei oder mehr Personen befragt werden.

Im Folgenden werden einige Einführungsfragen für den Beginn des Gesprächs aufgelistet:

1. Man sollte das Gespräch mit einer *Frage ohne Zielsetzung* beginnen, die dem Bewerber die Möglichkeit gibt, eine Weile zu sprechen. Bei dieser Gelegenheit kann der Fragende die Kommunikationsfähigkeit des Bewerbers und die Fähigkeit zum Ordnen von Gedanken einschätzen. Beispiel: »Könnten Sie Ihre Testpraxis und Ihr Interesse an einer Tätigkeit als Testingenieur zusammenfassen?«

2. Eine gute zweite Frage gibt dem Bewerber die Möglichkeit, über seine *Fähigkeiten zur Problemlösung* zu sprechen. Beispiel: »Könnten Sie erläutern, wie Sie technische Probleme gelöst haben und welche Art von Ergebnissen Sie erhielten?«

3. Der Testingenieur sollte mit dem *Testlebenszyklus* vertraut sein. Beispiel: »Könnten Sie Ihre Vorstellung vom Testlebenszyklus erörtern?«

Im Folgenden werden spezielle Themen beschrieben, die beim Gespräch mit einem Testingenieur zu beachten sind. Der Gesprächsführer sollte den Bewerber über seine Erfahrungen mit all diesen Themen befragen. In Abhängigkeit von der Qualifikation des befragten Testingenieurs kann dieser Fragenkatalog verkleinert oder erweitert werden.

1. Analysieren von Systemanforderungen zur Testfähigkeit. Geben Sie Beispiele für testfähige und nicht testfähige Anforderungen und lassen Sie den Bewerber definieren, welche Anforderungen er für testfähig hält und welche nicht. (Ein Beispiel: »Das System sollte das unbegrenzte Hinzufügen von Konten zulassen.« ist eine nicht testfähige Anforderung).

2. Verständnis des Testlebenszyklus. Der Testingenieur sollte wissen, dass der Testlebenszyklus parallel zum Entwicklungslebenszyklus abläuft.

3. Ableiten von Testanforderungen und Teststrategien. Fordern Sie den Bewerber auf, Beispiele zu nennen.

4. Verwenden eines automatisierten Testwerkzeugs.

5. Bewerten eines automatisierten Testwerkzeugs.

6. Ändern automatisierter Testskripts. Der Bewerber sollte über Entwicklungserfahrung verfügen.

7. Überprüfen der Kompatibilität eines automatisierten Testwerkzeugs mit der zu testenden Anwendung.

8. Auffinden von Lösungen zur Umgehung von Inkompatibilitätsproblemen.

9. Planen der Einführung eines automatisierten Testwerkzeugs in ein Projekt.

10. Planen von Testaktivitäten.

11. Planen, Verfolgen und Verwalten von Einrichtungsaktivitäten der Testumgebung.

12. Verständnis für die Bedeutung der Einrichtung einer Grundspezifikation oder Baseline für das Testbed und die Testumgebung.

13. Nennen der auszuführenden Testarten.

14. Entwickeln eines Testdesigns.

15. Entwickeln von Testdaten und Aktualisierung der Testdatenbank während der Testausführung.

16. Durchführen von Datenvalidierungstests.

17. Einfügen von Kommentaren bei der Aufzeichnung von Skripts mit einem automatisierten Testwerkzeug.

18. Durchführen von Reviews zur Testbereitschaft.

19. Fähigkeit, das System oder die Anwendung zum Absturz zu bringen sowie Erkennung und Übermittlung des Problems an den Entwickler.

20. Dokumentieren, Verfolgen und Abschließen von Fehlerberichten.

21. Förderung einer engen Beziehung zwischen Entwicklern und Testingenieuren.

22. Durchführen von Testaktivitäten in der für das Projekt geplanten technischen Umgebung.

23. Demonstrieren der technischen Fähigkeiten, die für die Stelle notwendig sind, wie in der Stellenausschreibung angegeben.

24. Durchführen einer Vielzahl verschiedener Testarten, Lernen neuer Technologien und Durchführen mehrerer Verantwortlichkeiten zur gleichen Zeit.

25. Verständnis für die erforderliche Funktionalität der kommerziellen Anwendung.

26. Enge und effektive Zusammenarbeit mit Softwareentwicklern und Benutzern.

27. Verständnis für Einbeziehung der Benutzer ab Beginn und während des Systementwicklungslebenszyklus.

28. Verständnis für gewöhnliche Netzwerk-, Datenbank- und Middleware-Fragen.

29. Vertrautheit mit dem projektspezifischen Betriebssystem, der Datenbank, dem Netzwerk und der Entwicklungssprache.

30. Verständnis für die Erfassung und Analyse von Metriken.

5.4.7 Charakteristika des optimalen Bewerbers

Neben der Begutachtung der Qualitäten eines Bewerbers und seiner Test- und technischen Kenntnisse kann ein einstellender Manager einige Schritte unternehmen, um abzusichern, dass der Bewerber die Aufgabenstellung einer speziellen Position erfolgreich durchführen wird:

1. Schätzen Sie ein, wie der Bewerber Fragen gestellt und beim Gespräch die Initiative ergriffen hat.

2. Stellen Sie fest, ob der Bewerber gut zugehört und Interesse an der Stelle und dem Unternehmen gezeigt hat.

3. Achten Sie auf Kommentare und Antworten, die auf die Teamorientierung des Bewerbers hinweisen.

4. Achten Sie auf Kommentare und Antworten, die darauf hinweisen, dass der Bewerber ein engagierter Arbeiter und an exzellenter Arbeitsweise interessiert ist.

5. Schätzen Sie die Fähigkeit des Bewerbers ein, wichtige Unterschiede zu machen und wichtige Einsichten im Hinblick auf einen effektiven Testprozess, Design und Ausführung mitzuteilen.

6. Schätzen Sie ein, wie gut der Bewerber Fragen beantwortet. Sind die Antworten kurz und treffend oder weichen sie der Fragestellung aus, werden sie unzusammenhängend oder chaotisch?

7. Erkundigen Sie sich, wie gut der Bewerber programmieren kann. Finden Sie bei Nachwuchsbewerbern heraus, welche Grade sie bei akademischen Programmierkursen erreicht haben. Ein Abschluss in Informatik bietet einige Sicherheit, dass der Bewerber hinreichend analytisch, intuitiv und zielstrebig ist, um als Testingenieur erfolgreich sein zu können. Programmierkenntnisse sind wichtig, weil sie dem Testingenieur das Ändern von Skripts ermöglichen, um sie wieder verwendbar und pflegeleicht zu machen, wodurch der Zeitaufwand für die Neuerstellung von Testskripts minimiert wird.

8. Achten Sie darauf, ob der Bewerber mit Respekt von der Testtätigkeit spricht.

9. Achten Sie darauf, ob der Bewerber mit Respekt über einen ehemaligen Vorgesetzten, Hochschulprofessor und Mitglieder von Hochschulprojektteams spricht. Obwohl technische Kenntnisse wichtig sind, ist es auch entscheidend, Leute einzustellen, die mit anderen effektiv zusammenarbeiten, da der Testingenieur bei Fehlern Entwickler um Rat fragen muss. Der Testingenieur muss geduldig genug sein, um Hindernisse und Herausforderungen im Projekt und der Organisation zu überwinden.

10. Stellen Sie keinen Testingenieur ein, der sich nicht als Entwickler bewährt hat. Denken Sie daran, dass aus einem schlechten Entwickler kein guter Testingenieur werden kann.

11. Beachten Sie, wie die Persönlichkeit des Testingenieurs mit dem Rest des Teams zusammenpasst. Das Testteam muss mit Häuptlingen und Indianern ausgestattet sein. Eine Teamzusammensetzung, bei der alle zu einer und keiner zur anderen Kategorie gehört, kann zum Problem werden. Wenn zu viele starrköpfige und störrische Techniker (Indianer) im Projekt arbeiten, werden sie aneinander geraten, und die resultierende Reibung kann die Testleistung in Mitleidenschaft ziehen. Gehören dem Projekt zu viele Häuptlinge an, kann es zu Unstimmigkeiten über die einzuschlagende Richtung kommen, und dem Testteam wird eventuell genügend technische Stärke fehlen, um alle Herausforderungen überstehen zu können.

5.5 Rollen und Verantwortlichkeiten

Dieser Abschnitt beschreibt die wichtigsten Rollen und Verantwortlichkeiten der Mitarbeiter, die Testaktivitäten durchführen, und derer, die typischerweise in enger Beziehung zu Testingenieuren stehen. Diese Rollen und Verantwortlichkeiten sollten an das spezielle Projekt angepasst und im Projekttestplan dokumentiert werden.

Die Anzahl der erforderlichen Testingenieurrollen bei einem Projekt kann die Zahl der tatsächlichen Testteampositionen übersteigen. Darum kann ein Testingenieur für mehr als eine Rollen verantwortlich sein – das bedeutet, dass diese Person »verschiedene Hüte trägt«. Die verschiedenen erforderlichen Rollen für Testingenieure bei den unterschiedlichen Testprogrammen wurden in Tabelle 5.3 aufgelistet. Um zu gewährleisten, dass Rollen korrekt erfüllt werden, können verschiedene Praktiken verwendet werden, wie die Verwendung von Beratern auf Teilzeitbasis oder in einem befristeten Arbeitsverhältnis. Ebenso sollte der Einsatz eines Testingenieurs als Mentor innerhalb der Organisation für weniger erfahrene Testingenieure erwogen werden und sollte die Organisation Testingenieure wechselseitig in verschiedenen Projekten, unterschiedlichen technischen Umgebungen und unterschiedlichen Testwerkzeugen schulen.

Tabelle 5.11 listet die Verantwortlichkeiten und Rollen der Teilnehmer des Testprozesses auf.

Testteams, die den Einsatz automatisierter Testwerkzeuge planen, sollten über Personal mit Erfahrung in der Softwareentwicklung verfügen, da sich automatisiertes Testen von manuellem Testen dahingehend unterscheidet, dass Testskripts entwickelt, ausgeführt und verwaltet werden müssen. Darum unterscheiden sich Kenntnisse und Aktivitäten der Testingenieure, die manuelle Tests ausführen, von Kenntnissen und Aktivitäten der Testingenieure, die automatisierte Tests ausführen. Manuelle Testrollen werden aus diesem Grund bei den Rollen und Verantwortlichkeiten in Tabelle 5.11 separat aufge-listet.

Es ist wichtig, dass die korrekten Rollen der geeigneten Person zugewiesen werden. Schätzen Sie die aktuellen Stärken ab und weisen Sie die Rollen ent-sprechend zu. Organisieren und verwalten Sie die Testarbeit so, dass ein maxi-maler Vorteil aus den speziellen Kenntnissen jedes Mitgliedes und aus dem speziellen Zweck jedes Elements des Testprogramms entsteht.

Tab. 5.11 Verantwortlichkeiten und Rollen des Testteams

Verantwortlichkeiten	Kenntnisse
Testmanager	
• Verantwortlich für den Kontakt zu Kun-den und Testwerkzeuganbietern, Durch-führung von Einstellungen, Einführung des Testwerkzeugs, Leitung des Teams, Schulung des Teams • Testplanentwicklung, einschließlich Ent-wicklung der Testziele und der Teststrate-gie • Integration von Test- und Entwicklungs-aktivitäten • Erwerb von Hardware und Software • Konfigurationsmanagement der Testum-gebung und des Testprodukts • Definition des Testprozesses, Schulung und kontinuierliche Verbesserung • Überblick über Testprogramm und Ver-folgung des Fortschritts • Verwenden von Metriken zur Unterstüt-zung kontinuierlicher Testprozessverbes-serungen	• Vertraut mit Testprogrammfragen, einschließlich Testdatenmanagement, Fehlerberichten und -auflösung, Test-design und -entwicklung • Versteht den Einsatzbereich der Anwen-dung und die Anwendungsanforderun-gen • Kann Testziele und -strategien entwickeln • Vertraut mit verschiedenen Testwerk-zeugen und deren Verwendung • Kennt sich mit allen Aspekten der Planung aus, einschließlich der Personal-verwaltung, Hilfsmittel und Zeitplanung
Testleiter	
• Technische Führung des Testprogramms, einschließlich des Testansatzes • Kundenkontakt, Einstellungen, Einfüh-rung des Testwerkzeugs, Testplanung, Leitung des Teams und Berichte zu Kosten/Fortschritten	• Versteht den Einsatzbereich der Anwen-dung und die Anwendungsanforderun-gen • Vertraut mit Testprogrammfragen, ein-schließlich Testdatenmanagement, Fehlerberichten und -auflösung, Test-design und -entwicklung

Tab. 5.11 Verantwortlichkeiten und Rollen des Testteams (Forts.)

Verantwortlichkeiten	Kenntnisse
• Definition der Testanforderungen, Testdesign, Entwicklung von Testskripts und Testdaten, Testautomatisierung, Konfiguration der Testumgebung, Verwaltung der Testskriptkonfiguration und Testausführung • Interaktion mit dem Anbieter des Testwerkzeugs, um die beste Möglichkeit zur Aufgabenerfüllung im Projekt zu ermitteln • Information über neueste Testansätze und Testwerkzeuge sowie Wissenstransfer zum Testteam • Testverfahren-Walkthroughs • Implementierung von Testprozessverbesserungen als Ergebnis der erworbenen Kenntnisse und der durchgeführten Messungen • Testen der Verfolgbarkeitstabelle • Implementierung des Testprozesses • Review der Testproduktdokumentation	• Weitreichende technische Kenntnisse, einschließlich Programmiersprachen, Datenbanktechnologien und Betriebssystemen • Vertraut mit verschiedenen Testwerkzeugen und deren Verwendung
Usability-Testingenieur	
• Design und Entwicklung von Usability-Testszenarien, Administration des Testprozesses • Definition von Kriterien zur Ausführung der Usability-Tests, Analyse der Ergebnisse der Testsitzungen, Präsentation der Ergebnisse vor dem Entwicklungsteam • Entwicklung der Testproduktdokumentation und -berichte • Definition der Usability-Anforderungen und Interaktion mit Kunden zur Verbesserung der Usability-Anforderungen • Testverfahren-Walkthroughs	• Geübt im Design von Testreihen • Kenntnisse bezüglich der Testerleichtung • Hervorragende zwischenmenschliche Kenntnisse • Bewandert in GUI-Designnormen
Ingenieur für manuelles Testen	
• Entwicklung von Testverfahren und -fällen auf der Basis der Anforderungen	• Gutes Verständnis des GUI-Designs – Usability-Fehler werden bei QS-Tests oft nicht entdeckt

Tab. 5.11 Verantwortlichkeiten und Rollen des Testteams (Forts.)

Verantwortlichkeiten	Kenntnisse
• Manuelle Durchführung der Testverfahren • Testverfahren-Walkthroughs • Leitung von Tests und Vorbereitung von Berichten zum Testfortschritt und zur Regression • Befolgen von Testnormen	• Geübt im Softwaretesten • Erfahrung im Design von Testreihen • Kenntnisse im Einsatzbereich der zu testenden Anwendung • Geübt in GUI-Designnormen
Ingenieur für automatisierte Tests	
• Entwicklung von Testverfahren und -fällen auf der Basis der Anforderungen • Design, Entwicklung und Ausführung von wieder verwendbaren und pflegeleichten automatisierten Skripts • Befolgen von Testnormen • Testverfahren-Walkthroughs • Ausführung von Tests und Vorbereitung von Berichten zum Testfortschritt und zur Regression • Teilnahme an einschlägigen Benutzertreffen, um bezüglich der Testwerkzeugfähigkeiten auf dem Laufenden zu bleiben	• Gutes Verständnis des GUI-Designs – Usability-Fehler werden bei QS-Tests oft nicht entdeckt • Übung im Softwaretesten • Gute Kenntnisse im Design von Testreihen • Bewandert im Umgang mit dem Testwerkzeug • Programmierkenntnisse • Geübt in GUI-Designnormen
Ingenieur für Netzwerktests	
• Testen von Netzwerk, Datenbank und Middleware • Sammeln von Informationen zu Werkzeugen und zur Netzwerk-, Datenbank- und Middleware-Leistungsüberwachung • Fortlaufende Implementierung von Leistungsüberwachungswerkzeugen	• Kenntnisse der Netzwerk-, Datenbank- und Systemadministration • Weitreichende technische Kenntnisse, einschließlich Programmiersprachen, Datenbanktechnologien und Betriebssystemen • Kenntnisse in der Produktbewertung und -integration
Testumgebungsspezialist	
• Installation des Testwerkzeugs und Einrichten der Testwerkzeugumgebung • Erstellung und Steuerung der Testumgebung mit Umgebungseinrichtungsskripts	• Kenntnisse der Netzwerk-, Datenbank- und Systemadministration • Weitreichende technische Kenntnisse, einschließlich Programmiersprachen, Datenbanktechnologien und Betriebssystemen

Tab. 5.11 Verantwortlichkeiten und Rollen des Testteams (Forts.)

Verantwortlichkeiten	Kenntnisse
• Pflege der Testdatenbank • Pflege einer Anforderungshierarchie innerhalb der Testwerkzeugumgebung	• Erfahrung mit dem Testwerkzeug • Kenntnisse in der Produktbewertung und -integration
Testbibliothek- und Konfigurationsspezialist	
• Änderungsmanagement für die Test-skripts • Versionskontrolle der Testskripts • Pflege einer Bibliothek mit Testskripts	• Kenntnisse der Netzwerk-, Datenbank-und Systemadministration • Weitreichende technische Kenntnisse, einschließlich Programmiersprachen, Datenbanktechnologien und Betriebs-systemen • Kenntnisse des Werkzeugs für das Konfi-gurationsmanagement • Erfahrungen mit dem Testwerkzeug
Geschäftsanalyst	
• Analyse der Geschäftsziele im Verhältnis zu den Anwendungszielen • Benutzerbefragung und Prüfung der Marktlage • Definition von Prozessen zur Erfassung von Anforderungen und Bestimmung der Notwendigkeit der Überarbeitung • Erstellen von Anforderungsspezifika-tionen • Koordination mit dem Usability-Testingenieur	• Erfahrung im Einsatzbereich • Kenntnisse bezüglich Befragungen • Menschenkenntnis • Kenntnisse in Benutzer- und Aufgaben-analyse • Versteht den GUI-Usability-Prozess
Zusammenarbeit mit einem Hauptbenutzer	
• Vorrangiger Repräsentant der Benutzer-schaft • Übermittlung von Geschäfts- und Benutzeranforderungen an das Entwick-lungsteam	• Hervorragende zwischenmenschliche Kenntnisse • Kenntnis des Einsatzbereichs

5.6 Zusammenfassung

• Das Testteam muss über spezielle Kenntnisse hinsichtlich des Umfangs und der Breite der notwendigen Testarbeiten verfügen und in der Lage sein, eine Strategie zur Ausführung und Implementierung des Testprogramms zu entwickeln. Es ist erforderlich, die Zusammensetzung des Testteams festzulegen und durchzusetzen und Rollen und Verantwortlichkeiten des Testteams zu definieren.

• Mehrere organisatorische Strukturen sind für das Testteam möglich. Mögliche Ansätze sind das Durchgangs-Testteam, das zentrale Testteam, das UVV-Testteam sowie das SMT-Team.

• Die wichtigste Konsequenz der Testteamorganisation betrifft die Möglichkeiten zur kontinuierlichen Verbesserung des Prozessreife und der Softwaretestfähigkeit. Testteamstrukturen, die Projekte überdauern, können den Prozess der Organisation, Verfahren und Werkzeugkenntnisse beibehalten und verbessern sowie dieses Wissens auf neue Projekte übertragen.

• Die verschiedenen Typen von Testaufgaben eines Testprogramms werden gewöhnlich in einer Testgliederung aufgezeigt. Diese Gliederung wird dann in Verbindung mit Aktivitäten zur Zeiteinsparung verwendet, um den Verlauf der Testarbeit an verschiedenen Testprojekten aufzuzeichnen.

• Mit verschiedenen Methoden kann man die Testteamgröße bestimmen, die für die Unterstützung der Testarbeit notwendig ist. Die hierfür verwendeten Ansätze basieren auf Verhältnis- und Prozentangaben sowie auf der Anzahl der Testverfahren und der Aufgaben.

• Ein Testingenieur muss über die Fähigkeit zur Fehlerentdeckung verfügen. Er muss mit der Einstellung eines Entwicklers Inkompatibilitätsprobleme umgehen können, die bei der Verwendung eines automatisierten Testwerkzeugs auftreten können. Der ideale Testingenieur ist analytisch, achtet auf Details und arbeitet organisiert und hat bei der Komplexität des automatisierten Testens eines kreative und vorausschauende Einstellung. Ein Testingenieur muss für die gemeinsame Arbeit mit Softwareentwicklern sowohl durchsetzungsfähig als auch ausgeglichen sein.

• Wegen der Komplexität der Testarbeiten in einer Client/Server-Umgebung oder einer Umgebung mit mehreren Schichten benötigen Testingenieure weitreichende technische Kenntnisse. Sie sollten Erfahrungen mit verschiedenen Plattformen, Betriebssystemen, Schichten unterstützender Anwendungen, Schnittstellen zu anderen Produkten und Systemen, Datenbanken und Anwendungssprachen haben. Außerdem sollten sie die Skriptprogrammiersprache des wichtigsten automatisierten Testwerkzeugs kennen.

- Für die Einstellung von Testingenieuren für ein Testprogramm sollte der einstellende Manager die Zielzusammensetzung des Testteams kennen. Die effektive Ausführung eines Testprogramms erfordert vom Team ausreichende Fertigkeiten, um mit dem geplanten Testprozess und den verwendeten Testwerkzeugen zurechtzukommen. Die Zusammensetzung des Testteams sollte in einem Testteamprofil festgehalten werden.

- Zur Vorbereitung auf die Gespräche mit Testingenieuren sollte der einstellende Manager einen Fragenkatalog entwickeln, mit Hilfe dessen er erkennen kann, ob der Bewerber über die geeigneten Fertigkeiten auf dem geforderten Niveau verfügt. Alle Personen, die in den Gesprächsprozess involviert sind, sollten die Antworten jedes Bewerbers auf jede Frage dokumentieren oder zusammenfassen.

- Die wichtigsten Rollen und Verantwortlichkeiten für Personen, die Testaktivitäten in einem Projekt durchführen, müssen im Projekttestplan definiert und dokumentiert werden.

5.7 Literaturhinweise

1. »Survey Provides Software Testing Industry Snapshot.« *Software Testing Newsletter* Herbst/Winter 1995-1996.

2. Burnstein, I., Suwanassart, T., Carlson, C.R. *Developing a Testing Maturity Model*, Teil II. Chicago: Illinois Institute of Technology, 1996.

Planung und Vorbereitung der Tests

Wenn Softwarefehler Gold wären, entspräche das Testen von Software der Goldgräberarbeit und die Planung von Tests den Forschungen und der Vorbereitungstätigkeit des Geologen vor der Ausbeutung der Mine: Der Geologe stellt einen Plan auf und entwickelt eine Strategie und erhöht damit die Wahrscheinlichkeit, dass das Graben an bestimmten Stellen mit Hilfe einer bestimmten Strategie zum Erfolg führt.

Reliable Software Technologies[1]

---

[1] Übernommen aus: Reliable Software Technologies. »Testability.« IEEE Software, Mai 1995.

Planung und Vorbereitung der Tests

6. Testplanung: Intelligente Anwendung von Testverfahren

Mit dem Verzicht auf Planung wird der Misserfolg geplant.

- Effie Jones

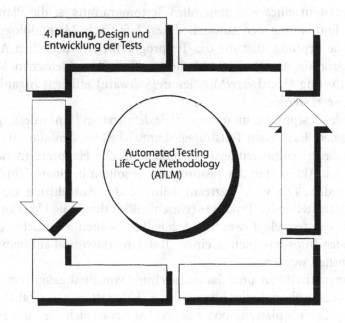

Tab. 6.1　ATLM-Prozesshierarchie.

Einarbeiten der ATLM in den Testplan
Entscheidung zur Automatisierung (Kapitel 2)
Erwerb eines Testwerkzeugs (Kapitel 3)
Einführen automatisierter Tests (Kapitel 4)
Testteam-Management
Planung, Design und Entwicklung der Tests (Kapitel 6-8)
Ausführen und Verwalten automatisierter Tests (Kapitel 9)

Der Eckstein eines wirkungsvollen Testprogramms ist die Planung. Das Element Testplanung der Automated Test Life-Cycle Methodology (ATLM) umfasst die Prüfung aller für das Testprogramm erforderlichen Aktivitäten und die Garantie, dass Prozesse, Methoden, Techniken, Menschen, Werkzeuge und Ausrüstung (Hardware/Middleware/Software) effizient organisiert sind und eingesetzt werden.

Für jedes Testprogramm müssen Ziele definiert und Anforderungen spezifiziert werden. Es müssen Teststrategien entwickelt werden, die auf die Unterstützung dieser Anforderungen gerichtet sind. Die Hauptereignisse und die wesentlichen Aktivitäten des Testprogramms sollten in einen Zeitplan eingetragen werden. Die vom Testteam während der Ausführung des Testprogramms zu erstellenden Produkte (einschließlich der finalen Versionen) müssen ebenfalls festgelegt werden. Schließlich sollten sämtliche die Sache betreffenden Informationen in einem Testplan erfasst und auf dem aktuellen Stand gehalten werden.

Planungsaktivitäten und das Aufzeichnen von diesbezüglichen Informationen finden während aller Phasen der ATLM statt, wie aus Tabelle 6.1 hervorgeht. In der Testplanungsphase der ATLM richtet sich die Aufmerksamkeit insbesondere auf die Dokumentation des Testprogramms, die zum Erreichen der Testziele und zur Unterstützung der Testumgebung erforderliche Planung und die Erstellung des Testplandokuments. Dieses Kapitel behandelt speziell diese Aktivitäten der Testplanung, während die übrigen Aktivitäten in verschiedenen anderen Kapiteln zur Sprache kommen, wie Tabelle 6.1 zeigt.

6.1 Testplanungsaktivitäten

Der effiziente Einsatz automatisierter Testwerkzeuge erfordert beträchtliche Investitionen in Testplanung und -vorbereitung. Der Testplan enthält umfangreiche Informationen sowie einen Großteil der Anforderungen an die Testdokumentation für das Projekt. Er umreißt Rollen und Zuständigkeiten des Testteams, den Zeitplan für das Projekt, Testdesigntätigkeiten, die Vorbereitung der Testumgebung, Risiken und Möglichkeiten der Tests und das akzeptable Gründlichkeitsniveau. Anhänge zum Testplan können außerdem Testverfahren und -skripts, eine Beschreibung der Namenskonventionen und eine Tabelle für die Zuordnung und den Vergleich von Anforderungen und Testverfahren enthalten. Außerdem muss der Testplan das Ergebnis der einzelnen ATLM-Phasen nennen.

Unter der Voraussetzung, dass ein großer Teil der während der verschiedenen ATLM-Phasen entstandenen Dokumentation Eingang in den Testplan finden muss, ist es von Vorteil, sich diese Dokumentation kurz in Erinnerung zu rufen und ihre Beziehung zum Testplan zu verstehen. Abbildung 6.1 fasst diese Zuordnung zusammen.

Am Anfang des Testplans definiert normalerweise ein Einleitungsabschnitt den Zweck des Plans, den Hintergrund des Projekts, eine Systembeschreibung und ein Diagramm der Projektorganisation. Die gesamte verfügbare Dokumentation über die Testarbeit wird bereits frühzeitig im Testplan aufgelistet, so zum Beispiel die Geschäftsanforderungen, die Spezifikationen für das Design, das Benutzerhandbuch, das Betriebshandbuch, GUI- und Codestandards, Systemzertifizierungsanforderungen und weitere projektbezogene Informationen. Das Testteam sollte die verschiedenen Projektpläne durchgehen, um zu ermitteln, welche Informationen zur Vervollständigung der Abschnitte über den Hintergrund, die Dokumentation, die Systembeschreibung und die Projektorganisation noch benötigt werden. Projektpläne dieser Art können außerdem den Plan für die Softwareentwicklung, Migrationspläne und den Plan für die System- und die Projektverwaltung umfassen.

Zu einer frühen Testplanung gehört die Untersuchung, ob automatisierte Tests für das konkrete Projekt angesichts der Testanforderungen, der verfügbaren Testumgebung und der personellen Ressourcen sowie der Benutzerumgebung, der Plattform und der Produktmerkmale der Zielanwendung Vorteile bieten. Der Testingenieur folgt dabei den in Kapitel 2 skizzierten Hinweisen zur Entscheidung über automatisierte Tests. Das Ergebnis dieser Planungsaktivität ist die Dokumentation der Gründe für die Anwendung automatisierter Testwerkzeuge, welche im Testplan festgehalten werden sollten.

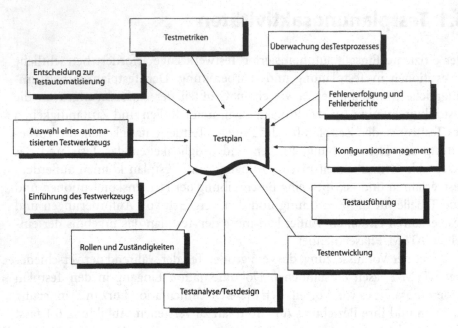

Abb. 6.1 Ursprung und Inhalt des Testplans.

Eine weitere frühe Planungsaktivität betrifft die Bewertung und Auswahl automatisierter Testwerkzeuge zur Unterstützung der Testarbeit (siehe Kapitel 3). Das Ergebnis dieser Untersuchungen schließt die Dokumentation der Gründe für die Auswahl eines oder mehrerer Testwerkzeuge ein. In den Testplan sollte ein Abschnitt »Werkzeuge« aufgenommen werden, der die einsetzbaren Werkzeuge, ihre Funktionalität, ihren Zweck für das Projekt und den Grund für ihre Auswahl aufführt.

Die Testplanung schließt auch eine Analyse des Testprozesses ein, wie sie in Kapitel 4 beschrieben wird. Als Ergebnis der Prüfung des Testprozesses und der Analyse der Testziele wird eine entsprechende Dokumentation erstellt. Zu den Ergebnissen der Analyse gehört die Verfeinerung der Ziele und Strategien des Testprogramms.

Anschließend überzeugt sich das Testteam davon, dass die gewählten Testwerkzeuge in der Projektumgebung wirklich funktionieren und die Anforderungen an eine bestimmte Testarbeit effizient unterstützen, bevor sie implementiert werden. Zur Unterstützung dieser Tätigkeit nutzt es den in Kapitel 4 skizzierten Prozess für die Einführung des Testwerkzeugs. In einer Begutachtung werden neben anderen Aktivitäten die Testanforderungen und der Zeitplan geprüft.

Der Testplan muss den Umfang der auszuführenden Testaktivitäten ermitteln. Normalerweise wird eine Arbeitsschrittstruktur entwickelt, welche die Kategorien der Testaktivitäten auf einer Stufe und die detaillierten Aktivitäten auf der nächsten Stufe benennt (ein Beispiel dazu in Kapitel 5). Sie wird häufig in Verbindung mit Aktivitäten zur Zeiterfassung verwendet (siehe Kapitel 9), um festzuhalten, wie viel Zeit für jede einzelne Testaktivität aufgewendet wurde.

Außerdem sollte der Testplan die Ergebnisse der Schätzungen zum Testumfang enthalten. Diese Schätzungen (siehe Kapitel 5) können die Anzahl der für den Test einzusetzenden Projektmitarbeiter in Form von Gesamtarbeitsstunden oder von Personen angeben, wenn für einen bestimmten Zeitrahmen eine konstante Menge an Arbeit vorausgesetzt wird. Weitere Schätzungen zum Umfang, die bei Verfügbarkeit ebenfalls im Testplan dokumentiert werden sollten, betreffen die Zahl der zu entwickelnden Testverfahren und der aus einer Bibliothek zu übernehmenden Testskripts.

Auch die für die Unterstützung des Testprogramms erforderlichen Qualifikationen und Fähigkeiten sollten dokumentiert werden. Die für den Testingenieur allgemein erforderlichen Qualifikationen und Fähigkeiten werden in Kapitel 5 beschrieben. Die Zusammensetzung des Testteams, die diesen Eigenschaften entsprechen sollte, kann in einem Testteamprofil angegeben werden. Ein Musterprofil ist in Tabelle 5.10 zu finden.

Die dem Testteam zugewiesenen Personen besitzen vielleicht trotzdem nicht alle notwendigen Fähigkeiten und Erfahrungen. Deshalb muss der Testingenieur die Differenz zwischen den benötigten und den vorhandenen Fähigkeiten bewerten, um potenzielle Schulungsgebiete zu ermitteln. Die Testplanung wiederum sollte den Schulungsbedarf dokumentieren. Geplante Schulungen sollten im Zeitplan berücksichtigt werden, damit der Zeitrahmen für parallel verlaufende Aktivitäten angepasst werden kann.

Die Rollen und Zuständigkeiten der Mitglieder des Testteams sollten auf das konkrete Projekt zugeschnitten werden.

Die Phase der Testplanung – der Schwerpunkt dieses Kapitels – konzentriert sich auf die Definition und Dokumentation von Testprogrammanforderungen, die Erstellung der Dokumentation des Testprogramms, die zur Unterstützung der Testumgebung erforderliche Planung und die Erstellung des Testplandokuments. Mit der Dokumentation der Testanforderungen ist die Notwendigkeit verbunden, den zur Verwaltung der Testanforderungen benutzten Ablagemechanismus zu definieren.

Wie in diesem Kapitel dargestellt wird, sollte jedes Testprogramm über einen definierten Umfang verfügen, welcher dem Umstand Rechnung trägt, dass die Testarbeit hinsichtlich des Personals, der Personenstunden und des Zeitplans begrenzt ist. Eine Systembeschreibung bzw. ein Überblick sollte die zu testenden Systembestandteile definieren. Voraussetzungen, Vorbedingungen und Risiken des Testprogramms müssen im Testplan definiert und dokumentiert werden, wozu alle Ereignisse, Aktionen und Umstände gehören, die verhindern könnten, dass der Zeitplan eingehalten wird, beispielsweise verspätetes Eintreffen der Testausrüstung oder Verzögerungen bei der Verfügbarkeit der Softwareanwendung.

Mit der Systembeschreibung ist die Notwendigkeit verknüpft, die für den Erfolg wesentlichen und die risikoträchtigsten Funktionen des Systems zu ermitteln. Nicht alles kann getestet werden, nicht alles lässt sich automatisieren. Wie in diesem Kapitel gesagt, gewährleistet die Ermittlung der risikoträchtigsten Funktionen, dass das Testteam seine Anstrengungen in erster Linie auf diese konzentriert.

Eine Tabelle zur Anforderungsverfolgung ermöglicht dem Testteam, die Abdeckung der Anforderungen durch Testverfahren zu verfolgen. Diese Tabelle wird im Allgemeinen als Bestandteil des Testplans bereitgestellt und kann entweder als Anhang oder als eigener Abschnitt aufgenommen werden. Wie weiter hinten in diesem Kapitel beschrieben wird, wird jeder Systemanforderung eine Verifizierungsmethode zugewiesen. Verifizierungsmethoden sind u.a. Vorführung, Analyse, Inspektion, Testen und Zertifizieren.

Im Testplan müssen auch Anforderungen an Hardware, Software und Netzwerk zur Unterstützung einer Testumgebung festgelegt werden, welche wie im Verlauf des Kapitels beschrieben der Umgebung der zu testenden Anwendung entspricht. Die Beschaffungs-, Installations- und Einrichtungsaktivitäten für verschiedene Bestandteile der Testumgebung müssen sorgfältig geplant und zeitlich abgestimmt werden. Bei ungewöhnlichen Anforderungen an die Testumgebung muss das Testteam möglicherweise die Schätzung für den Gesamtumfang des Testprogramms in Personenstunden erhöhen. Die Pläne für die Testumgebung sollten Anzahl und Art der Mitarbeiter ermitteln, welche die Testumgebung benutzen müssen, und sicherstellen, dass für diese eine ausreichende Anzahl von Rechnern zur Verfügung steht.

Der Gesamtansatz für das Testdesign ist ein weiterer Bestandteil des Testplans. Methoden zur Modellierung des Designs für ein (dynamisches) Testprogramm werden in Kapitel 7 detailliert besprochen. Eine grafische Darstellung des Testdesigns legt die anzuwendenden Testtechniken einschließlich White-Box- und Black-Box-Techniken fest.

Außerdem muss der Testplan die zahlreichen erforderlichen Testverfahren dokumentieren, wie in Kapitel 7 umrissen wird. Dazu gehört die Ermittlung der noch zu entwickelnden und der auszuführenden Verfahren. Der Entwurf enthält die Zusammenfassung der Testverfahren in logische Gruppen und die Definition von Namenskonventionen für das Testskriptpaket.

Die Testplanung legt auch die Anforderungen für Testdaten und die Mittel zur Beschaffung, Erzeugung oder Entwicklung von Testdaten fest. Wie in Kapitel 7 erklärt wird, sollte der Testplan den Mechanismus für die Verwaltung der Integrität der Testbasis bzw. des Testbed, beispielsweise das Versetzen der Testdatenbank in den ursprünglichen Grundzustand bzw. die Baseline, zur Unterstützung von Regressionstests benennen. Er sollte auch Namen und Fundorte der zur Prüfung von Softwareanwendungen erforderlichen Testdatenbanken aufführen.

Die Architektur der Testentwicklung wird im Testplan dokumentiert. Wie in Kapitel 8 gesagt wird, vermittelt sie dem Testteam eine klare Vorstellung von den vorbereitenden Aktivitäten (den Bausteinen) für die Testentwicklung, die zum Erstellen von Testverfahren nötig sind. Eine grafische Darstellung veranschaulicht die Architektur der Testentwicklung und zeigt die wichtigsten Aktivitäten, die als Bestandteil der Testentwicklung erledigt werden müssen.

Der Zeitplan für die Entwicklung bzw. Ausführung der Testverfahren und -skripts wird vom Testteam als Mittel zur Aufstellung des Zeitrahmens für die Entwicklung und Durchführung der zahlreichen Tests vorbereitet. Wie in Kapitel 8 gesagt wird, berücksichtigt er die gegenseitigen Abhängigkeiten von Tests und schließt Einrichtungsaktivitäten, Testskriptfolgen und Bereinigungstätigkeiten ein.

Der Testplan enthält die Ergebnisse der Analyse der Modularitätsbeziehungen. Es wird eine Tabelle in Abbildungsform vorgestellt (siehe Kapitel 8), welche die gegenseitigen Beziehungen der verschiedenen Testskripts angibt. Diese grafische Darstellung ermöglicht dem Testingenieur, schnell mit Hilfe des Wrapper-Formats Möglichkeiten für die Wiederverwendung von Testskripts in verschiedenen Kombinationen zu ermitteln und dadurch den Aufwand für das Erstellen und Pflegen von Testskripts zu reduzieren.

Ein weiteres Element der Testplanung betrifft das Festlegen von Verfahren für das Definieren von Grundspezifikationen bzw. Baselines für Testskripts. Hier sollte ein Werkzeug für das Konfigurationsmanagement für das Projekt angeführt werden. Der Testplan muss das Instrument zur Kontrolle von Testkonfiguration und -umgebung nennen, wie in Kapitel 8 dargestellt wird. Da Testverfahren entwickelt werden, muss das Testteam darauf achten, dass für den Testentwurf, die Testskripts und die Testdaten sowie für jedes einzelne Testverfahren eine Konfigurationskontrolle stattfindet.

Als nächstes muss das Testteam Leitlinien für die Entwicklung von Testverfahren aufstellen, die für die verschiedenen Testentwicklungstätigkeiten gelten sollen. Solche Leitlinien sollten sowohl für manuelle als auch für automatisierte Testverfahren verfügbar sein, wie es Tabelle 8.5 zeigt.

Der Testplan muss die Aktivitäten der Testdurchführung nennen, einschließlich der Entwicklung eines Testzeitplans und des Übergangs von einer Testphase zur nächsten. Fragen der Ausführung und Verwaltung werden in Kapitel 9 behandelt, wo wir auch einige der besten Verfahren für die Entwicklung und Durchführung automatisierter Testverfahren beschreiben.

In Kapitel 9 wird außerdem die Suche nach einem Werkzeug zum Aufspüren von Fehlern als Bestandteil der Testplanung behandelt. Auch Fehlerverfolgung und Ablauf der Fehlerbehandlung sollten definiert und dokumentiert werden, und die Testingenieure müssen für diese Verfahren geschult werden.

Außerdem sollte der Testplan definieren und dokumentieren, welche Metriken während des Testlebenszyklus gesammelt werden. Testmetriken (siehe Kapitel 9) liefern dem Testingenieur wichtige Anhaltspunkte für Abdeckung, Lebenszyklus und Qualität der Tests.

Während der Frühstadien der Testplanung sollte ein vorläufiger Testzeitplan aufgestellt werden, der den Zeitplan für die Entwicklung ergänzt. Nachdem die Testaktivitäten analysiert und die Pläne detaillierter im Testplan dokumentiert sind, muss der Testzeitplan verfeinert und erweitert werden. Das Testteam muss alle Aktualisierungen des Projektentwicklungsplans daraufhin prüfen, ob der Testzeitplan noch konsistent ist.

Die Entwicklung eines Testplans stellt keine einfache Aufgabe dar, sondern erfordert beträchtliche Arbeit. Das Testteam sollte die Entwicklung des Plans mit der Suche nach einer Vorlage eröffnen und diese nach Bedarf anpassen. (Ein Beispiel für einen Testplan wird in Anhang D bereitgestellt.) Wenn ein Plan erstellt und so verfeinert ist, dass er den Ansatz für das Testprogramm vollständig dokumentiert, wird er zum führenden Instrument, um den Erfolg des Testprogramms zu gewährleisten.

6.2 Der Anwendungsbereich des Testprogramms

Dieser Abschnitt umreißt die wesentlichen Aktivitäten zur Definition des Anwendungsbereichs für das Testprogramm. Dieser wird mittels der Definition von Testzielen und -strategien sowie von Testanforderungen formuliert, die sich entwickeln lassen, sobald das Testteam eine klare Vorstellung vom System besitzt, festgelegt hat, welche automatisierten Werkzeuge das Testprogramm unterstützen sollen, und einige Parameter für das Testprogramm dokumentiert hat.

Ein vorbereitender Schritt bei der Definition des Anwendungsbereichs für das Testprogramm betrifft, wie in Tabelle 6.2 dargestellt wird, die Prüfung von Systemanforderungen oder Anwendungsfällen und, falls verfügbar, der Designdokumentation durch das Testteam. Als nächstes geht der Testingenieur die Aufgabenbeschreibung des Systems durch und ermittelt kritische und risikoträchtige Funktionen. Er muss eine klare Definition des Systems besitzen und die Systemanforderungen oder Anwendungsfälle verstehen, um Testziele und -strategien definieren zu können.

Tab. 6.2 Definition des Anwendungsbereiches des Testprogramms.

Schritt	Beschreibung
1	Prüfen der Systemanforderungen oder Anwendungsfälle und der Designdokumentation (Geschäfts-/Funktionsanforderungen oder Designspezifikationen)
2	Prüfen vorhandener Projektpläne und Entwickeln einer Systembeschreibungsdefinition für den Testplan
3	Entwickeln einer Definition der systemkritischen bzw. risikoträchtigen Funktionen
4	Entwickeln von Testzielen und -strategien
5	Ermitteln automatisierter Testwerkzeuge, die zur Unterstützung des Testprogramms eingesetzt werden
6	Skizzieren von Parametern für das Testprogramm einschließlich Anwendungsbereich, Voraussetzungen, Vorbedingungen, Akzeptanzkriterien und Risiken
7	Festlegen von Verifizierungsmethoden für die Systemanforderungen oder Anwendungsfälle
8	Testen der Anforderungsdefinition

Anschließend müssen automatisierte Werkzeuge für das Projekt bestimmt werden. Als nächstes folgt die Dokumentation der Parameter für das Testprogramm einschließlich aller Voraussetzungen, von denen bei der Definition der Testziele und -strategien ausgegangen wurde. Diese Phase umfasst auch das Auflisten der erforderlichen Ereignisse, Dokumentationen und Produkte zur Unterstützung der einzelnen Testprogrammaktivitäten. Systemakzeptanzkriterien werden definiert, und die Risiken des Testprogramms werden bewertet sowie Pläne für ihre Verringerung entwickelt. Zum Schluss werden Testanforderungen aufgestellt. Sämtliche Ergebnisse dieser Aktivitäten werden im Testplan dokumentiert.

6.2.1 Systembeschreibung

Um ein Testprogramm zu definieren, muss der Testingenieur über eine klare Vorstellung von dem zu testenden System verfügen. Eine Systembeschreibung oder ein Überblick muss beschafft oder entwickelt und schließlich im Testplan dokumentiert werden. Diese Beschreibung kann aus einer Aufgabenbeschreibung des Systems, aus Anwendungsfällen oder aus einem Designdokument abgeleitet werden. Sie sollte die Benutzerumgebung, die Rechnerplattformen und die Produktmerkmale der im Test befindlichen Anwendung aufzeigen.

Neben der Beschreibung des Systems ist es wichtig, das System im Hinblick auf die Testarbeit abzugrenzen. Bei einer Client/Server- oder Web-Umgebung umfasst das zu testende System mehr als nur die Softwareanwendung. Es kann auf mehreren Plattformen laufen, mehrere Schichten unterstützender Anwendungen einbeziehen, mit zahlreichen Fertigprodukten interagieren, ein oder mehrere Datenbanken verschiedener Art nutzen sowie sowohl Frontend- als auch Backend-Verarbeitung einsetzen. Es muss unbedingt festgelegt werden, welche Elemente des Systems getestet werden, einschließlich der Software-, Hardware- und Netzwerkkomponenten. Außerdem sollte der Testingenieur bestimmen, welche Softwarekomponenten von Fertigprodukten und welche von neu entwickelter Software unterstützt werden. Es kann auch erforderlich sein, festzulegen, ob die Software im eigenen Haus entwickelt oder eine andere Firma beauftragt wird.

6.2.2 Kritische und riskante Funktionen

Das Testteam muss die erfolgskritischen und die risikoträchtigen Funktionen des Systems feststellen und nach ihrer Bedeutung geordnet im Testplan aufführen. Dazu gehören die für den Auftrag des Systems wichtigsten Funktionen sowie diejenigen, die zur Verringerung des größten Risikos für das erfolgreiche Funktionieren des Systems beitragen können. Anschließend muss das Testteam Rückmeldungen der Benutzer anfordern, um die Prioritätseinstufung zu prüfen und zu verfeinern. Das Einstufen von Systemfunktionen hilft dabei, Prioritäten für die Tests festzulegen und die kritischsten bzw. risikoträchtigsten Funktionen frühzeitig zu erledigen.

6.2.3 Testziele und -strategien

Sobald die Grenzen für das zu testende System festgelegt sowie die kritischen und die risikoträchtigen Funktionen ermittelt sind, kann das Testteam den Anwendungsbereich des Testprogramms abstecken. Es muss den Testprozess prüfen und die Testziele analysieren, wie es bei der Analyse des Testprozesses in Kapitel 4 skizziert wurde. Dann wird eine Dokumentation darüber erstellt, welche die Verfeinerung der Testziele und -strategien wiedergibt.

6.2.4 Testwerkzeuge

Das Testteam sollte deutlich sagen, welche Testwerkzeuge für das Projekt eingesetzt werden. Wenn es immer noch die Verwendung eines automatisierten Testwerkzeugs in Erwägung zieht, sollte es mit Hilfe des in Kapitel 2 skizzierten Prozesses bestimmen, ob der Testprozess automatisiert werden soll. Als Ergebnis dieser Planungsschritte werden die Gründe für die Verwendung automatisierter Testwerkzeuge dokumentiert. Bewertung und Auswahl automatisierter Testwerkzeuge für das konkrete Projekt wurden in Kapitel 3 behandelt. In den Testplan sollte ein Abschnitt »Werkzeuge« aufgenommen werden, der die geeigneten Werkzeuge, ihre Funktionalität, ihren Zweck für das Projekt und den Grund für ihre Auswahl nennt. Das Testteam sollte die in Kapitel 4 skizzierten Überlegungen zum Testwerkzeug anstellen, um sich zu vergewissern, dass das konkrete Testwerkzeug in der Projektumgebung wirklich funktioniert. Die Ergebnisse der Kompatibilitätsprüfungen werden im Testplan dokumentiert.

6.2.5 Parameter des Testprogramms

Zu den für das Testprogramm definierten Parametern können je nach Testphase der Anwendungsbereich, die Voraussetzungen, die Vorbedingungen, die Akzeptanzkriterien und die Risiken gehören. Der im Testplan genannte Anwendungsbereich des Testprogramms sollte eine grobe Beschreibung der voraussichtlichen Testabdeckung liefern. Er sollte die zu testende Systemanwendung nennen und angeben, ob sich die Testarbeit außerdem auf das Netzwerk, die Hardware und die Datenbanken erstreckt.

Der Anwendungsbereich muss Aussagen darüber liefern, ob die Tests Dinge behandeln, die außerhalb der Entwicklung liegen, beispielsweise integrierte Fertigprodukte. Wenn das System in Übereinstimmung mit einer Ablaufmethodik, beispielsweise dem Modell der inkrementellen Builds, entwickelt wird, sollte das Testteam sagen, ob die Tests auf Systemebene Regressionstests vorhandener Softwaremodule aus einer früheren Implementierung einschließen. Das Modell der inkrementellen Builds schließt per definitionem Entwicklungsaktivitäten in einer Folge von Builds ein, von denen jeder neue Fähigkeiten bringt, bis die Software vollständig ist.

Der Plan für die Einheitentests sollte angeben, ob dabei Stubs und Treiber einzusetzen sind. Der Zeitplan für die Einheitentests sollte berücksichtigen, ob die für die Einheitentests erforderlichen Stubs noch entwickelt werden müssen.

Es müssen auch Strategien für Akzeptanztests entwickelt werden. Wenn solche Tests für die einzelnen Standorte vorgesehen sind, muss das Testteam sagen, ob für die Akzeptanztests sämtliche Testverfahren oder nur ein Teil davon verwendet werden.

Bei der Entwicklung von Testzielen und -strategien geht das Testteam mit Sicherheit von einigen Voraussetzungen aus, die im Testplan dokumentiert werden müssen. Das Nennen dieser Voraussetzungen hat den Vorteil, dass die Notwendigkeit der Änderung des Testprogramms deutlich gemacht wird, falls eine dieser Voraussetzungen bei der Ausführung des Projekts nicht vorliegt.

Außerdem ist es günstig, Abhängigkeiten zwischen Testprogrammaktivitäten untereinander und zwischen Testprogramm- und anderen Aktivitäten im Rahmen des Projekts deutlich herauszustellen. Situationen, in denen die Ausführung einer Testaktivität von einer vorherigen Aktion oder Tätigkeit innerhalb des Projekts abhängt, sollten im Testplan deutlich vermerkt sein. Leistungstests können beispielsweise nur dann korrekt ausgeführt werden, wenn die Konfiguration vorliegt, von der in der Praxis auszugehen ist. Zu den Vorbedingungen können Aktionen, Aktivitäten, Ereignisse, Dokumentationen und Produkte gehören. Die Dokumentation dieser Vorbedingungen kann das Testteam vor ungerechtfertigten Anschuldigungen hinsichtlich Nichteinhaltung des Zeitplans und anderer Projektanomalien schützen. Die explizite Klarstellung von Ereignis- oder Aktivitätsabhängigkeiten ist auch bei der Formulierung des Zeitplans für das Testprogramm hilfreich.

Das Testteam muss nicht nur Voraussetzungen und Vorbedingungen auflisten, sondern auch eine Grenze für das Testprogramm definieren, welche die Testarbeit und die Zuständigkeit des Testteams festlegt. Es sollte auch einen Punkt definieren, an dem die Tests als abgeschlossen betrachtet werden. Diese Definition lässt sich durch die Entwicklung klarer Akzeptanzkriterien erreichen, die unterschiedliche Erwartungen innerhalb des Projektteams an das Testprogramm verhindern. Zu den Akzeptanzkriterien könnte beispielsweise eine Aussage gehören, die besagt, dass alle definierten Testverfahren ohne wesentliche Probleme erfolgreich verlaufen sein müssen. Weitere Kriterien könnten festlegen, dass alle entscheidenden Fehler hoher oder mittlerer Priorität vom Entwicklungsteam behoben und von einem Mitglied des Testteams verifiziert worden sein müssen. Außerdem kann der Testplan die Annahme enthalten, dass die Software wahrscheinlich mit einigen bekannten Fehlern geringer Priorität und sicher mit einigen unbekannten Fehlern ausgeliefert wird.

Die Systemakzeptanzkriterien müssen den Entwicklern mitgeteilt werden. Deshalb sollte das Testteam dem Entwicklungspersonal die Liste der Akzeptanzkriterien übermitteln, bevor der Testplan zur Genehmigung eingerecht

wird. Die Systemakzeptanzkriterien für die Gesamtorganisation sollten nach
Möglichkeit auf der Grundlage von Kriterien standardisiert werden, die sich
in mehreren Projekten bewährt haben.

Da Budget und Anzahl der dem Testprogramm zugewiesenen Testingenieure begrenzt sind, muss auch der Anwendungsbereich der Testarbeit Grenzen haben. Wenn Akzeptanzkriterien in mehrdeutiger oder schlecht definierter Form vorliegen, ist das Testteam nicht in der Lage, den Punkt zu
bestimmen, an dem die Testarbeit abgeschlossen ist. Außerdem muss das Testteam alle speziellen Überlegungen hervorheben, die der Behandlung bedürfen, zum Beispiel das Testen spezieller Technologien, die für das Projekt
implementiert wurden, oder die spezielle Beachtung auftragskritischer Funktionen.

Im Testplan sollten auch die Risiken des Testprogramms nach ihrer potenziellen Bedeutung aufgeführt und für den Fall ihres Auftretens mit einer Strategie für ihre Behebung reduziert werden. Risiken in einem Testprogramm
können ein Element der Ungewissheit in ein Projekt bringen. Die Entwicklungsarbeit für eine Anwendung könnte beispielsweise die Integration einer
bedeutenden Anzahl von Fertigprogrammen umfassen, wobei Menge und
Tiefe der Tests dieser Komponenten noch auszuhandeln wäre. Inzwischen
sind Finanzierungs- und Zeitpläne auf der Grundlage bestimmter Annahmen
erstellt. Die endgültige Lösung für das Testen der Fertigsoftware kann auf die
Durchführung von Testaktivitäten hinauslaufen, die über die geplanten und
in der Finanzierung berücksichtigten hinausgehen. Deshalb schließt die
potenzielle Auswirkung dieses Testprogrammrisikos auch eine Überschreitung des Budgets für das Testprogramm oder eine Verlängerung des Zeitplans
ein, die möglicherweise dazu führt, dass das angestrebte Fertigstellungsdatum
des Projekts nicht eingehalten wird.

Angesichts dieses Risikos und der potenziellen Auswirkungen müsste das
Testteam eine Risikoverringerungsstrategie entwickeln und definieren, welche
die Auswirkungen des Risikos, falls es denn eintreten sollte, minimieren oder
reduzieren kann. Eine mögliche Strategie könnte eine Vereinbarung mit
einem oder mehreren Anbietern von Fertigprogrammen sein, die Testarbeit in
begrenztem Umfang zu unterstützen, falls umfangreiche Tests der Fertigsoftware erforderlich werden. Dieser Ansatz kann besonders in Fällen hilfreich
sein, in denen ein oder zwei große Anbieter ein bedeutendes Interesse am
positiven Ergebnis der Produktintegration und den begleitenden Tests haben.
Eine Risikoverringerungsstrategie dieser Art kann sowohl zu einer Reduzierung der finanziellen Aufwendungen als auch zur geringeren Verlängerung
des Zeitplans führen.

6.2.6 Verifizierungsmethoden

Das Testteam sollte eine Vergleichstabelle erstellen, um die Systemanforderungen bzw. Anwendungsfälle aufzuzeichnen und deren Abdeckung durch die Testverfahren zu verfolgen. Diese Tabelle nennt explizit jede Anforderung, die das Testteam untersucht, und gewährleistet, dass alle Anforderungen erfolgreich implementiert wurden.

Der Begriff »Untersuchung« bedeutet in diesem Zusammenhang, dass das Testteam eine Verifizierung (oder Qualifizierung) der Systemimplementierung vornimmt. Die Methoden der Durchführung dieser Untersuchung werden als Verifizierungsmethoden bezeichnet. Dazu gehören Vorführung, Analyse, Inspektion, Test (automatisiert oder manuell) und Zertifizierung, wie in Tabelle 6.3 umrissen wird [1].

Die Methode der Vorführung würde zum Beispiel benutzt, um folgende Aussage zu prüfen: »Es sind Online-Abfragen aller Einschreibedatensätze nach Fallnummer möglich.« Die Testeingabe würde in einer Datenbankabfrage bestehen, die eine Fallnummer verwendet. Der Testingenieur würde die auf der Arbeitsstation ausgegebenen Ergebnisse beobachten. Diese Methode ist geeignet, um die erfolgreiche Integration, die allgemeineren Funktionen und die Anbindung vorzuführen, die von Produkten geboten werden, welche von externen Organisationen stammen.

Analyse und Inspektion setzen häufig keine Ausführung der zu testenden Anwendung voraus. Trotzdem kann man mit Hilfe der Analyse manchmal prüfen, dass Eingaben die erforderlichen Ausgaben liefern. Der Testingenieur würde zum Beispiel die Eingabedaten für einen Prozess mit dem Bericht vergleichen, den das System als Ergebnis der Verarbeitung der Daten erzeugt hat. Er würde sich davon überzeugen, dass die Ausgabe zu den Eingaben passt. Die Inspektionsmethode wird eingesetzt, um grafische Benutzeroberflächen (GUIs) auf die Einhaltung von Entwicklungsstandards oder Code auf Logikfehler und die Erfüllung von Standards zu prüfen. Die Methode des Testens wird benutzt, wenn Code modifiziert oder erzeugt werden muss, um eine nicht verfügbare Ein- oder Ausgabe zu simulieren. Die Zertifizierungsmethode wird angewandt, falls die zu testende Anwendung bestimmten Zertifizierungsanforderungen genügen muss. Denken Sie beispielsweise an ein Finanzsystem, das die Zertifizierung durch die Bundesbank benötigt. Ein solches System muss bestimmte Anforderungen erfüllen und bestimmte Tests bestehen, bevor es in eine Produktionsumgebung eingeführt werden kann.

Tab. 6.3 Verifizierungs-/Qualifizierungsmethoden.

Verifizierungs-methode	Beschreibung
Vorführung	Verifizierung durch Beobachten des erwarteten externen Verhaltens während des Betriebs. Die Vorführung weist die Erfüllung der Anforderungen durch Ausführung eines Beispiels beobachtbarer Operationen nach.
Analyse	Die Analyse weist die Erfüllung der Anforderungen durch technische Bewertung, Verarbeitung, Prüfung oder Untersuchung der gesammelten Daten nach. Kann Abgleich von Testein- und ausgaben, technische Bewertung, mathematische Bewertung und Simulation einschließen.
Inspektion	Die Inspektion weist die Erfüllung der Anforderungen durch visuelle Prüfung, Durchgehen der beschreibenden Dokumentation und Vergleich von Charakteristika mit vorher festgelegten Kriterien nach.
Manuelles Testen	Spezielle Änderungen am zu testenden Code zur Aufzeichnung von Informationen, die während des Betriebs normalerweise nicht erhalten bleiben. Manuelles Testen weist die Erfüllung der Anforderungen durch manuelle Ausführung beobachtbarer Operationen nach. Tests sind im Allgemeinen ausführlicher als Vorführungen und eignen sich für Anforderungen, die durch entwicklungstechnische Dinge erfüllt werden.
Automatisiertes Testen	Automatisiertes Testen weist die Erfüllung der Anforderungen durch automatisiertes Ausführen beobachtbarer Operationen nach.
Zertifizierung	Die Zertifizierung weist die Erfüllung der Anforderungen durch Prüfen der Dokumentation des Anbieters nach, welche bestätigt, dass das Produkt in Übereinstimmung mit den internen Standards des Anbieters entwickelt und getestet wurde.

6.2.7 Definition der Testanforderungen

Denken Sie daran, dass in den vorhergehenden Kapiteln die Bedeutung testfähiger Systemanforderungen betont wurde. Jetzt müssen diese Anforderungen analysiert und in Form von Testanforderungen benannt werden. (Die Analyse von Testanforderungen und Testdesign wird in Kapitel 7 detailliert beschrieben.) Bei der Behandlung der Analyse der Testanforderungen wird angesprochen, wonach man beim Festlegen von Testanforderungen für die Zielanwendung suchen muss, wie man den Anwendungsentwurf, die Systemanforderungen oder Anwendungsfälle in testfähige Anforderungen zerlegt und wie man die Anwendungsdokumentation analysiert, um Testanforderungen zu ermitteln. Testanforderungen umreißen ausführlich, was getestet werden soll.

Die Entwicklung von Testanforderungen setzt wie in Tabelle 6.2 erwähnt voraus, dass das Testteam einige vorbereitende Schritte unternimmt, beispielsweise eine Vorstellung von den Bedürfnissen der Kunden erwirbt. Dazu gehört auch, dass das Testteam die System- oder Anwendungsfallanforderungen und/oder die Beschreibung der Systemaufgaben durchgeht, um Zweck und Richtung des Systems besser zu verstehen. Ein weiterer Schritt ist das Ermitteln der kritischen und risikoträchtigen Systemfunktionen. Zur Entwicklung von Testzielen und -strategien werden die Testanforderungen analysiert. Für das Projekt werden bestimmte Testwerkzeuge festgelegt. Anschließend werden einige Parameter für das Testprogramm definiert, wie zum Beispiel Voraussetzungen, Vorbedingungen, Systemakzeptanzkriterien und Risiken. Zum Schluss werden die Testanforderungen definiert.

Testanforderungen lassen sich aus Geschäfts-, System- und Anwendungsfallanforderungen ableiten. Diese Strategie zur Entwicklung von Testanforderungen wird als *anforderungsgesteuerter* oder *verhaltensbetonter* Ansatz bezeichnet. Testanforderungen lassen sich auch aus der Logik des Systemdesigns gewinnen, was als *struktureller* Ansatz bezeichnet wird. Welcher Ansatz gewählt wird, kann davon abhängig sein, in welchem Zeitrahmen des Entwicklungslebenszyklus die Testanforderungen definiert werden. Es kann auch von den vertrags- und sicherheitskritischen Anforderungen abhängen. In Programmen für die Luftfahrt und andere sicherheitskritische Bereiche ist beispielsweise häufig Entscheidungsabdeckung erforderlich. Einige Ansätze für die Definition von Testanforderungen werden in Kapitel 7 besprochen.

Bei der Entwicklung von Testanforderungen aus Systemanforderungen oder Anwendungsfällen kann das Testteam erwarten, mindestens eine Testanforderung pro Systemanforderung zu entwickeln. Das Verhältnis von Systemanforderungen zu Testanforderungen auf Systemebene schwankt je nach Risiko der einzelnen Funktion und Detailliertheit der Anforderung zwischen 1:1 und 1:n. Auch das Verhältnis von Anwendungsfallanforderungen zu Testanforderungen auf Systemebene schwankt je nach den zu testenden Risiko- und Anwendungsfallszenarien. Systemanforderungen oder Anwendungsfälle, die auf eine Softwarespezifikations- oder Designebene zerlegt wurden, werden häufig auf Einheiten- und Integrationstestebene getestet. Das Testteam sollte den Umstand zur Kenntnis nehmen, dass ein Kunde für eine Anwendungsentwicklung möglicherweise wünscht, dass während der System- und Benutzerakzeptanztests einige Softwareanforderungen niedrigerer Stufen (abgeleitet oder zerlegt) bearbeitet werden.

Der Testplan ist der Mechanismus, um das Einverständnis eines bestimmten Kunden mit Anwendungsbereich und Tiefe der Testanforderungen zu erreichen. Der Kunde prüft den Testplan, welcher die Testanforderungen umreißt und eine Vergleichstabelle bereitstellt, und genehmigt ihn schließlich.

Die Tabelle enthält Informationen über die Anforderungen und deren Zuordnung zu anderen Produkten des Projekts. Üblicherweise nennt sie zum Beispiel die das Projekt betreffenden Testverfahren und ordnet sie den Testanforderungen zu. Außerdem ordnet sie Testanforderungen den Systemanforderungen oder Anwendungsfällen zu. Ein Werkzeug für das Anforderungsmanagement wie zum Beispiel DOORS ermöglicht die automatisierte Zuordnung (weitere Einzelheiten siehe Abschnitt 6.3).

Die Anforderungsverfolgungstabelle nennt explizit jede Anforderung, die das Testteam untersucht, und gewährleistet dadurch, dass alle Anforderungen erfolgreich implementiert sind, bevor das Projekt fortgesetzt wird. Der Begriff »Untersuchung« bedeutet in diesem Zusammenhang, dass das Testteam eine Verifizierung (oder Qualifizierung) der Systemimplementierung vornimmt. Verifizierungsmethoden sind in Tabelle 6.3 zusammengefasst.

Der Kunde macht seine Genehmigung für den Anwendungsbereich der Anforderungen, die das Testteam untersuchen soll, durch seine Zustimmung zum Testplan deutlich. Um frühzeitige Rückmeldungen über die Abdeckung der Anforderungen durch den Testplan zu erhalten, könnte das Testteam ihm einen Entwurf der Verfolgbarkeittabelle unterbreiten. (Diese ließe sich auch als Testerfüllungs-, Verifizierungs- oder Anforderungsverfolgbarkeittabelle bezeichnen.) Frühzeitige Reaktionen des Kunden geben dem Testteam mehr Spielraum, um auf geforderte Änderungen des Testplans zu reagieren.

Ein weiterer wesentlicher Vorteil frühzeitiger Rückmeldungen zur Verfolgbarkeittabelle ist die Einigung über die Verifizierungsmethoden, die zur Eignungsprüfung der einzelnen Anforderungen eingesetzt werden sollen. Einige lassen sich leichter implementieren und sind weniger zeitaufwendig als andere. Der Test für die verschiedenen für ein System implementierten kommerziellen Fertigprodukte erfordert zum Beispiel weit mehr Arbeit als die einfache Prüfung durch Zertifizierung.

6.3 Testanforderungsmanagement

Zur Testplanung gehört sowohl die Definition von Testanforderungen als auch die Entwicklung eines Ansatzes für deren Verwaltung. Dazu wiederum gehört das Speichern der Anforderungen, die Pflege der Verfolgbarkeitsverknüpfungen, die Risikobewertung für die Testanforderungen, die Aufstellung einer Rangfolge für die Anforderungen (Prioritätenbildung) und die Festlegung von Testverifizierungsmethoden. Die Verfolgbarkeitsverknüpfungen umfassen beispielsweise die Zuordnung von Testverfahren zu Testanforderungen sowie von Fehlern zu Testverfahren.

Im Testplan muss das Testteam skizzieren, wie die Testanforderungen verwaltet werden sollen. Sollen sie in einem Dokument aus einer Textverarbeitung, in einem Arbeitsblatt aus einer Tabellenkalkulation oder mit einem Werkzeug für das Anforderungsmanagement festgehalten werden? Zu den wesentlichen Überlegungen hinsichtlich der Speicherung von Testanforderungen gehören Einfachheit und Flexibilität der Sortierung und des Berichtens über die Anforderungen, Einfachheit und Geschwindigkeit des Eintragens von Anforderungen sowie die Effizienz der Pflege von Anforderungen. Eine weitere Überlegung gilt der Frage, ob eine große Anzahl von Projektmitarbeitern gleichzeitig auf die diesbezüglichen Informationen zugreifen kann. Des weiteren ist auch die Fähigkeit des Speichermechanismus zur Anpassung an die verschiedenartigen Datenerfordernisse für die Verwaltung der Testanforderungen und zur Aufrechterhaltung von Integrität und Sicherheit der Anforderungsinformationen wichtig.

Viele Unternehmen benutzen zur Unterhaltung von Anforderungsinformationen Dokumente aus Textverarbeitungen oder Tabellenkalkulationen. Textverarbeitungsdokumente haben viele Nachteile: Beispielsweise gibt es Einschränkungen hinsichtlich der Methoden zum Sortieren und Filtern der Anforderungen. Außerdem ist es nicht einfach, ein Protokoll der Änderungen zu führen, welches zeigt, welche Änderungen wann und von wem vorgenommen wurden. Häufig wird die Last der Pflege von Anforderungen mit diesen Werkzeugen als so frustrierend empfunden, dass die Unterhaltung von Anforderungsinformationen eingestellt wird.

Für die Verwaltung von Anforderungen gibt es auch kommerzielle Werkzeuge, die besonders beim Einsatz von Verfolgbarkeitsverknüpfungen von Vorteil sind. Die Verfolgbarkeit zwischen Systemanforderungen bzw. Anwendungsfällen und verschiedenen Projektergebnissen kann sehr schnell kompliziert werden. Es ist nicht nur schwierig, diese Zuordnungen manuell zu pflegen, sondern Änderungen an Anforderungen und den verschiedenen Produkten des Projekts machen diese Zuordnung äußerst langwierig und in der Pflege noch schwieriger.

6.3.1 Werkzeuge für das Anforderungsmanagement

Spezielle automatisierte Werkzeuge sind insbesondere bei der Anwendung auf langwierige oder anderweitig zeitaufwendige Aufgaben von Nutzen, was auch für das Anforderungsmanagement gilt. Das Testteam muss in Erfahrung bringen, ob das Unternehmen ein Standardwerkzeug für diese Aufgabe besitzt. Als nächstes muss es ermitteln, ob dieses für das aktuelle Projekt eingesetzt wird oder ob es in der Systementwicklungsumgebung installiert werden kann, um besonders die Verwaltung der Testanforderungen des Projekts zu unterstützen. Wenn kein Standardwerkzeug für das Projekt im Einsatz oder in der Planung ist, muss das Testteam möglicherweise der Geschäftsführung diesen Umstand als Problem darstellen oder selbst die Führung bei der Bewertung und Auswahl eines Werkzeugs übernehmen. Beachtenswerte Werkzeuge sind zum Beispiel Requisite Pro von Rational, DOORS von QSS und RTM von Integrated Chipware.

Der Einsatz eines Werkzeugs für das Anforderungsmanagement bringt viele Vorteile. Beispielsweise lassen sich sämtliche das Projekt betreffende Anforderungen in der Datenbank des Werkzeugs ablegen. Das Werkzeug setzt für die Geschäfts-, System- und Testanforderungen eine zentrale Datenbankablage ein. Die Aufnahme von Testanforderungen in die Datenbank des Anforderungsmanagementwerkzeugs ermöglicht die einfache Verwaltung der Testabdeckung und die Zuordnung von Test- zu Geschäfts- oder Betriebsanforderungen.

Da die meisten Werkzeuge für das Anforderungsmanagement den Zugriff mehrerer Benutzer unterstützen, brauchen sich die Mitglieder des Testteams keine Sorgen darüber zu machen, dass sie eine Testanforderung oder -prozedur ändern, die gerade an anderer Stelle modifiziert wird. Werkzeuge dieser Art bringen auch für die Testverwaltung einen großen Vorteil. Der Testmanager oder -leiter kann den einzelnen Testingenieuren einfach unterschiedliche Testverfahren zuweisen und dann mit Hilfe des Werkzeugs für das Anforderungsmanagement den Fortschritt der Testverfahrenentwicklung beobachten. Mit DOORS lassen sich beispielsweise einfache Filter einrichten, um die Eingaben der am Projekt beteiligten Testingenieure zu betrachten. Die meisten Werkzeuge führen außerdem automatisch ein Protokoll aller Änderungen an den Anforderungen (d.h. was, wann und wie geändert wurde).

Testteams profitieren auch von der Fähigkeit des Anforderungsmanagementwerkzeugs, automatisch Testanforderungen oder Fehler mit Testverfahren zu verknüpfen. Die meisten Werkzeuge bieten auch eine automatische Zuordnung von Test- zu Geschäftsanforderungen, die auf Identifikationsnummern für Datenbankobjekte basiert. DOORS setzt dazu die proprietäre Sprache dxl ein; das Ausführen eines einfachen dxl-Skripts ermöglicht die automatische Verknüpfung jeder Testanforderung mit der jeweiligen Geschäftsanforderung bzw. Designkomponente. Anhand dieser Verknüpfung kann das Testteam Berichte über die Testabdeckung bekommen. Außerdem können sich die Testingenieure durch Ausführen eines einfachen Skripts überzeugen, dass für jede Geschäftsanforderung eine Testanforderung erstellt wurde. Wenn die Testverfahren bzw. -skripts fertig sind, kann ein modifiziertes dxl-Skript gestartet werden, das jedes Testverfahren automatisch seinen jeweiligen Testanforderungen zuordnet bzw. es mit diesen verknüpft und damit eine Verfolgbarkeitstabelle für die Anforderungen erstellt. Weitere Informationen über diese Tabelle werden in Abschnitt 6.3.4 aufgeführt.

Bei der Ablage von Informationen über Testverfahren im Anforderungsmanagementwerkzeug muss der Testingenieur lediglich den Status des Testverfahrens aktualisieren, welcher Informationen über das Bestehen bzw.
Nichtbestehen des Tests enthält und angibt, ob das Verfahren bzw. ein entsprechendes Skript bereits ausgeführt wurde. In DOORS erlaubt ein einfacher
Filter das Erstellen eines Gesamtberichts über den Status der Ausführung von
Testverfahren und liefert damit einen Prozentwert für den Projektstatus.

Der Umstand, dass sich die Anforderungsinformationen relativ leicht ständig aktualisieren lassen, stellt einen weiteren Vorteil bei der Verwendung eines
Spezialwerkzeugs für das Anforderungsmanagement dar. Spalten lassen sich
nach Bedarf verschieben und hinzufügen, und die Integrität der Daten bleibt
trotzdem erhalten. Wenn sich Anforderungen ändern, kann der Testingenieur
mühelos und schnell feststellen, welche Testverfahren davon betroffen (weil
mit den Anforderungen verknüpft) sind. Außerdem kann der Testmanager
oder -leiter ohne weiteres sehen, welche Testingenieure für die betroffenen
Testverfahren zuständig sind.

Die meisten erfahrenen Testfachleute haben wahrscheinlich schon an
einem Projekt gearbeitet, bei dem Testanforderungen mittendrin geändert,
diese Änderungen aber nicht in Änderungen von Testanforderungen oder
Testverfahren umgesetzt wurden. Anforderungen können auch gestrichen
oder auf die nächste Auslieferung eines inkrementellen Builds verschoben
werden, ohne dass die vorhandene Verfolgbarkeitstabelle geändert wird. Mit
einem Spezialwerkzeug für das Anforderungsmanagement lassen sich die
Änderungen an dem Anforderungsfeld, welches die Freigabeversion speichert,
schnell vornehmen. Anschließend kann das Werkzeug die Tabelle mit Hilfe
eines einfachen Skripts unter Verwendung definierter Parameter aktualisieren.

Der erste Schritt besteht in der Aufnahme aller Testverfahren bzw. -skripts
in das Anforderungsmanagementwerkzeug (Ablage aller Testverfahren an
einer einzigen Stelle). Machen Sie sich nicht die Mühe, die manuellen Testverfahren an einer und die automatisierten Testverfahren an einer anderen Stelle
abzulegen. Wenn sich alle an einer Stelle befinden und das Testteam
beschließt, die Hälfte davon zu automatisieren, erlauben die meisten dieser
Werkzeuge den Export der Verfahren in eine .csv-Datei, die sich in jedes Testverwaltungswerkzeug importieren lässt, das mit .csv- oder .txt-Dateien umgehen kann.

6.3.2 Beurteilen der Risiken von Testanforderungen

Wenn die Testanforderungen festgelegt sind, sollte das Testteam die inhärenten Risiken der einzelnen Anforderungen bewerten, indem es die Anforderungen auf folgende Faktoren untersucht:

- Auswirkung. Einschätzen des Werts der Anforderung. Stellen Sie sich vor, die betreffende Testanforderung wäre nicht Bestandteil der Testarbeit und der betreffende Leistungsbereich des Systems fiele nach dem Praxiseinsatz des Systems schließlich aus. Welche Auswirkung hätte dieser Ausfall auf den Betrieb des Systems und die Fähigkeit der Endbenutzer, ihre Aufgaben zu erledigen? Muss die Firma möglicherweise dafür haften?

- Wahrscheinlichkeit. Einschätzen der Wahrscheinlichkeit eines Ausfalls, wenn die betreffende Testanforderung nicht Bestandteil der Testarbeit ist. Analysieren der Häufigkeit der Verwendung des betreffenden Systemleistungsbereichs durch den Endbenutzer. Messen der Erfahrung des Benutzers in dem betreffenden Leistungsbereich.

- Komplexität. Ermitteln der komplexesten Funktionalität und Konzentration der Ressourcen des Testteams auf diese.

- Fehlerquelle. Bewerten der Fehlermöglichkeiten und Ermitteln der Testanforderungen, die mit der höchsten Wahrscheinlichkeit die Ursache dieser Fehler bilden.

6.3.3 Festlegen von Testprioritäten

Das Testteam muss bei der Einschätzung der inhärenten Risiken der einzelnen Testanforderungen eine Rangfolge der Testanforderungen festlegen. Es sollte auch die für das System ermittelten kritischen Funktionen und Risikofaktoren durchgehen und diese Informationen als Ausgangspunkt für die Ermittlung der Rangfolge der Anforderungen verwenden. Am günstigsten ist es, die Testanforderungen in diejenigen mit den wichtigsten und diejenigen mit den unwichtigsten Funktionen einzuteilen. Denken Sie daran, bei der Ermittlung der wichtigsten bzw. unwichtigsten Funktionen Informationen der Endbenutzer einzuholen. Ein weiterer Vorteil der Strukturierung und Anordnung der Testanforderungen auf diese Art besteht darin, dass sie die Zuweisung der Testaufgaben an die einzelnen Testingenieure erleichtert.

Die hier genannten Kriterien für die Rangfolge der Einteilung der Testanforderungen stellen die Empfehlung der Rational Corporation dar, wie sie in der Firmenliteratur zum Thema Testmethodik umrissen sind [2].

- Risikoniveau. Auf der Grundlage der Risikoeinschätzung werden Testanforderungen geordnet, um ein hohes Risiko für die Systemleistung oder eine mögliche Haftung der Firma zu mindern. Hohe Risiken stellen zum Beispiel Funktionen dar, welche die Dateneingabe verhindern, und Geschäftsregeln, welche Daten beschädigen oder Vorschriften verletzen könnten.

- Betriebsmerkmale. Einige Testanforderungen stehen wegen der häufigen Benutzung oder der mangelnden Benutzerkenntnisse auf der Prioritätenliste weit vorn. Funktionen, welche die technischen Ressourcen oder interne Benutzer betreffen, und seltener benutzte Funktionen werden niedriger eingestuft.

- Benutzeranforderungen. Einige Testanforderungen sind für die Akzeptanz der Benutzer entscheidend. Wenn der Testansatz sie nicht wichtig nimmt, verletzt das Testprogramm möglicherweise vertragliche Verpflichtungen oder setzt die Firma finanziellen Verlusten aus. Es ist wichtig, die Auswirkungen des potenziellen Problems auf den Endbenutzer zu bewerten.

- Verfügbare Ressourcen. Normalerweise ist das Testprogramm in Bezug auf die Verfügbarkeit von Personal und Hardware sowie widersprechende Projektanforderungen Einschränkungen unterworfen. An dieser Stelle findet das mühevolle Abwägen der Nachteile statt. Ein Faktor bei der Sortierung der Testanforderungen nach Priorität ist die Verfügbarkeit von Ressourcen.

- Belastungspotenzial. Dieses ist definiert als Risiko (Wahrscheinlichkeit) multipliziert mit den Kosten des Fehlers. Ein Fehler mit hoher Wahrscheinlichkeit, der hohe Kosten verursacht, besitzt beispielsweise ein hohes Belastungspotenzial.

6.3.4 Anforderungsverfolgbarkeitstabelle

Systemanforderungen oder Anwendungsfälle werden normalerweise mit einem Werkzeug für das Anforderungsmanagement gepflegt. Nachdem in der Phase der Testplanung oder des Testdesigns Testverfahren festgelegt sind, werden sie mit diesem Werkzeug dokumentiert und mit den entsprechenden Systemanforderungen oder Anwendungsfällen verknüpft. Später werden die Ergebnisse der Tests aufgezeichnet und zu den jeweiligen Testverfahren in Beziehung gesetzt.

Die Anforderungsverfolgbarkeitstabelle (Requirements Traceability Matrix) ist ein automatisch erstelltes Ergebnis des Werkzeugs für das Anforderungsmanagement, das dazu beiträgt, Systemanforderungen und Anwendungsfälle sowie die Abdeckung der Anforderungen durch Testverfahren zu verfolgen. Je nach Interesse kann sie verschiedene Formen annehmen. Sie nennt jede Anforderung, die das Testteam einer Prüfung unterziehen wird, und gibt für jede Systemanforderung eine Verifizierungsmethode an. Am wichtigsten ist die Zuordnung der Testverfahren zu Systemanforderungen oder Anwendungsfällen, die dazu beiträgt, die erfolgreiche Implementierung von Systemanforderungen oder Anwendungsfällen zu gewährleisten, die der Überprüfung durch Tests bedürfen.

Tab. 6.4 Anforderungsverfolgbarkeitstabelle[a].

Absatz-nr.	Text	Schlüssel	Verifizierungsmethode	PRI	D1	D2	D3	Testverfahren
3.2.1a	System soll Software-installation und -aktualisierungen durchführen	178	Testen	NN	D1	–	–	SM2012
3.2.1b	System soll Ausgleich der Softwaresystem-belastung für WFTS-Systemserver durchführen	179	Testen	NN	–	D2	–	SM2013
3.2.1c	System soll bei Systemausfall Wiederherstellung von System und Daten durchführen	180	Testen	HR	–	D2	–	SM2014
3.2.1d	System soll Platten- und Dateistruktur und deren Zuweisung verwalten, damit der belegte und der verfügbare Speicherplatz ermittelt werden kann	181	Testen	NN	–	D2	–	SM2015
3.2.1e	System soll in der Lage sein, elektronische Post zu konfigurieren und Verzeichnisdienstfunktionen zu erledigen	182	Testen	NN	D1	–	–	SM2016

Tab. 6.4   Anforderungsverfolgbarkeitstabelle[a].   (Forts.)

Ab-satz-nr.	Text	Schlüs-sel	Verifizie-rungs-methode	PRI	D1	D2	D3	Testver-fahren
3.2.1f	System soll die Soft-warekonfiguration kritischer System-komponenten und Arbeitsstationen überwachen, damit auf veraltete Versio-nen geprüft werden kann	183	Testen	NN	–	D2	–	SM2017
3.2.5a	System soll die Zerti-fizierungskriterien der Bundesbank erfüllen	190	Zertifi-zierung	NN	–	–	D3	CT001-CT100

a. In Anhang D.B finden Sie eine Beschreibung dieser Tabelle und der verwendeten Terminologie.

Es ist wichtig, dass das Testteam frühzeitig Rückmeldungen von Endbe-nutzern oder Systemkunden bekommt, um Übereinstimmung über die einge-setzten Verifizierungsmethoden für die einzelnen Anforderungen zu errei-chen. Diese Entscheidung ist von besonderer Bedeutung, weil einige Verifizie-rungsmethoden leichter zu implementieren und weniger zeitaufwendig sind als andere. Frühe Rückmeldungen des Kunden über die Tabelle geben dem Testteam mehr Spielraum für Reaktionen auf mögliche Änderungen.

Da die Anforderungsverfolgbarkeitstabelle die auszuführenden Testverfah-ren angibt, signalisiert die Genehmigung der Tabelle durch den Kunden auch dessen Zufriedenheit mit der Testabdeckung für Systemanforderungen oder Anwendungsfälle. Wenn später der Test auf Benutzerakzeptanz durchgeführt wird, prüft der Kunde anhand der Anforderungsverfolgbarkeitstabelle die Abdeckung der Systemanforderungen bzw. Anwendungsfälle durch die Tests. Tabelle 6.4 enthält ein Beispiel für eine solche Tabelle.

Die hier vorgestellte Tabelle enthält eine Absatznummer für die Spezifika-tion der Systemanforderung, einen Anforderungstext, eine eindeutige, vom Anforderungsmanagementwerkzeug erzeugte Anforderungsnummer, die Ve-rifizierungsmethode, die Risiko- bzw. Prioritätsklassifizierung der Anforde-rung und das mit dieser verknüpfte Testverfahren. Außerdem nennt sie die Systemauslieferung (D1, D2 oder D3), in der die Lösung für die Anforderung implementiert ist.

6.4 Ereignisse, Aktivitäten und Dokumentation des Testprogramms

Zu den wesentlichen Elementen der Testplanung gehört die mit den kritischen Projektereignissen, den Aktivitäten und der Dokumentation des Testprogramms zusammenhängende Planung. Der technische Ansatz für diese Elemente ist entwickelt, das Personal zugewiesen, und im Zeitplan sind Vorgaben für die Ausführung festgehalten.

6.4.1 Ereignisse

Die für das Testteam wesentlichen Elemente sollten im Testzeitplan vertreten sein. Dazu gehören Prüfungen der Anforderungen und des Designs, Prüfungen der Testfähigkeit und der Systemkonfiguration, Treffen zum technischen Austausch und formelle Treffen der Arbeitsgruppen zu Testfragen. Weitere Aktivitäten mit begrenztem Zeitrahmen können spezielle Tests beispielsweise zur Sicherheit und Akzeptanztests sein.

Um den Lebenszyklus des Testprogramms zu unterstützen, kann eine Test- und Integrationsarbeitsgruppe definiert werden, die ein Forum zur Vereinfachung des wiederholten Austausches zwischen den Testingenieuren, dem Entwicklungspersonal und den Vertretern der Kunden bildet. Regelmäßig finden Sitzungen dieser Arbeitsgruppe statt, die in den Testzeitplan aufgenommen werden. Die Gruppe verfolgt folgende Ziele:

- Sicherstellen, dass geplante Testaktivitäten die Verifizierung der betrieblichen, funktionalen und technischen Anforderungen für das System unterstützen.

- Sicherstellen, dass sich die Tests mit den menschlichen Entwicklungsaspekten der Betriebsfähigkeit des Systems befassen.

- Wesentliche Risiken des Testprogramms feststellen und überwachen, um sicherzustellen, dass die erforderlichen Aktivitäten korrekt durchgeführt werden und entsprechend dem Zeitplan fortschreiten.

- Einholen frühzeitiger informeller Rückmeldungen der Kunden über Testplanentwürfe und Zuordnungstabellen, um Umfang und Tiefe der Testarbeit einzugrenzen und die Genehmigung der Testdokumentation zu fördern.

- Verbessern der Vertrautheit des Kunden mit einzelnen Aspekten des Testprogramms und seines Verständnisses für diese, um die Akzeptanztests erfolgreicher zu gestalten.

Im Rahmen des Projekts können Prüfungen der Testfähigkeit erfolgen, um zu gewährleisten, dass das Testprogramm für einen Test der Benutzerakzeptanz bereit ist. Bei umfangreichen Entwicklungsprojekten können dazu ausführliche Prüfungen der Änderungen an der Anforderungsspezifikation und am Design, der Einheiten- und Integrationstests, der Eignung der Testumgebung und der Entwicklung von Testverfahren zählen. Die Eignung der Testumgebung kann sich auch auf die Verfügbarkeit von Testdatenanforderungen sowie von Hard- und Software für die Konfiguration des Testsystems erstrecken.

6.4.2 Aktivitäten

Der Testplan muss den Umfang der auszuführenden Testaktivitäten festlegen. Normalerweise wird eine Arbeitsschrittstruktur entwickelt, welche die Kategorien der möglichen Testaktivitäten benennt (siehe Kapitel 5).

Eine wichtige Aktivität, die definiert werden muss, ist die Prüfung der Projektdokumentation. Obwohl es sich dabei um eine wirkungsvolle Fehlerbeseitigungsstrategie handelt, muss das Testteam sorgfältig darauf achten, dass der Umfang dieser Aktivität offen bleibt. Wie bereits erwähnt, sind die Testressourcen beschränkt, aber die Erwartungen an die Unterstützung des Testteams möglicherweise größer, als es das Budget erlaubt. Es ist wichtig, deutlich abzugrenzen, welche Projektdokumente geprüft werden. Das Testteam sollte die Titel der betreffenden Dokumente im Testplan festhalten.

6.4.3 Dokumentation

Das Testteam prüft nicht nur die im Rahmen des Projekts erstellten Dokumente, sondern betreibt auch selbst Dokumentation. Es sollte eine Liste mit den Titeln der einzelnen Testdokumentarten aufstellen, angeben, ob das Dokument außerhalb der Firma ausgeliefert wird, und das geplante Fertigstellungsdatum oder den Zeitrahmen für die Erstellung nennen. Wenn das Dokument monatlich (periodisch) herausgegeben wird, kann die Spalte für das Fälligkeitsdatum einfach den Begriff »monatlich« enthalten. Tabelle 6.5 zeigt ein Beispiel für eine Auflistung der Testdokumentation.

Tab. 6.5 Testdokumentation.

Testprogramm-dokument	Beschreibung	Fälligkeitsdatum/Zeitrahmen
Testplan	Testplanungsdokument	(Datum)
Anforderungsverfolg-barkeitstabelle	Eine Tabelle, welche die Testverfahrenab-deckung den Anforderungen zuordnet und für jede Systemanforderung eine Verifizie-rungsmethode nennt	(Datum)
Testverfahren/-fälle	Skripts zur Durchführung von Tests	(Zeitrahmen)
Niederschriften der Sitzungen der Test- und Integrations-arbeitsgruppe	Sitzungsprotokolle aus den Sitzungen der Arbeitsgruppe Test und Integration	Periodisch
Verlaufsberichte über die Testentwicklung	Berichte, die das Fortschreiten der Ent-wicklung von Testverfahren skizzieren	Alle zwei Wochen
Testbereitschafts-bericht oder -präsenta-tion	Bericht oder Präsentation über die Bereit-schaft des Testprogramms für Benutzerak-zeptanztests	(Datum)
Testdurchführungs-berichte	Berichte über das Fortschreiten der Test-durchführung	Alle zwei Wochen
Fehlerverfolgungs-berichte	Berichte über Anzahl und Schwere noch nicht behobener Fehler	Alle zwei Wochen
Berichte zur tech-nischen Leistung	Berichte über die Entwicklung des Systems in Richtung auf die Erfüllung der Mess-werte für technische Leistung	Alle zwei Wochen
Testbericht	Bericht über das Testergebnis	(Datum)

6.5 Die Testumgebung

Die Testplanung muss umreißen, welche Ressourcen und Aktivitäten zur rechtzeitigen Einrichtung der Testumgebung erforderlich sind. Das Testteam sollte die Anforderungen hinsichtlich Hard- und Software, Netzwerk und Ein-richtungen festlegen, die zum Einrichten und Aufrechterhalten der Unterstüt-zung der Testumgebung benötigt werden. Beschaffungs-, Installations- und Einrichtungsaktivitäten für zahlreiche Komponenten müssen inhaltlich und zeitlich geplant werden. Diese Pläne sollten Anzahl und Art der Personen nen-nen, die auf die Testumgebung zugreifen und sie nutzen, und sicherstellen, dass eine ausreichende Anzahl von Rechnern für diese Personen vorgesehen ist. Auch Anzahl und Art der für die Einrichtung der Umgebung und der Test-basis erforderlichen Skripts sollte bedacht werden.

6.5.1 Vorbereitung der Testumgebung

Das Testteam muss schon frühzeitig während der Testplanung die Projektpläne durchgehen, um mit der für das Projekt geplanten Systementwicklungsumgebung vertraut zu werden. Zu den Projektplänen, die nach Möglichkeit
geprüft werden sollten, zählen die Pläne für die Softwareentwicklung, für die
Systementwicklung, für Migration, für die Verwaltung der Systementwicklung
und für die Projektverwaltung. Während sich diese Pläne noch in der Entwicklung befinden, sollte sich das Testteam die Entwürfe ansehen und Fragen
und mögliche Anliegen hinsichtlich der Entwicklungsumgebung oder der
Überführung der Entwicklungsumgebung in eine Betriebs- bzw. Produktionsumgebung stellen.

Die Projektplanungsdokumente müssen insbesondere auf Pläne für ein
separates Testlabor durchgesehen werden, das eine Betriebsumgebung nach-
ahmt. Tests auf Einheiten- und Integrationsebene finden zwar normalerweise
in der Entwicklungsumgebung statt, aber System- und Benutzerakzeptanztests werden im Idealfall auf einer separaten Testanlage durchgeführt, welche
mit der Produktionsumgebung identisch sein oder zumindest eine verklei-
nerte Ausgabe der Betriebsumgebung darstellen sollte. Die Konfiguration der
Testumgebung muss für die Produktionsumgebung repräsentativ sein, weil sie
die Messwerte für die Leistung und die relativen Messwerte für die Verbesserung replizieren muss. Falls sich die Produktionsumgebung nicht reproduzieren lässt, können Simulatoren und Emulatoren benutzt werden; diese Werkzeuge können zum Testen der Umgebung und zum Messen der Leistung
unverzichtbar sein.

Als nächstes muss das Testteam die Ergebnisse seiner Faktensammlung
dokumentieren. Anschließend erledigt es die folgenden Vorbereitungsaktivitäten, welche die Aufstellung eines Designs für die Testumgebung unterstützen:

- Einholen von Informationen über die Architektur der technischen Umgebung des Kunden (falls verfügbar) einschließlich einer Liste der Rechnerhardware und der Betriebssysteme. Die Beschreibung der Hardware sollte
  auch Dinge wie Bildschirmauflösung, Größe der Speichermedien, Verarbeitungsgeschwindigkeit und Merkmale des Arbeitsspeichers umfassen.
  Zu den Druckermerkmalen zählen Typ, Kapazität und ob der Drucker als
  selbständiges Gerät arbeitet oder mit einem Netzwerkserver verbunden ist.

- Ermitteln der Netzwerkcharakteristika der technischen Umgebung des
  Kunden, beispielsweise Verwendung von Standleitungen, Modems, Inter-
  net-Verbindungen und Nutzung von Protokollen wie Ethernet oder TCP/
  IP.

- Beschaffen einer Liste der kommerziellen Fertigprodukte, die mit der Systemlösung integriert werden sollen.

- Zählen, wie viele Lizenzen für automatisierte Testwerkzeuge das Testteam braucht.

- Feststellen, welche Programme für Entwicklungsumgebungen auf jedem Rechnerarbeitsplatz der Testumgebung vorhanden sein müssen.

- Ermitteln der für Sicherung und Wiederherstellung in der Testumgebung erforderlichen Hardwareausrüstung.

- Sicherstellen, dass die Testumgebung für alle Testmitarbeiter ausreicht.

- Prüfen der Anforderungen für Systemleistungstests, um herauszufinden, welche Elemente der Testumgebung für entsprechende Tests erforderlich sind.

- Festlegen von Sicherheitsanforderungen für die Testumgebung.

Im Anschluss an diese vorbereitenden Aktivitäten entwickelt das Testteam einen Entwurf für die Testumgebung, der aus einer grafischen Darstellung ihrer Architektur und einer Liste der dafür erforderlichen Komponenten besteht. Diese Liste sollte darauf durchgesehen werden, welche Komponenten bereits vorhanden sind, welche von anderen Stellen innerhalb der Firma bezogen werden können und welche neu beschafft werden müssen. Daraus entsteht eine Einkaufsliste für die Testausrüstung, welche auch die benötigten Mengen, Informationen über Einzelpreise und die Kosten für Wartung und Unterstützung enthalten sollte. Ein Beispiel für eine solche Liste finden Sie in Tabelle 6.6.

Als nächstes muss das Testteam den zeitlichen Rahmen für die Beschaffung der Ausrüstung sowie die Installations- und Einrichtungsaktivitäten ermitteln und einzuhalten versuchen. Diese Aktivitäten können zwar vom Netzwerkpersonal aus einer anderen Abteilung der Firma oder aus einem anderen Projekt übernommen werden, aber das Testteam muss dafür sorgen, dass sie in Übereinstimmung mit den Erfordernissen des Testprogramms erfolgen. Falls möglich, ist es vorteilhaft, wenn wenigstens ein Mitglied des Testteams Fähigkeiten im Bereich Netzwerk, Datenbanken und Systemadministration und -integration besitzt. Diese sind insbesondere bei der Einrichtung der Testumgebung und der Durchführung der manuellen hardwarebezogenen Tests für das Projekt wertvoll.

Das Testteam muss den Erwerb und die Lieferung der Komponenten für die Testumgebung sorgfältig überwachen, um sicherzustellen, dass Verzögerungen bei der Beschaffung von Hard- und Software keine Auswirkungen auf den Zeitplan für das Testprogramm haben. Möglicherweise möchte es einige

Sicherungskomponenten in die Bestellung der Ausrüstung aufnehmen, um das Risiko zu reduzieren, dass die Tests aufgrund von Hardwareausfällen unterbrochen werden. Vielleicht erwägt das Testteam zu diesem Zweck auch eine Alternativmöglichkeit: die Suche nach Hardware innerhalb der Firma, die bei einem Hardwareausfall in der Testumgebung als Ersatz eingesetzt werden kann.

Tab. 6.6 Einkaufsliste für Testausrüstung.

Standort	Produktanforderung	Produktbeschreibung	Anbieter	Menge	Einzelpreis	Jährliche Wartung
Standort 1	Anwendungsserver	Compaq ProLiant 6500	Compaq	1	(Kosten)	(Kosten)
Standort 1	Kommunikationsserver	Compaq ProLiant 1600	Compaq	1	(Kosten)	(Kosten)
Standort 1	Datenbankserver	Sun-Workstation	Sun	1	(Kosten)	(Kosten)
Standort 1	Serverbetriebssystem	Windows NT	Microsoft	2	(Kosten)	(Kosten)
Standort 1	Serverbetriebssystem	Sun Solaris	Sun	1	(Kosten)	(Kosten)
Standort 1	Datenbankmanagementsystem (DBMS)	Sybase Server	Sybase	1	(Kosten)	(Kosten)
Standort 1	CORBA-Server	Iona ORBIX	IONA	1	(Kosten)	(Kosten)

Ein Systemerfordernis könnte darin bestehen, dass das System rund um die Uhr in Betrieb bleiben und nie heruntergefahren werden soll. Das Testteam muss sich möglicherweise damit beschäftigen, Soft- und Hardware zu finden, welche diese hohen Verfügbarkeitserwartungen erfüllt. Es sollte alle derartigen speziellen Überlegungen zur Testumgebung dokumentieren.

6.5.2 Integration und Einrichtung der Testumgebung

Wenigstens ein Mitglied des Testteams sollte Fähigkeiten im Bereich Netzwerk, Datenbanken und Systemadministration besitzen. Dann kann dieser Mitarbeiter im Auftrag des Testteams bei der Installation und Integration der Hardwarekomponenten assistieren. Er wäre auch für die Installation und

Konfiguration der Software einschließlich der automatisierten Testwerkzeuge und aller notwendigen Entwicklungsumgebungssoftware zuständig. So würden zu seinen Aufgaben zum Beispiel die Konfiguration der Testumgebung, das Schreiben von Skripts und das Aktualisieren der Testumgebungskonfiguration zählen. Kapitel 8 beschreibt den Einsatz von Skripts zur Einrichtung der Umgebung.

Neben dem Empfang von Hard- und Software, der Installation und der Integration müssen Administrationstätigkeiten durchgeführt werden, die sicherstellen, dass das Testteam Zugriff auf die erforderlichen Systeme, Programme, Netzwerke, Datenbanken und Werkzeuge bekommt, damit in der Testumgebung Testarbeit geleistet werden kann.

Man muss Pläne für die Beschaffung oder Entwicklung der Daten- und Dateitypen aufstellen, die für die Entwicklung von Testverfahren bzw. -skripts und die Ausführung der Tests in die Testumgebung geladen werden müssen. Erstellung und Management von Testdaten werden in Kapitel 7 ausführlicher behandelt.

6.6 Der Testplan

Der Testplan sollte die Pläne für das Testprogramm ausführlich dokumentieren, und das Testteam muss sich gründlich mit dem Inhalt des Plans vertraut machen. Das Aufstellen eines Testplans ist ein iterativer Vorgang, der Rückmeldungen und die Verständigung der verschiedenen Projektbeteiligten untereinander über die definierten Ansätze, Teststrategien und Zeitvorgaben für die Durchführung erfordert.

Wenn die Entwicklungsarbeit für einen bestimmten Kunden gedacht ist, muss das Testteam die Genehmigung des Endbenutzers oder Kunden für den Testplan einholen, wozu sowohl das Akzeptieren der Teststrategie als auch das der einzelnen Testverfahren gehört, welche die tatsächlich geplanten Tests definieren. Das bedeutet, dass der Endbenutzer bestätigt, dass der Testplan und die damit verknüpften Skripts die ausreichende Abdeckung der Systemanforderungen bzw. Anwendungsfälle angemessen nachweisen. Was wäre besser geeignet, den Erfolg der Testarbeit zu gewährleisten und die Akzeptanz des Endbenutzers für die Anwendung zu erlangen, als diesen bereits in die Planung und Ausführung der Tests einzubeziehen?

Für das Projekt könnte man zahlreiche Teststrategien implementieren, aber das Budget des Testprogramms bietet niemals genügend Geld, um sämtliche möglichen Tests zu unterstützen. Deshalb erfordert ein erfolgreiches, kosteneffizientes Testprogramm eine klare Zielvorstellung und ein ausdrückliches Verstehen der verschiedenen in Abschnitt 6.2 skizzierten Testprogrammparameter, welche die Grenze der Testarbeit definieren. Gründliches Verstehen des Systems und der Systemanforderungen bzw. Anwendungsfälle ist in Verbindung mit sorgfältiger Definition der Testprogrammparameter und Testanforderungen notwendig, um die Testprogrammlösung wirksam für das konkrete Projekt maßzuschneidern. Kommunikation und Analyse stellen die Schlüssel zur Auswahl der richtigen Mischung von Teststrategien zum Erreichen der Testziele dar.

Der Zweck des Testplans lässt sich folgendermaßen zusammenfassen:

- Er liefert Leitlinien für das Management und die technische Arbeit, die zur Unterstützung des Testprogramms erforderlich sind.

- Er legt Art und Ausmaß der Tests fest, die zum Erreichen der Testziele für notwendig gehalten werden.

- Er umreißt einen wohlgeordneten Zeitplan der Ereignisse und Aktivitäten, die die Ressourcen effizient einsetzen.

- Er bietet mit der Erstellung einer Zuordnungstabelle für die Anforderungen die Sicherheit, dass das höchstmögliche Maß an Testabdeckung erreicht wird.

- Er umreißt im Detail den Inhalt der Testskripts und beschreibt, wie diese ausgeführt werden.

- Er skizziert, welche personellen, finanziellen, ausrüstungs- und anlagebezogenen Ressourcen zur Unterstützung des Testprogramms erforderlich sind.

Sobald das Testteam ausreichend davon überzeugt ist, dass der Testplan alle das Testprogramm betreffenden Einzelheiten enthält, sollte der Plan von einer Genehmigungsstelle geprüft werden. Manchmal muss ein bestimmter Kunde den Testplan absegnen, bevor die Ausführung des Testprogramms beginnen kann. In anderen Fällen prüft und genehmigt der zuständige Projektmanager den Testplan. In jedem Fall ist es wichtig, dass auch das Entwicklungspersonal den Plan prüft und billigt.

Möglicherweise möchte das Testteam eine Einführung in den Testplan organisieren und durchführen, an der die wichtigsten Mitarbeiter für die Ausführung des Testprogramms und die Genehmigung des Testplans teilnehmen. Vorher sollten jedoch Rezensionen des Testplans und Kommentare angefordert werden. Dann können bei der Einführung die wichtigen Äußerungen angesprochen und in derselben Veranstaltung abgehandelt werden.

Man muss unbedingt berücksichtigen, dass Testplanung kein Einzelereignis ist, sondern ein Prozess. Der Testplan ist ein lebendes Dokument, das die Testausführung bis zum Abschluss begleitet, und er muss aktualisiert werden,

um sämtliche Änderungen aufzunehmen. Das Testteam sollte häufig in den
Testplan schauen, während das Projekt getestet wird. Tabelle 6.7 zeigt ein Beispiel für einen Testplan.

Tab. 6.7 Skizze eines Testplans.

Testplan-abschnitt	Titel	Inhalt	Abschnitt im Buch
1.0	**Einleitung**		
1.1	Zweck	Zweck des Testplans	6.6
1.2	Hintergrund	Hintergrundinformationen zum Projekt	6.1
1.3	Systemübersicht	Systembeschreibung, kritische/riskante Funktionen	6.2, 4.2
1.4	Geeignete Dokumente	Dokumentation des Testprogramms	6.1
1.5	Hauptzeitplan für das Testprogramm	Ereignisse, Aktivitäten, zu liefernde Dokumente	6.4, 8.1
2.0	**Rollen und Zuständigkeiten**		
2.1	Projektorganisation	Diagramm der Projektorganisation	6.1, 4.2, 5.1
2.2	Rollen und Zuständigkeiten innerhalb des Projekts	Rollen und Zuständigkeiten	5.5
2.3	Struktur der Testaufgaben	Testaktivitäten und Arbeitsschrittstruktur	5.2
2.4	Ressourcen des Testteams	Profil des Testteams, Schulungsbedarf	5.4, 4.2
3.0	**Testprogramm**		
3.1	Umfang	Grobe Beschreibung der Testabdeckung	6.2
3.2	Testansatz	Ziele und Methodik des Vorgehens, Testprogrammparameter	4.1, 6.2
3.3	Teststrategien	Teststrategien	4.1
3.4	Automatisierte Werkzeuge	Werkzeugbeschreibungen, Entscheidung zur Testautomatisierung, Auswahl und Kompatibilitätsprüfung der Testwerkzeuge	2, 3, 4.2
3.5	Verifizierungsmethoden	Verifizierungsmethoden	6.2
3.6	Testanforderungen	Testanforderungen	6.2, 6.3, 7.1
3.7	Testentwurf	Testdesign, Namenskonvention für Verfahren	7.2, 7.3
3.8	Testentwicklung	Entwicklungsarchitektur	8.2

Tab. 6.7   Skizze eines Testplans. (Forts.)

Testplan-abschnitt	Titel	Inhalt	Abschnitt im Buch
4.0	**Testumgebung**		
4.1	Konfiguration der Test-umgebung	Design, Beschaffung, Installation, Einrichtung und Administration der technischen Umgebung	6.5
4.2	Testdaten	Erstellung und Management der Test-daten	7.3
5.0	**Testausführung**		
5.1	Testprogrammberichte	Berichte über den Programmfort-schritt, Metriken, Abfolgeliste	9.3
5.2	Fehlerverfolgung	Fehlerverfolgung	9.2
5.3	Konfigurationsmanage-ment	Konfigurationsmanagement	8.1
6.0	**Detaillierter Testzeitplan**	**Detaillierter Testzeitplan**	8.1
A	Testverfahren	Verfahren für Akzeptanztests	7.3

6.6.1 Kriterien für den Testabschluss/die Akzeptanz der Testergebnisse

Bevor die Zielanwendung in die Produktion geht, kann die Analyse der Tests dazu beitragen, Fehler zu ermitteln, die behoben werden müssen, und auch solche, deren Behebung aufgeschoben werden kann. Die Korrektur einiger Fehler lässt sich als Verbesserung neu klassifizieren und als Bestandteil späterer Programmversionen behandeln. Wahrscheinlich wird der Projekt- oder Programmentwicklungsmanager, welcher den Vorsitz der Entwicklungsprüfstelle innehat, entscheiden, ob ein Fehler behoben werden oder das Risiko eingegangen werden soll, ein Programm mit dem Fehler auszuliefern. In dieser Situation werden normalerweise einige Fragen gestellt. Wie hoch ist die Regressionsrate? Wie oft bleiben Fehlerkorrekturen erfolglos? Wenn die Regressionsrate für ein bestimmtes Subsystem hoch ist und dieses Subsystem nur geringe Testabdeckung aufweist, ist die Risikolast einer Fehlerkorrektur hoch.

Mit oder ohne Werkzeuge – es kommt der Tag, an dem die Tests enden und das Produkt tatsächlich eingesetzt werden muss. Die vielleicht schwierigste Frage beim Testen von Software ist die Entscheidung, wann man aufhören soll. Humphrey sagt, dass mit der Anzahl der *entdeckten* Fehler in einem Programm auch die Wahrscheinlichkeit steige, dass weitere *unentdeckte* Fehler vorhanden sind:

»Die Frage lautet nicht, ob alle Fehler gefunden sind, sondern ob das Programm gut genug ist, um die Tests zu beenden. Bei diesen Erwägungen sollte die Wahrscheinlichkeit, beim Testen weitere Fehler zu finden, die Grenzkosten für weitere Tests, die Wahrscheinlichkeit, dass die Benutzer auf die verbleibenden Fehler stoßen, und die sich daraus ergebende Auswirkung dieser Fehler auf die Benutzer berücksichtigt werden.« [3]

Es ist wichtig, dass das Testteam Qualitätsrichtlinien (Kriterien) für die Fertigstellung und Freigabe der Software aufstellt. Es sollte einige Fragen beantworten. Welche Art von Tests und welche Verbesserungen müssen implementiert werden, und wann stehen sie zur Verfügung? Was für Ressourcen sind für die Durchführung der Tests erforderlich? Ein einfach formuliertes Akzeptanzkriterium könnte besagen, dass die im Test befindliche Anwendung akzeptiert wird, wenn keine Problemmeldungen der Prioritätsstufe 1 (dringend), 2 (schlimm) oder 3 (mittel) vorliegen. Akzeptanzkriterien könnten festlegen, dass Problemmeldungen der Prioritätsstufe 4 oder 5 (niedrig) akzeptabel sind.

6.6.2 Beispiel eines Testplans

Der in Anhang D abgedruckte Beispieltestplan enthält die Testplanung, die für eine fiktive Firma namens Automation Services Incorporated (AMSI) ausgeführt wurde, die ein System mit dem Titel WallStreet Finanzhandelssystem (WFHS) testet. Der Inhalt dieses Testplans wurde einzig und allein zu dem Zweck entwickelt, die Art der Informationen und die Methoden der Präsentation relevanter Informationen in einem Testplan zu veranschaulichen. Aus Gründen der Anschaulichkeit sind die darin enthaltenen Informationen von einem Abschnitt zum anderen nicht unbedingt konsistent.

6.7 Zusammenfassung

- Das Element der Testplanung der Automated Test Life-Cycle Methodology (ATLM) enthält die Prüfung aller im Rahmen des Testprogramms erforderlichen Aktivitäten. Es zielt auf die Gewährleistung ab, dass Testprozesse, Methoden, Techniken, Mitarbeiter, Werkzeuge, Zeitplan und Ausrüstung effizient organisiert und eingesetzt werden.

- Das Testteam sollte die Entwicklung seines Testplans mit der Suche oder Aufstellung einer Vorlage beginnen und diese Skizze dann nach Bedarf anpassen. Wenn der Testplan aufgestellt und so abgestimmt ist, dass er den beabsichtigten Ansatz vollständig dokumentiert, wird er zum führenden Instrument für das nachfolgende Testprogramm.

- Der Anwendungsbereich des Testprogramms wird im Testplan als grobe Beschreibung der Testabdeckung bereitgestellt und durch die Definition von Testzielen und -strategien sowie Testanforderungen weiter verfeinert. Diese Definitionen können aufgezeichnet werden, sobald das Testteam ein klares Verständnis des Systems erworben, die automatisierten Werkzeuge ausgewählt und einige Testparameter dokumentiert hat.

- Die Testplanung umfasst sowohl die Definition von Testanforderungen als auch die Entwicklung eines Ansatzes für deren Verwaltung, welche sich auf die Speicherung und Pflege der Anforderungen, die Pflege von Verfolgbarkeitsverknüpfungen, die Risikoeinschätzung für die Testanforderungen, die Rangfolge der Testanforderungen (Festlegung von Prioritäten) und die Bestimmung einer Verifizierungsmethode für jede Systemanforderung erstreckt.

- Die Anforderungsverfolgbarkeitstabelle (Requirements Traceability Matrix) nennt explizit jede einzelne Anforderung, die das Testteam untersucht, sowie eine mit dieser verknüpfte Verifizierungsmethode. Sie ordnet den Systemanforderungen bzw. Anwendungsfällen Testverfahren zu und ermöglicht den Teammitgliedern, ohne weiteres zu bestätigen, dass die prüfungsbedürftigen Systemanforderungen oder Anwendungsfälle vollständig und erfolgreich implementiert wurden.

- Zu den Schlüsselelementen der Testplanung zählen die mit den Meilensteinen des Projekts verknüpften Planungen, die Testprogrammaktivitäten und die das Testprogramm betreffende Dokumentation. Im Zeitplan für das Testprogramm werden der technische Ansatz für diese Schlüsselelemente entwickelt, das Personal zugewiesen und die Zeitvorgaben für die Ausführung angegeben.

- Die Testplanungsarbeit muss aufzeigen, welche Ressourcen und Aktivitäten für die rechtzeitige Einrichtung der Testumgebung erforderlich sind. Es muss die Hard- und Software-, Netzwerk- und Anlagenbedürfnisse für die Einrichtung und Unterhaltung der Testumgebung benennen. Beschaffungs-, Installations- und Einrichtungsaktivitäten für verschiedene Komponenten der Testumgebung müssen inhaltlich und zeitlich geplant werden.

- Das Testteam muss die Pläne für das Testprogramm ausführlich dokumentieren, und die Mitglieder des Teams müssen sich gründlich mit dem Inhalt des Plans vertraut machen. Das Aufstellen eines Testplans ist ein iterativer Vorgang, der Rückmeldungen und die Verständigung der verschiedenen Projektbeteiligten untereinander über die definierten Ansätze, Teststrategien und Zeitvorgaben für die Durchführung erfordert.

- Das Testteam muss die Genehmigung des Endbenutzers oder Kunden für den Testplan einholen, wozu sowohl das Akzeptieren der Teststrategie als auch das der einzelnen Testverfahren gehört, welche die tatsächlich geplanten Tests definieren. Als Teil dieser Zustimmung bestätigt der Endbenutzer, dass der Testplan und die damit verknüpften Skripts die ausreichende Abdeckung der Systemanforderungen bzw. Anwendungsfälle angemessen nachweisen.

- Ein erfolgreiches, kosteneffizientes Testprogramm erfordert eine klare Zielvorstellung und ein ausdrückliches Verstehen der verschiedenen in Abschnitt 6.2 skizzierten Testprogrammparameter, welche die Grenze der Testarbeit definieren. Gründliches Verstehen des Systems und der Systemanforderungen bzw. Anwendungsfälle ist in Verbindung mit sorgfältiger Definition der Testprogrammparameter und Testanforderungen notwendig, um die Testprogrammlösung wirksam an das konkrete Projekt anzupassen. Kommunikation und Analyse stellen die Schlüssel zur Auswahl der richtigen Mischung von Teststrategien zum Erreichen der Testziele dar.

- Testplanung ist kein Einzelereignis, sondern ein Prozess. Der Testplan ist das Dokument, das die Testausführung bis zum Abschluss begleitet, und er muss häufig aktualisiert werden, um sämtliche Änderungen aufzunehmen. Das Testteam sollte häufig in den Testplan schauen, während das Projekt getestet wird.

6.8 Literaturhinweise

1. Übernommen aus ANSI/IEEE Std 1008-1987.

2. Rational Unified Process 5.0. Jacobson, I., Booch, G., Rumbaugh, J. *The Unified Software Development Process*. Reading, MA: Addison-Wesley, 1989.

3. Humphrey, W. S. *Managing the Software Process*. Reading, MA: Addison-Wesley, 1989.

7. Testanalyse und -design

Automatisierte Tests besitzen einen Entwicklungslebenszyklus im Kleinformat.

- Effie Jones

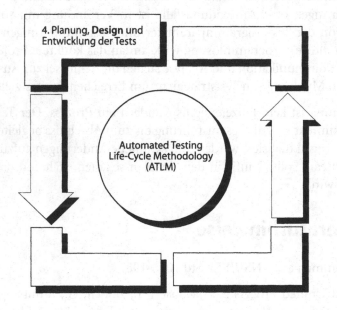

Ein wirkungsvolles Testprogramm mit automatisierten Softwaretests besitzt einen eigenen Entwicklungslebenszyklus. Es handelt sich um eine komplette eigenständige Entwicklungsarbeit mit Strategie und Zielplanung, Definition von Testanforderungen, Analyse, Design und Programmierung. Wie die Softwareanwendungsentwicklung erfordert auch die Testentwicklung sorgfältiges Analysieren und Entwerfen.

Das Gesamttestprogramm lässt sich in zwei Kategorien unterteilen: statische und dynamische Tests. Strategien für statische Tests wurden bereits in Kapitel 4 beschrieben; dazu gehören verschiedene Prüfungen, Inspektionen und Durchsichten (Walkthroughs). Dieses Kapitel legt den Schwerpunkt auf dynamische Tests: ihre Definition und das damit verknüpfte Analysieren und Entwerfen der Anforderungen und/oder Anwendungsfälle. Dynamisches

Testen besteht aus der Implementierung von Testtechniken, welche die Entwicklung und Ausführung von Testverfahren für die Gültigkeitsprüfung von Anforderungen einschließen, wobei verschiedene *Verifizierungsmethoden* eingesetzt werden.

Dieses Kapitel beschreibt einige Ansätze für die Analyse von Testanforderungen einschließlich verschiedener Techniken zur Ableitung von Testanforderungen aus den einzelnen Anwendungsanforderungen (nämlich Geschäfts-, Funktions-, Designanforderungen und Sequenzdiagrammen) und/oder Anwendungsfallspezifikationen. Die Darstellung der Testanforderungen sollte deutlich Testbedingungen mit der höchsten Wahrscheinlichkeit der Fehleraufdeckung skizzieren. Die Analyse der Testanforderungen erstreckt sich auch auf die Ermittlung der für den Erfolg entscheidenden und der riskantesten Funktionen als Bestandteil der Risikobehandlung. Die Beschreibung der Testanforderungen sollte Merkmale dieser Funktionen nennen, und die Tests sollten nachweisen, dass die betreffenden Anforderungen erfüllt sind.

In diesem Kapitel werden Methoden zur Gestaltung des Designs für das (dynamische) Testprogramm dargestellt. Der Ansatz für das Testdesign sollte sicherstellen, dass die Testarbeit Systemanforderungen bzw. Anwendungsfälle überprüft und damit die Wahrscheinlichkeit erhöht, dass das System wirklich das leistet, was von ihm erwartet wird. Anschließend werden White-Box- und Black-Box-Testtechniken beschrieben, die im Design des Testprogramms verwendet werden können. White-Box-Tests beziehen sich auf die Verifizierung der Interna der Softwareanwendung, während Black-Box-Tests für die Verifizierung der Externa benutzt werden.

Die Definition von Testverfahren erfolgt zusammen mit Teilen der Anforderungsverfolgbarkeitstabelle, die den Testanforderungen Testverfahren zuordnet (siehe Tabelle 6.4). Wir möchten daran erinnern, dass sich diese Tabellen mit einem Werkzeug für das Anforderungsmanagement wie DOORS automatisch erstellen lassen. Zur Definition des Testverfahrens gehört auch das Festlegen von Anzahl und Art der auszuführenden Verfahren. Während der Definition müssen unbedingt diejenigen Verfahren ermittelt werden, welche die in der Beschreibung der Testanforderungen vorgegebenen Bedingungen prüfen.

Außerdem befasst sich dieses Kapitel mit der Notwendigkeit der Feststellung, ob ein Testverfahren manuell oder mit Hilfe eines automatisierten Testwerkzeugs ausgeführt werden soll, sowie mit der Notwendigkeit, Testdatenanforderungen mit Testverfahren zu verknüpfen. Weitere Themen sind die Standardisierung und Verwaltung von Testverfahren. Um die Entwicklung von Testverfahren zu vereinfachen, müssen Standards für ihr Design aufgestellt und anschließend befolgt werden. Solche Standards fördern die Entwicklung wieder verwendbarer, modularer, pflegeleichter, belastungsfähiger und gleichförmiger Testverfahren.

All diese Aktivitäten und Probleme betreffen den Prozess des Analysierens und Entwerfens von Tests. Die fortlaufenden Schritte dieses Prozesses werden in Tabelle 7.1 skizziert.

Tab. 7.1 Ablauf von Testanalyse und -design.

Schritt	Beschreibung
	Analyse
1	Ziele. Das Testteam prüft die Testziele und -strategien.
2	Verifizierungsmethoden. Verifizierungsmethoden werden Systemanforderungen bzw. Anwendungsfällen zugeordnet und in einer Anforderungsverfolgbarkeitstabelle dokumentiert.
3	Analyse der Testanforderungen. Die Beschreibung der Testanforderungen wird definiert. Aus verschiedenen Systemanforderungen der im Test befindlichen Anwendung werden Testanforderungen abgeleitet.
4	Testanforderungstabelle. Testanforderungsbeschreibungen werden Systemanforderungen bzw. Anwendungsfällen und/oder Komponenten des Systemdesigns (der Systemarchitektur) zugeordnet.
5	Zuordnung von Testtechniken. Es findet eine vorbereitende Zuordnung von Testanforderungsbeschreibungen und Testtechniken statt. Die Testanforderungstabelle wird so geändert, dass sie diese Zuordnung wiedergibt.
	Design
6	Definition des Modells für das Testprogramm. Verschiedene Testtechniken werden auf ihre Anwendbarkeit im Testprogramm geprüft, und das Testteam sorgt dafür, dass sie durch mit ihnen verknüpfte Testanforderungen gerechtfertigt sind. Die Testanforderungstabelle wird entsprechend aktualisiert. Das Modell des Testprogramms wird definiert und legt fest, welche Testtechniken verwendet werden.
7	Definition der Testarchitektur. Diese Aktivität umfasst die Auswahl eines Testarchitekturmodells und die Füllung des Modells mit Attributen.
8	Definition von Testverfahren. Es werden logische Gruppen von Testverfahren, eine Namenskonvention und das Format für die Verfahren definiert.
9	Zuordnung von Testverfahren. Testverfahren und Testanforderungsbeschreibungen werden miteinander verknüpft. Die Testanforderungstabelle wird erstellt; sie gibt diese Zuordnung wieder.
10	Zuordnung von automatisierten und manuellen Tests (was wird automatisiert?). Die Testverfahrentabelle wird modifiziert. Sie gibt an, ob die Ausführung der Testverfahren von einem automatisierten Werkzeug unterstützt oder das Verfahren manuell ausgeführt wird. Eine zusätzliche Spalte in der Tabelle stellt Möglichkeiten für die Wiederverwendung automatisierter Testskripts fest.
11	Zuordnung von Testdaten. Die Testverfahrentabelle wird um die Testdatenanforderungen für die einzelnen Testverfahren ergänzt.

7.1 Analyse der Testanforderungen

Ähnlich wie bei der Entwicklung von Softwareanwendungen müssen Testanforderungen festgelegt werden, bevor das Testdesign erstellt wird. Die Anforderungen müssen klar definiert und dokumentiert werden, damit das gesamte Projektpersonal die Grundlage der Testarbeit versteht. Sie werden aus den Anforderungsbeschreibungen abgeleitet, die sich aus der Analyse der Testanforderungen ergeben haben. Diese Analyse, mit deren Hilfe ermittelt werden soll, welche Arten von Tests zur Prüfung des Systems erforderlich sind, kann je nach Testphase durch Untersuchen des Systems aus verschiedenen Perspektiven erfolgen.

Wie in Kapitel 6 bereits erwähnt, schließt die eine Perspektive die Untersuchung des Systemdesigns bzw. des betrieblichen Prozessablaufs in den Benutzeroperationen ein, was auch als *struktureller* Ansatz bezeichnet wird. Dieser Ansatz stützt sich auf Einheiten- und Integrationstests, auch White-Box-Tests genannt. Die Analyse von Testanforderungen auf Entwicklungstestebene basiert im Wesentlichen auf der Prüfung der Designspezifikationen.

Weitere Perspektiven sind die Prüfung von Systemanforderungen oder Anwendungsfällen, was auch als *anforderungs-* oder *verhaltensorientierter* Ansatz bezeichnet wird. Diese Analyse der Testanforderungen betrifft Tests, die zur Unterstützung des Systems insgesamt durchgeführt werden. Diese Ebene, die Systemtestebene, umfasst meistens Black-Box-Tests. Sie besteht aus System- und Akzeptanztests. Die Analyse auf Systemtestebene zielt in erster Linie auf System- oder Geschäftsanforderungen ab.

Eine alternative Methode, das System zu untersuchen, besteht in der Prüfung der erfolgsentscheidenden und der riskantesten Funktionen. Die Zusatzarbeit dafür kann zu wichtigen Einblicken führen, welche die Erstellung von Testanforderungsbeschreibungen erleichtern. Solche gründlich durchdachten Testanforderungen gewährleisten, dass das Testteam diese Funktionen angemessen mit Methoden prüft, die das korrekte Funktionieren garantieren, wenn das System schließlich zum Einsatz kommt.

Beachten Sie jedoch, dass der Anwendungsbereich von Testanforderungen, die für das konkrete System gelten, begrenzt werden muss. Die Definition der Testanforderungen wird durch einige Parameter eingeschränkt, einschließlich der Beschreibung des Systems und der Definition der Systemanforderungen. Weitere Parameter sind der definierte Anwendungsbereich des Testprogramms sowie die Testziele. Die Formulierungen der Testanforderungen werden zum Design, das es dem Testteam ermöglicht, den nächst folgenden Schritt im Prozess der Testanalyse und -gestaltung mit einer detaillierten Skizze der Testinhalte zu entwerfen. Vorbereitend werden Testanforderungsbeschreibungen und Testtechniken miteinander verknüpft, und dann wird ein

Modell für das Testprogramm erstellt, das den Anwendungsbereich der für das Projekt eingesetzten Testtechniken veranschaulicht.

Der Rest des Abschnitts beschäftigt sich mit der Analyse der Testanforderungen und mit den beiden Testebenen (Entwicklungs- und Systemebene).

7.1.1 Testanalyse auf Entwicklungsebene (Struktureller Ansatz)

Um die Testanforderungen für die Tests auf Entwicklungsebene festzulegen, sollte eine Analyse durchgeführt werden, die auf der Einheiten- und Integrationstestebene stattfindet und als strukturelle Analyse bezeichnet wird.

Die Methode der strukturellen Analyse auf der Grundlage des Designs erfordert eine Untersuchung des genauen Designs und/oder des Programmcodes. Sie legt den Schwerpunkt auf die Ein- und Ausgaben der Softwaremodule. Die daraus entstehenden Testanforderungsbeschreibungen basieren auf der Prüfung der Logik des Designs oder der Implementierung des Programmcodes, wenn ein detailliertes Design nicht zur Verfügung steht. Die auf dem Design beruhende Analysemethode geht die Testanforderungen aus einer White-Box-Perspektive an, die sich mit echten Verarbeitungsaktivitäten wie Steuerung, Logik und Datenflüssen beschäftigt. Analyse auf der Grundlage des Designs kann auch als strukturelle Abdeckung bezeichnet werden, was die Konzentration auf die innere Struktur des Programmcodes wiedergibt.

DO-178B, ein internationaler Luftfahrtstandard der RTCA, definiert drei unterschiedliche Ansätze für die designbasierte Analyse von Testanforderungen: Anweisungsabdeckung, Entscheidungsabdeckung und Entscheidungsabdeckung unter geänderten Bedingungen. Der Ansatz der Anweisungsabdeckung ruft jede in einem Programm enthaltene Anweisung mindestens einmal auf. Bei der Entscheidungsabdeckung wird jeder Ein- und Austrittspunkt des Programms mindestens einmal aufgerufen, und jede Entscheidung nimmt mindestens einmal jeden möglichen Wert an. Entscheidungsabdeckung unter geänderten Bedingungen ist ein strukturelles Abdeckungskriterium, das verlangt, dass jede Bedingung (jeder Term) innerhalb einer Entscheidung (eines Ausdrucks) durch Ausführung geprüft wird, was ihre Unabhängigkeit und die korrekte Auswirkung auf das Ergebnis der Entscheidung nachweist (ein Vorgang, der als boolesche Instrumentierung bezeichnet wird).

Die Stärke dieser Ansätze für die Entwicklung von Testverfahren liegt in dem Umstand, dass die daraus resultierenden Verfahren Schritt-für-Schritt-Anleitungen liefern, die bis hin zur Eingabe von Tastenanschlägen detailliert sind; häufig bilden diese Anleitungen zum Schluss die Struktur für die Betriebssystem- und Benutzerhandbücher. Eine auf dem Design basierende Anforderungsanalyse dieser Art erforscht, ob Testverfahren sowohl für den

Quell- als auch für den Objektcode entwickelt werden müssen, um Fehler aufzuspüren, die sich während des Designs, der Programmierung, der Kompilierung, des Linkens und des Ladens eingeschlichen haben.

Eine potenzielle Schwäche dieser Art Ansatz zur Entwicklung von Testverfahren ist mit dem Umstand verbunden, dass der Testingenieur die Anforderungen nicht aus der Perspektive der Systemebene betrachtet, weil er das
Design untersucht. Diese Methode setzt voraus, dass alle Ein- und Austritts-
punkte der Softwareeinheiten getestet werden. Das kann zahlreiche Testverfahren erfordern, viel Zeit kosten und mehr Personal benötigen.

Wenn das Testteam dennoch Tests auf Entwicklungsebene plant, lohnt sich
die Analyse von Testanforderungen, die sich mit der Prüfung der Software
unter abnormen Bedingungen befassen. Das Team muss Testanforderungsbeschreibungen formulieren, die versuchen, Datenfelder zur Überschreitung
ihrer Grenzen zu bringen, Schleifen zu überzähligen Iterationen zu veranlas-
sen und Bereichsüberschreitungen bei Eingabedaten zu verursachen. Das Ziel
dieser Testanforderungen liegt darin, Fehler aufzudecken, indem die Software
gezwungen wird, unter nicht vorgesehenen oder abnormen Bedingungen zu
operieren.

Bei der Analyse auf Entwicklungsebene könnte das Testteam auch aus der
Analyse der Programmlogik in den Entscheidungsbäumen Testanforderungen
ableiten. Der Testingenieur kann die Ein- und Ausgabebedingungen des Programmcodes untersuchen und Testanforderungen ableiten, die gewährleisten
sollen, dass jeder Ein- und Ausgabepunkt im Programm mindestens einmal
aufgerufen wird. Testanforderungen können auch Anweisungen zum Testen
jeder Entscheidungsbedingung in einem Programm enthalten.

7.1.1.1 Testanforderungstabelle für Tests auf Entwicklungsebene

Die Anforderungen für Tests auf Entwicklungsebene sollten definiert und
dann in eine Anforderungsverfolgbarkeitstabelle oder eine entsprechende
Datenbank eingetragen werden. Darin sollte jede Anforderung mit einer ID-
Nummer für eine Komponente der Systemarchitektur oder des Designs verknüpft werden. Die Architekturkomponente wird dann in Richtung auf einzelne Softwareanforderungen und auf Systemanforderungen bzw. Anwendungsfälle verfolgt. Falls keine detaillierten Softwareanforderungen definiert
wurden, wird sie in Richtung auf Systemanforderungen oder Anwendungsfälle verfolgt. Die Verwaltung der Anforderungen ermöglicht dem Testingenieur, die Zuordnungstabellen für die Anforderungen automatisch zu pflegen.

In Tabelle 7.2 wird jede Testanforderung mit einer Anforderungsbeschreibung verknüpft und jeder Anforderungsbeschreibung eine Testanforderungs-
ID zugewiesen. Nach der Definition von Testanforderungen sollte das Test-

team eine vorbereitende Entscheidung darüber treffen, welche Testtechnik
sich für die einzelnen Anforderungen jeweils am besten eignet.

Einige Testanforderungen lassen sich aus der Analyse ableiten und beziehen sich deshalb vielleicht nicht speziell auf eine Software- oder Systemanforderung. In diesem Fall lauten die Einträge für die Systemanforderungs-
bzw. Softwareanforderungs-ID in Tabelle 7.2 »Verschieden«. Möglicherweise
möchte das Testteam in dieser Spalte auch vermerken, dass die Testanforderung aus der Analyse abgeleitet wurde.

7.1.2 Testanalyse auf Systemebene (Verhaltensorientierter Ansatz)

Testanalyse ist auch erforderlich, um die Testanforderungen auf Systemebene
festzulegen. Diese Art der Analyse wird auch als verhaltensorientierter Ansatz
bezeichnet.

Die auf Anforderungen basierende Analysemethode verlangt die Prüfung
der System- bzw. Softwareanforderungsspezifikationen. Der Schwerpunkt
liegt bei dieser Methode auf den Testeingaben und den erwarteten Ausgaben.
Auch die daraus resultierenden Testanforderungsbeschreibungen basieren auf
der Untersuchung der System- bzw. Softwareanforderungsspezifikationen.
Die Methode betrachtet die Testanforderungen aus einer Black-Box-Perspek-
tive. Sie zielt auf die Ableitung von Anforderungen, die Testverfahren hervorbringen, welche zeigen sollen, dass die Software die festgelegten Funktionen
unter normalen Betriebsbedingungen ausführt.

Tab. 7.2 Testanforderungstabelle für Tests auf Entwicklungsebene.

SA-ID	Soft-ware-ID	Architektur-komponente	T-ID	Testanforderungsbeschreibung	Testtechnik
3.2.1a	SM001	Systemver-waltung	1001	Prüfungen der Systemanbindung sollen im Bereich von 1 bis 60 wählbar sein und keine anderen Werte akzeptieren	Einfügen von Fehlern
3.2.1a	SM002	Systemver-waltung	1002	System soll passende Fehlermel-dungen für bereichsüberschrei-tende Wertewahl ausgeben	Fehlerbe-handlung
3.2.1b	SM003	Systemver-waltung	1003	System soll Systemauslastung der eingerichteten Server prüfen und die Auslastung nach Bedarf auto-matisch anpassen	Kettentest

Tab. 7.2 Testanforderungstabelle für Tests auf Entwicklungsebene. (Forts.)

SA-ID	Soft-ware-ID	Architektur-komponente	T-ID	Testanforderungsbeschreibung	Testtechnik
3.2.1c	SM004	Systemver-waltung	1004	System soll Speicherreserve von 50% für routinemäßige Belastung unterhalten	Speicher-nutzung
3.2.1d	SM005	Systemver-waltung	1005	System soll Benutzerauthentifi-zierung und Kennwörter täglich prüfen	Kettentest
3.2.1d	SM006	Systemver-waltung	1006	System soll Authentifizierungs- und Kennwortverletzungen mel-den	Fehlerbe-handlung
3.2.1d	SM007	Systemver-waltung	1007	Benutzer muss neues Kennwort zweimal bestätigen, bevor es akzeptiert wird; Benutzer bekommt Fehlermeldung, wenn bei der Kennworteingabe ein Feh-ler auftritt	Fehlerbe-handlung
Ver-schie-den	Ver-schie-den	Verschieden (abgeleitet aus der Ana-lyse)	1008	Alle in diesem Modul enthaltenen Anweisungen sollen mindestens einmal ausgeführt werden	Anwei-sungsab-deckung
Ver-schie-den	Ver-schie-den	Verschieden (abgeleitet aus der Ana-lyse)	1009	Prüfen, wie oft die logischen Ver-zweigungen auf wahre und fal-sche Bedingungen geprüft wur-den	Verzwei-gungsab-deckung

Ein weiterer Ansatz für die Ableitung von Testanforderungen sieht den Einsatz funktioneller Abläufe vor. Auf diese Art erstellte Testanforderungen ergeben sich aus der Analyse des funktionellen Abläufe der allgemeinen Geschäftsanforderungen. Der Testingenieur prüft den allgemeinen Geschäfts-prozess, indem er die Ergebnisse der Neuentwicklung des Unternehmensge-schäftsprozesses (das Business Process Reengineering) untersucht oder Anwendungsfälle analysiert.

Die *Neuentwicklung von Geschäftsprozessen* ist eine strukturierte Methode zur Analyse der Verfahren, die eine Geschäftseinheit zum Erreichen ihrer Ziele nutzt, und zur Neugestaltung der Geschäftsprozesse mit dem Schwerpunkt auf dem Endbenutzer des Produkts. Folglich untersucht diese Methode den gesamten Anwendungsbereich der Prozesse, bestimmt den Informationsfluss durch die Geschäftskomponenten und schlägt Verbesserungen vor, anstatt einfach Rechnersysteme bereitzustellen, welche die Geschäftspraktiken in ihrer bestehenden Form unterstützen. Häufig umfasst der Prozess der Neuentwicklung auch die Einführung neuer Technologien und automatisierter Informationssysteme.

Die *Analyse von Anwendungsfällen* stellt dagegen eine Methode zur Modellierung von Anforderungen und eine Methode der Anforderungsanalyse dar, welche die Entwicklung und anschließende Analyse einer Reihe von Mini-Szenarien enthält, die ihrerseits verschiedene Kombinationen der Systemanforderungen ausprobieren. Jeder Anwendungsfall besitzt einen definierten Ausgangspunkt, eine Folge bestimmter Schritte und definierte Kriterien für die Beendigung. Das Anwendungsfallkonstrukt definiert das Verhalten eines Systems oder einer semantischen Einheit, ohne deren interne Struktur aufzudecken. Jeder Anwendungsfall nennt eine Folge von Aktionen einschließlich Varianten, welche die Einheit im Zusammenspiel mit ihren Akteuren ausführen kann.

Die Aufstellung abgeleiteter Anforderungen und das Ermitteln der zu entwickelnden Systemfunktionen erfolgt durch Analyse der einzelnen Schritte des Anwendungsfalls, wozu die Feststellung gehört, was der Benutzer macht, was das Programm macht, was die Benutzeroberfläche macht und was die Datenbank machen muss, um den Schritt zu unterstützen. Die Zusammenstellung der verschiedenen Benutzeraktivitäten erleichtert die Erstellung von Schulungs- und Benutzerunterlagen und das Entwerfen der Testverfahren.

Ein weiterer Ansatz zur Ableitung von Testanforderungen auf Systemtestebene sieht die Prüfung erfolgsentscheidender und hochgradig riskanter Systemfunktionen vor. Es ist zwar wichtig, Testbedingungen zu skizzieren, die mit hoher Wahrscheinlichkeit Fehler entdecken, aber es ist ebenso wichtig, Fehler in kritischen und hochgradig riskanten Funktionen zu finden. Tabelle 7.3 liefert ein Beispiel für eine Liste kritischer und hochgradig riskanter Funktionen, die in einen Testplan aufgenommen werden könnten. Die Risiken sind nach ihrer Bedeutung geordnet: vom wichtigsten bis zum unwichtigsten. Der Testingenieur würde die Funktionen genauer analysieren und Testanforderungen skizzieren, aus denen später Testverfahren entstehen, welche das umfassende Funktionieren der Funktionen nachweisen sollen.

Wie bereits erwähnt, ist es wichtig, dass die Testanforderungsbeschreibungen auch Testbedingungen enthalten, bei denen die Wahrscheinlichkeit, Fehler zu finden, sehr hoch ist. Sie sollten Eingabewerte nennen, damit das Testteam Tests entwickeln kann, die bereichsüberschreitende Eingabedaten verwenden. Das Ziel dieser Testanforderungen besteht im Aufdecken von Fehlern durch Erzwingen nicht vorgesehener oder abnormer Bedingungen.

Tab. 7.3 Kritische und riskante Funktionen.

Einstufung	Funktion	Software-komponente	Indikator
1	Prüfen der Identifizierung des Handelspartnerkontos vor jedem automatischen Austausch von Informationen zum Anlagenhandel	SG-07	Hohes Risiko
2	Sortieren von Gelegenheiten zum Anlagenhandel, Ermitteln des günstigsten Geschäfts und Abschließen eines entsprechenden Handels	AT-12	Kritisch
3	Bereitstellen von Kommunikationswegen und Informationsfluss zwischen Softwarekomponenten mit unterschiedlicher Sicherheitsklassifikation	SG-07	Hohes Risiko
4	Überwachen von Wechselkursen und primären ökonomischen Indikatoren für Änderungen auf dem Wertpapiermarkt und in der Weltwirtschaft	DS-13	Hohes Risiko
5	Überwachen von Wertpapieren und der wichtigsten Wertpapierbewegungen	TV-10	Kritisch
6	Erstellen von Simulationsmodellen für erweiterte Vorhersagen, Analysieren der Zukunft entstehender Trends und Bereitstellen langfristiger Unterstützung wesentlicher Entscheidungen	DS-13	Kritisch

7.1.2.1 Testanforderungstabelle für die Systemtestebene

Die Testanforderungen für Systemtests müssen in einer Tabelle wie der in Tabelle 7.4 veranschaulichten definiert und festgehalten werden. Jede Testanforderung ist einer Systemanforderung zugeordnet. Die Systemanforderungen sind in Form ihrer Systemanforderungs-ID in der ersten Spalte von Tabelle 7.4 aufgeführt. Die Testanforderungen können auch auf die entsprechende Systemarchitekturkomponente bezogen sein.

Jede Testanforderung ist mit einer Anforderungsbeschreibung verknüpft, und jede Anforderungsbeschreibung besitzt eine Testanforderungs-ID. Nach der Definition der Testanforderungen sollte das Testteam eine vorbereitende Entscheidung über die Testtechnik treffen, die für die jeweilige Anforderung am besten geeignet ist. Auch wenn es so scheinen mag, als ob es sich dabei um zeitaufwendiges Setzen von Querverweisen zwischen Nummern handelt, bietet ein Werkzeug für das Anforderungsmanagement wie DOORS dafür automatische Pflege.

Tab. 7.4 Testanforderungstabelle für Tests auf Systemebene.

SA-ID	Architektur-komponente	T-ID	Testanforderungsbeschreibung	Testtechnik
3.2.1a	Systemver-waltung	2001	System soll Anbindung an externe Datenquellen mindestens im Minutenabstand prüfen	Funktionstest
	Systemver-waltung	2002	Prüfungen der Systemanbindung an externe Datenquellen sollen im Bereich von 1 bis 60 Sekunden wählbar sein	Funktionstest
	Systemver-waltung	2003	Prüfungen der Systemanbindung an externe Datenquellen sollen im Bereich von 1 bis 60 Sekunden wählbar sein und dürfen keine anderen Werte akzeptieren; System soll passende Fehlermeldungen für bereichsüberschreitende Wertewahl ausgeben	Grenzwert
3.2.1b	Systemver-waltung	2004	System soll Systemauslastung der eingerichteten Server prüfen und die Auslastung nach Bedarf automatisch anpassen	Funktionstest
3.2.1c	Systemver-waltung	2005	Leistungsmessungen müssen alle 4, 16, 24, und 48 Stunden ausgewertet werden	Leistungstest
3.2.1d	Systemver-waltung	2006	Das System soll Werte der Kennwörter für Benutzerauthentifizierung mit Wörterbüchern und Tabellen leicht zu erratender Kennwörter vergleichen	Funktionstest
3.2.1d	Systemver-waltung	2007	Bei Verletzung eines Authentifizierungskennworts soll das System den Benutzer auffordern, bei der nächsten Systemanmeldung das Kennwort zu ändern	Funktionstest
3.2.1d	Systemver-waltung	2008	Benutzer müssen neues Kennwort zweimal bestätigen, bevor es akzeptiert wird; Benutzer bekommt Fehlermeldung, wenn bei der Kennworteingabe ein Fehler auftritt	Funktionstest

7.2 Design des Testprogramms

Das Testprogramm muss ähnlich wie bei der Entwicklung herkömmlicher Software gewissenhaft entworfen und ausgearbeitet werden, damit gewährleistet ist, dass die durchgeführten Testaktivitäten den effizientesten und wirkungsvollsten Test für das System ergeben. Die Ressourcen für das Testprogramm sind begrenzt, aber dennoch gibt es unendlich viele Möglichkeiten, das System zu testen. Dieser Abschnitt befasst sich mit Methoden, das Design des Testprogramms grafisch darzustellen, um den Projekt- und Testmitarbeitern einen geistigen Rahmen für Grenzen und Umfang des Testprogramms zu geben.

7.2.1 Designmodelle für Testprogramme

Das Entwerfen des Testprogramms folgt auf die Testanalyse, zu deren Ergebnissen die Definition von Testzielen, die Auswahl von Verifizierungsmethoden und deren Zuordnung zu Systemanforderungen oder Anwendungsfällen sowie die Erstellung von Testanforderungsbeschreibungen gehört. Anschließend werden die Testanforderungen abhängig von der jeweiligen Testphase Systemanforderungen oder Anwendungsfällen und/oder Komponenten des Systemdesigns zugeordnet. Danach wird eine vorbereitende Zuordnung von Testanforderungen zu Testtechniken vorgenommen.

Ausgestattet mit einer Definition der Testanforderungen und einer Vorstellung von den Testtechniken, die für das konkrete Projekt geeignet sein könnten, ist das Testteam dann bereit, die Designmodelle für das Testprogramm zu entwickeln. Das erste dieser Modelle ist ein Testprogrammmodell, welches aus einer grafischen Darstellung besteht, die den Anwendungsbereich des Testprogramms veranschaulicht. Es enthält mindestens die Testtechniken, die auf Entwicklungs- und Systemtestebene eingesetzt werden. Außerdem kann es statische Teststrategien skizzieren, die während der Anwendungsentwicklung genutzt werden. Zusätzlich kann es noch explizit andere Verifizierungsmethoden als das Testen festlegen, die während der Tests auf Entwicklungs- und Systemebene angewandt werden.

Abbildung 7.1 zeigt ein Beispiel für ein Testprogrammmodell und definiert die verschiedenen Testtechniken, von denen einige abhängig von den Testanforderungen für das konkrete Testprogramm implementiert werden. Die Testingenieure des Projekts würden dieses Modell entwickeln, indem sie die während der Testanalyse festgelegten Testtechniken dokumentieren. Anschließend würden sie von einer Modellvorlage ausgehen, die eine lange Liste von möglichen Testtechniken für ein beliebiges Testprogramm enthält, und diese anhand der Analyseergebnisse kürzen. Das Verwenden einer Vorlage erspart dem Testteam Zeit und Mühe.

Die nächste Aufgabe des Testteams nach der Definition eines Testprogrammmodells besteht in der Konstruktion einer Testarchitektur für das anstehende Projekt. Diese besteht aus einer grafischen Darstellung der Struktur des Testprogramms, deren Ziel die Definition der Methode für die Organisation der Testverfahren ist

Statische Teststrategien	Weitere Verifizierungsmethoden	

• Anforderungsprüfung
• Verwendung von Pro-
  zessstandards bzw. -normen
• Beteiligung an der Design
  prüfung
• Inspektionen und Walk-
  throughs
	• Vorführung
	• Analyse
	• Inspektion
	• Zertifizierung
	• Manuelles Testen
	• Automatisiertes Testen	

Techniken für die Entwicklungsebene	**Techniken für die Systemebene**	

• Bedingungsabdeckung
• Pfadabdeckung
• Einfügen von Fehlern
• Speicherproblemtests
• Fehlerbehandlung
• Kettentest
• Anweisungsabdeckungstests
• Entscheidungsabdek-
  kungs- tests
• Zyklomatische Komplexität
• Datenflussabdeckungstests
	• Bildung von Äquivalenz-
	  klassen
	• Grenzwertanalyse
	• Ursache-Wirkungs-
	  Darstellung
	• Zufallstests
	• Fehlervermutung
	• Regressionstests
	• Belastungstests
	• Replikationstests
	• Datenintegritätstests
	• Sichern und Wiederher-
	  stellen
		• Konfigurationstests
		• Leistungstests
		• Funktionstests
		• Sicherheitstests
		• Betriebsbereitschafts-
		  tests
		• Benutzerakzeptanztests
		• Kompatibilitäts-/Kon-
		  vertierungstests
		• Benchmark-Tests
		• Usability-Tests
		• Alpha-/Betatests

Abb. 7.1 Modell des Testprogramms

Die Struktur des Testprogramms wird häufig auf zwei verschiedene Arten dargestellt. Die eine Methode der Organisation von Testverfahren fasst die Testverfahren mit den Designkomponenten der Systemanwendung in logischen Gruppen zusammen – sie wird als designorientierte Testarchitektur bezeichnet. Die zweite Methode verknüpft Testverfahren mit den verschiedenen im Testprogrammmodell vertretenen Arten von Testtechniken – dieses Verfahren wird als technikorientierte Testarchitektur bezeichnet.

In beiden Architekturmodellen wird ein Unterschied zwischen der Architektur für die Entwicklungstestebene und der für die Systemtestebene gemacht. Dennoch lässt sich die Architektur für ein Testprogramm durch eine Kombination design- und technikorientierter Ansätze darstellen. Die Architektur für die Entwicklungstestebene könnte zum Beispiel designorientiert sein, die für die Systemtestebene dagegen technikorientiert. In Abschnitt 7.3.1 oder in Anhang D finden Sie ein Beispiel für eine *gemischte* Testarchitektur, die sowohl den designorientierten als auch den technikorientierten Ansatz enthält.

7.2.1.1 Designorientierte Testarchitektur

Die designorientierte Testarchitektur verknüpft Testverfahren mit den Hard- und Softwaredesignkomponenten der Systemanwendung. Die Logik dieses Modells entstammt der Vorstellung, dass sich diese Komponenten zu den System- und Softwareanforderungsspezifikationen verfolgen lassen. Außerdem lassen sich Testanforderungsbeschreibungen zu Designkomponenten sowie zu System- und Softwareanforderungsspezifikationen verfolgen. Deshalb kann das Testteam die mit den einzelnen Designkomponenten verknüpften Testtechniken in einer Anforderungsverfolgbarkeitstabelle nachschlagen, wie es in der in Abbildung 7.2 dargestellten designorientierten Testarchitektur gezeigt wird.

Diese Testarchitektur liefert dem Testteam eine Wegbeschreibung zur Ermittlung der verschiedenen für die einzelnen Designkomponenten erforderlichen Testverfahren. Die Designkomponenten sind in Form ihrer Design-IDs aufgeführt: Die ID SM-06 steht zum Beispiel für eine Designkomponente mit dem Namen Systemverwaltung, die sechste Komponente im Diagramm der Softwarearchitektur des Projekts. Abbildung 7.2 enthält nur vier Designkomponenten. Die rechte Spalte trägt den Titel »Andere«, was bedeutet, dass andere Designkomponenten der Projektsoftwarearchitektur ebenfalls in einer Spalte des Testarchitekturdiagramms dargestellt würden

Entwicklungstestebene				
SM-06	SG-07	SA-08	TV-10	Andere ...
Fehlerbehandlung	Fehlerbehandlung	Zyklomatische Komplexität	Zyklomatische Komplexität	...
Speicherproblemtests	Speicherproblemtests	Pfadabdeckungstests	Pfadabdeckungstests	...
		Einfügen von Fehlern	Einfügen von Fehlern	...
		Entscheidungsabdeckungstests	Entscheidungsabdeckungstests	...
		Datenflussabdeckungstests	Datenflussabdeckungstests	...
Systemtestebene				
SM-06	SG-07	SA-08	TV-10	Andere ...
Funktionstests	Funktionstests	Funktionstests	Funktionstests	...
Sicherheitstests	Sicherheitstests	Belastungs-/Massentests	Belastungs-/Massentests	...
		Grenzwerttests	Grenzwerttests	...
		Leistungstests	Leistungstests	...

Abb. 7.2 Designorientierte Testarchitektur.

Anhand der designorientierten Testarchitektur gewinnt das Testteam ein deutliches Bild der Techniken, die beim Testen der einzelnen Designkomponenten zum Einsatz kommen. Es kann jetzt ohne weitere Mühe alle Testverfahren für die jeweilige Komponente durch Verweise auf die Anforderungsverfolgbarkeitstabelle definieren.

7.2.1.2 Technikorientierte Testarchitektur

Die technikorientierte Testarchitektur verknüpft die Anforderungen an die Testverfahren mit den im Testprogrammmodell definierten Testtechniken. Das diesem Modell zugrunde liegende Prinzip entstammt der Vorstellung, dass die Testverfahren, die eine bestimmte Testtechnik unterstützen, logisch gekoppelt sind. Außerdem wurden die Testtechniken bereits zu den Testanforderungsbeschreibungen in der Anforderungsverfolgbarkeitstabelle verfolgt.

In der in Abbildung 7.3 dargestellten technikorientierten Testarchitektur sind nur vier Testtechniken enthalten. Die rechte Spalte trägt den Titel »Andere«, was darauf hinweist, dass in einer Spalte des Testarchitekturdiagramms ggf. noch weitere Techniken für die Testarbeit aufgelistet sein sollten.

Anhand der technikorientierten Testarchitektur gewinnt das Testteam ein deutliches Bild der anzuwendenden Testtechniken. Es kann jetzt die mit den einzelnen Testtechniken verknüpften Testanforderungen durch Verweise auf die Anforderungsverfolgbarkeitstabelle ermitteln. Außerdem kann es kann jetzt ohne weitere Mühe alle Testverfahren definieren, die den Testtechniken und den mit diesen verknüpften Testanforderungen entsprechen.

7.2.1.3 Effektives Entwerfen von Testprogrammen

Das gesamte Entwerfen von Testprogrammen umfasst sowohl statische als auch dynamische Testaktivitäten, wie in Abbildung 7.1 gezeigt wurde. Der effektive Einsatz der Zeit des Testingenieurs zur Unterstützung statischer Testaktivitäten kann Design und Entwicklung der Systemanwendung hervorragend verbessern. Die Entwicklung eines hochwertigen Designs für die Systemanwendung kann die Testarbeit rational gestalten, so wie es auch durch effektives Entwerfen von Tests möglich ist. Eine effektive Testgestaltung erlaubt dem Testteam, seine Kräfte auf die Dinge zu konzentrieren, bei denen sie am meisten benötigt werden.

Die Testarchitektur dient als Wegbeschreibung für die dynamische Testarbeit, die umgekehrt das Testen auf Entwicklungs- und Systemebene erleichtert. Die beiden Testkategorien basieren in erster Linie auf dem Einsatz des White-Box- und des Black-Box-Ansatzes. Der White-Box-Ansatz legt den Schwerpunkt auf die »Interna« der Anwendung, der Black-Box-Ansatz dagegen auf die »Externa«. Tests auf Entwicklungs- und Systemebene können einen der beiden Ansätze oder eine Kombination daraus verwenden.

Entwicklungstestebene				
Fehlerbehand-lung	Pfadab-deckungstests	Einfügen von Fehlern	Speicher-problemtests	Andere ...
Auflisten der Module/ Einheiten	Auflisten der Module/ Einheiten	Auflisten der Module/ Einheiten	Auflisten der Module/ Einheiten	Auflisten der Module/ Einheiten
...	...	...	...	...
...	...	...	...	...
Systemtestebene				
Funktionstests	Sicherheitstests	Belastungs-/ Massentests	Leistungstests	Andere ...
Festlegen der Folge von Test-verfahren oder Designkom-ponenten	Festlegen der Folge von Test-verfahren oder Designkom-ponenten	Festlegen der Folge von Test-verfahren oder Designkom-ponenten	Festlegen der Folge von Test-verfahren oder Designkom-ponenten	Festlegen der Folge von Test-verfahren oder Designkom-ponenten
...	...	...	...	...
...	...	...	...	...

Abb. 7.3 Technikorientierte Testarchitektur

Um die hier beschriebenen Designmodelle für Testprogramme zu entwik-keln, muss das Testpersonal mit den Testtechniken des White-Box- und des Black-Box-Testansatzes vertraut sein. Tabelle 7.5 liefert einen Überblick über die beiden Ansätze.

7.2.2 White-Box-Techniken (Tests auf Entwicklungsebene)

Über die White-Box- und die Black-Box-Testtechniken wurden schon viele Bücher geschrieben [1]. Dieses Buch bietet keinen vollständigen Überblick über alle derartigen Testtechniken, sondern konzentriert sich statt dessen auf automatisierte Tests. Es muss unbedingt erwähnt werden, dass das Verstehen der am häufigsten angewandten Techniken beim Entwickeln des Testdesigns erforderlich ist. Dieser Abschnitt behandelt einige weit verbreitete Testtechni-ken für Tests auf Entwicklungsebene und Abschnitt 7.2.3 Techniken für Tests auf Systemebene.

Tab. 7.5 Überblick über White-Box-/Black-Box-Techniken.

White-Box-Ansatz	Black-Box-Ansatz
Testansatz Struktureller Testansatz, der sich auf Interna der Anwendung konzentriert. Programmorientiert.	**Testansatz** Funktionsorientierter Testansatz, der sich auf die Externa der Anwendung konzentriert. Anforderungs- oder spezifikationsorientiert.
Charakteristika Moduldesign Implementierung Erfüllen die Module bzw. Funktionen die Funktions- und Designspezifikationen? Erfüllen die Programmstrukturen die Funktions- und Designspezifikationen? Wie arbeitet das Programm?	**Charakteristika** Funktionalität Anforderungen, Verwendung, Standards Korrektheit Geschäftsformulare, Dokumente Erfüllt das System die Geschäftsanforderungen?
Art des Tests Einheitentests Integrationstests	**Art der Tests** Systemtests Benutzerakzeptanztests
Techniken • Einfügen von Fehlern • Kettentests • Fehlerbehandlung • Anweisungsabdeckungstests • Entscheidungsabdeckungstests • Bedingungsabdeckungstests • Pfadabdeckungstests • Datenflussabdeckungstests • Speicherproblemtests • Zyklomatische Komplexität	**Techniken** • Grenzwertanalyse • Ursache-Wirkungs-Darstellung • Zufallstests • Fehlervermutung • Regressionstests • Belastungs-/Massentests • Replikationstests • Datenintegritätstests • Sichern und Wiederherstellen • Konfigurationstests • Leistungstests • Funktionstests • Sicherheitstests • Bildung von Äquivalenzklassen • Betriebsbereitschaftstests • Benutzerakzeptanztests • Kompatibilitäts-/Konvertierungstests • Benchmark-Tests • Usability-Tests • Alpha-/Betatests
Beteiligte Mitarbeiter Entwickler und/oder Testingenieure	**Beteiligte Mitarbeiter** Entwickler, Testingenieure und Endbenutzer

White-Box-Testtechniken zielen auf die Erprobung innerer Aspekte des Zielprogramms ab. Sie konzentrieren sich nicht auf die Suche nach Syntaxfehlern, da Fehler dieser Art normalerweise vom Compiler aufgedeckt werden, sondern führen Tests auf Fehler durch, die schwieriger festzustellen, zu finden und zu beheben sind, d.h., sie versuchen logische Fehler zu finden und die Testabdeckung zu prüfen.

Testverfahren in Verbindung mit dem White-Box-Ansatz bedienen sich der Kontrollstruktur des prozeduralen Designs. Sie stellen unter anderem folgende Dienste bereit:

1. Sie garantieren, dass alle unabhängigen Pfade in einem Modul mindestens einmal erprobt wurden.

2. Sie erproben alle logischen Entscheidungen auf der wahren und der falschen Seite.

3. Sie führen alle Schleifen an ihren Grenzen und innerhalb ihrer Betriebsgrenzen aus.

4. Sie erproben interne Datenstrukturen, um deren Gültigkeit nachzuweisen.

White-Box-Tests schließen normalerweise die Strategie der Einheitentests ein, welche Tests auf Modul- oder Funktionsebene umfasst, die sich auf die internen Pfade des Moduls konzentrieren. Diese Art des Testens wird auch als Einheitentest, Clear-Box-Testen oder transparentes Testen bezeichnet, weil der Test wegen der Einzeldurchführung Einblick in den Ablauf des Programmcodes hat und das interne Funktionieren des Programms beobachten kann. Dieser Testansatz wird auch als struktureller Ansatz bezeichnet.

Diese Ebene des Testens untersucht den Steuerfluss (jeden Pfad), der auf der Ebene der Einheit ausgeführt wird. Die Verwendung von Testtreibern gewährleistet, dass alle Pfade innerhalb des Moduls mindestens einmal und alle logischen Entscheidungen mit sämtlichen möglichen Bedingungen sowie Schleifen an den unteren und oberen Grenzen und die internen Datenstrukturen erprobt wurden.

7.2.2.1 Beschreibung von White-Box-Techniken

Die hier behandelten White-Box-Techniken werden nur kurz beschrieben. Die meisten lassen sich mit geeigneten Testwerkzeugen automatisch ausführen. Eine umfassendere Beschreibung der Techniken finden Sie in Büchern über Techniken für Softwaretests.

Einfügen von Fehlern. Das Einfügen von Fehlern schließt das Erzwingen von Return-Codes zur Anzeige von Fehlern und zur Beobachtung des Codeverhaltens ein. Es ist eine gute Methode zur Simulation bestimmter Ereignisse, zum

Beispiel »Datenträger voll«, »Speicher voll« usw. Eine populäre Methode ist auch das Ersetzen von `alloc()` durch eine Funktion, die in 10% der Fälle einen Nullwert zurückgibt, um zu sehen, wie viele Abstürze daraus entstehen – ein Ansatz, der auch als Testen durch fehlerhafte Eingaben bezeichnet wird. Diese Tests prüfen die Verarbeitung gültiger sowie auch ungültiger Eingaben. Der Testingenieur kann sowohl Werte wählen, die den Bereich der Ein-/Ausgabeparameter erproben, als auch solche außerhalb des abgegrenzten Parameterbereichs.

Das Einfügen von Fehlern bietet eine Möglichkeit, die Effektivität der Durchführung von Tests mit falschen Werten zu messen. Im Allgemeinen wird an einer bestimmten Stelle absichtlich ein Fehler in die zu testende Anwendung eingefügt, der zum Scheitern eines einzelnen Tests führen soll. Nach dem Einfügen des Fehlers wird die gesamte Testfolge erneut ausgeführt, um dann die Testergebnisse zu prüfen.

Einheitentests. Um nachzuweisen, dass der Programmcode korrekt ausgeführt wird und das Design im Einzelnen richtig implementiert ist, werden beim Schreiben des Codes für jede Softwareeinheit Einheitentests durchgeführt. Damit werden die Übereinstimmung des Codes mit dem Design, die Pfade durch den Code, die richtige Formatierung von Bildschirmen, Pulldown-Menüs und Meldungen, Bereich und Typ von Eingaben und die Ausgabe geeigneter Ausnahmen oder Fehlermeldungen geprüft. Jede Softwareeinheit wird getestet, um sicherzustellen, dass Algorithmen und Logik korrekt sind und die Einheit die Anforderungen und die ihr zugewiesenen Funktionen erfüllt. Zu den Fehlern, die infolge von Einheitentests dokumentiert werden, können Logikfehler, Fehler durch Überlast oder durch Bereichsüberschreitung, Zeitfehler und Fehler durch Speicherprobleme gehören.

Testen durch Fehlerbehandlung. Diese Technik erkennt den Umstand an, dass es so gut wie unmöglich ist, auf jede denkbare Fehlerbedingung zu prüfen. Aus diesem Grund kann eine Fehlerbehandlungsroutine den Übergang glätten, wenn ein Fehler auftritt. Der Testingenieur muss dafür sorgen, dass die Anwendung Fehlermeldungen richtig ausgibt. Eine Anwendung, die beispielsweise eine Meldung über einen durch Middleware verursachten Systemfehler zurückgibt (zum Beispiel: »CORBA-User Exception Error«), ist für den Endbenutzer oder den Testingenieur von geringem Nutzen.

Fehlerbehandlungstests wollen Fälle aufdecken, in denen die Systemanwendung keine aussagekräftige Fehlermeldung zurückgibt, sondern abstürzt und einen Laufzeitfehler meldet. Sie stellen sicher, dass Fehler in der Zielanwendung gemeldet und korrekt behandelt werden. Eine wirkungsvolle Fehlerbehandlungsroutine arbeitet auf Funktions- oder Modulebene. Deshalb müssen die Fehlerbehandlungsfunktionen auf Entwicklungsebene getestet werden. Solche Tests können selbstverständlich nicht alle möglichen Fehler aufdecken, aber man kann der Funktion ein paar ungültige Werte übergeben, um die Leistung der Fehlerbehandlungsroutinen zu testen.

Speicherproblemtests. Die Testtechnik für Speicherprobleme konzentriert sich auf die Ausführung der Anwendung und versucht, Fälle zu finden, in denen die Anwendung zugewiesenen Speicher nicht freigibt oder freimacht, was zu Leistungsabfällen oder einem Deadlock führt. Der Einsatz dieser Testtechnik lohnt sich sowohl bei der Fehlersuche in Programmen als auch beim Testen einer vollständigen Programmversion. Es gibt Werkzeuge, welche die Anwendung dieser Technik vereinfachen, weil sie die Speichernutzung der Anwendung über mehrere Stunden oder Tage protokollieren können, um festzustellen, ob der Speicherverbrauch weiter steigt. Sie sind möglicherweise auch in der Lage, die Anweisungen zu ermitteln, bei denen der zugewiesene Speicher im Anschluss an die Benutzung nicht freigegeben wird.

Integrationstests. Der Zweck von Integrationstests liegt im Nachweis, dass jede Softwareeinheit korrekt mit den anderen Einheiten zusammenarbeitet. Dazu können von oben nach unten oder von unten nach oben vorgehende Techniken eingesetzt werden, bei denen die Blattmodule mit den Modulen der nächst niedrigeren bzw. höheren Ebene integriert werden, bis der gesamte Softwarebaum fertig ist. Diese Testtechnik untersucht nicht nur die von einer Komponente an die nächste übergebenen Parameter, sondern auch die globalen Parameter sowie bei objektorientierten Anwendungen alle höheren Klassen.

Jede Prozedur eines Integrationstests besteht aus einem allgemein gehaltenen Testskript, das einen Benutzer simuliert, der durch Aufrufen der spezielleren Einheitentests mit den für die Prüfung der Schnittstelle erforderlichen Parametern eine definierte Aufgabe ausführt. Die Einheiten werden schrittweise integriert und auf der Grundlage des Steuerflusses zusammen getestet, nachdem alle in den Einheitentests aufgetretenen Probleme behoben sind. Wenn die Skripts für die Einheitentests mit einem automatisierten Werkzeug entwickelt wurden, können sie kombiniert und neue Skripts hinzugefügt werden, um die gegenseitige Anbindung der Module zu testen.

Verfahren für Integrationstests werden nach Bedarf ausgeführt und verfeinert, und die Problemmeldungen werden dokumentiert und verfolgt. Problemmeldungen werden nach ihrer Schwere in die Kategorien 1 bis 4 unterteilt (wobei 1 die kritischsten und 4 die unkritischsten Probleme bezeichnet). Nach der Erledigung der Problemmeldungen überzeugt sich der Testingenieur mit Hilfe von Regressionstests, dass die Probleme vollständig behoben sind.

Kettentests. Kettentests umfassen die Untersuchung einer verwandten Gruppe von Modulen, die eine Softwarefunktion ausmachen. Auch Modultests genannt, sorgen sie für ausreichendes Testen der Systemkomponenten. Sie ermitteln, ob die Module erfolgreich eine zusammenhängende Einheit bilden und ob diese präzise und konsistente Ergebnisse liefert.

Ein Modul besteht aus einer oder mehreren Funktionen, auf deren Zusammenspiel sich die Kettentests konzentrieren. Die innerhalb des Moduls von einer Funktion an eine andere übergebenen Parameter werden auf Korrektheit des Datentyps und Gültigkeit der Daten geprüft. Diese Art des Testens bewertet die Zuverlässigkeit der Annahmen des Programmierers, indem jede Funktion des Moduls auf Fehler und Vollständigkeit untersucht wird. Dabei kann auch die Einhaltung der für die Entwicklungsarbeit geltenden Programmierstandards nachgewiesen werden.

Während der Tests auf Modul- bzw. Funktionsebene überzeugt sich das Testteam davon, dass alle Anweisungen des Programms mindestens einmal ausgeführt werden, was sämtliche Schleifen und bedingten Anweisungen mit einschließt. Jede bedingte Beziehung wird auf alle resultierenden Bedingungen geprüft, d.h., auf alle möglichen gültigen und ungültigen Werte. Von jeder Grenzbedingung wird angenommen, dass sie entweder ge- oder misslingt. Zustandsänderungen werden vorhergesagt, und der Test gewährleistet, dass das richtige Ereignis ausgelöst wird. Außerdem ermittelt das Team durch Tests mit gültigen und ungültigen Werten, ob einzelne Eingabefelder funktionieren.

Abdeckungsanalyse. Bei der Auswahl eines Werkzeugs zum Analysieren der Abdeckung ist es wichtig, die Art der für die Anwendung erforderlichen Abdeckung zu untersuchen. Abdeckungsanalyse kann mit zahlreichen unterschiedlichen Techniken durchgeführt werden, von denen wir hier einige beschreiben.

Anweisungsabdeckungstests. Die Technik der Anweisungsabdeckungstests wird häufig mit *C1* bezeichnet, was auch die Abdeckung von Knoten meint. Dieser Messwert besagt, ob jede ausführbare Anweisung ausgeführt wurde. Die Abdeckung wird auf hohem Niveau geprüft, anders als bei der Entscheidungsabdeckung oder bei booleschen Ausdrücken. Der Vorteil liegt darin, dass sich die Metrik direkt auf den Objektcode anwenden lässt und keine Verarbeitung des Quellcodes nötig wird. Leistungs-Profiler bedienen sich häufig dieser Testtechnik.

Die Technik der Anweisungsabdeckungstests verlangt, dass jede Anweisung des Programms mindestens einmal aufgerufen wird. Eine Schwäche dieser Technik besteht darin, dass sie keine Entscheidungen (Pfade/Ergebnisse) prüft, aber dem Einfluss von Berechnungsanweisungen unterliegt [2]. Eine weitere Schwäche betrifft den Umstand, dass boolesche Ausdrücke nicht gründlich getestet werden und die Abdeckung des Quellcodes nicht garantiert, dass der Objektcode abgedeckt ist [3]. Entscheidungen müssen getestet werden, um die Gültigkeit des Designs nachzuweisen – zum Beispiel die Korrektheit der logischen Operatoren, wozu auch die Prüfung gehört, ob das *and* vielleicht eigentlich ein *or* sein sollte. Außerdem könnte die Technik auch untersuchen, ob der Operator *größer gleich* heißen sollte anstatt *größer als*.

Zu den für die Unterstützung des Designs notwendigen Informationen gehören Designdokumente und Quellcode-Listings. Es ist wichtig, genügend Testverfahren zu entwickeln, um jede Anweisung mindestens einmal ausführen zu können [4].

Entscheidungsabdeckungstests. Die Testtechnik der Entscheidungsabdeckungstests will feststellen, welcher Prozentsatz aller möglichen Entscheidungsergebnisse von einer Testverfahrensreihe ausgeführt wurde. Sie wird manchmal auch als Verzweigungsabdeckungstest bezeichnet und mit *C2* gekennzeichnet. Sie verlangt, dass jeder Ein- und Austrittspunkt des Programms mindestens einmal aufgerufen und jede Entscheidung mindestens einmal mit jedem möglichen Ergebnis getestet wird [5].

Eine Schwäche dieser Testtechnik ist der Umstand, dass die durchgeführten Tests für Anwendungen mit hoher Integrität ungeeignet sind, weil sie die Entscheidungsabdeckung des Objektcodes nicht garantieren. Außerdem kann eine falsche Auswertung einer Entscheidung durch andere Bedingungen verdeckt werden. Logikfehler sind beispielsweise nicht unbedingt sichtbar.

Bedingungsabdeckungstests. Tests der Bedingungsabdeckung ähneln Tests der Entscheidungsabdeckung: Sie wollen die Korrektheit des wahren oder falschen Ergebnisses jedes booleschen Unterausdrucks nachweisen. Diese Technik verwendet Tests, welche die untergeordneten Ausdrücke unabhängig voneinander messen. Die Ergebnisse dieser Messungen ähneln denen bei Tests der Entscheidungsabdeckung abgesehen davon, dass diese größere Empfindlichkeit gegenüber dem Steuerfluss zeigen.

Pfadabdeckungstests. Die Technik der Pfadabdeckungstests will prüfen, ob jeder der möglichen Pfade in den einzelnen Funktionen korrekt ausgeführt wurde. Ein Pfad ist eine Gruppe von Verzweigungen des logischen Flusses. Da Schleifen eine unbegrenzte Anzahl von Pfaden mit sich bringen, verwendet die Technik der Pfadabdeckung Tests, die nur eine eingeschränkte Anzahl von Schleifenmöglichkeiten berücksichtigen. Das Testen von Pfaden innerhalb der Grenzen untersucht zwei Möglichkeiten: null Wiederholungen und mehr als null Wiederholungen [6].

Die Technik der Pfadabdeckung liefert sehr gründliche Tests, hat aber zwei bedeutende Nachteile. Erstens kann die Anzahl der Pfade, die von Testverfahren unterstützt werden muss, außerordentlich hoch sein und über den Umfang der meisten Testprogramme hinausgehen, weil sie sich exponentiell zur Anzahl der Verzweigungen verhält, und zweitens ist die Technik sehr zeitaufwendig. Sie sollte deshalb nur für erfolgskritische Funktionen eingesetzt werden.

Datenflussabdeckungstests. Die Testtechnik der Datenflussabdeckung ist eine Variante der Pfadabdeckungstests. Sie will den Datenfluss in die Auswahl der Testverfahren einbeziehen. Solche Techniken basieren auf der Auswahl von Testpfadabschnitten, die einige Merkmale des Datenflusses für alle möglichen

Typen von Datenobjekten erfüllen [7]. Aus der Analyse des Datenflusses abgeleitete Testtechniken untersuchen Interaktionen, welche die Definition von
Programmvariablen und spätere Referenzen betreffen, die von diesen Definitionen beeinflusst werden [8].

Verzweigungsabdeckungstests. Verzweigungsabdeckungstests messen, wie oft
logische Verzweigungen mit wahren und falschen Bedingungen ausgeführt
wurden. Diese Analyse wird meistens für genaue Einheitentests von Systemen
eingesetzt.

7.2.2.2 Automatisierte Werkzeuge für White-Box-Tests

Bei der Auswahl von White-Box-Testtechniken im Rahmen des Gesamttest-
programmdesigns ist es hilfreich, mit den verfügbaren Arten von Testwerkzeugen vertraut zu sein, welche die Entwicklung und Durchführung der damit
verbundenen Testverfahren unterstützen. Tabelle 7.6 setzt White-Box-Testtechniken zu verschiedenen Arten automatisierter Testwerkzeuge in Beziehung. Das Testteam sollte bei der Auswahl von White-Box-Testtechniken und
der Verpflichtung, die betreffenden automatisierten Werkzeuge zu verwenden, den Umstand berücksichtigen, dass die Testwerkzeuge möglicherweise
untereinander nicht kompatibel sind.

Tab. 7.6 White-Box-Testtechniken und die entsprechenden automatisierten
Testwerkzeuge.

White-Box-Testtechniken	Automatisierte Testwerkzeuge
• Einfügen von Fehlern	• Programmierwerkzeuge
• Kettentests	• Werkzeuge für GUI- und Servertests
• Fehlerbehandlung	• Fehlerbehandlungswerkzeuge
• Anweisungsabdeckungstests	• Werkzeuge für statische und dynamische Analysen
• Entscheidungsabdeckungs- tests	• Werkzeuge für statische und dynamische Analysen, Werkzeuge zur Abdeckungsanalyse
• Bedingungsabdeckungstests	• Werkzeuge für statische und dynamische Analysen, Werkzeuge zur Abdeckungsanalyse
• Pfadabdeckungstests	• Werkzeuge für statische und dynamische Analysen, Werkzeuge zur Abdeckungsanalyse
• Testdatenflussabdeckungs- tests	• Datenmodellierungswerkzeuge, Flussdiagramm- editoren
• Speichernutzungstests	• Werkzeuge zur Messung der Speichernutzung
• Tests zur allgemeine Nutzung von Ressourcen	• Werkzeuge zur Messung der allgemeinen Nutzung von Ressourcen
• Tests der Komplexität des Codes	• Werkzeuge für statische und dynamische Analysen, Werkzeuge für Quellcodeanalysen
• Zyklomatische Komplexität	• Werkzeuge zur Analyse der zyklomatischen Komplexi- tät, andere Werkzeuge zur Messung von Software

7.2.3 Black-Box-Techniken (Tests auf Systemebene)

Black-Box-Tests verwenden nur etablierte öffentlich zugängliche Schnittstellen wie die Benutzerschnittstelle oder die veröffentlichte Schnittstelle für Anwendungsprogrammierung (API). Während sich White-Box-Tests mit dem internen Funktionieren des Programms befassen, vergleichen Black-Box-Tests das Verhalten der Anwendung mit den Anforderungen. Außerdem wollen sie normalerweise drei grundlegende Fehlerarten untersuchen: diejenigen, die mit den von der Software unterstützten Funktionspfaden zu tun haben, die von der Software durchgeführten Berechnungen und den Bereich der möglichen Datenwerte, welchen die Software ausführen kann. Auf dieser Ebene beschäftigen sich die Testingenieure nicht in erster Linie mit dem inneren Funktionieren der Softwarekomponenten, obwohl diese trotzdem standardmäßig ausgeführt werden, sondern mit den Ein- und Ausgaben der Software. Im Kontext dieser Abhandlung werden Black-Box-Testverfahren als Synonym für Systemtests betrachtet, obwohl sie auch bei Einheiten- oder Integrationstests vorkommen können.

Für Black-Box-Tests ist die Beteiligung der Benutzer wichtig, weil die Benutzer am besten mit den von den Geschäftsfunktionen zu erwartenden Ergebnissen vertraut sind. Die Korrektheit der Daten ist der Schlüssel für den erfolgreichen Abschluss der Systemtests. Deshalb ist es während der Erzeugung der Daten unerlässlich, möglichst viele Informationen von den Endbenutzern zu bekommen. Abschnitt 7.3.6.2 behandelt die Definition der Daten für Black-Box-Tests.

Bei Black-Box-Tests wird versucht, Gruppen von Eingaben abzuleiten, welche alle Anforderungen an ein System vollständig abprüfen. Sie stellen keine Alternative zu White-Box-Tests dar. Diese Art des Testehns versucht vielmehr, Fehler in einer Reihe von Kategorien aufzuspüren, wie zum Beispiel:

- Inkorrekte oder fehlende Funktionalität

- Schnittstellenfehler

- Probleme im Zusammenhang mit Benutzerfreundlichkeit (Usability)

- Fehler in den Datenstrukturen oder beim externen Zugriff auf Datenbanken

- Probleme im Zusammenhang mit Leistungsabfall und andere die Leistung betreffende Probleme

- Fehler beim Laden

- Fehler beim Mehrbenutzerzugriff

- Fehler bei der Initialisierung und beim Beenden

- Probleme beim Sichern und Wiederherstellen

- Sicherheitsprobleme

7.2.3.1 Beschreibung von Black-Box-Techniken

Bei den in diesem Abschnitt skizzierten Black-Box-Techniken handelt es sich um diejenigen, die am häufigsten benutzt werden.
Bildung von Äquivalenzklassen. Wie in Kapitel 4 bereits erwähnt, ist erschöpfendes Testen von Eingaben normalerweise nicht möglich, sondern die Tests müssen mit einer Teilmenge der möglichen Eingaben durchgeführt werden.

Bei Tests auf Bereichs- und Domänenfehler gibt es drei wesentliche Arten von Äquivalenzklassen: *innerhalb*, *außerhalb* und *auf* der Grenze liegende Fälle. Es hat sich bewährt, Testverfahren zu entwickeln, die Grenzfälle plus/minus eins prüfen, um die Fehler des »eins zu viel« und »eins zu wenig« nicht zu übergehen. Neben Testverfahren mit stark strukturierten Äquivalenzklassen sollte das Testteam auch erforschende Tests durchführen. Entwickelte Testverfahren, die sich später wie erwartet ausführen lassen, werden als positive Fälle bezeichnet, Testverfahren, die zu einem Fehler führen, als negative Fälle.

Ein Vorteil der Technik der Äquivalenzklassenbildung besteht in der Verringerung des Testumfangs auf eine im Gegensatz zur Ad-hoc-Definition wohldefinierte Menge von Testverfahren. Ein Nachteil betrifft den Umstand, dass die sich dabei ergebenden Testverfahren keine anderen Testarten einschließen, die einen Fehler mit hoher Wahrscheinlichkeit finden.
Grenzwertanalyse [9]. Die Grenzwertanalyse lässt sich sowohl auf die strukturelle als auch auf die funktionelle Testebene anwenden. Die Grenzen definieren drei Datenklassen: gute, schlechte und grenzwertige. Beim Testen der Grenzen werden Werte, die innerhalb oder auf der Grenze liegen (zum Beispiel Endpunkte), sowie Höchst- und Tiefstwerte (zum Beispiel Feldlängen) verwendet. Die Analyse sollte sich grundsätzlich auch auf die Grenzwerte plus/minus eins erstrecken. Grenzüberschreitende Tests verwenden ein repräsentatives Beispiel für Daten außerhalb der Grenzwerte – also ungültige Werte. Datentyptests sollten beispielsweise numerische und alphabetische Werte testen. Akzeptiert das Feld wie spezifiziert nur nummerische Werte, oder akzeptiert es auch alphanumerische Werte?

Die Auswahl des *repräsentativen Beispiels* ist ein Aufruf an das Urteilsvermögen, damit der gewollte Wertebereich tatsächlich erfasst wird. Wenn zwischen den Werten zahlreiche gegenseitige Beziehungen bestehen, kann es sich um eine ziemlich schwierige Aufgabe handeln. Überlegen Sie, ob Sie Zufalls-

beispiele für mögliche Fälle verwenden wollen. Wenn die Anzahl der Möglichkeiten sehr hoch ist und die möglichen Ergebnisse sehr nahe beieinander liegen, sollten Sie Eingabewerte wählen, die bei der Ausgabe eine möglichst
große Bandbreite abdecken – also eine *Sensibilitätsanalyse* durchführen.

Ursache-Wirkung-Diagramme [10]. Ursache-Wirkung-Diagramme sind eine
aus vier Schritten bestehende Technik, die eine knappe Darstellung logischer
Bedingungen und entsprechender Aktionen liefert. Der erste Schritt besteht
in der Auflistung von Ursachen (Eingabebedingungen) und Wirkungen
(Aktionen) für die einzelnen Module und der Zuweisung von Modul-IDs. Im
zweiten Schritt wird ein Ursache-Wirkung-Diagramm erstellt, das im dritten
Schritt in eine Entscheidungstabelle umgewandelt wird. Der vierte Schritt
umfasst die Bestimmung von Ursachen und Wirkungen anhand der Funktionsspezifikationen. Jede Ursache und jede Wirkung bekommt eine eindeutige
ID. Die Ursachen werden auf einem Blatt Papier vertikal am linken Rand aufgelistet, die Wirkungen am rechten Rand. Anschließend wird ein Teil des
semantischen Inhalts zwischen Ursachen und Wirkungen durch direktes und
indirektes Verbinden von Ursachen und Wirkungen mit Linien veranschaulicht. Danach wird die Zeichnung mit Symbolen für boolesche Ausdrücke versehen, die zwei oder mehr mit einer Wirkung verknüpfte Ursachen zusammenfassen. Schließlich werden die Regeln der Entscheidungstabelle in Testverfahren umgewandelt.

Systemtests. Der Begriff »Systemtest« wird häufig als Synonym für Black-Box-
Tests verwendet, weil sich das Testteam im Verlauf von Systemtests im Wesentlichen mit den »Externa« der Anwendung beschäftigt. Systemtests umfassen
mehrere Testunterarten wie zum Beispiel Funktions-, Regressions-, Sicher-
heits-, Belastungs-, Leistungs-, Usability-, Zufalls-, Datenintegritäts-, Konver-
tierungs-, Sicherungs- und Wiederherstellungs-, Konfigurations-, Betriebsbe-
reitschafts-, Benutzerakzeptanz- und Alpha-/Betatests.

Funktionstests. Ein Funktionstest erprobt eine Systemanwendung in Hinblick
auf Funktionsanforderungen mit der Absicht, eine etwaige Nichtübereinstimmung mit den Anforderungen des Endbenutzers aufzudecken. Diese Testtechnik bildet das Zentrum der meisten Softwaretestprogramme. Ihr wichtigstes
Ziel besteht in der Beurteilung, ob die Anwendung das tut, was sie nach den
spezifizierten Anforderungen tun soll.

Zu den Überlegungen bei der Entwicklung von Funktionstests gehört die
Konzentration auf Testverfahren, welche die Funktionalität des Systems auf
der Grundlage der Projektanforderungen erproben. Eine wichtige Überlegung
ergibt sich, wenn mehrere Testingenieure parallel Tests entwickeln und ausführen. Wenn sie unabhängig voneinander mit denselben Testdaten oder derselben Datenbank arbeiten, muss eine Methode festgelegt werden, die gewährleistet, dass Testingenieur A nicht die Daten ändert oder beeinflusst, die

Testingenieur B gerade bearbeitet, was möglicherweise dessen Testergebnisse verfälschen würde. In Kapitel 9 werden Möglichkeiten behandelt, den Zeitplan für die Ausführung von Testverfahren so zu strukturieren, dass derartige Probleme nicht auftreten.

Eine weitere Überlegung gilt der Organisation von Tests in Gruppen, die sich auf eine Geschäftsfunktion beziehen. Automatisierte Testverfahren sollten so organisiert werden, dass doppelte Arbeit vermieden wird. Das Testteam sollte den Testplan und das Testdesign prüfen und folgende Analyse durchführen:

- Die Reihenfolge oder Sequenz bestimmen, in der bestimmte Transaktionen getestet werden müssen, entweder, um Datenbankprobleme zu lösen, oder als Ergebnis des Steuer- oder Arbeitsflusses.

- Muster ähnlicher Aktionen oder Ereignisse bestimmen, die von mehreren Transaktionen benutzt werden.

- Kritische und riskante Funktionen prüfen, um stärkeres Gewicht auf Tests dieser Funktionalität zu legen und die damit verbundenen Testverfahren bereits frühzeitig im Entwicklungszeitplan in Angriff zu nehmen.

- Eine Zuordnungstabelle für die Beziehungen zwischen den einzelnen Modulen erstellen (siehe Kapitel 8).

Diese Analysen helfen dem Testteam, bei der Testentwicklung die richtige Reihenfolge einzuhalten, was gewährleistet, dass sich die Testverfahren korrekt verknüpfen und in einer bestimmten Reihenfolge ausführen lassen, die den ununterbrochenen Ablauf der Ausführung der Testverfahren und des Betriebs der Zielanwendung ermöglicht.

Eine weitere Überlegung bei der Formulierung von Funktionstests betrifft die Erstellung bestimmter Testverfahren mit dem einzigen Zweck, die Bewegung auf dem Bildschirm zu unterstützen. Solche Testverfahren sind nicht dazu gedacht, spezifische Funktionsanforderungen zu prüfen, sondern die Schnittstellenaktionen der Benutzer wiederzugeben. Das Testteam kann beispielsweise ein Verfahren aufzeichnen, das die Anwendung durch verschiedene Fenster führt und mit dem Fenster abschließt, das gerade getestet wird. Anschließend kann der Testingenieur ein separates Verfahren zur Prüfung des Zielfensters aufzeichnen. Solche Verfahren können während der Testentwicklung mehrfach wieder verwendet und gemeinsam genutzt werden.

Regressionstests. Der gesamte Gedanke des Testens zielt darauf ab, Fehler zu finden und zu dokumentieren und sie schließlich zu beheben. Der Testingenieur muss sicher sein, dass die Aktion zur Korrektur der Software nicht ihrerseits einen neuen Fehler in einem anderen Bereich des Systems verursacht. Regressionstests ermitteln, ob sich bei der Fehlerbehebung neue Fehler eingeschlichen haben. In diesem Bereich erbringen automatisierte Testwerkzeuge die höchsten Erträge in Bezug auf die Investition. Alle zuvor entwickelten Skripts lassen sich nacheinander ausführen, um sich zu vergewissern, dass keine neuen Fehler eingebracht wurden. Dieses Ziel lässt sich leicht erreichen, weil die Skripts ohne manuelle Eingriffe und deshalb so oft ausgeführt werden können, wie es zur Aufdeckung von Fehlern notwendig erscheint.

Testingenieure meinen häufig, dass nach manuellen Tests mit positivem Ergebnis keine weiteren Tests erforderlich seien. In diesem Fall berücksichtigt der Testingenieur nicht, dass eine Änderung an einem Modul einen Fehler mit sich gebracht haben könnte, der sich auf ein anderes Modul auswirkt. Sobald die Anwendung einigermaßen stabil ist, sollte sich das Testteam deshalb darauf konzentrieren, einige oder alle Regressionstests zu automatisieren, insbesondere diejenigen, die hochgradig riskante Funktionen, sich wiederholende Aufgaben und wieder verwendbare Module betreffen. Regressionstests können während des Entwicklungslebenszyklus häufig wieder eingesetzt werden, auch für neue Freigaben der im Test befindlichen Anwendung. Einige Regressionstests lassen sich auch für Belastungs-, Massen- und Leistungstests einsetzen.

Sicherheitstests. Zu den Sicherheitstests zählt die Prüfung der korrekten Funktion von System- und Datenzugriffsmechanismen. Man entwickelt Testverfahren, die versuchen, die Sicherheitsprüfungen des Systems zu unterlaufen. Der Testingenieur verwendet Sicherheitstests zur Prüfung von Sicherheitsstufen und Zugriffsbeschränkungen und damit zur Sicherstellung der Erfüllung der festgelegten Sicherheitsanforderungen und der geltenden Sicherheitsregelungen.

Zu den Überlegungen bei der Entwicklung von Sicherheitstests gehört die Erstellung von Testverfahren auf der Grundlage der Sicherheitsspezifikationen. Abhängig von der konkreten Anwendung können die Sicherheitstests Tests eines kommerziellen Fertigprodukts umfassen, das zwecks Unterstützung der Sicherheit in die Anwendung integriert wurde.

Belastungstests. Zu den Belastungstests gehört die Erprobung des Systems ohne Rücksicht auf Designzwänge mit der Absicht, die designbedingten Beschränkungen des Systems aufzudecken. Diese Tests werden durchgeführt, wenn die Verarbeitung von Transaktionen ihren Höhepunkt erreicht und andauernde hohe Datenlasten auftreten. Bei Belastungstests werden Kapazität und Elastizität des Systems auf sämtlichen Hardwareplattformen gemessen. Bei dieser Technik erproben mehrere Benutzer parallel bestimmte Funktionen, und einige von ihnen verwenden außerhalb der Norm liegende Werte. Das System muss eine gewaltige Datenmenge verarbeiten oder innerhalb kurzer Zeit viele Funktionsaufrufe ausführen. Ein typisches Beispiel könnte die Ausführung derselben Funktion auf allen Arbeitsstationen mit gleichzeitigem Zugriff auf die Datenbank sein.

Es gibt Werkzeuge für Belastungstests, die sicherstellen sollen, dass eine Anwendung unter verschiedenen Betriebsbedingungen erfolgreich ausgeführt wird. Sie können das System beispielsweise erproben, indem sie virtuelle Benutzer einrichten und die schrittweise Steigerung der Anzahl der Arbeitsstationen ermöglichen, welche die Anwendung gleichzeitig einsetzen. Während der zunehmenden Steigerung der Belastung lassen sich die Reaktionszeiten aufzeichnen und protokollieren, um Leistungsabfälle zu verfolgen.

Mit Hilfe automatisierter Werkzeuge lässt sich das Anwendungssystem unter hohen Belastungen testen, beispielsweise bei Systemoperationen mit komplexen Abfragen, mit umfangreichen Abfrageergebnissen und Abfragen großer Datenobjekte. Weitere Szenarien mit hoher Belastung wären der stundenlange Betrieb und die gleichzeitige Durchführung zahlreicher Testläufe. Werkzeuge für Belastungstests überwachen normalerweise die Nutzung der Ressourcen einschließlich des globalen Speichers, des DOS-Speichers, der freien Datei-Handles und des Platzes auf Speichermedien und können Trends bei der Ressourcennutzung feststellen, um Problembereiche wie Speicherprobleme und übermäßigen Verbrauch von Systemressourcen und Speicherplatz zu ermitteln.

Es gibt verschiedene Arten von Belastungstests. Einheitenbelastungstests erzeugen Belastungen für eine einzelne Schnittstelle. Modulbelastungstests verifizieren, dass Geschäftsfunktionen in einem gemeinsamen Bereich verarbeitet werden. Systembelastungstests umfassen die Belastung eines Systems mit einem hohen Transaktionsvolumen. Dazu können auch Tests des Datenvolumens gehören, bei denen sich der Testingenieur überzeugt, dass die Anwendung das erforderliche Datenvolumen und die erforderliche Anzahl von Transaktionen verträgt. Außerdem gehören Parallelitätstests dazu, in denen sich der Testingenieur überzeugt, dass die Anwendung mit dem Zugriff mehrerer Benutzer auf dieselben Daten ohne Aussperrungen und Zugriffsprobleme zurechtkommt. Ferner wird das Testteam Skalierbarkeitstests durchführen wollen, um sich zu vergewissern, dass das System geplantes und unvorhergesehenes Wachstum der Benutzergemeinde oder des zu verarbeitenden Datenvolumens unterstützt.

Die Überlegungen bei der Entwicklung von Belastungstests erstrecken sich auf die Ermittlung der Anzahl von Transaktionen, die das Testskript ausführen muss, der Anzahl der Wiederholungen, der Anzahl virtueller Benutzer, der Art der Transaktionen und der Zeitspanne für die Ausführung der Testskripts. Das Testteam muss die Systemgrenzen bestimmen und Tests durchführen, um zu sehen, was geschieht, wenn das System bis an diese Grenzen und darüber hinaus getrieben wird.

Das Testteam sollte die für notwendig gehaltene Transaktionsleistung in Bezug auf Datenbankzeit, Reaktionszeit und Rechenzeit verstehen und definieren. Die Informationen über das Testergebnis können die minimale, die maximale und die mittlere Reaktionszeit für Transaktionen, die Anzahl der analysierten Transaktionen und die Anzahl der fehlgeschlagenen Transaktionen enthalten.

Das Testteam muss zur Unterstützung der Belastungstests einen Plan für den Leistungsvergleich aufstellen. Die Vergleichswerte sollten Tages-, Wochen- und Monatswerte auf der Grundlage der Funktionsanforderungen enthalten. Außerdem muss das Testteam Häufigkeits- und Wahrscheinlichkeitswerte festlegen. Es verwendet den Vergleichsplan und geeignete Werte zur Durchführung von Belastungstests für die Grundspezifikation der Software. Zu den Vorteilen der Belastungstests zählen unter anderem die Ermittlung des Nichterreichens von Schwellenwerten, beispielsweise die Einschränkungen durch zu wenig Arbeits-, Auslagerungs- oder temporären Speicherplatz, durch die Höchstzahl gleichzeitig geöffneter Dateien, durch die Höchstzahl gleichzeitiger Benutzer, durch die Höchstzahl gleichzeitiger Daten und durch DBMS-Seitensperren während der Aktualisierung.

Leistungstests. Leistungstests verifizieren, dass die Systemanwendung bestimmte Ziele der Leistungseffizienz erreicht. Sie können entsprechende Daten in Form von Zugriffsraten, Gesamtzahl der Zugriffe, durchschnittlicher Reaktionszeit auf Datenbankabfragen und Prozessorauslastung messen. Die für die Belastungstests eingesetzten Werkzeuge lassen sich im Allgemeinen auch für Leistungstests einsetzen, um die Effizienz der Leistung automatisiert zu prüfen.

Zur Durchführung von Leistungstests müssen folgende Leistungsziele definiert werden:

- Wie viele Transaktionen müssen pro Sekunde verarbeitet werden?

- Wie ist eine Transaktion definiert?

- Wie viele Benutzer sind gleichzeitig bzw. insgesamt möglich?

- Welche Protokolle werden unterstützt?

- Mit welchen externen Datenquellen oder Systemen arbeitet die Anwendung zusammen?

Usability-Tests. Usability-Tests verifizieren, dass das System einfach bedienbar und die Benutzerschnittstelle attraktiv gestaltet ist. Solche Tests berücksichtigen das menschliche Element beim Betrieb des Systems, was bedeutet, dass der Testingenieur die Anwendung aus der Perspektive des Endbenutzers bewerten muss. Tabelle 7.7 umreißt die verschiedenen Testarten, die als Bestandteil dieser Tests auf Benutzerfreundlichkeit anzusehen sind.

Die Überlegungen bei der Entwicklung von Usability-Tests schließen Ansätze ein, bei denen der Benutzer einen Prototyp der eigentlichen Anwendung ohne echte Funktionalität bedient. Durch den gleichzeitigen Betrieb eines Capture/Playback-Werkzeugs im Aufzeichnungsmodus kann man mit Hilfe aufgezeichneter Mausbewegungen und Tastenanschläge verfolgen, wie sich der Benutzer bewegt und wie er das System bedienen würde. Das Lesen solcher aufgezeichneter Skripts kann den Designern helfen, den Ansatz der Benutzerfreundlichkeit in der Anwendungsentwicklung zu verstehen.

Zufallstests. Zufallstests bestehen aus spontanen Tests, die der Testingenieur während der Entwicklung oder Ausführung der Tests festgelegt hat. Sie werden auch als *Affentests* bezeichnet, was den spontanen Charakter ihrer Erstellung kennzeichnet. Bei diesen Tests gibt es weder ein formelles Design, noch werden sie üblicherweise als Bestandteil der Regressionstests wiederholt. Die wichtigste Überlegung bei dieser Art von Tests betrifft ihre Dokumentation, damit der Entwickler versteht, welche Testsequenz bei den Zufallstests eingesetzt wurde, als ein Fehler entdeckt wurde.

Tab. 7.7 Aspekte von Usability-Tests.

Allgemeine Online-/Bildschirmtests	Listen
Modus und Befehle	Unsinn/Leerfelder
Notwendige Bestätigung für Löschvorgänge	Zu viele/zu wenige Einträge
Layout entspricht den Standards	Fehlende/ungültige Trennzeichen
Namen der Bildschirmfelder entsprechen den Standards	Zu viel/zu wenig sichtbar
Positiv-/Negativ-/Nullreaktionen auf Eingaben	**Fehlermeldungen**
Menüverschachtelungen	Benutzerorientiert, leicht verständlich
Ausschluss möglicher Benutzerfehler	Passende Meldungen
Sperrschlüssel zur Warnung des Benutzers	Standardisierte Meldungen
Buchstabierregeln, akzeptierte Begriffe	Berücksichtigung bekannter Fehler
Gleiche Namen für gleiche Felder	
Durch Systemmeldungen unverständliche Daten	**Bearbeitung – nummerisch**
Logische Bildschirmabfolge	Gültige Werte
Standardverwendung von Hotkeys	Maximum/Minimum oder Tabelle
Möglichkeit, die Arbeit des Benutzers zu sichern	Führende Nullen, Dezimalstellen
Speicherzuweisung	Richtiges Vorzeichen
Aussagekräftige Systemmeldungen	Feld entspricht Anforderungen
Begrenzte Zwischenspeicherung von Tastatursignalen	Standardwerte
Überlegungen zur grafischen Benutzeroberfläche:	Ganze Zahlen oder Fließkommawerte
Auswahl bzw. Aufhebung der Auswahl von Symbolen	**Bearbeitung – Datum**
Grafische Wiedergabe von Daten	Format
Optionen für Rücknahme und Abbruch	Wiederanzeige nach Ausfüllen
Horizontales und vertikales Scrollen	Bereichsprüfungen, Schaltjahr, Jahr 2000 usw.
Farben	Leerfeld, Leerzeichen, Nullen
	Feld entspricht Anforderungen
	Standardwerte
Cursor	
Auf dem ersten Feld, das Daten benötigt	**Bearbeitung – Zeichen**
Rechts liegende Felder beim Bearbeiten überspringen	Format
Verhalten in gesperrten oder nicht bearbeitbaren Feldern	Bereich, Domäne
Wechsel von einem Feld ins nächste	Wiederanzeige nach Ausfüllen
Bearbeitungsreihenfolge der Felder	Feld entspricht Anforderungen
	Standardwerte
	Führende/nachgestellte Leerzeichen
	Berichte
	Sortierreihenfolge
	Anzeigereihenfolge
	Ausgedrucktes Datum/Seitenzahlen
	Kappen von Daten oder Umbruch in Spalten
	Konsistenz innerhalb der Berichte

Zufallstests – eine der häufigeren Teststrategien – setzen keine Kenntnis des zu testenden Systems, seiner Spezifikationen oder seines internen Designs voraus. Diese Technik reicht für komplexe, sicherheitskritische oder auftragskritische Software nicht aus, sondern wird am besten als ergänzende Teststrategie zusammen mit spezielleren und strukturierten Strategien eingesetzt. Zufallstests können in allen Testphasen verwendet werden.

Datenintegritätstests. Tests auf Datenintegrität verifizieren, dass das System die Daten so speichert, dass sie durch Aktualisierung, Wiederherstellung oder Abfragen nicht beschädigt werden. Zu den Validierungen kann die Prüfung der Datenfelder auf alphabetische oder nummerische Zeichen, auf zu lange Informationen und auf korrektes Datumsformat (Jahr-2000-Verträglichkeit) gehören. Prüfungen der Datenkonsistenz umfassen sowohl interne als auch externe Validierungen wesentlicher Datenfelder. Interne Prüfungen betreffen die Datentypen und stellen sicher, dass die Spalten dem richtigen Datentyp angehören; externe Prüfungen betreffen die Überprüfung der relationalen Integrität, um festzustellen, ob aus verschiedenen Dateien Duplikatdaten geladen werden. Außerdem dienen Tests dieser Art dazu, Designfehler aufzudecken, die zur Beschädigung von Daten, zu unberechtigten Datenzugriffen, zu fehlender Datenintegrität über mehrere Tabellen und zum Fehlen angemessener Transaktionsgeschwindigkeit führen können.

Konvertierungstests. Konvertierungstests messen und melden die Fähigkeit der Software, vorhandene Anwendungsdaten in neue Formate zu konvertieren. Die Korrektheit der Konvertierung wird durch Vergleich der Ausgabe der Testdatendatei mit der neuen Datenbank gemessen. Konvertierungstests finden separat als Bestandteil des anfänglichen Tests des Datenbankladeprogramms statt.

Tests der Sicher- und Wiederherstellbarkeit. Diese Testtechnik verifiziert, dass das System festgelegte Sicher- und Wiederherstellbarkeitsanforderungen erfüllt. Die Tests weisen nach, dass sich die Datenbank und die Software nach katastrophalen Teil- oder Vollausfällen von Systemhard- oder -software wiederherstellen lassen. Sie werden durchgeführt, um das Niveau der Stabilität und Wiederherstellbarkeit der Software auf sämtlichen Hardwareplattformen zu ermitteln. Das Ziel dieser Tests besteht darin, festzustellen, wie weit sich die Daten nach einem Systemabsturz wiederherstellen lassen. Bietet das System Möglichkeiten, alle Daten oder nur einen Teil wiederherzustellen? Wie viel lässt sich wiederherstellen, und wie? Sind die wiederhergestellten Daten noch korrekt und konsistent? Diese Art Testtechnik eignet sich besonders für Anwendungen, die hohe Zuverlässigkeitsstandards erfüllen müssen.

Konfigurationstests. Konfigurationstests verifizieren, dass eine Anwendung auf Rechnern mit unterschiedlichen Hard- und Softwarekonfigurationen korrekt funktioniert. Solche Tests untersuchen Kompatibilitätsprobleme und helfen bei der Ermittlung der optimalen Konfiguration von Hard- und Software für eine Anwendung.

Tests der Betriebsbereitschaft. Diese Testtechnik ist bei der Feststellung hilfreich, ob ein System für den normalen Produktionsbetrieb bereit ist. Während der Tests werden alle gültigen und ungültigen Werte definiert und eingesetzt. Jeder Wert wird an die zu testende Anwendung übergeben und das daraus folgende Verhalten der Software beobachtet. Es ist sehr wichtig, alle möglichen ungültigen Werte zu testen, um sich zu vergewissern, dass die zu testende Anwendung die Projektspezifikationen erfüllt.

Betriebsbereitschaftstests verifizieren auch, dass sich die zu testende Anwendung mit Hilfe der von der Entwicklungs- bzw. Testgruppe bereitgestellten Dokumentation auf der Zielplattform installieren lässt, und ermitteln, ob sie erwartungsgemäß läuft. Anweisungen für die Deinstallation werden auf ihren Einfluss auf die Umgebung untersucht.

Außer für allgemeine Aspekte der Benutzerfreundlichkeit eignen sich Verfahren für Betriebsbereitschaftstests auch für die Bewertung der Fähigkeit des Softwaresystems zur Zusammenarbeit. Die Testtechnik verifiziert, dass die verschiedenen Softwarekomponenten, aus denen das System besteht, nach der Integration korrekt funktionieren und miteinander kommunizieren können. Außerdem überprüft sie, ob alle Komponenten (wie zum Beispiel .dll- und .vbx-Bibliotheken und .exe-Dateien) im Installationspaket enthalten sind oder beim Testen der Produktionsumgebung korrekt installiert wurden.

Benutzerakzeptanztests. In diesem Stadium zahlt es sich aus, den Benutzer früh in den Testprozess einbezogen zu haben. Auf diese Art ist der Benutzer zu diesem Zeitpunkt mit der Software vertraut und erlebt kein jähes Erwachen, wenn er sie zum ersten Mal sieht. Die Phase der Akzeptanztests schließt Tests für oder durch Endbenutzer des Softwareprodukts ein. Sie sollen sicherstellen, dass die Endbenutzer mit Funktionalität und Leistung des Softwaresystems zufrieden sind. Kommerzielle Softwareprodukte werden nicht grundsätzlich Akzeptanztests unterzogen, aber häufig kann eine große Zahl von Benutzern frühe Versionen der Software bekommen und im Rahmen von Betatests Rückmeldungen liefern.

In einer kontrollierten Umgebung, in der der Endbenutzer ein System bewerten und die Entscheidung treffen soll, ob er das System akzeptiert, kann der Akzeptanztests aus Testskripts bestehen, die während der Systemtests benutzt wurden. In einer nicht kontrollierten Umgebung, in der Endbenutzer die Freiheit haben, eine Betaversion eines Softwareprodukts nach Belieben zu erproben, kann der Zweck des Tests darin bestehen, Rückmeldungen der Endbenutzer anzufordern, die anschließend ausgewertet werden und möglicherweise zu Änderungen vor der formellen Freigabe der Software führen.

Die Phase der Akzeptanztests beginnt erst nach dem erfolgreichen Abschluss der Systemtests und der erfolgreichen Einrichtung einer Hard- und
Softwarekonfiguration für die Akzeptanztests, wenn sich diese Konfiguration
von der Systemtestumgebung unterscheidet.

Alpha-/Betatests. Die meisten Softwareanbieter setzen Alpha- und Betatests
zum Aufspüren von Fehlern durch Tests beim Endbenutzer ein. Normalerweise führen Kunden am Standort des Entwicklers in dessen Anwesenheit
Alphatests durch. Betatests finden üblicherweise an einem oder mehreren
Kundenstandorten ohne den Entwickler statt.

7.2.3.2 Automatisierte Werkzeuge für Black-Box-Tests

Bei der Auswahl von Black-Box-Testtechniken im Rahmen des Gesamtdesigns
des Testprogramms ist es von Vorteil, mit den verschiedenen Arten verfügba-
rer Testwerkzeuge vertraut zu sein. Tabelle 7.8 ordnet die Black-Box-Testtechniken verschiedenen Arten automatisierter Werkzeuge zu. Bei der Auswahl
der Testtechniken und der Entscheidung für bestimmte Testwerkzeuge sollte
das Testteam daran denken, dass einige Testwerkzeuge möglicherweise nicht
mit anderen kompatibel sind. Möglicherweise kann ein Testwerkzeug nicht
auf die Daten eines anderen zugreifen, wenn es keine Import/Export-Funk-
tion gibt. Die Werkzeuge könnten unterschiedliche Datenbanken, unterschiedliche Datenbankeinrichtungen usw. benutzen. In Anhang B finden Sie
weitere Einzelheiten zu verschiedenen Testwerkzeugen.

Tab. 7.8 Black-Box-Testtechniken und die entsprechenden
automatisierten Testwerkzeuge.

Black-Box-Testtechniken	Automatisierte Testwerkzeuge
• Äquivalenzklassenbildung	• Entwicklung von Programmcode zur Durchführung von Tests
• Grenzwertanalyse	• Entwicklung von Programmcode zur Durchführung von Tests
• Ursache-Wirkung-Diagramme	• Werkzeuge zur Flussdarstellung
• Zufallstests	• Werkzeuge für GUI-Tests
• Fehlervermutung	• Werkzeuge für GUI-Tests
• Regressionstests	• Werkzeuge für GUI- bzw. Servertests
• Belastungstests	• Werkzeuge für Lasttests
• Replikationstests	• Werkzeuge für Lasttests
• Datenintegritätstests	• Datenanalysewerkzeuge
• Sicher- und Wiederherstellbarkeitstests	• Werkzeuge für Lasttests/GUI-Tests/Servertests
• Konfigurationstests	• Multiplattformtestwerkzeuge
• Leistungstests	• Werkzeuge für Lasttests
• Funktionstests	• Werkzeuge für Lasttests/GUI-Tests/Servertests
• Sicherheitstests	• Werkzeuge für Sicherheitstests
• Betriebsbereitschaftstests	• Werkzeuge für Lasttests/GUI-Tests/Servertests
• Benutzerakzeptanztests	• Werkzeuge für GUI-Tests
• Kompatibilitäts-/Konvertierungstests	• Werkzeuge für Lasttests/GUI-Tests/Servertests
• Vergleichstests (Benchmark-Tests)	• Werkzeuge für Vergleichstests (Benchmarktests)
• Usability-Tests	• Werkzeuge zum Messen der Usability
• Alpha-/Betatests	• Werkzeuge für Lasttests/GUI-Tests/Servertests

7.2.4 Dokumentation des Testdesigns

Testdesign ist eine komplexe Aufgabe, die im Testplan dokumentiert werden
sollte. Verschiedene Dokumente und Informationen, welche die Testdesignaktivitäten unterstützen, sind in Tabelle 7.9 aufgeführt.

Tab. 7.9 Dokumente zur Unterstützung des Testdesigns.

Dokument	Funktion
Verifizierungsmethode als Bestandteil der Anforderungsverfolgbarkeitstabelle	Die korrekte Implementierung von System- und Softwareanforderungen lässt sich auf mehrere Arten verifizieren. Wenn die Verifizierungsmethode für eine Anforderung aus einem »Test« besteht, muss die damit verknüpfte Testanforderung im Testdesign berücksichtigt werden. Verifizierungsmethoden können in einer Anforderungsverfolgbarkeitstabelle festgelegt werden, die mit Hilfe eines Arbeitsblatts oder automatisiert mit Hilfe eines Werkzeugs zum Anforderungsmanagement entwickelt wurde.

Tab. 7.9 Dokumente zur Unterstützung des Testdesigns. (Forts.)

Dokument	Funktion
Testanforderungen	In Form eines Dokuments oder automatisiert mit Hilfe eines Werkzeugs für Anforderungsmanagement gepflegte Testanforderungen sind für das Testdesign von wesentlicher Bedeutung.
Vorlage für Testverfahren	Eine Vorlage für Testverfahren wird beim Entwerfen eines Testverfahrensformats für ein bestimmtes Projekt als Grundspezifikation bzw. Baseline benutzt.
Diagramm der kritischen Pfade einer Softwareanwendung	Diese Informationen sind bei der Festlegung der Rangfolge von Testverfahren hilfreich.
Dokumentation der Risikoanalyse	Diese Informationen sind bei der Festlegung der Rangfolge von Testverfahren hilfreich.
Tabelle der Entscheidungslogik	Diese Tabelle ist beim Verstehen der Bedingungs- und Logikflüsse innerhalb der Softwaremodule hilfreich.
Detaillierter Testzeitplan	Dieser Zeitplan liefert Informationen über die auszuführenden Arten von Tests, ihre geplante Dauer und die Dauer der Testphasen innerhalb des Testlebenszyklus. Diese Informationen sind bei der Festlegung der Rangfolge der Entwicklung von Testverfahren hilfreich.
Überlegungen zur Entscheidung über manuelle oder automatisierte Tests	Das Testteam sollte eine Analyse durchführen und dokumentieren, um festzulegen, welche Tests manuell und welche automatisiert durchgeführt werden.
Standards für das Design von Testverfahren	Das Testteam sollte Anleitungen über Standards für das Design von Testverfahren benutzen.
Anforderungen an Dateien mit Eingabedaten	Das Testteam sollte eine Analyse durchführen und dokumentieren, um die erforderlichen White-Box- und Black-Box-Datenquellen festzulegen. Das Ergebnis dieser Analyse hilft beim Entwerfen der Testverfahren und -skripts.
Datenflussdiagramm/Data Dictionary	Diese Informationen sind bei der Festlegung von Testdatenquellen hilfreich.
Anwendungsfallanalyse	Informationen über Anwendungsfallszenarien sind beim Entwerfen von Testverfahren hilfreich. Einige CASE- bzw. Anforderungsmanagementwerkzeuge besitzen Mechanismen zum automatischen Erzeugen von Testverfahren.

Tab. 7.9 Dokumente zur Unterstützung des Testdesigns. (Forts.)

Dokument	Funktion
Umgebung	Das Team sollte Abhängigkeiten zwischen Testverfahren und der geeigneten technischen Umgebung dokumentieren. Es muss Unterschiede in der technischen Umgebung für jede Phase des Testlebenszyklus (Einheiten-, Integrations-, System- und Akzeptanztests) festlegen.
Ergebnisse	Berichte, Diagramme, Daten und Testprotokolle können zur Dokumentation von Testläufen dienen. Sie sind beim Neuentwickeln von Testverfahren hilfreich.
Dokumentation der Software-Builds (-versionen)	Beim Entwerfen von Testverfahren ist es wichtig, eine Dokumentation der Softwareversion einschließlich Informationen über die enthaltene Funktionalität, die in der neuen Version enthaltenen Korrekturen usw. zu besitzen.
Benchmark-Werte mit Prüfung und Genehmigungen	Benchmark-Werte bezeichnen das erwartete Softwarequalitätsniveau, das von der Geschäftsführung geprüft und genehmigt wurde. Sie bilden die Grundlage für die Erwartungen an Testverfahren und Softwarequalität.
Tabelle der Modularitätsbeziehungen von Testverfahren	Einzelheiten siehe Abschnitt 8.1.

7.3 Entwerfen von Testverfahren

Nachdem die Testanforderungen abgeleitet sind, kann das Design der Testverfahren beginnen. Die Definition von Testverfahren besteht aus der Definition logischer Gruppen von Testverfahren und einer Namenskonvention für die Testverfahrensfolge. Anhand einer bestehenden Testverfahrensdefinition wird jedes Testverfahren als automatisiert oder manuell festgelegt. Das Testteam besitzt jetzt eine Vorstellung über die Anzahl der anzuwendenden Testtechniken, eine Einschätzung der insgesamt erforderlichen Anzahl von Testverfahren sowie der Aufteilung in manuelle und automatisierte Verfahren.

Der nächste Schritt beim Design der Testverfahren ist wie in Tabelle 7.10 aufgeführt die Festlegung der anspruchsvolleren Testverfahren, die im Rahmen des detaillierten Testdesigns genauer definiert werden müssen. Diese Testverfahren werden gekennzeichnet, und zu ihrer Unterstützung wird ein detailliertes Designdokument vorbereitet. Als nächstes werden die Anforderungen an die Testdaten den definierten Testverfahren zugeordnet. Um einen wiederholbaren und wieder verwendbaren Prozess für die Entwicklung von

Testverfahren zu erstellen, muss das Testteam ein Dokument anlegen, das Designstandards für Testverfahren beschreibt. Nur wenn diese Standards befolgt werden, kann das automatisierte Testprogramm dadurch, dass es wiederholbar und pflegeleicht ist, wirkliche Effizienz und echten Erfolg erzielen.

Tab. 7.10 Entwerfen von Testverfahren.

Schritt	Beschreibung
1	**Prüfung der Testarchitektur.** Das Testteam prüft die Testarchitektur, um die relevanten Testtechniken festzulegen.
2	**Definition von Testverfahren (Entwicklungsebene).** Eine Testverfahrensdefinition auf Entwicklungsebene wird erstellt, welche die Testverfahrensfolge festlegt, die für die einzelnen Designkomponenten und Testtechniken relevant sind.
3	**Testverfahrensdefinition (Systemebene).** Eine Testverfahrensdefinition auf Systemebene wird erstellt, welche die für die einzelnen Testtechniken relevanten Testverfahren festlegt.
4	**Standards für das Design von Testverfahren.** Designstandards werden übernommen und eine Namenskonvention erstellt, welche die Testverfahren für dieses Projekt eindeutig von Testverfahren unterscheidet, die vorher oder für ein anderes Projekt entwickelt wurden/werden.
5	**Manuelle oder automatisierte Tests?** Testverfahren werden für manuelle bzw. automatisierte Durchführung gekennzeichnet.
6	**Kennzeichnung von Testverfahren für detailliertes Design.** Testverfahren, die anspruchsvoller sind, werden gekennzeichnet und im Rahmen des detaillierten Testdesigns genauer definiert.
7	**Detailliertes Design.** Die in Schritt 6 gekennzeichneten Testverfahren werden in einer detaillierten Testdesigndatei oder einem entsprechenden Dokument genauer entworfen. Dieses detaillierte Design kann aus Algorithmen-Pseudocode, vorbereitenden Testschrittdefinitionen oder Testautomatisierungsprogramm-Pseudocode bestehen.
8	**Zuordnung von Testdaten.** Die Tabelle der Testverfahren wird um Testdatenanforderungen für jedes Testverfahren ergänzt.

7.3.1 Definition von Testverfahren

Testverfahren befassen sich mit den Vorbedingungen für einen Test, den erforderlichen Dateneingaben, den nötigen Aktionen, den erwarteten Ergebnissen und den Verifizierungsmethoden. Da das Ziel der Testarbeit darin besteht, Fehler in der zu testenden Anwendung aufzudecken und gleichzeitig die Erfüllung der Testanforderungen zu verifizieren, besteht ein wirkungsvolles Testverfahrensdesign aus Tests, die mit hoher Wahrscheinlichkeit bisher nicht entdeckte Fehler finden. Ein gutes Testverfahrensdesign sollte nicht nur erwartete Ein- und Ausgaben abdecken, sondern auch versuchen, unerwartete Werte für Ein- und Ausgaben zu berücksichtigen. Ein wirkungsvolles Testprogrammpaket sollte deshalb beachten, was das System tun soll, und Tests für unerwartete Bedingungen umfassen.

Leider kann der Umfang der Testarbeit endlos sein, wie in Kapitel 4 bereits gesagt wurde. Infolgedessen muss der Umfang des Testprogramms eingegrenzt werden. Die Erstellung der Testverfahrensdefinition ist nicht nur bei der Testentwicklung hilfreich, sondern auch bei der Quantifizierung oder Begrenzung der Tests. Die Ausarbeitung der Testverfahrensdefinition umfasst die Festlegung einer Folge von Testverfahren, die zur Unterstützung der Testarbeit erstellt und ausgeführt werden müssen. Das Design umfasst die Gliederung der Testverfahren in logische Gruppen und die Definition einer Namenskonvention für das Testverfahrenspaket.

Um die Testverfahrensdefinition zu erstellen, muss der Testingenieur die Testarchitektur durchgehen. Abbildung 7.4 stellt die Testarchitektur für ein Projekt mit designorientierten Tests auf Entwicklungsebene und technikorientierten Tests auf Systemebene dar. In diesem Beispiel hat das Testteam die referenzierten Designkomponenten aus der Softwarearchitektur des Projekts erhalten. Auf Entwicklungsebene werden fünf Komponenten getestet: System Management (SM-06), Security Guard (SG-07), Distributed Computing (DC-08), Support Applications (SA-09) und Active Trade Visibility (TV-10). Für jede dieser Designkomponenten werden die Testtechniken aufgeführt, die zum Einsatz kommen sollen.

Für die Systemtestebene nennt Abbildung 7.4 die Testtechniken, die angewandt werden sollen. Für jede Testtechnik wird der Umfang des Testbereichs in Form der betroffenen Designkomponenten und der externen Quellen für Systemanforderungen (wie zum Beispiel für in einem Sicherheitsplan umrissene Sicherheitsanforderungen) definiert

Entwicklungstestebene				
SM-06	SG-07	DC-08	SA-09	TV-10
Fehler-behandlung	Fehler-behandlung	Fehler-behandlung	Fehler-behandlung	Fehler-behandlung
Speicher-problemtests	Speicher-problemtests	Speicher-problemtests	Speicher-problemtests	Speicher-problemtests
		Pfadabdeckungs-tests	Pfadabdeckungs-tests	Pfadabdek-kungstests
		Einfügen von Fehlern	Einfügen von Fehlern	Einfügen von Fehlern
		Entscheidungs-abdeckungstests	Entscheidungs-abdeckungstests	Entscheidungs-abdeckungstests
Systemtestebene				
Funktionstests	Sicherheitstests	Belastungs-/ Massentests	Leistungstests	Usability-Tests
SM-06	SM-06	TV-10	TV-10	SM-06
SG-07	SG-07und Anforderungen des Sicherheits-plans			SG-07
DC-08				DC-08
SA-09				SA-09
TV-10				TV-10

Abb. 7.4 Beispiel für eine Testarchitektur.

Die Testarchitektur liefert dem Testteam ein klares Bild der anzuwenden-den Testtechniken. Außerdem kann das Team durch Verweise auf die Anforderungsverfolgbarkeitstabelle die mit den einzelnen Testtechniken verbundenen Testanforderungen festlegen. Jetzt lassen sich ohne weiteres Testverfahren definieren, die den anzuwendenden Testtechniken und den mit ihnen verknüpften Testanforderungen entsprechen.

Tabelle 7.11 enthält ein Beispiel einer Testverfahrensdefinition für Tests auf Entwicklungsebene. In Spalte 1 wird die Testverfahrensgruppe definiert, die zum Testen der jeweiligen Designkomponente mit Hilfe der festgelegten Testtechnik ausgewählt wurde. Spalte 2 nennt die Soft- oder Hardwaredesignkomponenten, die getestet werden sollen.

Tab. 7.11 Definition von Testverfahren (Tests auf Entwicklungsebene).

Zugewiesene Testverfahrens-nummern	ID der Design-komponente	Testtechnik	Anzahl der Testverfahren
100-150	SM601-SM634	Fehlerbehandlung	35
151-199		Speicherproblemtests	35
200-250	SG701-SG728	Fehlerbehandlung	30
251-299		Speicherproblemtests	30
300-350	DC801-DC848	Fehlerbehandlung	50
351-399		Speicherproblemtests	50
400-599		Pfadabdeckungstests	200
600-650		Einfügen von Fehlern	50
651-849		Entscheidungsabdeckungstests	200
850-899	SA901-SA932	Fehlerbehandlung	35
900-950		Speicherproblemtests	35
951-1150		Pfadabdeckungstests	200
1151-1199		Einfügen von Fehlern	35
1200-1399		Entscheidungsabdeckungstests	200
1400-1450	TV1001-	Fehlerbehandlung	45
1451-1499	TV1044	Speicherproblemtests	45
1500-1699		Pfadabdeckungstests	200
1700-1750		Einfügen von Fehlern	45
1751-1949		Entscheidungsabdeckungstests	200
1950-1999		Integrationstest	25
			Gesamt-summe: 1745

In dem Beispiel in Tabelle 7.11 wurden die referenzierten Designkomponenten aus der Testarchitektur gewonnen. Wie in Tabelle 7.10 veranschaulicht wurde, wobei der SA-Komponente Testverfahren mit den Nummern 850 bis 1399 zugewiesen wurden. Die Komponente umfasst 32 Softwareeinheiten (901-932), wie aus Spalte 2 hervorgeht. Die Testtechnik ist in Spalte 3 aufgeführt, und die Anzahl der beteiligten Testverfahren in jeder Testgruppe (Zeile) wird in Spalte 4 geschätzt.

Tabelle 7.12 enthält ein Beispiel einer Testverfahrensdefinition für Tests auf Systemebene. Spalte 1 legt die Testverfahrensfolge zur Unterstützung der einzelnen Testtechniken fest, Spalte 2 nennt die aus der Testarchitektur abgeleitete Testtechnik. Obwohl Tabelle 7.12 nur Softwaretests enthält, könnten auch Hardwaretests aufgeführt werden.

Die Spalten 3 bis 5 liefern Informationen zur Ermittlung der Anzahl der für die Tests auf Systemebene vorgesehenen Testverfahren. Die Anzahl der Designeinheiten oder funktionellen Abfolgen, die vom Test berührt werden, erscheint in Spalte 3. Eine funktionelle Abfolge stellt eine sinnvolle oder logische Methode dar, wie sich der Endbenutzer durch eine Anwendung bewegen (einem Funktionspfad folgen) kann. Wenn eine Dokumentation des Prozessflusses oder Informationen über das Design der Benutzerschnittstelle zur Verfügung stehen, kann das Testteam in Spalte 3 Nummern für die zu benutzenden Abfolgen aufführen. In dem in Tabelle 7.12 gezeigten Beispiel sind vier funktionelle Abfolgen zur Unterstützung von Belastungs- und Leistungstests geplant. Usability-Tests finden im Rahmen der Funktionstests statt, deshalb werden für diese Testtechnik keine weiteren Testverfahren entwickelt.

Die Anzahl der von den Tests berührten Systemanforderungen oder Anwendungsfälle erscheint in Spalte 4, die Anzahl der geltenden Testanforderungen in Spalte 5. Der Wert in der Spalte für die Testanforderungen spiegelt die Notwendigkeit wider, dass für jede Systemanforderung mindestens eine Testanforderung vorhanden sein muss. Beachten Sie, dass Testanforderungen unterschiedliche Bedingungen enthalten können, die auf mehrere Systemanforderungen oder Anwendungsfälle anzuwenden sind. Tests an mehreren Systemanforderungen oder Anwendungsfällen könnten voraussetzen, dass zwei oder drei verschiedene Bedingungen erprobt werden. Infolgedessen kann die Gesamtzahl der Testanforderungen die Anzahl der Systemanforderungen oder Anwendungsfälle in einer Spalte übersteigen.

Tab. 7.12 Definition von Testverfahren (Tests auf Systemebene).

Zugewiesene Testverfahrens- nummern	Testtechnik	Anzahl der Einheiten oder Abfolgen	Anzahl der Systeman- forderun- gen	Anzahl der Testanfor- derungen	Anzahl der Testver- fahren
2000-2399	Funktionstests	186	220	360	360
2400-2499	Sicherheitstests	62	70	74	74
2500-2599	Belastungstests	4	12	24	96
2600-2699	Leistungstests	4	14	14	56
-	Usability-Tests	186	4	4	-
					586

Die letzte Spalte von Tabelle 7.12 gibt die geschätzte Anzahl der Testverfahren an, die für jede aufgeführte Testtechnik erforderlich ist. Bei Funktionsund Sicherheitstests kann es ein Testverfahren pro Testanforderung geben. Bei Belastungs- und Leistungstests wechseln für jedes Testverfahren vier Abfolgen ab, um 12 bzw. 14 verschiedene Systemanforderungen oder Anwendungsfälle zu untersuchen. Außerdem beschließt das Testteam möglicherweise, für jeden Belastungs- und Leistungstests zwei unterschiedliche Systembelastungen zu erproben, nämlich die erwartete Nutzung und das Doppelte davon. Dadurch wäre es in der Lage, den Leistungsabfall zwischen den beiden Belastungen zu untersuchen.

Nachdem nun die Testverfahrensdefinitionen sowohl für die Entwicklungs- als auch für die Systemebene vorhanden sind, ist es an der Zeit, eine Namenskonvention für die Testverfahren zu wählen, welche die Testverfahren dieses Projekts eindeutig von denen der Vergangenheit oder für andere Projekte unterscheidet. Tabelle 7.13 enthält das Testverfahrenbenennungssystem für ein fiktives Projekt mit dem Namen WallStreet Finanzhandelssystem (WFHS). Das in den Testverfahrensdefinitionen verwendete Nummernsystem für die Testverfahren wurde durch Hinzufügen des Präfix *WF* erweitert.

Tab. 7.13 Namenskonventionen für Testverfahren.

Namenskonvention	Designkomponente/Testtechnik	Testebene	Geschätzte Anzahl der Testverfahren
WF100-WF199	System Management (SM)	Entwicklung	70
WF200-WF299	Security Guard (SG)	Entwicklung	60
WF300-WF849	Distributed Computing (DC)	Entwicklung	550
WF850-WF1399	Support Applications (SA)	Entwicklung	505
WF1400-WF1949	Active Trade Visibility (TV)	Entwicklung	535
WF1950-WF1999	Integrationstest	Entwicklung	25
WF2000-WF2399	Funktions-/Usability-Tests	System	360
WF2400-WF2499	Sicherheitstests	System	74
WF2500-WF2599	Belastungstests	System	96
WF2600-WF2699	Leistungstests	System	56
WF2700	Systemtest-Shell	System	1

7.3.2 Automatisierte oder manuelle Tests?

Tests auf White-Box- oder Entwicklungsebene sind im Wesentlichen automatisierte Tests. Tests auf Systemebene stellen im Allgemeinen eine Kombination automatisierter und manueller Tests dar. Auf Systemebene muss das Testteam alle Testverfahrensanforderungen überprüfen, um festzulegen, welche Testverfahren automatisiert werden können und welche manuell ausgeführt werden sollten.

Dieser Abschnitt beschreibt einen Ansatz für die Entscheidung über automatisiertes oder manuelles Testen. Nicht alles sollte sofort automatisiert werden, sondern das Testteam sollte den Automatisierungsansatz schrittweise vollziehen. Es ist klug, die Automatisierungsarbeit auf der Grundlage des Zeitplans für die Durchführung der Testverfahren zu stützen. Während der Analyse der Frage von automatisierten oder manuellen Tests sollten Sie daran denken, dass die Erstellung eines automatisierten Testskripts für eine komplexe Funktionalität ebenso viel Arbeit erfordern kann, wie für die Entwicklung des Codes notwendig war. Deshalb sollte das Team den Automatisierungsaufwand untersuchen. Wenn zu viel Arbeit und Zeit nötig ist, wäre manuelles Testen der Funktionalität der bessere Ansatz. Denken Sie daran, dass eines der Ziele der Testautomatisierung darin besteht, eine Verdoppelung der Entwicklungsarbeit zu vermeiden.

Wenn ein automatisierter Test nicht wieder verwendet werden kann, kann der damit verbundene Aufwand eine ineffiziente Nutzung der Ressourcen des Testteams bedeuten. Das Testteam muss die Automatisierungsarbeit auf sich wiederholende Aufgaben konzentrieren, welche Zeitersparnis für manuelle Tests mit sich bringen, und die Testingenieure in die Lage versetzen, sich auf andere, drängendere Fragen und Probleme des Testens zu konzentrieren.

Ein Teil der Definition von Testverfahren besteht in der Entscheidung, ob ein Test manuell ausgeführt werden soll oder sich zum Automatisieren eignet. Während der Einheitentests stellt es eine relativ einfache Aufgabe dar, für eine Vielzahl unterschiedlicher Tests ein automatisiertes Testwerkzeug einzusetzen. Ein Werkzeug zum Testen der Codeabdeckung oder von Speicherproblemen kann ohne großes Erwägen der zum Automatisieren geeigneten Teile der Anwendung eingesetzt werden. Während der Systemtests stellt sich diese Entscheidung ein wenig komplexer dar, wenn man ein Capture/Replay-Werkzeug oder ein Werkzeug für Servertests verwendet. Die Analyse, was automatisiert werden soll, ist einer der wichtigsten Aspekte des automatisierten Testlebenszyklus. In diesem Abschnitt werden einige Leitlinien für diese Analyse vorgestellt.

7.3.2.1 Schritt für Schritt – Versuchen Sie nicht, alles auf einmal zu automatisieren

Wenn das Testteam nicht über mehrere Projekte hinweg Erfahrungen in der Anwendung eines automatisierten Testwerkzeugs gesammelt hat, ist es am günstigsten, bei der Einführung der Automatisierung ein wenig vorsichtiger zu sein. Vermeiden Sie es, alles auf einmal zu automatisieren. Gehen Sie Schritt für Schritt vor: Automatisieren Sie zuerst die auf der Hand liegenden Anwendungsbereiche des Testwerkzeugs, und verschieben Sie die Automatisierung weiterer Tests, bis Sie mehr Erfahrungen mit der Testautomatisierung gewonnen haben.

Nehmen Sie das Beispieltestteam, das beschloss, *sämtliche* Testanforderungen in das Testmanagementwerkzeug zur Unterstützung der Systemtests aufzunehmen. Es war begierig, jeden möglichen Test zu automatisieren, und bestimmte 1 900 für die Automatisierung geeignete Testverfahren. Als die Zeit zur Entwicklung dieser Testverfahren gekommen war, stellte es jedoch fest, dass das automatisierte Testwerkzeug in der Benutzung nicht so einfach war, wie man gedacht hatte. Außerdem erfuhr das Testteam, dass die Testanforderungen geladen werden mussten. Schließlich beauftragte es Berater, die bei der Testautomatisierung helfen sollten, um im Zeitplan zu bleiben. Das Testteam hatte den Umfang des Automatisierungsaufwands nicht vollständig vorhergesehen. Die in diesem Beispiel gelernte Lektion lautet, dass ein Testteam nicht versuchen sollte, ohne Erfahrung mit den geplanten Testarten und dem erworbenen Testwerkzeug jeden Test zu automatisieren. Ein schrittweiser Ansatz zur Steigerung von Breite und Tiefe der Testautomatisierung ist einfach besser.

7.3.2.2 Es kann nicht alles getestet oder automatisiert werden

Wie in Kapitel 2 bereits erwähnt wurde, kann nicht alles getestet werden, und daher lässt sich auch nicht alles automatisieren. Da der Testingenieur jetzt herauszufinden versucht, welche Testverfahren automatisiert werden sollen, ist es wichtig, an diese Tatsache zu denken. Es ist beispielsweise nicht möglich, die Prüfung einer gedruckten Ausgabe zu automatisieren. Der Testingenieur muss sie manuell vom Drucker holen und mit dem erwarteten Ergebnis vergleichen. In diesem Fall könnte die Anwendung einen Druckerfehler gemeldet haben, wenn der Drucker lediglich kein Papier hatte. Außerdem ist es wegen zeitlicher und finanzieller Einschränkungen nicht machbar, jeden Test zu automatisieren.

7.3.2.3 Verlieren Sie die Testziele nicht aus dem Auge

Bei der Entscheidung, was automatisiert werden soll, sollte der Testingenieur
die Testziele nicht aus dem Auge verlieren. Ein Testingenieur könnte sich fie-
berhaft damit beschäftigen, fantastische automatisierte Testskripts zu schaffen, die Wochen zur Entwicklung benötigen, und dabei das Gesamtziel der
Tests – das frühe Aufspüren von Fehlern – aus den Augen verlieren. Während
er umfangreiche automatisierte Testskripts schreibt, könnte er vergessen,
manuelle Tests durchzuführen, die in der Lage sind, Fehler sofort zu entdek-
ken. Die Automatisierungsarbeit könnte die schnelle Aufdeckung der Fehler
verzögern, weil der Testingenieur zu intensiv mit der Entwicklung komplexer
automatisierter Testskripts beschäftigt ist.

7.3.2.4 Kopieren Sie keine automatisierten Teile der Programmlogik der zu testenden Anwendung

Denken Sie bei der Analyse der zu automatisierenden Dinge daran, dass das
Testprogramm die Programmlogik der zu testenden Anwendung nicht kopie-
ren sollte. Eine Faustregel besagt, dass ein anderer Testansatz nötig ist, wenn
die Automatisierung des Testens einer bestimmten Anforderung ebenso viel
oder mehr Arbeit erfordert als das Programmieren der Funktion an sich.
Außerdem könnte das automatisierte Testskript einen eventuellen Fehler in
der Programmlogik der zu testenden Anwendung nicht finden, wenn es diese
Programmlogik kopiert.

7.3.2.5 Analysieren Sie den Automatisierungsaufwand

Die Anregung, die anfängliche Automatisierungsarbeit auf die Funktionalität
mit dem höchsten Risiko zu stützen, hat einen Schwachpunkt. Die Erfahrung
zeigt, dass diese Funktionalität häufig auch die komplexeste ist und sich daher
am schwersten automatisieren lässt. Deshalb sollte das Testteam zunächst den
Automatisierungsaufwand analysieren. Außerdem ist es bei jeder Prüfung des
Aufwands für die Automatisierung von Testverfahren für eine Funktionalität
wichtig, an den Testzeitplan zu denken. Wenn für Testentwicklung und -aus-
führung nur zwei Wochen zur Verfügung stehen, ist das Schreiben ausführlicher automatisierter Testskripts vielleicht nicht möglich. In einem solchen
Fall kann es wünschenswert sein, überhaupt kein automatisiertes Testwerkzeug einzusetzen.

7.3.2.6 Analysieren Sie das Wiederverwendungspotenzial automatisierter Module

Denken Sie bei der Entscheidung über die Automatisierung an die Wiederverwendbarkeit. Gehen Sie davon aus, dass das Testteam beschlossen hat, die riskanteste Funktionalität der Anwendung zu automatisieren, aber nicht bedacht hat, wie viel Aufwand für die Automatisierung der Testverfahren nötig ist oder in welchem Maß sich die Testskripts wieder verwenden lassen. Wenn die Skripts nicht wieder verwendbar sind, ist die Automatisierungsarbeit vertan. Das Testteam sollte lieber die Möglichkeit prüfen, die Skripts in einer späteren Version der Softwareanwendung noch einmal zu nutzen.

Eine weitere wichtige Frage lautet, ob und in welcher Form mit einer Änderung der Grundfunktionalität zu rechnen ist. Das Testteam sollte erkunden, ob die ursprüngliche Grundspezifikation der Software eine einmalige komplexe Funktionalität darstellt, die sich in der nächsten Version wesentlich ändern könnte. In diesem Fall ist es unwahrscheinlich, dass die Automatisierung Arbeitszeit bei der Testentwicklung einspart. Einsparungen im Zeitplan der Testausführung und bei den Regressionstests sind aber immer noch möglich, und diese sind vielleicht für das konkrete Projekt wichtiger als Überlegungen zum Gesamtbudget der Tests.

7.3.2.7 Konzentrieren Sie die Automatisierung auf sich wiederholende Aufgaben – Verringern Sie den Aufwand für manuelle Tests

Neben der anfänglichen Konzentration der Testautomatisierung auf die riskanteste Funktionalität eines stabilen Moduls ist es auch von Vorteil, die Automatisierung sich wiederholender Aufgaben in Betracht zu ziehen. Wenn das gelingt, gewinnen die Testingenieure Zeit, um komplexere Funktionen zu testen.

Nehmen Sie einen Testingenieur, der eine Anforderung testen muss, die folgendermaßen lautet: »Das System sollte 1 Mio. Kontonummern zulassen.« Diese Aufgabe eignet sich perfekt für die Automatisierung. Der Testingenieur würde die Aktivität des Hinzufügens einer Kontonummer einmal aufzeichnen und dann den vom Werkzeug erzeugten Programmcode so ändern, dass die festgelegten Werte durch Variablen ersetzt werden. Eine Programmschleife mit Wiederholungen bis zu einem bestimmten Wert könnte die Kontonummer hochsetzen und testen. Ein solches Skript lässt sich in weniger als 30 Minuten schreiben, während der Testingenieur Wochen brauchte, um diese spezielle Anforderung durch manuelle Eingabe einer Million Kontonummern und ihrer Beschreibung zu testen.

7.3.2.8 Konzentrieren Sie die Automatisierung auf datenorientierte Aufgaben – Verringern Sie den Aufwand für manuelle Tests

Ein Beispiel für die Automatisierung sich wiederholender Aufgaben sind Tests des Jahrhundertdatums durch Eingabe von Datumswerten mit der Jahreszahl 2000. Das Testteam sollte ein Skript schreiben, welches das Einlesen solcher Werte aus einer Datei ermöglicht, um mit verschiedenen Tests verbundene Einfügungen, Löschungen und Aktualisierungen durchführen zu können. Das Beschaffen von Werten aus einer Datei ermöglicht dem Testingenieur, mehr Zeit auf die Durchführung komplexer und wichtiger Testaktivitäten zu verwenden. Eine weitere Überlegung bei der Entscheidung, sich wiederholende Aufgaben manuell durchzuführen, gilt dem Umstand, dass derartige manuelle Arbeiten fehleranfällig sind. Manche Testingenieure erledigen sie nicht so gut wie Rechner und Softwareprogramme.

7.3.2.9 Beachten Sie die Möglichkeiten der Testwerkzeuge

Bei der Bewertung, welche Testverfahren automatisiert werden sollen, muss der Testingenieur die Fähigkeiten des Testwerkzeugs berücksichtigen. Welche Teile der Anwendung lassen sich mit welchem Werkzeug automatisieren? Der Testingenieur sollte den Unterschied zwischen Tests grafischer Oberflächen auf Client- und auf Serverseite sehen, weil für jede Umgebung mehr als ein Testwerkzeug erforderlich sein kann. Bei der Entscheidung, welche Teile der Oberflächen- oder Serverfunktionstests automatisiert werden sollen, sollten die Fähigkeiten des entsprechenden Testwerkzeugs in Betracht gezogen werden.

7.3.2.10 Automatisieren Sie Testanforderungen in Abhängigkeit vom Risiko

Eine Methode, wie das Testteam entscheiden kann, welche Testverfahren automatisiert werden sollen, stützt sich auf die Risikoanalyse. Kapitel 6 hat sich mit der Frage befasst, wie die Testanforderungen nach Risiko und kritischer Funktionalität geordnet werden können. Werfen Sie bei der Prüfung der definierten Testverfahren auf ihre Automatisierungseignung einen Blick auf die Funktionalität mit dem höchsten Risiko und die mit dieser verknüpften Testanforderungen, und analysieren Sie, ob sie vorrangige Aufmerksamkeit im Hinblick auf die Automatisierung rechtfertigen. Außerdem sollte das Testteam bei der Auswahl der zu automatisierenden Testverfahren den Zeitplan für die Durchführung prüfen, weil die Reihenfolge im Zeitplan meistens unter anderem auf dem Risiko basiert.

Bei Anwendung dieser Leitlinien sollte das Testteam eine Entscheidung treffen können, welche Testverfahren die Automatisierung rechtfertigen und welche sich am wirkungsvollsten mit manuellen Methoden durchführen lassen. Tabelle 7.14 zeigt einen Teil einer Verfolgbarkeitstabelle, die jedes bei Tests auf Systemebene erforderliche Testverfahren analysiert. Solche Tabellen lassen sich mit einem Werkzeug für das Anforderungsmanagement automatisch erzeugen und aktualisieren.

Anforderungsmanagementwerkzeuge wie zum Beispiel DOORS ermöglichen dem Testingenieur, Querverweise zwischen jedem einzelnen Testverfahren und mehreren anderen Elementen wie zum Beispiel Designkomponenten und Testtechniken zu erstellen (wie in Tabelle 7.14) und automatisch einen Bericht zu erzeugen. Die letzte Spalte in Tabelle 7.14 gibt an, ob der Test mit einem automatisierten Testwerkzeug (A) oder manuell (M) durchgeführt wird. Beachten Sie, dass Tabelle 7.14 zwei Spalten für Anforderungs-IDs besitzt. Die Spalte »Systemanforderungs-ID« enthält die Systemanforderung, die Spalte »Software-ID« dagegen eine genauere Softwareanforderung. Wenn für ein Projekt keine detaillierten Softwareanforderungen definiert wurden, bleibt diese Spalte leer.

Tab. 7.14 Automatisierte und manuelle Tests.

Nummer des Testverfahrens	Designkomponente	Testtechnik	SA-ID	SWA-ID	T-ID	Verifizierungsmethode
2330	TV1016	Funktionstest	3.2.3c	TV029	2220	A
2331	TV1016	Funktionstest	3.2.3c	TV030	2221	A
2332	TV1016	Funktionstest	3.2.3c	TV031	2412	M
2333	TV1017	Funktionstest	3.2.3d	TV032	2222	A
2334	TV1017	Funktionstest	3.2.3d	TV033	2412	A
2335	TV1018	Funktionstest	3.2.3e	TV034	2223	A
2336	TV1018	Funktionstest	3.2.3e	TV035	2412	M
2337	TV1019	Funktionstest	3.2.3f	TV036	2224	A
2338	TV1019	Funktionstest	3.2.3g	TV037	2412	A
2339	TV1019	Funktionstest	3.2.3g	TV038	2225	A

7.3.3 Standards für das Design automatisierter Tests

Um einen wiederholbaren und wieder verwendbaren Prozess zu entwickeln, muss ein Dokument mit Standards für das Design von Testverfahren erstellt werden, die jeder am Testdesign Beteiligte zu befolgen hat. Es ist wichtig, diese Standards durchzusetzen, um ein erfolgreiches automatisiertes Testprogramm zu bekommen. Sie fördern die Konsistenz und erleichtern die Integration der verschiedenen Testverfahren in das in Kapitel 8 behandelte Testrahmenwerk. Ziel des Designs automatisierter Testverfahren sollte die Reduzierung der Skriptentwicklungsarbeit, die Minimierung der Pflege und die Förderung der Wiederverwendbarkeit und Flexibilität der Skripts sein, um spätere Änderungen an der zu testenden Anwendung leichter einarbeiten zu können. Außerdem sollte es zu stabileren Testverfahren führen.

7.3.3.1 Wann sollte das Design erfolgen?

Wie im Verlauf des Buches bereits gesagt wurde, finden die Testentwicklung und insbesondere das Testdesign am wirkungsvollsten parallel zur Anwendungsentwicklung statt. Testanforderungen und Testdesign können erstmals während der Phase des Sammelns der Anwendungsanforderungen in Angriff genommen werden. Zu diesem Zeitpunkt kann der Testingenieur damit beginnen, eine Entscheidung darüber zu treffen, ob sich jede Anforderung testen lässt, oder eine andere Verifizierungsmethode zum Nachweis der Erfüllung einer Anforderung wählen. Während der Phase des Anwendungsdesigns kann er Informationen darüber liefern, ob das Anwendungsdesign testfähig ist, und Einfluss auf die *Testfähigkeit* des entstehenden Anwendungscodes ausüben. Während der Phase der Einheiten- und Integrationsentwicklung können Testanforderungen gesammelt und das Testdesign begonnen werden. Beachten Sie, dass die Arbeit am Testdesign die Anwendungsentwicklung nicht unterbrechen, sondern störungsfrei in den Anwendungsentwicklungslebenszyklus integriert werden sollte.

7.3.3.2 Was sollte entworfen werden?

Die vorausgegangenen Abschnitte dieses Kapitels haben beschrieben, wie man in Abhängigkeit von der jeweiligen Testphase Testanforderungen aus den verschiedenen Systemanforderungen ableitet. Jetzt ist es an der Zeit, auf der Grundlage dieser Testanforderungen die Testverfahren zu entwerfen. Da das Ziel des Testens darin besteht, Fehler in der zu testenden Anwendung aufzudecken und sich gleichzeitig zu vergewissern, dass die Systemanwendung die Testanforderungen erfüllt, sollten durchdacht entworfene Testverfahren eine hohe Wahrscheinlichkeit aufweisen, zuvor unentdeckte Fehler zu finden. Ein gutes Testdesign muss erwartete Ein- und Ausgaben abdecken und versuchen, unerwartete Ein- und Ausgaben zu berücksichtigen. Deshalb sollten gute Testverfahren nicht nur mit dem rechnen, was das System leisten soll, sondern auch Tests einbeziehen, die das Verhalten unter unerwarteten Bedingungen prüfen.

Testverfahren werden entwickelt, um Testanforderungen zu verifizieren. Tests werden also entworfen, um eine Reihe von Fragen zu beantworten, wie beispielsweise folgende:

> Wurde eine Analyse zur Entscheidung über automatisiertes oder manuelles Vorgehen durchgeführt und dokumentiert?
> Welche Folge von Aktionen ist erforderlich, um die Testanforderungen zu erfüllen?
> Wie lauten die Eingaben und die erwarteten Ausgaben für die einzelnen Testverfahren?
> Welche Daten werden für die verwendeten Testverfahren benötigt?
> Wie wird die Gültigkeit der Funktion verifiziert?
> Welche Eingabeklassen ergeben gute Testverfahren?
> Reagiert das System auf bestimmte Eingabewerte besonders empfindlich?
> Wie werden die Grenzen einer Datenklasse isoliert?
> Welche Datenraten und Datenmengen toleriert das System?
> Welche Auswirkung haben bestimmte Datenkombinationen auf den Betrieb des Systems?

7.3.3.3 Wie erstellt man ein Design?

Man sollte Tests entwickeln, welche die wichtigen Aspekte der Anwendung abdecken. Das Testdesign muss sich an die Designstandards halten, die Dinge wie die Verwendung von Vorlagen und Namenskonventionen vorschreiben und die spezifischen Elemente der einzelnen Testverfahren definieren. Vor dem Entwerfen von Tests muss der Testingenieur die bisher behandelten Testdesigntechniken anwenden, um Testanforderungen abzuleiten. Anschließend können die Testanforderungen als Grundspezifikation bzw. Baseline für das Design von Testverfahren benutzt werden. Ein stabiles Testdesign sollte den automatisierten Test wieder verwendbar und wiederholbar sowie hilfreich bei der Aufdeckung von Fehlern in der Zielsoftware machen. Außerdem sollte es die Aufgaben mit hoher Priorität zuerst anpacken. Wenn die Testingenieure die frühe Einbeziehung von Kunden und Endbenutzern in das Testdesign durchsetzen, lassen sich möglicherweise Überraschungen bei der Implementierung der Tests vermeiden.

7.3.3.4 Modularität der Testverfahren

Standards oder Leitlinien für das Design von Testverfahren müssen den Umfang eines Tests berücksichtigen. Beispielsweise kann der Standard die Höchstzahl der in einem einzelnen Testverfahren bzw. -skript zulässigen Schritte festlegen. Es ist von Vorteil, den Anwendungsbereich eines Testverfahrens auf eine einzige Funktion zu beschränken, damit es einfach zu verwalten und zu pflegen bleibt. Kapitel 8 liefert Anregungen zur Entwicklung *pflegeleichter Testverfahren*.

7.3.3.5 Unabhängigkeit von Testverfahren

Beim Entwerfen von Testverfahren bzw. -skripts ist es günstig, Datenabhängigkeiten zwischen Testverfahren möglichst weitgehend zu vermeiden. Die Ausführung datenabhängiger Testverfahren kann zu einem Dominoeffekt führen, bei dem das Scheitern eines Testverfahrens Einfluss auf das nächste hat. Wann immer eine Datenabhängigkeit besteht, sollten Sie diese unbedingt in der Tabelle der Modulbeziehungen dokumentieren, die in Kapitel 8 behandelt wird.

Außerdem ist es wichtig, Testverfahren nicht kontextabhängig zu schreiben, so dass ein Testverfahren dort anfängt, wo ein anderes endet. Testverfahren sollten nach Möglichkeit an derselben Stelle beginnen und enden. Dieser Ansatz ist nicht immer realisierbar, bleibt aber als Faustregel sinnvoll. Andernfalls kann die Testausführung stocken, wenn die Ausführung eines Verfahrens nicht abgeschlossen wird und der Start des nächsten Testverfahrens von dessen Ergebnis abhängt. Achten Sie darauf, dass alle Kontextabhängigkeiten in Testverfahren in der Tabelle der Modulbeziehungen dokumentiert werden.

7.3.3.6 Skriptsprache

Einige automatisierte Testwerkzeuge werden mit mehreren Skriptsprachen geliefert. Die Testorganisation muss in den Testdesignstandards dokumentieren, welche Skriptsprache gewählt wurde. SQA Suite, ein automatisiertes Testwerkzeug, unterstützt beispielsweise sowohl SQA Basic als auch Visual Basic. Das Testteam muss für seine Testverfahren eine Standardsprache wählen. Dadurch werden Abhängigkeiten ausgeschlossen, und jedes Mitglied des Teams kann den Code der Testverfahren lesen und deuten.

7.3.3.7 Datenbanken von Testwerkzeugen

Einige automatisierte Testwerkzeuge besitzen auch eine Vielzahl von Datenbanken. TestStudio erlaubt zum Beispiel die Verwendung einer der Datenbanken MS Access oder SQL Anywhere. Das Testteam muss Vor- und Nachteile der einzelnen Datenbanken beurteilen. Es sollte dabei die Anzahl der aufgetretenen Schäden an der Datenbank, die Größenbeschränkungen für Datensätze, die Voraussetzungen für ODBC-Verbindungen und die Verwendung von SQL-Anweisungen berücksichtigen. Wenn eine umfangreiche Testdatenbank zu erwarten ist und viele Testingenieure gleichzeitig Zugriff auf die Datenbank benötigen, sollte eine stabilere Datenbank gewählt werden, zum Beispiel SQL Anywhere. Wenn nur wenige Testingenieure an der Testarbeit beteiligt sind, mag eine Access-Datenbank ausreichen.

7.3.3.8 Vorlagen für Testverfahren

Eine Vorlage für das Design von Testverfahren liefert eine Struktur für die einzelnen Tests. Sie vereinfacht das Testdesign und fördert die Konsistenz der automatisierten Tests untereinander. Tabelle 7.15 zeigt ein Beispiel für eine solche Vorlage. Sie sollte vom Testteam ausgewählt und in den Designstandard für die Testverfahren aufgenommen werden. Das Team sollte diese Vorlage in Verbindung mit dem Zeitplan für die Ausführung der Tests und dem Modularitätsmodell der Tests einsetzen.

7.3.3.9 Namenskonventionen

Eine relativ komplexe zu testende Anwendung benötigt eine große Anzahl von Testverfahren. Bei der Erstellung dieser Testverfahren ist es sehr wichtig, sich an eine Namenskonvention zu halten, die gewährleistet, dass die Namen der verschiedenen Testverfahren ein Standardformat einhalten. Außerdem tragen solche Konventionen dazu bei, doppelte Testverfahrens-IDs und – was noch wichtiger ist – doppelte Testverfahren zu vermeiden.

Außerdem geben Standardnamenskonventionen dem gesamten Testteam die Möglichkeit, schnell festzustellen, was für Tests durchgeführt werden sollen, und machen das ganze Testpaket leichter pflegbar. Eine Standard-Testverfahrens-ID ACCADD1 wäre folgendermaßen zu lesen: Testverfahren 1 für das Hinzufügen (Add) eines Kontos (Account). Die Namenskonvention kann zum Beispiel Dinge wie das Testen positiver und negativer Daten im selben oder in getrennten Testverfahren andeuten.

Namenskonventionen für Testverfahren machen Testverfahren verwalt- und lesbar. Testverfahren für eine bestimmte Funktionalität einer Anwendung sollten deshalb ähnliche Namen bekommen. Achten Sie auf eventuelle Benennungseinschränkungen des verwendeten automatisierten Testwerkzeugs!

Tab. 7.15 Vorlage für ein automatisiertes Testverfahren.

Beispiel für eine Vorlage (Automatisierte Tests)

Testverfahrens-ID	ACC002
Name des Moduls	Monatliches Erzeugen von Aufstellungen
Name der Funktion	Berechnen der monatlichen Zahlungen
Name des Programmierers	Michael Montgomery
	Monatliche Aufstellungen erstellen
Funktionsquerverweis	Detail: Ein- und Ausgaben der einzelnen Funktionen werden durch Überprüfen des Zusammenspiels mit anderen Funktionen des Moduls getestet. Jede Funktion wird auf Integration getestet, alle Annahmen werden geprüft.

Funktion	Beschreibung	Erwartetes Ergebnis	Datum der Ausführung	Tatsächliches Ergebnis
ID des auszuführenden Umgebungsskripts	Einrichtungsskript Env001 muss gestartet werden, um dieses Testverfahren auszuführen	Umgebung befindet sich im erwarteten Zustand		
Start-/Endpunkt	Hauptfenster der Anwendung			
ID oder Name des Testverfahrens bzw. -skripts, das vor dem Start dieses Verfahrens bzw. Skripts ausgeführt werden muss	ACC001 fügt das neue Konto 001 hinzu	ACC001 erfolgreich ausgeführt		
Anwendungsbereich	Berechnet Zinssatz von Konto 001			
Eingabe	Gibt einen Betrag ein und vergleicht ihn, um sicherzustellen, dass er größer als 0 ist	Betrag > 0	10. 10. 98	Betrag > 0; bestanden
Unternommene Aktion	Prüft, ob der gültige Zinssatz berechnet und ermittelt wurde	Zinssatz = erwartetes Ergebnis	10. 10. 98	scheitert periodisch
Testanforderung	ACC143			

Tab. 7.15 Vorlage für ein automatisiertes Testverfahren. (Forts.)

Funktion	Beschreibung	Erwarte-tes Ergeb-nis	Datum der Aus-führung	Tatsächli-ches Ergeb-nis
Externe Datendatei (oder Daten bzw. Zustand der Daten, die bereits in der für die Tests benutzten Datenbank vorhan-den sein sollten)	Testverfahren ACC001 ver-setzt die Daten in den kor-rekten Zustand			
Name der Spezifika-tionsdatei	Funktionsspezifikation B			

Fallstudie

Namenskonventionen

Der beste Ansatz, um Sinn und Zweck einer Namenskonvention zu verdeutlichen, ist die Veranschaulichung durch ein Beispiel. Debbie, eine Testingenieurin, war am Test eines Personalinformationsmanage-mentsystems beteiligt, das für die Aufzeichnung von Informationen über Mitarbeiter, Urlaub, Gehälter und Zuwendungen entwickelt wurde. Die Softwareanforderungen für die Anwendung waren gleich-mäßig in diese vier Kategorien unterteilt. Am Projekt arbeiteten zehn Entwickler und drei Testingenieure. Das System wurde innerhalb von drei Monaten entwickelt, und für Akzeptanztests standen zwei Monate zur Verfügung.

Debbie versuchte, dem Testteam zu vermitteln, welchen Ansatz man bei der Benennung der Testverfahren wählen sollte, und schlug eine Namenskonvention für die Testverfahren vor. Sie dokumentierte ihre Ausgangspunkte wie zum Beispiel die Vorstellung, dass die zu testende Anwendung die Testdaten nur an einer Stelle ablegen würde. Die Namenskonvention, über die sich Debbie mit dem Testteam und den Entwicklern einig war, wird im Folgenden skizziert. Beachten Sie, dass der siebente und achte Buchstabe die fortlaufende Nummer der Testskripts bezeichnen.

Erster Buchstabe der Dateinamenskonvention:

Zu testendes Modul	Buchstabe zur Kennzeichnung des Moduls
Persönliche Daten des Mitarbeiters	E
Urlaubsdaten des Mitarbeiters	L
Gehaltsinformationen des Mitarbeiters	P
Zuwendungsinformationen des Mitarbeiters	B

Zweiter Buchstabe der Dateinamenskonvention:

Quelle des Testskripts	Buchstabe zur Kennzeichnung der Quelle
Funktionsanforderung	F
Detailanforderung	D
Systemintegration	S
Designverifizierung	V

Dritter und vierter Buchstabe der Dateinamenskonvention:

Funktionalität	Buchstaben zur Kennzeichnung der Funktionalität
Hinzufügen	AD
Bearbeiten	ED
Sicherheit	SE
Menü	MN
Hilfe	HE
Löschen	DE
Diagramme	GR
Bericht	RE

Fünfter und sechster Buchstabe der Dateinamenskonvention:

Entwickler des Testskripts	Buchstaben zur Kennzeichnung des Testingenieurs
Debbie Trekker	DT
Jack Burner	JB
Rick Black	RB

Es folgen einige Beispiele für die von Debbie und ihrem Testteam entwickelten Testverfahren, welche diese Leitlinien für die Benennung nutzen:

Name des Testverfahrens	Interpretation
EFADDT07	Persönliche Daten des Mitarbeiters, zur Erfüllung einer Funktionsanforderung, für die Hinzufügefunktion, entwickelt von Debbie Trekker, siebtes Verfahren der Folge
PVSERB13	Gehaltsinformationen des Mitarbeiters, Verifizierung der Entwicklung, Sicherheitsmodul, entwickelt von Rick Black, dreizehntes Verfahren der Folge

7.3.4 Richtlinien für das Design manueller Tests

Für das Design von Testverfahren müssen Standards durchgesetzt werden, die von jedem Beteiligten eingehalten werden. Das gilt sowohl für manuelle als auch für automatisierte Testverfahren.

7.3.4.1 Namenskonventionen

Wie automatisierte Testverfahren sollten auch manuelle Testverfahren eine Namenskonvention einhalten.

7.3.4.2 Detailliertheit des Testverfahrens

Die Standards für manuelle Testverfahren sollten ein Beispiel enthalten, das angibt, wie detailliert ein Testverfahren sein soll. Das kann so einfach aussehen wie »Stufe 1: Klicken Sie auf den Menüpunkt DATEI«, »Stufe 2: Wählen Sie ÖFFNEN«, »Stufe 3: Wählen Sie das Verzeichnis« usw. In Abhängigkeit vom Umfang der zu testenden Anwendung ist vielleicht nicht genug Zeit, um ausführliche Testverfahrensbeschreibungen zu verfassen. In diesem Fall würde das Testverfahren nur eine grobe Beschreibung enthalten. Außerdem kann die

Pflege des Testverfahrens sehr schwierig werden, wenn ein Testverfahren sehr detailliert geschrieben ist. Das Testverfahren müsste beispielsweise jedes Mal geändert werden, wenn eine Schaltfläche oder ein Steuerelement in der zu testenden Anwendung verändert wird.

Testverfahrens-ID. Beachten Sie beim Ausfüllen der ID die Namenskonvention.

Name des Testverfahrens. Dieses Feld enthält eine längere Beschreibung des Testverfahrens.

Autor des Tests. Nennen Sie den Autor des Testverfahrens.

Verifizierungsmethode. Folgende Verifizierungsmethoden kommen in Frage: Zertifizierung, automatisierter Test, manueller Test, Inspektion und Analyse.

Aktion. Die klare Definition der Ziele und Erwartungen innerhalb des Testverfahrens trägt zum Erfolg bei. Dokumentieren Sie die zur Erstellung eines Testverfahrens erforderlichen Schritte, etwa so, wie Sie bei der Softwareentwicklung Pseudocode schreiben. Das zwingt den Testingenieur, seine Gedanken und Absichten zu klären und zu dokumentieren.

Kriterien/Vorbedingungen. Hier müssen die Testingenieure Informationen über Kriterien oder Vorbedingungen einsetzen, die erfüllt sein müssen, bevor das Testverfahren gestartet werden kann, wie zum Beispiel bestimmte Anforderungen an die Einrichtung der Daten.

Abhängigkeit. Dieses Feld wird ausgefüllt, wenn das Testverfahren von einem zweiten Testverfahren abhängig ist, zum Beispiel, wenn das zweite Verfahren ausgeführt sein muss, bevor das erste beginnen kann. Das Feld wird auch ausgefüllt, wenn zwei Testverfahren bei gleichzeitiger Ausführung miteinander in Konflikt geraten würden.

Nummer der Anforderung. In dieses Feld gehört die ID der Anforderung, die durch das Testverfahren überprüft wird.

Erwartete Ergebnisse. Dieses Feld definiert die erwarteten Ergebnisse für das jeweilige Testverfahren.

Tatsächliche Ergebnisse. Möglicherweise verfügt das automatisierte Testwerkzeug über einen Standardwert für dieses Feld, wie zum Beispiel »Entspricht dem erwarteten Ergebnis«. Der Wert würde sich ändern, wenn das Testverfahren scheitert.

Status. Es gibt folgende Möglichkeiten: testfähig/bestanden, testfähig/gescheitert, nicht testfähig, teilweise nicht testfähig/bestanden oder teilweise nicht testfähig/gescheitert. Eine Testanforderung kann beispielsweise »nicht testfähig« sein, weil die Funktionalität noch nicht oder nur zum Teil implementiert wurde. Der Testingenieur aktualisiert das Statusfeld nach der Ausführung des Tests. Mit Hilfe des Statusfeldes

berechnet ein Datenbankmanagementsystem oder ein Anforderungsmanagementwerkzeug wie zum Beispiel DOORS automatisch den Prozentsatz der ausgeführten und bestandenen Testverfahren und vergleicht ihn mit dem Prozentsatz der ausgeführten und gescheiterten
Verfahren. Anschließend wird ein Verlaufsbericht erstellt.

7.3.4.3 Erwartetes Ergebnis

Die Standards für Testverfahren können Leitlinien darüber enthalten, wie die
erwarteten Ergebnisse zu dokumentieren sind. Dabei sollten verschiedene
Fragen angesprochen werden: Werden die Tests Bildschirmabzüge erfordern?
Werden sie die Abzeichnung durch einen zweiten Testingenieur benötigen,
der die Ausführung des Tests beobachtet?

7.3.4.4 Beispiel für ein manuelles Testverfahren

Es folgt ein Beispiel für ein manuelles Testverfahren, das mit DOORS erstellt
wurde. Die Details des Verfahrens wurden entweder vom System erzeugt oder
von einem Testingenieur ausgefüllt.

Objektebene (vom System erzeugt) – Zeigt Hierarchie und Beziehungen der Testverfahren.

Objektnummer (vom System erzeugt)

Objekt-ID (vom System erzeugt) – Verknüpft Fehler mit den einzelnen
Testverfahren.

Absolute Nummer (vom System erzeugt)

Erstellt durch (vom System erzeugt) – Gibt den Namen des Testingenieurs an, der das Testverfahren erstellt hat.

Erstellt am (vom System erzeugt) – Gibt ein Datum an.

Erstellt mit (vom System erzeugt)

Kriterien/Vorbedingungen – Enthält Informationen über Kriterien
oder Vorbedingungen für die Ausführung des Testverfahrens, die vom
Testingenieur ausgefüllt werden (wie zum Beispiel eine notwendige
spezielle Einrichtung der Daten).

Erwartete Ergebnisse – Erläutert die von der Ausführung des Testverfahrens erwarteten Ergebnisse.

Tatsächliche Ergebnisse – Enthält als Standardwert »Entspricht den
erwarteten Ergebnissen«, wird aber geändert, wenn das Testverfahren
scheitert.

Zuletzt geändert durch (vom System erzeugt)

Zuletzt geändert am (vom System erzeugt)

Objekttitel (vom System erzeugt)

Objektkurztext

Objekttext

Vorbedingung/Abhängigkeit – Wird ausgefüllt, wenn das Testverfahren von einem anderen Testverfahren abhängig ist oder wenn zwei Testverfahren bei gleichzeitiger Ausführung miteinander in Konflikt geraten würden.

Nummer der Anforderung – Nennt die Nummer der betroffenen Software- oder Systemanforderung.

Status – Kennzeichnet den Status des ausgeführten Tests.

Schritt – Dokumentiert die zur Erstellung eines Testverfahrens notwendigen Schritte. Entspricht dem Pseudocode in der Softwareentwicklung.

Testverfahrens-ID – Nennt die zur Dokumentierung des Testverfahrens verwendete Namenskonvention.

Name des Testverfahrens – Liefert eine vollständige Beschreibung des Testverfahrens.

Verifizierungsmethode – Automatisierter oder manueller Test, Inspektion, Analyse, Vorführung oder Zertifizierung.

7.3.5 Detailliertes Testdesign

Beim Testen auf Systemebene kann es sich lohnen, für anspruchsvolle Tests ein detailliertes Testdesign zu entwickeln. Diese Tests können Testverfahren, die komplexe Algorithmen aus manuellen und automatisierten Schritten ausführen, sowie Testskripts enthalten, die zwecks Verwendung in mehreren Testverfahren modifiziert werden.

Der erste Schritt beim detaillierten Design ist die Kennzeichnung derjenigen Testverfahren in der Verfahrensdefinition, die ein detailliertes Design rechtfertigen könnten. Das Testteam könnte diese Arbeit damit beginnen, eine Liste aller geplanten Testverfahren auf Systemebene mit einer Leerspalte auszudrucken, wie es in Tabelle 7.16 gezeigt wird. Diese leere Spalte kann in Abhängigkeit davon ausgefüllt werden, ob das jeweilige Testverfahren im Rahmen des detaillierten Designs genauer definiert werden soll.

Anhand der Tabelle 7.16 besitzt das Testteam jetzt ein genaues Bild davon, wie viele Testverfahren von einer verfeinerten Definition im Rahmen des detaillierten Designs profitieren werden. Als nächstes sollte es ein Dokument des detaillierten Designs anfertigen, wie es in Tabelle 7.17 gezeigt wird. Dieses ist als Hilfe für die Testingenieure bei der Entwicklung der Testverfahren gedacht. Durch das detaillierte Design sollten die Testverfahren konsistenter werden und sämtliche erforderlichen Tests enthalten.

Tab. 7.16 Kennzeichnung detaillierter Designs für den Systemtestansatz.

TV-Nummer	Design-komponente	Testtechnik	SA-ID	T-ID	A/M	Detailliertes Design
2330	TV1016	Funktionstest	3.2.3c	2220	A	-
2331	TV1016	Funktionstest	3.2.3c	2221	A	-
2332	TV1016	Funktionstest	3.2.3c	2412	M	-
2333	TV1017	Funktionstest	3.2.3d	2222	A	DD
2334	TV1017	Funktionstest	3.2.3d	2412	A	-
2335	TV1018	Funktionstest	3.2.3e	2223	A	DD
2336	TV1018	Funktionstest	3.2.3e	2412	M	-
2337	TV1019	Funktionstest	3.2.3f	2224	A	-
2338	TV1019	Funktionstest	3.2.3g	2412	A	DD
2339	TV1019	Funktionstest	3.2.3g	2225	A	-
.	.	.	.	.	.	.
.	.	.	.	.	.	.
.	.	.	.	.	.	.

Tab. 7.17 Gliederung für die Dokumentation eines detaillierten Designs.

Abschnitt	Beschreibung
1. Einleitung	Beschreibt den Zweck des Dokuments und die Parameter, aufgrund derer die einzelnen Testverfahren für das detaillierte Design ausgewählt wurden.
2. Liste der Testverfahren	Enthält die Testverfahren, für die das detaillierte Design gilt. Außerdem sollte der Grund angegeben werden, aus dem ein detailliertes Design erforderlich ist.
3. Detailliertes Design	Enthält ein detailliertes Design für jedes Testverfahren, und zwar möglichst nach der (alphanummerischen) Nummer der Testverfahren geordnet.
4. Zusammenfassung	Fasst wesentliche Punkte und Anmerkungen zum Design und zur späteren Entwicklung der Testverfahren zusammen.

Das detaillierte Design kann in Form von Pseudoprogrammcode erstellt werden, wenn die Tests programmiert werden müssen, was bedeutet, dass es einfach als Folge der Schritte dargestellt werden kann, die beim Testen auszuführen sind. Wenn Programmvariablen und Mehrfachwerte für Daten vorkommen, kann im Design eine Schleife, die eine iterative Folge von Tests mit unterschiedlichen Werten kennzeichnet, sowie eine Liste oder Tabelle mit den für diese Tests benötigten Datenbereichen enthalten sein.

7.3.6 Anforderungen an die Testdaten

Nach der Erstellung des detaillierten Testdesigns müssen den definierten Testverfahren Testdatenanforderungen zugeordnet werden. Nachdem die Anforderungen skizziert sind, sollte das Testteam die Mittel zur Beschaffung, Erzeugung oder Entwicklung der Testdaten planen. Auch der Mechanismus zum Zurücksetzen der Testdatenbank in den ursprünglichen, der Baseline entsprechenden Zustand – bei Regressionstests einfach notwendig – muss im Testplan für das Projekt dokumentiert werden. Ferner müssen die Namen und Speicherorte der anzuwendenden Testdatenbanken und Speicher aufgeführt werden, die zur Erprobung der Softwareanwendung benötigt werden.

Die bereits weiter vorn in diesem Kapitel beschriebene Testtechnik, die Codeabdeckung zu prüfen, versucht, den Datenfluss in die Auswahl der Testverfahren einzubeziehen. Die Verwendung dieser Technik hilft dem Testteam, diejenigen Testpfadsegmente zu bestimmen, die bestimmte Datenflussmerkmale für alle möglichen Arten von Datenobjekten aufdecken. Die folgenden Abschnitte behandeln Testdatenanforderungen für den White-Box- und den Black-Box-Testansatz.

7.3.6.1 Definition von White-Box-Testdaten

Die meisten Testtechniken setzen voraus, dass für die entstehenden Testverfahren Testdaten definiert und entwickelt werden. Die Festlegung von Anforderungen an die Testdaten ist bei der Definition jedes Testdesigns ein wichtiger Schritt. Die Testingenieure sollten die Testdaten definieren, die für Aktivitäten erforderlich sind, wie zum Beispiel die mindestens einmalige Ausführung jeder Programmanweisung, die Garantie für mindestens einen Test jeder Bedingung und die Verifizierung, dass die erwarteten Ergebnisse so viele Varianten und Kombinationen enthalten, wie es möglich und machbar ist. Auch für die Erprobung jeder Grenzbedingung werden Testdaten gebraucht.

Falls verfügbar, können ein Data Dictionary und eine detaillierte Designdokumentation bei der Zusammenstellung von Beispieldaten zur Verwendung in Testverfahren sehr hilfreich sein. Sie stellen nicht nur Namen, Definitionen und Strukturen der Datenelemente bereit, sondern das Data Dictionary kann auch Datenmodelle, Bearbeitungsmechanismen, Kardinalitäten, Formate, Verwendungsregeln, Bereiche, Datentypen und Domänen liefern. Im Rahmen der Festlegung von Testdatenanforderungen ist es von Vorteil, eine Vergleichstabelle zu entwickeln, welche die verschiedenen Testverfahren in einer Spalte und die Anforderungen an die Testdaten in einer weiteren Spalte aufführt (siehe Tabelle 7.13).

Das Testteam sollte neben der Formulierung der Anforderungen an die Testdaten auch ein Mittel zur Beschaffung oder Entwicklung der notwendigen Testdaten festlegen. Bei der Auswahl der Datenquellen für White-Box-Testdaten lohnt es sich, designbezogene Fragen im Blick zu behalten, wie zum Beispiel die Verwendung von Datenfeldern, Zeigern, Speicherzuweisungen und Entscheidungsendpunkten. Bei der Untersuchung der Frage der White-Box-Daten (auf Systemebene) ist es ferner von Vorteil, mögliche Quellen für Beispieldaten zu kennen, weil sie Probleme und Fragen in Bezug auf die Art der erforderlichen Testdaten klären können. Dazu können folgende Dinge gehören:

- Flussdiagramme (zyklomatische Komplexität)

- Datenmodelle

- Werkzeuge zur Programmanalyse

- Designdokumente, wie zum Beispiel Strukturdiagramme, Entscheidungstabellen und Aktionsdiagramme

- Detaillierte Funktions- und Systemspezifikationen

- Datenflussdiagramme

- Data Dictionaries, die Datenstrukturen, Datenmodelle, Bearbeitungskriterien, Bereiche und Domänen enthalten

- Detaillierte Designs, die Datenfelder, Netzwerk, Speicherzuweisung, Daten- bzw. Programmstruktur und Entscheidungsendpunkte angeben

Tab. 7.18 Definition von White-Box-Testdaten (Entwicklungsebene).

TV-Nummer	Design-komponente	Datenanforderung	Beschreibung
1530	TV1016	Datenbanktabellen	Bildschirmeingaben
1531	TV1016	Variableneingabe	Bereich von Datenwerten (siehe Testanforderung)
1532	TV1016	Variableneingabe	Bereich von Datenwerten (siehe Testanforderung)
1533	TV1017	Datenobjekt	Verlangt ein Datenobjekt im Bitmap-Format

Tab. 7.18 Definition von White-Box-Testdaten (Entwicklungsebene). (Forts.)

TV-Nummer	Design-komponente	Datenanforderung	Beschreibung
1534	TV1017	Variableneingabe	Bereich von Datenwerten (siehe Testanforderung)
1535	TV1018	Datenbanktabellen	Bildschirmeingaben
1536	TV1018	-	Test der Druckausgabe mit vorhandenen Daten
1537	TV1019	Datenbanktabellen	Bildschirmeingaben
1538	TV1019	Datenobjekt	Verlangt ein Datenobjekt im Bitmap-Format
1539	TV1019	Variableneingabe	Bereich von Datenwerten (siehe Testanforderung)

7.3.6.2 Definition von Black-Box-Testdaten

Für Black-Box-Tests sind Daten erforderlich, die sicherstellen, dass jede Anforderung auf Systemebene angemessen getestet und verifiziert wird. Eine Durchsicht der Testdatenanforderungen sollte einige Fragen in Bezug auf die Daten klären [11].

- Tiefe – Volumen oder Größe der Datenbanken

- Breite – Variation der Datenwerte und ihrer Kategorien

- Gültigkeit – Korrektheit und Vollständigkeit der Daten

- Datenintegrität bei der Testdurchführung – Möglichkeit, die Datenintegrität aufrecht zu erhalten

- Bedingungen – Möglichkeit, bestimmte Datenbedingungen zu speichern

Tiefe. Das Testteam muss das Volumen bzw. die Größe der zum Testen benötigten Datensätze erwägen. Es sollte festlegen, ob 10 Datensätze in einer Datenbank oder einer bestimmten Tabelle ausreichen oder 10 000 Datensätze erforderlich sind. Tests in einer frühen Phase des Lebenszyklus, wie zum Beispiel Tests zur Verifizierung von Einheiten oder Builds, sollten kleine, von Hand erstellte Datenbanken verwenden, die maximale Kontrolle und minimale Störungen gewährleisten. Im weiteren Verlauf der Testarbeit durch die verschiedenen Testphasen und -arten sollte diese auf eine Größe anwachsen, die für die einzelnen Tests geeignet erscheint. Leistungs- und Massentests sind zum Beispiel nicht sehr aussagekräftig, wenn die Datenbank der Produktionsumgebung 1 000 000 Datensätze enthält, die Tests jedoch mit einer Datenbank von nur 100 Datensätzen durchgeführt werden.

Breite. Die Testingenieure müssen die Variationsbreite der Datenwerte erkunden (zum Beispiel 10 000 verschiedene Konten und eine Reihe unterschiedlicher Kontenarten). Ein gut gestalteter Test sollte Variationen der Testdaten einbeziehen, weil Tests mit immer denselben Daten nur eingeschränkte Ergebnisse liefern. Beispielsweise müssen Tests möglicherweise den Umstand berücksichtigen, dass einige Konten negative Kontostände aufweisen können, andere dagegen im niedrigen (mehrere hundert Euro), mittleren (mehrere tausend Euro), hohen (mehrere hunderttausend Euro) oder sehr hohen Bereich (mehr als zehn Millionen Euro) liegen. Ferner müssen Tests Daten verwenden, die dem Durchschnitt entsprechen.

Im Fall einer Bank lassen sich die Kundenkonten auf mehrere Arten klassifizieren, wie zum Beispiel als Spar-, Sicht-, Kredit-, Studenten-, Gemeinschafts- und Geschäftskonten.

Gültigkeit. Das Testteam muss auch die Relevanz der Datenwerte untersuchen. Zum Anwendungsbereich der Daten gehören Überlegungen zur Korrektheit, Relevanz und Vollständigkeit der Daten. Wenn man zum Beispiel die Abfragen testet, die zur Ermittlung der vielen unterschiedlichen Konten bei einer Bank eingesetzt werden, die einen Negativsaldo von mehr als 100 aufweisen, sollten nicht nur viele Konten diese Kriterien erfüllen, sondern die Tests müssen Daten wie Ursachencodes, Kontaktverläufe und demografische Daten der Kontoinhaber nutzen. Die Berücksichtigung der vollständigen Menge an Testdaten versetzt das Testteam in die Lage, das System vollständig zu validieren und zu erproben, und liefert bessere Ergebnisse. Außerdem müsste der Testingenieur prüfen, dass das, was ein Datensatz als Ergebnis dieser Abfrage zurückgibt, eine spezielle Bedingung anzeigt (fällig seit über 90 Tagen), nicht einen fehlenden oder falschen Wert.

Datenintegrität während der Testdurchführung. Eine weitere Überlegung betrifft die Notwendigkeit, während der Durchführung der Tests die Datenintegrität zu wahren. Das Testteam sollte während der gesamten Testarbeit in der Lage sein, Daten zu isolieren, die ausgewählten Daten zu modifizieren und die Datenbank in ihren ursprünglichen Zustand zurückzuversetzen. Diese Testmanagementprobleme werden in Kapitel 8 bei der Behandlung des Zeitplans für die Testausführung angesprochen. Ferner muss das Team dafür sorgen, dass sich Tests nicht negativ beeinflussen, wenn mehrere Tests gleichzeitig ablaufen.

Ein weiteres Datenintegritätsproblem bezieht sich auf beim Testen benutzte Daten, auf die man nicht über die Benutzeroberfläche zugreifen kann. Das könnte zum Beispiel ein Datumswert sein, der von einem anderen Server aus aktualisiert wird. Wenn die Daten nur gelesen, aber nicht geschrieben

werden können, sollten Werte und Elemente dieser Art ermittelt und eine
Methode oder Ressource festgelegt werden. Nach der Durchführung des Tests
muss das Testteam die Testdaten in den Ursprungszustand (entsprechend der
Grundspezifikation) zurücksetzen können. Kapitel 8 enthält weitere Informationen über diesen Vorgang.

Bedingungen. Ein weiteres Thema ist die Verwaltung der Testdaten, die
bestimmte Bedingungen wiedergeben sollen. Gesundheitsinformationssysteme führen zum Beispiel im Allgemeinen einen Jahresabschluss durch. Das
Speichern von Daten in der Jahresendbedingung ermöglicht den Test des Jahresabschlusses, ohne tatsächlich die Daten für das ganze Jahr einzugeben.
Wenn das Testteam eine Anwendung für ein Gesundheitsinformationssystem
testet, für das die Jahresabschlussfunktion noch nicht als Bestandteil des
betriebsfähigen Systems implementiert wurde, würde es eine Gruppe von
Testdaten erstellen, die für das ganze Jahr steht.

Es ist von Vorteil, im Rahmen der Festlegung der Testdatenanforderungen
eine Zuordnungstabelle anzulegen, welche die verschiedenen Testverfahren in
einer und die Testdatenanforderungen in einer anderen Spalte aufführt. Bei
der Zusammenstellung der Testdatenanforderungen muss das Testteam die
bereits erwähnten Fragen bezüglich der Black-Box-Testdaten (auf Systemebene) einbeziehen. Tabelle 7.19 liefert ein Beispiel mit Querverweisen zwischen Testdatenanforderungen und einzelnen Testverfahren.

Bei der Prüfung der Frage der Black-Box-Daten muss das Testteam mögliche Quellen für Musterdaten kennen, weil diese auch Fragen und Probleme in
Bezug auf die Art der erforderlichen Testdaten klären können. Dazu kann Folgendes gehören:

- Konzepte des Systems (Geschäftsvorschläge, Auftragsbeschreibungen,
  Konzepte von Betriebsdokumenten)

- Dokumentation der Systemanforderungen (Anforderungsdefinition des
  Kunden, System- bzw. Softwarespezifikationen)

- Geschäftsregeln (Dokumentation der Funktions- oder Geschäftsregeln)

- Entity-Realtionship-Diagramme (und weitere Dokumente zum Systemdesign)

- Anwendungsfallszenarien und Datenflussdiagramme (und andere Dokumente zum Geschäftsprozess)

- Ereignispartitionierung (und Diagramme zum Zustandsübergang)

- Data Dictionaries (sowie Datenelement- und Schnittstellenstandards und
  die Dokumentation der Schnittstelle für die Anwendungsprogrammierung)

- Helpdesk-Protokolle (für vorhandene Betriebssysteme)

- Benutzerwissen (Informationen der Endbenutzer)

- Regelungen und Standards (branchen- und firmenintern)

- Dokumentation der White-Box-Testdaten (entwickelt vom Testteam)

Tab. 7.19 Definition von Black-Box-Testdaten (Systemebene).

TV-Nummer	Design-komponente	Datenanfor-derung	Beschreibung
2330	TV1016	Datenbanktabellen	Bildschirmeingaben
2331	TV1016	Variableneingabe	Bereich von Datenwerten (siehe Testanforderung)
2332	TV1016	Variableneingabe	Bereich von Datenwerten (siehe Testanforderung)
2333	TV1017	Datenobjekt	Verlangt ein Datenobjekt im Bitmap-Format
2334	TV1017	Variableneingabe	Bereich von Datenwerten (siehe Testanforderung)
2335	TV1018	Datenbanktabellen	Bildschirmeingaben
2336	TV1018	-	Test der Druckausgabe mit vorhandenen Daten
2337	TV1019	Datenobjekt	Verlangt ein Datenobjekt im Bitmap-Format
2338	TV1019	Variableneingabe	Bereich von Datenwerten (siehe Testanforderung)
2339	TV1019	Datenbanktabellen	Bildschirmeingaben

Testdatengeneratoren. Vielleicht möchte das Testteam auch einen Blick auf Testdatengeneratoren werfen, die automatisch auf der Grundlage eines Regelsatzes Daten für eine Anwendung erzeugen. Diese Regeln lassen sich aus den Spezifikationen oder der Datenbankdokumentation ableiten oder können vom Testteam manuell geändert werden, um sie an die konkreten Gegebenheiten anzupassen. Testdatengeneratoren können bei Bedarf schnell Testdaten beispielsweise zur Simulation von Lasttests bereitstellen. Weitere Informatio-

nen über Testdatengeneratoren und andere Werkzeuge für die Durchführung
und Unterstützung von Tests finden Sie in Anhang B.
Testverfahrengeneratoren (Testfallgeneratoren). Einige Testverfahren können
automatisch mit Hilfe eines Testverfahrengenerators erzeugt werden. Manche
davon, wie zum Beispiel StP/T, sind hochgradig mit Analyse- und Designpro-
dukten integriert. Sie geben Entwicklern die Möglichkeit, die Funktionalität
des Codes mit den Designspezifikationen abzugleichen. Andere Testverfahrengeneratoren entnehmen dokumentierte Informationen über Anforderungen aus einem gemeinsamen Speicher und erstellen automatisch Testverfahren. Da dies automatisch erfolgt, können Testverfahren erstellt werden, sobald
Anwendungsspezifikationen vorliegen. Weitere Informationen finden Sie in
Anhang B.

7.4 Zusammenfassung

- Ein wirkungsvolles Testprogramm mit automatisierten Softwaretests
  schließt einen eigenen kleinen Entwicklungslebenszyklus mit Strategie-
  und Zielplanung, Definition von Testanforderungen, Analyse, Design und
  Programmierung ein.

- Ähnlich wie bei dem in der Softwareanwendungsentwicklung befolgten
  Prozess müssen vor dem Erstellen des Testdesigns Testanforderungen festgelegt werden, die klar definiert und dokumentiert werden sollten, damit
  das gesamte Projektpersonal die Grundlage der Testarbeit versteht. Die
  Definition erfolgt in Form von Anforderungsbeschreibungen, die sich aus
  der Testanforderungsanalyse ergeben.

- Weitgehend genauso wie bei der Softwareentwicklung muss das Testprogramm gewissenhaft entworfen und ausgearbeitet werden, damit gewährleistet ist, dass aus den durchgeführten Testaktivitäten der effizienteste und
  wirkungsvollste Test für das Zielsystem entsteht. Die Ressourcen für das
  Testprogramm sind begrenzt, aber dennoch gibt es unendlich viele Möglichkeiten, das System zu testen. Ein Testdesign, das die Testarbeit grafisch
  darstellt, gibt den Projekt- und Testmitarbeitern einen geistigen Rahmen
  für Grenzen und Umfang des Testprogramms.

- Nach der Testanalyse entwickelt das Testteam die Designmodelle für das
  Testprogramm. Das erste dieser Modelle, das Testprogrammmodell,
  besteht aus einer grafischen Darstellung, die den Anwendungsbereich des
  Testprogramms veranschaulicht. Es zeigt normalerweise die für die dynamische Testarbeit erforderlichen Testtechniken und skizziert statische Teststrategien.

- Im Anschluss an die Definition eines Testprogrammmodells erstellt das Team eine Testarchitektur, welche die Struktur des Testprogramms veranschaulicht und die Organisation der Testverfahren definiert.

- Die Struktur des Testprogramms (der Testarchitektur) wird normalerweise auf zwei Arten dargestellt. Eine Methode für die Organisation der Testverfahren, die als designorientierte Testarchitektur bezeichnet wird, fasst Testverfahren logisch mit den Designkomponenten der Systemanwendung zusammen. Eine zweite Methode, die technikorientierte Testarchitektur, verknüpft Testverfahren mit den verschiedenen Arten von Testtechniken, die im Testprogrammmodell enthalten sind.

- Bei der Entwicklung der Testdesigns und der Testprogrammdesignmodelle ist das Verstehen der Testtechniken erforderlich. Das Testpersonal muss mit den Testtechniken vertraut sein, die mit dem White-Box- und dem Black-Box-Testansatz verknüpft sind. White-Box-Testtechniken zielen auf die Erprobung des inneren Funktionierens des Softwareprogramms, während Black-Box-Techniken im Allgemeinen das Verhalten der Anwendung mit Hilfe etablierter öffentlich zugänglicher Schnittstellen mit den Anforderungen vergleichen.

- Bei der Auswahl von White-Box- und Black-Box-Testtechniken im Rahmen der Entwicklung des Gesamtdesigns für das Testprogramm ist es von Vorteil, mit den verfügbaren Testwerkzeugen zur Unterstützung und Durchführung der damit verbundenen Testverfahren vertraut zu sein.

- Die Entwicklung der Testverfahrensdefinition hilft nicht nur bei der Testentwicklung, sondern auch bei der Quantifizierung oder Abgrenzung der Testarbeit. Dazu gehört die Festlegung der Folge von Testverfahren, die schließlich geschrieben und ausgeführt werden müssen. Das Design schließt die Organisation von Testverfahren in logischen Gruppen und die Definition einer Namenskonvention für die Testverfahren ein.

- Auf Systemebene kann es sich lohnen, ein detailliertes Testdesign für ausgeklügelte Tests zu entwickeln. Diese Tests können Testverfahren einschließen, die komplexe Algorithmen aus manuellen und automatisierten Schritten ausführen, sowie Testskripts, die zwecks Verwendung in mehreren Testverfahren modifiziert werden. Der erste Schritt beim detaillierten Design besteht darin, auf Systemebene diejenigen Testverfahren zu kennzeichnen, die als anspruchsvoller zu betrachten sind und deshalb im Rahmen des detaillierten Designs genauer definiert werden sollten.

- Das detaillierte Design kann in Form von Pseudoprogrammcode erstellt werden, wenn die Tests programmiert werden müssen, und zwar einfach als Folge der Schritte, die beim Testen auszuführen sind. Wenn Programmvariablen und Mehrfachwerte für Daten vorkommen, kann im Design eine Schleife, die eine iterative Folge von Tests mit unterschiedlichen Werten kennzeichnet, sowie eine Liste oder Tabelle mit den für diese Tests benötigten Datenarten oder -bereichen enthalten sein.

- Wenn das detaillierte Testdesign fertig gestellt ist, müssen den definierten Testverfahren Testdatenanforderungen zugeordnet werden. Nachdem die Anforderungen skizziert sind, sollte das Testteam die Mittel zur Beschaffung, Erzeugung oder Entwicklung der Testdaten planen.

7.5 Literaturhinweise

1. Beispiele dafür sind *Software Testing Techniques* von Boris Beizer und *Applicability of Modified Condition/Decision Coverage to Software Testing* von John Joseph Chilenski, um nur ein paar zu nennen.

2. *Software Considerations in Airborne Systems and Equipment Certification.* RTCA SC-167, EUROCAE WG-12, Washington, DC: RTCA, 1992.

3. Myers, G. J. *The Art of Software Testing.* New York: John Wiley and Sons, 1979.

4. Ebd.

5. Ebd.

6. Ntafos, S. »A Comparison of Some Structural Testing Strategies.« *IEEE Transactions on Software Engineering* 1988; 14:868-874.

7. Beizer, B. *Software Testing Techniques*, 2. Ausg. New York: John Wiley and Sons, 1979.

8. siehe Anmerkung 7.

9. Übernommen aus Myers, G. J. *The Art of Software Testing.* New York: John Wiley and Sons, 1979.

10. Übernommen aus Myers, G. J. *The Art of Software Testing.* New York: John Wiley and Sons, 1979.

11. Übernommen aus SQA Suite Process, Januar 1996 (siehe `www.rational.com`).

8. Entwicklung von Tests

Der nächste Schritt im Minilebenszyklus der Testentwicklung.

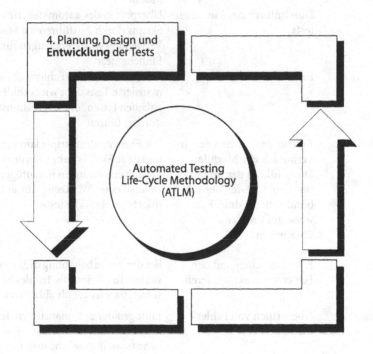

In Kapitel 7 wurde der Ansatz zum Durchführen von Testanalyse und -Design umrissen. Das Testteam kann nun mit dem Entwickeln des Tests beginnen. Tabelle 8.1 ordnet die Phasen des Entwicklungsprozesses den Schritten des Testprozesses zu. In der Tabelle sind die Testprozesse und -schritte strategisch am Entwicklungsprozess ausgerichtet. Das Ausführen dieser Schritte führt dazu, dass zu dem Zeitpunkt, an dem die Entwickler die Softwaremodule erstellen, gleichzeitig auch die Testverfahren verfeinert werden. Automatisierte und/oder manuelle Testverfahren werden während der Integrationstestphase entwickelt, um sie in der Systemtestphase wiederzuverwenden.

Tab. 8.1 Die Beziehungen zwischen Entwicklungs- und Testphase

Phase	Entwicklungsprozess	Testprozess
Modul-(Einheiten-)Entwicklung	Entwurf des Moduls anhand der Anforderungen	Planen des Tests und Einrichten der Testumgebung
	Erstellen des Modulcodes	Erstellen des Testdesigns und Entwikkeln der Testdaten
	Debuggen des Moduls	Erstellen von Testskripts oder Aufzeichnen eines Testszenarios mit dem Modul
	Durchführen des Einheitentests	Überprüfen des automatisierten Skripts durch Ausführen im Modul, Verwenden von Werkzeugen für den Einheitentest
	Fehlerbehebung	Beim Beheben von Fehlern das automatisierte Testskript wiederholt ablaufen lassen, um Regressionstests durchzuführen
Integration	Aufbau des Systems durch Verbinden der Module, Durchführen der Integration durch Testen der verbundenen Module, Hinweise auf Probleme überprüfen	Die Einheitentestskripts kombinieren und neue Skripts zum Überprüfen der Modulverbindungen hinzufügen, Verwenden eines Werkzeugs für automatisierte Integrationstests
	Fehler beheben und den Fehlerstatus aktualisieren	Bei der Fehlerbehebung die automatisierten Testskripts als Teil des Regressionstests wiederholt ablaufen lassen
Systemtest	Überprüfen von Fehlerberichten	Einfügen der automatisierten Testskripts in Testverfahren auf Systemebene (soweit möglich) und Entwikkeln zusätzlicher Testverfahren auf Systemebene, Ausführen des Systemtests und Aufzeichnen der Ergebnisse
	Fehler beheben und den Fehlerstatus aktualisieren	Beim Beheben der Fehler die automatisierten Testskripts als Teil des Regressionstests wiederholt ablaufen lassen
Akzeptanztest	Auffälligkeiten überprüfen	Einen Teil des Systemtests als Teil des Benutzerakzeptanztests durchführen
	Fehler beheben	Beim Beheben von Fehlern die automatisierten Testskripts als Teil des Regressionstests wiederholt ablaufen lassen

Vor Beginn der Testentwicklung müssen eine ganze Reihe von Vorbereitungen durchgeführt werden. Die Architektur der Testentwicklung (siehe
Abbildung 8.1) gibt dem Testteam einen guten Überblick darüber, welche vorbereitenden Aktivitäten oder welche Grundsteine für die effiziente Erstellung
von Testverfahren notwendig sind. Wie in Abschnitt 8.1 beschrieben ist, wird
das Testteam diese Beispielarchitektur für eine Testentwicklung verändern
und anpassen müssen, damit sie den Erfordernissen des speziellen Projekts
entspricht. Zu diesen Aufbau- und Vorbereitungsaktivitäten gehören das
Erfassen und Verwalten der Aktivitäten zum Einrichten der Testumgebung,
wobei die Materialbeschaffung zu langen Vorlaufzeiten führen kann. Diese
vorbereitenden Maßnahmen wurden in Kapitel 6 ausführlich beschrieben.
Vor dem Beginn der Testentwicklung muss das Testteam außerdem das Potenzial für die Wiederverwendung bereits vorhandener Testverfahren und -
skripts innerhalb der Automatisierungsinfrastruktur (Bibliothek wieder verwendbarer Komponenten) ermitteln.

Das Testteam sollte Testverfahren gemäß dem Zeitplan für die Entwicklung und Durchführung von Testverfahren entwickeln. Dieser Zeitplan ordnet
personelle Ressourcen zu und gibt unter anderem die Fälligkeitstermine für
die Entwicklung wieder. Das Testteam muss den Entwicklungsfortschritt
überwachen und Statusberichte dazu anfertigen. Vor dem Erstellen einer
kompletten Sammlung von Testverfahren führt es eine Analyse der Beziehungen zwischen den Modulen durch. Die Ergebnisse dieser Analyse erleichtern
das Definieren von Datenabhängigkeiten, das Planen der Vorgehensweise bei
voneinander abhängigen Tests und das Ermitteln von gemeinsamen Skripts,
die im Laufe der Tests wiederholt eingesetzt werden können. Während der
Entwicklung der Testverfahren sollte das Testteam die Kontrolle über die
gesamte Testkonfiguration, einschließlich des Testdesigns, der Testskripts und
-daten sowie für jedes einzelne Testverfahren, ausüben. Die Testkonfiguration
muss mittels eines Werkzeuges zum Konfigurationsmanagement grundlegend
gesteuert werden.

Zur Entwicklung von Tests gehört das Erstellen von Testverfahren, die wartungsfreundlich, wieder verwendbar, einfach und robust sein sollen, was seinerseits eine genauso große Herausforderung wie das Entwickeln der zu
testenden Anwendung sein kann. Es sollten Standards für die Entwicklung
von Testverfahren angewendet werden, welche die strukturierte und konsistente Entwicklung automatisierter Tests unterstützen. Solche Standards können auf den Skriptsprachenstandards eines bestimmten Testwerkzeuges basieren. Rationals Robot verwendet beispielsweise SQA Basic, eine Visual Basic-
ähnliche Skriptsprache, so dass die Standards für die Skriptentwicklung auf
den Visual Basic-Entwicklungsstandards basieren können.

Gewöhnlich sind interne Entwicklungsstandards vorhanden, denen man folgen kann, wenn sich die Organisation für eine Sprache entscheidet, die der Skriptsprache des Werkzeugs ähnlich ist. Die Übernahme oder leichte Modifizierung vorhandener Entwicklungsstandards stellt im Allgemeinen einen besseren Ansatz dar als das Erstellen eines ganz neuen Standards. Wenn es innerhalb der Organisation keine Entwicklungsstandards für die spezielle Werkzeug-Skriptsprache gibt, muss das Testteam Richtlinien für die Skriptentwicklung erstellen. Abschnitt 8.2 stellt ein Beispiel zu Standards und Richtlinien für die Entwicklung von Tests vor. Solche Richtlinien können Vorgaben zur *Kontextunabhängigkeit* umfassen, welche die genaue Stelle angeben, wo ein Testverfahren beginnen und wo es enden soll. Zusätzlich müssen Richtlinien zur Modularität und zur Wiederverwendbarkeit bedacht werden.

Mit der Entwicklung von Testverfahren basierend auf den in Abschnitt 8.2 beschriebenen Entwicklungsrichtlinien legt das Testteam die Grundsteine für eine Automatisierungsinfrastruktur. Diese in Abschnitt 8.3 beschriebene Automatisierungsinfrastruktur wird schließlich aus einer Bibliothek gemeinsamer, wieder verwendbarer Skripts bestehen. Während des gesamten Testablaufs und bei zukünftigen Veröffentlichungen neuer Versionen kann der Testingenieur auf die Automatisierungsinfrastruktur zurückgreifen, um die Wiederverwendung archivierter Testverfahren zu ermöglichen, Redundanzen zu minimieren und so die ganze Automatisierung zu verbessern.

8.1 Die Entwicklungsarchitektur für Tests

Die für die Entwicklung von Tests zuständigen Mitglieder des Testteams müssen mit den geeigneten Materialien ausgestattet sein. Diese Mitarbeiter sollten einer Entwicklungsarchitektur folgen, die beispielsweise die festgelegten Testverfahren und die Ergebnisse der automatisierten im Vergleich mit der manuellen Testanalyse aufführt. Zusätzlich sollten sich die Testingenieure an den Zeitplan für die Entwicklung und Durchführung der Testverfahren, die Informationen zum Testdesign, die Handbücher zu den Werkzeugen für die automatisierten Tests und die Richtlinien für das Entwickeln von Testverfahren halten. Ausgestattet mit den richtigen Anweisungen, Dokumentationen und Richtlinien haben sie eine Informationsgrundlage, auf der sie eine homogenere und strukturiertere Sammlung von Testverfahren erstellen können. Beachten Sie, dass die Fähigkeit eines Testteams, einen Prozess zu wiederholen und erneut die Stärke eines Testprogramms zu demonstrieren, vom Vorhandensein dokumentierter Prozesse und Standardrichtlinien wie etwa der Entwicklungsarchitektur für Tests abhängt.

Abbildung 8.1 stellt die Hauptaktivitäten dar, die als Teil einer solchen Entwicklungsarchitektur für Tests durchgeführt werden müssen. Die Entwicklung von Tests beginnt mit dem Einrichten der Testumgebung und den Vorbereitungen. Sind diese abgeschlossen, muss das Testteam sicherstellen, dass die für die Entwicklung notwendigen Informationen dokumentiert bzw. gesammelt sind. Die in Abbildung 8.1 dargestellte Beispielarchitektur für das Entwickeln von Tests muss verändert und an die speziellen Erfordernisse des jeweiligen Projekts angepasst werden.

8.1.1 Die technische Umgebung

Der eigentlichen Entwicklung von Testverfahren gehen eine Reihe von Einrichtungsaktivitäten voraus. Die Entwicklung muss in einer technischen Umgebung stattfinden, die das Entwickeln von Testverfahren erleichtert. Diese Testumgebung muss fertig eingerichtet sein, bevor die Entwicklungsarbeit beginnen kann. Sie stellt die technische Umgebung dar, die sowohl Räumlichkeiten als auch die für die Entwicklung und Durchführung der Tests benötigte Hard- und Software umfassen kann. Das Testteam muss sicherstellen, dass ausreichend Arbeitsplätze für die gesamte Gruppe vorhanden sind. Wie in Kapitel 6 vorgestellt, müssen die verschiedenen Elemente der Testumgebung im Testplan umrissen sein.

Zu den Aktivitäten zum Einrichten der Umgebung kann auch wie in Abschnitt 8.3 beschrieben das Anwenden eines Skripts zur Umgebungseinrichtung oder das Kalibrieren des Testwerkzeugs für die spezielle Umgebung gehören. Wenn es Kompatibilitätsprobleme zwischen dem Testwerkzeug und der zu testenden Anwendung gibt, müssen Lösungen gefunden werden. Beim Entwickeln der Testverfahren sollte der Zeitplan für die Entwicklung mit dem für das Durchführen des Tests konsistent gehalten werden. Es ist auch wichtig, dass sich das Testteam an die Richtlinien für das Entwickeln von Testverfahren hält (siehe nächste Abbildung).

Das Testteam muss sicherstellen, dass geeignete Testräumlichkeiten oder Laboreinrichtungen reserviert und vorbereitet sind. Nachdem die räumliche Umgebung bereitsteht, muss außerdem verifiziert werden, dass die benötigte Ausrüstung installiert und funktionsfähig ist. Denken Sie an den Testplan in Kapitel 6 zurück, der die erforderliche technische Umgebung definierte und sich mit der Planung der Testumgebung befasste. Im Testplan sollte das Team außerdem im Abschnitt zur Testumgebung bereits die für das Installieren und Überprüfen der Einsatzbereitschaft der technischen Umgebung erforderliche betriebliche Unterstützung bestimmt haben. Diese Mitarbeiter müssen ebenso sicherstellen, dass die Unterstützungsmaßnahmen sinnvoll geplant sind, und müssen den Fortschritt dieser Arbeiten überwachen.

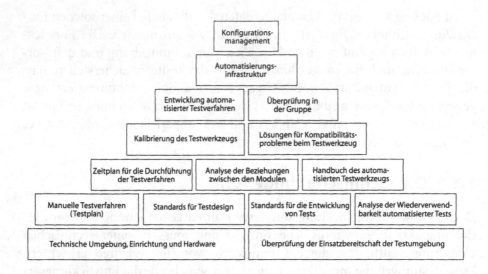

Abb. 8.1 Die Grundsteine der Entwicklungsarchitektur für Tests

Bestimmte Aufgaben und potenzielle Probleme, die im Testplan umrissen
wurden, sollten zu diesem Zeitpunkt in Angriff genommen und gelöst worden sein. Zu diesen Problembereichen können die Netzwerkinstallation, die
Konfiguration des Netzwerkservers, der zugeteilte Speicherplatz, Zugriffsrechte für das Netzwerk, erforderliche Prozessor- und Speicherkapazitäten bei
den Arbeitsplatzrechnern, die Anzahl und Art der Arbeitsplatzrechner, Anforderungen an deren grafische Fähigkeiten sowie jegliche zusätzliche Software
für die Unterstützung der Anwendung, wie etwa Browser-Software, gehören.
Die Installation und Bewertung automatisierte Testwerkzeuge sollte eingeplant worden sein. Diese Werkzeuge müssen jetzt so konfiguriert werden, dass
sie dem Testteam nützen und innerhalb der speziellen Testumgebung laufen.

Als Teil der Maßnahmen zum Einrichten der Testumgebung verfolgt und
verwaltet das Testteam die Einrichtungsaktivitäten, wobei die Materialbeschaffung möglicherweise lange Vorlaufzeiten hat. Zu diesen Aktivitäten
gehört das Planen und Verfolgen der Einrichtungsschritte, die Installation von
Hardware, Software und Netzwerkressourcen für die Testumgebung, die Integration und Überprüfung der Ressourcen der Testumgebung, die Beschaffung
und Verfeinerung von Testdatenbanken sowie die Entwicklung von Skripts für
die Einrichtung und für die Testkonfiguration.

Die Hardware für die Testumgebung muss eine vollständige Funktionalität
für die zu erstellende Anwendung bereitstellen und Leistungsanalysen ermöglichen. Wenn die Testumgebung Hardware verwendet, die auch andere Ent-
wicklungs- oder Verwaltungsaktivitäten unterstützt, müssen für die eigentli-

che Leistungsmessung möglicherweise besondere Vorkehrungen getroffen werden. Die Hardwarekonfiguration der Testumgebung muss so entworfen werden, dass sie Aktivitäten zum Berechnen, Speichern und Laden unterstützt, die abhängig von der Zielumgebung über ein LAN oder ein WAN ausgeführt werden. Während des Systemtests muss die in die Testumgebung geladene Software aus einer kompletten, voll integrierten Version ohne Patches und deaktivierte Komponenten bestehen.

Das Design der Testumgebung muss auch die Anforderungen von Belastungstests erfüllen. Belastungs- und Volllasttests erfordern möglicherweise den Einsatz mehrerer Arbeitsplatzrechner, um mehrere Testverfahren gleichzeitig laufen zu lassen. Einige automatisierte Testwerkzeuge verfügen über eine Funktion zum Simulieren eines virtuellen Benutzers, durch welche die Notwendigkeit mehrerer Arbeitsplatzrechner für solche Tests entfällt oder zumindest erheblich minimiert wird.

Die Testdaten müssen mit einer ausreichend großen Vorlaufzeit beschafft werden, so dass sie verfeinert und überarbeitet werden können und so den Testanforderungen besser entsprechen. Die Arbeitsschritte zur Vorbereitung der Daten umfassen das Bestimmen der Notwendigkeit von Datenkonvertierungen, das Vorverarbeiten roher Daten, das Laden temporärer Tabellen (möglicherweise im Format eines relationalen Datenbanksystems) und die Durchführung von Konsistenztests. Um die Notwendigkeit von Datenkonvertierungen zu bestimmen, muss man eine gründliche Analyse der Datenelemente vornehmen, die das Festlegen von Kriterien zur Datenzuordnung, das Bestimmen von Definitionen für Datenelemente, das Bestätigen von Primärschlüsseln sowie das Definieren von Parametern für die Datenakzeptanz umfasst.

Während der Testplanung hat das Testteam die Arbeitsschritte für die Testumgebung definiert und geplant. Nun befasst es sich mit den Aktivitäten zur Einrichtung der Testumgebung. Das bedeutet, es bestimmt die Ressourcen, die zum Installieren von Hardware, Software und Netzwerkressourcen in die Testumgebung sowie das Integrieren aller Ressourcen der Testumgebung erforderlich sind. Die Materialien der Testumgebung und die zu testende Anwendung müssen mittels eines Werkzeugs für das Konfigurationsmanagement in Form einer Grundspezifikation oder Baseline definiert werden. Weiteres Material der Testumgebung kann etwa Testdaten und Testprozesse umfassen.

Das Testteam muss alle für das Ausführen der Anwendungen erforderlichen Testdatenbanken beschaffen und überarbeiten sowie Skripts für das Einrichten der Umgebung und für die Testkonfiguration entwickeln. Zusätzlich sollte es Produktinspektionen durchführen und alle Grundmaterialien für die Tests prüfen. Der Standort der Testumgebung für jedes Projekt bzw. jede Auf-

gabe sollte im Testplan des jeweiligen Projekts angegeben sein. Eine frühzeitige Festlegung des Testortes ist wesentlich für die kosteneffektive Planung
und Entwicklung der Testumgebung.

8.1.2 Überprüfen der Einsatzbereitschaft der Testumgebung

Wenn die Arbeitsschritte zum Einrichten und Erfassen der Testumgebung
durchgeführt sind, kann das Testteam einige abschließende Prüfungen der
Einsatzbereitschaft der Umgebung vornehmen. Dazu gehört eine Überprüfung der Automatisierungsinfrastruktur der Organisation (der Bibliothek
wieder verwendbarer Komponenten), um festzustellen, ob vorhandene Testprogramme für dieses Projekt verwendet werden können. Das Testteam sollte
den Status jeglicher Softwarefunktionalität prüfen, die zu ihrer Testentwicklungsaufgabe gehört und die Stabilität der zu testenden Anwendung sicherstellen. Wenn sich diese ständig verändert – beispielsweise beim Entwickeln
automatisierter GUI-Tests – sind Bemühungen um Automatisierung möglicherweise vergeblich. Die Erfahrung zeigt, dass man mit der Automatisierung
am besten erst beginnt, wenn wenigstens Teile der zu testenden Anwendung
einigermaßen stabil sind, sich die Funktionalität also nicht mit jeder neuen
Version verändert. Idealerweise gibt es einen Prototypen der Anwendung und
der Testingenieur kann das Objekttabellenlayout für tabellenorientierte
Skripts entwickeln. (In Abschnitt 8.3 finden Sie weitere Informationen zum
Verwenden tabellenorientierte Skripts.)

Die ATML unterstützt den Ansatz der schrittweisen Entwicklung, wobei
der Lebenszyklus der Systementwicklung aus mehreren Versionsschritten bzw.
Builds besteht. Diese schrittweise Methode, die den Ansatz »ein bisschen Entwerfen, ein bisschen Programmieren, ein bisschen Testen« [1] verfolgt, wird
auf jeden Build angewendet. Bevor das Testteam die Testverfahren durchführt,
muss es verifizieren, dass die richtige Version der zu testenden Anwendung
installiert ist. Bei einer GUI-Anwendung wird die aktuelle Version üblicherweise im Menüpunkt *Über* des ersten GUI-Menüs angezeigt.

8.1.3 Analyse der Wiederverwendbarkeit vorhandener Automatisierungskomponenten

Vor dem Beginn der Entwicklung von Tests muss das Testteam feststellen, welche Möglichkeiten zur Wiederverwendung vorhandener Testverfahren und
-skripts innerhalb der Automatisierungsinfrastruktur (der Bibliothek wieder
verwendbarer Komponenten) bestehen, die vielleicht vorhanden ist (wenn es
sich bei diesem Projekt nicht um den ersten Automatisierungsversuch han-

delt). In Kapitel 7 wurde beim Entwurf des Testdesigns bestimmt, welche Testverfahren manuell durchgeführt und welche automatisiert werden sollten. Für jedes Testverfahren mit einem automatisierten Testwerkzeug muss das Testteam nun mit Hilfe der Automatisierungsinfrastruktur feststellen, inwieweit vorhandene Testverfahren wieder verwendet werden können. Es wird sich für das Testteam als vorteilhaft erweisen, die beim Testdesign erstellte Tabelle (siehe Tabelle 7.15) zu verändern und um eine Spalte zu erweitern, welche vorhandene Testskripts aus der Bibliothek wieder verwendbarer Komponenten aufführt (siehe Tabelle 8.2), welche die aktuelle Entwicklungsaufgabe möglicherweise erleichtern können. Das Ergebnis dieser Analyse fließt in die Tabelle für die Testmodularität ein.

Tab. 8.2 Analyse der Wiederverwendbarkeit automatisierter Komponenten

TV-Nummer	Design-komponente	Testtechnik	SA-ID	SWA-ID	TA-ID	A/M	Wieder verwendbare Komponente
2330	TV1016	Funktionstest	3.2.3c	TV029	2220	A	-
2331	TV1016	Funktionstest	3.2.3c	TV030	2221	A	MMS2079
2332	TV1016	Funktionstest	3.2.3c	TV031	2412	M	-
2333	TV1017	Funktionstest	3.2.3d	TV032	2222	A	-
2334	TV1017	Funktionstest	3.2.3d	TV033	2412	A	-
2335	TV1018	Funktionstest	3.2.3e	TV034	2223	A	LW2862
2336	TV1018	Funktionstest	3.2.3e	TV035	2412	M	-
2337	TV1019	Funktionstest	3.2.3f	TV036	2224	A	-
2338	TV1019	Funktionstest	3.2.3g	TV037	2412	A	ST2091
2339	TV1019	Funktionstest	3.2.3g	TV038	2225	A	ST2092

Tabelle 8.2 zeigt eine Beispieltabelle mit den Ergebnissen einer Wiederverwendbarkeitsanalyse. In diesem Beispiel fand das Testteam in der Automatisierungsinfrastruktur vier Testskripts, die möglicherweise als Teil des aktuellen Projekts wieder verwendet werden können. Diese Testverfahren waren ursprünglich innerhalb der Testverfahrendefinition festgelegt worden, die beim Testdesign erstellt worden war.

Um den Nutzen der Testskripts aus der Bibliothek wieder verwendbarer Komponenten innerhalb der Automatisierungsinfrastruktur zu erhöhen, sollte sich das Testteam sorgfältig an die in Abschnitt 8.3 behandelten Standards für das Erstellen von Testverfahren halten.

8.1.4 Zeitplan für die Entwicklung/Durchführung von Testverfahren

Der Zeitplan für die Entwicklung und Durchführung der Testverfahren wird vom Testteam vorbereitet, um den Zeitrahmen für das Entwickeln und Ausführen der verschiedenen Tests zu bestimmen. Der Zeitplan berücksichtigt eine Reihe verschiedener Faktoren:

- Die verantwortlichen Personen für jeden einzelnen Testschritt werden bestimmt.

- Die Einrichtungsaktivitäten werden dokumentiert.

- Reihenfolge und Abhängigkeiten werden aufgenommen.

- Die Tests werden mit den verschiedenen Verarbeitungszyklen in Einklang gebracht, aus denen die Anwendung besteht.

- Potenzielle Konflikte zwischen Testverfahren werden dokumentiert.

- Den Testingenieuren wird eine unabhängige Arbeit ermöglicht.

- Die Testverfahren können anhand bestimmter Geschäftsfunktionen gruppiert werden.

- Die Testverfahren werden so organisiert, dass Redundanzen vermieden werden.

- Die Organisation der Testverfahren berücksichtigt die den Test zugeordneten Prioritäten und Risiken.

- Es existiert ein Plan für die verschiedenen Testphasen und jeden Arbeitsschritt in einer bestimmten Phase.

Der Zeitplan hilft beim *Bestimmen der verantwortlichen Person(en)* für jeden Testschritt. Durch das Festlegen eines genauen Plans für die Entwicklung und Durchführung der Tests kann das Testteam redundante Arbeitsschritte durch verschiedene Mitarbeiter vermeiden. Das (später in diesem Kapitel beschriebene) Beziehungsmodell für die Modularität der Testverfahren ist für das Entwickeln dieses Plans ganz wesentlich.

Der Zeitplan muss die Arbeitsschritte zum Einrichten der Tests, die Reihenfolge der Testverfahren und die Aufräummaßnahmen umfassen. *Einrichtungsaktivitäten müssen dokumentiert werden*, um sicherzustellen, dass sie den Standards für das Konfigurationsmanagement entsprechen, da das Testen unbedingt in einer kontrollierten Umgebung stattfinden muss. So muss der Testingenieur beispielsweise in der Lage sein, die Umgebung nach einen bestimmten Test in ihren ursprünglichen Zustand zurückzuversetzen.

Die *Reihenfolge und Abhängigkeiten* der Testverfahren müssen dokumentiert werden, da bei vielen Anwendungstests eine bestimmte Funktion erst ausgeführt werden kann, wenn durch eine vorhergehende Funktion die notwendigen Daten erzeugt wurden. So kann etwa ein Steuerelement für den sicheren Zugriff nicht verifiziert werden, solange noch keine entsprechende Berechtigung festgelegt wurde. Bei einer Anwendung zur Finanzverwaltung kann ein Werkzeug zur Security-Erstellung (Securities sind spezielle Geldmarktpapiere) nicht an eine Bank übergeben werden, wenn es nicht zuvor auf ein Konto angewendet und verifiziert wurde. Zusätzlich umfasst die Finanzanwendung möglicherweise eine Zusammenfassung der Transaktionen oder einen Tagesabschlussbericht nach Geschäftsschluss, der die Anzahl der Wertpapiere oder Fondsanteile angibt, die an einem bestimmten Tag an die Bundesbank überliefert wurden. Ein solcher Tagesabschlussbericht kann erstellt und verifiziert werden, wenn die Voraussetzungen dafür erfüllt sind – also die Transaktionen eines ganzen Tages ordnungsgemäß aufgezeichnet wurden.

Der Zeitplan muss *Tests ermöglichen, welche die verschiedenen Verarbeitungszyklen untersuchen, aus denen die Anwendung besteht.* Ein Verwaltungssystem für medizinische Informationen muss beispielsweise vielleicht tägliche, wöchentliche, quartalsweise und jährliche Zusammenfassungen der Ansprüche ausführen. Die zum Erstellen und Testen eines Jahresberichts notwendigen Vorbereitungsschritte müssen im Zeitplan für die Entwicklung und Durchführung der Tests berücksichtigt werden.

Der Zeitplan muss ebenfalls *alle Testverfahren dokumentieren, die möglicherweise zu Konflikten führen können,* und es den Testingenieuren so ermöglichen, die Funktionalität und den Arbeitsablauf so durchzuführen, dass sie nicht auf unbekannte Abhängigkeiten stoßen oder die Ergebnisse anderer Mitarbeiter versehentlich beeinflussen. Es ist hilfreich, die Reihenfolge zu bestimmen, in der bestimmte Transaktionen getestet werden, um eine bessere Kontrolle und einen reibungslosen Arbeitsablauf zu ermöglichen.

Die Testingenieure müssen zur unabhängigen Arbeit in der Lage sein und die Möglichkeit haben, die gleichen Daten oder Datenbanken gemeinsam zu nutzen. Ein Zeitplan hilft dabei, sicherzustellen, dass nicht ein Testingenieur die Daten verändert oder beeinflusst, die von einem anderen Testingenieur bearbeitet werden. Solche Interferenzen könnten die Testergebnisse von einem oder beiden Mitarbeitern ungültig machen. Wie bereits erwähnt, bestimmt der Zeitplan auch die Personen, welche die verschiedenen Testverfahren entwickeln und durchführen werden, und die Reihenfolge der Prozeduren. Das Ziel dabei ist es, Missgeschicke bei der Durchführung zu verhindern und die Aufgaben und Verantwortlichkeiten festzulegen.

Eine der wichtigsten Aufgaben beim Erstellen des Zeitplans ist das Organisieren der Tests in Gruppen. Beispielsweise kann man *Tests anhand ihrer
bestimmten Geschäftsfunktionen gruppieren.* So kann etwa die Geschäftsfunktionalität A der Testingenieurin Cordula zugewiesen werden. Geschäftsfunktionalität B hingegen wird dem Testingenieur Thomas zugeteilt. Eine dritte
Geschäftsfunktionalität C könnte man dem Testingenieur Karl zuordnen.
Wenn man bestimmte Funktionalitäten einzelnen Testingenieuren zuschreibt,
kann der Testmanager den Fortschritt besser überwachen und den Status
überprüfen, indem er Fälligkeitstermine für den Abschluss jedes einzelnen
Testverfahrens ansetzt.

Man muss *die automatisierten Testverfahren so organisieren, dass Redundanzen vermieden werden.* Das Testteam sollte den Testplan und das Testdesign überprüfen, um sicherzustellen, dass die Ergebnisse von Testanalyse und
-Design in den Zeitplan eingeflossen sind. Beim Erstellen des Zeitplans für die
Ausführung der Testverfahren sollte das Team die Überlegungen zum Testplan
beachten, die weiter unten erörtert werden.

Der Zeitplan muss die *Prioritäten und Risiken* in Betracht ziehen, die den
verschiedenen Tests zugeordnet sind. Er sollte ein größeres Gewicht auf
lebenswichtige und besonders riskante Funktionalitäten legen. Diese Tests
sollten im Zeitplan möglichst frühzeitig angesetzt werden, um genügend Zeit
dafür und für eventuell notwendige Regressionstests zu haben. Der Zeitplan
für das Durchführen der Testverfahren muss *den Aufbau der verschiedenen
Testphasen dokumentieren und die Aktivitäten in den einzelnen Phasen bezeichnen* (also funktionale, Regressions- oder Leistungstests).

Beim Definieren dieses Zeitplans muss das Testteam *Zeit für das schrittweise Vorgehen bei der Testdurchführung einräumen,* ebenso wie Zeit zum
Berichtigen dokumentierter Abweichungen und Zeit zum Ausführen der
Regressionstests beim Verifizieren der ordnungsgemäßen Implementierung
von Fehlerbehebungen. Es ist außerdem wichtig, mehrere Anwendungsversio-
nen vorzusehen, die Fehlerberichtigungen enthalten. Dementsprechend muss
der Zeitplan die geplante Auslieferung jedes neuen Builds enthalten, sei sie
nun täglich, wöchentlich oder in einem detaillierten Entwicklungsplan festgelegt.

Im Verlauf des Projektplans oder innerhalb des detaillierten Entwicklungs-
plans wird es ganz unvermeidlich zu Änderungen kommen. Das Testteam
muss diese Abweichungen überwachen und dementsprechend den *Zeitplan
für den Test anpassen.* Der Projektplan kann sich an einer Stelle verschieben
oder der Zeitrahmen für den Systemtest wird möglicherweise an anderer
Stelle verkürzt. Weitere Veränderungen am Zeitplan ergeben sich, wenn auf
eigentlich für eine bestimmte Version geplante Funktionalitäten verzichtet

wird. Außerdem werden Mitarbeiter, die ursprünglich für die Testaktivitäten vorgesehen waren, möglicherweise anderen Aufgaben zugeteilt.

In Anbetracht der Vielfältigkeit von Änderungen, die Anpassungen des Testplans erfordern, ist es hilfreich, den ursprünglichen Plan und alle nachfolgenden größeren Änderungen daran an einer Grundspezifikation oder Baseline auszurichten. Jede Änderung am Zeitplan muss dokumentiert werden, wobei ein Zeitplanverfolgungssystem wie das in Kapitel 9 vorgestellte Verwaltungssystem für erreichte Ziele verwendet wird. Der ursprüngliche Zeitplan und die nachfolgend daran orientierten Änderungen sollten mit ausreichender Berechtigung überprüft werden, um die Genehmigung für jede Version des Zeitplan zu erhalten. Die formelle Genehmigung der Baseline jedes Zeitplans sorgt dafür, dass die Erwartungen an die Leistungsfähigkeit mit der Implementierung des Testprogramms in Übereinstimmung bleiben.

Der Zeitplan zum Durchführen der Testverfahren kann mit Hilfe eines Werkzeugs zur Projektplanung, mit einem Tabellenkalkulationsprogramm oder als Tabelle innerhalb eines Textverarbeitungsprogramms (siehe Tabelle 8.3) erstellt werden. Die Durchführung der Testverfahren wird nach der Ausführung der Skripts zum Einrichten der Testumgebung, die in diesem Zeitplan ebenfalls vermerkt sind, gestartet. Diese Skripts führen eine Vielzahl von Funktionen wie etwa das Einstellen der Grafikauflösung, das Beenden von Bildschirmschonern oder das Überprüfen und Festlegen des Datumsformats durch.

8.1.5 Analyse der Modularitätsbeziehungen

Vor dem Erstellen einer kompletten Sammlung von Testverfahren ist es ganz wichtig, ein Layout bzw. einen logischen Ablauf zu entwerfen, der die Beziehungen zwischen den verschiedenen Skripts aufzeigt. Dieser logische Ablauf sollte den Testplan und die Ziele des Testteams widerspiegeln. Er besteht aus dem abstrakten Entwurf der Skripts und zieht deren Integration mit in Betracht. Er kann neben anderen Artefakten des Arbeitsablaufs auf einem fallbasierten Modell oder einem Sequenzdiagramm für das System basieren. Ein wichtiger Grund für das Durchführen dieser Analyse der Modularitätsbeziehungen ist es, jegliche Abhängigkeiten von Daten oder Arbeitsfluss zwischen automatisierten Testverfahren zu erkennen. So muss ein Datensatz beispielsweise vorhanden sein, bevor er aktualisiert oder gelöscht werden kann. Deshalb muss das Testteam mittels einer Modularitätsbeziehungtabelle feststellen, welche Skripts zusammen in einer bestimmten Reihenfolge ablaufen müssen.

Die Analyse der Modularitätsbeziehungen versetzt das Testteam außerdem in die Lage, Abhängigkeiten zwischen Tests zu planen und Situationen zu vermeiden, in denen das Scheitern eines Tests ein nachfolgendes Testverfahren beeinträchtigt. Zusätzlich ermöglicht sie es den Testingenieuren, gemeinsame Skripts zu bestimmen, die im Testablauf wiederholt eingesetzt werden können.

Tab. 8.3 Zeitplan für die Ausführung der Testverfahren – Systemtestphase

Build 1.5: Zeitplan für die Ausführung der Systemtestverfahren			
Testverfahren	Test-ingenieur	Abhängigkeiten	Testdatendatei
Setup001	Thomas	N/A	N/A
ACC0001-ACC0005	Thomas	Setup001 muss erfolgreich ausgeführt werden	addacc.txt
ACC0006-ACC0020	Perpetua	ACC0001 muss erfolgreich ausgeführt werden	modacc.txt
ACC0020-ACC0030	Karl	ACC0001-ACC0005 müssen erfolgreich ausgeführt werden	delacc.txt
PRIVSEC01	Cordula	N/A	privsec.txt
SEC0001	Cordula	PRIVSEC muss erfolgreich ausgeführt werden	Lesen: modsec.txt Schreiben: versec.txt
SEC0002	Felicitas	SEC0001 muss erfolgreich ausgeführt werden	versec.txt
SEC0003	Felicitas	SEC0002 muss erfolgreich ausgeführt werden	versec.txt
EndofDay01	Perpetua	ACC0001-ACC0030, SEC0001-SEC0003 und PRIVSEC müssen alle erfolgreich ausgeführt werden	eod.txt
.	.	.	.
.	.	.	.
.	.	.	.

Der erste Schritt zum Erstellen einer Modularitätsbeziehungstabelle besteht im Entwerfen eines visuellen Ablaufs mittels Kästchen für jeden Bereich der zu testenden Anwendung. Als nächstes zerlegt der Testingenieur jedes Kästchen in kleinere Kästchen oder führt alle Komponenten bzw. Bildschirme für jeden Bereich der zu testenden Anwendung auf. Dieses Verfahren bringt alle Abhängigkeiten ans Tageslicht (Vor- und Nachbedingungen), die für das Entwickeln, Debuggen und Pflegen der Skripts wesentlich sind.

Status der Testdaten nach der Ausführung	Arbeitsschritte zum Einrichten der Umgebung	Geschätzte Ausführungsdauer	Zeitpunkt der Ausführung
Testdaten sind vorhanden	Daten sind initialisiert, siehe Testverfahren Setup001 für nähere Angaben	0.25 h	10.11. – 7:30 Uhr
Zusätzliche Konten	Zugriffsrechte für die Testumgebung, Grundspezifikation der Testdaten	1 h	10.11. – 8:00 Uhr
Veränderte Konten	Keine weiteren Schritte notwendig	1 h	10.11. – 9:00 Uhr
Gelöschte Konten	Keine weiteren Schritte notwendig	1 h	10.11. – 10:00 Uhr
Erhöhte Sicherheit, Verändern der Rechte für verschiedene Testingenieure	Zugriffsrechte für die Testumgebung, Grundspezifikation der Testdaten	0.5 h	10.11. – 8:00 Uhr
Zusätzliche Wertpapiere	Keine weiteren Schritte notwendig	1 h	10.11. – 9:00 Uhr
Überprüfte Wertpapiere	Keine weiteren Schritte notwendig	1 h	10.11. – 10:00 Uhr
Ausliefern der Wertpapiere	Keine weiteren Schritte notwendig	1 h	10.11. – 11:00 Uhr
Ausführen des Tagesabschlussberichts	Keine weiteren Schritte notwendig	2 h	10.11. – 17:00 Uhr

Die Beziehungen zwischen den Testskripts spiegeln sich in einer Modularitätsbeziehungstabelle wider (siehe Tabelle 8.4). Eine solche Tabelle stellt grafisch dar, wie die Testskripts miteinander interagieren und wie sie, entweder durch die Skriptmodularität oder über eine funktionelle Hierarchie, zueinander in Beziehung stehen. Diese grafische Darstellung ermöglicht es den Testingenieuren, Möglichkeiten für die Wiederverwendung von Skripts festzustellen und so den Aufwand für das Erstellen und Pflegen der Testskripts zu minimieren.

Tab. 8.4 Beispiel für eine Modularitätsbeziehungstabelle

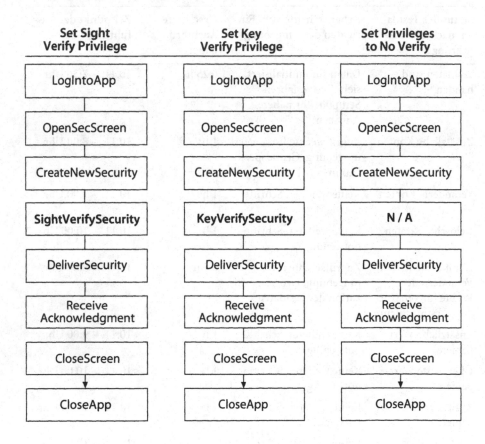

Set Sight Verify Privilege	Set Key Verify Privilege	Set Privileges to No Verify
LogIntoApp	LogIntoApp	LogIntoApp
OpenSecScreen	OpenSecScreen	OpenSecScreen
CreateNewSecurity	CreateNewSecurity	CreateNewSecurity
SightVerifySecurity	**KeyVerifySecurity**	**N/A**
DeliverSecurity	DeliverSecurity	DeliverSecurity
Receive Acknowledgment	Receive Acknowledgment	Receive Acknowledgment
CloseScreen	CloseScreen	CloseScreen
CloseApp	CloseApp	CloseApp

Die Modularitätsbeziehungstabelle für Testverfahren wird dem Testteam außerdem dabei helfen, die richtige Reihenfolge bei der Ausführung der Tests zu organisieren, so dass die Testverfahren ordnungsgemäß verknüpft und in einer bestimmten Reihenfolge wiedergegeben werden können, um den reibungslosen Ablauf der Wiedergabe und den größtmöglichen Nutzen sicherzustellen. Die Modularitätsdefinition unterstützt das Team dabei, Testverfahren dem Anwendungsdesign zuzuordnen, indem man Namenskonventionen verwendet und die Designhierarchie befolgt.

Die Modularitätsbeziehungstabelle zeigt, wie die verschiedenen Testverfahren zusammenpassen, und gibt an, wie Testverfahren möglicherweise wieder verwendet oder verändert werden können. Diese Tabelle umfasst Informationen wie ID des Testverfahrens oder die Namen der Verfahren, die vor dem Start eines bestimmten Testverfahrens durchgeführt werden müssen, ebenso wie die Daten (oder den Zustand der Daten), die bereits in der für den Test verwendeten Datenbasis vorhanden sein sollten. Sie ist deshalb hilfreich, Muster ähnlicher Aktionen oder Ereignisse zu erkennen, die von mehr als einer Transaktion verwendet werden.

8.1.6 Erläuterung der Beispieltabelle für Modularitätsbeziehungen

In der in Tabelle 8.4 dargestellten Modularitätsbeziehungstabelle stehen in der Kopfzeile die den Namen der übergeordneten Prozeduren (oder Shell-Prozeduren), die untergeordnete Prozeduren aufrufen. In diesem Fall heißen die übergeordneten Prozeduren »Set Sight Verify Privilege«, »Set Key Verify Privilege« und »Set Privilege to No Verify«. Die übergeordnete Shell-Prozedur besteht aus einer einzigen Hauptprozedur, die viele Prozeduren aufruft. Die drei in Tabelle 8.4 angegebenen Shell-Prozeduren – Set Sight Verify Privilege, Set Key Verify Privilege und Set Privilege to No Verify – rufen aus jeder Shell-Prozedur heraus mehrere Testprozeduren auf. Obwohl die Shell-Prozeduren hauptsächlich dieselben Testprozeduren aufrufen (mit einer einzigen Ausnahme), führen sie unterschiedliche Tests durch und unterstützen verschiedene Anforderungen oder fallbasierte Szenarien. Dieses Beispiel zeigt, wie sich Shell-Prozeduren beim Testen verschiedener Erfordernisse als nützlich erweisen können, indem man einfach eine bestimmte Testprozedur hinzufügt oder weglässt.

Jede der ersten drei Shell-Prozeduren meldet sich als Test bei der Anwendung an und öffnet einen Bildschirm, der Informationen über ein Finanzwerkzeug enthält, das als *Security* bezeichnet wird. Die drei Shell-Prozeduren unterscheiden sich darin, dass jede verschiedene Zugriffsrechte testet, die zum Verifizieren einer *Security* (eines Geldmarktpapiers) erforderlich sind. Die erste Shell-Prozedur testet die Systemsicherheit mittels einer *Sichtprüfungsfunktion*, wobei das Zugriffsrecht so eingestellt ist, dass ein Benutzer die Richtigkeit einer Security durch Betrachten überprüfen muss. Das Skript führt beispielsweise Vergleiche zwischen Objekteigenschaften durch. Das zweite Shell-Skript testet das *Key Verify*-Recht, bei dem der Benutzer (das Skript) einige Werte neu eingeben muss, um die Security zu überprüfen. Das dritte Shell-Skript testet die Auslieferung der Security, ohne dass ein Zugriffsrecht eingestellt wurde. Das könnte zum Beispiel der Fall sein, wenn ein Benutzer über eine besondere Zugriffsberechtigung verfügt. Die folgenden detaillierten Beschreibungen umreißen die Funktionen der ersten drei Shell-Prozeduren aus Tabelle 8.4.

Shell-Prozedur namens *Set Sight Verify Privilege*, wie sie von Rationals TestStudio erzeugt wurde.

```
********
Sub Main
  Dim Result As Integer

CallProcedure "LogIntoApp"
CallProcedure "OpenSecScreen"
CallProcedure "SetSightVerifyPrivilege"
CallProcedure "CreateNewSecurity"
CallProcedure "SetSightVerifySecurity"
CallProcedure "DeliverSecurity"
CallProcedure "ReceiveAcknowledgment"
CallProcedure "CloseScreen"
CallProcedure "CloseApp"

End Sub
********
```

Shell-Prozedur namens *Set Key Verify Privilege*, wie sie von Rationals TestStudio erzeugt wurde.

```
********
Sub Main
  Dim Result As Integer

CallProcedure "LogIntoApp"
CallProcedure "OpenSecScreen"
CallProcedure "SetKeyVerifyPrivilege"
CallProcedure "CreateNewSecurity"
CallProcedure "KeyVerifySecurity"
CallProcedure "DeliverSecurity"
CallProcedure "ReceiveAcknowledgment"
CallProcedure "CloseScreen"
CallProcedure "CloseApp"

End Sub
********
```

Shell-Prozedur namens *Set No Verify Privilege*, wie sie von Rationals TestStudio erzeugt wurde.

```
********
```

```
Sub Main
 Dim Result As Integer

CallProcedure "LogIntoApp"
CallProcedure "OpenSecScreen"
CallProcedure "SetNoPrivilege"
CallProcedure "CreateNewSecurity"
CallProcedure "DeliverSecurity"
CallProcedure "ReceiveAcknowledgment"
CallProcedure "CloseScreen"
CallProcedure "CloseApp"

End Sub
********
```

Obwohl diese Shell-Prozeduren sehr ähnlich zu sein scheinen, führen sie unterschiedliche Tests aus, indem einfach untergeordnete Prozeduren hinzugefügt oder weggelassen werden. Sie stellen außerdem ein gutes Beispiel für die Wiederverwendung von Testprozeduren dar. Der Zweck jeder der von den drei Shell-Prozeduren aufgerufenen Prozeduren wird im Folgenden erklärt:

- LogIntoApp meldet den Benutzer bei der Anwendung an und überprüft, ob dass Passwort korrekt ist. Eine Fehlerkorrektur ist integriert.

- OpenSecScreen öffnet den Security-Bildschirm (das Finanzwerkzeug), überprüft das Menü und stellt sicher, dass der richtige Bildschirm offen ist und er sich seit der letzten Version nicht verändert hat. Eine Fehlerkorrektur ist integriert.

- SetSightVerifyPrivilege setzt das Prüfungsrecht für die Security (das Finanzwerkzeug) auf »sight verify«, d.h., bevor die Security an die Bundesbank übermittelt werden kann, muss eine Sichtprüfung erfolgen. Eine Fehlerkorrektur ist integriert.

- KeyVerifySecurity legt als Prüfungsberechtigung für die Security »key verify« fest, wobei vor dem Ausführen ein spezielles Datenfeld überprüft werden muss, indem man bestimmte Informationen erneut eingibt. Eine Fehlerkorrektur ist integriert.

- SetNoPrivilege setzt die Prüfungsberechtigung für die Security ganz zurück, so dass vor der Auslieferung an die Bundesbank keinerlei Überprüfung erforderlich ist. Eine Fehlerkorrektur ist integriert.

- **CreateNewSecurity** legt eine neue Security an. Eine Fehlerkorrektur ist integriert.

- `SightVerifySecurity` verwendet die Sichtprüfungsmethode durch Überprüfen der Objekteigenschaften der auszuliefernden Security. Wenn die Tests der Objekteigenschaften gelingen, wird zur nächsten Prozedur übergegangen. Falls nicht, erhält der Benutzer eine Fehlermeldung und die Prozedur endet. Weitere Fehlerkorrekturen sind integriert.

- `KeyVerifySecurity` verwendet die Schlüsselprüfungsmethode, wobei die Informationen automatisiert erneut eingegeben werden. Anschließend werden die Objekteigenschaften der auszuliefernden Security geprüft. Wenn diese Tests erfolgreich sind, geht es mit der nächsten Prozedur weiter. Andernfalls erhält der Benutzer eine Fehlermeldung und die Prozedur endet. Weitere Fehlerkorrekturen sind integriert.

- `DeliverSecurity` liefert die Security an die Bundesbank aus.

- `ReceiveAcknowledgement` nimmt eine Empfangsbestätigung von der Bundesbank entgegen. Eine Fehlerkorrektur ist integriert.

- `CloseScreen` schließt den Bildschirm für die Security. Eine Fehlerkorrektur ist integriert.

- `CloseApp` beendet die Anwendung. Eine Fehlerkorrektur ist integriert.

Lernfrage 8.1

Im Beispiel für die Modularitätsbeziehungstabelle könnten für die Testprozeduren auch andere Reihenfolgen gewählt werden. Geben Sie Beispiele!

8.1.7 Kalibrierung des Testwerkzeugs

Zu diesem Zeitpunkt hat das Testteam die erforderliche Testumgebung eingerichtet und im Zuge des Testdesigns die Anforderungen an die Testdaten definiert und die Skriptsprache festgelegt. Bevor das Team mit dem Entwickeln der Tests beginnen kann, muss es zunächst das Testwerkzeug kalibrieren.

In Kapitel 4 hat sich das Testteam mit benutzerdefinierten Steuerungselementen (Widgets) von Fremdanbietern für das Werkzeug beschäftigt. Nun muss es sich beim Kalibrieren des automatisierten Testwerkzeugs zur Anpassung an die Umgebung für die *Wiedergabegeschwindigkeit* des Werkzeugs entscheiden, auch wenn diese sich von einem Testverfahren zum nächsten unterscheiden kann. Viele dieser Werkzeuge erlauben eine Veränderung der Wiedergabegeschwindigkeit. Diese Fähigkeit ist wichtig, da der Testingenieur die Wiedergabegeschwindigkeit möglicherweise verringern will, wenn er das

Skript für einen Endbenutzer wiedergibt oder um eine Synchronisierung zu ermöglichen.

Das Testteam muss weitere Entscheidungen treffen, etwa wie mit einem unerwarteten aktiven Fenster umgegangen werden soll, und das automatisierte Testwerkzeug entsprechend anpassen. Ein häufiges Problem für unbeaufsichtigte Tests sind Fehler, die einen Dominoeffekt auslösen. Wenn ein Test nicht funktioniert hat, kann beispielsweise überraschenderweise ein aktives Fenster mit einer Fehlermeldung erscheinen und die Anwendung in einem unerwarteten Zustand hinterlassen. Einige Werkzeuge wie etwa Test Studio können mit solchen unerwarteten Fenstern umgehen, indem sie dem Testingenieur die Möglichkeit bieten, das Werkzeug mittels eines Parameters anzuweisen, unerwartete Fenster während der Wiedergabe automatisiert zu schließen. Dadurch werden die nachfolgenden Testskripts weiter ausgeführt, auch wenn ein unerwartetes Fenster aufgetreten ist.

Wenn ein automatisiertes Testwerkzeug keine Vorkehrungen für den Umgang mit solchen Problemen aufweist, tritt häufig der Dominoeffekt auf. Falls das Produkt in einen unerwarteten Zustand versetzt wird, kann das nachfolgende Skript nicht funktionieren, da die Fehlermeldung weiterhin angezeigt wird. Um die Testreihe komplett durchlaufen zu können, muss das Produkt zurückgesetzt und die Testreihe nach dem gescheiterten Test erneut gestartet werden. Mehrere aufeinanderfolgende Fehler führen dazu, dass die Tests wiederholt neu gestartet werden müssen. Deshalb ist es hilfreich, wenn das Testwerkzeug der Wahl den automatisierten Umgang mit unvorhergesehenen aktiven Fenstern und anderen unerwarteten Zuständen der Anwendung ermöglicht.

8.1.8 Lösungen für Kompatibilitätsprobleme

Wie bereits erwähnt, wird sich das Testteam im Rahmen der Überprüfung der Kompatibilität eines automatisierten Testwerkzeugs mit der zu testenden Anwendung möglicherweise auch Gedanken über Lösungen für eventuell auftretende Kompatibilitätsprobleme machen. Wenn es bereits eine Vorgängerversion (oder einen Prototyp) der Anwendung gibt, muss der Testingenieur die Anwendung analysieren und feststellen, welche speziellen Bereiche der Anwendung automatisch getestet werden sollten und können. Er kann das Testwerkzeug auf dem Arbeitsplatzrechner mit der Anwendung installieren und eine vorläufige Kompatibilitätsanalyse vornehmen. Ein gutes Verständnis der zu testenden Anwendung ist hilfreich, wenn man über eine Lösung für ein Kompatibilitätsproblem nachdenkt.

Ein bestimmtes Testwerkzeug wird unter einem Betriebssystem vielleicht gut arbeiten, sich bei einem anderen aber anders verhalten. Es ist sehr wichtig,

die Kompatibilität zwischen den automatisierten Werkzeugen und den Steuerelementen bzw. Widgets von Fremdanbietern zu überprüfen, die von der zu
testenden Anwendung eingesetzt werden. Die automatisierten Testwerkzeuge
erkennen manche der Fremdanbieterobjekte vielleicht nicht, so dass der
Testingenieur möglicherweise aufwendige Lösungen dafür entwickeln muss.
Einige dieser Problemlösungen benötigen eventuell einiges an Entwicklungszeit, weshalb man daran parallel zur Anwendungsentwicklung arbeiten sollte.

Fallstudie

Lösungen für Kompatibilitätsprobleme

Brett, ein Testingenieur, war für das Testen einer Anwendung verantwortlich, die ein Steuerelement eines Fremdanbieters namens ABX
verwendete. Brett stellte fest, dass die Firma das Steuerelement ABX
Grid (ein Gitternetz zur Darstellung von Daten auf dem Bildschirm)
nicht mehr pflegte und dass das automatisierte Testwerkzeug das veraltete Gitternetz nicht unterstützte und das Steuerelement ABX Grid
nicht erkennen konnte. Brett und die anderen Mitglieder seines Testteams entwickelten deshalb eine Lösung.

Das Team fügte dem Quelltext ein Flag hinzu, ähnlich wie bei dem
folgenden Algorithmus:

Beispiel einer Lösung für Kompatibilitätsprobleme mit Testwerkzeugen

```
If flag = true then (Testmodus ist eingeschaltet)
  write  Daten in eine Datei
else   (nicht im Testmodus)
write Daten in das ABX Grid auf dem Bildschirm
```

Wenn das Team im Testmodus arbeitete, wurde das Signal auf
`true` gesetzt und das Programm angewiesen, die Ausgabe in eine
Datei umzuleiten. Ein Testskript konnte somit einen Vergleich zwischen den Daten aus der zugrunde liegenden Datei und den neuen
Daten vornehmen und eventuelle Abweichungen feststellen. Wenn
das Team nicht im Testmodus arbeitete, wurde das Signal auf `false`
gesetzt und die Daten im Steuerelement ABX Grid der Anwendung
dargestellt. Diese Lösung war nicht sehr elegant, da die Werte fest im
Quelltext verankert waren und immer wieder geändert werden mussten. Für dieses weniger umfangreiche Testprogramm reichte es aber
aus.

Die vorgestellte Lösung war eine von vielen Möglichkeiten, die man hätte implementieren können. Das Team hätte beispielsweise eine SQL-Abfrage in einem Skript verwenden und deren Datenausgabe durch das Skript mit dem erwarteten Ergebnis vergleichen lassen können.

8.1.9 Manuelle Durchführung von Testverfahren

Als weitere Aktivität zum Herstellen der Einsatzbereitschaft der Testumgebung kann der Testingenieur das Testverfahren manuell durchführen, bevor die Entwicklung automatisierter Verfahren beginnt. Dabei durchläuft der Testingenieur die Testverfahren für einen bestimmten Bereich bzw. eine bestimmte Funktionalität des Systems einmal Schritt für Schritt manuell und entscheidet dann basierend auf dem Ergebnis, ob diese Verfahren automatisiert werden sollten. Dieser Arbeitsschritt stellt sicher, dass die gewünschten bzw. im Entwurf vorgesehenen Funktionalitäten im System bzw. in einem bestimmten Teil des Systems enthalten sind. Wenn Funktionalitäten innerhalb der Anwendung fehlen, kann die Automatisierung von Testverfahren ineffizient und unproduktiv sein. Bei diesem Vorgang führt der Testingenieur jeden Schritt in einem Testverfahren aus. Durch diese manuellen Tests stellt das Testteam sicher, dass die Testingenieure nicht mit dem Entwickeln eines automatisierten Testverfahrens beginnen, nur um dann auf halber Strecke festzustellen, dass dieses Verfahren gar nicht automatisiert werden kann.

Der Testingenieur kann unter Umständen den gesamten Testablauf beschleunigen, wenn er einige Zeit in diesen Prozess der manuellen Überprüfung investiert. Nach dem problemlosen Ausführen aller Schritte des Testverfahrens kann er oder sie mit dem Automatisieren des Testskripts für die spätere Wiederverwendung beginnen. Selbst wenn die Schritte des Testverfahrens nicht erfolgreich waren, kann der Testingenieur dieses Skript automatisieren, indem er es so manipuliert, dass es zu den »erwarteten Ergebnissen« führt. Einige automatisierte Testwerkzeuge wie etwa Rationals Test Studio erlauben Manipulationen an den aufgezeichneten Grunddaten. Wenn ein Testingenieur beispielsweise ein Eingabekästchen namens *Letzte Name* (Tippfehler) aufzeichnet, das eigentlich *Letzter Name* heißen soll, könnten die Daten entsprechend des erwarteten Ergebnisses korrigiert werden. Wenn das Skript später mit dem neuen Softwarebuild wiedergegeben wird und erfolgreich durchläuft, weiß der Testingenieur, dass der Fehler ordnungsgemäß behoben wurde. Wenn das Skript scheitert, wurde der Fehler noch nicht behoben.

8.1.10 Inspektionen von Testverfahren – Peer Reviews

Wenn die Testverfahren für die verschiedenen Stufen der Testkomponenten entwickelt werden, kann es sich für das Testteam als nützlich erweisen, so genannte Peer Reviews der von den einzelnen Testingenieuren entwickelten Verfahren vorzunehmen. Solche Inspektionen sind ebenso dazu gedacht, Fehler, falsche Anwendungen der Geschäftsregeln, Verletzungen der Entwicklungsrichtlinien oder Probleme beim Umfang der Tests zu erkennen, wie den Quelltext der Testprogramme zu überprüfen und sicherzustellen, dass die Entwicklung der Testverfahren dem Testdesign entspricht.

Inspektionen von Testverfahren und -skripts stellen eine exzellente Möglichkeit dar, jegliche Abweichungen bei den Testverfahren, den Testanforderungen oder den Systemanforderungen aufzudecken. Funktionelle Anforderungen können als Grundlagen für das Entwickeln von Testanforderungen und darauf basierenden Testverfahren dienen. Da jede Testanforderung überprüft wird, kann der Prozess der Peer Reviews alle Frage klären, die beim Entwickeln von Testverfahren auftauchen. Bei dieser Überprüfung untersucht das Testteam Designinformationen, wie etwa solche von einem Werkzeug für Computer Aided Software Engineering (CASE) – wenn ein solches verwendet wird, um die Verwendung von Systempfaden und Geschäftsfunktionen abzuklären. Das schrittweise Prüfen des Testverfahrendesigns ist deshalb eine hilfreiche Technik zum Aufdecken von Problemen mit den Testanforderungen, Fehlern in den Systemanforderungen oder fehlerhaftem Design der Testverfahren.

8.1.11 Konfigurationsmanagement für Testverfahren

Während der Entwicklung von Testverfahren muss das Testteam sicherstellen, dass eine Konfigurationskontrolle sowohl für das Testdesign, Testskripts und Testdaten als auch für jedes einzelne Testverfahren durchgeführt wird. Automatisierte Testskripts müssen mittels eines Werkzeugs für das Konfigurationsmanagement (KM) eine gemeinsame Grundspezifikation erhalten, die auch als *Baseline* bezeichnet wird. Gruppen von wieder verwendbaren Testverfahren und -skripts werden üblicherweise in einem Katalog oder einer Bibliothek von Testdaten aufbewahrt, die eine *Testbasis* bzw. ein sogenanntes *Testbed* bilden.

Eine solche Testbasis bietet viele Verwendungsmöglichkeiten – beispielsweise bei Regressionstests, welche die Integrität einer Anwendung nach einem Softwareupdate mit Fehlerkorrekturen überprüfen sollen. Es ist besonders wichtig, automatisierte Testverfahren in Baselines zusammenzufassen, um so zu einer Sammlung von wieder verwendbaren Skripts zu kommen, die für eine Version der Anwendung gelten und die für nachfolgende Versionen wieder implementiert werden können. Die Wiederverwendung der Skripts hilft bei der Verifizierung, dass die neue Software in der nachfolgenden Version der Anwendung nicht Programmteile nachteilig beeinflusst hat, die eigentlich unverändert beibehalten werden sollten.

KM-Werkzeuge, wie etwa Source Safe oder CCC Harvest, können diese Funktion bieten. (Weitere KM-Werkzeuge finden Sie in Anhang B.) Es gibt auf dem Markt zahlreiche KM-Werkzeuge, und eines davon wird zweifellos kompatibel zu dem speziellen automatisierten Testwerkzeug sein, dass verwendet wird. In Fällen, wo einem Projekt kein Etat für die Anschaffung eines Werkzeugs für das Konfigurationsmanagement zur Verfügung steht, sollte das Testteam dafür sorgen, dass täglich Sicherungskopien von Testprogrammdateien, Testdatenbanken und allem anderen gemacht werden, das Teil der Testbasis ist. Teilweise können auch mehrere Sicherungskopien pro Tag notwendig sein.

Wenn das Testteam ein Werkzeug zum Anforderungsmanagement wie etwa DOORS verwendet, um Testanforderungen und -verfahren zu verwalten, erfolgt die Zusammenfassung der Testverfahren in Baselines automatisch. Ein Werkzeug wie DOORS zeichnet auch ein Protokoll jeder Veränderung an einem Testverfahren oder anderer Veränderungen auf. Dieses Protokoll verzeichnet üblicherweise den Namen der Person, welche die Änderung durchgeführt hat, den Zeitpunkt, den Grund und eine Beschreibung der Veränderung.

Wenn das Testteam Testverfahren in einem einfachen Textverarbeitungsdokument erstellt, muss es sicherstellen, dass die Dokumente in die Baseline aufgenommen werden. Skripts können zerstört werden, wenn sie in einer Datenbank gespeichert werden, die später beschädigt wird – was nicht eben ungewöhnlich wäre. Deshalb sollten regelmäßig Sicherungskopien von Datenbanken angelegt werden.

Das Skript eines Testverfahrens, das nicht in die Baseline aufgenommen wurde, kann verloren gehen, wenn keine Sicherheitsvorkehrungen getroffen wurden und eine Person das Skript einfach verändert oder es – was noch schlimmer wäre – versehentlich überschreibt oder löscht. Ebenso könnte ein Testskript, das nicht mittels eines KM-Werkzeugs in eine Baseline aufgenommen wurde, verloren gehen, wenn ein Server oder das Netzwerk während der Wiedergabe eines bestimmten Skripts ausfällt und dieses dadurch beschädigt wird.

Eine weitere wichtige Aufgabe des Testteams besteht in der Wartung der Testbasis (des Testbed). Nach jeder Ausführung eines Testverfahrens sollten die Mitglieder Aufräumarbeiten durchführen. Dazu können sie SQL-Skripts verwenden oder automatisierte Skripts ablaufen lassen, die selbstständig alle notwendigen Schritte ausführen, um die Anwendung in ihren Ausgangszustand zu versetzen.

Zur Verwaltung der Testbasis gehört auch das Verwalten von Änderungen am Quelltext der Software, der Erstellung neuer Builds, von Testverfahren, der Testdokumentation, der Projektdokumentation und aller anderen Daten und Informationen in Bezug auf den Test. Bei den meisten Organisationen ist eine eigene KM-Gruppe für die Verwaltung der Testbasis und andere KM-Aufgaben zuständig. Diese Gruppe verwendet üblicherweise ein KM-Werkzeug zur Unterstützung.

Es ist wichtig, dass die Verwaltung der Testbasis auch die Kontrolle der Konfiguration umfasst. Wenn mehrere Versionen der zu testenden Anwendung vorhanden sind, wird es auch verschiedene Versionen der Testverfahren-bibliothek geben. Die Verwaltung der Testbasis sollte dafür sorgen, dass die richtige Bibliothek mit der passenden und aktuellen Version der zu testenden Anwendung und der entsprechenden Testumgebung eingesetzt wird.

KM-Werkzeuge erleichtern auch die Koordinierung zwischen Projektmitgliedern in Bezug auf Veränderungen. Das Testteam muss stets über jegliche Veränderungen auf dem Laufenden sein, welche die Integrität der Testumgebung beeinträchtigen können, also Veränderungen am Testlabor, der Testbasis oder der zu testenden Anwendung. Zu den speziellen Änderungen, welche die Testumgebung beeinflussen können, gehören eine Veränderung der Netzwerkverbindung, Änderungen beim Festplattenspeicher oder der Einsatz eines schnelleren Prozessors bzw. anderweitige Aufrüstungen.

Mangelhaftes Konfigurationsmanagement kann zu vielen Problemen führen. So kann beispielsweise ein Skript, das bislang aus programmiertem Quelltext bestand, plötzlich nur noch durch ein Werkzeug generierten Code enthalten. Ein Fehler, der mit großen Aufwand behoben wurde, kann erneut auftreten oder ein vollständig getestetes Programm auf einmal nicht mehr laufen. Mit gutem Konfigurationsmanagement kann man solche Probleme vermeiden. Wenn zum Beispiel gemeinsame Testverfahren verändert werden, sollte dies allen Testingenieuren mitgeteilt werden. Ohne eine Verwaltung der Testverfahren, würden die davon betroffenen Testingenieure womöglich nicht von den Veränderungen erfahren.

8.2 Richtlinien für das Entwickeln von Tests

Nachdem das Testteam die Entwicklungsvorbereitung einschließlich der Entwicklungsarchitektur erledigt hat, hat es ein klares Bild der Testverfahren, die für die verschiedenen Teststufen erstellt werden müssen. Die Gruppe muss als nächstes die Richtlinien bestimmen, die für die verschiedenen Entwicklungsaktivitäten des Projekts gelten sollen. Abbildung 8.2 gibt einen Überblick der Entwicklungsaktivitäten einschließlich Eingaben und Ausgaben jedes Schrittes.

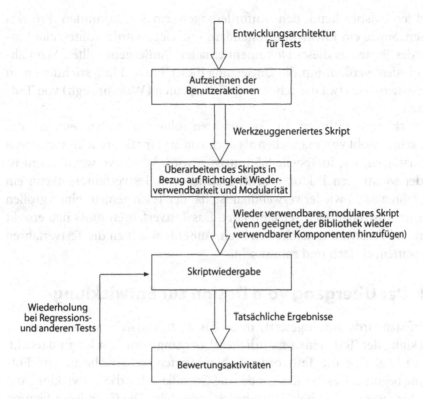

Abb. 8.2 Entwicklungsaktivitäten für Tests mittels eines Capture/Replay-Werkzeugs

Der Entwickler automatisierter Tests muss sich an die Entwicklungsstandards der Skriptsprache halten, die beim verwendeten Werkzeug eingesetzt wird. Das Testwerkzeug Test Studio verwendet beispielsweise SQA Basic, eine dem Visual Basic ähnliche Sprache. In diesem speziellen Fall empfiehlt es sich für den Entwickler, einen etablierten Entwicklungsstandard für Visual Basic einzuhalten. Im Fall der von Mercury angebotenen Testwerkzeuge, die eine C-ähnliche Sprache verwenden, sollte sich der Entwickler an einen der zahlreichen bekannten C-Entwicklungsstandards halten. Dieser Abschnitt spricht einige der wichtigen Programmierungsfragen beim Entwickeln von Skripts für Testverfahren an, einschließlich solcher, die mit der Skriptsprache des jeweils verwendeten Testwerkzeugs zusammenhängen.

Damit die gesamten Gruppe der Testingenieure in der Lage ist, gleichzeitig Testverfahren zu entwickeln, die einheitlich, wieder verwendbar und leicht zu warten sind, sollte das Testteam alle Entwicklungsrichtlinien in einem einzigen Dokument zusammenfassen. Wo ein organisationsweiter Entwicklungsstandard für Tests vorhanden ist, kann die Gruppe diese Richtlinien überneh-

men oder entsprechend den Anforderungen eines bestimmten Projekts
anpassen. Sowie ein Entwicklungsstandard festgelegt wurde, sollten alle Mitglieder des Testteams dieses Dokument erhalten. Außerdem sollten Maßnahmen ergriffen werden, um die Umsetzung dieser Entwicklungsrichtlinien zu
gewährleisten, wie etwa das schrittweise Überprüfen (Walkthrough) von Testverfahren.

Entwicklungsrichtlinien für Testverfahren sollte vorhanden sein, um das
Entwickeln sowohl von manuellen als auch von automatisierten Testverfahren
zu unterstützen, wie in Tabelle 8.5 umrissen wird. Wiederverwendbarkeit ist
einer der wichtigsten Faktoren beim Erstellen von Testverfahren. Wenn ein
Testverfahren nicht wieder verwendbar ist, hat der Testingenieur einen großen
Teil seiner Anstrengungen verschwendet. Das Testverfahren muss neu erstellt
werden und Frustration macht sich breit. Außerdem sollten die Testverfahren
gut zu warten, einfach und robust sein.

8.2.1 Der Übergang vom Design zur Entwicklung

Entwurfsstandards vorausgesetzt, muss das Testteam sicherstellen, dass die
Entwicklung der Tests einen natürlichen Übergang vom Testdesign darstellt.
Es ist wichtig, dass die Tests ordentlich entworfen werden, bevor ihre Entwicklung beginnt. Das Testdesign, das die Grundlage für die Entwicklung der
Tests bildet, wird in Kapitel 7 ausführlich vorgestellt. Die Grundspezifikation
oder Baseline des Testdesigns besteht aus mehreren Elementen einschließlich
des Testprogrammmodells, der Testarchitektur und der Definition der Testverfahren. Weiterhin umfasst diese Baseline verschiedene Testverfahrentabel-
len, wie etwa die Zuordnung der Verfahren zu den Testanforderungen, die
Zuordnung von automatisierten/manuellen Tests und die Verknüpfung zwischen Testverfahren und Testdaten. Sie sollte dem Testteam ein klares Bild
davon verschaffen, wie die Entwicklung der Tests strukturiert und organisiert
werden muss.

Wenn die Baseline des Testdesigns etabliert ist, muss das Testteam die Vorbereitungsschritte durchführen. Sind diese abgeschlossen, definiert das Team
eine Entwicklungsarchitektur, die ihrerseits den generellen Entwicklungsan-
satz bestimmt. Ein solches Diagramm illustriert bildlich die Hauptkompo-
nenten der Entwicklung und die vorgesehenen Durchführungsschritte. Das
Design und die Entwicklung der Testverfahren sind eng miteinander verfloch-
ten. So muss das Testteam sich beispielsweise über alle Abhängigkeiten zwischen Testverfahren im klaren sein. Es sollten sämtliche Testverfahren ermitteln, die vor anderen entwickelt werden müssen, ebenso wie Skripts, die vor
anderen ausgeführt werden müssen. Der Zeitplan für die Ausführung der
Testverfahren, der vorangehend in diesem Kapitel besprochen wurde, beschäftigt sich mit diesen Aspekten.

Die in Abbildung 8.1 dargestellte Entwicklungsarchitektur für Tests sollte die Grundlage sein, auf der die Entwicklung der Tests und der Zeitplan für die Durchführung aufbauen. Das Testteam muss Testverfahren anhand eines Entwicklungszeitplans erstellen, der die personellen Ressourcen einteilt und bestimmte Fertigstellungstermine vorgibt. Außerdem muss es den Fortgang der Entwicklung überwachen und Fortschrittsberichte erstellen. Das Testteam sollte bei einer Sitzung die spezielle Art und Weise erörtern, in der das Testdesign, die Entwicklungsvorbereitungen und die Entwicklungsarchitektur in die Aktivitäten zur Entwicklung der Tests überführt werden. Das Ergebnis dieser Sitzung sollte in einem Dokument mit den Entwicklungsrichtlinien aufgezeichnet und allen Mitarbeitern zugänglich gemacht werden.

Tab. 8.5 Entwicklungsrichtlinien für Tests

Themenbereich	Beschreibung
Übergang vom Design zur Entwicklung	Festlegen, wie die Design- und Vorbereitungsaktivitäten in die Entwicklungsphase überführt werden.
Wieder verwendbare Testverfahren	Testverfahren müssen wieder verwendbar sein, um eine größtmögliche Kosteneffektivität des Testprogramms zu erreichen.
Daten	Das direkte Einfügen von Datenwerten in Skripts sollte vermieden werden, da diese sonst nicht wieder verwendbar sind.
Anwendungsnavigation	Um wiederverwendbare Testskripts zu erhalten, müssen standardisierte Navigationsmethoden verwendet werden.
Aufzeichnen von Bitmap-Bildern	Beschreibt die Methode, bei der man Bitmap-Bilder für das Entwickeln von Testverfahren aufzeichnet.
Automatisierungsplatzhalter	Entwicklungsrichtlinien für wieder verwendbare Testverfahren
Aufzeichnung/Wiedergabe	Gibt an, wie Aufzeichnungs-/Wiedergabeelemente angewendet werden.
Wartungsfreundliche Testverfahren	Ein Testverfahren, dessen Fehler einfach behoben werden können und das leicht an neue Anforderungen angepasst werden kann.
Formatierungsstandards	Richtlinien, die für Quelltext in Testprogrammen sorgen, der einfach zu lesen und zu verstehen ist.
Kommentare in Testskripts	Gibt an, wo und wie Kommentare in Skripts und Programmen verwendet werden.
Dokumentation von Testskripts	Legt fest, dass die Dokumentation von Testskripts wichtig für die Wartbarkeit der Testverfahren ist.
Synchronisierung von Anwendung und Test	Wie wird der Server/die GUI/die zu testende Anwendung mit dem Testskript synchronisiert?

Tab. 8.5   Entwicklungsrichtlinien für Tests (Forts.)

Themenbereich	Beschreibung
Index der Test-verfahren	Richtlinien für das Pflegen eines Index, um gesuchte Test-verfahren auffinden zu können.
Fehlerbehandlung Namenskonventionen	Richtlinien dafür, wie Testverfahren mit Fehlern umgehen. Definition der standardisierten Namensgebung für Testverfahren.
Modularität	Richtlinien für das Erstellen modularer Skripts.
Schleifenkonstrukte Verzweigungskon-strukte	Schleifenkonstrukte unterstützen die Skriptmodularität. Verzweigungskonstrukte unterstützen die Skriptmodularität.
Kontextunabhängig-keit	Bestimmt das Entwickeln der Testverfahren entsprechend der Beziehungen zwischen den Verfahren.
Globale Dateien	Global deklarierte Funktionen stehen allen Verfahren zur Verfü-gung und unterstützen die Wartbarkeit.
Konstanten	Richtlinien bezüglich der Verwendung von Konstanten mit dem Ziel leicht wartbarer Testverfahren.
Sonstige Richtlinien Ausgabeformat	Weitere Richtlinien für die Entwicklung der Tests. Die Benutzer müssen festlegen, wie das Ausgabeformat der Ergebnisse von Testverfahren aussehen soll.
Testverfahren/ Verifizierungspunkte	Richtlinien können vorgeben, welche Verifizierungspunkte am häufigsten verwendet und welche vermieden werden sollen.
Benutzerdefinierte Verifizierungen	Beschäftigt sich mit der Verwendung von Skriptprogrammie-rung für benutzerdefinierte Tests.
API-Aufrufe, Dyna-mic Link Libraries (.dll) und andere Pro-grammkonstrukte	Widmet sich der Testautomatisierung mittels Anwendungspro-grammierschnittstellen und .dll-Dateien als Teil der Methoden zur benutzerdefinierten Verifizierung.

8.2.2 Wieder verwendbare Testverfahren

Skripts für automatisierte Testverfahren können durch die Verwendung von benutzerdefinierten Programmroutinen erweitert werden. So ist wie in Ab-schnitt 8.2.2.5 beschrieben beispielsweise ein mit der Aufzeichnungsfunktion eines automatisierten Testwerkzeugs erstelltes Testskript nicht besonders gut wieder verwendbar. Bei dieser Methode werden jeder Mausklick und jeder Bildschirm aufgezeichnet. Sowie das Testskript aber mit einer veränderten Position einer Schaltfläche oder einem fehlenden Bildschirm konfrontiert wird, versagt es. Testskripts können durch die Verwendung prozeduraler Steuerung und Bedingungslogik leicht für eine fortgesetzte Wiederverwend-barkeit erweitert werden.

Der wichtigste Aspekt beim Entwickeln oder Verändern eines Testverfahrens ist die Wiederverwendbarkeit. Es kann sich für das Testteam als hilfreich erweisen, einen eigenen Standard für die Erstellung von Tests aufzustellen, der insbesondere auf die Entwicklung wieder verwendbarer Testverfahren eingeht. Diese Wiederverwendbarkeit spielt beim Verbessern der Effizienz des Testteams eine große Rolle. Wenn sich zum Beispiel die Benutzerschnittstelle einer Anwendung verändert, wird das Testteam seine Zeit und Energie nicht dafür verschwenden wollen, jedes der Testskripts so zu aktualisieren, dass es der Anwendung genau entspricht und sie ordnungsgemäß testen kann. Statt dessen wäre man besser damit bedient, von vornherein eine gewisse Flexibilität vorzusehen.

Um eine Bibliothek wieder verwendbarer Funktionen zu erhalten, kann man am besten mit der Trennung der Funktionalitäten etwa in Daten lesen/schreiben/prüfen, Navigation, Logik und Fehlerprüfung arbeiten. Dieser Abschnitt stellt Richtlinien für verschiedene Aspekte auf, die beim Erstellen wieder verwendbarer Testverfahren eine Rolle spielen. Diese Richtlinien basieren auf denselben Prinzipien, die auch einer guten Vorgehensweise bei der Softwareentwicklung zugrunde liegen.

Wieder verwendbare Testverfahren

Daten aus Dateien lesen

Intelligente Anwendungsnavigation durchführen

Das Aufzeichnen von Bitmap-Bildern vermeiden

Direktes Aufzeichnen/Wiedergeben vermeiden

8.2.2.1 Daten

Einen Weg zum Erstellen wieder verwendbarer Testverfahren führt über die Verwendung eines datenorientierten Ansatzes bei der Entwicklung, wobei Datenwerte entweder aus Dateien eingelesen werden, anstatt sie fest im Skript des Testverfahrens zu verankern, oder in Dateien geschrieben werden. In diesem Fall bestimmt der Testingenieur die Datenelemente und Namen von Datenwerten oder -variablen, die von jedem Testverfahren verwendet werden können. Aufgrund dieser Information kann der Testingenieur bestimmen, welcher Nutzen sich durch die Verwendung einer bestimmten Datei ergibt.

Beim Aufzeichnen eines Testskripts durch ein automatisiertes Testwerkzeug fügt das Werkzeug automatisiert feste Werte ein. Dieses einfache Aufzeichnen von Testverfahren, die auf fest verankerten Werten beruhen, begrenzt die Wiederverwendbarkeit. So kann beispielsweise ein heute als Konstante aufgezeichnetes Datenfeld morgen das ordnungsgemäße Ausführen des

Skripts verhindern. Betrachten Sie zum Beispiel den Fall, in dem eine Reihe von Kontonummern an eine Anwendung übergeben werden müssen. Wenn eine Kontonummer ein Schlüsseldatenelement darstellt, müssen die jeweils angegebenen Kontonummern eindeutig sein. Andernfalls würde eine Fehlermeldung angezeigt werden, wie etwa *Bereits vorhandene Kontonummer*.

Es ist im Allgemeinen nicht empfehlenswert, dass die Testingenieure Datenwerte fest in einem Testverfahren verankern. Um das Scheitern der Ausführung zu vermeiden, muss der Testingenieur solche festen Werte durch Variablen ersetzen und die Daten, soweit möglich und machbar, aus einer .csv- oder ASCII-Datei, einer Tabellenkalkulation oder einem Textverarbeitungsdokument einlesen.

Als Teil der Entwicklungsaufgabe bestimmt das Testteam die Datenelemente sowie die Namen der Datenwerte und -variablen, die von den verschiedenen Testverfahren verwendet werden. Die entscheidenden Daten, die einem Testskript hinzugefügt werden, sind die Variablendefinitionen und die Angabe der Datenquelle (also der Speicherort der Datei).

Ein weiterer Grund für das Verwenden dieser Technik externer Eingabedaten ist es, die Wartung der Eingabedaten zu erleichtern und die Skripts effizienter zu machen. Wann immer das Testverfahren mit einem anderen Satz Daten durchgeführt werden soll, kann die Eingabedatei einfach aktualisiert werden.

Das folgende Beispieltestskript liest Daten aus einer Eingabedatei.

Einlesen von Daten aus einer Datei (in Rational Robots SQA Basic)

```
-    Dies ist ein Beispielskript in SQA Basic
-    Es handelt sich um ein datenorientiertes Skript, das eine .csv-
     Datei öffnet, um die Daten und die dazugehörende(n)
     Testprozedur(en) einzulesen
-    Zusätzliche Beispieleingabedatei (input.txt):
"01/02/1998","VB16-01A"
"12/31/1998","VB16-01B"
"09/09/1999","VB16-01C"
"12/31/1999","VB16-01D"
"12/31/2000","VB16-01E"
...
...
"10/10/2000","VB16-01Z"
Sample Code:
hInput = FreeFile
Open "input.txt" For Input Shared As # hInputn
Do While Not Eof (hInput)
     Input # hInput , sDateIn , sTCName
     Window SetContext, "Name=fDateFuncTest", ""
     InputKeys sDateIn
     PushButton Click, "Name=cmdRun"
```

```
  Result = WindowTC (CompareProperties, "Name=fDateFuncTest", _
"CaseID=" & sTCName & "")
Loop
Close # hInput
```

Der Pseudocode für dieses Beispieltestskript lautet wie folgt:

```
Öffne die Eingabedatei
Führe für alle Datensätze in der Eingabedatei folgende Schritte aus:
   Lies die Eingabedaten sowie den Namen der Testprozedur ein
   Gib die Eingabedaten in das entsprechende Feld ein
   Klicke auf Ausführen
   Verifiziere die Ergebnisse im Datumsfeld
Schließe die Eingabedatei
```

8.2.2.2 Anwendungsnavigation

Die Entwicklungsstandards für Testverfahren sollten darauf eingehen, wie automatisierte Testverfahren durch die Bildschirme der Anwendung navigieren. Um eine höhere Wiederverwendbarkeit der Testskripts zu erreichen, muss der Testingenieur sich für die Navigationsmethode entscheiden, die weniger anfällig für Änderungen in der zu testenden Anwendung ist. Die Navigationsfunktionalität sollte sich in einem separaten Modul in der Testbibliothek befinden. Die Standards sollten festlegen, ob die Entwicklung von Testverfahren mittels Aufzeichnung durch ein Testwerkzeug auf der Verwendung der *Tabulatortaste*, *Tastenkombinationen* (Hotkeys), *Mausklicks* mit Aufzeichnung der x,y-Koordinaten oder den Objektnamen eines bestimmten Objekts basieren soll. Bei Umgebungen, die keine Objektnamen verwenden (wie etwa C, Visual C und Uniface), wird beispielsweise der Fenstertitel verwendet, um ein Fenster eindeutig zu bezeichnen.

Alle diese Möglichkeiten können von Änderungen am Design betroffen sein. Wenn zum Beispiel Testskripts die Tabulatortaste zum Navigieren zwischen Objekten verwenden, ist das dabei entstehende Skript von der Reihenfolge der Tastendrücke abhängig. Ändert sich diese Reihenfolge, müssen alle Skripts korrigiert werden, was einen enormen Aufwand bedeuten kann. Wenn Tastenkombinationen zur Navigation verwendet werden und sich die Zuordnung der Tasten später ändert, wird die Aufzeichnung ebenfalls wertlos sein. Beim Verwenden der Maus könnte sich ein Feld verändern und der Mausklick würde in einem nicht vorhandenen Feld ausgeführt. Auch hier müsste das Skript neu erstellt werden. Die beste Möglichkeit zur Navigation durch eine Anwendung ist das Identifizieren jedes Feldes anhand seines Objektnamens, der ihm durch das jeweilige Entwicklungswerkzeug zugeordnet wurde – beispielsweise Visual Basic, PowerBuilder oder Centura. Das Feld kann dann an eine beliebige Position auf dem Bildschirm verschoben werden, ohne dass das

Skript davon betroffen wäre. Auf diese Weise wäre ein Skript weniger anfällig für Veränderungen im Quelltext und könnte besser wieder verwendet werden. Wann immer möglich sollte das Testverfahren den Objektnamen eines Fensters verwenden, der höchstwahrscheinlich gleich bleiben wird, und sich nicht auf das Ermitteln des Fenstertitels beschränken.

Fallstudie

Navigation mit Tabulator oder Mausklicks

Ein Testingenieur namens Byron war der Ansicht, dass die Tabulatortaste einfacher zu verwenden wäre als Mausklicks. Bei jeder neuen Version einer bestimmten Anwendung stieß er jedoch auf Probleme bei der Ausführung der Testverfahren. Insbesondere ergaben sich Schwierigkeiten, wenn bei einem vorhandenen Bildschirm neue Tabulatoren hinzugefügt oder entfernt wurden.

Byron entschloss sich dazu, den gesamten Testentwicklungsablauf auf die Verwendung von Mausklicks umzustellen, was sich auf 50 Testskripts auswirkte. Um zukünftige Änderungen an den Testskripts zu minimieren, versuchte Byron, die Mausklicks in der Nähe der oberen rechten Ecke des Objekts durchzuführen, so dass es keine Probleme mit den Koordinaten geben würde. Die größte Schwierigkeit bei diesem Ansatz lag in der Tatsache, dass die Anwendung relativ tastaturlastig war, wobei jeder Benutzer in der Regel eine erhebliche Menge an Daten eingab und alle Benutzer den Wechsel zwischen den Objekten lieber mit der Tabulatortaste als per Maus vollzogen.

Mit diesem Problem konfrontiert, wandte sich Byron an die Anwendungsentwickler und bat sie, die Navigation mittels Feld-IDs zu ermöglichen. Jedes Feld eines bestimmten Formulars (Bildschirms) hat üblicherweise einen ihm zugeordneten eindeutigen ID-Wert. Die Entwickler verwenden diese Feld-ID, um im Quelltext auf den Bildschirm zu verweisen. Als Antwort auf Byrons Bitte realisierten die Entwickler eine Strg-Umschalt-Funktion, die zwei Dinge tat. Zunächst machte sie alle ID-Werte aller gerade angezeigten Felder sichtbar. Zweitens zeigte Sie ein Dialogfeld an, mit dem ein Benutzer durch Eingabe des entsprechenden ID-Wertes jedes der angezeigten Felder direkt ansteuern konnte. Byron probierte diese Funktion aus und war damit sehr zufrieden. Er musste sich nicht länger darum sorgen, dass die Tabulatorreihenfolge von einer Version der Anwendung zur nächsten beibehalten wurde.

Lernfrage 8.2

Welche Lösung hätten Sie bei dieser Fallstudie vorgeschlagen? Beschreiben Sie diese Lösung.

8.2.2.3 Aufzeichnen von Bitmap-Bildern

Entwicklungsrichtlinien für Tests sollten auf das Aufzeichnen von Bitmap-Bildern bei der Entwicklung wieder verwendbarer Testverfahren eingehen. Dabei sollten sie betonen, dass die Verwendung von Testwerkzeugen zum Aufzeichnen von Bitmap-Bildern keine effiziente Testautomatisierung darstellt und dass der Einsatz dieser Methode minimiert werden sollte.

Die meisten automatisierten GUI-Testwerkzeuge ermöglichen dem Testingenieur das Aufzeichnen von Bitmap-Bildern, die auch als *Screenshots* bekannt sind. Diese Methode zum Entwickeln eines Testverfahrens kann sich als sinnvoll erweisen, wenn man feststellen will, ob sich einer oder mehrere der Bildpunkte bei einem Anwendungsbildschirm verändert hat bzw. haben. Sie erlaubt es einem Testskript, einen Bildschirm oder einen Eingabedialog mit einer zuvor abgespeicherten Aufzeichnung zu vergleichen. Der Vergleich wird durch ein Abgleichen von Bildpunkten vollzogen, die den x,y-Koordinaten entsprechen. Der so durchgeführte Test ist übermäßig anfällig für jegliche Änderungen, einschließlich solcher, die beabsichtigt waren. Die Wartung der Testskripts kann sich bei dieser Methode als zu lästig herausstellen, wenn man den erforderlichen erheblichen Aufwand bedenkt.

Ein anderer Nachteil bei der Verwendung von Bildaufzeichnungen hat mit der Tatsache zu tun, dass die Testverfahren nicht auf Systemen ausgeführt werden können, die eine andere Bildauflösung oder andere Farbeinstellungen für die Bildschirmdarstellung verwenden. So können beispielsweise Testskripts, die auf einem System mit einer Auflösung von 1024 × 768 Bildpunkten aufgezeichnet wurden, nicht bei einem System mit einer Auflösung von 640 × 480 Bildpunkten verwendet werden.

Ein weiteres Problem beim Aufzeichnen von Bitmap-Bildern hat damit zu tun, dass Testverfahren mit dem Aufzeichnen von Bildern sehr viel Speicherplatz belegen. Im Fall einer Auflösung von 1024 × 768 Bildpunkten bei 24 Bits (16 Millionen Farben) oder 3 Bytes pro Bildpunkt ist das Ergebnis von 1024 × 768 × 3 = 2.359.296 Bytes oder 2,3 MBytes für eine einzige Bildaufzeichnung.

Fallstudie

Testen von Bitmaps mittels eines Capture/Replay-Werkzeugs[2]

Bei dieser zu testenden Anwendung kann man mittels des Grafikeditors aus dem zugrunde liegenden Projekt unterschiedliche Arten von Gehäusen für elektrische Schaltgetriebe mit verschiedenen Modulen ausrüsten und konfigurieren. Die Komponenten der Schaltgetriebe werden im GUI-Editor als Bitmaps dargestellt. Ein Doppelklick der Maus auf bestimmte Positionen innerhalb der Bitmaps ruft entweder ein kontextabhängiges Menü auf, in dem Module ausgewählt werden können, oder eine weitere Bitmap, die genau wie die erste verwendet werden kann, wenn sich die Position mit mehreren Modulen gleichzeitig bestücken lässt. Es werden bis zu drei Bitmap-Ebenen unterstützt.

Das in dieser Fallstudie angegebene Testskript ist dafür vorgesehen, die ordnungsgemäße Navigation durch diese Bitmap-Ebenen, die Entscheidung für die Auswahl entweder eines Menüs oder eines neuen Fensters sowie die Inhalte und Funktionen der Menüs zu testen. Da die große Anzahl von eintönigen Navigationsschritten selbst den engagiertesten Testingenieur schnell ermüden würde, bietet sich diese Aufgabe als idealer Kandidat für eine Automatisierung an.

Bei genauerer Betrachtung erweist sich dieser Test allerdings als schwierig, da die Adressierung der Bitmaps Probleme bereitet. So müssen beispielsweise die Koordinaten dem Testprogramm zuvor schrittweise beigebracht werden. Ein weiteres Hindernis ist die Umsetzung der kontextabhängigen Menüs in Form von Pop-up-Menüs, die das Testwerkzeug vor erhebliche Probleme stellen. Da über die Standardmethoden kein Zugriff möglich ist, müssen spezielle Routinen entwickelt werden.

Skript für den Test der Menüeinträge (erstellt mittels WinRunner)

```
# Klicke auf jeden Menüeintrag
for (i=1; i <= number, i++)          # Durchlaufe jeden
                                     Menüeintrag
{

    if (find InArray (mlist,         # Prüfe, ob der Eintrag sich
    liste [i], 1==1)                 in der Liste der gültigen
                                     Einträge befindet

    {

    win_activate (thewin);           # Aktiviere das aktuelle
                                     Fenster

    set_window (thewin 10);          # Setze den Kontext auf das
                                     aktuelle Fenster

    move_locator_abs (ox,oy);        # Bewege den Mauszeiger an die
                                     entsprechende Position

    dbl_click("Left");               # Führe einen Doppelklick mit
                                     der linken Maustaste aus
```

```
# Klicke auf jeden Menüeintrag

    selectPopupValue (100, 200,    # Der Funktionsaufruf wählt
    list [i];                       einen Eintrag im Pop-up-Menü
                                    aus

    }

    if (list [i] == "Set           # Wenn der Eintrag gleich »Set
    Standard")                      Standard« ist, speichere die
                                    Position

}
```

8.2.2.4 Platzhalter bei der Automatisierung

Einige automatisierte Testwerkzeuge erlauben die Verwendung von »Platzhaltern«, für deren Einsatz in den Testprogrammen Standards entwickelt werden müssen. Platzhalter, wie etwa die Verwendung des Sternchens »*«, erlauben es einer Zeile im Testprogramm, nach einem passenden Wert zu suchen oder zu erkennen, wann bestimmte Bedingungen erfüllt sind.

Beim Aufzeichnen von Testskripts mit einem automatisierten Testwerkzeug kann ein Platzhalter verwendet werden, um ein Fenster anhand seines Fenstertitels zu erkennen. Wenn man beispielsweise das Testwerkzeug Test Studio benutzt, bezeichnet der Befehl *Window Set Context* das Fenster, in dem die nachfolgenden Aktionen stattfinden sollen. Bei Umgebungen, die keine Objektnamen verwenden (wie etwa C, Visual C und Uniface), wird der Fenstertitel zum Identifizieren des Fensters verwendet.

Der Testingenieur kann das Skript des Testverfahrens bearbeiten, den Titel entfernen und dafür einen Standardplatzhalterausdruck einfügen. Wenn das Testskript ausgeführt wird, wird es den Fokus auf ein Fenster setzen, so dass ein bestimmtes Fenster ausgewählt wird, selbst wenn sich der Fenstertitel ändert. Diese Erwägung ist besonders wichtig, wenn sich die Titel von Fenstern ändern und wenn die Fenstertitel das aktuelle Datum oder eine Kundennummer enthalten. Bei einigen Testwerkzeugen, wie etwa SQA Suite, erlaubt eine Methode mit dem Namen Capture Terminator Technique dem Testverfahren, ein einzelnes Zeichen zu verwenden, um das Ende der Zeichenkette eines Fenstertitels anzugeben. Beachten Sie dabei, dass der Titel selbst von geschweiften Klammern ({ }) umgeben sein muss, wie das folgende Beispiel zeigt:

Beispiel aus Test Studio

```
Window SetContext,   "Caption ={Customer No: 145}"
Window SetContext,   "Caption ={Customer No: *}" OR
Window SetContext,   "Caption ={Customer No: 1}"
```

8.2.2.5 Aufzeichnung/Wiedergabe

Wiederverwendungsrichtlinien für die Entwicklung von Tests sollten sich mit
der Verwendung von Aufzeichnungs-/Wiedergabemethoden bei der Aufzeichnung von Testverfahren befassen. Sie sollten betonen, dass die vorgefertigten
Methoden aus dem Lieferumfang der GUI-Testwerkzeuge nicht zur effizientesten Testautomatisierung führen und dass die Verwendung von Aufzeich-
nungs-/Wiedergabemethoden beim Aufzeichnen von Testskripts minimiert
werden sollte. Wie in Anhang B erklärt, zeichnet ein automatisiertes Testwerkzeug bei der Aufzeichnung/Wiedergabe die Tastaturereignisse der Benutzerin-
teraktionen auf, durch welche die Funktionalität einer Anwendung ausgeführt
wird. Diese Ereignisse werden als Teil der Entwicklung von Testverfahren aufgezeichnet und dann als Teil der Testdurchführung wiedergegeben. Die mit
dieser einfachen Methode erzeugten Testverfahren haben erhebliche Einschränkungen und Nachteile.

Einer der größten Nachteile dabei ist, dass die Werte direkt im zugrunde
liegenden Skriptsprachenquelltext verankert werden, den das Testwerkzeug
bei der Aufzeichnung automatisiert erzeugt. So sind zum Beispiel Eingabewerte, Fensterkoordinaten, Fenstertitel und andere Werte fest im erzeugten
Quelltext vermerkt. Diese festgelegten Werte stellen ein potenzielles Problem
bei der Testdurchführung dar, wenn sich irgendeiner dieser Werte im getesteten Produkt verändert hat. Aufgrund der veränderten Werte in der zu testenden Anwendung wird das Testskript während der Wiedergabe scheitern. Da
ein bestimmtes Fenster in einer Reihe von Testverfahren auftauchen kann,
kann sich eine einzige Änderung an einem einzigen Fenster durch eine erheblich Anzahl von Testverfahren ziehen und diese unbrauchbar machen. Ein
anderes Beispiel für das Aufzeichnen eines festen Wertes in einem Testverfahren ist das Datum am Tag der Entwicklung eines Tests. Wenn der Testingenieur das Testverfahren am nächsten oder einem späteren Tag ausführen will,
wird es nicht funktionieren, weil der fest verankerte Datumswert nicht dem
neuen Datum entspricht.

Testskripts, die mittels der Aufzeichnungs-/Wiedergabemethode erstellt
werden, sind eindeutig nicht wieder verwendbar und demzufolge nicht wartungsfreundlich. Einfache Skripts sind in manchen Situationen dennoch hilfreich. Meistens aber müssen Testingenieure, die Testverfahren mit dieser
Methode entwickeln, die Testskripts während der Testdurchführung wieder
und wieder aufzeichnen, um Änderungen bei der zu testenden Anwendung zu
berücksichtigen. Der Einsatz dieser Methode zum Entwickeln von Testverfahren wird zu einem hohen Maß von Frustration bei den Mitarbeitern führen
und das verwendete automatisierte Werkzeug läuft Gefahr, zugunsten manueller Entwicklungsmethoden eingemottet zu werden.

Anstatt einfach die Aufzeichnungs-/Wiedergabefunktionen eines automatisierten Testwerkzeuges zu verwenden, sollte sich das Testteam die Vorteile der Skriptsprache zu Nutze machen, indem es den durch das Werkzeug automatisiert erzeugten Quelltext anpasst und so Testskripts erhält, die besser wieder verwendbar, wartungsfreundlicher und robuster sind.

8.2.3 Wartungsfreundliche Testverfahren

Neben dem Erstellen wieder verwendbarer Testverfahren ist es wichtig, dass das Testteam den Richtlinien für wartungsfreundliche Testverfahren folgt. Die Entwicklung von Testverfahren anhand der in diesem Abschnitt beschriebenen Standards erhöht deren Wartungsfreundlichkeit.

Durch das sorgfältige Entwerfen und Entwickeln modularer Verfahren kann das Testteam die Wartung der Testskripts vereinfachen. Die Zeit, die man für das eigentliche Einrichten und Pflegen der Tests benötigt, kann minimiert werden, wenn man ein gut durchdachtes Design verwendet und die gegenseitigen Abhängigkeiten zwischen den Testverfahren versteht.

Wartungsfreundliche Testverfahren

Befolgen von Formatierungsstandards

Dokumentieren von Testskripts

Berücksichtigen der Synchronisierung

Verwenden eines Testverfahrensindex

Einführen einer Fehlerbehandlung

Befolgen von Namenskonventionen

Erstellen von Modularitätsskripts

Verwendung von Schleifenkonstrukten

Verwenden von Verzweigungskonstrukten

Kontextunabhängigkeit

Verwenden von globale Dateien

8.2.3.1 Formatierungsstandards

Das Testteam sollte Standards einführen und übernehmen, die zur Entwicklung von Quelltext führen, der leicht zu lesen, zu verstehen und zu warten ist. Solche Standards legen das äußere Erscheinungsbild des Quelltextes der Testprogramme fest. Sie können zum Beispiel vorgeben, wie *if-then-else-* und *case*-Ausdrücke im Quelltext darzustellen sind. Sie würden ebenso bestimmen, wie die Einzüge der ersten und letzten Anweisungen jeder einzelnen Routine (Schleife) im Quelltext auszurichten sind. Idealerweise sollte der Einzug für die ersten und die letzte Anweisung identisch sein.

Formatierungsstandards für den Quelltext könnten vorschreiben, dass Programmteile die Länge eines Bildschirms nicht überschreiten dürfen, so dass man keinen Bildlauf nach oben und unten (oder vor und zurück) durchführen muss, um der Logik des Programms zu folgen. Regeln für die Verwendung von Fortsetzungszeichen, wie etwa das »_« bei Visual Basic, sollten eingeführt werden. Solche Zeichen dienen als »Zeilenabschluss« für jede Zeile des Quelltextes und minimieren dadurch die Länge jeder Zeile, so dass die Skripts der Testverfahren besser lesbar werden.

Wenn man ein automatisiertes Testwerkzeug verwendet, das Testverfahren in einem Objektmodus aufzeichnet, ist der dabei entstehende Quelltext leicht zu lesen. Der Objektmodus macht Skripts besser lesbar, indem er den Kontext jeder Anweisung bzw. Aktion deutlich macht. D.h. er erkennt Kontexte wie etwa Feldelemente und Bezeichnungen. Wenn das Testwerkzeug im Analogmodus aufzeichnet, ist das entstehende Skript unverständlich in Bezug darauf, wo die Koordinaten von Zeilen/Spalten und Bildpunkten aufgezeichnet werden. Das erste Programmbeispiel in diesem Abschnitt zeigt Quelltext, der schwierig zu lesen ist, wohingegen im zweiten Beispiel ein Programm zu sehen ist, das sich an die Formatierungsstandards hält.

Beispieltestskript ohne Verwendung von Formatierungsstandards

```
Sub Main
Dim sInput As String
Dim word, numeric
Dim Counter As Integer
'Initially Recorded: 12/01/97 23:52:43
Open "C:\temp\wordflat.txt" For Input As #1
Counter = 1
Do While Counter < 5000
Input #1, sInput
word = Trim (Left$ (sInput,Instr(sInput," ")))
numeric = Trim (Mid$ (sInput,Instr(sInput," ")))
Window SetContext, "Caption=Microsoft Word - Document1", ""
MenuSelect "Tools->AutoCorrect..."
Window SetContext, "Caption=AutoCorrect", ""
inputKeys word &"{TAB}" &numeric
Window Click, "", "Coords=358,204"
Counter = Counter +1
Loop
Close #1

End Sub
```

Beispieltestskript mit Verwendung von Formatierungsstandards

```
Sub Main

    Dim sInput As String
    Dim word, numeric
    Dim Counter As Integer

    'Initially Recorded: 12/01/97 23:52:43
    Open "C:\temp\wordflat.txt" For Input As #1

    Counter = 1
    Do While Counter < 5000

        Input #1, sInput
        word = Trim (Left$ (sInput,Instr(sInput," ")))
        numeric = Trim (Mid$ (sInput,Instr(sInput," ")))

        'Window SetContext, "Caption=Microsoft Word - Document1", ""
        'MenuSelect "Tools->AutoCorrect..."

        Window SetContext, "Caption=AutoCorrect", ""
        inputKeys word &"{TAB}" &numeric
        Window Click, "", "Coords=358,204
        Counter = Counter +1

    Loop
Close #1

End Sub
```

Die Struktur des formatierten Skripts verbessert nicht die Verarbeitungsgeschwindigkeit, aber sie erleichtert das Finden von Fehlern und das Überprüfen des Testskripts. Ein enormer Vorteil ergibt sich, wenn man versucht,
die verschiedenen Programmkonstrukte, wie etwa Schleifen, zu verstehen.

8.2.3.2 Kommentare in Testskripts

Eine andere Richtlinie, die zur Erstellung wartungsfreundlicher Testskripts
führt, bezieht sich auf die Verwendung von Kommentaren innerhalb einer
Testprozedur. Solche Kommentare sind dazu gedacht, die Reichweite des Tests
deutlich zu machen. Sie geben die Anmerkungen und logischen Überlegungen des Testingenieurs wieder, wodurch andere Personen den Zweck und die
Struktur des Testskripts leichter verstehen können. Diese eingebettete Dokumentation hat keinen Einfluss auf die Verarbeitungsgeschwindigkeit des
Skripts, aber sie ist auf lange Sicht sehr lohnend, wenn es um die Wartung
geht.

Kommentare sollten sowohl in manuellen als auch in automatisierten Testverfahren freigiebig verwendet werden. Als Standardvorgehensweise sollte
jedem Skript ein Kommentar vorangestellt werden, der die Art des Tests skiz-

ziert. Zusätzlich sollten die Schritte, aus denen das Skript besteht, in ganzen Sätzen klar und deutlich erklärt werden.

Richtlinien sollten vorgeben, wie Kommentare beim Verwenden eines automatisierten Testwerkzeugs in Testskripts eingefügt werden sollen. Die meisten dieser Werkzeuge erlauben es dem Testingenieur, während der Aufzeichnung des Tests Kommentare in das Skript aufzunehmen. In Fällen, in denen das automatisierte Testwerkzeug dies nicht zulässt, sollten die Richtlinien vorgeben, dass der Testingenieur nach dem Ende der Aufzeichnung Kommentare einfügt.

Das Vorhandensein beschreibender Kommentare in automatisierten Testskripts hilft beim Vermeiden von Unklarheiten, wenn das Testteam Skripts für die Testautomatisierung entwickelt oder versucht, Skripts aus einer vorhandenen Automatisierungsinfrastruktur (einer Bibliothek wieder verwendbarer Komponenten) erneut zu benutzen. Durch detaillierte Kommentare innerhalb des Skriptcodes wird es Testingenieuren leichter gemacht, dazu passende Skripts anzufertigen und vorhandene Skripts zu überarbeiten. Außerdem können archivierte Testskripts auf diese Weise für andere Projekte wieder verwendet werden. Derartige Kommentare erleichtern auch das Durchführen von Peer Reviews sowie die Prüfung der Testskripts durch unabhängige Gruppen, wie etwa die Qualitätssicherungsabteilung oder ein externes Prüfteam.

Ein anderer potenzieller Nutzen von dokumentierenden Kommentaren innerhalb jedes Testskripts ergibt sich aus der Möglichkeit, die Kommentare aus den Testskripts automatisiert zu extrahieren um so einen Bericht zu erstellen, der den Aufgabenbereich der gesamten Testskriptreihe aufzeigt. Ein Testingenieur könnte beispielsweise ein einfaches Programm erstellen, das alle Kommentare aus den Testskripts verarbeitet und daraus eine Ausgabe erzeugt, die den Umfang und den Zweck der verschiedenen durchgeführten Tests detailliert wiedergibt [3]. Funktionsanalysten, Endbenutzer der Anwendung und andere Projektmitarbeiter könnten diesen Bericht später verwenden, um einen umfassenderen Einblick in den Umfang des Testprogramms zu erlangen.

8.2.3.3 Dokumentation der Testskripts

Neben dem Kommentieren der Skripts zum Erhöhen der Wartungsfreundlichkeit ist es auch sehr wichtig, dass das Team die Testskripts dokumentiert. Solche Dokumentationen sind für jeden nützlich, der sich mit dem Testskript befasst und es verstehen muss, ohne über die Programmierkenntnisse zu verfügen, um die Skriptsprache lesen zu können. Zusätzlich erhöht eine Dokumentation den Wert des Skripts in einer Bibliothek wieder verwendbarer Komponenten oder einer Automatisierungsinfrastruktur, wie in Abschnitt 8.3 beschrieben wird.

Fallstudie

Automatisierte Dokumentation

Ein Testingenieur namens Woody [4] hatte einen Formulargenerator (FG) entwickelt, der die von einem automatisierten Testwerkzeug erzeugten automatisierten SQA Basic-Testskripts in lesbare Dokumente übersetzte. Der FG konvertiert SQA Basic-Quelltext in englischsprachige Aussagen und verfügt über ein benutzerdefiniertes Übersetzungswörterbuch. Er erlaubt es Woody, die SQA-Skripts (.rec-Dateien) anzugeben, und erzeugt dann für jede ausgewählte .rec- eine .txt-Datei. Alle allgemeinen SQA Basic-Ausdrücke werden automatisiert umgewandelt. Woody kann dann seine eigene benutzerdefinierte .map-Datei erstellen, mit der er die Objektnamen (wie etwa w_fltrops) einem bestimmten Fenster zuordnen kann, wie etwa einem Fenster für Filteroptionen. Es gibt zahlreiche benutzerdefinierte Voreinstellungen und Konvertierungsoptionen, mit denen Woody die Ausgabe steuern kann.

Lernfrage 8.3

Erstellen Sie einen Formulargenerator, wie er in dieser Fallstudie beschrieben ist.

8.2.3.4 Testskript-Header

Eine weitere notwendige Richtlinie befasst sich mit der Verwendung von Testskripteinleitungen. Der Header eines Testskripts wird als Einleitung verwendet, die den Zweck des Skripts angibt. Der Inhalt dieser Header muss durch Richtlinien vorgegeben werden. Die anzugebenden Informationen können die ID und den Namen des Skripts, Vorbedingungen, Datenkriterien, Eingabeargumente, Testbedingungen, erwartete Ergebnisse, den Status sowie relevanten Anforderungen (System, Software, Test) umfassen, die von dem Skript geprüft werden.

Jeder Skript-Header sollte mindestens die Namen, die ID, den Autor und das Erstellungsdatum des Skripts enthalten. Er sollte außerdem die Voraussetzungen für die Skriptausführung definieren sowie die Funktionalität, das Fenster bzw. den Bildschirm, in dem die Prozedur starten muss, und das Fenster bzw. den Bildschirm definieren, wo sie endet. Der Umfang der dokumentierbaren Informationen kann der in Kapitel 7 dargestellten Tabelle für das Design von Testverfahren entnommen werden.

Verwaltungswerkzeuge für automatisierte Tests, wie etwa TeamTest, stellen eine eingebaute Testskriptvorlage zur Verfügung, die entsprechend der jeweiligen Bedürfnisse des Testteams verändert werden kann. Einmal angepasst, dient die neue Vorlage als Standard für die Entwicklung von Testskripts. Während der Entwicklung würde jeder Testingenieur mit demselben Format für Testskripts arbeiten und die erforderlichen Header-Informationen wären vordefiniert. Dadurch hätten alle Testskripts das gleiche Erscheinungsbild. Abbildung 8.3 zeigt ein Beispiel für ein Testskript, das mittels einer von einem automatisierten Testwerkzeug verwalteten Vorlage erstellt wurde. Wenn das automatisierte Testwerkzeug nicht über solche Vorlagen verfügt, sollten alle Testingenieure angewiesen werden, dasselbe Skriptformat einschließlich derselben Art von Einleitung für Testskripts zu verwenden.

Die Verwendung einer standardisierten Vorlage für Testskripts ermöglicht den Testingenieuren und Projektmitarbeitern zusammen mit Anweisungen bezüglich der Skripteinleitung eine einheitliche Interpretation der Testdokumentation. Solche standardisierten Informationen erleichtern das Erstellen eines gemeinsamen Erscheinungsbildes aller Testskripts, wodurch diese einfacher zu verstehen und zu lesen sind.

8.2.3.5 Synchronisierung

Auch für die Synchronisierung zwischen den Ausführungen von Testskripts und der Anwendung sollten Richtlinien festgehalten werden. Ein mögliches Problem gibt es bei der Antwortzeit auf Informationsanforderungen, die sich aus der Antwortzeit des Servers und der des Netzwerks zusammensetzen kann. Sie kann sich im Vergleich zu den aufgezeichneten Testskripts verändern.

Ein wesentlicher Faktor bei der Synchronisierung ist das verwendete Kommunikationsprotokoll. Solche Protokolle stellen die Mittel für die Kommunikation zwischen dem Arbeitsplatzrechner und dem Server bereit. Diese Kommunikation kann aus einem Einwähl-, Netzwerk- oder Internet-Zugang bestehen. Programme interagieren, wenn ein Programm etwas von einem anderen Programm anfordert, eine Nachricht sendet oder einem anderen Programm Daten zur Verfügung stellt.

Bei der Ausführung von Testskripts müssen Wartezyklen in das Skript eingefügt werden, die eine Synchronisierung ermöglichen. (D.h., das Skript soll warten, bis ein bestimmtes Ereignis eintritt.) So könnte ein Testingenieur beispielsweise einen Wartezyklus vorsehen, um das Programm anzuhalten, bis ein Sanduhr-Symbol wieder zu seinem normalen Zustand zurückkehrt. Beachten Sie, dass diese Vorgehensweise möglicherweise nicht immer funktioniert, da das Sanduhr-Symbol vielleicht nicht kontinuierlich angezeigt wird. Alternativ könnten Testingenieure eine Nachricht registrieren, die am unteren Rand des Fensters angezeigt wird, und einen Wartezyklus bis zu einer Veränderung dieser Nachricht einfügen. Ebenso könnte ein Wartezyklus andauern, bis ein bestimmtes Fenster erscheint – beispielsweise ein Fenster mit einer

```
******************** Recording using Visual Test 6.0 ********************
'
'Name: <NAME der Testprozedur > ACCADD1
'
'Purpose: To create 100 accounts at the product level
'<WAS MACHT DIESES SKRIPT?>
'
'Test requirement # this test procedure covers
<d.h. ACC023>
'
'Build #: <VERSION des Software-Testbed ...> VO.71
'
'Note(s): - Starting Screen:
'Ending Screen:
'Dependencies:
'Preconditions:
'1)<Welche Prozedur muss vor dieser Prozedur ausgeführt werden?>
'2)<Welche Bildschirmauflösung wird benötigt?>
'
'Inputs: Data Values used: _____  _____
or Data File used: i.e. <c:/VT60/data.txt>
'Outputs:
'
'Author: <NAME>              Date Created: <DATUM>
'
'Modifications
'+ -------------------------------------------------------------
'| Modified by       | Modified on  |  Reason modified
'  -----------------+ ----------------+ ----------------------
'| <NAME>           |  <DATUM>     |  <KURZE ERKLÄRUNG>
'  -----------------+ ----------------+ ----------------------
```

Abb. 8.3 Beispiel einer Testskripteinleitung

Nachricht, dass eine bestimmte Aufgabe erledigt ist. Auf ähnliche Weise könnten Testingenieure einen Wartezyklus einfügen, der bis zu einer Veränderung des Fokus andauert.

Bei Entwerfen von Skripts für Testverfahren sollte das Testteam sicherstellen, dass die Skripts mit der zu testenden Anwendung synchron bleiben. Wenn ein Skript zum Beispiel eine komplexe Abfrage an eine Datenbank ausführt, kann es möglicherweise etwas länger dauern, bis die Abfrageergebnisse folgen. Um mit dieser Wartezeit umgehen zu können, muss der Testingenieur das Skript mit der Antwort der Anwendung synchronisieren, da dass Skript andernfalls scheitern wird.

Damit Skripts für Testverfahren wieder verwendet werden können, muss eine Standardrichtlinie in Kraft sein, welche die Vorgehensweise bei der Synchronisierung vorgibt. Eine bestimmte Synchronisierungsmethode kann Testingenieuren die Richtung vorgeben, in der Synchronisierungen implementiert werden sollen. So könnte die Richtlinie beispielsweise bei Verwendung des Testwerkzeugs TeamTest dem Wartezyklen- gegenüber dem Wartezeitansatz den Vorzug geben. Der Wartezyklenansatz (Warten auf das Erscheinen eines Fensters) ist im Allgemeinen vorzuziehen, da die Wartezeit fest im Testskript verankert ist und möglicherweise für unnötigen Aufwand bei der Ausführung des Testskripts sorgt. So würde eine Wartezeitfunktion namens `DelayFor 6` das Skript sechs Sekunden lang anhalten lassen, selbst wenn der gewünschte Zustand schon nach vier Sekunden erreicht ist.

8.2.3.6 Index der Testskripts

Bei Testprogrammen, die Hunderte von Testskripts umfassen, wird es für das Testteam schnell schwierig, den Zweck und Wirkungsbereich jedes Skripts ohne weiteres festzustellen. Dadurch werden Wartung und Pflege zu einem Problem. Manchmal muss das Testteam vielleicht Tests für eine bestimmte Funktionalität der Anwendung oder bestimmte Arten von Tests für eine Analyse der Wiederverwendbarkeit (siehe Abschnitt 8.1.3) bestimmen. Deshalb sollte eine Richtlinie festlegen, wie das Testteam schnell die Testskripts ermitteln kann, die zu einer bestimmten Art von Test oder einer speziellen Funktionalität gehören. Im Wesentlichen muss das Team eine Art von Index pflegen, mit dem geeignete Testverfahren bzw. -skripts gefunden werden können.

Wenn das Testteam die Richtlinien bezüglich des Einfügens von Kommentaren in die Testskripts befolgt hat, kann es mittels des in Abschnitt 8.2.3.2 besprochenen Konvertierungsprogramms einen speziellen Bericht generieren, der den Umfang und Zweck der verschiedenen durchgeführten Tests wiedergibt. Eine Möglichkeit zum Auffinden relevanter Testskripts ist das Durchführen einer elektronischen Suche in einer solchen Berichtsdatei.

Das Testteam könnte auch ein Testwörterbuch anlegen und pflegen. Dieses Testwörterbuch enthält Informationen zu den Testverfahren, Testskripts und positiven und negativen Ergebnissen. Zusätzlich kann es Informationen wie

Dokumentnamen, Namen von Fenstern bzw. Bildschirmen, Felder bzw. Objekte, Vokabularien für Tests und Querverweise enthalten.

8.2.3.7 Fehlerbehandlung

Entwicklungsstandards für Testverfahren sollten die Tatsache berücksichtigen, dass Fehlerkontrollen an den Stellen im Skript eingefügt werden müssen, wo die Fehler mit höchster Wahrscheinlichkeit auftreten. Fehler müssen von dem Testverfahren gemeldet werden, das den Fehler bemerkt und genau weiß, worum es sich dabei handelt. Das Einfügen einer Funktionalität zur Fehlerbehandlung, die mit den naheliegendsten Fehlern umgehen kann, wird die Wartungsfreundlichkeit und Stabilität der Testskripts erhöhen.

Viele Testverfahren werden ohne Rücksicht auf die Fehler entworfen, die bei einem Test auftreten können. Diese Unterlassung kann Probleme verursachen, wenn die Tests beispielsweise unbeaufsichtigt wiedergegeben werden und einer scheitert. Ein nachfolgender Test kann dann nicht ausgeführt werden, weil keine Fehlerbehandlung vorgesehen ist. Deshalb wird die gesamte Testreihe scheitern. Damit eine Testreihe wirklich automatisiert ablaufen kann, muss eine Fehlerbehandlung eingebaut sein, welche die verschiedenen Arten von Fehlern berücksichtigt, auf die das Testskript treffen kann.

In ein Testskript kann Programmlogik eingebaut sein, die es erlaubt, zu einem anderen Skript zu verzweigen, das den Fehlerzustand beseitigt. Die erzeugte Fehlermeldung sollte für den Testingenieur selbsterklärend sein. Dieser Ansatz erleichtert das Finden von Fehlern in einem Testskript, da die Fehlermeldung eindeutig auf das Problem hinweisen sollte. In Richtlinien sollte vorgegeben und mit Beispielen belegt sein, wie Testskripts mit solchen Fehlern umgehen sollen. Der Quelltext des hier vorgestellten Skripts, das in SQA Basic entwickelt wurde, sucht nach dem Namen einer Teststation. Wenn es diesen Namen nicht findet, beendet es die Ausführung. Der Testingenieur kann das Skript dann so programmieren, dass es das nächste Skript aufruft.

Überprüfen der Teststation

```
DataSource = SQAGetTestStationName()

    'Prüfen, ob der Name der Teststation gültig ist
    If DataSource = "" Then
        MsgBox "Name der Teststation nicht gefunden"
        Exit Sub
    End If
```

Das folgende ebenfalls in SQA Basic entwickelte Skript, überprüft das Vorhandensein einer Datei. Wenn das Testskript die Datei nicht findet, gibt es eine entsprechende Fehlermeldung zurück und beendet die Ausführung.

Wenn die Datei gefunden wird, erscheint ein Mitteilungsfenster auf dem Bildschirm, um den Benutzer darüber zu informieren (bzw. eine Nachricht ins
Protokoll zu schreiben) , und das Skript setzt die Ausführung fort.

Überprüfen einer Datei

```
'Sicherstellen, dass die Datei vorhanden ist
     DataSource = SQAGetDir (SQA_DIR_PROCEDURES) & "CUSTPOOL:CSV"
     If Dir (DataSource) = "" Then
           MsgBox "Kann diesen Test nicht durchführen. Datei nicht
           gefunden: " & DataSource
           Result = 0
           Exit Sub
     End If
  Else
     WriteLogMessage "Gefunden " & DataSource
  End If
```

Beim Entwurf von Modulen sollte der Testingenieur den Anforderungen
an den Zustand vor und nach der Ausführung besondere Beachtung schen-
ken. Jedes Modul sollte über eine Fehlerbehandlung verfügen, um zu verifizieren, ob die Vorbedingungen erfüllt sind. So können die Anforderungen an
den Zustand nach der Ausführung eines Testskripts die Schritte zum Aufräumen und Vorbereiten der Umgebung für die Ausführung eines anderen
Skripts umfassen und somit die Vorbedingungen für dieses Skript erfüllen.

8.2.3.8 Namenskonventionen

Standards für die Namensgebung verbessern die Wartungsfreundlichkeit der
Skripts. Standardisierten Namen haben folgende Vorteile:

- Sie helfen den Testingenieuren beim Standardisieren und Entschlüsseln
  der Struktur und Logik von Skripts.

- Variablen sind in Bezug auf die von ihnen dargestellten Daten selbst-doku-
  mentierend.

- Variablen sind sowohl innerhalb einer Anwendung als auch anwendungs-
  übergreifend einheitlich.

- Das so entstehende Skript ist präzise, vollständig, lesbar, einprägsam und
  eindeutig.

- Die Standards stellen sicher, dass die Skripts den Konventionen der Programmiersprache entsprechen.

- Sie unterstützen den effizienten Umgang mit Zeichenketten und ihrer Größe und ermöglichen so längere und vielsagendere Namen für Variablen, Prozeduren, Funktionen usw.

Das Testteam sollte sich an die Ungarische Notation oder einen anderen Standard halten, der für das Team akzeptabel ist. Die Ungarische Notation ist kurz gesagt

> eine Namenskonvention die es dem Programmierer (theoretisch) erlaubt, Art und Verwendungszweck eines Bezeichners (einer Variablen, Funktion oder Konstanten) festzustellen. Sie wurde ursprünglich von dem Microsoft-Mitarbeiter Charles Simonyi entwickelt und ist zu einem Industriestandard für die Programmierung geworden. [5]

Variablennamen müssen für automatisierte Testskripts standardisiert sein. Bei der Ungarischen Notation besteht ein Variablenname aus drei Teilen: einem Präfix (oder Konstruktor), einem Basistyp (oder Tag) und einem Qualifizierer. Der Qualifizierer ist der Teil, der dem Namen einer Variablen oder Funktion die meiste Bedeutung gibt. Idealerweise sollte der Name die ausgeführte Funktion beschreiben. Es ist wichtig, dass man sich beim Erschaffen eines solche Standards über die Beschränkungen im Klaren ist.

- Beispiele für schlechte Konventionen für Variablennamen sind `Dim Var1`, `Counter1` und `Test1 As Integer`.

- Zu den Beispielen für gute Variablennamen gehören `Dim nCustomerCounter As Integer`, `Dim sCustomerName As String` und `Dim nMnu-Counter As Integer`.

- Die folgende Liste enthält die Präfixe für einige häufig verwendete Variablentypen.

Variablentyp	Präfix
double	d
short	s
long	l
int	n
date	dt
string	str
char	c

● Einige Beispiel für Tags sind in der folgenden Liste aufgeführt.

Tagbeschreibung	Tag
Menü	mnu
Textfelder	txt
Auswahllisten	lst

Um Testskripts effizient zu machen, muss man unbedingt den Gültigkeitsbereich der Variablen verstehen. Je größer der Gültigkeitsbereich einer Variablen ist, desto mehr belegt sie vom möglicherweise wertvollen Speicher, der
einer zu testenden Anwendung zur Verfügung steht. Deshalb ist es eine gute
Vorgehensweise beim Erstellen von Skripts, die Anzahl der Variablen mit
einem globalen Gültigkeitsbereich zu beschränken. Natürlich müssen einige
Variablen globale Gültigkeit haben, um die Kontinuität beim Ablauf der Testskripts zu gewährleisten.

8.2.3.9 Modularität

Ein modulares Skript erhöht die Wartungsfreundlichkeit. Eine kürzeres Testskript ist leicht zu verstehen, und Fehler können schneller gefunden und
behoben werden. Das Unterteilen des Skripts in logische Module könnte deshalb eine Möglichkeit zum Umgang mit komplexen Skriptaufgaben sein.
Wenn das Testteam den logischen Ablauf in der Planungsphase richtig vorbereitet, wird aus jedem Kästchen im Diagramm ein Modul. Außerdem kann
durch die Verwendung von Modularität die Aufgabe der Skripterstellung über
mehrere Testingenieure der Gruppe verteilt werden. Wenn ein Testverfahren
in modularer Weise entworfen und entwickelt ist und sich ein Teil der zu
testenden Anwendung verändert, muss das Testteam lediglich die betroffenen
modularen Komponenten des Testskripts anpassen. Daraus ergibt sich, dass
solche Anpassungen in der Regel nur an einer Stelle vorgenommen werden
müssen.

Jedes Modul kann mehrere kleine Funktionen umfassen. Eine Funktion
besteht aus mehreren Zeilen Quelltext, der eine bestimmte Aufgabe erfüllt. So
führt zum Beispiel die Funktion `Login ( )` folgende Schritte aus:

1. Starten der zu testenden Anwendung.

2. Eingeben der Anmeldebenutzerkennung.

3. Verifizieren der Anmeldebenutzerkennung (Fehlerüberprüfung).

4. Eingeben des Anmeldepassworts.

5. Verifizieren der Anmeldepassworts (Fehlerüberprüfung).

6. Klick auf OK.

Anstatt lange Aneinanderreihungen von Aktionen in dasselbe Testskript aufzunehmen, sollten Skript kurz und modular sein. Sie sollten sich auf einen bestimmten Testbereich konzentrieren, wie etwa ein einzelnes Dialogfeld oder eine Anzahl verwandter, wiederkehrender Aktionen, wie etwa Navigation und Fehlerüberprüfung. Für umfassendere Tests können modulare Testskripts leicht von anderen Skripts aus aufgerufen oder in diese hineinkopiert werden. Zusätzlich können sie in Skriptkombinationen (*Wrapper* oder *Shell*-Prozeduren) gruppiert werden, die hierarchisch geordnete Gruppen von Testskripts darstellen. Modulare Testskripts haben eine Reihe von Vorteilen:

- Modulare Testskripts können Shell-Prozeduren kombiniert bzw. von diesen aufgerufen oder in diese hineinkopiert werden.

- Sie können einfach angepasst werden, wenn die Entwickler absichtliche Veränderungen an der zu testenden Anwendung vornehmen.

- Bei modularen Testskripts können Fehler leichter gefunden und behoben werden.

- Anpassungen müssen nur an einer Stelle vorgenommen werden, wodurch der Kaskadeneffekt vermieden wird.

- Die Wartung und Pflege modularer Skripts ist einfacher.

- Beim Aufzeichnen eines Testskripts erlauben es die meisten automatisierten Testwerkzeuge, früher aufgezeichneten Skripts aufzurufen. Durch das Wiederverwenden der Funktionalität vorhandener Skripts kann es der Testingenieur vermeiden, wiederholte Aktionen in einem Testskript anlegen zu müssen.

Automatisierte Tests sollten so gestaltet sein, dass sie unabhängig sind, d.h., die Ausgabe des einen Tests sollte nicht als Eingabe des nächsten dienen. Bei einer solchen Strategie können gemeinsame Skripts in jedem Testverfahren in beliebiger Reihenfolge verwendet werden. Ein *Datenbankinitialisierungsskript* ist ein solches gemeinsames Skript, das dazu vorgesehen ist, die Datenbank in eine bekannte Baseline zurückzuführen. Dieses Skript kann zum »Zurücksetzen« der Datenbank verwendet werden, nachdem ein Test deren Inhalt verändert hat, so dass beim Start des nächsten Tests der Inhalt der Datenbank eine bekannte Größe ist. Das Skript zum Zurücksetzen würde nur von solchen Tests aufgerufen, die den Inhalt der Datenbank verändern.

Durch das Strukturieren der Tests auf diese Weise können die Überprüfungen zufälliger durchgeführt werden, was der Verwendung des Systems im richtigen Leben näher kommt.

Die beliebige Reihenfolge aller Tests ist dann eventuell nicht möglich, wenn die Ergebnisse der verschiedenen Tests keine Auswirkungen auf andere Tests haben. Diese speziellen Fälle wären eine Ausnahme von der generellen Designstrategie. Solche Testskripts sollten mit einer eindeutigen, aussagekräftigen Erweiterung versehen werden, um ihre ordnungsgemäße Ausführung sicherzustellen.

8.2.3.10 Schleifenkonstrukte

Testingenieure müssen Schleifenkonstrukte ebenso einsetzen, wie es Anwendungsentwickler tun. Schleifen unterstützen die Modularität und damit die Wartungsfreundlichkeit. Fast alle Skriptsprachen der Testwerkzeuge stellen zwei Arten von Schleifen zur Verfügung. Die *gezählte* Schleife dient als FOR-Schleife, während die *kontinuierliche* Schleife als WHILE-Schleife ausgeführt wird. In Fällen, bei denen die Anwendungsanforderungen eine bestimmte Anzahl vorgeben oder wenn der Testingenieur eine bestimmte Zahl von Durchläufen für eine Aktion bestimmen kann, setzt man am besten die FOR-Schleife ein.

Beispiele für FOR-Schleifen. Nehmen wir an, die Anforderungen geben vor, dass die Anwendung fünf Kontonummern in eine Datenbank aufnimmt:

```
FOR nLoopCounter=1 to 5
    Add account_number
END FOR LOOP
```

Wenn der Testingenieur weiter über das Skript nachdenkt, würde er möglicherweise eine Verbesserung erwägen, indem er für den Endpunkt der Schleife eine Variable verwendet, so dass die Schleife durch die Übergabe einer Variablen besser wieder verwendbar ist. Das würde zu einer FOR-Schleife wie im folgenden Skript führen:

```
FOR nLoopCounter=1 to nEndLoop
    Add account_number
END FOR LOOP
```

Schleifenkonstrukte sind ein wesentlicher Bestandteil jedes Programms. Wenn ein Testskript Daten aus einer Datei einlesen soll, enthält das Schleifenkonstrukt möglicherweise Anweisungen wie »lies die Daten, bis das Ende der Datei erreicht ist«. Im vorangegangenen Beispiel würden sich alle Datensätze in einer Datei befinden und das Skript würde die Datensätze aus dieser Datei einlesen, bis das Ende der Datei erreicht ist.

Schleifen sind auch in anderen Situationen nützlich. Stellen Sie sich ein Testskript vor, das den Inhalt eines Datengitters von einem Fremdanbieter einliest, nachdem die Daten hinzugefügt worden sind. Der Ansatz zum Entwickeln des Testskripts würde ein wiederholtes Aufzeichnen des Zustands des Datengitters umfassen, um Veränderungen an seinem Inhalt zu erfassen. Dieser Ansatz ist unhandlich, und das dabei entstehende Testskript wäre nicht wieder verwendbar, wenn sich das Datengitter auf unerwartete Weise verändern sollte. Ein besserer Ansatz wäre die Veränderung des Skripts dahin gehend, dass es die Informationen aus dem Datengitter verarbeitet und mit einer zugrunde liegenden Datei vergleicht. Ein solches Skript könnte viel einfacher wiederholt werden.

Außerdem können Schleifenkonstrukte in Testskripts verwendet werden, die mit erwarteten Änderungen am Zustand eines Datensatzes umgehen müssen. Der Zustand eines Datensatzes könnte etwa erwartungsgemäß von *in Bearbeitung* zu *Bearbeitung abgeschlossen* wechseln. Um die Zeit zu erfassen, die ein Datensatz für diesen Zustandswechsel benötigt, könnte der entsprechende Status in eine Schleife eingefügt und gemessen werden, bis sich der Zustand des Datensatzes verändert. Eine solche Änderung am Testverfahren erlaubt das unbeaufsichtigte Wiedergeben des Skripts, das Messen der Funktionalität und die Wiederholbarkeit des Skripts.

8.2.3.11 Verzweigungskonstrukte

Eine andere gute Vorgehensweise beim Erstellen von Testskripts ist das Verwenden von Verzweigungskonstrukten. Wie Schleifen fördern auch Verzweigungen die Modularität und somit die Wartungsfreundlichkeit eines Testskripts. Verzweigungen bedeuten das Ausführen einer Anwendung, wobei basierend auf dem Wert einer Variablen unterschiedliche Pfade durch die Anwendung genommen werden. Ein Parameter innerhalb des Testskripts kann entweder den Wert `true` oder `false` haben. Abhängig von diesem Wert kann das Testskript einen anderen Pfad durch die Anwendung nehmen.

Es gibt viele Gründe für den Einsatz von Verzweigungskonstrukten. Testingenieure können Konstrukte wie `If..then..else`-, `case`- oder `GOTO`-Anweisungen verwenden, um automatisierte Testverfahren wieder verwendbarer zu machen. `If..then..else`-Ausdrücke werden meist für Fehlerüberprüfungen und andere Abhängigkeitsprüfungen verwendet. Sie können zum Beispiel in ein Skript eingebaut werden, welches das Vorhandensein eines Fensters testet.

Wie in Abschnitt 8.2.3.7 bereits beschrieben, können Verzweigungskonstrukte verwendet werden, um von einem Testskript zu einem anderen zu springen, wenn der Test auf einen bestimmten Fehler trifft. Wenn eine Anwendung sich in einem von mehreren Zuständen befinden kann, sollte das

Testskript in der Lage sein, die Anwendung sauber zu verlassen. Anstatt die Schritte zum Beenden der Anwendung fest im Testskript zu verankern, kann das Skript ein Aufräumskript aufrufen, das bedingte Schritte zum Verlassen der zu testenden Anwendung verwendet, die vom aktuellen Status der Anwendung abhängen. Betrachten Sie das folgende Beispiel für ein Aufräumskript:

```
if windowA is active then
    do this
    and this
else if windowB is active then
    do this
else exception error
endif
```

Die Verwendung von GOTO-Routinen sorgt oftmals für Diskussionen in Programmiererkreisen. Sie kann zu Spaghetti-Code führen, d.h. zu unstrukturiertem Quelltext, der schwer zu verstehen ist. Der Einsatz von GOTO-Anweisungen ist nur in sehr seltenen Fällen gerechtfertigt. Für Skriptzwecke kann die gelegentliche Benutzung von GOTO-Anweisungen vorteilhaft für den Testingenieur sein, insbesondere wenn es um das Testen komplexer Anwendungen geht. Um Zeit zu sparen, kann der Test bestimmte Bereiche der Anwendung überspringen und das Testen so beschleunigen. Beispielsweise im Fall von Skripts in SQA Basic kann die Verwendung von GOTO-Anweisungen beim Entwickeln von Skripts hilfreich sein. Der Testingenieur kann mit ihnen bereits funktionierende Skriptzeilen überspringen und direkt zu dem Punkt gelangen, wo die Fehlersuche starten muss. Das Verwenden einer GOTO-Anweisung kann außerdem das Scheitern eines Skripts verhindern, da das Skript direkt zu dem fehlerhaften Abschnitt springt und es dem Testingenieur so erlaubt, diesen Teil des Quelltextes zu prüfen, anstatt sich durch alle Eingabefelder durcharbeiten zu müssen.

Ein weiterer Grund für den Einsatz von Verzweigungskonstrukten ist das Verifizieren, ob eine bestimmte Datei vorhanden ist. Bevor ein Testskript eine Datei beispielsweise zum Einlesen von Daten öffnet, muss es die Existenz der Datei verifizieren. Wenn die Datei nicht vorhanden ist, muss dem Benutzer eine Fehlermeldung angezeigt werden. Diese Fehlermeldung kann auch in das Testprotokoll geschrieben und das Skript dann beendet werden. Das hängt von der Programmlogik der eingebauten Routine zur Fehlerüberprüfung ab.

Ein Verzweigungskonstrukt kann auch hilfreich sein, wenn ein Testskript mit einer bestimmten Bildschirmauflösung arbeiten muss. So kann ein Skript eine Anweisung enthalten, die prüft, ob die Bildschirmauflösung auf 640 x 480 Punkte eingestellt ist, und in diesem Fall das Skript ausführt, während die Auflösung sonst auf 640 x 480 geändert, eine Fehlermeldung ausgegeben und/ oder das Programm beendet wird.

8.2.3.12 Kontextunabhängigkeit

Eine weitere Richtlinie für eine Testteam, das wartungsfreundliche Skripts erstellen will, befasst sich mit dem Entwickeln von kontextunabhängigen Testverfahren. Diese Richtlinien sollten definieren, wo Testverfahren anfangen und enden. Sie können von der in Kapitel 7 vorgestellten Tabelle für das Testskriptdesign übernommen werden. Kontextunabhängigkeit wird durch die Verwirklichung der Modularitätsprinzipien erleichtert, die in diesem Kapitel bereits vorgestellt wurden. Angesichts der voneinander in hohem Maß abhängigen Natur der Testverfahren und dem Interesse am Ausführen einer Aneinanderreihung von Tests, bestehen Testskriptreihen oftmals aus einer Testskript-Shell oder einer Wrapper-Funktion. In diesem Fall befinden sich die Testskripts in einer bestimmten Reihenfolge in einer Datei und können wie ein einzelnes Skript bzw. ein einzelnes Verfahren ausgeführt werden.

In Fällen ohne eine Testskript-Shell muss das Testteam manuell dafür sorgen, dass sich die zu testende Anwendung am richtigen Startpunkt befindet und dass die Testskripts in der richtigen Reihenfolge wiedergegeben werden. Die erforderliche Reihenfolge für die Ausführung der Testskripts könnte in jedem einzelnen Skript als Vorbedingung für die Durchführung vermerkt sein. Dieser manuelle Ansatz für das Ausführen von kontextunabhängigen Testskripts minimiert den Nutzen der Automatisierung. Auf jeden Fall muss das Testteam sicherstellen, dass Richtlinien in Kraft sind, welche die Entwicklung und Dokumentation von Testskripts abhängig von den Beziehungen zwischen eventuell bereits vorhandenen Skripts steuern.

Richtlinien könnten festlegen, dass alle Testverfahren für eine GUI-Anwendung mit dem gleichen Startbildschirm beginnen und beim gleichen Fenster enden oder dass sich die Anwendung im gleichen Zustand befinden muss. Dieser Ansatz stellt die ideale Vorgehensweise zur Verwirklichung von Modularität dar, denn die Skripts sind unabhängig und deshalb ergebnisunabhängig, d.h., das erwartete Ergebnis eines Tests wirkt sich nicht auf das Resultat anderer aus und Daten und Kontext sind nicht beeinträchtigt. Eine solche Richtlinie würde die Austauschbarkeit von Testskripts vereinfachen und das Erstellen von Shell-Prozeduren ermöglichen. (Siehe auch das in Abbildung 8.4 dargestellte Modularitätsmodell.) Das ist allerdings nicht immer möglich, insbesondere wenn das Testskript viele untergeordnete Fenster durchlaufen muss, um die eigentliche Funktionalität zu erreichen. In einem solchen Fall wäre es eine unpraktische Anforderung, dass das Testskript wiederholt alle Fenster durchläuft.

Eine Lösung in dieser Situation könnte das Erstellen von Testskripts in modularer Weise sein – d.h., wo ein Skript endet, könnte ein anderes beginnen. Mit diesem Modell können eine Reihe von Testskripts als Teil eines übergeordneten Skripts miteinander verknüpft und in einer bestimmten Reihen-

folge wiedergegeben werden, um sowohl einen kontinuierlichen Wiedergabe-
fluss der Skripts als auch den fortlaufende Betrieb der zu testenden
Anwendung sicherzustellen. Wenn man diese Strategie verwendet, kann es
beim Scheitern von Tests allerdings zu Dominoeffekten kommen. Das tritt
ein, wenn das Ergebnis eines Testskripts das Resultat eines anderen Skripts
beeinträchtigt. Die Fehlerbehebung kann dabei schnell komplex werden.

Fallstudie

Automatisierte Zufallstests

Eine Testingenieurin namens Jackie war für das Erstellen einer Funktion für automatisierte Zufallstests zuständig, mit der die zu testende
Anwendung einem Belastungstest unterzogen werden sollte. Sie
schlug für das Skript den folgenden Pseudocode vor:

1. Erstelle verschiedene Testskripts, die resultatunabhängig sind, so
    dass das Ergebnis eines Skripts nicht das Ergebnis eines anderen
    beeinflusst.

2. Sorge dafür, dass jedes Testskript im selben Ausgangszustand star-
    tet, so dass nicht ein Skript beginnt, wo ein anderes endet.

3. Biete Mechanismen, mit deren Hilfe verifiziert werden kann, dass
    jedes Testskript die erwarteten Resultate erbringt, und füge Feh-
    lerbehandlungen hinzu, die für die Wiederherstellung eines Test-
    skripts sorgen.

4. Füge dem Gesamtskript einen Zufallszahlengenerator hinzu, um
    die zufällige Ausführung der verschiedenen Testskripts zu ermög-
    lichen.

Lernfrage 8.4

Erstellen Sie basierend auf dem Pseudocode aus der vorangehenden Fallstudie
ein Skript.

8.2.3.13 Globale Dateien

Automatisierte Testverfahren können durch das Hinzufügen von globalen
Dateien einfacher gewartet werden. So verlangt beispielsweise die Skriptsprache eines automatisierten Testwerkzeugs vom Testingenieur, den Programm-
quelltext für jedes Testskript zu deklarieren und zu definieren. Testingenieure
müssen sich beim Entwickeln automatisierter Tests die .sbl-Dateien (Visual
Basic) zu Nutze machen. Im Fall des Werkzeugs TestTeam etwa haben die
Basic-Header-Dateien .sbh-Endungen und enthalten die Prozedurdeklaratio-

nen sowie globale Variablen, auf die in den Skriptdateien der Testverfahren Bezug genommen wird. Quelltextdateien haben .sbl-Endungen und enthalten die Prozedurdefinitionen, die in den Testskriptdateien verwendet werden.

Globale Dateien bieten einen Vorteil, denn die global deklarierten Prozeduren sind allen Testskripts zugänglich. Wenn eine global deklarierte Prozedur überarbeitet werden muss, braucht diese Änderung nur an einer Stelle vorgenommen zu werden – nicht in allen Skripts, welche die globale Testprozedur benutzen. Das Testteam kann diese globalen Dateien parallel zur Anwendungsentwicklung erstellen oder damit bis zu einem späteren Zeitpunkt warten, wenn die Softwaremodule stabil genug für die Skripts der Testverfahren sind.

Ein Hauptkandidat für die Verwendung in einer globalen Datei wären die Testskripts, die mit dem Anmeldebildschirm zu tun haben. Wann immer der Test das Anmeldeskript anzeigen muss, kann das Testskript die erforderlichen Werte für Benutzerkennung und Passwort an die Anwendung übergeben.

Um sich die .sbh- oder Header-Dateien bei SQA Basic zu Nutze machen zu können, muss der Testingenieur eine *include*-Anweisung in den Hauptteil des Skripts einfügen. Diese Anweisung baut einfach den Quelltext, der eingefügt werden soll, beim Kompilieren in das Skript ein. Eine Include-Datei erlaubt es dem Testingenieur, eine zentrale Kopie mit dem gemeinsamen Quelltext zu verwenden, anstatt denselben Quelltext in vielen Testskripts wiederholen zu müssen. Die .sbh-Dateien sind normalerweise auf Deklarationen von externen Funktionen sowie auf einige Informationen darüber beschränkt, wo diese Funktionen zu finden sind (also BasicLib »Global«).

Die externen Funktionen (sbl/sbx) ihrerseits ähneln .dll-Dateien. Die .sbl-Dateien enthalten den Quelltext, der zum Erzeugen der ausführbaren Dateien kompiliert wird, die wiederum in .sbx-Dateien gespeichert werden. Wenn sich die .sbl-Datei mit dem Quelltext ändert, bleibt die .sbx-Datei so lange unverändert, bis sie erneut kompiliert wird. Die .sbx-Datei ist ausführbar, wird aber nicht in den Quelltext eingefügt, weil ihre Einbindung zur Laufzeit dynamisch erfolgt. Die .sbx-Datei wird deshalb zum Aufruf der externen Funktionen verwendet. Sie .sbl-Dateien müssen kompiliert werden und die Parameter müssen exakt mit den Funktionsdeklarationen aus der .sbh-Datei übereinstimmen.

8.2.3.14 Konstanten

Die Verwendung von Konstanten erhöht die Wartungsfreundlichkeit von Testskripts. Das Testteam sollte Konstanten in einer oder mehreren globalen Dateien ablegen, damit sie einfach gepflegt werden können. Das Kommando *DelayFor* bei der SQA-Suite ermöglicht zum Beispiel das Synchronisieren einer Anwendung und akzeptiert eine Zeit in Millisekunden. Das Skript

könnte etwa eine Anweisung wie `DelayFor (60.000)` enthalten, die »warte
mit dem nächsten Schritt für eine Minute« bedeuten würde. Wann immer der
Testingenieur die Einheit Millisekunden verwenden will, müssten bestimmte
Berechungen ausgeführt werden. Um sich das Leben zu erleichtern, könnte
der Test die Zeit in einer Konstanten speichern. Das folgenden Skript in SQA
Basic verwendet eine Konstante auf diese Art:

Prüfen der Teststation

```
********
Sub Main
Const
MILLI_SEC = 1000
MILLI_MIN = 60000
MILLI_HOUR = 360000

DelayFor ((2 * MILLI_SEC) + (2 * MILLI_MIN))

StartApplication "C:\notepad"
```

8.2.4 Andere Richtlinien

8.2.4.1 Ausgabeformat

Während der Phase der Testplanung sollte das Testteam das Ausgabeformat
für die Testergebnisse bestimmen, das von dem Datenformat der Endbenutzer
abhängt. Beim Entwickeln von Testskripts ist es notwendig, das gewünschte
Ausgabeformat des Skripts zu kennen. Der Testingenieur kann das Ausgabeformat beispielsweise mittels Anweisungen zum Schreiben in ein Protokoll
oder anderer Ausgabeanweisungen in das automatisierte Testskript aufnehmen.

Bei einem Projekt entwickelte der Testingenieur ein sorgfältig durchdachtes Ausgabeformat, das auf einem automatisierten Skript beruhte. Die Ausga-
beinformationen waren in das Testskript eingebettet und wurden in das Testprotokoll geschrieben. Die Endbenutzer der Anwendung mochten diese
Lösung allerdings nicht. Sie befürchteten, dass der Testingenieur die Ausgabe-
ergebnisse programmtechnisch manipulieren könnte, damit sie den Erwartungen entsprechen. Statt dessen wollten Sie Bildschirmabzüge von jedem
Ausgabeergebnis sehen, wie dies auch in der Vergangenheit der Fall war. Um
dem zu entsprechen, erstellte der Testingenieur ein automatisiertes Skript für
die Funktion und verwendete ein automatisiertes Testwerkzeug. Aus dieser
Erfahrung lernte er, wie wichtig es ist, das geplante Ausgabeformat für die
Testergebnisse mit den Kunden oder Endnutzern abzustimmen.

8.2.4.2 Testverfahren/Verifizierungspunkte

Im Rahmen der Designstandards für Testverfahren muss das Testteam klären, welche Testverfahren/Verifizierungspunkte verwendet und wann sie eingesetzt werden sollen. Testwerkzeuge verfügen über eine Reihe fertiger Testverfahren, die auch als Verifizierungspunkte bezeichnet werden. Testverfahren können die Objekteigenschaften der verschiedenen Komponenten eines GUI-Bildschirms untersuchen. Sie können das Vorhandensein eines Fenster überprüfen, das Menü testen oder die OCX- und VBX-Dateien einer Anwendung verifizieren. TestStudio etwa erlaubt das Aufzeichnen und Einfügen von 20 Verifizierungspunkten: Objekteigenschaften, Datenfenster, OCX/VBX-Daten, alphanummerischer Daten, Liste, Menü, Texteditor, Vorhandensein von Fenstern, Abbild eines Bereichs, Abbild eines Fensters, Testskripts für Wartezyklen, Anwendungsstart, Start- und End-Timer, Aufrufe von Testskripts, Schreiben in das Testprotokoll, Einfügen von Kommentaren, Objektdaten und Website.

Die Testingenieure bevorzugen möglicherweise bestimmte Verifizierungspunkte oder vermeiden andere. Bei der Arbeit mit TestStudio beispielsweise vermeiden einige Testingenieure die Verifizierungspunkte für Abbilder von Bereichen und Fenstern, da diese Tests für jede Veränderung der x,y-Koordinaten (Bildpunkte) anfällig sind.

8.2.4.3 Benutzerdefinierte Verifizierungsmethoden

Eine andere Möglichkeit für Variabilität ist die Definition der Daten, anhand derer das Testskript feststellt, ob ein Test gelungen oder gescheitert ist. Beim Einsatz von standardisierten Testverfahren und Verifizierungsmethoden definiert das Testteam die genaue Zeichenkette, die erscheinen muss, damit ein Test als gelungen gilt. Im Gegensatz dazu kann man bei der Verwendung von TestStudio, anstatt ein bestimmtes Datum zu erwarten, das Testskript einfach daraufhin prüfen lassen, ob die Daten ein Datumsformat haben. In diesem Fall wäre jedes Datum akzeptabel.

Um Variationen (über die eingebauten Verifizierungsmethoden wie etwa Zahlenintervalle hinaus) zu ermöglichen, kann der Test eine maßgefertigte Verifizierungsmethode enthalten. Für das Erstellen einer solche Methode ist die Automatisierung des Tests einschließlich der Entwicklung des Quelltexts wesentlich. Der Testingenieur kann sich auch die Aufrufe von Schnittstellen für die Anwendungsprogrammierung (APIs) oder Dynamic Link Libraries (.dll-Dateien) zu Nutze machen.

8.2.4.4 API-Aufrufe und .dll-Dateien

Die Verwendung von API-Aufrufen kann Testskripts erheblich erweitern. API-Aufrufe stellen eine (recht umfangreiche) Sammlung von Funktionen dar, die in Windows eingebaut sind und die von einem Testskript genutzt werden können, um dessen Möglichkeiten zu erweitern.

Das Testteam muss feststellen, ob das gewählte Testwerkzeug die Verwendung von API-Aufrufen unterstützt. In der Regel kann man vom Lieferanten des Testwerkzeugs erfahren, welche der zahlreichen APIs mit dem Werkzeug kompatibel sind. Um einen API-Aufruf zu erstellen, deklariert der Testingenieur die API-Funktion innerhalb des Quelltextes des Testskripts, üblicherweise im Deklarationsabschnitt der Programmmoduls. Das Programm ruft die Funktion dann so auf, wie dies auch bei jeder anderen Funktion geschehen würde.

Es gibt viele Möglichkeiten, APIs für Tests einzusetzen, und es wurden schon zahlreiche Bücher veröffentlicht, die sich mit der Verwendung von APIs beschäftigen. Im Folgenden sind einige Beispiel für API-Aufrufe mit dem Testwerkzeug WinRunner angedeutet.

Beispiel 1: Ermitteln des freien Speichers

Declaration: Declare Function GetFreeSpace& Lib »Kernel« (ByVal flag%)
API call: x& = GetFreeSpace(0)

Beispiel 2: Ermitteln der verwendeten Systemressourcen

Declaration: Declare Function GetFreeSystemresources& Lib »User« (ByValflags%)
API call: x& = GetFreeSystemResources(0)

Die Verwendung von .dll-Dateien erlaubt dem Testingenieur, die Nützlichkeit des Skripts auszudehnen. Wie auch API-Aufrufe, können sie auf zahlreiche Arten eingesetzt werden.

Beispiel 1[6]: Sortieren der Feldinhalte durch eine .dll-Funktion

Syntax: array_sort_C(array[ ],property1, property2);
array[ ]: auszugebendes Feld.
property1: primäres Sortierkriterium (Objekteigenschaft).
property2: sekundäres Sortierkriterium (Objekteigenschaft) - optional.

Dieses Programm sortiert ein Feld, das aus Objektnamen besteht. Die neue Reihenfolge wird durch das Vergleichen von Objekteigenschaften bestimmt. Der neue Index beginnt bei 1. Es können bis zu zwei Sortierkriterien angegeben werden, so dass mehrstufiges Sortieren möglich ist.

Beispiel 2: Sortieren eines Feldes anhand der Klasse und der X-Position

```
# Initialisieren der Daten
win_get_objects(windows,all,M_NO_MENUS);
# Sortieren des Feldes
array_sort_C(all, "class", "x");
```

8.3 Automatisierungsinfrastruktur

Die Anwendung automatisierter Tests bei einem Projekt, einschließlich der Entwicklung der Testskripts (-programme) bzw. der Bearbeitung von durch automatisierte Testwerkzeuge erstellten Testprogrammen, funktioniert am besten unter Verwendung einer Bibliothek wieder verwendbarer Funktionen. Diese Bibliothek wird auch als Automatisierungsinfrastruktur oder als Automatisierungsrahmen bezeichnet.

Die Erstellung und Pflege einer Automatisierungsinfrastruktur ist eine Schlüsselkomponente für jedes langfristige Programm zur Testautomatisierung. Ihre Verwirklichung erfordert in der Regel eine Organisationsstruktur beim Testteam, welche den Zusammenhalt des Teams über zahlreiche Projekte hinweg unterstützt.

Wenn das Team den in Abschnitt 8.2 beschriebenen Entwicklungsrichtlinien folgt, wird es mit dem Erstellen von wieder verwendbaren Funktionen beginnen, die zu den Grundsteinen seiner Automatisierungsinfrastruktur werden. Eine solche Infrastruktur stellt eine Bibliothek wieder verwendbarer Funktionen dar, die möglicherweise für Tests bei anderen Projekten oder bei verschiedenen und aufeinander folgenden Versionen einer bestimmten Anwendung erstellt worden sind. Diese Funktionen können vielleicht verwendet werden, um redundante Anstrengungen beim Entwickeln von Testskripts zu vermeiden und um deren Wiederverwendbarkeit zu verbessern.

Üblicherweise enthält eine einzelne Testprozedur innerhalb eines Skripts ein Minimum an Funktionalität. So könnte eine Prozedur etwa einen Menüeintrag aktivieren, indem sie einen *Aufruf* dieser Testprozedur von einer anderen Prozedur aus durchführt. Wenn sich dieser Menüeintrag der Anwendung verändert, muss das Testteam die Anpassung nur an einer Stelle vornehmen – nämlich in der Testprozedur, von der aus der Menüeintrag abgerufen wird – und die Testprozedur dann erneut ausführen. Eine Automatisierungsinfrastruktur wird im Laufe der Zeit verbessert und entwickelt, wenn die Testmitarbeiter wieder verwendbare Funktionen (Subprozeduren) für Testverfahren entwickeln, die eine Vielzahl von Projekten zur Anwendungsentwicklung und -pflege unterstützen.

Es ist wichtig, die Inhalte und Funktionalitäten der Automatisierungsinfrastruktur zu dokumentieren, um die in Abschnitt 8.1 vorgestellte Analyse der Wiederverwendbarkeit zu unterstützen. Die folgenden Funktionsskripts können sich in einer solchen Infrastruktur als besonders wertvoll erweisen:

- Tabellengestützte Testautomatisierung

- Skripts zum Vorbereiten der PC-Umgebung

- Optionen zum automatisierten Aufzeichnen

- Anmeldefunktionen

- Funktionen zum Beenden

- Navigationsfunktionen

- Verifizierung der GUI-Standardfunktionen

- Smoke-Test

- Routinen zum Protokollieren von Fehlern

- Verifizierungsskripts für Hilfefunktionen

- Funktionen für zeitgesteuerte Hinweisfenster

- Fortgeschrittene mathematische Funktionen

8.3.1 Tabellengestützte Testautomatisierung

Ein tabellengestützter Ansatz beim Testen [7] ähnelt der Verwendung einer Datenvorlage (siehe Abschnitt 8.2)und macht verstärkt von Eingabedateien Gebrauch. Das Testen umfasst nicht nur Daten aus einer Datei oder Tabelle, sondern auch Bedienkomponenten, Kommandos und erwartete Ergebnisse. Der Quelltext des Skripts wird somit von den Daten getrennt, was den Aufwand zur Überarbeitung und Pflege des Skripts minimiert. Beim Verwenden dieses Ansatzes muss man unbedingt zwischen dem Schritt der Feststellung »welche Anforderungen zu testen sind« und dem der Ermittlung »wie die Anforderungen zu testen sind« unterscheiden. Die Funktionalität der zu testenden Anwendung wird in einer Tabelle ebenso dokumentiert wie in Schritt-für-Schritt-Anweisungen für jeden Test. Ein Beispiel dafür finden Sie in Tabelle 8.6.

Wenn diese Tabelle erst einmal angelegt ist, kann ein einfaches Bearbeitungsprogramm die Schritte aus der Tabelle einlesen, die Ausführung jedes Schritts ermitteln und basierend auf den zurück kommenden Meldungen eine Fehlerüberprüfung durchführen. Dieses Programm extrahiert die Informationen aus der Tabelle, um eine oder mehrere Testprozedur(en) zu erzeugen. Die Daten in Tabelle 8.6 stammen vom folgenden Quelltext in SQA Basic:

Das Skript, von dem die Daten in Tabelle 8.6 stammen

```
Window SetContext, "VBName=StartScreen;VisualText=XYZ Saving Bank", ""

    PushButton Click, "VBName=PrequalifyButton;VisualText=
    Prequalifying"

    Window SetContext, "VBName=frmMain;VisualText=Mortgage
    Prequalifier", ""
        MenuSelect "File->New Customer"

        ComboListBox Click, "ObjectIndex=" &TestCustomer.Title,
        "Text=Mr.          "
        InputKeys TestCustomer.FirstName & "{TAB}" &
        TestCustomer.LastName & "{TAB}" & TestCustomer.Address &
        "{TAB}" & TestCustomer.City
        InputKeys "{TAB}" TestCustomer.State & "{TAB}" &
        TestCustomer.Zip
PushButton Click, "VBName=UpdateButton;VisualText=Update"
.
.
'End of recorded code
```

Das Testteam könnte ein GUI-Verzeichnis erstellen, in dem ein Eintrag für jede Art von GUI-Objekt enthalten ist, das getestet werden muss. Zu diesen Objekten würden alle Schaltflächen, Menüs, Eingabefelder sowie die Schaltflächen für den Bildlauf gehören. Jeder Eintrag im GUI-Verzeichnis würde Informationen über die Art des Objekts, dessen übergeordnetes Fenster sowie die Größe und Position des Objekts im Fenster enthalten. Jeder Eintrag würde ähnlich wie beim Konzept der Objekt-IDs über einen eindeutigen Bezeichner verfügen. Der Testingenieur verwendet diese eindeutigen Bezeichner in den Testskripts ganz ähnlich der Art und Weise, wie Zeichenketten zum Erkennen von Objekten eingesetzt werden.

Tab. 8.6 Tabellengestütztes automatisiertes Testen

		Tabelle zum Erzeugen automatisierter Testskripts		
Fenster (VB-Name)	Fenster (sichtbarer Name)	Objekt	Aktion	Argumente
StartScreen	XYZ Savings Bank	-	SetContext	-
PrequalifyButton	Prequalifying	PushButton	Click	-
FrmMain	Mortgage Prequalifyier	-	SetContext	-
FrmMain	File	-	MenuSelect	NewCustomer

Das GUI-Verzeichnis dient als Index für die zahlreichen Objekte innerhalb der GUI und den entsprechenden Testskripts, die diese Objekte überprüfen. Es kann auf verschiedene Arten implementiert werden, wie zum Beispiel mittels Konstanten oder globaler Variablen. Das GUI-Verzeichnis kann sich auch eine Datei zu Nutze machen, wie etwa ein Tabellenkalkulationsdokument. Die Verzeichnisinformationen können dann in ein globales Feld eingelesen werden. Durch die Platzierung in einem solchen globalen Feld macht der Testingenieur die Verzeichnisinformationen jedem Testskript im System zugänglich. Dieselben Daten können wieder verwendet und mehrfach aufgerufen werden.

Zusätzlich zum Einlesen von GUI-Daten aus einer Datei oder einem Tabellenkalkulationsdokument können auch die Daten der erwarteten Ergebnisse in eine Datei oder eine Tabellenkalkulation platziert und von dort abgerufen werden. Ein automatisiertes Testwerkzeug kann dann die tatsächlichen Ergebnisse des Tests mit den Daten aus der Datei vergleichen.

Das Testteam sollte der elektronischen Bibliothek der Testprogramme permanent wieder verwendbare und allgemeine Testverfahren und Skripts hinzufügen. Diese Bibliothek kann sich als sehr profitabel erweisen, egal ob der Testingenieur eine allgemeine Funktion zum Vorbereiten der PC-Umgebung erstellen oder ein gemeinsames Skript zum Protokollieren aller Fehler entwickeln will. Ein Schlüssel zum Nutzen der Programmbibliothek ist die Leichtigkeit, mit der Testingenieur eine Funktion in der Bibliothek suchen und finden können. Die gewählten Namenskonventionen sollten sie, wie bei der Diskussion der Entwicklungsrichtlinien für Tests in Kapitel 7 umrissen, in die Lage versetzen, benötigte Funktionen ohne weiteres zu finden. Eine Namenskonvention hilft auch bei der Analyse der Wiederverwendbarkeit. Das Erstellen einer Tabelle wie Tabelle 8.2 auf S. 337, nur ohne die Spalte »Wieder verwendbare Komponente«, würde diese Bestrebungen beispielsweise unterstützen.

8.3.2 Skript zum automatisierten Einrichten der PC-Umgebung

Wie in diesem Buch immer wieder erwähnt, ist ein Skript zum automatisierten Einrichten der PC-Umgebung ein wertvoller Gewinn für die Bibliothek wieder verwendbarer Komponenten. Der Zustand der PC-Umgebung sollte genau dem Status während der Aufzeichnung entsprechen, damit ein Skript erfolgreich wiedergegeben werden kann. Andernfalls könnte es aufgrund von Umgebungsproblemen zu Wiedergabefehlern kommen.

Um solche Umgebungsprobleme zu vermeiden, sollte das Testteam ein gemeinsames und oft wieder verwendetes Skript zum automatisierten Einrichten der Testumgebung entwickeln. Dieses Skript sollte die Umgebung auf die Durchführung des Tests vorbereiten, indem es die Konfiguration des PCs verifiziert. Es kann beispielsweise dafür sorgen, dass alle Arbeitsplatzrechner (PCs) der Testumgebung gleich konfiguriert sind. Es könnte sicherstellen, dass die Zuordnung der Laufwerke für alle relevanten PCs dieselbe ist, und die Netzwerkverbindungen überprüfen. Ein Abschnitt des Skripts kann kontrollieren, ob die Bildschirmauflösung bei allen PCs dieselbe ist, während ein anderer feststellt, ob bei jedem Rechner der Bildschirmschoner deaktiviert wurde. Noch ein weiteres Skript könnte Datum und Zeit bei allen PCs synchronisieren. Das Einrichtungsskript könnte ebenfalls verifizieren, dass die richtige Version der zu testenden Anwendung installiert ist. Es kann für das Initialisieren der Daten sorgen, den Zustand der Daten nach einer Hinzufügen-, Löschen- oder Aktualisierungsfunktion wiederherstellen und für Sicherheitskopien sorgen.

Dieses Skript zum Einrichten der Testumgebung kann auch Funktionen enthalten, welche die Installation aller Dynamic Link Libraries (.dll) kontrollieren und Einträge in der Registrierdatenbank verifizieren. Es könnte das Verarbeiten von Systemnachrichten ein- oder ausschalten, die möglicherweise mit dem Entwickeln oder Wiedergeben von Skripts kollidieren. Dieses Skript könnte vorhandenen Festplatten- und Speicherplatz ermitteln und entsprechende Warnungen ausgeben, wenn einer von beiden Faktoren zu gering ist.

Da das Einrichtungsskript wesentliche Funktionen umfassen kann, muss der Testingenieur die Modularität im Auge behalten. Es ist am besten, die Hauptfunktionen auf einzelne Skripts zu verteilen und eine Reihe solcher Skripts zu einer Shell-Prozedur (einer Wrapper-Funktion) zusammenzufassen.

Lernfrage 8.5

Welche weiteren Funktionen könnte ein Skript zum Einrichten der PC-Umgebung enthalten? Geben Sie Beispiele.

8.3.3 Optionen zum automatisierten Aufzeichnen

Ein weiteres nützliches Skript im Repertoire einer Testbibliothek könnte alle Aufzeichnungsoptionen automatisieren. Die meisten automatisierten Testwerkzeuge erlauben es dem Testingenieur, eine Reihe von Optionen für die Aufzeichnung von Skripts einzustellen. Damit die Mitglieder einen einheitlichen Ansatz verwenden, könnte man ein Skript erstellen, das diese Einstellungen automatisiert vornimmt. Diese Funktion gibt Anweisungen, wie eine Reihe von Parametern, wie etwa Mausbewegungen, bestimmte Objekte, Fenstereinstellungen und ein Objektfenster, zu wählen sind.

Bei einigen automatisierten Testwerkzeugen, wie etwa Robot, kann der Testingenieur vorgeben, wie das Werkzeug die Inhalte von Listen und Menüs sowie nicht unterstützte Mausbewegungen erkennen soll. Man kann auch angeben, welcher Präfix bei der automatisierten Benennung der Testskripts verwendet werden soll, ob Pausen aufgezeichnet werden sollen und ob Robot die Größe sowie Position aktiver Fenster speichern und wiederherstellen soll [8]. Diese Arten von Vorbereitungsaktivitäten könnten automatisiert werden, damit sie bei allen PC-Konfigurierungen einheitlich erfolgen.

Zusätzlich bieten die meisten automatisierten Testwerkzeuge die Möglichkeit, Optionen für die Wiedergabe von Skripts einzustellen. Bei den Wiedergabeoptionen von Robot kann der Testingenieur zum Beispiel angeben, wie groß die Verzögerung zwischen den einzelnen Kommandos und Tastendrücken sein soll, ob die aufgezeichneten Pausen und Verzögerungen verwendet werden sollen, ob Verifizierungspunkte ausgelassen werden sollen, ob ein Bestätigungsfenster angezeigt werden soll und was während der Wiedergabe mit dem Robot-Fenster geschehen soll. Die Testingenieure können bestimmen, welche Ergebnisse in einem Protokoll gespeichert werden und ob das Protokoll nach der Wiedergabe angezeigt werden soll. Andere Auswahlmöglichkeiten bei Robot umfassen Angaben zum »Vergleich der Fenstertitel« und zu »Wartezyklen« sowie Umgangsvorschriften für »unerwartete aktive Fenster«, »Fehlerbehandlung« und »Fallen« [9]. Auch hierbei sollte die Einrichtung bei allen PCs innerhalb der Testumgebung einheitlich sein – der perfekte Grund für das Automatisieren des Einrichtungsvorgangs.

8.3.4 Anmeldefunktion

Ein weiterer wichtiger Teil der Bibliothek wieder verwendbarer Komponenten ist ein Anmeldeskript. Dieses Skript kann an einem bestimmten Punkt starten und enden. Es kann die zu testende Anwendung starten und überprüft die Benutzerkennung und das Passwort. Zusätzlich kann es unter anderem den vorhandenen Speicher vor und nach dem Start der Anwendung kontrollieren. Dieses Skript kann am Beginn aller Testverfahren aufgerufen werden.

8.3.5 Funktion zum Beenden

Der Automatisierungsinfrastruktur (der Bibliothek wieder verwendbarer Komponenten) kann eine endlose Zahl und Vielfalt von Skripts hinzugefügt werden. Die Infrastruktur umfasst allgemeine Funktionen innerhalb der Testumgebung, die von einem Testskript aufgerufen oder in ein solches eingebunden werden. Es können Skripts erstellt werden, welche die verschiedenen Arten des Öffnens, Schließens, Löschens, Ausschneidens und Einfügens von

Datensätzen auswählen. So könnte beispielsweise ein Testskript, das zufallsbasiert die Methode zum Beenden einer Anwendung auswählt, bei Bedarf von einem anderen Skript aufgerufen werden. Die notwendigen Schritte zum Beenden einer Anwendung können die Auswahl einer Beenden-Schaltfläche, die Auswahl des Beenden-Eintrags im Datei-Menü, die Auswahl des Schließen-Eintrags im Steuerfeld des Fensters oder ein Doppelklick auf das Steuerfeld des Fensters umfassen, um nur einige zu nennen. Der eine Schritt des Tests (Beenden der Anwendung) würde bei jedem Ausführen des Skripts anders durchgeführt und das System somit vollständig getestet werden.

8.3.6 Navigation

Wie bei den Entwicklungsrichtlinien für Tests in Abschnitt 8.2 bereits erklärt, erfordert die Navigation in einer Anwendung ihr eigenes Skript. Das Testteam muss der Automatisierungsinfrastruktur Testskripts hinzufügen, die sich ausschließlich der Navigation widmen. Diese Prozeduren sind nicht dafür gedacht, bestimmte funktionale Anforderungen zu validieren, sondern sollen die Aktionen der Benutzerschnittstelle unterstützen. Ein Testingenieur könnte beispielsweise ein Skript aufzeichnen, das durch mehrere Fenster der Anwendung navigiert und diese dann in einem bestimmten Fenster verlässt. Ein anderes Testskripts könnte dann das Zielfenster überprüfen. Navigationsskripts können während der gesamten Phase von Design und Entwicklung gemeinsam genutzt und wieder verwendet werden.

8.3.7 Verifizieren von GUI-Standards

Ein anderes Skript in der Bibliothek wieder verwendbarer Skripts könnte die GUI-Standards kontrollieren. Das Testteam kann die Entwicklung spezieller Testskripts erwägen, welche die Einhaltung der GUI-Standards überprüfen (etwa das Untersuchen von Zeichensatz, Farbe und Reihenfolge der Kategorien) und die eher als Teil des Regressionstests als im Rahmen des Systemtests ausgeführt werden. Teammitglieder könnte ein Skript erstellen, das die GUI-Standards anhand einer Reihe von Regeln verifiziert, die in einer .csv-Datei enthalten sind. Das Skript könnte die Regeln dann aus der .csv-Datei einlesen und sie mit der tatsächlichen GUI-Implementierung vergleichen.

8.3.8 Smoke-Test

Eine sehr wichtige Komponente der Bibliothek wieder verwendbarer Skripts besteht aus einem Eingangstest für neue Softwareversionen, der auch als *Smoke*-Test bezeichnet wird. Dieser Test, der in Kapitel 2 beschrieben wurde, konzentriert sich auf die wesentliche übergeordnete Funktionalität der Anwendung. Anstatt bei jeder neuen Softwareversion immer wieder alles neu zu testen, lässt der Testingenieur den Smoke-Test durchlaufen und kontrolliert so, ob die Hauptfunktionalität des Systems noch vorhanden ist. Ein automatisiertes Testwerkzeug ermöglicht es dem Testingenieur, die manuellen Schritte aufzuzeichnen, die für diesen Eingangstest bei einer neuen Softwareversion üblicherweise unternommen werden.

Das Testteam bestimmt zunächst, welcher Teil des Tests für die übergeordnete Funktionalität zuständig ist. Dann entwickelt es automatisierte Testverfahren, die sich mit dieser Hauptfunktionalität beschäftigen. Dieser Smoke-Test kann von den Testingenieuren oder Entwicklern jedes Mal wiederholt werden, wenn eine neuen Version der Software freigegeben wird. So lässt sich verifizieren, dass beim Zusammenstellen der Version nicht ein neues Problem entstanden ist, und man erhält die Bestätigung, dass der Freigabevorgang durch das Konfigurationsmanagement nicht fehlerhaft war.

Wenn der Test der ersten Veröffentlichung einer Anwendung dient, bestehen Smoke-Tests vielleicht aus einer Reihe von Tests, die verifizieren, dass die Datenbank auf die richtige Umgebung verweist, die richtige (erwartete) Version der Datenbank verwendet wird, Sitzungen gestartet werden können, alle Bildschirme und Menüauswahlen zugänglich sind sowie dass Daten eingegeben, ausgewählt und bearbeitet werden können. Das Durchführen eines Smoke-Tests kann einschließlich dem Erstellen und Ausführen automatisierter Skripts für diese Softwareversion und dem Analysieren der Ergebnisse durchaus ein oder zwei Tage der Zeit des Testteams in Anspruch nehmen. Bei Tests für die Erstveröffentlichung einer Anwendung wird das Testteam möglicherweise Smoke-Tests für jeden Systembereich durchführen wollen, um mit der Entwicklung der Tests so früh wie möglich beginnen zu können, ohne darauf warten zu müssen, dass das gesamte System stabil wird.

Wenn die Ergebnisse den Erwartungen entsprechen, die Smoke-Tests also bestanden werden, wird die Software formell in die Testumgebung überführt. Entsprechen die Resultate nicht den Erwartungen und resultieren die fraglichen Abweichungen nicht aus Fehlern in der Konfiguration, in den Skripts, bei den Testingenieuren oder bei den korrigierten Programmteilen, sollte das Testteam die Software als nicht testfähig ablehnen.

Fallstudie

Anwendung von Smoke-Tests

Die mögliche Anwendung von Smoke-Tests wurde zuerst in Kapitel 2 vorgestellt. Anstatt sich blindlings in die Testaktivitäten zu stürzen, nur um dann festzustellen, dass die Version der Softwareanwendung nicht korrekt funktioniert, kann der Smoke-Test überprüfen, ob die Grundfunktionen aus früheren Versionen der zu testenden Anwendung noch immer ordnungsgemäß arbeiten.

Eine Testingenieurin namens Carla arbeitete an einem Projekt, bei dem ein neues Werkzeug für das Konfigurationsmanagement eingesetzt wurde. Die KM-Mitarbeiter, die mit dem Werkzeug arbeiteten, waren nicht umfassend mit seinen Möglichkeiten vertraut und hatten nur eine vorbereitende Schulung erhalten. Carla und die anderen Mitglieder des Testteams entschieden sich dafür, bei jeder neuen Version der Software einen Smoke-Test durchzuführen.

In den meisten Fällen scheiterte dieser Smoke-Test, weil die Softwareversion nicht korrekt vorbereitet worden war. Die KM-Mitarbeiter hatten entweder vergessen, die richtige Komponente einzusetzen, oder nicht daran gedacht, die korrekte Version einer anderen Komponente freizugeben. In den ersten Monaten nach der Einführung des KM-Werkzeugs war das Projekt von den Smoke-Tests abhängig, um festzustellen, ob die Vorbereitung der Softwareversion korrekt erfolgt war.

Lernfrage 8.6

Erstellen Sie ein Beispiel eines Smoke-Tests für eine vorhandene Anwendung.

8.3.9 Routinen zur Fehlerprotokollierung

Wie bei den Entwicklungsrichtlinien erwähnt, sollten Routinen zur Fehlerprotokollierung Teil der Bibliothek wieder verwendbarer Komponenten sein. Der Testingenieur kann eine solche Routine erstellen, indem er sämtliche Fehlerinformationen aufzeichnet, die das Werkzeug nicht ohnehin schon erfasst. Die Routine könnte beispielsweise Informationen wie etwa »tatsächliche im Vergleich mit den erwarteten Ergebnissen«, Zustand der Anwendung oder Umgebungsinformationen zum Zeitpunkt des Fehlers sammeln.

8.3.10   Verifizierungsskript für die Hilfe-Funktion

Ein Verifizierungsskript für die Hilfe-Funktion kann verifizieren, dass die Hilfe-Funktionalität zugänglich ist, der Inhalt stimmt und eine ordnungsgemäße Navigation möglich ist. Es folgen einige Beispiele für Bibliotheken wieder verwendbarer Skripts, die von verschiedenen Testingenieuren implementiert wurden.

Eine Gruppe von Testingenieuren verwendete WinRunner, ein Testwerkzeug von Mercury Interactive, um eine Bibliothek wieder verwendbarer Skripts zu erstellen, und machte sie über das Web allen Testingenieuren zugänglich [10]. Diese Bibliothek enthält Vorlagen für Testskripts, Erweiterungen der Skriptsprache und standardisierte Testverfahren für GUI-Tests mit WinRunner. Tabelle 8.7 zeigt Beispiele für wieder verwendbare Funktionen, die für dieses Projekt geschrieben wurden.

Tab. 8.7   wieder verwendbare Funktionen bei WinRunner-Skripts

Modul	Beschreibung	Initialisie-rungsskript	Kategorie des Funktionsgenerators
array	Funktionen für assoziative Felder	init/ini_arr	imbus: Array
file	Funktionen für den Dateizugriff	init/ini_file	imbus: File
general	Verschiedene allgemeine Funktionen	init/ini_gen	imbus: General
geo	Testfunktionen für die räumliche Ausrichtung von Objekten	init/ini_geo	imbus: Geometrics
list	Funktionen für vereinfachten Zugriff auf Listen	init/ini_list	imbus: List
menu	Steuerfunktionen für Menüs	init/ini_menu	imbus: Menu
standard	Standardtests	init/ini_std	imbus: Standard Tests
stdClass	Standardtests für Objektklassen wie etwa Optionsfelder	init/ini_stdC	imbus: Standard Tests (class)
string	Funktionen für Zeichenketten	init/ini_str	imbus: String
tab	Zugriffsfunktionen für Registerkartensteuerelemente	init/ini_tab	imbus: Tab
tooltips	Zugriffsfunktionen für Tipps und Werkzeugleisten	init/ini_tt	imbus: Tooltips

Die Bibliothek besteht aus drei Grundarten von Komponenten: Skriptvorlagen, Funktionen und GUI-Tests. Alle drei sind dafür vorgesehen, die Arbeit der Testingenieure zu vereinfachen und die Testergebnisse zu standardisieren. Die Skriptvorlagen ermöglichen es den Testingenieuren, ihre eigenen Skripts zu schreiben. Das Skript kann kopiert und zu vollständigen Testskripts oder Funktionssammlungen weiterentwickelt werden. GUI-Tests werden mittels des entsprechenden Installationsskripts in die WinRunner-Umgebung integriert. Sie funktionieren viel besser als die GUI-Tests aus dem Lieferumfang von WinRunner.

8.3.11 Funktionen für zeitgesteuerte Hinweisfenster

Ein weiteres Beispiel für wieder verwendbare Skripts sind Funktionen für zeitgesteuerte Hinweisfenster. Solche Funktionen ermöglichen es, ein Hinweisfenster anzeigen und dann nach einer festgelegten Zeit wieder entfernen zu lassen, um Probleme beim Durchführen von Skripts zu vermeiden.

8.3.12 Fortgeschrittene mathematische Funktionen

Fortgeschrittene mathematische Funktionen können, wenn sie erst einmal erstellt sind, bei Bedarf für jede geeignete und zu testende Anwendung wieder verwendet werden.

8.4 Zusammenfassung

- Zur Entwicklung von Tests gehört das Erstellen von Testverfahren bzw. -skripts, die wartungsfreundlich, wieder verwendbar, einfach und robust sein sollen, was seinerseits eine genauso große Herausforderung wie das Entwickeln der zu testenden Anwendung sein kann. Um den Nutzen der Testautomatisierung zu maximieren, sollten die Testingenieure das Entwickeln der Testskripts, genau wie deren Design, parallel zur Entwicklung der zu testenden Anwendung durchführen.

- Die Entwicklungsarchitektur für Tests gibt dem Testteam einen guten Überblick darüber, welche vorbereitenden Aktivitäten oder Grundsteine für die Erstellung von Testverfahren bzw. -skripts notwendig sind. Diese Architektur stellt die wesentlichen Aktivitäten dar, die als Teil der Testentwicklung durchgeführt werden müssen. Das Testteam wird diese Architektur verändern und anpassen müssen, damit sie den Erfordernissen des speziellen Projekts entspricht.

- Der Entwicklung von Testverfahren müssen verschiedene Aufbau- und Vorbereitungsaktivitäten vorangehen, zu denen das Erfassen und Verwalten der Aktivitäten zum Einrichten der Testumgebung gehört, wobei die Materialbeschaffung zu langen Vorlaufzeiten führen kann.

- Vor dem Beginn der Testentwicklung muss das Testteam das Potenzial für die Wiederverwendung bereits vorhandener Testverfahren und -skripts innerhalb der Automatisierungsinfrastruktur (der Bibliothek wieder verwendbarer Komponenten) ermitteln.

- Der Zeitplan für die Entwicklung und Durchführung der Testverfahren wird vom Testteam vorbereitet, um den Zeitrahmen für das Entwickeln und Ausführen der verschiedenen Tests zu bestimmen. Dieser Zeitplan bestimmt Abhängigkeiten zwischen Tests und Vorbereitungsaktivitäten, die Reihenfolge der Testabläufe sowie die Schritte zum Aufräumen.

- Vor dem Erstellen einer kompletten Sammlung von Testskripts führt das Testteam eine Analyse der Beziehungen zwischen den Modulen durch. Die Ergebnisse dieser Analyse erleichtern das Definieren von Datenabhängigkeiten, das Planen der Vorgehensweise bei voneinander abhängigen Tests und das Ermitteln von gemeinsamen Skripts, die im Laufe der Tests wiederholt eingesetzt werden können. Dabei wird eine Tabelle der Modularitätsbeziehungen erstellt, die angibt, wie die verschiedenen Testskripts miteinander interagieren. Diese grafische Darstellung erlaubt es den Testingenieuren, Möglichkeiten für die Wiederverwendung von Skripts festzustellen und so den Aufwand für das Erstellen und Pflegen der Testskripts zu minimieren.

- Während der Entwicklung der Testverfahren sollte das Testteam die Konfigurationskontrolle über das Testdesign, die Testskripts und -daten sowie jede einzelne Testprozedur ausüben. Gruppen wieder verwendbarer Testverfahren und Skripts werden üblicherweise in einem Katalog oder einer Bibliothek von Testdaten gesammelt, die als Testbasis oder Testbed bezeichnet wird. Die Testbasis muss mittels eines Werkzeuges für das Konfigurationsmanagement in Baselines gebracht werden.

- Die Gruppe muss als nächstes die Richtlinien für die Entwicklung von Testskripts bestimmen, die für die verschiedenen Entwicklungsaktivitäten des Projekts gelten sollen. Diese Richtlinien sollten für die Entwicklung sowohl manueller als auch automatisierter Testverfahren gelten, die wieder verwendbar und wartungsfreundlich sind.

- Eine Automatisierungsinfrastruktur (auch Automatisierungsrahmen genannt) ist eine Bibliothek wieder verwendbarer Funktionen, die möglicherweise für Tests bei anderen Projekten oder bei verschiedenen und aufeinander folgenden Versionen einer bestimmten Anwendung erstellt worden sind. Das Entscheidende bei diesen Funktionen ist ihr Wiederverwendungspotenzial, um redundante Anstrengungen beim Entwickeln von Testverfahren zu vermeiden und die Wiederverwendbarkeit der dabei entstehenden Testprozeduren und -skripts zu verbessern.

8.5 Literaturhinweise

1. Der Ausspruch »ein bisschen Entwerfen, ein bisschen Programmieren, ein bisschen Testen« wird Grady Booch zugeordnet.

2. Linz, T., Daigl, M. GUI Testing made painless, Implementation und Results of the ESSI Project Mummer 24306. Möhrendorf, Deutschland, 1998. www.imbus.de.

3. http://www3.sympatico.ca/michael.woodall/sqa.htm.

4. http://www3.sympatico.ca/michael.woodall.

5. VB Flavor Hungarion Notation: www.strangecreations.com/library/c/naming.txt. Siehe auch http://support.microsoft.com/support/kb/articles/Q1110/2/64.asp

6. Linz, T., Daigl, M. How to Automate Testing of Graphical User Interfaces, Implementation und Results of the ESSI Project Numer 24306. Möhrendorf, Deutschland, 1998. www.imbus.de

7. Pettichord, B. Success with Test Automation. (Webseite) 1995. www.io.com/~wazmo/qa.html.

8. Jacobson, I., Booch, G., Rumbaugh, J. *The Unified Software Development Process*. Reading, MA: Addison-Wesley, 1999.

9. ebda.

10. Siehe 2.

Teil IV

Testdurchführung und -überprüfung

Wichtige Dinge sollten niemals von der Gnade weniger wichtiger Dinge abhängen.

– Johann Wolfgang von Goethe

9. Testdurchführung

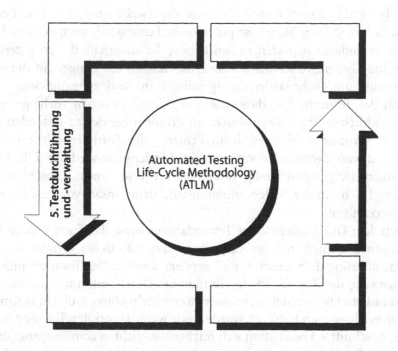

5. Testdurchführung und -verwaltung

Automated Testing Life-Cycle Methodology (ATLM)

Bis zu dicscm Zcitpunkt hat sich das Testteam mit dem Testdesign (Kapitel 7) und der Entwicklung der Tests (Kapitel 8) beschäftigt. Die Testverfahren bzw. -skripts können nun ausgeführt und die zu testende Anwendung somit erprobt werden. Ebenso wurde, wie in Kapitel 8 angesprochen, die Vorbereitung der Testumgebung entsprechend den Testanforderungen und Richtlinien des Testplans geplant und durchgeführt.

Wenn der Testplan vorliegt und die Testumgebung einsatzbereit ist, ist es an der Zeit, die für das Testprogramm vorgesehenen Tests durchzuführen. Dabei wird sich das Testteam an den in Kapitel 8 besprochenen Zeitplan für die Durchführung der Testverfahren halten müssen. Dieser Zeitplan setzt die innerhalb des Testplans definierte Strategie um. Die Pläne für Einheiten-, Integrations-, System- und Benutzerakzeptanztests werden abgearbeitet. Diese Testphasen bilden die Schritte, mit denen das System als Ganzes getestet wird.

Nach der Testdurchführung müssen die Testresultate ausgewertet werden. Anschnitt 9.1 beschäftigt sich mit den Prozeduren zur Evaluierung von Testergebnissen und ihrer Dokumentation. Diese Abläufe beschreiben die Schritte, die nach der Durchführung des Tests vollendet werden sollten. So wird beispielsweise das tatsächliche mit dem erwarteten Ergebnis verglichen werden. Im Allgemeinen stößt man während aller Testphasen auf zahlreiche Diskrepanzen zwischen den erwarteten und den eingetretenen Resultaten. Diese Abweichungen bedeuten aber nicht notwendigerweise ein Problem bei der zu testenden Anwendung. Stattdessen könnte die Fehlerquelle auch mit den Testdaten oder anderen Aspekten zu tun haben, die außerhalb der zu testenden Anwendung liegen. Abschnitt 9.1 umreißt deshalb die Dinge, auf die man achten muss, um solche Fehler, die eigentlich keine sind, zu vermeiden.

Stellt das Testteam fest, dass eine Abweichung zwischen vorhergesagten und tatsächlichen Ergebnissen durch ein Problem bei der zu testenden Anwendung verursacht wird, wird ein Fehler- oder Softwareproblembericht (SPR – Software Problem Report) erzeugt. Idealerweise wird der SPR durch ein Fehlerverfolgungswerkzeug dokumentiert und erfasst. Abschnitt 9.2 beschäftigt sich mit der Fehlerverfolgung und dem Einsatz von Fehlerverfolgungswerkzeugen.

Nach dem Durchführen eines Testverfahrens muss das Team weitere Verwaltungsmaßnahmen ergreifen. So muss etwa der Status der Verfahrens- bzw. Skriptausführung dokumentiert und gepflegt werden. Das Testteam muss in der Lage sein, den Fortschritt der Testdurchführung bestimmen zu können. Um Statusberichte zu erstellen, muss man ermitteln können, ob ein bestimmtes Testverfahren durchgeführt wurde und, wenn ja, ob der Test bestanden wurde. Abschnitt 9.3 beschäftigt sich mit Statusberichten zum Testprogramm.

Um die Qualität des Testfortschritts bewerten zu können, muss das Team verschiedene Indikatoren sammeln und analysieren. Das Verhältnis zwischen der Anzahl der ermittelten Fehler und der Anzahl der durchgeführten Testverfahren stellt dem Testteam ein Messinstrument für die Effektivität des Tests zur Verfügung. In einigen Fällen, bei denen eine hohe Fehlerrate zu beobachten ist, sind eventuell Anpassungen am Zeitplan oder an der Testplanung erforderlich.

Wie in Abschnitt 9.3 erörtert wird, gehört das Sammeln und Bewerten von Indikatoren zu den Aktivitäten der Testdurchführung und zum Anfertigen von Statusberichten. Zu den Indikatoren, denen während der Phase der Testdurchführung besondere Aufmerksamkeit geschenkt wird, gehören Kriterien der Testakzeptanz, Indikatoren für Wertertrag bzw. Fortschritt, Qualität der Anwendung und Qualität des Testprozesses. Zusätzlich zum Verfolgen des Testdurchführungsstatus muss das Testteam klären, wann die Testdurchführung beginnen soll und wann sie vollendet ist. Die Durchführung endet im Allgemeinen mit der Verifizierung, dass die im Testplan festgelegten Akzeptanzkriterien erfüllt sind.

Implementierungen der ATLM stellen die Übernahme einer Sammlung bester Vorgehensweisen dar. Anhang E fasst Empfehlungen und Vorschläge zusammen, die eine Sammlung bester Methoden für die Entwicklung und Durchführung automatisierter Testverfahren bilden. Diese besten Vorgehensweisen sollen dem Testteam dabei helfen, im Testprogramm die Arten von falschen Schritten zu vermeiden, welche die Arbeitszeit der Testingenieure kosten und den Aufwand für das Testprogramm erhöhen.

9.1 Durchführung und Bewertung von Testphasen

Das Team ist nun bereit, die im Testplan für jede der verschiedenen Phasen vorgesehenen Testverfahren durchzuführen und zu bewerten. Es implementiert und analysiert somit die Ergebnisse der Integrations-, System- und Benutzerakzeptanztests. Die primäre Eingabe für jede Testphase ist die dazu gehörende Reihe von Testverfahren. Die Ausgabe jeder Phase besteht aus den erreichten oder modifizierten Akzeptanzkriterien, die im Testplan definiert sind. Während der Testphasen werden Softwareproblemberichte dokumentiert, Fehlerkorrekturen implementiert und dokumentiert sowie in der Phase des Integrationstests automatisierte Testskripts erstellt und später in der Systemtestphase wieder verwendet. Abbildung 9.1 veranschaulicht einen detaillierten Ablauf einer Testdurchführung einschließlich der Verfolgung von Softwareproblemberichten.

Das Maß an Formalität, das für jede Testphase erforderlich ist, hängt von der speziellen Organisation des Testteams bzw. den Vorgaben durch die Kunden- oder Endnutzeranforderungen ab. Das Team muss sämtliche erforderliche Testprogrammdokumentation innerhalb des Testplans eindeutig bestimmen und dann dafür sorgen, dass die Dokumentation entsprechend des Zeitplans erstellt wird. Die Dokumentation des Testprogramms muss möglicherweise bestimmten Industrie- oder sonstigen Standards entsprechen. Diese Standards geben, soweit vorhanden, die Detailstufe vor, für welche die Dokumentation erstellt werden muss.

9.1.1 Durchführung und Bewertung von Einheitentests

Einheitentests sollten entsprechend dem Testplan durchgeführt werden und sich an den in Kapitel 8 vorgestellten detaillierten Entwicklungszeitplan halten. Testverfahren sollten aus Eingaben und erwarteten Resultaten bestehen, um eine automatisierte Überprüfung der Ergebnisse zu ermöglichen. Auf der Ebene des White-Box-Tests sollten sich die Testverfahren auf die kleinsten Programmabschnitte konzentrieren, die sinnvoll getestet werden können. Da Einheitentests ein genaues Verständnis des Quelltexts erfordern, ist es in der Regel effizienter, sie durch die Anwendungsentwickler, anstatt durch unabhängige Testingenieure durchführen zu lassen. Während dieser Tests können Testingenieure, die formal dem Testen auf Systemebene zugeteilt sind, beim Dokumentieren Unterstützung leisten und die Tests bezeugen. Dadurch können sich die Entwickler darauf konzentrieren, die Hilfsprogramme oder Werkzeuge zu erstellen, die zum Automatisieren und Durchführen der Einheitentests benötigt werden (siehe Abb 9.1).

Wann immer möglich, sollte eine andere Person als der Entwickler, der für einen bestimmten Programmteil zuständig ist, die Tests an diesem Teil des Programms durchführen. Dadurch werden die Tests objektiver ausgeführt, da der Quelltext für den Testingenieur neu ist und weil Entwickler (und nicht nur die) dazu neigen, ihre eigenen Fehler zu übersehen. Es ist außerdem am besten, die Einheitentests kurz nach der Erstellung und vor der Integration des Quelltextes durchzuführen. Durch diesen Ansatz werden Softwarefehler früh entdeckt und pflanzen sich nicht weiter fort.

Währen der Einheitentests können auch statistische Analysen durchgeführt werden. Wenn das Entwicklungsteam beispielsweise Anwendungen in C++ erstellt, können Werkzeuge wie etwa PC Lint eine statistische Auswertung des Quelltexts vornehmen und nach Verdächtigem suchen. Weitere Informationen zu den verschiedenen in diesem Abschnitt beschriebenen Werkzeugen finden Sie in Anhang B.

Während der Phase der Einheitentests können Profiluntersuchungen vorgenommen werden. Es sind eine ganze Reihe von Profilwerkzeugen erhältlich, unter anderem mit Visual Quantify ein Werkzeug, das Profiluntersuchungen zur Laufzeit vornimmt. Eine Profiluntersuchung ist traditionell ein Verbesserungsprozess, der beispielsweise feststellt, ob ein Algorithmus ineffizient ist oder ob eine Funktion zu oft aufgerufen wird. Profiluntersuchungen können ungeeignete Dimensionierungen von Algorithmen, Instantiierungen und Ressourcennutzungen aufdecken. So können sie etwa die Notwendigkeit aufzeigen, von einem Bubblesort- zu einem Quicksort-Verfahren zu wechseln. In anderen Fällen können sie auf eine langsame Suchfunktion in einer Fremd-

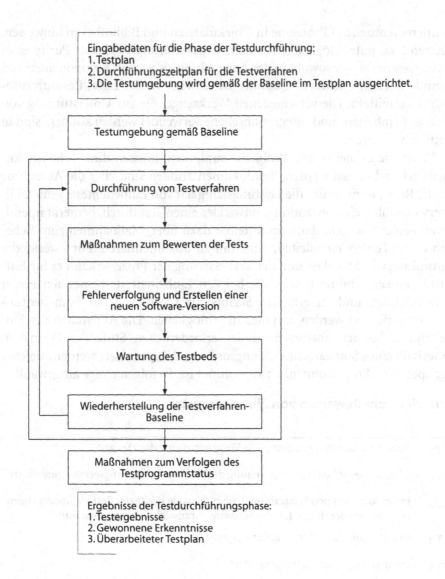

Abb. 9.1 Ablauf der Testdurchführung

anbieterbibliothek oder auf redundante API-Aufrufe hinweisen, die zu Geschwindigkeitseinbußen führen können. Solche Probleme bleiben während der anfänglichen Implementierung möglicherweise unbemerkt, können aber bei der Produktion katastrophale Auswirkungen haben.

Die meisten Werkzeuge zum Testen von Programmen verfügen über eigene Funktionen zum Aufspüren und Korrigieren von Fehlern. Diese helfen bei Einheitentests allerdings nicht viel weiter, wenn der Testingenieur keinen Zugriff auf den Quelltext hat. Einige Produkte, wie etwa Purify und Quantify, können eventuell auf Probleme in Objektdateien und Bibliotheken hinweisen, während sie gute Möglichkeiten zum Zurückverfolgen bieten. Purify etwa kann Speicherlöcher sowohl in der Anwendung als auch in Komponenten von Fremdanbietern erkennen. Quantify ist teilweise in der Lage, Ressourcenlöcher zu ermitteln. Die verschiedenen Werkzeuge, die zur Unterstützung von Tests auf Einheiten- und Integrationsebene verwendet werden können, sind in Kapitel 3 aufgeführt.

Wenn die Einheitentests Probleme aufdecken, müssen diese Fehler dokumentiert und erfasst werden. Testdokumentationen sind eher die Ausnahme als die Regel, wenn es um die Leistungsfähigkeit von Einheitentests geht. Üblicherweise führt ein Anwendungsentwickler einen Test durch, bemerkt irgendeinen Fehler und geht dann unmittelbar dazu über, Maßnahmen zum Beheben dieses Fehlers einzuleiten, ohne ihn zu dokumentieren. Für Zwecke der Sammlung von Metriken und der Verbesserung der Prozesse kann es für Entwicklungsteams hilfreich sein, die bei den Einheitentests bemerkten Fehler aufzuzeichnen und zu erfassen. Skripts für Quelltext- und Einheitentests müssen verfeinert werden, um dies zu ermöglichen. Die Aktivitäten der Einheitentests können entsprechend der erforderlichen Stufe der Formalität innerhalb eines Softwareentwicklungsordners dokumentiert werden, welcher der speziellen Programmeinheit zugeordnet ist. Es folgen einige ausgewählte

Kriterien zum Bewerten von Einheitentests

ET1	Entspricht der Programmteil den Vorgaben durch das Design?
ET2	Wird bei jeder bedingten Anweisung die Bedingung ordnungsgemäß ausgeführt?
ET3	Haben die Tests den Programmteil über die volle Breite der Betriebsbedingungen erprobt, mit der dieser Teil der Software voraussichtlich umgehen muss?
ET4	Arbeiten alle Ausnahmen ordnungsgemäß?
ET5	Werden die Fehler richtig ausgelöst?
ET6	Abdeckung des Programmteils: Sind alle Anweisungen mindestens einmal erfasst worden?
ET7	Abdeckung des Programmteils: Sind alle bedingten Anweisungen mindestens einmal erprobt worden?
ET8	Abdeckung des Programmteils: Sind alle Grenzfälle ausprobiert worden?
ET9	Wurden durch das Design irgendwelche Vorgaben für die Funktionsweise dieses Programmteils gemacht? Konnten diese Vorgaben durch die Tests bestätigt werden?

ET10	War der Test auf Speicherlöcher erfolgreich?
ET11	Wurde die Profilüberprüfung erfolgreich durchgeführt?
ET12	Wurden alle Steuerpfade kritischer Programmteile erfolgreich durch die Testdaten erprobt?

Nach dem Abschluss der Phase der Einheitentests wird der Code der Anwendung als neue Baseline festgelegt, und das Testteam bewertet die Ergebnisse und bereitet einen Testbericht vor, der die Aktivitäten zusammenfasst. Tabelle 9.1 zeigt ein Beispiel für einen solchen Bewertungsbericht. Die Testresultate müssen die Abschlusskriterien erfüllen, und das Testteam muss möglicherweise nach jeder Phase eine Freigabe von Vorgesetzten, Endnutzern und der Qualitätssicherung einholen, bevor es mit der nächsten Testphase beginnt.

9.1.2 Durchführung und Bewertung von Integrationstests

Integrationstests können entweder von Entwicklern oder durch das Testteam vorgenommen werden, je nachdem, welche Entscheidung bei der Planung im Hinblick auf die Zuweisung von Mitteln für Testaktivitäten getroffen wurden. Integrationstests ähneln den Systemtests, konzentrieren sich aber eher auf die Interna der Anwendung. Während der Integrationstests werden die Programmteile basierend auf dem Programmablauf schrittweise integriert und gemeinsam getestet. Da Programmteile auch aus anderen Programmteilen bestehen können, kann ein Teil der Integrationstests (auch als Modultests bezeichnet) bereits während der Einheitentests stattfinden.

Die Verfahren der Integrationstests basieren auf dem in Kapitel 7 vorgestellten Integrationstestdesign. Nach dem Durchführen der Tests nimmt das Team eine sorgfältige Analyse (siehe Abschnitt 9.1.3 für weitere Einzelheiten der Bewertungsaktivitäten) vor. Zur Verbesserung des Verfahren müssen Fehlerberichte dokumentiert und verfolgt werden. Abschnitt 9.2 enthält weitere Einzelheiten zu Softwareproblemberichten und Fehlerverfolgung.

Das Entwicklungsteam muss auf die Problemberichte mit Softwarekorrekturen reagieren und die Integrationstests an die Änderungen anpassen. Wenn das Testteam die Verantwortung für das Durchführen von Integrationstests übernimmt, können die Testingenieure das Verständnis der Entwickler für System- und Softwareprobleme verbessern und, wenn nötig, beim Reproduzieren von Fehlern behilflich sein. Jeder Fehlerbericht wird abhängig von seiner Priorität in eine Klasse von 1 bis 4 eingeordnet. Abschnitt 9.2 beschäftigt sich eingehender mit der Klassifizierung von Fehlern.

Tab. 9.1   Bewertungsbericht für einen Einheitentest

Einhei-tentest-ID	Bewer-tungskrite-rium	Ergebnis	Automatisiertes Werkzeug
AccAdd	ET1	+	Codeabdeckungswerkzeug
	ET2	+	Statisches Analysewerkzeug
	ET3	Siehe SPR 51	Codeabdeckungswerkzeug
	ET4	+	Routine zur Ausnahmebehandlung
	ET5	+	Routine zur Ausnahmebehandlung
	ET6	Siehe SPR 52	Codeabdeckungswerkzeug
	ET7	TBD	Codeabdeckungswerkzeug
	ET8	TBD	Codeabdeckungswerkzeug
	ET9	TBD	Keines
	ET10	TBD	Werkzeug zur Entdeckung von Speicherloch-problemen
	ET11	TBD	Code-Profiler
	ET12	TBD	Codeabdeckungswerkzeug
DelAdd	ET1	+	Codeabdeckungswerkzeug
	ET2	+	Statischer Analysierer
	ET3	+	Codeabdeckungswerkzeug
	ET4	+	Routine zur Ausnahmebehandlung
	ET5	+	Routine zur Ausnahmebehandlung
	ET6	TBD	Codeabdeckungswerkzeug
	ET7	TBD	Codeabdeckungswerkzeug
	ET8	TBD	Codeabdeckungswerkzeug
	ET9	TBD	Keines
	ET10	TBD	Werkzeug zur Entdeckung von Speicherloch-problemen
	ET11	TBD	Code-Profiler
	ET12	TBD	Codeabdeckungswerkzeug

Testingenieure können sich, wenn möglich, an Inspektionssitzungen beteiligen, um ausstehenden Fehlerberichte zu überprüfen und zu diskutieren. An die Anstrengungen der Entwickler zum Beheben der berichteten Fehler anschließend, führen die Testingenieure Regressionstests durch, um die Beseitigung der Probleme zu kontrollieren. Während der Integrationstests können einige der Testskripts erfolgreich automatisiert und später während der Systemtests wieder verwendet werden. Angesichts dieser Wiederverwendungsmöglichkeit müssen die automatisierten Skripts der Integrationstests nach ihrer erfolgreichen Ausführung geordnet werden. Nach dem Ende der Integrationstests bereitet das Testteam einen Bericht vor, der die Testaktivitäten zusammenfasst und die Ergebnisse bewertet. Die Billigung des Testberichts durch die Endnutzer bildet den Abschluss der Einheiten- und Integrationstests.

9.1.3 Durchführung und Bewertung von Systemtests

Systemtests sind eine weitere Form von Integrationstests, die allerdings auf einer höheren Ebene stattfinden. Während der Systemtests untersuchen die Testingenieure die Integration der Teile, aus denen das gesamte System besteht. Tests auf Systemebene werden in der Regel von einem unabhängigen Testteam durchgeführt, das den Zeitplan für die Durchführung der Testverfahren und den Systemtestplan umsetzt. Es sind unter Umständen eine große Zahl von Verfahren erforderlich, um alle notwendigen Kombinationen von Eingaben, Bearbeitungsregeln und Ausgaben zu einer Programmfunktion zu verifizieren.

9.1.3.1 Vermeintliche Fehler

Wenn die Testverfahren des Systemtests durchgeführt sind, vergleicht das Testteam die erwarteten Ergebnisse für jedes einzelne Verfahren mit den tatsächlich eingetretenen. Wenn das Resultat von den Erwartungen abweicht, muss das Delta (also die Abweichung) genauer diagnostiziert werden. Ein gescheitertes Testverfahren muss nicht notwendigerweise auf einen Fehler in der zu testenden Anwendung zurückzuführen sein. Das Problem könnte ein Fehler sein, der eigentlich keiner ist, d.h., dass der Test gescheitert ist, obwohl es kein Problem in der zu testenden Anwendung gab. Das Auftreten solcher vermeintlichen Fehler kann durch notwendige Änderungen an der zu testenden Anwendung, Fehler bei der Testvorbereitung, Fehler in den Testverfahren, Benutzerfehler, fehlerhafte Logik der automatisierten Testskripts oder Probleme mit der Testumgebung verursacht werden. Ein solches Problem der Testumgebung kann sich beispielsweise durch die Installation der falschen Version der Anwendungssoftware ergeben.

Das Testteam muss in der Lage sein, den Fehler zu reproduzieren, und muss sicherstellen können, dass das Problem nicht durch einen Benutzerfehler verursacht wurde. So kann ein Testingenieur etwa nach der Durchführung eines Testverfahrens ganz bestimmte Ergebnisdaten erwarten, die in Wirklichkeit aber nicht möglich sind, wenn nicht spezielle Maßnahmen zum Vorbereiten der Daten unternommen wurden. Um solche Arten von Benutzerfehlern zu vermeiden, sollten die Beschreibungen der Testverfahren die notwendigen Details enthalten und die Testverfahren gründlich überprüft werden. In Abschnitt 8.1.10 finden Sie weitere Informationen zum Überprüfen von Testverfahren.

Wenn Testingenieure das Scheitern eines automatisierten Testskripts untersuchen, müssen sie außerdem sicherstellen, dass das Problem nicht auf einem Fehler bei der Vorgehensweise beruht. So kann beispielsweise ein Menüeintrag auf dem Bildschirm aufgrund eines Benutzerwunsches geändert worden sein, aber das automatisierte Skript, das mit einer früheren Softwareversion erstellt worden war, spiegelt diese Veränderung nicht richtig wider. Dieses Skript wird bei der Ausführung auf ein Problem hinweisen, das aber nicht auf einem Fehler in der zu testenden Anwendung beruht.

Um die verschiedenen auftretenden Fehler zu dokumentieren, kann eine Übersicht wie Tabelle 9.2 erstellt werden, welche die Bewertung der Testergebnisse erleichtert. Diese Tabelle umfasst die verschiedenen Aktivitäten zum Bewerten der Testergebnisse, die zum Sammeln von Testmetriken durchgeführt und dokumentiert werden können.

Die in Tabelle 9.2 dargestellten Ergebnisse können verwendet werden, um festgestellte Probleme kollektiv zu analysieren. Wenn beispielsweise eine Reihe von vermeintlichen Problemen auf einen Fehler bei der Entwicklung der Testverfahren hinweisen, ist eine Verbesserung bei der Erstellung der Verfahren erforderlich. Tabelle 9.3 besteht aus einer Legende, welche die möglichen Ursachen, Schritte zur Fehlerbehebung und Lösungen beschreibt, die beim Entwickeln einer Übersicht wie in Tabelle 9.2 eine Rolle spielen können.

9.1.3.2 Vermeintlich richtige Ergebnisse

Selbst wenn die Ergebnisse der Testdurchführung den erwarteten Resultaten entsprechen, muss das Testteam sicherstellen, dass die Ergebnisse nicht nur vordergründig korrekt sind. Das kann passieren, wenn ein Testverfahren scheinbar erfolgreich durchgeführt wurde, trotzdem aber ein Problem bei der zu testenden Anwendung vorhanden ist. Das Testteam muss sich stets vor solchen vermeintlich positiven Resultaten hüten, die von automatisierten Testwerkzeugen verursacht werden können, die für die Nuancen der zu testenden Anwendung nicht empfindlich genug sind. Angesichts dieser Möglichkeit ist es wichtig, dass Walkthroughs der Testverfahren vor der Ausführung der Tests durchgeführt werden. Zusätzlich zu den Walkthroughs Peer Reviews sollte das Testteam die Richtigkeit der Testergebnisse bewerten und stichprobenartig überprüfen, selbst wenn das Skript auf Anhieb erfolgreich durchgelaufen ist. Wenn das erwartete Resultat nicht mit dem tatsächlichen übereinstimmt und dies an einem Problem der zu testenden Anwendung und nicht an einem nur vermeintlich positiven oder negativen Ergebnis liegt, muss das Testteam einen Softwareproblembericht erstellen, um den Fehler zu dokumentieren.

Tab. 9.2 Aktivitäten zum Bewerten der Testergebnisse

ID	Ergebnis der Testausführung	Vermutlicher Grund für das Scheitern	Maß-nahmen zur Fehlerbe-hebung	Lösungs-vor-schlag
ACC0001	Falsche Liefer-daten	R3: Testdatensätze enthalten veraltete Daten, so dass die Orders ungültig sind	TA3	S3
ACC0002	Wie erwartet	N/A	N/A	N/A
ACC0003	Fehlerhafte Zinsberechnung	R6: Algorithmus zur Zins-berechnung fehlerhaft	TA6, TA7	S6 (SPR #VIS346)
ACC0004	Bildschirm zur Security-Verifi-zierung fehlt	R2: Bildschirm zur Security-Verifizierung war in der letzen Version (Build 5.3) vorhanden	TA2	S6 (SPR #VIS347)
DEL0001	Auslieferung der Security nicht möglich	R6: Ausführen-Schaltfläche ist nicht aktiviert	TA6,R6	S6 (SPR #VIS348)
DEL0001	Verifizieren der Security nicht möglich	R7: Securities-Server ist runtergefahren	TA8, Order-Server hoch-fahren	S6 (SPR #VIS349)
DEL0001	Testskript schei-tert während der Wiedergabe	R5	TA6, TA5	S5

Tab. 9.3   Legende des Testergebnisberichts

Potenzieller Grund des Scheiterns	Maßnahmen zur Fehler-behebung	Vorgeschlagene Lösung
R1 Einrichtung der Umge-bung	TA1 Verifizieren der Umgebung	S1 Einrichtung der Umge-bung korrigieren (Hardware, Software)
R2 Probleme mit der Softwareversion	TA2 Verifizieren der Softwareversion	S2 Softwareversion korrigie-ren
R3 Testdaten	TA3 Verifizieren der Testdaten	S3 Testdaten korrigieren
R4 Fehler im Testverfahren	TA4 Verifizieren des Fehlers im Testverfahren	S4 Testverfahren korrigieren
R5 Fehler im Testskript	TA5 Verifizieren des Fehlers im Testskript	S5 Testskript korrigieren
R6 Fehler in der Anwendung	TA6 Wiederholen des Testverfahrens	S6 SPR
R7 Anderer Fehler	TA7 Aufarbeiten von Benutzerfehlern	
R8 Sonstiges, bitte beschreiben	TA8 »Sonstiges« kontrol-lieren, bitte beschreiben	

9.1.4 Ergebnisanalyse bei Regressionstests

Wenn das Testteam eine neue Version der Software erhält, sollte diese mit Erläuterungen versehen sein, die über alle neuen Funktionen und über die beseitigten Fehler in der neuen Version aufklären. Zusätzlich sollte nach Empfang der neuen Version ein Smoke-Test verifizieren, ob die wesentlichen Funktionalitäten der Vorgängerversion auch in der neuen Fassung noch ordnungsgemäß arbeiten. Wenn der Smoke-Test Diskrepanzen aufweist, sollte die neue Version nicht zum Systemtest akzeptiert werden. Verläuft der Smoke-Test erfolgreich, wird die neue Fassung zum Systemtest zugelassen und es werden inkrementelle Regressionstests durchgeführt.

Regressionstests können aus einer bestimmten Auswahl automatisierter Tests bestehen, die besonders riskante und potenziell betroffene Programmteile kontrollieren, nachdem Fehler beseitigt wurden. Die Analyse der Ergebnisse der Regressionstests stellt sicher, dass zuvor ordnungsgemäß arbeitende Funktionen durch die Änderungen an der Software zum Zwecke der Fehlerbehebung nicht beeinträchtigt wurden. Das Testteam muss Regressionstests deshalb sowohl an veränderten als auch an unveränderten Programmteilen durchführen die durch die anderweitigen Veränderungen möglicherweise beeinflusst sein könnten. Wenn der Testingenieur auf eine große Zahl von Fehlern bei einer Funktionalität trifft, die zuvor ordnungsgemäß gearbeitet hat, kann man darauf schließen, dass die Anwendungsentwickler beim Implementieren von Veränderungen möglicherweise unvorsichtig zu Werke gegangen sind. Solche Feststellungen sollten als Teil der in Abschnitt 9.3.2 besprochenen Sammlung von Metriken dokumentiert werden.

Wenn bei zuvor funktionierenden Systemteilen Fehler beobachtet werden, muss das Testteam andere Funktionsbereiche identifizieren, die höchstwahrscheinlich Einfluss auf die fehlerhafte Funktionalität haben. Basierend auf den Ergebnissen dieser Analyse kann bei den Regressionstests ein größeres Gewicht auf die ausgewählten Bereiche gelegt werden. Wenn das Entwicklungsteam die Fehlerkorrekturen implementiert hat, werden weitere Regressionstests in diesen Problembereichen durchgeführt, um die Behebung der Fehler zu verifizieren.

Das Testteam führt auch Analysen durch, um bestimmte Komponenten oder Funktionalitäten zu erkennen, in denen verhältnismäßig viele Fehlerberichte auftreten. Diese Analyse führt vielleicht zu der Erkenntnis, dass an diesen Komponenten zusätzliche Testverfahren und -maßnahmen durchgeführt werden müssen. Wenn die Entwickler angeben, dass ein bestimmter Funktionsbereich nun repariert ist, die Regressionstests aber Probleme in diesem Bereich aufweisen, muss der Testingenieur feststellen, ob ein Aspekt der Testumgebung schuld ist oder ab das Problem an einer mangelhaften Implementierung der Softwareverbesserung liegt.

Die Analyse von Testergebnissen kann auch bestätigen, ob durchgeführte Testverfahren für das Erkennen von Fehlern geeignet sind. Diese Analyse hilft ebenso dabei, die Funktionalität zu bestimmen, wo die meisten Fehler entdeckt worden sind, und Vorschläge zu erstellen, in welchen Bereichen weitere Test- und Korrekturmaßnahmen in Betracht gezogen werden sollten. Daraus ergeben sich für das Testteam möglicherweise Überlegungen zum Verlagern der Anstrengungen und eine Neueinschätzung der besonderen Risiken bei der Anwendung.

Die Phase des Systemtests ist abgeschlossen, wenn die entsprechenden Akzeptanzkriterien erfüllt sind. Weitere Informationen zu diesen Kriterien finden Sie in Abschnitt 9.3.2.

9.1.5 Durchführung und Bewertung von Benutzerakzeptanztests

Das Testteam muss unter Umständen einen Benutzerakzeptanztest durchführen, an dem Endnutzer beteiligt sind. Ein solcher Test besteht in der Regel aus einem Teil der Testreihen, die auf der Ebene der Systemtests durchgeführt worden sind. Die speziellen geplanten Tests müssen definiert und dem Kunden oder Endnutzer zur Abnahme vorgelegt werden. Akzeptanztests finden in einer definierten Testumgebung statt.

Beim Benutzerakzeptanztest bemerkte Fehler werden mittels eines Problemberichts (Software Problem Report – SPR) dokumentiert und erhalten eine Prioritätszuweisung. SPRs, die nicht ohne weiteres im geplanten Zeitrahmen des Benutzerakzeptanztests behoben werden können, werden möglicherweise zum Zwecke der Bewertung und Überprüfung an ein sogenanntes Engineering Review Board (ERB) verwiesen. Abhängig von den Kriterien für die Benutzerakzeptanz kann die Anerkennung des Systems beispielsweise erreicht werden, wenn alle berichteten Probleme der Ebenen 1 und 2 behoben worden sind.

Nach dem Abschluss des Benutzerakzeptanztests oder jeder anderen Testphase bereitet das Testteam einen Bericht vor, der die Testaktivitäten zusammenfasst und eine Bewertung der Testergebnisse bietet. Die zufrieden stellende Behebung aller SPRs der Ebenen 1 und 2 und die Billigung des Testberichts stellt normalerweise den Abschluss des Benutzerakzeptanztests dar.

Standortakzeptanztests sind möglicherweise bei einigen Aufgaben oder Projekten notwendig, wenn sie von einem Kunden verlangt werden und in den genehmigten Testplänen vorgesehen sind. Diese Tests stimmen üblicherweise mit den Testverfahren und -skripts des Benutzerakzeptanztests überein, allerdings werden die Tests ausgelassen, die für einen bestimmten Standort nicht gelten. Es wird das gleiche Verfahren zum Beheben von festgestellten Fehlern angewendet. Zum Abschluss der Standorttests bereitet das Testteam eventuell einen weiteren Testbericht vor.

9.2 Fehlerverfolgung und Umgang mit neuen Softwareversionen

Testingenieure müssen den Entwicklern bei Bedarf beim Verstehen und Reproduzieren von System- und Softwareproblemen behilflich sein. Jeder Fehler wird in der Regel entsprechend seiner Priorität in einem Bereich von 1 bis 4 klassifiziert. Die Testingenieure müssen sich, wenn möglich, an ERBs beteiligen, um ausstehende Fehlerberichte zu überprüfen und zu diskutieren. Im Anschluss an die Anstrengungen der Entwickler zum Korrigieren erkannter Fehler führen die Testingenieure Regressionstests der fraglichen Software durch, um die Behebung der Probleme zu verifizieren.

Jedes Testteam muss die Maßnahmen zum Berichten eines Fehlers entsprechend einer definierten Vorgehensweise erledigen. Üblicherweise erstellt der Testingenieur den SPR innerhalb eines Fehlerverfolgungssystems. Im Anschluss an die Erstellung des SPR wird eine automatische E-Mail-Benachrichtigung an die betroffenen Mitglieder der für das Konfigurationsmanagement (KM) zuständigen Gruppe und des Anwendungsentwicklerteams weitergeleitet, um diese über den erstellten SPR in Kenntnis zu setzen. Nachdem die Ursache des SPR behoben wurde und die Einheitentests zur Zufriedenheit des Softwareentwicklungsteams ausgefallen sind, wird der neue Programmteil mittels eines Software-KM-Werkzeugs überprüft. Wenn eine Reihe von Softwareproblemen behoben worden sind, gibt das Entwicklerteam eine neue Version der Software heraus und die Testumgebung wird entsprechend aktualisiert.

Eine Maßnahme im Rahmen der Fehlerverfolgung ist die Zuordnung einer Prioritätsebene für den Fehler. Der Testingenieur muss die Bedeutung der Fehlerbehebung für den erfolgreichen Betrieb des Systems bewerten. Die kritischsten (fatalen) Fehler verursachen ein Nichtfunktionieren der Software und verhindern die Fortsetzung der Tests. Im Gegensatz dazu müssen Fehler mit hoher Priorität bald behoben werden, verhindern aber nicht das Weiterlaufen der Tests. Die folgende Aufstellung zeigt eine übliche Klassifizierung von Fehlerprioritäten:

1. Fatal: Der Betrieb der Anwendung ist unterbrochen und die Tests können nicht fortgesetzt werden.

2. Hohe Priorität: Ein signifikantes Problem, aber die Anwendung läuft noch.

3. Mittlere Priorität: Das Problem wirkt sich kaum auf den Betrieb der Anwendung aus.

4. Niedrige Priorität: Das Problem hat keinerlei Einfluss auf den Betrieb der Anwendung.

Fehler, die nicht ohne weiteres behoben werden können, werden zur weiteren Bewertung und Disposition an ein ERB verwiesen. Das ERB kann die Gültigkeit des SPR bestätigen und möglicherweise die Prioritätsebene verändern. In anderen Fällen kann das ERB beschließen, dass der SPR ungültig ist und gestrichen wird. Ein SPR, der zu einer Erweiterung führen würde, wird als Änderungsanforderung neu eingeordnet. Abbildung 9.2 zeigt ein Beispiel für die typische Vorgehensweise bei der Fehlerverfolgung.

Die Dokumentation und Verfolgung von Fehlern wird durch ein automatisiertes Werkzeug erheblich vereinfacht. Ein automatisiertes Fehlerverfolgungswerkzeug sorgt dafür, dass erkannten Fehlern die angemessene Aufmerksamkeit geschenkt wird. Ohne ein solches Werkzeug könnten manche Fehlerberichte keinem Entwickler zur entsprechenden Korrektur zugewiesen werden. In anderen Fällen könnten Anwendungsentwickler versehentlich Fehlerberichte ohne die erforderliche Verifizierung durch das Testpersonal abschließen. Automatisierte Werkzeuge zur Fehlerverfolgung unterstützen im Allgemeinen den Einsatz einer zentralen Fehlerverfolgungsdatenbank, die allen Projektmitarbeitern zugänglich ist.

Verschiedene Grundeigenschaften können zu Rate gezogen werden, um den Nutzwert eines Fehlerverfolgungswerkzeugs zu beurteilen (siehe Tabelle 9.4 für weitere Einzelheiten). Das Werkzeug sollte beispielsweise die folgenden Schritte ausführen können:

- Die Priorität eines Fehlers bestimmen

- Jedem Fehler einen eindeutigen Bezeichner zuordnen

- Jeden Fehler dem zuständigen Testverfahren und einer bestimmten Softwareversion zuordnen

- Das Datum protokollieren, an dem der Fehler berichtet wurde

- Das Datum protokollieren, an dem der Fehler einem Anwendungsentwickler zugewiesen wurde

- Das Datum protokollieren, an dem der Fehler aktualisiert wurde

- Den für den Fehler zuständigen Entwickler bestimmen

- Den Testingenieur benennen, der den Fehler berichtet hat

- Den Status des Fehlers protokollieren und erfassen, wobei Werte wie neu, geöffnet, zugewiesen, behoben, erneut getestet und abgeschlossen berücksichtigt werden sollen

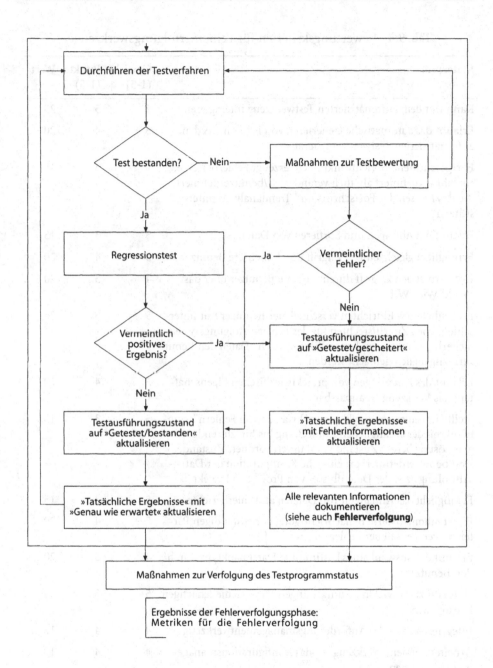

Abb. 9.2 Ablauf der Fehlerverfolgung

Tab. 9.4 Bewertungskriterien für Fehlerverfolgungswerkzeuge

Kriterium	Gewicht (1-5)	Punkte (1-5)	Wert
Kann mit dem automatisierten Testwerkzeug interagieren	5	5	25
Erlaubt das automatische Generieren von Fehlern aus dem automatisierten Testwerkzeug heraus	5	4	20
Fortgeschrittene Berichtfunktionen: erzeugt Fehlerberichte, sowohl vordefiniert als auch veränderbar/benutzerdefiniert, die das Messen des Fortschritts und Trendanalysen unterstützen	5	3	15
Erlaubt das Abfragen und Sortieren von Daten	5	3	15
Ermöglicht gleichzeitigen Zugriff durch mehrere Benutzer	5	4	20
Unterstützt den Zugriff durch mehrere Benutzer über das World Wide Web	4	5	20
Ermöglicht das Einrichten verschiedener Benutzer mit unterschiedlichen Zugriffsrechten für das Fehlerverfolgungssystem; Sicherheitsfunktionen kontrollieren, welche Daten den Benutzern zugänglich gemacht werden	5	5	25
Erlaubt das Hinzufügen von projektspezifischen Eigenschaften; das Werkzeug ist anpassbar	5	4	20
Stellt ein Fehlerlebenszyklus zum Erfassen von Fehlern beginnend mit der anfänglichen Entdeckung bis hin zur endgültigen Lösung bereit; Zustände und untergeordnete Zustände sind benutzerdefinierbar; einfache Konfiguration der Datensammlung bzw. des Datenflusses von Projekt zu Projekt	5	3	15
Ermöglicht das Anhängen von Dateien an Fehlerberichte	5	3	15
Bietet automatisierte Benachrichtigung der zuständigen Parteien, wenn ein neuer Fehler erzeugt wird	5	4	20
Erlaubt die Auswahl eines bestimmten Datenbanktyps durch den Benutzer	4	5	20
Unterstützt Entwicklungsumgebungen mit verschiedenartigen Plattformen	5	5	25
Integriert sich in das Anforderungsmanagementwerkzeug	4	4	16
Arbeitet mit dem Werkzeug für das Konfigurationsmanagement zusammen	4	4	16
Fügt sich in das Testmanagementwerkzeug ein	4	4	16

Das Testmanagementwerkzeug sollte die automatische Validierung von so vielen Testergebnissen wie möglich erlauben. Manche Testwerkzeuge, wie etwa Rationals TestStudio, ermöglichen es, die vorhergesagten Ergebnisse eines Tests fest im Testverfahren zu verankern, wenn eine bestimmte Antwort erwartet wird. Wenn ein Testskript scheitert, kann der Testingenieur demnach sicher sein, dass das tatsächliche Ergebnis nicht dem speziellen, vom Test erwarteten Resultat entsprochen hat. Man kann allerdings nicht immer ein spezifisches Resultat in das Werkzeug einprogrammieren, insbesondere wenn zahlreichen Transaktionen mit der Datenbank der Anwendung vorgenommen werden und die Ergebnisse sehr dynamisch sind. Die Reihenfolge der Transaktionen kann sich verändern und die vor dem Test durchgeführten Transaktionen können sich auf die Resultate auswirken. In dieser Situation können die Testergebnisse bewertet werden, indem die Datenbank direkt mittels SQL-Anweisungen abgefragt wird und dann die Ergebnisse der Abfrage und die von der Anwendung erzeugten Resultate mit den Erwartungen verglichen werden.

Die meisten automatisierten Testwerkzeuge verwalten die Testresultate und ermöglichen die automatisierte Erzeugung von Testergebnissen (also des Testprotokolls). Das Testprotokoll enthält Informationen wie etwa den Bestanden- oder Gescheitert-Status, den Namen jedes durchgeführten Testverfahrens und die Start- und Endzeiten für jede Testdurchführung. Testwerkzeuge unterscheiden sich in Bezug auf die Entwicklungsstufe, die sie im Hinblick auf die Analyse der Testergebnisse aufweisen. Je mehr Eigenschaften von Testergebnissen von einem Testwerkzeug dokumentiert werden können, desto mehr Informationen stehen dem Testingenieur für die Analyse der Ergebnisse zur Verfügung. Einige Produkte geben beispielsweise vielleicht den Status der Anwendung und den Zustand des Systems an.

Wie bei jedem Werkzeug, das in einem Projekt verwendet werden soll, gehört zur Auswahl eines Fehlerverfolgungswerkzeugs die Betrachtung einer Reihe von Eigenschaften. Auch bei diesem (oder jedem anderen) Werkzeug sollte die verantwortliche Person die verschiedenen in Kapitel 3 beschriebenen Schritte durchlaufen, um zu einer Entscheidung für ein Produkt zu gelangen. Zunächst erstellt der Verantwortliche eine Tabelle mit den zu berücksichtigenden Eigenschaften des Werkzeugs, wie die in Tabelle 9.4 dargestellte. Anschließend weist er oder sie den einzelnen Eigenschaften Gewichtungen zu.

Fehler können während des gesamten Testlebenszyklus entdeckt werden. Deshalb ist es empfehlenswert, dass das Testteam SPRs entsprechend der Lebenszyklusphase bzw. des Produkts erstellt und klassifiziert, wo der Fehler auftritt. Tabelle 9.5 stellt ein Beispiel für mögliche Kategorien bei Softwareproblemberichten dar.

Tab. 9.5 SPR-Kategorien

Kate-gorie	Gilt für Probleme im Bereich:	System	Soft-ware	Hard-ware
A	Plan für die Systementwicklung	+		
B	Operationelles Konzept	+		
C	System- oder Softwareanforderungen		+	+
D	Design von System oder Software		+	+
E	Programmierte Software (in der zu testenden Anwendung)		+	
F	Testpläne, -fälle und -verfahren oder beim Testbericht		+	+
G	Benutzer- oder Unterstützungshandbücher		+	+
H	Folgeprozess des Projekts		+	+
I	Hardware, Firmware, Kommunikationseinrichtungen			+
J	Andere Aspekte des Projekts	+	+	+

9.2.1 Fehlerlebenszyklusmodell

Bei der Verwendung eines Fehlerverfolgungswerkzeuges muss das Testteam das Fehlerlebenszyklusmodell definieren und dokumentieren. Bei einigen Organisationen ist die Konfigurationsmanagementgruppe für den Fehlerlebenszyklus zuständig, bei anderen gehört dies zu den Aufgaben des Testteams. Abbildung 9.3 zeigt ein Beispiel für ein Fehlerlebenszyklusmodell.

9.3 Verfolgung des Testprogrammstatus

Der Testteammanager ist dafür zuständig, dass die Tests entsprechend dem Zeitplan durchgeführt werden und dass das Testpersonal eingeteilt und umverteilt wird, wenn sich während des Tests Probleme ergeben. Um diese Aufsichtsfunktion effektiv ausfüllen zu können, muss der Testmanager den Status des Testprogramms verfolgen und Verwaltungsberichte erstellen.

Während der Testphase muss der Testingenieur basierend auf den im Testplan definierten und in diesem Abschnitt skizzierten Metriken aussagekräftige Berichte erstellen. Als Teil dieser Maßnahme erstellt der Testingenieur Protokolle und Testabdeckungsberichte (siehe Abschnitt 9.3.2). Anhand von Testprotokollen kann man kontrollieren, ob alle SPRs dokumentiert wurden und die erkannten Fehler behoben worden sind (durch Überprüfen des SPR-Status). Der Testingenieur prüft den Testabdeckungsbericht, um festzustellen, ob bei der Ausführung der Testverfahren eine vollständige (100%-ige) Abdeckung erreicht wurde. Zusätzlich stellt er fest, ob die Abdeckungskriterien erfüllt worden sind oder ob diese Kriterien überarbeitet werden müssen. Das Testteam muss weiterhin entscheiden, ob zusätzliche Testanforderungen und Testverfahren benötigt werden, um die Kriterien für die Testabdeckung oder den Testabschluss zu erfüllen. Verschiedene vom Team erstellte Berichte werden sich als besonders wertvoll erweisen, einschließlich der SPR-Zusammenfassungen (oder einzelner Problemberichte) ebenso wie Berichte zu Fehlerhäufigkeit und Fehlertrendanalyse. Dieser Abschnitt erörtert die verschiedenen Metriken, die der Testingenieur erstellen und an die Projektleitung melden kann.

Um den Fortschritt der Tests effektiv überwachen und an die übergeordnete Verwaltung melden zu können, muss der Testmanager bei den Maßnahmen zum Ermitteln des Testfortschritts einen Ertragsansatz implementieren. Diese Implementierung eines Earned Value Management Systems (EVMS) ist eine der besten Möglichkeiten zum Verfolgen des Testprogrammstatus[1]. Dieser Abschnitt zeigt Beispiele, wie man ein solches EVMS realisieren kann. Auf ähnliche Weise muss der Testmanager andere Metriken für die Testleistung sammeln, etwa bezogen auf die Testabdeckung, Vorhersagen zum Veröffentlichungstermin der zu testenden Anwendung oder die Qualität der Software zum Zeitpunkt der Veröffentlichung. Obwohl Testmetriken in Hülle und Fülle gesammelt werden können, schränken zeitliche Zwänge die Möglichkeiten des Testteams zum Sammeln, Verfolgen und Analysieren solcher Messergebnisse meist ein.

1. Wenn ein Fehler das erste Mal erzeugt wird, wird der Status auf »Neu« gesetzt. (Beachten Sie: Wie der Fehler zu dokumentieren ist, welcher Felder ausgefüllt werden müssen usw., muss ebenfalls festgelegt werden.

2. Der Testingenieur wählt die Fehlerart aus:

● Fehler

● Veränderung

● Erweiterung

● Auslassung

3. Der Testingenieur legt dann die Priorität des Fehlers fest:

● Kritisch – Ein fataler Fehler

● Hoch – Muss unmittelbar berücksichtigt werden

● Mittel – Muss so schnell wie möglich behoben werden, verzögert das Programm aber nicht

● Niedrig – Ein Schönheitsfehler

4. Eine dafür zuständige Person (in einigen Firmen der Leiter der Softwareabteilung, bei andere eine spezielle Gruppe) bewertet den Fehler, weist ihm einen Status zu und nimmt Veränderungen an der Fehlerart oder -priorität vor, falls dies notwendig ist.

    Der Status »Offen« wird zugewiesen, wenn es ein gültiger Fehler ist.
    Der Status »Abgeschlossen« wird verwendet, wenn es sich um einen redundanten Fehler oder einen Benutzerfehler handelt. Der Grund für das »Abschließen« des Fehlers muss dokumentiert werden.
    Der Status »Zurückgestellt« wird bei Fehlern gewählt, die in einer späteren Version berücksichtigt werden.
    Der Status »Erweiterung« wird vergeben, wenn es sich bei einem Fehler um eine Erweiterungsanforderung handelt.

5. Wenn der Status mit »Offen« festgelegt wird, weist der Leiter der Softwareabteilung (oder eine andere dafür vorgesehene Person) den Fehler dem verantwortlichen Mitarbeiter zu und setzt den Status auf »Zugewiesen«.

6. Wenn der Entwickler an dem Fehler arbeitet, kann der Status zu »In Bearbeitung« verändert werden.

7. Nachdem der Fehler behoben wurde, dokumentiert der Entwickler die Korrektur im Fehlerverfolgungswerkzeug und setzt den Status auf »Korrigiert«, wenn der Fehler behoben wurde, oder »Duplikat«, wenn der Fehler redundant ist (wobei der andere Fehler angegeben werden muss). Der Status kann auch auf »Wie vorgesehen« gesetzt werden, wenn die Funktion korrekt arbeitet. Gleichzeitig weist der Entwickler den Fehler wieder dem Urheber zu.

8. Nachdem eine neue Softwareversion mit der implementierten Fehlerkorrektur freigegeben worden ist, überprüft der Testingenieur den korrigierten Programmteil und andere womöglich betroffene Bereiche. Wenn der Fehler durch die Korrektur behoben worden ist, setzt der Testingenieur den Status auf »Abgeschlossen«. Wurde die Fehlfunktion nicht behoben, setzt er den Status auf »Wieder offen«.

Abb. 9.3   Fehlerlebenszyklusmodell

9.3.1 Ertragsverwaltung

Dieser Abschnitt umreißt einen Ansatz zur Verwendung von Ertragsberechnungen als Methode zur Verfolgung des Testprogrammstatus und stellt eine Fallstudie vor, bei der ein EVMS auf hoher Ebene implementiert wird. Zur Ertragsanalyse gehört das Verfolgen des Wertes der vollbrachten Arbeit und der Vergleich von geplanten und tatsächlichen Kosten, um eine aussagekräftige Metrik für den Status von Zeitplan und Kosten zu erhalten und die Erstellung von effektiven Korrekturmaßnahmen zu ermöglichen. Der Prozess der Ertragsbestimmung umfasst vier Schritte:

1. Bestimmen kurzer Aufgaben (Funktionstestphase)

2. Zeitplan für jede Aufgabe erstellen (Start- und Endtermin der Aufgabe)

3. Zuteilen eines Budgets zu jeder Aufgabe (die Aufgabe benötigt 3.100 Stunden und beansprucht vier Testingenieure)

4. Messen des Fortschritts bei jeder Aufgabe, so dass der Testingenieur Abweichungen im Zeitplan oder bei den Kosten berechnen kann

Die Verwendung von Ertragsberechnungen verlangt das Sammeln von Leistungsdaten – beispielsweise Abschätzungen des Fortschritts im Testprogramm in Relation zu den vorgegebenen Zielen. Dieser Ansatz hilft auch dabei, quantifizierte Ziele in Bezug auf technische, zeitliche, ressourcenbezogene oder kosten-/gewinnorientierte Parameter zu verändern. Für die Abschätzung von Abweichungen bei Zeitplan und Kosten gibt es zwei wesentliche Ertragsberechnungen:

Ertrag der kompletten Arbeit - geplantes Budget
= Abweichung vom Zeitplan
Ertrag der kompletten Arbeit - tatsächliche Kosten
= Abweichung der Kosten

Fallstudie

Verfolgen des Systemteststatus

Eine Testmanagerin namens Laura legt fest, dass bei einem Testprojekt für die Systemtestaktivitäten ein Budget von 4.440 Stunden über einen Zeitraum von viereinhalb Monaten erforderlich ist. Um für den Test einen Zeitplan zu erstellen und die Kosten zuzuteilen, verwendet sie die in Tabelle 5.3 auf den Seiten 182ff. vorgestellten strukturierten Ablaufplan eines Testprogramms. Laura legt den Testaufwand, wie in Tabelle 9.6 zu sehen, für jede einzelne Aufgabe in Stunden fest.

Beachten Sie, dass die Zuteilung der Stunden nur für die Mitarbeiter des Testteams gilt und nicht die Zeit berücksichtigt, die beispielsweise ein Anwendungsentwickler aufwendet, der die Software als Reaktion auf einen Fehlerbericht überarbeitet. Aufgaben aus dem Bereich des Entwicklerteams sind bei dieser Fallstudie bereits verplant und budgetiert und werden von einem Softwareentwicklungsmanager in einem anderen Verwaltungskonto unabhängig erfasst.

Nachdem die Unterteilung der Budget-Stunden für die geplante Arbeit auf höherer Ebene erledigt ist, zerlegt Laura die verschiedenen Arbeiten noch genauer. So spaltet sie beispielsweise die Aufgabe 842 aus Tabelle 9.6 in die Teilaufgaben in Tabelle 9.7 auf.

Tab. 9.6 Aufteilung des Tests in einzelne Aufgaben

Schritt	Aufgaben-Nr.	Geplanter Zeitpunkt	Wochen	Stunden	Personen	Beschreibung
9.1	840	Februar	4	400	2,5	Einrichten der Umgebung. Entwickeln von Skripts zum Einrichten der Umgebung.
9.2	841	Februar	4	400	2,5	Testbed-Umgebung. Entwickeln von Testbed-Skripts und Ausführen der Logik zur Testbed-Entwicklung.
9.3	842	März – Mai	13	3.120	6	Durchführen der Testphase. Ausführen der verschiedenen Teststrategien – strategische Durchführung automatisierter Tests.
9.4	843	Juni	1,5	360	6	Testberichte. Vorbereiten der Testberichte.
9.5	844	Februar	4	160	1	Problemlösung. Lösen alltäglicher Probleme mit den automatisierten Testwerkzeugen. Wenn nötig, Unterstützung vom Hersteller des Werkzeugs anfordern.

Tab. 9.7 Teilaufgaben bei der Durchführung der Testphase

Teilauf-gaben-Nr.	Wo-chen	Stun-den	Aus-gaben	Perso-nen	Beschreibung
842.1	8	1.920	50/50	6	Erste Durchführung der funktionalen Test-verfahren, wie etwa Testausführung, Priori-sierung von Fehlern und Bereitstellen von Statusmeldungen
842.2	5	600	50/50	3	Durchführen der funktionalen Regressions-tests
842.3	5	100	50/50	0,5	Leistungstests
842.4	5	100	50/50	0,5	Belastungstests
842.5	5	100	50/50	0,5	Sicherungs- und Wiederherstellungstests
842.6	5	100	50/50	0,5	Sicherheitstests
842.7	5	100	50/50	0,5	Usability-Tests
842.8	5	100	50/50	0,5	Maßnahmen zur Bewertung des Systemtests

In dieser Fallstudie ist Laura hauptsächlich an der Verfolgung des Fortschritts bei Teilaufgabe 842.1 interessiert. Sie stellt fest, dass 600 funktionelle Testverfahren ausgeführt werden müssen. Außerdem kontrolliert sie den Zeitplan für den Test und bemerkt, dass die Erst-durchführung von 50 % der Testverfahren (300) für März vorgesehen ist, während die verbleibenden 50 % (300) im April erledigt werden sollen.

Laura hatte zuvor 50 % der Zeit für Teilaufgabe 842.1 dem Monat März zugeordnet (960 Stunden), also notiert sie sich auf einem Stück Papier, dass sie für März 960 *geplante Stunden* vorgesehen hat. Mit anderen Worten: Das Testteam soll im März 960 Stunden aufwenden, um 50 % der geplanten Testverfahren durchzuführen, und weitere 960 Stunden im April, um die Erstdurchführung der verbleibenden 50 % der funktionellen Testverfahren zu erledigen.

Als nächstes überprüft Laura die Menge an Arbeit, die im März tatsächlich erledigt wurde. Das Testteam hat beispielsweise nur 80 % (240) der geplanten 300 Testverfahren durchgeführt. Sie bemerkt außerdem, dass das Team nur 740 der für März geplanten 960 Stun-den benötigt hat und dass die tatsächliche Kostenrate bei 40 Euro pro Stunde lag. Teilaufgabe 842.1 hatte ein Budget von 76.800 Euro mit einer gleichmäßigen Ausgabenverteilung über die gesamte geplante Zeit von acht Wochen. Demzufolge machten die geplanten Ausgaben für 960 Stunden im März bei 40 Euro pro Stunde insgesamt 38.400

Euro aus. Wie Laura beobachtete, wurden im März aber nur Arbeit im
Wert von 30.720 Euro (80% von 38.400) tatsächlich fertig gestellt.

Laura führte für die Teilaufgabe 842.1 für den Monat März die folgende Abweichungsberechnung für Kosten und Zeitplan durch:

Berechnung der Zeitplanabweichung

30.720 Euro	Ertrag durch erledigte Arbeit
38.400 Euro	Geplantes Budget für März
- 7.680 Euro	Abweichung vom Zeitplan
EV-Status:	Ertrag < Ausgabenplan
Ergebnis:	Aufgabe liegt hinter dem Zeitplan zurück

Berechnung der Kostenabweichung

30.720 Euro	Ertrag durch erledigte Arbeit
29.600 Euro	tatsächliche Kosten der im März erledigten Arbeit
+ 1.120 Euro	Kostenabweichung
EV-Status:	Ertrag > tatsächliche Kosten
Ergebnis:	Das Testteam liegt unter den Kostenerwartungen und produziert mehr pro Stunde als ursprünglich geplant war

Laura musste als nächstes einen Bericht für ihren Vorgesetzten vorbereiten, der den Status von Teilaufgabe 842.1 beschreibt und erforderliche Korrekturmaßnahmen angibt. Sie berichtete, dass die Arbeit
hinter dem Zeitplan zurückliegt, aber auch, dass die Testingenieure
produktiv waren. Zusätzlich wies sie darauf hin, dass der Test in einen
Rückstand von etwa 200 Stunden hinter dem Zeitplan gefallen war,
weil einer der Testingenieur im März abberufen wurde, um bei der
Akquisition eines neuen Auftrags zu helfen. Sie fügte hinzu, dass der
Testingenieur zum Team zurückgekehrt war und dass die Gruppe versuchen würde, den Zeitplan wieder einzuholen.

Bei der Besprechung ihres Berichts mit ihrem Vorgesetzten stellte
Laura fest, dass sie abschätzen musste, wann das Testteam die notwendige Arbeit durch Überstunden bis Ende April fertig stellen konnte.
Sie berechnete dazu eine neue Fertigstellungsabschätzung (Estimate
At Completion – EAC), wozu sie die tatsächlichen aktuellen Kosten
nahm und die notwendigen Anstrengungen zum Fertigstellen der ver

bleibenden Arbeit hinzufügte. Die EAC belief sich insgesamt auf 1.180 Stunden, wobei für die nächsten vier Wochen nur 960 Stunden vorgesehen waren. Sie berechnete, dass das Festhalten am ursprünglichen Kostenplan dazu führen würde, dass dem Testteam Ende April ca. 220 Stunden zur Fertigstellung der Arbeit fehlen würden.

Laura erkannte, dass sie mindestens zwei Möglichkeiten zur Fertigstellung der Aufgabe hatte. Wenn das Testteam mit dem bisherigen Plan fortfahren würde, würde Teilaufgabe 842.1 etwa eine Woche zu spät fertig gestellt und der Zeitplan des Projekts würde sich um eine Woche verzögern. Eine andere Option würde bedeuten, dass die 6 Mitarbeiter des Testteams während der nächsten vier Wochen ca. 9 Stunden Überstunden pro Woche machen müssten, um die Zeit aufzuholen. Im Bericht für ihren Vorgesetzten gab Laura an, dass das Testteam zu den Überstunden bereit sei, um den Zeitplan für das Gesamtprojekt einzuhalten. Außerdem würden die Kosten für die Überstunden die bisherigen Einsparungen genau ausgleichen, so dass die geschätzten Kosten den planmäßigen Kosten für die Fertigstellung (Budget at Completion – BAC) genau entsprechen.

Lernfrage 9.1

In dieser Fallstudie hatte die Entscheidung der Firmenleitung, ein Mitglied aus dem Testteam abzuberufen, eine entscheidende Auswirkung auf den Test. Vom Testteam wöchentlich 9 Überstunden zu verlangen, kann sich auf die Moral und die Leistungsbereitschaft der Mitarbeiter auswirken. Welche andere Lösung hätte Laura vorschlagen können?

9.3.2 Sammeln und Analysieren von Testmetriken

Testmetriken erlauben dem Testmanager wesentliche Aussagen über die Testabdeckung, der Fortschritt und die Qualität des Testablaufs. Zum Überwachen des Testprogrammfortschritts können viele Metriken gesammelt werden, so dass das Testteam sorgfältig auswählen muss, welche Gruppe von Metriken den fraglichen Aspekten am besten dient. Das Sammeln und Analysieren von zu vielen Testmetriken kann zeitaufwendig werden und die verfügbare Zeit für die tatsächlichen Testaktivitäten reduzieren. So hat beispielsweise Ivar Jacobsen [2] angemerkt, dass die wichtigste Metrik während der Systementwicklung die »Änderungsrate« ist. Das Team sollte sorgfältig beobachten, ob die Rate von Änderungen in einem bestimmten Bereich (etwa bei den Anforderungen, den Komponenten oder den Modulen) wesentlich größer als in anderen Bereichen ist. Verbesserungsmaßnahmen sollten sich dann auf solche Bereiche mit der höchsten Änderungsrate konzentrieren.

Dieser Abschnitt stellt einige der wichtigeren Metriken vor, die ein Testingenieur sammeln sollte, wenn er nicht über ein leistungsfähiges System zur Metrikenverwaltung und nur über minimale Zeit zum Sammeln von Daten verfügt. So wie in Kapitel 7 das Testdesign in Techniken für White-Box- und Black-Box-Tests unterteilt wurde, kann man auch das Verwalten von Metriken in White-Box- und Black-Box-Maßnahmen unterteilen. Vor dieser Unterteilung ist es aber sinnvoll, sich über den Umfang der Metrikensammlung und des Analyseprozesses Gedanken zu machen. Die Grundelemente und Voraussetzungen für den Umgang mit Softwaremetriken haben die folgende Struktur [3]:

- Ziele werden in Bezug auf das Produkt und den Prozess bei der Software-bzw. Testverwaltung festgelegt.

- Metriken werden definiert und ausgewählt, um ermitteln zu können, zu welchem Grad die Ziele erfüllt worden sind.

- Die Vorgehensweise bei der Datensammlung und der Aufzeichnungsmechanismus werden definiert und angewendet.

- Metriken und Berichte sind Teile eines geschlossenen Kreislaufs, der aktuelle (operationelle) und historische Daten für technische und leitende Mitarbeiter bereitstellt.

- Daten aus der Post-Produktionsphase der Software werden für Analysen aufbewahrt, die zu Verbesserungen bei der zukünftigen Verwaltung von Produkten und Prozessen führen können.

9.3.2.1 White-Box-Testmetriken

White-Box-Tests zielen auf die interne Arbeitsweise der Anwendung. Dementsprechend hat die Sammlung von White-Box-Metriken dieselbe Ausrichtung. Während der White-Box-Tests misst der Testingenieur die *Testtiefe* durch das Sammeln von Daten über die Pfad- und Testabdeckung. Diese White-Box-Testmetrik wird als *Abdeckungsanalyse* bezeichnet, die in Abschnitt 7.2.2.1 ausführlicher beschrieben ist.

Quelltextanalysen und Profilüberprüfungen helfen dabei, die Programmqualität zu ermitteln. Wie bereits erwähnt, ist eine Profilüberprüfung ein Verbesserungsprozess, der bestimmt, ob ein Algorithmus ineffizient arbeitet oder eine Funktion zu häufig aufgerufen wird. Es gibt viele Werkzeuge für diese Aufgabe, die Programmier- und Entwicklungsfehler, wie etwa Bereichsfehler bei Indizes oder nicht verwendete (tote) bzw. unerreichbare Programmteile, erkennen. Diese Werkzeuge ermöglichen es, die Anstrengungen auf die Teile des Programms zu konzentrieren, in denen die größte Gefahr von Fehlern besteht. Ein Beispiel für ein solches Werkzeug ist Rational Quantify.

Das Ziel der Quelltextkomplexitätsanalyse besteht darin, komplexe Teile des Quelltexts zu erkennen. Hochkomplexe Bereiche des Quelltexts können große Gefahrenquellen sein. Unnötige Komplexität des Quelltexts kann die Wiederverwendbarkeit einschränken und den Aufwand für die Wartung erhöhen. Dementsprechend müssen sich die Testmaßnahmen auf hochkomplexe Programmteile konzentrieren. McCabes Metrik der zyklomatischen Komplexität ermöglicht das Feststellen von Programmteilen mit hoher Komplexität und somit das Erkennen von fehleranfälligen Programmen [4].

Eine weitere interessante White-Box-Metrik ist die Fehlerdichte [5]. Das Testteam kann die noch verbleibenden Fehler vorhersagen, indem es die gemessene mit der erwarteten Fehlerdichte vergleicht und somit bestimmt, ob die Testmaßnahmen ausreichend sind. Die Fehlerdichte wird pro tausend Zeilen Quelltext mittels der Gleichung $Fd = Fd/KSLOC$ berechnet, wobei Fd die Anzahl der Fehler und $KSLOC$ die Anzahl der Quelltextzeilen (ohne Kommentare) ist.

Metriken für die Designkomplexität messen die Anzahl der Möglichkeiten, die ein Modul zum Aufrufen anderer Module hat. Sie können als Indikator der Integrationstests dienen, die für eine Reihe von Modulen erforderlich sind.

9.3.2.2 Black-Box-Testmetriken

Während der Black-Box-Tests konzentriert sich die Sammlung von Metriken auf die Breite der Tests, wie etwa die Menge der demonstrierten Funktionalität und den Umfang an Tests, der durchgeführt wurde. Black-Box-Testtechniken basieren auf den externen Aspekten der Anwendung. Demzufolge beruhen die Testverfahren, wie in Kapitel 7 beschrieben, auf Systemanforderungen oder sind fallbasiert.

Tabelle 9.8 und der Rest dieses Abschnitts beschreiben die verschiedenen, während der Black-Box-Testphase zu sammelnden Testmetriken und ihren Zweck. Jede Metrik wird einer von drei Kategorien zugeordnet: Abdeckung, Fortschritt oder Qualität.

Abdeckungsmetriken

Testabdeckung. Dieser Messwert teilt die Gesamtzahl der entwickelten Testverfahren durch die Gesamtzahl der definierten Testanforderungen. Er stellt dem Testteam ein Barometer zur Verfügung, an dem die Tiefe der Testabdeckung abgelesen werden kann. Diese Tiefe basiert in der Regel auf den festgelegten Akzeptanzkriterien. Beim Testen eines kritischen Systems, wie etwa einem operationalen medizinischen System, müsste der Testabdeckungswert höher sein als die Tiefe der Testabdeckung bei einem unkritischen System. Die Tiefe der Testabdeckung sollte auch bei einem kommerziellen Softwareprodukt, das von Millionen Endnutzern eingesetzt werden wird, höher als bei einem Informationssystem für eine Behörde sein, das nur wenigen Hundert Benutzern dienen wird.

Systemabdeckungsanalyse. Die Systemabdeckungsanalyse misst den Umfang der Abdeckung auf der Ebene der Systemschnittstelle. Diese Metrik wird von SRIs Werkzeug TCAT automatisiert gemessen. Sie drückt die Testabdeckung als Prozent der durch den Test geprüften Funktionsaufrufpaare im Verhältnis zur Gesamtzahl von Funktionsaufrufen im System aus. Anhang B enthält weitere Informationen zum TCAT-Werkzeug.

Tab. 9.8 Beispiel für Black-Box-Metriken

Name der Metrik	Beschreibung	Kategorie
Testabdeckung	Gesamtzahl der Testverfahren/Gesamtzahl der Testanforderungen. Die *Testabdeckungsmetrik* gibt die geplante Testabdeckung an.	Abdeckung
Systemabdeckungsanalyse	Die *Systemabdeckungsanalyse* misst den Umfang der Abdeckung auf der Ebene der Systemschnittstelle.	Abdeckung
Durchführungsstatus der Testverfahren	Anzahl der ausgeführten Testverfahren/Gesamtzahl der Testverfahren. Die Metrik der *Ausführungsstatus der Testverfahren* misst den Umfang der noch ausstehenden Testverfahren.	Fortschritt
Fehlererkennungsrate	Gesamtzahl der gefundenen Fehler/Anzahl der durchgeführten Testverfahren. Die *Fehlererkennungsrate* verwendet dieselbe Berechnung wie die Fehlerdichtemetrik. Sie wird zur Analyse und Unterstützung einer sinnvollen Entscheidung zur Produktveröffentlichung eingesetzt.	Fortschritt
Fehlerlaufzeit	Zeitpunkt des Erkennens eines Fehlers im Vergleich zum Zeitpunkt des Behebens des Fehlers. Die Metrik der *Fehlerlaufzeit* beschreibt die Dauer bis zum Beheben eines Fehlers.	Fortschritt
Kontrolle von Fehlerkorrekturen	Zeitpunkt der Behebung eines Fehlers und Veröffentlichung der Korrektur in einer neuen Version im Vergleich zum Zeitpunkt der Wiederüberprüfung der korrigierten Funktion. Die Metrik *Kontrolle von Fehlerkorrekturen* gibt an, ob das Testteam die korrigierten Funktionen schnell genug erneut überprüft, um einen aussagekräftigen Fortschrittsindikator zu erhalten.	Fortschritt
Fehlertrendanalyse	Gesamtzahl der gefundenen Fehler im Vergleich zur Anzahl der durchgeführten Testverfahren in einem bestimmten Zeitraum. Die *Fehlertrendanalyse* verrät den Trend der gefundenen Fehler. Verbessert er sich im Laufe der Testphase?	Fortschritt

Tab. 9.8 Beispiel für Black-Box-Metriken (Forts.)

Name der Metrik	Beschreibung	Kategorie
Aktuelle Qualitäts-rate	Anzahl der erfolgreich (ohne Fehler) durchgeführten Testverfahren im Vergleich zur Anzahl der Testverfahren. Die *aktuelle Qualitätsrate* ist ein Maßstab für den Umfang der erfolgreich erprobten Funktionalität.	Qualität
Korrektur-qualität	Gesamtanzahl der wieder eröffneten Fehler/Gesamtzahl der behobenen Fehler. Diese *Korrekturqualität* ist ein Indikator für Aspekte der Entwicklung.	Qualität
	Rate der zuvor ordnungsgemäß arbeitenden Funktionen im Vergleich zu den neu eingebrachten Fehlern. Diese *Korrekturqualität* vermerkt, wie häufig zuvor unbeanstandete Funktionen durch Korrekturen beeinträchtigt wurden.	Qualität
Fehlerdichte	Gesamtzahl der gefundenen Fehler/Anzahl der pro Funktionalität (also pro fallbasiertem Test bzw. Testanforderung) durchgeführten Testverfahren. Die *Fehlerdichte* kann darauf hinweisen, dass in einem Bereich der getesteten Funktionalität eine besonders hohe Menge an Fehlern auftritt.	Qualität
Problem-berichte	Anzahl der *Softwareproblemberichte* unterteilt nach Priorität. Diese Metrik führt die Anzahl der SPRs gemäß der Prioritäten auf.	Qualität
Testeffekti-vität	Die *Testeffektivität* muss statistisch ermittelt werden, um feststellen, wie gut die Testdaten die im Produkt enthaltenen Fehler aufgedeckt haben.	Qualität

Funktionelle Testabdeckung. Diese Metrik misst die Testabdeckung vor der Bereitstellung der Software. Sie gibt die Prozentzahl der getesteten Software zu jedem Zeitpunkt während des Tests an [6] und wird berechnet, indem man die Anzahl der von Testverfahren umgesetzten Testanforderungen durch die Gesamtzahl der Testanforderungen teilt.

Fortschrittsmetriken

Während der Black-Box-Tests sammeln die Testingenieure Daten, die beim Ermitteln des Testfortschritts helfen, so dass das Testteam das Freigabedatum für die zu testende Anwendung abschätzen kann. Fortschrittsmetriken werden schrittweise während verschiedener Phasen des Testlebenszyklus gesammelt, etwa wöchentlich oder monatlich. Im Folgenden sind eine Reihe von Fortschrittsmetriken beschrieben.

Ausführungsstatus der Testverfahren. Diese Bestimmung des Ausführungsstatus teilt die Anzahl der bereits durchgeführten durch die Gesamtzahl der geplanten Testverfahren. Durch Betrachten dieses Messwerts kann das Testteam die Anzahl der noch durchzuführenden Testverfahren bestimmen. Die Metrik gibt an sich keine Auskunft über die Qualität der Anwendung. Statt dessen vermittelt sie eher Informationen über die Tiefe des Tests als über dessen Erfolg.

Einige Testmanagementwerkzeuge, wie etwa Rationals Test Manager, ermöglichen Testingenieuren das automatisierte Erfassen des Ausführungsstatus von Testverfahren. Bei Test Manager kann der Testingenieur Anforderungen eingeben und diese dann den automatisierten Tests zuordnen, die mit dem Testwerkzeug SQA Robot erstellt worden sind. Das Testwerkzeug erkennt, welche Testverfahren erfolgreich durchgeführt wurden, welche erfolglos waren und welche noch nicht ausgeführt worden sind.

Fehlererkennungsrate. Diese Metrik teilt die Gesamtzahl der dokumentierten Fehler durch die Anzahl der durchgeführten Testverfahren. Die Kontrolle der Fehlererkennungsrate durch das Testteam unterstützt die Trendanalyse und hilft bei der Abschätzung des Freigabetermins.

Fehlerlaufzeit. Ein anderer wichtiger Indikator zum Feststellen des Fortschritts ist die Zeit von der Erkennung eines Fehlers bis zu dessen Behebung. Die Fehlerlaufzeit ist ein Teil der Zeit, die bis zur Erledigung eines SPRs vergeht. Mit den Daten der Fehlerlaufzeit kann das Testteam eine Trendanalyse durchführen. Bei einem Projekt könnten beispielsweise 100 Fehler registriert werden. Wenn die dokumentierten Erfahrungen der Vergangenheit nahe legen, dass das Entwicklerteam bis zu 20 Fehler pro Tag korrigieren kann, beträgt die Zeit bis zur Erledigung dieser Problemberichte unter Umständen nur eine Arbeitswoche. In diesem Fall würde die Fehlerlaufzeitstatistik einen Durchschnitt von 5 Tagen ausweisen. Wenn die Fehlerlaufzeitmessungen im Bereich von 10 bis 15 Tagen liegen, kann die langsame Reaktion der Entwickler bei der Durchführung von Korrekturen dazu führen, dass das Testteam seine geplanten Termine nicht einhalten kann.

Beim Bewerten der Fehlerlaufzeit muss das Testteam auch die Prioritäten der SPRs in Betracht ziehen. Eine Fehlerlaufzeit von 2 bis 3 Tagen ist für SPRs der Stufe 1 vielleicht angemessen, während 5 bis 10 Tage für SPRs der Stufe 3 akzeptabel sind. Bei dieser Art von Faustregel ist die Fehlerlaufzeitmetrik nicht immer geeignet und muss angepasst werden, um unter anderem die Komplexität der zu testenden Anwendung zu berücksichtigen.

Kontrolle von Fehlerkorrekturen. Diese Metrik dient der Feststellung, ob das Testteam die Korrekturen mit einer angemessenen Geschwindigkeit kontrolliert. Sie wird berechnet, indem man die Zeit zwischen der Korrektur eines Fehlers durch eine neue Version und der Wiederüberprüfung der korrigierten Funktionalität misst.

Fehlertrendanalyse. Die Fehlertrendanalyse hilft dabei, einen Trend bei den gefundenen Fehlern ausfindig zu machen. Verbessert oder verschlechtert sich der Trend im Laufe der Systemtestphase? Diese Metrik vergleicht für einen bestimmten Zeitraum die Gesamtzahl der gefundenen Fehler mit der Anzahl der durchgeführten Testverfahren.

Qualitätsmetriken

Testerfolgsindex. Diese Metrik, auch als aktuelle Qualitätsrate bezeichnet, wird berechnet, indem man die Gesamtzahl der erfolgreich durchgeführten durch die Gesamtzahl aller durchgeführten Testverfahren teilt. Sie ermöglicht dem Testteam eine Aussage über den Umfang der erfolgreich erprobten Funktionalität.

Korrekturqualität1 = Gesamtzahl der wieder eröffneten Fehler/Gesamtzahl der korrigierten Fehler. Der durch diese Berechung gewonnene Wert bietet einen Indikator für die Qualität der Softwarekorrekturen, die als Reaktion auf Softwareproblemberichte vorgenommen wurden. Wenn dieser Wert hoch ist, muss das Testteam die Entwickler vielleicht davon in Kenntnis setzen.

Korrekturqualität2 = Bislang unbeanstandete Funktionalitäten im Vergleich zu neu eingebrachten Fehlern. Diese Metrik hilft dem Testteam dabei, den Grad festzustellen, in dem bislang fehlerfreie Funktionen durch Softwarekorrekturen negativ beeinflusst wurden.

Fehlerdichte. Die Fehlerdichte wird berechnet, indem man die Gesamtzahl der gefundenen Fehler durch die Anzahl der Testverfahren teilt, die für eine bestimmte Funktionalität oder einen fallbasierten Test durchgeführt wurden. Wenn beispielsweise bei einer bestimmten Funktionalität eine hohe Fehlerdichte auftritt, sollten die Ursachen dafür ermittelt werden. Ist diese Funktionalität sehr komplex und deshalb eine hohe Fehlerdichte zu erwarten? Gibt es in diesem Bereich ein Problem mit dem Design oder der Implementierung? Wurden dieser Funktionalität die falschen (oder nicht genügend) Ressourcen zugewiesen, weil ihr Risiko falsch eingeschätzt wurde? Man könnte auch zu der Einsicht gelangen, dass der für die spezielle Funktionalität verantwortliche Entwickler eine Weiterbildung benötigt.

Bei der Bewertung der Fehlerdichte sollte das Testteam außerdem die Priorität der SPRs in seine Betrachtungen mit einbeziehen. So kann eine Anwendungsanforderung bis zu 50 SPRs niedriger Stufe haben und trotzdem die Akzeptanzkriterien erfüllen. Bei einer anderen Anforderung liegt vielleicht ein offener SPR hoher Stufe vor, der das Erfüllen der Akzeptanzkriterien verhindert.

Fehlertrendanalyse. Die Fehlertrendanalyse wird berechnet, indem man die Gesamtzahl der gefundenen Fehler durch die Anzahl der durchgeführten Testverfahren teilt. Wenn beispielsweise zu Beginn des Tests eine große Anzahl an Fehlern gefunden wurde und diese Zahl abnimmt, nachdem alle Testverfahren einmal durchgeführt wurden, kann der Testingenieur einen positiven Trend ausmachen.

Testeffektivität. Die Testeffektivität muss statistisch ermittelt werden, um festzustellen, wie gut die Testdaten die im Produkt enthaltenen Fehler aufgedeckt haben. In einigen Fällen haben die Testergebnisse möglicherweise eine unzutreffende Analyse erfahren. Das Testteam sollte auf die Hilfe von Mitarbeitern zurückgreifen, die Erfahrung beim Einsatz der Anwendung haben, um die Testresultate zu überprüfen und ihre Korrektheit festzustellen.

Problembericht-Akzeptanzkriterien. Die Metrik der Akzeptanzkriterien (also die Anzahl von SPRs nach Prioritäten klassifiziert) muss während der Testplanungsphase definiert werden, bevor die Durchführung der Tests beginnt. Die Akzeptanzkriterien legen die Bedingungen fest, unter denen das System für die Produktion oder die Implementierung bei einem Kunden bereit ist. Der Testingenieur muss ermitteln, ob eine zu testende Anwendung diese Kriterien erfüllt, die vom Kunden vorgegeben und im Testplan definiert sind. Zu den Akzeptanzkriterien für eine einfache Anwendung könnten beispielsweise die folgenden Vorgaben gehören:

- Das System kann akzeptiert werden, wenn alle als Ergebnis der Tests dokumentierten SPRs der Stufen 1, 2 und 3 (fatal, hoch und mittel) behoben sind.

- Das System kann akzeptiert werden, wenn alle als Ergebnis der Tests dokumentierten SPRs der Stufen 1 und 2 (fatal und hoch) behoben sind.

- Das System kann akzeptiert werden, wenn alle als Ergebnis der Tests dokumentierten SPRs der Stufen 1 und 2 (fatal und hoch) und 90 % der Problemberichte der Stufe 3 behoben sind.

Testautomatisierungsmetrik. Es ist wichtig, eine Metrik zu generieren, die den Grad der Automatisierung angibt, insbesondere, wenn das Projekt erstmals einen automatisierten Testansatz verwendet. Das Testteam wird die zum Entwickeln und Durchführen der Testskripts aufgewendete Zeit messen und mit den Ergebnissen vergleichen müssen, die das Skript erbracht hat. Das Team könnte beispielsweise die für das Entwickeln und Durchführen der Testverfahren benötigte Stundenzahl mit der Anzahl der dadurch entdeckten Fehler vergleichen, die durch manuelles Testen vermutlich nicht bemerkt worden wären.

Manchmal ist es schwierig, den Nutzen der Automatisierung zu benennen oder zu messen. Automatisierte Testwerkzeuge etwa können möglicherweise Fehler aufdekken, die bei manueller Testdurchführung nicht bemerkt worden wären. Bei Belastungstests können beispielsweise 1000 virtuelle Benutzer gleichzeitig eine bestimmte Funktionalität ausführen und das System zum

Absturz bringen. Es wäre sehr schwierig, dieses Problem durch den Einsatz von 1000 Testingenieuren manuell zu entdecken. Ein automatisiertes Testwerkzeug kann auch für die Dateneingabe oder zum Einrichten der Datensätze verwendet werden. In diesem Fall misst die Metrik die benötigte Zeit zum Einrichten der erforderlichen Datensätze im Vergleich zur Zeit, die beim Einrichten der Datensätze mit einem automatisierten Werkzeug gebraucht wird.

Betrachten Sie den Testaufwand, der sich aus der folgenden Systemanforderung ergibt: »Das System soll das Anlegen von 10.000 neuen Konten erlauben.« Stellen Sie sich vor, 10.000 Konten manuell in das System eingeben zu müssen, um diese Anforderung zu verifizieren! Ein automatisiertes Testskript kann diese Bedingung leicht erfüllen, indem es die Kontoinformationen mittels einer Schleife aus einer Datei einliest. Die Datei kann mit einem Datengenerator schnell erstellt werden. Der Aufwand, diese Systemanforderung zu prüfen, erfordert bei Verwendung eines automatisierten Werkzeugs erheblich weniger Arbeitszeit als beim Durchführen mit manuellen Methoden.

In einem anderen Fall mag es nach der Eingabe der 10.000 Konten durch das Testskript wünschenswert sein, alle diese Datensätze aus der Datenbank zu löschen und den ursprünglichen Zustand der Datenbank wiederherzustellen. Ein einfaches SQL-Skript kann das Entfernen dieser Datensätze schnell und einfach erledigen. Stellen Sie sich nun einmal vor, dass das Testteam nur diejenigen Konten löschen will, die durch das ursprüngliche Skript angelegt wurden. Das Team würde einfach ein automatisiertes Skript erstellen, das auf die vorhandene Datei zugreift, die passenden Datensätze aus der Datenbank für die zu testende Anwendung abfragt und dann jeden entsprechenden Datensatz entfernt. Auch hier führt das Automatisieren dieser Aktivität zu einem erheblich geringeren Arbeitsaufwand als das manuelle Testen.

9.4 Zusammenfassung

- Beim Ausführen der Testverfahren muss sich das Testteam an den Zeitplan für die Durchführung der Testverfahren halten. Im Anschluss an die Testdurchführung werden die Testergebnisse bewertet und ihre Dokumentation vorbereitet.

- Die Pläne für Einheiten-, Integrations-, System- und Benutzerakzeptanztests bilden die Schritte, mit denen das System als Ganzes getestet wird. Während der Phase der Einheitentests können Profiluntersuchungen vorgenommen werden. Eine Profiluntersuchung ist traditionell ein Verbesserungsprozess, der feststellt, ob ein Algorithmus ineffizient ist oder ob eine Funktion zu häufig aufgerufen wird. Sie kann ungeeignete Dimensionierungen von Algorithmen, Instantiierungen und Ressourcennutzungen aufdecken.

- Integrationstests konzentrieren sich auf die Interna der Anwendung. Während der Integrationstests werden die Programmteile basierend auf dem Programmablauf schrittweise integriert und gemeinsam getestet. Da Programmteile auch aus anderen Programmteilen bestehen können, kann ein Teil der Integrationstests (auch als Modultests bezeichnet) bereits während der Einheitentests stattfinden.

- Während der Systemtests untersuchen die Testingenieure die Integration der Teile, aus denen das gesamte System besteht. Tests auf Systemebene werden in der Regel von einem unabhängigen Testteam durchgeführt, das den Zeitplan für die Durchführung der Testverfahren und den Systemtestplan umsetzt.

- Das Testteam muss Analysen durchführen, um bestimmte Komponenten oder Funktionalitäten zu erkennen, in denen eine verhältnismäßig hohe Anzahl von Fehlerberichte auftritt. Diese Analyse führt vielleicht zu der Erkenntnis, dass an diesen Komponenten zusätzliche Testverfahren und -maßnahmen durchgeführt werden müssen. Die Analyse von Testergebnissen kann auch bestätigen, ob durchgeführte Testverfahren für das Erkennen von Fehlern geeignet sind.

- Jedes Testteam muss die Maßnahmen zum Berichten eines Fehlers entsprechend einer definierten Vorgehensweise erledigen. Die Dokumentation und Verfolgung von Fehlern wird durch ein automatisiertes Werkzeug erheblich vereinfacht.

- Der Testteammanager ist dafür zuständig, dass die Tests entsprechend dem Zeitplan durchgeführt werden und dass das Testpersonal eingeteilt und umverteilt wird, wenn sich während des Tests Probleme ergeben. Um diese Aufsichtsfunktion effektiv ausfüllen zu können, muss der Testmanager den Status des Testprogramms verfolgen und Verwaltungsberichte erstellen.

- Testmetriken erlauben dem Testmanager wesentliche Aussagen über die Testabdeckung, der Fortschritt und die Qualität des Testlebenszyklus. Während der White-Box-Tests misst der Testingenieur die Testtiefe durch das Sammeln von Daten über die Pfad- und Testabdeckung. Während der Black-Box-Tests konzentriert sich die Sammlung von Metriken auf die Breite der Tests, wie etwa die Menge der demonstrierten Funktionalität und den Umfang an durchgeführten Tests.

9.5 Referenzen

1. *Software Program Management*. Lagune Hills, CA: Humphreys and Associates, 1998.

2. Jacobson, I. »Proven Best Practices of Software Development«. Rationals '99 Worldwide Software Symposium, Washington, DC, 26. Januar 1999.

3. Florac, W.A., et al. *Software Quality Management: A Framework for Counting Problems and Defects*. Technical Report, CMU/SEI-92-TR-22, ESC-TR-92-022. Software Engineering Institute, Pittsburgh, PA, September 1992.

4. McCabe, T.J. *Structured Testing: A Software Testing Methodology Using the Cyclomatic Complexity Metric*. NBS Special Publication 500-99. Washington, DC: U.S.-Departement of Commerce/National Institute for Standards and Technology, 1982.

5. ANSI/IEEE Standard 982.2-1988.

6. Siehe 5.

10. Überprüfung und Bewertung des Testprogramms

Verbesserungen bei der Qualität führen immer und automatisch zu Zeit- und Kostenersparnissen, erhöhter Produktivität, einem höheren Marktanteil und demzufolge einem größeren Gewinn.

– W. Edwards Deming

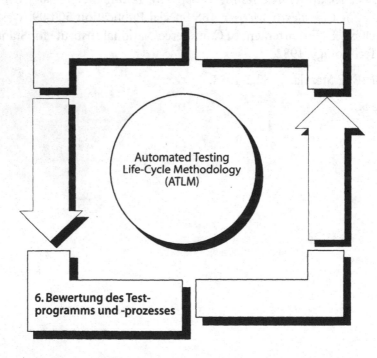

Automated Testing
Life-Cycle Methodology
(ATLM)

6. Bewertung des Test-
programms und -prozesses

Im Anschluss an die Durchführung des Tests muss das Testteam die Leistungsfähigkeit des Testprogramms überprüfen, um festzustellen, wo während der nächsten Testphase oder beim nächsten Projekt Verbesserungen vorgenommen werden können. Dieser Review des Testprogramms bildet die letzte Phase der ATLM. Die ATLM ist zyklisch und wird schrittweise umgesetzt. Teile der ATLM werden innerhalb eines Projekts oder wenn das Testteam sich einer neuen Softwareversion bzw. einem anderen Projekt zuwendet wiederholt.

Im Verlauf des Testprogramms sammelt das Testteam verschiedene Testmetriken, von denen besonders viele in der Durchführungsphase (siehe Kapitel 9) anfallen. Die Überprüfung des Testprogramms konzentriert sich unter
anderem auf eine Bewertung der gesammelten Ertragsbemessungen sowie
anderer gesammelter Metriken. Die Bewertung der Testmetriken sollte untersuchen, wie sehr die ursprünglichen Bemessungen für die Kosten und den
Umfang des Testprogramms mit den tatsächlich geleisteten Arbeitsstunden
und der Anzahl der im Laufe des Tests entwickelten Testverfahren übereinstimmt. Wenn möglich und sinnvoll, sollte dieser Review der Testmetriken
mit Vorschlägen für Verfeinerungen und Verbesserungen abschließen.

Genauso wichtig ist, dass das Testteam die Aktivitäten dokumentiert, die es
gut und ordnungsgemäß durchführen konnte, damit diese erfolgreichen Verfahren wiederholt werden können. Dieses Kapitel befasst sich mit den Maßnahmen zur Überprüfung des Testprogramms in Bezug auf die Metrikenana-
lyse, gewonnene Erkenntnisse, Korrekturmaßnahmen sowie den Nutzen, der
sich für das Testprogramm aus der Testautomatisierung ergeben hat.

Das Testteam sollte gewonnene Erkenntnisse für jede Phase des Testlebenszyklus aufzeichnen. Es ist nicht sinnvoll, mit dem Dokumentieren von
Erkenntnissen für die Verbesserung bestimmter Verfahren bis zum Ende des
Systementwicklungslebenszyklus zu warten. Ggf. muss das Testteam die fraglichen Verfahren während des Testlebenszyklus verändern, wenn es offensicht-
lich ist, dass solche Veränderungen die Effizienz der andauernden Aktivitäten
verbessern können.

Wenn ein Projekt beendet ist, werden sich vorgeschlagene Korrekturmaßnahmen sicherlich für das nächste Projekt als nützlich erweisen. Während des
Testprogramms vorgenommene Korrekturschritte können sich allerdings als
signifikant genug erweisen, um die Ergebnisse des laufenden Testprogramms
zu verbessern. So kann beispielsweise das Einführen eines modularen Testskripts mehrere Stunden Entwicklungs- und Durchführungsaufwand einsparen, die möglicherweise den Unterschied zwischen der Einhaltung des Budgets und einem Zuviel an aufgewendeten Stunden ausmachen.

Das Testteam muss sich als Teil seiner Vorgehensweise einen fortlaufenden,
schrittweisen Prozess zu eigen machen, der sich auf die gewonnenen Erkenntnisse konzentriert. Ein solches Programm würde Testingenieure ermutigen,
Vorschläge für Korrekturmaßnahmen sofort zu machen, wenn solche Maßnahmen voraussichtlich eine signifikante Auswirkung auf den Erfolg des Testprogramms haben könnten. Testmanager müssen währenddessen eine solche
Vorreiterrolle jedes einzelnen Testingenieurs fördern.

10.1 Korrektur- und Verbesserungsmaßnahmen

Obwohl im Allgemeinen eine unabhängige Qualitätssicherungsabteilung für die Kontrolle verantwortlich ist, ob angemessene Prozesse und Verfahren implementiert und befolgt werden, kann das Testteam trotzdem seine eigene Analyse des Testprogramms vornehmen. Das Testpersonal sollte fortwährend die Ergebnisse der Qualitäts-Audits überprüfen und vorgeschlagene Korrekturmaßnahmen durchführen. Zusätzlich ist es eine gute Vorgehensweise, während des gesamten Testlebenszyklus bei jedem Meilenstein die gewonnenen Erkenntnisse zu dokumentieren und mit ihrer Bewertung zu beginnen. Die während des ganzen Testlebenszyklus und insbesondere bei der Testdurchführung gesammelten Metriken helfen beim Erkennen der Probleme, auf die eingegangen werden muss. Dementsprechend sollte das Testteam in regelmäßigen Abständen »den Puls der Testqualität messen«, um die Testergebnisse – wenn nötig – durch spezielle Änderungen an der Vorgehensweise des Teams zu verbessern. Die Testingenieure sollten sich dabei nicht nur auf die aus dem Testablauf gewonnenen Erkenntnisse konzentrieren, sondern auch auf Aspekte hinweisen, die in den Bereich der Entwicklung gehören.

Wenn die gewonnenen Erkenntnisse und Metrikbewertungen erst am Ende des Systementwicklungslebeszyklus behandelt werden, ist es zu spät, irgendwelche Korrekturmaßnahmen für das laufende Projekt vorzunehmen. Trotzdem können in dieser Phase aufgezeichnete Erkenntnisse für nachfolgende Tests nützlich sein. Deshalb sollte die Gruppe ihre Erkenntnisse besser in dieser späten Phase als überhaupt nicht dokumentieren.

Gewonnene Erkenntnisse, Metrikbewertungen und alle entsprechenden Verbesserungs- oder Korrekturmaßnahmen müssen während des gesamten Testlebenszyklus in einem leicht zugänglichen zentralen Archiv dokumentiert werden. Ein Intranet für das Testteam kann sich für das Anlegen und Pflegen solcher Dokumentationen als sehr effektiv erweisen. Gewonnene Erkenntnisse könnten etwa mit der Datenbank eines Werkzeugs zum Anforderungsmanagement dokumentiert werden. Das Bereitstellen einer aktuellen Datenbank mit allen wichtigen Themen und gewonnenen Erkenntnissen gibt allen Mitarbeitern des Projekts die Möglichkeit, den Fortschritt und den Status von Themen bis zum Abschluss zu verfolgen.

Der Testmanager muss dafür sorgen, dass aufgezeichnete Erkenntnisse als Verbesserungsmöglichkeiten betrachtet werden. Die Aufzeichnungen sollten beispielsweise nicht die Namen der Personen enthalten, die mit den betroffenen Aktivitäten zu tun haben. Jede Aufzeichnung sollte mindestens eine Korrekturmaßnahme enthalten, die Verbesserungen für das Verfahren oder dessen Ergebnisse vorschlägt. (Die Tabellen 10.2 bis 10.5 enthalten Beispiele für solche Aufzeichnungen gewonnener Erkenntnisse einschließlich Korrekturmaßnahmen.) Korrekturvorschläge müssen umfangreichen Analysen und einer genauen Prüfung unterworfen werden. Bei einigen Projekten könnten die Mitarbeiter zum Beispiel eine Prüfung der gewonnenen Erkenntnisse für jede Phase des Testlebenszyklus vornehmen und die Ergebnisse dokumentieren. Für jede Erkenntnis könnte eine Metrik angegeben werden, die den potenziellen Gewinn (eingesparte Arbeitsstunden) durch die Umsetzung der jeweiligen Verbesserungsmaßnahme bezeichnet. Manchmal klingt eine Korrekturmaßnahme anfangs wie die perfekte Lösung zu einem Problem, aber genauere Analysen zeigen keinen besonderen Gewinn auf. Deshalb muss das Testteam auch Vorsicht beim Ableiten von Verbesserungen aus den beim Testen gewonnenen Erkenntnissen walten lassen. Es ist oftmals nützlich, einen kleinen Prototyp oder ein Pilotprojekt für die Implementierung der vorgesehenen Veränderungen zu realisieren, um eine brauchbare Abschätzung des Gewinns durch die vorgeschlagene Korrektur-/Verbesserungsmaßnahme zu erhalten.

Tabelle 10.1 ist ein Beispiel für eine vereinfachte Verbesserungsübersicht, die das Ergebnis einer Prototypimplementierung von Verbesserungsmöglichkeiten darstellt. Gewinnabschätzungen werden als Prozentzahl der eingesparten Arbeitsstunden angegeben. Diese Tabelle zeigt beispielsweise, wieviele Stunden durch das Implementieren eines neuen Prozesses oder Werkzeugs eingespart werden können.

Beim Überprüfen der Ereignisse des Testprogramms muss man beachten, dass die Ziele, Strategien und Absichten des Programms im Testplan definiert und dokumentiert worden sind. Testprozesse wurden wie vorgegeben übernommen oder definiert. Testdesign, -entwicklung und -durchführung wurden erledigt. Im Anschluss an die Testdurchführung muss das Testteam die tatsächliche Implementierung des Testprogramms mit den ursprünglich geplanten Kriterien abgleichen. Mehrere Fragen müssen vom Team in Zusammenarbeit mit der Qualitätssicherungsabteilung beantwortet werden. Wurde der dokumentierte Testprozess vollständig befolgt? Wenn nicht, welche Teile wurden nicht implementiert? Warum? Welches waren die Auswirkungen der Abweichungen? Wurden die Ziele des Testprogramms erreicht? Wurden die Strategien wie geplant implementiert? Wenn nicht, warum nicht? Wurden die Absichten verwirklicht? Wenn nicht, warum nicht? Wurden die Maßnahmen zum Vermeiden von Fehlern erfolgreich implementiert? Wenn nicht, welche der Maßnahmen wurde ausgelassen und warum? Wurden die Gefahren im voraus deutlich gemacht und dokumentiert? Idealerweise sind alle Abweichungen vom Testprozess bzw. -plan, wie etwa Strategiewechsel, adäquat und einschließlich der dazu führenden Überlegungen dokumentiert worden. Wurden während des Testprozesses gewonnene Erkenntnisse berücksichtigt und bei Bedarf Korrekturmaßnahmen eingeleitet?

Die Optimierung von Prozessen ist ein schrittweises Unterfangen, bei dem die Analyse des Testprogramms einen wichtigen Aspekt darstellt. So sollten zum Beispiel die Erkenntnisse aus früheren Projekten und die aus Fachartikeln und -berichten gewonnenen Einsichten in den Testlebenszyklusprozess einer Organisation eingeflossen sein. Zum Abschluss eines Testprogramms sollte das Testpersonal die Effektivität der definierten Abläufe bewerten. Das Testteam sollte herausfinden, ob die gleichen Fehler wiederholt wurden, und bestätigen, ob vorgeschlagene Verbesserungsmöglichkeiten ignoriert wurden.

Diese Art der Analyse des Testprogramms kann ebenso Problembereiche und potenzielle Korrekturmaßnahmen ermitteln wie die Effektivität von Änderungen durch implementierte Korrekturen. Beispiele für Arbeitsschritte zur Testprogrammanalyse finden Sie in den Tabellen 10.2 bis 10.5. Vielleicht möchten Testingenieure zum Beispiel Verzögerungen im Zeitplan, den Prozess, den Einsatz von Werkzeugen oder Umgebungsprobleme analysieren. Zusätzlich führen sie möglicherweise die in Tabelle 9.2 auf S. 415 beschriebenen Maßnahmen zur Bewertung der Testergebnisse durch. Ebenso kann die Analyse der Softwareproblemberichte dabei helfen, die möglichen Ursachen für viele Probleme einzuengen. Der Testingenieur würde zum Abschluss jeder Phase des Testlebenszyklus eine Tabelle wie Tabelle 10.2 erstellen, die von einem realen Projekt übernommen wurde. Es ist wichtig, nicht nur die Korrekturmaßnahmen für jedes der aufgetretenen Probleme zu bestimmen, sondern diese Maßnahmen auch zu überwachen, um so sicherzustellen, dass sie effektiv implementiert werden und die Probleme nicht erneut auftreten.

Tab. 10.1 Verbesserungen am Testprogramm

Testaktivität	Derzeitige Methode	Gewinn	Verwendung eines neuen Verfahrens und von Werkzeug A	Gewinn	Verwendung von Werkzeug B	Gewinn
Integration des Testwerkzeugs mit einem Werkzeug zum Anforderungsmanagement	Excel-Tabelle	0 %	Die Integration ermöglicht die Verbindung zwischen Test und Geschäftsanforderungen	30 %	Das Werkzeug ist mit dem Werkzeug zum Anforderungsmanagement integriert	30 %

Tab. 10.1 Verbesserungen am Testprogramm (Forts.)

Testaktivität	Der- zeitige Methode	Ge- winn	Verwendung eines neuen Verfahrens und von Werkzeug A	Ge- winn	Verwendung von Werkzeug B	Ge- winn
Integration des Testwerkzeugs mit einem Werkzeug für das Konfigura- tionsmanage- ment	Manuell (mittels XYZ- KM- Werk- zeug)	0 %	Werkzeug ist nicht in das KM-Werkzeug integriert.	0 %	Werkzeug ist in das KM-Werk- zeug integriert.	5 %
Vorbereitung der Testskripts	Manuell	0 %	Werkzeug erlaubt das Erzeugen auto- matisierter Test- skripts	20 %	Werkzeug erlaubt nicht das Erzeugen automatisierter Testskripts	0 %
Testdurchfüh- rung	Manuell	0 %	Werkzeug ermöglicht das Aufzeichnen und Wiederge- ben von Test- skripts ein- schließlich automatisierter Erfolgs-/Misser- folgsberichte mit Zuordnung zu den Testan- forderungen	60 %	Werkzeug ermöglicht das Aufzeichnen und Wiederge- ben von Test- skripts ein- schließlich automatisierter Erfolgs-/Misser- folgsberichte (ohne Zuord- nung zu den Testanforderun- gen	50 %
Vorbereitung der Testdaten	Manuell	0 %	Werkzeug kann Testdaten erzeu- gen	10 %	Werkzeug kann keine Testdaten erzeugen	0 %
Last-/Bela- stungstests	Manuell	0 %	Werkzeug erlaubt Last-/ Belastungstests durch virtuelle Benutzer	30 %	Werkzeug erlaubt Stress-/ Belastungstests durch virtuelle Benutzer	20 %
Fehlerverfol- gung	Eigene Access- Daten- bank	0 %	Werkzeug ver- fügt über eine Komponente zur Fehlerver- folgung	20 %	Werkzeug ver- fügt nicht über eine Kompo- nente zur Feh- lerverfolgung	0 %

Tab. 10.2 Beispiele für Zeitplanprobleme und Korrekturmaßnahmen

Problem	Auswirkung	Korrekturmaßnahme
Die Programmentwicklung dauerte zwei Monate zu lang.	Der Zeitplan für die Tests verschob sich wegen der Abhängigkeit von der Entwicklung um zwei Monate nach hinten, was negative Auswirkungen auf den Zeitplan und die Kosten hatte.	Im Zeitplan, wenn notwendig, einen Puffer vorsehen. (Beachten Sie, dass es viele Gründe für die Verspätung bei der Programmierung geben kann. Die Entwicklergruppe wird diese Korrekturmaßnahme analysieren müssen. Versuchen Sie, eine Lösung von dort zu erhalten und hier einzufügen.)
Zeitliche Rahmenbedingungen. Die Programmentwicklung war zu spät dran. Die Systemtestphase wurde verkürzt, weil der Abschlusstermin für die Implementierung eingehalten werden musste.	Die Tests wurden schrittweise durchgeführt. Nicht alle Tests konnten wie im Zeitplan vorgesehen ausgeführt werden, weil sie von fehlenden Funktionalitäten abhängig waren. Viel Zeit beim Systemtest wurde mit erneuten Überprüfungen und Regressionstests verbracht, weil nach und nach Funktionalitäten eingebracht wurden, die schon vor dem Beginn des Systemtests hätten vorhanden sein sollen. Es kam zu unvollständigen und unangemessenen Tests. Die Testingenieure mussten viele Überstunden machen, die Moral ist dementsprechend niedrig und die Anzahl der Kündigungen hat zugenommen. Die gesamten Auswirkungen können noch nicht abgeschätzt werden. Es muss nach der Veröffentlichung noch mit dem bekannt werden zahlreicher Fehler und mit hohen Wartungskosten gerechnet werden.	Im Zeitplan einen Puffer vorsehen und keine Verkürzung der Testphase zulassen. Letzteres führt zu Überstunden, die sich wiederum negativ auf die Moral der Mitarbeiter auswirken. Darüber hinaus steigt dadurch die Gefahr, dass die Anwendung bei der Auslieferung oder Implementierung kostspielige Fehler enthält.

Tab. 10.2 Beispiele für Zeitplanprobleme und Korrekturmaßnahmen (Forts.)

Problem	Auswirkung	Korrekturmaßnahme
Viele Fehler mit hoher Priorität wurden während der Systemtestphase (spät im Systemlebenszyklus) gefunden, anstatt schon früh im Entwicklungsprozess des Systems.	Es waren viel mehr Versions- und Testschritte notwendig als geplant, was zu Verzögerungen im Zeitplan und zu höheren Kosten führte.	Betrachten und analysieren Sie den gesamten Lebenszyklus. Wurde er befolgt? Wurden Maßnahmen zur Fehlervermeidung durchgeführt? Kontrollieren Sie Anforderungen für Korrekturmaßnahmen. Stellen Sie fest, wo solche Maßnahmen so wie vorgeschlagen implementiert worden sind.
Bei der Neuberechnung des voraussichtlichen Freigabetermins wurden die Metriken nicht angemessen verwendet.	Der Freigabetermin wurde neu berechnet, aber der neue Termin war nicht richtig und wurde nicht eingehalten.	Verwenden Sie Metriken zum Neubewerten eines voraussichtlichen Freigabetermins, wie etwa die Gesamtzahl von auszuführenden Tests, die Anzahl der erfolgreich/erfolglos durchgeführten Tests einschließlich historischer Trends wie etwa die Anzahl der Testverfahren pro Testrunde (Rate der Fehler im Vergleich zur Gesamtzahl der Testverfahren) und die Anzahl der Fehler im Vergleich zu korrigierten Daten. Verwenden Sie ein System zur Ertragsverwaltung.
Korrigierte Softwareproblemberichte wurden nicht innerhalb eines festgelegten Zeitrahmens erneut geprüft.	Die Korrekturen wurden vom Testteam nicht schnell genug überprüft, so dass die Entwickler nicht wissen konnten, ob die Korrekturen akzeptabel waren. Fortschrittsmessungen waren somit wenig aussagekräftig. Wenn eine Korrektur andere Bereiche beeinträchtigte, erfuhren die Entwickler dies zu spät.	Sorgen Sie dafür, dass das Testteam die Korrekturen innerhalb des festgelegten Zeitrahmens kontrolliert.

Tab. 10.2 Beispiele für Zeitplanprobleme und Korrekturmaßnahmen (Forts.)

Problem	Auswirkung	Korrekturmaßnahme
Softwarefehler brauchten lange bis zu ihrer Korrektur.	Erneute Tests konnten nicht stattfinden, weil die Entwickler zu lange für die Behebung von Fehlern benötigten. Aufgrund von Abhängigkeiten bei den Tests mussten die Testingenieure untätig warten, bis die Korrekturen erledigt waren.	Sorgen Sie dafür, dass die Entwickler die Korrekturen innerhalb des festgelegten Zeitrahmens erledigen.
Es waren nicht genug Ressourcen verfügbar.	Die Verwendung einer automatisierten Testreihe erfordert zusätzliche Zeit und Ressourcen. Weder das eine noch das andere waren verfügbar. Das Werkzeug verstaubte schließlich im Regal, weil sich die Testingenieure auf dringendere Probleme konzentrieren mussten.	Räumen Sie bei der Verwendung eines automatisierten Testwerkzeugs zusätzliche Zeit und Ressourcen ein. Sehen Sie außerdem eine Lernkurve und die Dienste eines Mentors vor.
Die meisten Fehler traten in einem bestimmten, kritischen Modul auf.	Die meiste Zeit wurde mit wiederholten Tests an diesem kritischen Modul verbracht.	Das Risikomanagement muss Aktivitäten in kritischen Bereichen mehr Personal zuweisen. Das Risikomanagement muss verbessert werden.

Tab. 10.3 Beispiele für Testprogrammprobleme und Korrekturmaßnahmen

Problem	Auswirkung	Korrekturmaßnahme
Den Testingenieuren fehlte es an Geschäftskenntnissen.	Die Testingenieure benötigten viel Betreuung. Möglicherweise wurden nicht alle Fehler in der Anwendungsfunktionalität berücksichtigt.	Die Testingenieure müssen vom Beginn des Systementwicklungslebenszyklus an eingebunden sein, um Informationen über die Kundenbedürfnisse und Geschäftserfahrungen zu sammeln (beginnend mit der Geschäftsanalyse und dem Sammeln der Anforderungen).

Tab. 10.3 Beispiele für Testprogrammprobleme und Korrekturmaßnahmen (Forts.)

Problem	Auswirkung	Korrekturmaßnahme
Einige der Anforderungen konnten nicht getestet werden. (Beispielsweise verlangte eine Anforderung, dass das System ein Hinzufügen von unendlich vielen Konten erlauben sollte – eine solche Anforderung kann nicht getestet werden, weil die Bedeutung des Wortes »unendlich« unklar ist.)	Einige der Anforderungen konnten nicht getestet werden.	Testingenieure müssen in die Phase der Anforderungssammlung einbezogen werden, damit sie die Überprüfbarkeit von Anforderungen verifizieren können.
Testverfahren wurden zu detailliert geschrieben (zum Beispiel: Klick auf die Speichern-Schaltfläche, Klikken auf die Bearbeiten-Schaltfläche usw.).	Es wurde ein erheblicher Zeitaufwand zum Entwickeln der Testverfahren benötigt und die Verfahren mussten verändert oder neu geschrieben werden, um mit kleineren Änderungen der Anwendung umgehen zu können.	Schreiben Sie Testverfahren auf einer höheren Abstraktionsebene, um Änderungen bei der Anwendung zu berücksichtigen (zum Beispiel »Speichere Datensatz, Bearbeite Datensatz« anstelle von »Klicken auf die Speichern-Schaltfläche, Klicken auf die Bearbeiten-Schaltfläche«).
Für den vorgesehenen Zeitrahmen wurden zuviele Testverfahren erstellt.	Die Testingenieure wussten nicht, welchen Verfahren sie die höchste Priorität geben sollten.	Das Risikomanagement muss verbessert werden. Den Testverfahren müssen Prioritäten zugeordnet werden. Verwenden Sie statistische Verfahren, um den Umfang der Tests zu verkleinern. Verwenden Sie bessere Techniken beim Testdesign. Gehen Sie mit den Erwartungen um. Denken Sie daran, dass nicht alles getestet werden kann.

Tab. 10.3 Beispiele für Testprogrammprobleme und Korrekturmaßnahmen (Forts.)

Problem	Auswirkung	Korrekturmaßnahme
Keine Prozessschulung.	Der Prozess wurde kaum befolgt.	Verifizieren Sie, dass der Prozess dokumentiert, befolgt und bewertet wird. Sehen Sie schon früh im Projekt eine Prozessschulung als Teil der Implementierung des Testprogramms vor.
Die Anforderungen änderten sich ständig.	Es kam zu Verzögerungen im Zeitplan und zu höheren Kosten. Testskripts mussten neu geschrieben werden, um den geänderten Anforderungen zu entsprechen.	Verbessern Sie die Beteiligung der Benutzer sowie die Verfahren zum Management von Anforderungen und Risiko. Ordnen Sie die Anforderungen einem Schema unter.
Die Testverfahren waren nutzlos.	Bei der Durchführung der Verfahren zum Systemtest traten keine großen Probleme bei der zu testenden Anwendung auf. Während des Benutzerakzeptanztests entdeckten die Benutzer erhebliche Fehler.	Bewerten Sie die Testverfahren für die Benutzerakzeptanz und vergleichen Sie sie mit den Systemtestverfahren. Welche Aspekte fehlten beim Systemtest? Führen Sie schrittweise Untersuchungen der Testverfahren durch, wobei Entwickler und Benutzer mit einbezogen sind. Die Testingenieure müssen geeignet geschult und in den gesamten Entwicklungslebenszyklus eingebunden sein.
Die Rollen und Verantwortlichkeiten waren unklar.	Die Entwickler erwarteten bei den Integrationstests Unterstützung vom Testteam, aber der Zeitplan sah dies nicht vor.	Dokumentieren und kommunizieren Sie die Rollen und Verantwortlichkeiten der Mitarbeiter des Testteams. Holen Sie die Billigung der Vorgesetzten und aller anderen Beteiligten ein.
In der Kommunikation zwischen Entwicklern und dem Testteam gab es Mängel.	Das Testteam erfuhr nicht, welche Veränderungen von einer Version zur nächsten implementiert worden waren.	Sorgen Sie dafür, dass jede neue Softwareversion mit einer Beschreibung der implementierten Korrekturen und der neu hinzugekommenen Funktionalitäten versehen ist.
Es wurde kein Werkzeug zur Fehlerverfolgung eingesetzt.	Einige der bei den Tests entdeckten Fehler wurden nicht erfasst und korrigiert.	Lassen Sie alle einem Fehlerverfolgungsverfahren folgen und verwenden Sie ein Fehlerverfolgungswerkzeug.

Tab. 10.3 Beispiele für Testprogrammprobleme und Korrekturmaßnahmen (Forts.)

Problem	Auswirkung	Korrekturmaßnahme
Entwickler schlossen Fehler ab, bevor die Korrektur implementiert war.	Ein Entwickler hat einen Fehler abgeschlossen, weil er keine Zeit hatte, ihn zu beheben.	Es muss ein Fehlerverfolgungsverfahren in Kraft und unter der Kontrolle des Konfigurationsmanagement sein. (Geben Sie den Entwicklern nicht die Autorität oder das Recht, einen Fehler abzuschließen.)
Es traten Probleme mit dem neuen Prozess bei neueren Softwareversionen und beim Konfigurationsmanagement auf. Funktionalität, die zuvor ordnungsgemäß arbeitete, lief in der neuen Version nicht mehr.	Es wurde viel Zeit für das Verständnis des Prozesses beim Konfigurationsmanagement und bei neuen Softwareversionen benötigt.	Ein Prozess für die Verwaltung der Konfiguration und neuer Softwareversionen muss dokumentiert, befolgt und automatisiert werden. Vor der Übergabe einer neuen Softwareversion an die Testgruppe sollte ein Smoke-Test sicherstellen, dass zuvor vorhandene Funktionalitäten nicht beeinträchtigt sind. Kontrollieren Sie den KM-Ablauf und lassen Sie KM-Training durchführen.
Eine Analyse der gewonnenen Erkenntnisse wurde erst nach Abschluss des Lebenszyklus vorgenommen.	Gewonnene Erkenntnisse sind für den Lebenszyklus des nächsten Testprogramms nicht relevant, weil dieser oftmals zu einem völlig neuen Projekt gehört. Korrekturmaßnahmen wurden nicht zu dem Zeitpunkt ergriffen, als sie den meisten Nutzen gehabt hätten.	Berücksichtigten Sie gewonnene Erkenntnisse während des gesamten Testprogrammlebenszyklus, damit Korrekturmaßnahmen implementiert werden können, wenn sie den größten Nutzen haben.

Tab. 10.4 Beispiele für Werkzeugprobleme und Korrekturmaßnahmen

Problem	Auswirkung	Korrekturmaßnahmen für zukünftige Phasen
Es wurden viele Werkzeuge verwendet, die aber nicht integriert werden konnten.	Es wurde viel Zeit für die Versuche benötigt, Informationen von einem Werkzeug zu einem anderen zu übertragen. Dazu gehörten umfangreiche Programmierungen, die zusätzlichen Arbeitsaufwand bedeuteten. Die erstellten Programme waren wegen neuer Versionen der verschiedenen Werkzeuge nicht wieder verwendbar.	Nehmen Sie eine Durchführbarkeitsstudie vor, um den Bedarf zur Beschaffung leicht integrierbarer Werkzeuge zu ermitteln.
Das Werkzeug bestimmte den Testablauf. Der Schwerpunkt lag auf dem Automatisieren von Testverfahren anstelle des Durchführens von Tests.	Es wurde mehr Zeit für das Automatisieren der Testverfahren als für deren Durchführung aufgewendet.	Denke Sie daran: Das Automatisieren von Testskripts ist ein Teil der Testarbeit. Werten Sie aus, welche Tests von selbst zur Automatisierung geführt haben. Nicht alles kann oder sollte automatisiert werden.
Es wurden komplexe und umfangreiche Testskripts entwickelt.	Die Entwicklung der Testskripts mit der Programmiersprache des Werkzeugs war fast genauso aufwendig wie die Anwendungsentwicklung selbst. Es wurde zu viel Zeit für die Automatisierung von Skripts verschwendet, ohne dass man dadurch viel gewonnen hätte.	Vermeiden Sie eine Wiederholung des Entwicklungsaufwands, zu dem es beim Erstellen von komplexen Testskripts kommt. Führen Sie eine Automatisierungsanalyse durch und bestimmen Sie durch Ermitteln des größten Nutzens den besten Ansatz zur Automatisierung.
Das Training erfolgte zu spät im Prozess, so dass es den Testingenieuren an Werkzeugkenntnissen mangelte.	Die Werkzeuge wurden nicht ordnungsgemäß eingesetzt. Skripts mussten wieder und wieder erstellt werden, was zu viel Frustration führte.	Sehen Sie schon früh im Projekt ein Prozesstraining als Teil der Implementierung des Testprogramms vor. Stellen Sie einen Experten für Testwerkzeuge ein. Erstellen Sie wieder verwendbare und wartungsfreundliche Skripts.
Es fiel ein Mangel an Entwicklungsrichtlinien auf.	Jeder Testingenieur verwendete einen anderen Stil bei der Erstellung von Testskripts. Die Wartung der Skripts wird sich als schwierig erweisen.	Erstellen Sie Entwicklungsrichtlinien für Tests, an die sich die Testingenieure halten müssen, um die Wartungsfreundlichkeit der Skripts zu erhöhen.

Tab. 10.4 Beispiele für Werkzeugprobleme und Korrekturmaßnahmen (Forts.)

Problem	Auswirkung	Korrekturmaßnahmen für zukünftige Phasen
Das Werkzeug wurde nicht verwendet.	Es wurden keine Skripts automatisiert, weil das Werkzeug nicht eingesetzt wurde. Die Testingenieure hatten den Eindruck, dass die manuellen Verfahren gut funktionierten.	Setzen Sie einen Mentor für das Werkzeug ein, der ein Befürworter des Werkzeugs ist. Zeigen Sie die Vorteile bei der Verwendung von Werkzeugen auf.
Das Werkzeug hatte Probleme bei der Erkennung der Steuerelemente (Widgets) von Fremdanbietern.	Das Werkzeug konnte in einigen Bereichen der Anwendung nicht eingesetzt werden.	Klären Sie, wenn möglich, mit den Entwicklern ab, dass die verwendeten Steuerelemente von Fremdanbietern mit dem automatisierten Testwerkzeug kompatibel sind, bevor die Softwarearchitektur beschlossen wird. Geben Sie den Entwicklern eine Liste der Fremdanbieterkomponenten, die vom Hersteller des Testwerkzeugs unterstützt werden. Verlangen Sie von den Entwicklern das Dokumentieren der Gründe, wenn sie ein inkompatibles Steuerelement eines Fremdanbieters verwenden müssen.
Die Erstellung automatisierter Testskripts war umständlich.	Das Erstellen automatisierter Skripts benötigte länger als erwartet. Es mussten Lösungen für eine Reihe von Kompatibilitätsproblemen gefunden werden.	Führen Sie von vornherein Kompatibilitätstests durch, um keine falschen Erwartungen zu wecken. Das Werkzeug wird nicht immer mit allen Teilen der Anwendungen kompatibel sein.
Die Erwartungen an das Werkzeug wurden nicht erfüllt.	Es wurde davon ausgegangen, dass das Werkzeug den Testumfang verringern würde, statt dessen war das Gegenteil der Fall.	Steuern Sie die Erwartungen. Ein automatisiertes Testwerkzeug ersetzt weder manuelle Tests noch den Testingenieur. Anfangs wird der Aufwand steigen, aber bei den nachfolgenden Softwareversionen wird er geringer sein.
Die vom Werkzeug erzeugten Berichte waren nutzlos.	Zwar wurden Berichte vorbereitet, aber es wurden nicht die erforderlichen Daten für aussagekräftige Berichte gesammelt.	Bereiten Sie nur Berichte für die Daten vor, die erzeugt werden. Erstellen Sie Berichte entsprechend den Anforderungen der Benutzer.

Tab. 10.4 Beispiele für Werkzeugprobleme und Korrekturmaßnahmen (Forts.)

Problem	Auswirkung	Korrekturmaßnahmen für zukünftige Phasen
Das Werkzeug verlangte besondere Vorkehrungen, aber die Entwickler wurden davon erst sehr spät im Testlebenszyklus in Kenntnis gesetzt.	Die Entwickler zögerten beim Einsatz des Werkzeugs, da es zusätzliche Programmierung erforderte.	Lassen Sie die Entwickler, wenn nötig (nicht alle Werkzeuge benötigen besondere Vorkehrungen), im voraus wissen, dass das Werkzeug zusätzliche Programmierung efordert. Machen Sie den Entwicklern klar, dass es dadurch zu keinerlei Problemen kommen wird, indem Sie ihnen Beispiele von anderen Firmen zeigen, die das Werkzeug eingesetzt haben.
Die Werkzeuge wurden ausgewählt und beschafft, bevor die technische Systemumgebung definiert worden war.	Es gab zahlreiche Kompatibilitätsprobleme und es mussten vielen Lösungen gefunden werden, um die Systemumgebung mit den Anforderungen der bereits beschafften Werkzeuge abzustimmen.	Die technische Systemumgebung muss definiert werden, bevor die Werkzeuge ausgewählt werden. Die ausgewählten Werkzeuge müssen zur Umgebung passen und nicht umgekehrt.
Es wurden verschiedene Versionen der Werkzeuge verwendet.	Verfahren, die mit einer Version des Werkzeugs erstellt worden waren, waren zu einer anderen Version nicht kompatibel, wodurch zahlreiche Kompatibilitätsprobleme auftraten, die gelöst werden mussten.	Jeder am Testprozess Beteiligte muss dieselbe Version des Werkzeugs benutzen. Aktualisierungen der Werkzeuge müssen zentral gesteuert werden.

Tab. 10.5 Beispiele für Umgebungsprobleme und Korrekturmaßnahmen

Problem	Auswirkung	Korrekturmaßnahme für zukünftige Phasen
Es fehlte eine stabile und isolierte Testumgebung.	Die Testumgebung konnte nicht in den Ausgangszustand zurückversetzt werden. Neben dem Testteam waren auch andere Projektteilnehmer durch die Testdaten beeinträchtigt. Die Testergebnisse waren oftmals unvorhersagbar.	Eine isolierte, geordnete Testumgebung ist für erfolgreiches Testen unumgänglich. Kontrollieren Sie die KM-Verfahren, um sicherzustellen, dass das Hard- und Softwaremanagement in der Testumgebung implementiert ist.

Tab. 10.5 Beispiele für Umgebungsprobleme und Korrekturmaßnahmen (Forts.)

Problem	Auswirkung	Korrekturmaßnahme für zukünftige Phasen
PC-Beschränkungen. Bei den PCs traten beim Laden der Werkzeuge Speicherengpässe auf.	Die Werkzeuge konnten nicht auf allen Test-PCs geladen werden.	Stellen Sie sicher, dass die Test-PCs alle Konfigurationsanforderungen für das Installieren der Werkzeuge, aller anderer für das Testen benötigten Software und der zu testenden Anwendung erfüllen. Möglicherweise muss neue PC-Hardware beschafft werden.
Es waren nicht genügend PCs zum Testen verfügbar (die Lieferung der PCs verzögerte sich).	Die Testingenieure konnten nicht so viele Testverfahren wie geplant durchführen. Es musste ein Zeitplan aufgestellt werden, wann ein bestimmter Testingenieur einen PC benutzen durfte, was zu Zeitverzögerungen führte.	Bestellen Sie PCs und alle andere Hardware für die Testumgebung früh genug, um eventuelle Lieferverzögerungen kompensieren zu können.
Die Testdaten waren irrelevant.	Mit den Testdaten konnte nicht überprüft werden, ob ein Testverfahren korrekte Ergebnisse lieferte.	Relevante Testdaten (von ausreichender Breite und Tiefe) sind unverzichtbar, um die Korrektheit der Testresultate zu verifizieren.
Die Testdatenbank war kleiner als die Datenbank in der Einsatzumgebung.	Leistungsbezogene Probleme wurden erst entdeckt, als die Datenbank der Einsatzumgebung verwendet wurde, was zu Zeitverzögerungen führte.	Leistungstests müssen mit Datenbanken durchgeführt werden, deren Größe mit der in der Einsatzumgebung übereinstimmt.

10.2 Kosten/Nutzen-Analyse des Testprogramms

Nach dem Erfassen der gewonnenen Erkenntnisse sowie anderer Metriken und dem Definieren von Korrekturmaßnahmen müssen die Testingenieure ebenfalls die Effektivität des Testprogramms einschließlich des erreichten Kosten/Nutzen-Verhältnisses abschätzen. Sie könnten beispielsweise den durch die Automatisierung im gesamten Testlebenszyklus gewonnenen Nutzen bemessen. Einer der Vorteile könnte etwa die Tatsache sein, dass die verschiedenen eingesetzten neuen Werkzeuge die Produktivität durch die erhöhte Geschwindigkeit der wiederholbaren Automatisierungsaktivitäten verbessert und gleichzeitig zur Wartungsfreundlichkeit beigetragen haben. Die Testingenieure konnten sich somit auf die komplexeren, nicht wiederholbaren Tests konzentrieren.

Eine Methode zum Erfassen des Gewinns durch automatisierte Tests beruht auf dem Vergleich der Ausführungszeiten von manuellen und automatisierten Tests durch den Testingenieur (siehe Kapitel 2). Eine andere Methode ist das Sammeln von Metriken während des gesamten Testlebenszyklus und deren Analyse zur Bewertung, welche andere Vorteile das Testprogramm erbracht hat. Eine zusätzliche Option ist eine Umfrage (siehe Abbildung 10.1), die bei den verschiedenen am Testlebenszyklus beteiligten Gruppen durchgeführt wird. Oftmals hängt der Erfolg eines Testprogramms davon ab, dass alle Beteiligten Hand in Hand arbeiten und sich an die Verfahren und Ergebnisformate halten. Im Gegensatz zur Untersuchung von gewonnenen Erkenntnissen, bei denen es um Korrekturmaßnahmen zum zukünftigen Vermeiden der gleichen Fehler geht, zielt die Kosten/Nutzen-Analyse darauf ab, die effektiven Aktivitäten zu erkennen und zu wiederholen.

Fallstudie

Kosten/Nutzen-Analyse des Testprogramms

Eine Testingenieurin namens Paula gewann mehrere Erkenntnisse aus einem gerade beendeten Projekt. Sie arbeitete mit anderen Mitgliedern des Testteams an Korrekturmaßnahmen (Verbesserungsvorschlägen) für jedes der dokumentierten Erkenntnisse. Dann erinnerte Sie sich daran, dass die Leitung ihrer Organisation zuversichtlich gewesen war, dass die bei dem Projekt eingesetzten automatisierten Werkzeuge den Testbetrieb verbessern würden. Sie erkannte, dass ihre Vorgesetzten erwarten würden, dass sie den Wert der Testautomatisierung durch Vergleich mit den dadurch zusätzlich entstandenen Kosten beziffern konnte. Sie machte sich daran, die positiven Aspekte des Testprozesses einschließlich der durch den Einsatz von automatisierten Werkzeugen gewonnenen Vorteile zu definieren. Sie dokumentierte die Vorteile, wie sie im Verlauf des Tests aufgetreten waren. Wie bei den gewonnenen Erkenntnissen besteht auch hier die Gefahr, dass die Vorteile bereits vergessen sind, wenn man mit der Analyse bis zum Ende des Testlebenszyklus wartet.

Eine Möglichkeit zum Ermitteln der Vorteile (des Nutzens) des besteht darin, sie wie in Tabelle 10.6 dargestellt zu dokumentieren, wobei die von den Testingenieuren beobachteten Vorteile des automatisierten Testprogramms notiert werden. Es ist nicht leicht, alle diese Vorteile in gesparten Mannstunden zu beziffern, aber trotzdem sind die in Tabelle 10.6 aufgeführten Einträge zweifellos Vorteile, die im Verlauf des Tests zu Tage traten.

Tab. 10.6 Kosten/Nutzen-Analyse des Testprogramms

Vorteil	Abschätzung der gesparten Zeit bzw. der Prozessverbesserung
Die Verwendung des Anforderungsmanagementwerkzeugs DOORS ermöglichte den gleichzeitigen Zugriff mehrerer Testingenieure, die Testverfahren für ihre speziellen Geschäftsbereiche erstellen konnten. Dieser Zugriff erlaubte die einfache Verwaltung des Erstellungsprozesses der Testverfahren. Die Entwicklung der Testverfahren dauerte mit acht Personen zwei Monate. Die Dokumente zu den Testverfahren mussten nicht verbunden werden, was bei der Verwendung eines Textverarbeitungsprogramms erforderlich gewesen wäre.	ca. 8 Stunden (eingesparte Zeit, weil kein Zusammenführen der Dokumentation notwendig war)
Das Testwerkzeug berechnete und erstellte fortwährend automatisiert Berichte über den Anteil der abgeschlossenen Tests.	ca. 10 Stunden – die Zeit, die für die manuelle Anteilsberechnung erforderlich gewesen wäre
Das Werkzeug für das Anforderungsmanagement ermöglichte durch ein einfaches Skript (.dxl-Datei) eine automatisierte Zuordnung zwischen den 5000 Testverfahren und den 3000 Testanforderungen.	ca. 80 Stunden – so lange hatte das Erstellen einer Zuordnungstabelle dieser Größe gedauert
Es konnten in einem kürzeren Zeitrahmen mehr Testschritte (per Knopfdruck) durchgeführt werden. Es wurden mehr Tests ausgeführt und 60 Testverfahren wurden bei 10 Softwareversionen wiedergegeben, wobei ein Testskript ca. 1 Minute brauchte. Bei manueller Durchführung hätten die Verfahren durchschnittlich 10 Minuten benötigt. Automatisierte Skripts wurden automatisiert gestartet und liefen unbeaufsichtigt.	ca. 99 Stunden (60 automatisierte Testverfahren mal 10 Versionen mal 1 Minute im Vergleich mit 60 manuellen Testverfahren mal 10 Versionen mal 10 Minuten)
Verbesserte Regressionstests. Die Regressionstests mussten wiederholt werden, weil ein Fehler implementiert wurde, der sich auf viele Bereiche auswirkte. Glücklicherweise war der erste Regressionstest durch ein Skript automatisiert worden, so dass der Testingenieur diese Tests abrufen konnte (anstatt sie alle manuell wiederholen zu müssen).	40 Stunden – die Zeit, die eine manuelle Durchführung der Regressionstest benötigt hätte.
Es wurden Maßnahmen zur Fehlervermeidung durchgeführt, die bei den Tests zu einer geringeren Anzahl von Fehlern hoher Priorität führten als bei der ersten Veröffentlichung, obwohl Komplexität und Umfang beider Versionen vergleichbar waren. Die zuerst veröffentlichte Version hatte 50 Fehler mit hoher Priorität, während die zweite nur 25 solcher Fehler enthielt.	ca. 100 Stunden (im Durchschnitt) für die Behebung von 25 Fehlern hoher Priorität

Tab. 10.6 Kosten/Nutzen-Analyse des Testprogramms (Forts.)

Vorteil	Abschätzung der gesparten Zeit bzw. der Prozessverbesserung
Das Testwerkzeug verbesserte die Konfigurationstests. Die gleichen Skripts wurden auf verschiedenen Hardwarekonfigurationen wiedergegeben. Wenn das automatisierte Konfigurationsskript nicht gewesen wäre, hätte der Test mit einem manuellen Verfahren auf den verschiedenen Hardwarekonfigurationen wiederholt werden müssen.	50 Stunden (das zugrunde liegende Skript wurde für eine Konfiguration erstellt, die fünf zusätzlichen Konfigurationen wurden in 10 Stunden manuell getestet)
Der Testingenieur erhielt zusätzliche Einsichten in die Geschäftsfunktionalität, indem er Testskripts wiedergab, die von Testexperten für andere Geschäftsbereiche erstellt worden waren. Obwohl Testingenieur A nicht mit der Funktionalität B des Systems vertraut war, konnte er die während seines Urlaubs von Testingenieur B aufgezeichneten Skripts wiedergeben. Testingenieur A konnte Fehler bei Funktionalität B ermitteln, weil das aufgezeichnete Skript nicht dem Schema entsprechend ablief. Basierend auf diesem automatisierten Schema konnte er mit dem Programmierer über das vorgesehene Ergebnis diskutieren.	ca. 5 Stunden – so lange hätte es gedauert, einen anderen Mitarbeiter in den Geschäftsaspekten der Funktionalität zu schulen
Vereinfachte Leistungstests ermöglichten Überprüfungen, die ohne ein automatisiertes Leistungstestwerkzeug nicht möglich gewesen wären, wie etwa das Simulieren von 1.000 Benutzern.	Der Verzicht auf 1.000 Benutzer ist schwer zu beziffern, aber es wurde auch der gesamte Prozess verbessert.
Die Belastungstests waren dadurch einfacher, so dass das Testteam die Grenzen des Systems ausloten und ein Zugriffsproblem bei hoher Benutzerzahl entdekken konnte.	Der Verzicht auf 1.000 Benutzer ist schwer zu beziffern, aber es wurde auch der gesamte Prozess verbessert.
Das Werkzeug wurde zum Füllen einer Datenbank durch simulierte Benutzereingabe verwendet.	20 Stunden – die Zeit, die das Füllen der Datenbank sonst in Anspruch genommen hätte.
Es kam eine Anforderung hinzu, die sich auf eine große Anzahl von Konten bezog, deren Hinzufügen das System ermöglichen sollte. Diese Aufgabe hätte ohne das automatisierte Werkzeug, das die Konten hinzugefügt und gelöscht hat, nicht erledigt werden können.	über 80 Stunden – so viel Zeit hätten manuelle Tests und Regressionstests benötigt

Tab. 10.6 Kosten/Nutzen-Analyse des Testprogramms (Forts.)

Vorteil	Abschätzung der gesparten Zeit bzw. der Prozessverbesserung
Testwerkzeug und das Jahr 2000: Im Projekt wurde das Testwerkzeug zum Durchführen eines Jahr-2000-Tests für die Ursprungsversion verwendet. Durch das Entwickeln eines Skripts und das Füllen einiger der Datenfelder mit 35 Datums-»Fällen« konnte das Testteam das Eingeben, Speichern und Abrufen der Daten für die Überprüfung automatisieren. Das Testwerkzeug war beim Testen der GUI-Oberfläche auf Jahr-2000-Fähigkeit bei fast der gesamten Anwendung nützlich. Die entwickelten Berichte erwiesen sich beim Dokumentieren der Jahr-2000-Testverfahren als hilfreich.	50 Stunden – so lange hätte die manuelle Durchführung dieser Skripts gedauert (diese Berechung basiert auf der schrittweisen manuellen Testausführung)
Fehleranfällige wiederholte Schritte wurden automatisiert. Die Tests wurden dadurch wiederholbar.	Prozessverbesserung
Das Automatisieren von profanen Testaufgaben ermöglichte es den Testingenieuren, mehr Zeit für Analysen aufzuwenden und sich auf die schwierigeren Testprobleme zu konzentrieren. Ebenso konnten sie bessere manuelle Testverfahren entwickeln.	Prozessverbesserung
Der Zeitplan und die Ecktermine des Projekts wurden eingehalten, weil die automatisierten Testwerkzeuge dabei halfen, in einem kürzeren Zeitrahmen ein besseres Produkt zu erstellen, indem sie die Wiederholung von Testskripts ohne zusätzliche Kosten ermöglichten. Der automatisierte Testprozess führte zu einer Verbesserung der Fehlererkennung. Automatisierte Tests deckten Probleme auf, die bei manuellen Überprüfungen früherer Versionen der zu testenden Anwendung nicht bemerkt worden waren.	Prozessverbesserung
Automatisierte Tests erproben die Anwendung mit einer großen Vielfalt und Anzahl von Eingabewerten. So wurden Fehler entdeckt, die mit manuellen Tests nicht bemerkt worden wären. Zum Beispiel lieferte das Werkzeug eine finanzielle Transaktion – eine Wertpapierorder – wieder und wieder aus, bis die Dekkung nicht mehr ausreichte, um zu sehen, wie das System darauf reagierte. Das System stürzte tatsächlich ab, nachdem die Deckung bei Null angelangt war.	Prozessverbesserung
Probleme wurden innerhalb des DOORS-Werkzeugs gespeichert, das eine einfache Verwaltung dieses zentralen Archivs sowie der gewonnenen Erkenntnisse und der daraus folgenden Korrekturmaßnahmen ermöglichte.	Prozessverbesserung

Tab. 10.6 Kosten/Nutzen-Analyse des Testprogramms (Forts.)

Vorteil	Abschätzung der gesparten Zeit bzw. der Prozessverbesserung
Automatisierte Tests verbesserten den Umgang mit der zu testenden Anwendung: Während eines bestimmten Anwendungstests wurde ein Skript für die wesentlichen Funktionen (Critical Success Function – CSF) entwickelt, das bei jeder neuen Softwareversion eingesetzt wurde. Ein Projektmitarbeiter beschrieb das folgendermaßen: »Dieses Skript ersparte es uns, die Benutzer in den Testraum herunterzurufen und mit dem Test beginnen zu lassen, nur um dann festzustellen, dass bei der neuen Version wesentliche Funktionalitäten fehlten.« Das CSF-Skript (ein Smoke-Test) wurde zur Kontrolle der neuen Version eingesetzt, bevor die Benutzer in den Testraum gerufen wurden. Die Benutzer wurden erst gerufen, wenn die neue Version akzeptiert worden war, wodurch man ihnen viel Zeit und Frustration ersparen konnte.	Prozessverbesserung
Automatisierte Tests erwiesen sich für die nachfolgenden Versionen als nützlich. Viele Projektmitarbeiter machten die Beobachtung, dass das Testwerkzeug besonders hilfreich war, wenn es viele phasenweise Versionen vor der endgültigen Projektveröffentlichung gab. Sobald eine Baseline von wieder verwendbaren Skripts geschaffen war, konnten diese ständig wiedergegeben werden. Dieser Schritt eliminierte Monotonie und Frustration, die sich durch wiederholte manuelle Tests derselben Funktionalität ergaben.	Prozessverbesserung
Das zentrale Archiv ermöglichte das einfachere Sammeln von Metriken.	Prozessverbesserung
Die Werkzeuge verbesserten die Fehlerverfolgung. Bei vorherigen Veröffentlichungen wurde kein Fehlerverfolgungswerkzeug eingesetzt und die Verwaltung der Fehler wurde zum Alptraum.	Prozessverbesserung
Verbesserte Verfügbarkeit von Berichten und Teststatus: Die Anforderungshierarchie der Testwerkzeuge erlaubte ein detailliertes Planen der Testanforderungen und war sehr hilfreich beim Überprüfen des Teststatus und für andere Berichtsmaßnahmen.	Prozessverbesserung

Tab. 10.6 Kosten/Nutzen-Analyse des Testprogramms (Forts.)

Vorteil	Abschätzung der gesparten Zeit bzw. der Prozessverbesserung
Verbesserte Kommunikation zwischen Testingenieuren und Entwicklern: Das Testwerkzeug verbesserte die Kommunikation zwischen den Testingenieuren und Entwicklern. Das Testteam arbeitete mit den Projektgruppen an einer Hierarchie der Softwaremodule in Verbindung mit dem Fehlerverfolgungssystem des Testwerkzeugs, so dass ein Fehler dem entsprechenden Softwaremodul zugeordnet werden konnte. Entwickler und Testingenieure kommunizierten über den Statusverlauf der Fehlerverfolgung des Testwerkzeugs und die Projektleitung hatte den Eindruck, dass sich die Kommunikation zwischen Testingenieuren und Entwicklern verbesserte.	Prozessverbesserung

In Abschnitt 2.2 wurden die Vorteile automatisierten Testens dargelegt, wie sie auch bei Paulas Erfahrung auftraten. Rufen Sie sich bitte in Erinnerung, dass die Vorteile dadurch entstanden, dass man einer definierten Methode wie etwa der ATLM folgte und dokumentierte Testdesigns und Entwicklungsstandards einsetzte. Die Verwendung eines automatisierten Werkzeugs ohne eine definierte Methode wird nicht zu den gleichen Ergebnissen führen.

Lernfrage 10.1

- Welche Kriterien müssen berücksichtigt werden, wenn man die manuellen Testanstrengungen mit den automatisierten aussagefähig vergleichen will?

- Welche anderen Ansätze könnten implementiert werden, um eine Kosten/Nutzen-Analyse des Testprogramms durchzuführen?

Fallstudie

Kosten/Nutzen-Analyse für Testwerkzeuge [1]

Die Informationen für diese Fallstudie entstammen einer Umfrage, die durch einen unabhängigen Berater durchgeführt wurde. Das Ziel der Umfrage war es, die tatsächlichen Erfahrungen mit den Werkzeugen der Firma Rational zu erfassen und zu dokumentieren. Es beteiligten sich 43 Unternehmen einschließlich Fabriken (Autos und Autoteile, Computer und Komponenten, Luftfahrt, medizinische Geräte), Softwarefirmen (CAD, CASE, Datenbanken, System-Software, medizinische Bildverarbeitung), Dienstleistungsunternehmen (Banken, Finanzdienstleister, Versicherungen, Krankenhäuser) und Universitäten. Die meisten Befragten waren Angestellte großer Organisationen (also mit mehr als 500 Mitarbeitern und mehr als 100 Millionen Euro Jahresumsatz), die größtenteils in Nordamerika ansässig waren. Die meisten der Befragten hatten Positionen wie etwa »Technischer Leiter«, »Projektmanager« oder »Abteilungsleiter Softwareentwicklung«.

Tabelle 10.7 fasst die Ergebnisse der Umfrage zusammen. Sie zeigt den berechneten Nutzen, den die Organisationen durch die Implementierung der verschiedenen Werkzeuge von Rational gezogen haben. Die Tabelle veranschaulicht auch den durchschnittlichen Zeitraum zwischen Investition und Nutzen in Monaten, der von den verschiedenen befragten Organisationen wahrgenommen wurde.

Tab. 10.7 Kosten/Nutzen-Analyse für Testwerkzeuge

Produkt	Durchschnittlicher Zeitraum zwischen Investition und Nutzen (in Monaten)	Durchschnittlicher Kosten-/ Nutzenfaktor (über 3 Jahre)
Purify	2,69	403 %
Quantify	3,63	295%
PureCoverage	1,88	580 %
PureLink	2,53	429 %

Die Resultate für Rationals Werkszeug Quantify:

- Der durchschnittliche Programmierer benötigt 4 bis 8 % seiner Arbeitszeit für das Optimieren und Verbessern der Geschwindigkeit. Die automatisierte Berechnung braucht 5 %.

- Quantify verfünffacht den Produktivitätsfaktor (in einem Bereich von 5- bis 25-fach).

Zeitbedarf für Leistungsaspekte ohne Quantify (in Wochen)

$$0,05 \times 48 \text{ Wochen pro Jahr} = 2,4 \text{ Wochen/Jahr}$$

Zeitbedarf für Leistungsaspekte mit Quantify (in Wochen)

$$2,4 \text{ Wochen/Jahr} \times 1/5 \text{ (Produktivitätsfaktor von Quantify)}$$
$$= 0,48 \text{ Wochen/Jahr}$$

Quantify spart $2,4 - 0,48 = 1,92$ Wochen/Jahr pro Entwickler ein.

Zusätzliche Überlegungen:

• Organisationen, für die Geschwindigkeit ein wesentliches Unterscheidungskriterium für Produkte ist, verwendeten pro Jahr ca. 9,4 Personenwochen für diesen Aspekt, die zu den 5 % hinzugezählt werden müssen, die der durchschnittliche Entwickler ohnehin dafür aufwendet. Die zusätzlichen Einsparungen für die speziell in diesem Bereich tätigen Mitarbeiter waren 7,84 Wochen. Diese weiteren Einsparungen sind in die Kosten/Nutzen-Analyse nicht mit einbezogen.

• Quantify reduzierte die Vorbereitungszeit unter Berücksichtigung aktueller Werkzeuge um den Faktor 15 bis 20.

• Mehrere Benutzer berichteten, dass sie mit Quantify Daten aus ihren komplexen Anwendungen sammeln konnten, die zuvor nicht erhältlich waren.

Kosten/Nutzen-Analyse für Quantify

Posten	Durchschnittlicher Preis in Euro
Jährliche Kosten für Programmierer	125.000
Kosten pro Woche	2.604
Anschaffungspreis für Quantify	1.398
Wartung von Quantify pro Jahr	250
5x Einsparungen bei Aktivitäten zur Geschwindigkeitsoptimierung (in Tagen)	9,6
Geldwert der Verbesserungen (pro Jahr)	5.000
Zeitraum zwischen Investition und Nutzen (in Monaten)	3,63
Quantifys Nutzen (über 3 Jahre)	295 %
Derzeitiger Nettowert (mit 10 %-Rate)	9.447,11

Eine Möglichkeit zum Erfassen des Nutzens des Testprogramms ist eine Umfrage, die an die verschiedenen am Testlebenszyklus beteiligten Gruppen verteilt wird. Testteams können ihre eigenen Umfragen durchführen, um den potenziellen Wert von Änderungen am Testlebenszyklus und bei den Werkzeugen zu ermitteln. An solchen Umfragen können etwa Geschäftsanalysten, Spezialisten für das Anforderungsmanagement, Entwickler, Testingenieure

und ausgewählte Endnutzer beteiligt werden. Mit diesen Umfragen lassen sich
Informationen über die Effektivität des Testablaufs ebenso wie über die Testwerkzeuge und die implementierten Verbesserungsmaßnahmen sammeln.

Abbildung 10.1 zeigt ein Beispiel für ein Umfrageformular, mit dem Reaktionen und Erfahrungen zum potenziellen Nutzen von Werkzeugen zum
Anforderungsmanagement, zum Design und zur Entwicklung eingeholt werden können. Umfragen sind beim Ermitteln von potenziellen Missverständnissen und beim Sammeln von positiven Reaktionen hilfreich.

Umfrage zu automatisierten Werkzeugen

Projektname/Geschäftsbereich:_____ Datum: _____

1. Haben Sie einen der folgenden Aspekte in Ihren Projektplan/Entwicklungsprozess
    einbezogen?

Regressionstests	Tests, welche die aktuellste Version der zu testenden Anwendung mit dem Schema vergleichen, das während der Entwicklungsphase erstellt wurde. Regressionstests decken alle Abweichungen auf, die seit der letzten Version in die Anwendung eingefügt wurden.
Leistungs- oder Lasttests	Tests, die realistische Belastungen verwenden, um Verhalten und Antwortzeit vorherzusehen.
Belastungstests	Tests, die das System extremen (maximalen) Belastungen unterziehen. Die Daten werden ohne Pause eingegeben, um zu sehen, welcher Fehler zuerst auftritt, ihn zu beheben und den Test zu wiederholen.
Integrationstest	Tests, die in einer dem Endprodukt ähnlichen Umgebung durchgeführt werden, um die Wahrscheinlichkeit für einen reibungslosen Übergang der Software von der Entwicklung zum Endprodukt zu erhöhen.

1a. Wenn die oben angegebenen Tests nicht Teil Ihres Projektplans waren, erklären
    Sie bitte die Gründe dafür. Wenn sie in der Vergangenheit eingeplant und durch-
    geführt wurden, beschreiben Sie bitte, wenn zutreffend, den dadurch gewonnenen
    Nutzen.

    _____

    _____

    _____

2. Haben Sie ein automatisiertes Werkzeug benutzt oder verwenden Sie derzeit eins?
    Ja ____ Nein ____ Warum bzw. warum nicht?

    _____

    _____

3. Verwenden Sie automatisierte Werkzeuge? Welche(s)?

Werkzeug zur Geschäftsmodellierung	Anforderungsmanagement	Testskriptgenerator	Leistungstests
Konfigurationsmanagement	Anforderungskontrolle	Einheitentest	GUI-Capture/ Replay
Fehlerverfolgung	Generator für fallbasierte Tests	Testdatengenerator	Usability-Messung
Dokumentationsgenerator	Design	Testmanagement	Andere

4. Was sind Ihre zukünftigen Pläne, falls vorhanden, für die Verwendung automatisierter Werkzeuge?
   ____ Die Verwendung auf andere Projekte ausweiten
   ____ Dieselbe Verwendung bei anderen Projekten
   ____ Die Verwendung durch den Entwicklungsprozess ausweiten
   ____ Keine Absicht, ein Testwerkzeug zu verwenden

5. Brauchen Sie eine der folgenden Dienstleistungen?
   Produktschulung ____   Testschulung ____   Beratung ____   Andere ____

6. Beschreiben Sie kurz Ihre Erfahrungen mit automatisierten Werkzeugen.

   _____

   _____

   _____

7. Sind Sie der Meinung, dass die Verwendung eines automatisierten Werkzeugs Vorteile bringt? Ja __ Nein __   Geben Sie bitte Gründe an.

   _____

   _____

8. Ist es schwierig, einen Prozess für ein automatisiertes Werkzeug zu erstellen? Ja __ Nein __   Geben Sie bitte Gründe an.

   _____

   _____

   _____

9. Haben Sie eine Erfolgsgeschichte oder eine Zusammenfassung gewonnener Erkenntnisse in Bezug auf automatisierte Werkzeuge, die Sie gerne anderen mitteilen möchten?

   _____

Abb. 10.1 Umfrageformular

Manchmal können einem die Ergebnisse einer Umfrage die Augen öffnen. Lesen Sie die folgende Aussage, die sich auf eine Umfrage bezieht, die zum Überprüfen der Verwendung von Testplänen bei Projekten durchgeführt wurde:

Als ich bei Apple arbeitete, führte meine Arbeitsgruppe einen Review von 17 Testplänen durch, die von unserer Abteilung verwendet wurden. Wir fanden heraus, dass überhaupt keiner der Pläne tatsächlich benutzt wurde. Einige von ihnen waren fast reine Makulatur. In einem Fall war sich der Testingenieur nicht darüber im Klaren, dass es für sein Produkt einen Testplan gab, bis wir im wahrsten Sinne des Wortes eine Schublade in seinen Schreibtisch öffneten und den Testplan dort fanden, wo der vorherige Testingenieur für dieses Produkt ihn hatte liegen lassen! [2]

Bedenken Sie, dass Testautomatisierung zur Softwareentwicklung gehört. Es ist notwendig, zum Automatisieren der Tests einen Prozess wie etwa die Automated Test Life-Cycle-Methodology (ATLM) einzurichten. Das Testteam muss sich auch über die Vorteile einer Strategie im Klaren sein, die eine *ausreichend gute* Testautomatisierung akzeptiert. Um ein effektives Testprogramm durchzuführen, muss es Testdesigns und Entwicklungsrichtlinien mit erprobten Vorgehensweisen übernehmen. Die Testmitarbeiter müssen sich die Unterstützung von Testwerkzeugexperten beschaffen, um die Testautomatisierung in Gang zu bekommen. Möglicherweise benötigen sie auch formale Schulungen an einem oder mehreren automatisierten Testwerkzeugen.

10.3 Zusammenfassung

- Im Anschluss an die Durchführung des Tests muss das Testteam die Leistungsfähigkeit des Testprogramms überprüfen, um festzustellen, wo beim nächsten Projekt Verbesserungen vorgenommen werden können. Dieser Review des Testprogramms bildet die letzte Phase der ATLM.

- Im Verlauf des Testprogramms sammelt das Testteam verschiedene Testmetriken. Die Überprüfung des Testprogramms konzentriert sich unter anderem auf eine Bewertung, ob die Anwendung die Akzeptanzkriterien erfüllt und für die Produktion freigegeben werden kann. Die Nachkontrolle umfasst auch eine Bewertung der gesammelten Ertragswertbemessungen sowie anderer erfasster Metriken.

- Das Testteam muss sich als Teil seiner Vorgehensweise einen fortlaufenden, schrittweisen Prozess zu eigen machen, der sich auf die gewonnenen Erkenntnisse konzentriert. Ein solches Programm ermutigt Testingenieure, Vorschläge für Korrekturmaßnahmen sofort zu machen, wenn solche Maßnahmen voraussichtlich eine signifikante Auswirkung auf den Erfolg des Testprogramms haben könnten.

- Während des gesamten Testlebenszyklus besteht eine gute Vorgehensweise darin, die gewonnenen Erkenntnisse beim Erreichen jedes Meilensteines zu dokumentieren und zu bewerten. Die im Zuge des Testlebenszyklus gesammelten Metriken (insbesondere die bei der Testdurchführung) helfen dabei, Probleme aufzuzeigen, die angegangen werden sollten.

- Gewonnene Erkenntnisse, Metrikbewertungen und alle entsprechenden Verbesserungs- oder Korrekturmaßnahmen müssen während des gesamten Testlebenszyklus in einem leicht zugänglichen zentralen Archiv dokumentiert werden.

- Nach dem Erfassen der gewonnenen Erkenntnisse sowie anderer Metriken und dem Definieren von Korrekturmaßnahmen müssen die Testingenieure die Effektivität des Testprogramms anhand des erreichten Kosten-/Nutzenverhältnisses abschätzen. Dazu bemessen sie beispielsweise den durch die Automatisierung im gesamten Testprozess gewonnenen Nutzen.

- Testteams können ihre eigenen Umfragen durchführen, um den potenziellen Wert von Änderungen am Testprozess und bei den Werkzeugen zu ermitteln. Ein Umfrageformular kann verwendet werden, um Reaktionen und Erfahrungen zum potenziellen Nutzen von Werkzeugen zum Anforderungsmanagement, zum Design und zur Entwicklung einzuholen. Umfragen sind auch beim Ermitteln von potenziellen Missverständnissen und beim Sammeln von positiven Reaktionen hilfreich.

10.4 Literaturhinweise

1. Mit freundlicher Erlaubnis von Sam Guckenheimer, Rational Software. www.rational.com.

2. Bach, J. *Process Evolution in a Mad World*. Bellevue, WA: Software Testing Laboratories, 1997.

Teil V

Anhang

A. Testen von Anforderungen

A.1 Ansatz zum Testen von Anforderungen

Beim Testen muss verifiziert werden, dass Anforderungen relevant, verständlich, verfolgbar, vollständig und testfähig sind. Die Tests beginnen mit dem Kriterium, dass jede Anforderung mindestens ein Qualitätsmaß haben muss. Dieses Maß wird benutzt, um festzustellen, ob eine gegebene Lösung die Anforderung erfüllt oder nicht. Der folgende Artikel von Suzanne Robertson mit dem Titel »Ein früher Testbeginn: Wie man Anforderungen testet« veranschaulicht einen Ansatz für das Testen von Anforderungen [1].

Inhaltsangabe

Wir akzeptieren, dass das Testen von Software ein Bestandteil des Aufbaus eines Systems ist. Wenn die Software jedoch auf ungenauen Anforderungen basiert, wird sie trotz gut geschriebenem Code unbefriedigend sein. Die Zeitungen sind voll von Geschichten über katastrophale Softwarefehler. In diesen Geschichten wird aber nicht gesagt, dass die meisten Fehlfunktionen auf falsche, fehlende, ungenaue oder unvollständige Anforderungen zurückzuführen sind. Wir wissen, wie man Software testet. Jetzt müssen wir lernen, wie man ein System des Testens von Anforderungen vor der Erstellung der Softwarelösung implementiert. Anhang A beschreibt eine Menge von Anforderungstests, welche die Relevanz, Verständlichkeit, Verfolgbarkeit, Vollständigkeit und andere Qualitäten testen, über die erfolgreiche Anforderungen verfügen müssen. Die Tests beginnen mit dem Kriterium, dass jede Anforderung mindestens ein Qualitätsmaß haben muss. Dieses Maß wird benutzt, um festzustellen, ob eine gegebene Lösung die Anforderung erfüllt.

Anforderungen scheinen kurzlebig zu sein. Sie werden schnell in Projekte einbezogen und wieder entfernt, sie sind launisch, widerspenstig, unberechenbar und manchmal unsichtbar. Beim Zusammenstellen von Anforderungen suchen wir nach allen Kriterien für den Erfolg eines Systems. Wir werfen ein Netz aus und versuchen alle diese Kriterien zu erfassen. Mittels Blitzing, Rapid Application Development (RAD), Joint Application Development

(JAD), Quality Function Deployment (QFD), Befragungen, Weiterbildung, Datenanalyse und vielen anderen Techniken [6] versuchen wir, alle Anforderungen in unserem Netz zu fangen.

Das Qualitätstor

Sobald wir eine einzige Anforderung in unserem Netz haben, können wir mit dem Testen beginnen. Die Absicht besteht im frühestmöglichen Auffinden von Fehlern, die mit den Anforderungen zusammenhängen. Wir vermeiden, dass inkorrekte Anforderungen in das Design und die Implementierung übernommen werden, wo sie schwieriger und nur mit großem Aufwand zu finden und zu korrigieren sind [5]. Um das Qualitätstor zu passieren und in die Anforderungsspezifikation aufgenommen zu werden, muss eine Anforderung eine Reihe von Tests bestehen. Diese Tests gewährleisten, dass die Anforderungen genau sind und keine Probleme durch Unangepasstheit an die späteren Design- und Implementierungsmaßnahmen des Projekts verursachen. Ich beschreibe alle der folgenden Anforderungstests für sich. Normalerweise sind die Tests so entworfen, dass sie auf alle Anforderungen gleichzeitig angewendet werden.

Eine Anforderung messbar machen

In seinem Aufsatz zur Spezifizierung von Anforderungen für die Erstellung von Software setzt Christopher Alexander [1] für jede Anforderung ein Qualitätsmaß an:

> Die Zielsetzung besteht darin, für jede Anforderung ein Qualitätsmaß zu definieren, so dass es möglich wird, alle Lösungen der Anforderung in zwei Klassen zu unterteilen: diejenigen, welche die Anforderung erfüllen und diejenigen, welche die Anforderung nicht erfüllen.

Mit anderen Worten, wenn wir ein Qualitätsmaß für eine Anforderung angeben, drücken wir damit aus, dass jede Lösung, die das Maß erfüllt, akzeptabel ist. Natürlich kann man auch sagen, dass jede Lösung, die das Maß nicht erfüllt, nicht akzeptabel ist. Die Qualitätsmaße werden zum Testen des neuen Systems bezüglich der Anforderungen verwendet. Der Rest dieser Veröffentlichung beschreibt, wie man Qualitätsmaße ansetzt, die für alle Beteiligten akzeptabel sind.

Quantifizierbare Anforderungen

Betrachten Sie eine Anforderung, die besagt: »Das System muss schnell auf Benutzereingaben antworten.« Zunächst müssen wir eine Eigenschaft für diese Anforderung finden, die uns einen Maßstab für die Messung in diesem Zusammenhang liefert. Wir wollen uns darauf einigen, dass die Antwortzeit in Minuten gemessen werden soll. Um das Qualitätsmaß zu finden, fragen wir: »Unter welchen Umständen könnte das System diese Anforderung nicht erfüllen?« Die Beteiligten prüfen den Kontext des Systems und entscheiden, dass sie es als Fehler betrachten würden, wenn ein Benutzer länger als drei Minuten auf eine Antwort auf seine Anfrage warten muss. »Drei Minuten« werden also zum Qualitätsmaß für diese Anforderung.

Jede Lösung für die Anforderung wird auf das Qualitätsmaß überprüft. Wenn die Lösung den Benutzer länger als drei Minuten warten lässt, dann erfüllt sie die Anforderung nicht. So weit, so gut: Wir haben ein quantifizierbares Qualitätsmaß definiert. Aber die Angabe des Qualitätsmaßes ist nicht immer so einfach. Was macht man mit Anforderungen, für die es keinen offensichtlichen Maßstab gibt?

Nicht quantifizierbare Anforderungen

Angenommen, eine Anforderung lautet: »Die automatisierten Schnittstellen des Systems müssen leicht zu erlernen sein.« Es gibt keinen offensichtlichen Maßstab für »leicht zu erlernen«. Wenn wir aber die Bedeutung der Anforderung innerhalb des speziellen Kontextes untersuchen, können wir formulierbare Grenzen für die Messung dieser Anforderungen festlegen.

Wir verwenden wieder die Frage: »Wann betrachtet man die Anforderung als nicht erfüllt?« Vielleicht sind sich die Beteiligten einig, dass es oft neue Benutzer gibt und sich diese innerhalb einer halben Stunde zurechtfinden sollen. Wir können das Qualitätsmaß definieren, indem wir sagen: »Ein neuer Benutzer muss in der Lage sein, eine Kundenbestellung innerhalb von 30 Minuten bei der ersten Benutzung des Systems erfolgreich abzuschließen.« So erhalten wir ein Qualitätsmaß, vorausgesetzt, dass eine Gruppe von Experten in diesem Kontext in der Lage ist, die Lösung auf Erfüllung oder Nichterfüllung der Anforderung zu testen. Ein Versuch, das Qualitätsmaß für eine Anforderung zu definieren, verhilft zur Konkretisierung undurchsichtiger Anforderungen. Etwas wie »das System muss einen guten Wert bereitstellen« ist ein Beispiel für eine Anforderung, mit der jeder einverstanden sein könnte, wobei jeder seine eigene Vorstellung hat. Durch das Untersuchen des Maßstabs, der zur Messung eines »guten Werts« verwendet werden muss, erkennen wir verschiedene Bedeutungen.

Manchmal können wir für eine Anforderung ein akzeptables Qualitätsmaß definieren, indem wir die Beteiligten dazu bringen, darüber nachzudenken. In anderen Fällen entdecken wir, dass es keine Vereinbarung über ein Qualitätsmaß gibt. Wir ersetzen dann diese unscharfe Anforderung durch mehrere Anforderungen, die alle über ihre eigenen Qualitätsmaße verfügen.

Anforderungstest 1

Hat jede Anforderung ein Qualitätsmaß, das sich zur Feststellung, ob eine Lösung die Anforderung erfüllt, verwenden lässt?

Verfolgen

Abbildung A.1 ist ein Beispiel für die Verfolgung des eigenen Wissens über jede Anforderung.

Beschreibung: Kurze Beschreibung der Anforderung (ein Satz)

Zweck: Warum wird die Anforderung für wichtig gehalten?

Besitzer: Wer hat die Anforderung aufgestellt?

Qualitätsmaß: Eindeutiger Test für das Erfüllen der Anforderung durch eine Lösung.

Wert: Kundenwert zwischen 1 (Unsinn) und 10 (Wesentlich).

Eindeutiger Bezeichner: Kennung zum Verfolgen der Anforderung.

Abhängigkeit: Existenz/Änderung der Abhängigkeiten von anderen Anforderungen.

Abb. A.1 Diese Kurzspezifikation einer Anforderung macht Ihr Wissen über die Anforderungen sichtbar. Sie muss aufgezeichnet werden, damit es für verschiedene Personen leicht ist, individuelle Anforderungen zu vergleichen und zu diskutieren sowie nach Wiederholungen und Widersprüchen zu suchen.

Durch das Hinzufügen eines Qualitätsmaßes zu jeder Anforderung haben wir die Anforderung sichtbar gemacht. Das ist der erste Schritt der Definition aller Kriterien zum Messen der Tauglichkeit einer Lösung. Wir wollen uns nun andere Aspekte der Anforderung ansehen, die wir testen können, bevor wir entscheiden, ob sie in die Anforderungsspezifikation aufgenommen werden soll.

Verständlichkeit und Konsistenz

Wenn ein Dichter ein Gedicht schreibt, dann will er damit reichhaltige und unterschiedliche Visionen beim Leser hervorrufen. Der Anforderungsingenieur verfolgt die gegenteilige Absicht: er ist daran interessiert, dass jede Anforderung von jedem Leser auf die gleiche Weise verstanden wird. In der Praxis sehen viele Anforderungsspezifikationen wie Lyrik aus, und sie bieten dem Leser alle denkbaren Interpretationsmöglichkeiten. Diese Subjektivität bedeutet, dass viele Systeme so aufgebaut sind, dass sie die falsche Interpretation der Anforderung erfüllen. Die offensichtliche Lösung dieses Problems besteht in der Formulierung einer Anforderung, die nur auf eine Art verstanden werden kann.

In einer Anforderung, die ich einzuschätzen hatte, fand ich den Ausdruck »Betrachter« in vielen Teilen der Spezifikation. Meine Analyse identifizierte sechs verschiedene Bedeutungen des Ausdrucks in Abhängigkeit vom Kontext der Verwendung. Solche Anforderungsfehler verursachen während des Designs und/oder der Implementierung immer Probleme. Wenn man Glück hat, erkennt ein Entwickler die Inkonsistenz, muss aber die Anforderung neu untersuchen. Dadurch entstehen immer Effekte, die sich auch auf andere Teile des Produkts auswirken. Wenn man kein Glück hat, wählt der Designer die Bedeutung, die ihm als die sinnvollste erscheint, und implementiert diese. Jeder Beteiligte, der nicht mit dieser Bedeutung einverstanden ist, geht davon aus, dass das System die Anforderung nicht erfüllt.

Anforderungstest 2

Enthält jede Spezifikation eine Definition der Bedeutung jeder wesentlichen Formulierung innerhalb der Spezifikation?

Ich verweise Sie auf abstrakte Datenmodellierungsprinzipien [7], die viele Richtlinien für Formulierungen und für die Definition der Bedeutung dieser Formulierung anbieten. Als Ergebnis der notwendigen Analyse könnte der Ausdruck »Betrachter« folgendermaßen definiert werden:

Betrachter
Eine Person aus der Region, in welcher die Fernsehprogramme unseres Senders empfangen werden können.
Relevante Attribute sind:
Name des Betrachters
Adresse des Betrachters

Altersgruppe des Betrachters
Geschlecht des Betrachters
Gehaltsklasse des Betrachters
Beschäftigung des Betrachters
Sozioökonomische Einstufung des Betrachters

Wenn die zulässigen Werte aller Attribute definiert sind, stehen Daten zur Verfügung, die zum Testen der Implementierung verwendet werden können. Beim Definieren des Ausdrucks »Betrachter« trifft man auf einen Teil des Verständnisproblems. Wir müssen außerdem sicher sein, dass jede Verwendung des Ausdrucks »Betrachter« konsistent zur definierten Bedeutung passt.

Anforderungstest 3

Ist jeder Bezug auf einen definierten Ausdruck konsistent zu seiner Definition?

Vollständigkeit

Wir wollen sicher sein, dass die Anforderungsspezifikation alle bekannten Anforderungen enthält. Da wir wissen, dass es evolutionäre Änderungen und Erweiterungen geben wird, möchten wir diese Änderungen auf neue Anforderungen beschränken und nicht für Anforderungen zulassen, die wir von Anfang an hätten kennen müssen. Wir wollen also vermeiden, Anforderungen auszulassen, nur weil wir nicht daran gedacht habe, die richtigen Fragen zu stellen. Wenn wir einen Kontext [10, 11] für unser Projekt haben, dann können wir testen, ob der Kontext genau ist. Wir können außerdem testen, ob wir alle Anforderungen betrachtet haben, die innerhalb des Kontextes wahrscheinlich sind.

Der Kontext definiert das Problem, das wir lösen wollen. Der Kontext umfasst alle Anforderungen, die wir letztlich zu erfüllen haben: er enthält alles, was wir erstellen müssen, oder alles, was wir ändern müssen. Wenn Ihre Software die Arbeitsweise von Personen ändert, dann müssen diese Tätigkeiten natürlich im Kontext der Untersuchung enthalten sein. Der häufigste Fehler ist die Begrenzung des Kontextes auf den Teil des Systems, der schließlich automatisiert wird [3]. Das Ergebnis dieser eingeschränkten Betrachtung ist, dass niemand die Kultur und die Arbeitsweise der Organisation richtig versteht. Daraus folgt, dass eine Diskrepanz zwischen dem resultierenden Rechnersystem und dem Rest des kommerziellen Systems sowie den Personen entsteht, die helfen wollen.

Anforderungstest 4

Ist der Kontext der Anforderung groß genug, um alles abzudecken, was wir verstehen müssen?

Das ist natürlich leicht zu behaupten, aber wir müssen trotzdem testen können, ob der Kontext groß genug ist, um das komplette Geschäftssystem, und nicht nur die Software aufzunehmen, oder nicht. (»Geschäft« bedeutet in diesem Sinn nicht nur ein kommerzielles Geschäft, sondern alle Aktivitäten – wissenschaftlich, ingenieurwissenschaftlich, künstlerisch – die eine Organisation ausführen kann.) Wir führen diesen Test durch, indem wir die Fragen untersuchen, die von den Systemanalysten gestellt werden: Berücksichtigen sie die Teile des Systems, die außerhalb der Software ablaufen? Werden Fragen gestellt, die sich auf Personen oder Systeme beziehen, welche sich außerhalb des Kontextes befinden? Werden irgend welche Schnittstellen an den Grenzen des Kontextes geändert?

Ein weiterer Vollständigkeitstest ist die Frage, ob wir alle gegenwärtig bekannten Anforderungen erfasst haben. Das Hindernis besteht darin, dass Menschen die Quelle von Anforderungen sind. Und jeder sieht die Welt anders, entsprechend seiner Arbeitsaufgabe und seiner Vorstellung davon, was wichtig ist oder was mit dem aktuellen System nicht stimmt. Man sollte die Typen der Anforderungen betrachten, nach denen wir suchen:

- *Bewusste Anforderungen.* Probleme, die das neue System lösen muss.

- *Unbewusste Anforderungen.* Vom aktuellen System schon gelöst.

- *Vernachlässigte Anforderungen.* Wäre eine Anforderung, wenn wir wüssten, dass sie möglich ist, oder sie uns vorstellen könnten.

Bewusste Anforderungen sind leichter zu entdecken, weil sie die Aufmerksamkeit der Beteiligten auf sich ziehen. Unbewusste Anforderungen sind schwieriger zu entdecken. Wenn ein Problem vom aktuellen System schon zufrieden stellend gelöst wurde, dann ist es weniger wahrscheinlich, dass es als Anforderung für ein neues System erwähnt wird. Weitere unbewusste Anforderungen beziehen sich oft auf rechtliche, behördliche oder kulturelle Probleme. Vernachlässigte Anforderungen sind noch schwerer zu entdecken. Sie geraten in Vergessenheit, wenn das System eine Weile in Gebrauch ist. »Ich wusste nicht, dass es möglich ist, sonst hätte ich danach gefragt.«

Anforderungstest 5

Haben wir die Beteiligten über bewusste, unbewusste und vernachlässigte Anforderungen befragt?

Erfahrungen mit der Ausarbeitung von Anforderungen auf anderen Systemen erleichtern das Entdecken fehlender Anforderungen. Dazu vergleicht man die aktuelle Anforderungsspezifikation mit Spezifikationen vergleichbarer Systeme. Nehmen Sie beispielsweise an, dass eine frühere Spezifikation eine Anforderung enthält, die sich auf das Risiko der Beschädigung von Eigentum bezieht. Es ist sinnvoll zu fragen, ob unser aktuelles System über Anforderungen dieses Typs oder etwas Ähnliches verfügt. Es ist durchaus möglich und tatsächlich recht wahrscheinlich, dass wir unbewusste und vernachlässigte Anforderungen entdecken, wenn wir andere Spezifikationen betrachten.

Wir haben die Erfahrungen aus mehreren Projekten zusammengetragen und ein allgemeines Schema für Anforderungen [12] aufgestellt, das zur Überprüfung auf fehlende Anforderungen verwendet werden kann. Ich rate Ihnen dringend, sich das Schema anzusehen und es zu verwenden, um Fragen über Anforderungen zu provozieren, die andernfalls unbeachtet blieben. In gleicher Weise können Sie Ihr eigenes Schema zusammenstellen, indem Sie Ihre eigenen Anforderungsspezifikationen zusammenfassen und so die meisten der Fragen aufdecken, die gestellt werden müssen.

Eine weitere Hilfe zur Entdeckung unbewusster und vernachlässigter Anforderungen ist die Errichtung von Modellen und Prototypen, um verschiedene Sichtweisen auf Anforderungen darzustellen. Das Wichtigste ist, sich daran zu erinnern, das jeder Beteiligte eine individuelle Person ist. Menschliche Kommunikationsfähigkeiten sind die beste Hilfe zur Vervollständigung von Anforderungen [2].

Anforderungstest 5 (Erweitert)

Haben wir die Beteiligten über bewusste, unbewusste und vernachlässigte Anforderungen befragt? Können Sie zeigen, dass eine Modellierung zur Entdeckung unbewusster Anforderungen durchgeführt wurde? Können Sie demonstrieren, dass Brainstorming oder ähnliche Anstrengungen zum Auffinden vernachlässigter Anforderungen durchgeführt wurden?

Relevanz

Wenn wir das Netz zur Sammlung von Anforderungen auswerfen und Leute dazu ermutigen, uns all ihre Anforderungen mitzuteilen, gehen wir ein Risiko ein. Zusammen mit den Anforderungen, die für unseren Kontext relevant sind, werden wir wahrscheinlich auch fehlgerichteten Anforderungen begegnen. Diese irrelevanten Anforderungen sind oft das Ergebnis eines Beteiligten, der die Ziele des Projekts nicht versteht. In solch einem Fall neigen Personen dazu, Anforderungen »nur für den Fall, dass wir sie brauchen« einzufügen, vor allem dann, wenn sie mit einem anderen System schlechte Erfahrungen gemacht haben. Ein weiterer Grund für Irrelevanz sind die Vorlieben des Personals. Wenn ein Beteiligter besonders an einem Thema interessiert oder davon eingenommen ist, dann könnte er es für eine Anforderung halten, obwohl es für dieses System irrelevant ist.

Anforderungstest 6

Ist jede Anforderung der Spezifikation für dieses System relevant?

Um auf Relevanz zu testen, überprüfen Sie die Anforderung bezüglich der vereinbarten Ziele für das System. Trägt die Anforderung zu diesen Zielen bei? Werden wir die Ziele verfehlen, wenn wir die Anforderung weglassen? Bezieht sich die Anforderung auf ein Thema, das sich im Kontext unserer Untersuchung befindet? Gibt es andere Anforderungen, die von dieser Anforderung abhängen? Einige irrelevanten Anforderungen sind gar keine richtigen Anforderungen, sondern Lösungen.

Anforderung oder Lösung?

Wenn uns einer der Beteiligten sagt, dass er eine grafische Benutzeroberfläche und eine Maus haben will, dann präsentiert er uns eine Lösung, aber keine Anforderung. Er hat andere Systeme mit grafischen Benutzeroberflächen gesehen und will das bekommen, was er für die aktuellste Lösung hält. Oder vielleicht denkt er, dass das Design des Systems ein Teil seiner Rolle ist. Oder möglicherweise hat er eine echte Anforderung, die er mental durch eine grafische Benutzeroberfläche gelöst hat. Wenn Lösungen für Anforderungen gehalten werden, dann fehlt oft die eigentliche Anforderung. Außerdem ist die Lösung nicht so gut, wie sie sein könnte, weil der Designer nicht die Freiheit hat, die Möglichkeiten zur Erfüllung der Anforderung in Betracht zu ziehen.

Anforderungstest 7

Enthält die Spezifikation Lösungen anstatt Anforderungen?

Es ist nicht immer leicht, Anforderungen und Lösungen voneinander zu unterscheiden. Manchmal gibt es eine Technologie innerhalb des Kontextes, und die Beteiligten haben angegeben, dass das neue System diese Technologie verwenden muss. Aussagen wie »das neue System muss in COBOL geschrieben werden, weil es die einzige Programmiersprache ist, die unsere Programmierer kennen« oder »das neue System muss das vorhandene Data-Warehousing-Layout verwenden, weil wir keine strukturellen Änderungen vornehmen wollen« sind wirklich Anforderungen, weil sie echte Einschränkungen des Kontextes des Problems darstellen.

Fragen Sie bei jeder Anforderung »Warum ist das eine Anforderung?« Gibt es eine echte Einschränkung? Wird sie gebraucht? Oder ist es eine Lösung zu einem erkannten Problem? Wenn die »Anforderung« eine Technologie enthält und sie auch mit einer anderen Technologie implementiert werden könnte, dann ist die »Anforderung« eine Lösung, falls es sich bei der angegebenen Technologie nicht um eine echte Einschränkung handelt.

Bewertung durch Beteiligte

Es gibt zwei Faktoren, die den Wert beeinflussen, den Beteiligte einer Anforderung beimessen: den Missmut auf Grund einer schlechten Leistung und die Zufriedenheit auf Grund einer guten Leistung. Eine fehlende Lösung für einige Anforderungen wird eine gewisse Verärgerung hervorrufen. Wenn wir verstehen, welchen Wert Beteiligte jeder Anforderung beimessen, können wir mit dieser Information die Prioritäten für das Design festlegen.

Anforderungstest 8
Gibt es für jede Anforderung eine Bewertung durch Beteiligte?

Pardee [9] schlägt vor, Skalen von 1 bis 5 zu benutzen, um die Belohnung für eine gute Leistung und die Strafe für eine schlechte Leistung anzugeben. Wenn eine Anforderung für den Erfolg eines Systems maßgeblich ist, bekommt sie eine Strafe von 5 und eine Belohnung von 5. Eine Anforderung, die man gerne hätte, die aber nicht unbedingt lebensnotwendig ist, könnte eine Strafe von 1 und eine Belohnung von 3 erhalten. Der Gesamtwert oder die Bedeutung, die ein Beteiligter einer Anforderung beimisst, ist die Summe von Strafe und Belohnungen – im ersten Fall ein Wert von 10 und im zweiten ein Wert von 4.

Der Sinn der Definition einer Bewertung durch Beteiligte ist das Erkennen der Einstellung von Beteiligten gegenüber den Anforderungen. Wir können dieses Wissen verwenden, um beim Design des Systems Prioritäten und Ranglisten festzulegen.

Verfolgbarkeit

Wir sollten den Beweis führen können, dass das System, das wir aufbauen, allen angegebenen Anforderungen entspricht. Wir müssen alle Anforderungen identifizieren, um ihre Fortschritte bei der detaillierten Analyse, beim Design und schließlich bei der Implementierung zu verfolgen. Jede Stufe der Systementwicklung formt, partitioniert und organisiert die Anforderungen, um sie näher an die Form des neuen Systems zu bringen. Zur Absicherung gegen Verlust und Beschädigung müssen wir in der Lage sein, die ursprünglichen Anforderungen zu Testzwecken auf die Lösung abzubilden.

Anforderungstest 9

Lässt sich jede Anforderung eindeutig identifizieren?

In der Kurzspezifikation in Abbildung A.1 sehen wir, dass jede Anforderung eine eindeutige Kennung haben muss. Das lässt sich am besten durch Zuweisung einer Zahl zu jeder Anforderung erreichen. Die einzige Bedeutung dieser Zahl ist die eindeutige Kennzeichnung der Anforderung. Wir haben Schemata gesehen, in denen Anforderungen entsprechend des Typs oder des Werts oder wonach auch immer nummeriert waren, aber dadurch wird es schwierig, Änderungen zu verwalten. Es ist viel besser, gemischte Nummerierungen zu vermeiden und eine Zahl nur zur Identifikation zu verwenden. Andere Fakten zu den Anforderungen werden dann als Teil der Kurzspezifikation aufgezeichnet.

Ordnung in einer unordentlichen Welt

Wir haben jede Anforderung als separat erkennbare, messbare Einheit betrachtet. Jetzt müssen wir die Verbindungen zwischen Anforderungen betrachten und die Wechselwirkungen zwischen ihnen verstehen. Das bedeutet, dass wir mit einer großen Zahl von Anforderungen und komplexen Verbindungen zwischen ihnen umgehen müssen. Anstatt alles auf einmal zu bewerkstelligen, suchen wir nach einer Möglichkeit, Anforderungen in handliche Gruppen einzuteilen. Wenn dies geschehen ist, können wir die Verbindungen in zwei Phasen einteilen: die internen Verbindungen zwischen den Anforderungen jeder Gruppe und dann die Verbindungen zwischen den Gruppen. So reduziert sich die Komplexität der Aufgabe, wenn die Gruppierung der Anforderungen so vorgenommen wurde, dass die Verbindungen zwischen den Gruppen minimiert wurden.

Ereignisse oder Anwendungfälle bieten eine bequeme Möglichkeit der Gruppierung von Anforderungen [8, 4, 11]. Das Ereignis oder der Anwendungsfall ist ein Vorkommnis, das eine Antwort des Systems verursacht. Die Systemantwort soll alle Anforderungen erfüllen, die mit diesem Ereignis verbunden sind. Mit anderen Worten, wenn wir alle Anforderungen bündeln, die auf ein Ereignis antworten, erhalten wir eine minimale Systemantwort für dieses Ereignis. Durch die Gruppierung der Anforderungen, die auf ein Ereignis antworten, erhalten wir Gruppen mit starken internen Verbindungen. Außerdem bieten die Ereignisse in unserem Kontext eine einfache Möglichkeit der Sammlung von Ereignissen.

Abbildung A.2 veranschaulicht die Beziehungen zwischen Anforderungen. Das Ereignis ist eine Sammlung aller Anforderungen, die auf dasselbe Vorkommnis antworten. Die *n*-zu-*n*-Beziehung zwischen Ereignis und Anforderung zeigt an, dass, während es eine Reihe von Anforderungen gibt, die auf ein Ereignis reagieren, auch jede Anforderung zu anderen Ereignissen beitragen könnte. Die Modell zeigt zudem, dass eine Anforderung mehr als eine mögliche Lösung haben kann, aber nur eine ausgewählte Lösung hat.

Das Ereignis liefert uns eine Reihe kleiner Systeme mit minimalen Verbindungen. Wir können die Ereignispartitionierung überall in der Entwicklung des Systems verwenden. Wir können die Anforderungen eines Ereignisses analysieren, die Lösung für ein Ereignis entwerfen und die Lösung implementieren. Jede Anforderung hat eine eindeutige Kennung. Jedes Ereignis besitzt einen Namen und eine Nummer. Wir verfolgen mit einem Anforderungswerkzeug oder einer Tabelle, welche Anforderungen mit welchen Ereignissen verbunden sind. Wenn es Änderungen an einer Anforderung gibt, können wir alle betroffenen Teile des Systems herausfinden.

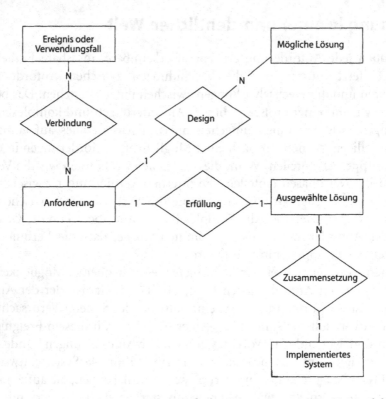

Abb. A.2   Das Ereignis bietet eine **einfache Gruppierung** für die Verfolgung von Beziehung**en zwischen Anforder**ungen.

Anforderungstest 10

Ist jede Anforderung mit allen Teilen des Systems verknüpft, an denen sie verwendet wird? Können Sie bei allen Änderungen von Anforderungen die Teile des Systems benennen, auf welche sich die von den Änderungen auswirken können?

Schlussfolgerungen

Die Anforderungsspezifikation muss alle Anforderungen enthalten, die vom System gelöst werden sollen. Die Spezifikation sollte objektiv alles beschreiben, was das System leisten soll, und die Bedingungen für die Durchführung enthalten. Die Verwaltung der Anzahl und der Komplexität der Anforderungen ist ein Teil der Aufgabe.

Der Aspekt, der die größte Herausforderung bei der Verfolgung von Anforderungen darstellt, ist die Kommunikation mit den Personen, welche die Anforderungen liefern. Wenn wir über eine konsistente Möglichkeit der Aufzeichnung von Anforderungen verfügen, können die Beteiligten am Anforderungsprozess teilnehmen. Sobald wir eine Anforderung sichtbar machen, können wir mit dem Testen beginnen und den Beteiligten detaillierte Fragen stellen. Wir können eine Vielzahl von Tests anwenden, um abzusichern, dass jede Anforderung relevant ist und von jedem auf die gleiche Weise verstanden wird. Wir können die Beteiligten auffordern, die Anforderungen relativ zu bewerten. Wir können ein Qualitätsmaß definieren, und wir können das Qualitätsmaß verwenden, um die Lösungen zu testen.

Das Testen beginnt gleichzeitig mit dem Projekt, nicht nach der Implementierung. Wir wenden Tests an, um die Qualität der Anforderungen zu gewährleisten. Die späteren Schritte im Projekt konzentrieren sich dann auf das Testen des guten Designs und des guten Codes. Der Vorteil dieses Ansatzes ist, dass wir teure Überarbeitungen minimieren, indem wir die Fehler in Verbindung mit den Anforderungen minimieren, die sich früh im Projektleben entdecken oder verhindern lassen.

Literaturhinweise

1. Christopher Alexander. *Notes on the Synthesis of Form.* Harvard Press, 1964.

2. Donald Gause und Gerald Weinberg. *Exploring Requirements.* Dorset House, New York, 1989.

3. Michael Jackson. *Software Requirements and Specifications.* Addison-Wesley, Reading, MA, 1995.

4. Ivar Jacobson. *Object-Oriented Software Engineering.* Addison-Wesley, Reading, MA, 1992.

5. Capers Jones. *Assessment and Control of Software Risks.* Prentice Hall, New Jersey, 1994.

6. Neil Maiden und Gordon Rugg. Acre: selecting methods for requirements acquisition. *Software Engineering Journal*, Mai 1966.

7. Steve Mellor und Sally Schlaer. *Object-Oriented Systems Analysis: Modelling the World in Data.* Prentice Hall, New Jersey, 1988.

8. Steve McMenamin und John Palmer. *Essential Systems Analysis.* Yourdon Press, New York, 1984.

9. William J. Pardee. *How to Satisfy and Delight Your Costumer.* Dorset House, New York, 1996.

10. James Robertson. *On Setting the Context.* The Atlantic Systems Guild, 1996.

11. James und Suzanne Robertson. *Complete Systems Analysis: the Workbook, the Textbook, the Answers.* Dorset House, New York, 1994.

12. James und Suzanne Robertson. *Requirements Template.* The Atlantic Systems Guild, London, 1966.

Anmerkung

B. Werkzeuge zur Unterstützung des Testlebenszyklus

B.1 Einführung

Tabelle B.1 führt die verschiedenen Typen von Testwerkzeugen auf, die für alle Lebenszyklusphasen verfügbar sind und den automatisierten Testprozess unterstützen. Die Tabelle enthält die Namen ausgewählter Produkte, die den verschiedenen aufgelisteten Kategorien zugeordnet sind, und sollte nicht als vollständige Liste aller verfügbaren Produkte angesehen werden. Tabelle B.1 listet Werkzeuge auf, die den Testlebenszyklus unterstützen; Entwicklungswerkzeuge und Werkzeuge zur Unterstützung anderer Lebenszyklusphasen wie Datenbankwerkzeuge, Werkzeuge für die Middleware-Konnektivität und Gateway-Werkzeuge, GUI-Generatoren, RAD-Entwicklungswerkzeuge und viele andere sind nicht berücksichtigt.

Um Wiederholungen zu vermeiden, ist jedes Werkzeug nur einmal aufgelistet, wenngleich manche Werkzeuge (wie Fehlerverfolgungswerkzeuge) während des gesamten Entwicklungslebenszyklus verwendet werden können.

Die eingehenden Beschreibungen der Werkzeuge, die auf die Tabelle folgen, enthalten viele Website-URLs. Die Autoren sind sich bewusst, dass sich diese URLs oft ändern. Wenn Sie eine veraltete URL finden, wenden Sie sich bitte an die Website der Autoren unter http://www.autotestco.com, um eine aktuelle Liste dieser speziellen URLs zu erhalten.

Tab. B.1 Werkzeuge für die verschiedenen Phasen des Testlebenszyklus

Lebenszyklus-phase	Werkzeugtyp	Werkzeugbeschreibung	Werkzeugbeispiel
Geschäfts-analyse	Werkzeuge zur Geschäfts-modellierung	Ermöglichen die Aufzeichnung von Definitionen der Benutzerbedürfnisse und die Automatisierung der schnellen Erstellung flexibler, grafischer Client/Server-Anwendungen	Oracle Designer 2000, Rational Rose
	Werkzeuge für das Konfigurations-management	Ermöglichen die Einrichtung einer Baseline wichtiger Datenbanken	Rational Clear-Case, PVCS

Tab. B.1   Werkzeuge für die verschiedenen Phasen des Testlebenszyklus (Forts.)

Lebenszyklus-phase	Werkzeugtyp	Werkzeugbeschreibung	Werkzeugbeispiel
	Fehlerverfolgungswerkzeuge	Verwalten Systemlebenszyklusfehler	TestTrack, Census, PVCS Trakker, Spyder
	Werkzeuge zur Verwaltung technischer Reviews	Erleichtern die Kommunikation während des automatisierten technischen Review-/Inspektionsprozesses	ReviewPro (Software Development Technologies)
	Dokumentationsgeneratoren	Automatisieren die Erstellung von Dokumenten	Rational SoDA
Anforderungsdefinition	Werkzeuge für das Anforderungsmanagement	Verwalten und organisieren Anforderungen; ermöglichen den Entwurf von Testverfahren; Erstellen Berichte zum Testfortschritt	Requisite Pro, QSS DOORS
	Werkzeuge zur Verifizierung von Anforderungen	Verifizieren Syntax, Semantik und Testfähigkeit	Aonix Validator/Req
	Anwendungsfallgeneratoren	Ermöglichen die Erstellung von Anwendungsfällen	Rational Rose
Analyse und Design	Werkzeuge für den Entwurf von Datenbanken	Bieten eine Lösung für die Entwicklung von Client/Server-Systemen der zweiten Generation	Oracle Developer 2000, Erwin, Popkins, Terrain
	Werkzeuge für das Anwendungsdesign	Helfen bei der Definition der Softwarearchitektur; ermöglichen objektorientiere(s) Analyse, Modellierung, Design und Konstruktion	Rational Rose, Oracle Developer 2000, Popkins, Platinum, Object Team
	Werkzeuge für Struktur-, Fluss- und Sequenzdiagramme	Helfen beim Verwaltungsprozess	Micrografx FlowCharter 7
	Testverfahrengeneratoren	Generieren Testverfahren aus den Anforderungen oder den Daten- und Objektmodellen	Aonix Validator, StP/T, Rational TestStudio
Programmierung	Werkzeuge zur Syntaxüberprüfung und Debugger	Ermöglichen die Syntaxprüfung und bieten Debuggingfähigkeiten; verwenden in der Regel einen eingebauten Programmiersprachencompiler	Verschiedene Sprachcompiler (C, C++, VB, PowerBuilder)

Tab. B.1 Werkzeuge für die verschiedenen Phasen des Testlebenszyklus (Forts.)

Lebens-zyklusphase	Werkzeugtyp	Werkzeugbeschreibung	Werkzeugbeispiel
	Erkennungs-werkzeuge für Speichereng-pässe und Lauf-zeitfehler	Erkennen Laufzeitfehler und Speicherengpässe	Rational Purify
	Werkzeuge zum Testen des Quellcodes	Überprüfen Pflegbarkeit, Portierbar-keit, Komplexität, zyklomatische Komplexität und Konformität zu Normen	CodeCheck, Visual Quality
	Werkzeuge zur statischen und dynamischen Analyse	Veranschaulichen die Codequalität und -struktur	LDRA Testbed, Discover
	Verschiedene Codeimple-mentierungs-werkzeuge	Hängen von der Anwendung ab, unterstützen die Codeerstellung und anderes	PowerJ, Jbuilder, SilverStream, Symantec Café
	Werkzeuge für den Einheiten-test	Automatisieren den Einheitentest-prozess	MTE
Metrikwerk-zeuge	Werkzeuge zur Analyse der Code- bzw. Testabdeckung oder Werk-zeuge zur Codeinstru-mentalisierung	Identifizieren ungetesteten Code und unterstützen dynamisches Testen	STW/Coverage, Software Research TCAT, Pure Coverage, Integri-Soft Hindsight und EZCover
	Usability-Beurteilung	Bieten Usability-Tests, wie sie in Usa-bility-Labs verwendet werden	ErgoLight
Weitere Werk-zeuge zur Unterstüt-zung des Test-lebenszyklus	Testdatengene-ratoren	Generieren Testdaten	TestBytes, Perfor-mance Studio
	Prototypwerk-zeuge	Ermöglichen die Erstellung von Pro-totypen von Anwendungen, verwen-den Programmiersprachen wie Visual Basic oder Werkzeuge wie Access 97	VB, Powerbuilder

Tab. B.1   Werkzeuge für die verschiedenen Phasen des Testlebenszyklus (Forts.)

Lebens-zyklusphase	Werkzeugtyp	Werkzeugbeschreibung	Werkzeugbeispiel
	Hilfsprogramme zum Vergleichen von Dateien	Ermöglichen die Suche nach Unterschieden zwischen Dateien, die identischen Inhalt haben sollten	Oft Teil von Capture-/Replay-Werkzeugen wie TeamTest , D2K/PLUS und EXDIFF
	Simulationswerkzeuge	Simulieren Anwendungen zur Messung von Skalierbarkeit u.a.	OPNET
Testphase	Werkzeuge für das Testmanagement	Ermöglichen die Testverwaltung	Rational Suite TestStudio, Test Director
	Werkzeuge zum Testen von Netzwerken	Ermöglichen die Überwachung, die Messung, das Testen und die Diagnose der Leistung über das gesamte Netzwerk	NETClarity, Applied Computer Technology ITF
	GUI-Testwerkzeuge (Capture/Playback)	Ermöglichen automatisierten GUI-Tests; Capture/Playback–Werkzeuge zeichnen Benutzerinteraktionen mit Online-Systemen auf, um sie automatisch wiedergeben zu können	Suite TestStudio, Visual Test, WinRunner, Silk , STW/Regression, AutoScriptor Inferno, Automated Test Facility, QARUM
	GUI-Testtreiber für Programme ohne grafische Benutzerschnittstelle	Ermöglichen die automatisierte Ausführung von Tests für Produkte ohne grafische Benutzerschnittstelle	
	Belastungs-/Leistungstestwerkzeuge	Ermöglichen Belastungs-/Leistungstests	Performance Studio
	Werkzeuge für das Web-Testen	Ermöglichen das Testen von Web-Anwendungen, Java-Anwendungen usw.	Silk, JTest
	Umgebungstestwerkzeuge	Es gibt auf dem Markt verschiedene Testwerkzeuge für verschiedene Umgebungen	XRunner, Prevue-X

Tab. B.1 Werkzeuge für die verschiedenen Phasen des Testlebenszyklus (Forts.)

Lebens-zyklusphase	Werkzeugtyp	Werkzeugbeschreibung	Werkzeugbeispiel
Jahr-2000-Testwerkzeuge	Werkzeuge zur Verwaltung und Planung von Jahr-2000-Tests	Erstellen Berichte über Metriken	DiscoverY2K, Suite TestStudio, Revolve/2000
	Werkzeuge zur Codeanalyse	Analysieren Quellcode in einer Groß-rechner- oder Client-/Server-Umge-bung hinsichtlich des Einflusses des Datums und erstellen entsprechende Berichte.	Revolve 2000 (Mainframe), DiscoverY2K (Client/Server)
		Analyse von Excel-Tabellen und Access-Datenbanken	EraScan
		-nm: Stellt Symboltabelleninforma-tionen für binäre Dateien unter Solaris dar -ar: Dient der Überprüfung von Bibliotheksabhängigkeiten	Solaris (Standard-systemfunktio-nen)
	Erstellungs-werkzeuge	Unterstützen die Baseline-Erstellung für Jahr-2000-Testdaten	File-AID/MVSm, Abend-AID/XLS, Batch Abend-SID für DB2, CICS Abend-AID für DB2, DataVan-tage, Banner Soft-ware Datatect
	Werkzeuge zur Datumsände-rung	Ermöglichen die automatische Ände-rung des Datums von Testdaten in beide Zeitrichtungen für Jahr-2000-Tests	File-AID Data Ager, Princeton Softtech Ager 2000, ARESHET Systems Ageware 2000
	Datums-simulation	Ermöglichen die Datumssimulation und simulieren die Jahr-2000-Test-umgebung	File-AID/MVS, Hourglas, Hot-Date 2000, Fake-Time

B.2 Geschäftsanalyse

B.2.1 Werkzeuge zur Geschäftsmodellierung

B.2.1.1 Oracle Designer/2000

Oracle Designer/2000 ist ein Werkzeugsatz zur Aufzeichnung der Definitionen von Benutzeranforderungen und zur Automatisierung der schnellen Erstellung flexibler, grafischer Client/Server-Anwendungen. Designer/2000 bietet bei der Integration in Oracle Developer/2000 eine Lösung für die Entwicklung von unternehmensweiten Client/Server-Systemen der zweiten Generation an. Weitere Informationen zu Oracle Designer/2000 finden Sie unter http://www.oracle.com.

Version 2.0 von Designer/2000 bietet eine voll integrierte Modellierungs- und Generierungsumgebung, die als Design Editor bekannt ist. Der Design Editor bietet eine Einzelbenutzerschnittstelle für das Design von Client- und Serveranwendungen sowie ein Framework, in dem kooperative Generatoren gemeinsame Designinformation benutzen und gleichzeitig pflegen. Während des Designprozesses zeichnet der Testingenieur in der Designer/2000 Repository Informationen auf. Die Designinformation wird als Design-Level-Objektdefinition gespeichert und von den Generatorprodukten zur Erstellung von Datenbanken und Clientanwendungen verwendet.

Der Design Editor bietet dem Testpersonal viele verschiedene Möglichkeiten zur Durchführung von Aufgaben, wobei man die Arbeitsweise wählen kann: Designführer, die durch den gesamten Prozess der Erstellung von Client- und Serveranwendungen führen; Designkomponenten, die für spezielle Aufgaben wie die Erstellung von Modulen für die Anwendungserstellung oder für das Festlegen von Voreinstellungen maßgeschneidert sind, oder Designassistenten, die durch bestimmte Aufgaben wie die Definition von Modulkomponenten leiten. Der Design Editor stellt Informationen in verschiedenen Ansichten dar. Der Zweck der Ansichten ist die Darstellung nur derjenigen Informationen, die zur Durchführung bestimmter Hauptprozesse wie des Designs von Clientanwendungen oder der Aufzeichnung von Verteilungsdetails für ein Datenbankdesign nötig sind.

Designkomponenten. Durch die Verwendung der verschiedenen Komponenten des Design Editor lassen sich erforderliche Design-Level-Objekte erstellen, bearbeiten und löschen. Jeder Komponententyp (mit Ausnahme der Navigator-Fenster) hat einen bestimmten Zweck und kann zur Veränderung von Objektdefinitionen verwendet werden, die nur mit diesem Zweck in Verbindung stehen. Moduldiagramme können beispielsweise nur zur Definition von Clientanwendungen verwendet werden, nicht hingegen für Aufgaben wie das

Festlegen von Generatorvoreinstellungen oder die Erstellung von Tabellende-finitionen.

Zu den Komponenten im Design Editor gehören der Object Navigator, Daten- und Moduldiagramme. Der Object Navigator wird zur Verwaltung und Ansicht aller Design-Level-Objektdefinitionen in der Datenbank verwen-det. Diese Komponente repräsentiert die hierarchischen Beziehungen zwischen Objekten. Datendiagramme werden für das Design von Datenbanken verwendet und stellen die Beziehungen zwischen Objekten grafisch dar, aus denen das Datenbankdesign besteht. Moduldiagramme dienen dem Design von Modulen zur Anwendungserstellung und stellen die Beziehungen zwischen Objekten grafisch dar, aus denen die erstellte Anwendung besteht. Die Palette der Generatorvoreinstellungen wird zur festlegung von Standardwerten zur Verbesserung des Verhaltens und der Erscheinung von erstellten Anwendungen verwendet. Diese Komponente kann nicht zur Erstellung von Objektdefinitionen verwendet werden. Der Logic Editor wird zur Entwicklung von prozeduralem logischem Code für Clientanwendungen verwendet, wobei die Logik entweder serverseitig oder clientseitig sein kann.

Beim Auswählen eines Objekts, wie zum Beispiel eines Moduls, und Ziehen desselben in das Hauptfenster des Design Editor öffnet sich das Moduldiagramm für das ausgewählte Modul. Die gleiche Drag-and-Drop-Technik kann zum Öffnen eines Datendiagramms und des Logic Editor verwendet werden, wenn das entsprechende Designobjekt ausgewählt wurde. Der Object Navigator und die anderen Diagramme sind so ausgelegt, dass sie zusammenarbeiten, so dass Objekte in einer Komponente ausgewählt und in eine andere gezogen werden können. Es können beispielsweise eine Tabelle und einige Spalten im Object Navigator ausgewählt und auf ein offenes Moduldiagramm gezogen werden, wodurch automatisch die Benutzung dieser Tabellen und Spalten durch das andere Modul erstellt wird.

Ansichten von Design Editor. Jede Ansicht in Design Editor wird in einem eigenen Bereich im Navigator-Fenster dargestellt. Jede Ansicht bezieht sich auf einen der folgenden Hauptdesignprozesse und zeigt daher Datenbankinformationen an, die nur für diesen Prozess eine Bedeutung haben:

- Design einer ersten Datenbank

- Design von Clientanwendungen

- Aufzeichnung von Details zur Datenbankadministration

- Aufzeichnung von Details zur Datenbankverteilung

Hundertprozentige Erstellung. Version 2.0 von Designer/2000 ermöglicht die »100%-Erstellung« von Client/Server-Anwendungen durch die Verwendung von Anwendungslogik und wieder verwendbaren Modulkomponenten. Anwendungslogik ist benutzerdefinierter Code, der als Teil des Systemdesigns in der Designer/2000-Datenbank aufgezeichnet werden kann. Generatoren binden diese Logik dann in das erstellte System ein, so dass die Änderung erstellter Programme außerhalb von Designer/2000 unnötig wird. Modulkomponenten (Teile der Programmspezifikationen) können wieder verwendet und von mehreren Modulen gleichzeitig benutzt werden; Generatoren erstellen dann wieder verwendbare Objekte, die auf die Zielumgebung angepasst sind.

Anwendungslogik. Version 2.0 von Designer/2000 bietet die Möglichkeit der Aufzeichnung von Anwendungslogik oder »benutzerdefinierten Codes« innerhalb der Datenbank, um sie von den Generatoren in die erstellten Anwendungen einbinden zu lassen. Dieser Ansatz verringert die Notwendigkeit der Neuerstellung von Optionen oder der Änderung von Code nach dessen Erstellung, so dass die Verwaltbarkeit und Pflegbarkeit von Systemen verbessert wird, die unter Verwendung von Designer/2000 entwickelt werden.

Die Fähigkeiten von Designer/2000 zu Reverse Engineering und Designerfassung ermöglichen ebenfalls 100%-Reverse-Engineering von Anwendungslogik und 100%-Erstellung. Die Datenbank erlaubt die Speicherung und Definition von Anwendungslogik mittels eines Ereignismodells für jede Zielsprache. Für den Formulargenerator kann Logik auf Formular-, Block- und Eintragebenen für Ereignispunkte wie WHEN-VALIDATE-ITEM und PRE-INSERT definiert werden. Jedem Ereignispunkt können mehrere Codeabschnitte zugewiesen werden, einschließlich einiger benutzerdefinierter (Anwendungslogik) und einiger aus deklarativen Definitionen erstellter (Erstellungslogik).

Designer können den Code einsehen, der aus den Datenbankdefinitionen erstellt werden soll, und bilden ihre eigene Anwendungslogik innerhalb der erstellten Codeabschnitte entsprechend den Erfordernissen. Wenn notwendig, können auch Benutzer die generierte Anwendungslogik durch ihre eigene ersetzen. Dieses Konzept ist auf den Servergenerator zur Definition von Anwendungslogik in Datenbanktriggern und zur Ausführung serverseitiger Prozeduren erweitert worden.

Anwendungslogik kann für Module aller Typen aufgezeichnet werden und wird durch die Generatoren für Developer/2000-Formulare, -Berichte und -Grafiken, Web-Server-Anwendungen und Visual Basic voll unterstützt. Um diese Funktionalität zuzulassen, unterstützt der Logic Editor die Syntax von PL/SQL v2, Oracle Basic, Visual Basic und Java.

Wieder verwendbare Modulkomponenten. Designer/2000 ermöglicht erhöhte Produktivität durch wieder verwendbare Modulkomponenten. Eine Modulkomponente entspricht einem Block in Formularen, einer Gruppe in Berichten oder einer Zone in Visual Basic. In der Sprache von Designer/2000 besteht eine Modulkomponente typischerweise aus einer Basistabelle und deren Suchtabellen und bietet eine logische »Ansicht« für den Endanwender. Alle Eingabedaten eines Designer/2000-Werkzeugs werden auf jeder Stufe der Entwicklung in einer zentralen Datenbank (Repository) gespeichert, so dass Teamarbeit und Projektmanagement möglich wird. Designer/2000 unterstützt eine Auswahl von Entwicklungsansätzen.

Unterstützte Umgebungen. Auf der Serverseite unterstützt Designer/2000 die Definitions-, Erstellungs- und Designwiederherstellung der folgenden Datenbanktypen über eine eigene Oracle-Verbindung und ODBC-Connectivity: Oracle 8, 7.3, 7.2, 7.1 und 7.0, Personal Oracle Lite, Rdb, ANSI 92; DB2/2 und MVS, Microsoft SQL Server sowie Sybase.

Auf der Clientseite unterstützt Designer/2000 Folgendes: Erstellung von Formular-, Bericht- und Grafikkomponenten, Erstellung von Visual Basic-Anwendungen, Erstellung von WebServer-Anwendungen, Erstellung von MS-Hilfedateien und Integration anderer erstellter Anwendungen.

B.2.1.2 Rational Rose

Rational Rose ist ebenfalls ein Werkzeug zur Geschäftsmodellierung, kann im Testlebenszyklus aber auch anders verwendet werden. Auf höherer Ebene bildet Rational Rose Geschäftsprobleme auf Anforderungen und Anforderungen, Logik und Code auf die untergeordneten Ebenen ab. Weitere Details zu Rational Rose finden Sie in Abschnitt B.4.1.1.

B.2.2 Werkzeuge für das Konfigurationsmanagement

Es ist wichtig, dass das Endergebnis jeder Phase im Entwicklungslebenszyklus mittels eines Werkzeugs für das Konfigurationsmanagement als Baseline definiert wird (aus Gründen, die in Kapitel 8 beschrieben sind). Viele Werkzeuge, die während des Entwicklungs- und Testlebenszyklus verwendet werden, verfügen über eine integrierte Konfigurationsverwaltung. Für Werkzeuge, denen dieses Merkmal fehlt, ist es wichtig, dass alle Ausgaben als Baseline festgelegt werden. Ein Konfigurationsmanagementwerkzeug wie Rational ClearCase ermöglicht die Versionskontrolle, Arbeitsbereichs- und Buildmanagement sowie die Prozesssteuerung.

B.2.2.1 ClearCase

Zu den Eigenschaften von ClearCase gehört die Unterstützung der parallelen Entwicklung für Teams:

- Automatische Verschmelzung von bis zu 32 Bestandteilen
- Additive und subtraktive Verschmelzung
- Grafische Verschmelzung mit bearbeitbaren, synchronisierten Fenstern

Zur Versionskontrolle gehören die folgenden Punkte:

- Checkin/Checkout-Entwicklungsmodell
- Grafische Anzeige der Versionsentwicklung
- Versionsverzeichnisse, -unterverzeichnisse und -dateisystemobjekte
- Unbegrenzte Verzweigungen
- Interleaved Delta Compression und automatische Zwischenspeicherung
- Dateikonvertierung zu RCS, SCCS, PVCS, DSEE, SourceSafe und UNIX

Funktionen für das Arbeitsbereichsmanagement werden ebenfalls bereitgestellt:

- Transparenter Zugriff auf alle Versionsobjekte
- Regelbasierte Versionsauswahl
- Mehrere aktive Ansichten
- Dynamische Arbeitsbereichskonfiguration und -aktualisierung
- Unterstützung unverbundener Benutzung (nur unter Windows)
- Sofortige Wiederherstellung früherer Konfigurationen

Zu den Funktionen für das Buildmanagement gehören:

- Erstellung detaillierter Ressourcenaufstellungen
- Kompatibilität zu verbreiteten UNIX- und Windows-Make-Dateien
- Automatische Erkennung von Make-Datei-Abhängigkeiten
- Netzwerkweite gemeinsame Benutzung binärer Dateien ohne Kopien
- Parallele Builds auf Multiprozessor-Hosts
- Verteilte Builds und Lastenausgleich im Netzwerk

Die Prozesssteuerung umfasst folgende Funktionen:

- Unterstützung des SEI Capability Maturity Model und der ISO 9000

- Setzen von Ereignisauslösern über benutzerdefinierte Programme oder Skripts

- Grafische Verwaltung logischer Prozessbeziehungen

ClearCase stellt die folgenden Anforderungen:

Hardware

- IBM oder 100% kompatibler PC ab 486er-Prozessor

Clientanforderungen

- 32 MB RAM

- 35 MB Festplattenspeicher

Serveranforderungen

- mindestens 64 MB RAM

- 70 MB Festplattenspeicher (abhängig von der Größe der Codebasis)

Unterstützte Umgebungen

- Windows 95 und 98 (nur Client)

- Windows NT

- UNIX

B.2.3 Fehlerverfolgungswerkzeuge

Fehlerverfolgungswerkzeuge werden verwendet, um Fehler zu verwalten, die während der verschiedenen Lebenszyklusphasen auftauchen. In Abhängigkeit von den Anforderungen kann man aus einer Vielzahl auf dem Markt erhältlicher Fehlerverfolgungswerkzeuge auswählen. (Lesen Sie in diesem Zusammenhang auch den Abschnitt zur Bewertung von Fehlerverfolgungswerkzeugen in Kapitel 8.)

B.2.3.1 PVCS Tracker

PVCS Tracker ist eine unternehmensweite Lösung, die alle anfallenden Anfragen, Fehlerberichte und Änderungen eines Softwareentwicklungsprojekts erfasst, verwaltet und in Berichten darstellt. Mit der I-NET-Schnittstelle können Projektteammitglieder überall in der Welt Probleme direkt erfassen. Man kann auf einfache Weise Prioritäten festlegen, Besitzer ändern, Handzettel verwalten und Probleme vom Notfall zur Lösung verfolgen. Die automatische Notierung von Tracker ermöglicht allen Teammitgliedern, über Änderungen auf dem Laufenden zu sein und diese zu beeinflussen. Weitere Informationen zu dem PVCS-Produkt finden Sie unter http://www.microfocus.com.

Die wichtigsten Merkmale von PVCS Tracker sind:

- I-NET (Internet und Intranet), erlaubt die Wahl der Schnittstelle, wenn aktiviert

- Zwei Schnittstellen sind für Tracker verfügbar: die normale Window-Schnittstelle und die Schnittstelle Tracker I-NET Web. Letztere erlaubt de Zugriff auf Tracker über das Web, so dass Sie das Internet und Intranets verwenden können. Schlüsselmerkmale sind in die I-NET-Schnittstelle integriert, einschließlich Login, Submit, In Tray, Query und Anonymous Submit.

- Tracker assoziiert Überarbeitungen mit Problembeschreibungen.

- Das Werkzeug erstellt automatisch Berichte darüber, wer Moduländerungen durchgeführt hat, was geändert wurde, wann dies geschah und wo die Gründe für die Änderung lagen.

- Tracker unterstützt Versionsmarken für korrigierte Module zum Abschließen des Problemberichts.

- Die In-Tray-Funktion zeigt neue oder geänderte Problemberichte und Änderungsanfragen.

- Tracker informiert Benutzer automatisch über Eigentums- und Zustandsänderungen.

- PVCS Notify ist zur automatischen Benachrichtigung von Tracker- und Nicht-Tracker-Benutzern über Unternehmens-E-Mail-Systeme integriert.

- Es stehen vordefinierte Berichte und Abfragen zur Verfügung.

- Man kann benutzerdefinierte grafische und zeichenorientierte Berichte mit Dialogfeldern erstellen, in die Daten eingegeben können.

- Man kann auf eine Symbolleiste zurückgreifen, um das Erscheinungsbild von Berichten anzupassen.

- Man kann mit einer bedingten Abfrage Datensätze filtern.

- Man kann mittels Ziehen und Ablegen benutzerdefinierte Abfragen erstellen.

- Tracker bietet eine offene Architektur mit einem API und ODBC-Unterstützung.

- Es sind Verbindungen zu anderen Anwendungen möglich, wie zum Beispiel zur Aufrufverfolgung, als Onlinehilfe, für automatisiertes Testen und in Web-Systemen.

- Die offene Datenbankunterstützung mit der ODBC-Technologie funktioniert mit dBASE-, Oracle-, SQL Server- und Sybase-Datenbanken.

Die Tracker-I-NET-Schnittstelle erfordert die folgende Software:

- Windows NT ab Version 3.51

- Netscape Enterprise oder FastTrack Server ab Version 2.0

- Microsoft Internet Information Server ab Version 2.0

- Einer der folgenden Web-Browser: Netscape Navigator 3.0 oder Microsoft Internet Explorer 3.0

Kompatible Datenbanken sind:

- Oracle 7

- Microsoft SQL Server 4.21, 4.21a, 6.0 und 6.5

- Sybase System 10

Die Hardware- und Softwareanforderungen lauten:

- PC mit 386-, 486- oder Pentium-Prozessor

- Windows NT ab Version 3.51: mindestens 16 MB RAM, 32 MB werden empfohlen; oder Windows 95 oder Windows 3.1: mindestens 8 MB RAM, 16 MB werden empfohlen

- Festplattenspeicher zur Installation: lokal – 20 MB, Netzwerk – 20 MB auf Dateiserver im Netzwerk, 3 MB auf dem Arbeitsplatzrechner

- Kompatible Mail-Systeme: Lotus cc:Mail, Lotus Notes mail, Microsoft Mail oder SMTP

B.2.3.2 TestTrack

TestTrack ist eine Fehlerverfolgungssoftware mit vielen Funktionen, wie dem Empfang von Fehlerberichten über E-Mail, Senden von E-Mail-Benachrichtigungen, Behandlung mehrerer Fehler mit einem einzigen Fehlerbericht, automatische Erstellung von Produktveröffentlichungsmitteilungen, Anhängen von Dateien an Fehlerberichte und volle plattformübergreifende Unterstützung. Außer dem Verfolgen von Fehlern und Erweiterungsanfragen verfolgt TestTrack Testkonfigurationen und Teammitglieder. Durch die Verfolgung von Testkonfigurationen kann man Problemmuster spezieller Rechnersoftware und Hardwareeinstellungen zuordnen. Durch die Verfolgung von Teammitgliedern kann man die Arbeitsbelastung auf einen Blick erkennen, feststellen, welches Teammitglied überlastet ist, und einige Aufgaben auf andere Mitglieder umverteilen. Weitere Informationen zu TestTrack finden Sie unter http://www.seapine.com/.

Zu verfolgende Daten

- Verfolgen Sie Fehler, Eigenschaftsanfragen, Kunden, Benutzer, Benutzergruppen und Testkonfigurationen

- Verzeichnen Sie Ihre Fehler und andere entwicklungsrelevante Dinge im TestTrack Workbook.

- Hängen Sie an Fehlerberichte die entsprechenden Dateien an

- Betrachten Sie angehängte Grafiken und Text, ohne TestTrack zu verlassen

- Verfolgen Sie die Ergebnisse von Abschätzungen.

Help-Desk-Unterstützung

- Zugriff auf Fehlerlisten von Kunden

- Suche nach und Arbeit mit Fehlerberichten von Kunden

TestTrack Web

- Zugriff auf TestTrack-Funktionalität über einen standardmäßigen Web-Browser

- Gemeinsame Verwendung vorhandener Datenbanken mit anderen TestTrack-Benutzern

- Ermöglicht Benutzern die Prüfung des Zustands zuvor berichteter Unterstützungsprobleme

- Automatische E-Mail-Benachrichtigungen an Kunden, die Unterstützung angefordert haben

Unterstützung mehrerer Benutzer und Sicherheit

- Unterstützung einzelner und mehrerer Benutzer in einem Paket

- Sicherheitsmerkmale, die für jeden Benutzer verfügbare Daten kontrollieren

- Passwortschutz für Dateien einzelner Benutzer

- Gleichzeitiger Zugriff mit automatischen Datensatzsperren

Anpassung

- Anpassen von Feldern, um individuellen Produktanforderungen zu genügen

- Anpassen der Fehlerliste zum Filtern der auf dem Bildschirm angezeigten Felder

- Angabe erforderlicher Felder und der zugehörigen Standardwerte

- Anpassen von Feldnamen für einzelne Fehler zur Anpassung an das Projekt

Benachrichtigung

- Automatische Benachrichtigung des Entwicklungsteams über Fehlerzuweisungen, neue Fehler, Änderungen usw. mittels des internen Benachrichtigungssystems von TestTrack sowie SMPT und MAPI-E-Mail

- Schnelle Identifizierung neuer Fehler, veränderter Fehler und zugewiesener Fehler durch die Verwendung der Indikatoren von TestTrack

- Bereitstellen einer Benachrichtigungsliste mit jedem Fehler

Abfrage und Sortierung

- Verfolgung der Entwicklung jedes Fehlers

- Wort- oder satzweise Suche nach Fehlern

- Abfrage der Datenbank auf der Basis datums- oder benutzerbezogener Filter

- Ansicht von Benutzerstatistiken, die beispielsweise angeben, wie viele Fehler ein Benutzer gefunden oder entfernt hat

- Erstellen und Sichern von Kundenfiltern/-abfragen

Berichte

- Druck oder Voransicht von Berichten

- Einrichten von Detail-, Listen-, Verteilungs- und Trendberichten

- Automatische Erstellung von Veröffentlichungsnotizen

- Sichern von Berichten in Textdateien

- Datenimport aus Dateien mit Tabulatoren und Kommata als Trennzeichen

- Datenexport in Dateien mit Tabulatoren und Kommata als Trennzeichen

Vereinfachte Fehlerberichte

- Test Track enthält mit Solo Bug eine eigenständigen Fehlerberichtgenerator für Kunden und Beta-Sites, damit diese Fehlerberichte direkt über E-Mail versenden können

- Automatischer Import der Fehlerberichte von Kunden aus einem E-Mail-Konto

Plattformübergreifende Unterstützung

- Plattformübergreifende Unterstützung für Windows 95 und NT sowie Macintosh

- Solo Bug ist für Windows 95, NT und 3.1 sowie Macintosh erhältlich

Unterstützte Umgebungen

- Windows 95 und NT 4.0, Macintosh mit 6800er-Prozessor und Power-PCs

B.2.3.3 Census

Census ist ein Fehlerverfolgungssystem mit grafischer Schnittstelle, das vordefinierte Abfragen, Berichte und anderes anbietet. Weitere Informationen zu Census finden Sie unter `http://www.metaquest.com/`.

Fehlerlebenszyklusmodell. Census bietet ein Fehlerlebenszyklusmodell zur Verfolgung von Fehlern vom ersten Auftauchen bis zur Lösung. Fehler sind entweder offen oder geschlossen. Subzuständen (neu, zu verifizierend, gelöscht, entfernt und andere) definieren verschiedene Stufen im Fehlerlebenszyklus. Man definiert Subzustände neu, um das Lebenszyklusmodell an das Softwareprojekt anzupassen.

Schneller und einfacher Datenzugriff. Die Datenanzeige von Census kann konfiguriert werden. Es gibt viele vordefinierte Abfragen und Berichte, und man kann (auch ohne SQL) neue Abfragen erstellen und benutzerdefinierte Berichte (und Diagramme) definieren. Neue Abfragen und Berichte lassen sich zur vordefinierten Liste hinzufügen, so dass andere Benutzer auf sie zugreifen können.

Sicherheit und Berechtigungen. Die Sicherheitsfunktionen von Census beschränken den Zugriff auf das System und die Eigenschaften. Es können verschiedene Funktionalitätsebenen definiert werden. Eigenschaften, die für verschiedene Aufgaben nicht nötig sind, lassen sich deaktivieren, bis sie gebraucht werden.

Anpassung. Census bietet einen Template Editor zur Anpassung des Fehlerberichts an die eigenen Bedürfnisse. Setzen Sie die Auswahlwerte für Felder wie Produkt, Version und Funktionaler Bereich. Ändern Sie Beschriftungen und fügen Sie neue Felder hinzu (wählen Sie aus neun Feldtypen aus). Setzen Sie Feldattribute wie erforderlich, sichtbar usw. Legen Sie fest, welche Gruppen ein Feld ändern können.

Leistungsfähige Architektur. Census ist um eine innovative Architektur herum aufgebaut, die aus einem Kern mit einer konfigurierbaren Schablone besteht. Der Kern stellt die für jedes Informationsverfolgungssystem erforderliche grundlegende Funktionalität bereit – Datenbankzugriff, Abfragen, Berichte (und Diagramme), Benutzer-/Gruppenberechtigungen, Druck- und Mail-Unterstützung, automatische Benachrichtigung und mehr.

Benachrichtigungen und E-Mail. Census kann beim Eintreten bestimmter Ereignisse Benachrichtigungen über E-Mail versenden – beispielsweise, wenn ein Fehler einem neuen Besitzer zugeordnet wird, wenn sich der Zustand eines Fehlers ändert oder wenn die Anzahl der offenen Fehler einen festgelegten Grenzwert überschreitet. Wählen Sie vordefinierte Benachrichtigungen aus Listen aus oder erstellen Sie Ihre eigenen. Geben Sie für jede Benachrichtigung den Empfänger und den Inhalt an. Census kann Fehlerberichte mit jedem MAPI-konformen Mail-System versenden (Microsoft Mail, cc:Mail und andere).

Funktionen

- Sicherheit – Schränken Sie den Benutzerzugriff auf Census ein, definieren Sie Gruppenberechtigungen, schränken Sie den Zugriff auf andere Projekte ein und definieren Sie, wer Felder ändern kann.

- Query Editor – Bearbeiten Sie vorhandene Abfragen (Filter) und definieren Sie neue Abfragen.

- Sort Editor – Bearbeiten Sie vorhandene und definieren Sie neue Sortierkriterien.

- Organizer – Verwenden Sie Stile gemeinsam mit anderen Teammitgliedern.

- Report Editor – Bearbeiten Sie vorhandene oder erstellen Sie neue Berichte.

- Betrachten von Berichten als Text oder Grafik (Linie, Balken und Torte).

- Mehr als 60 vordefinierte Abfrage-, Sortier-, Layout- und Berichtstile

- Versenden Sie per E-Mail Fehlerberichte oder Zusammenfassungen als Text oder RTF.

- Fehlerprofile (legen Sie für neue Fehler Standardwerte fest)

- Gleichzeitige Unterstützung mehrerer Benutzer (zentrale Datenbank)

- Verfolgung jeder vorgenommenen Änderung an einem Fehler unter Verwendung der Überarbeitungsliste

- Erstellung automatischer E-Mail-Benachrichtigungen

Systemanforderungen

- Windows 95 oder NT

- Mindestens 486er-Prozessor

- Mindestens 25 MB Festplattenspeicher

- Mindestens 32 MB RAM (zusätzlicher Arbeitsspeicher verbessert die Leistung erheblich)

- Festplattenanforderungen für einen Census-Server – abhängig von der Größe der Datenbank (mindestens 50 MB)

- Benutzer in Arbeitsgruppen – Netzwerksoftware wie Microsoft Windows for Workgroups, Novell Netware oder Artisoft Lantastic

- Benachrichtigungen – MAPI-konformes E-Mail-System

- Anpassungen der Leistungsfähigkeit (Ersetzung der Census-Schablone) – Microsoft Access-Lizenz

B.2.4 Verwaltung technischer Reviews

B.2.4.1 ReviewPro

ReviewPro ist ein Web-basiertes Werkzeug für technische Reviews und Inspektionen. Technische Reviews und Inspektionen haben sich als effektive Möglichkeit der Fehlererkennung und -beseitigung erwiesen. Dieses Werkzeug automatisiert diesen wertvollen Prozess und verhindert die Fortpflanzung von Fehlern in späteren Phase der Softwareentwicklung. Weitere Informationen zu ReviewPro finden Sie unter http://www.sdtcorp.com.

ReviewPro hat die folgenden Vorteile:

- Automatisierung von Fehlererkennung und -behebung

- Einsatz der neuesten Errungenschaften und Web-Technologien für optimale Produktivität

- Es bietet überall Zugriff auf die Analyse und die Ergebnisse des Reviewprozesses.

- Kann mit vorhandener IT-Infrastruktur implementiert werden

- Das Programm verbessert die Qualität und die Produktivität und lässt sich daher leicht dem Management anpreisen.

ReviewPro unterstützt die Plattformen Windows NT und UNIX.

B.2.5 Dokumentationsgeneratoren

Automatisierte Dokumentationsgeneratoren wie Rational SoDA können ebenfalls den Testlebenszyklus unterstützen.

B.2.5.1 SoDA

SoDA – Software Documentation Automation – wurde zur Verringerung des Arbeitsaufwands bei der Erstellung und Überarbeitung von Dokumenten und Berichten zum Entwicklungslebenszyklus entwickelt. SoDA bietet eine gemeinsame Schnittstelle für das Herausziehen von Informationen aus verschiedenen Werkzeugquellen und erleichtert somit die Erstellung umfangreicher Projektdokumentationen. Weitere Informationen finden Sie unter www.rational.com.

Wichtige Merkmale

- Erstellung von WYSIWYG-Schablonen zur Formatierung von Dokumenten

- Speichern der direkt in das Dokument eingegebenen Daten

- Dokumente werden inkrementell aktualisiert, um die Umkehrzeit zu verkürzen

- Herausziehen von Daten aus mehreren Informationsquellen zur Erstellung eines einzelnen Dokuments

- Vereinfacht die Auswahl des Werkzeugs zur Informationsgewinnung

- Sorgt für Konsistenz zwischen Dokumenten und Informationsquellen

- Mögliche Integration in eine leistungsfähige DTP-Software

- Sie brauchen im gesamten Softwarelebenszyklus kein anderes Werkzeug zur Aktualisierung der Dokumentation.

Hardware- und Softwareanforderungen

- Microsoft Windows 95 oder NT

- Microsoft Word 95 oder Word 97

- 24 MB RAM (48 MB empfohlen)

- 25 MB Festplattenspeicher

- PC mit Pentium 90-Prozessor (Pentium 150 empfohlen)

B.3 Anforderungsdefinition

B.3.1 Werkzeuge für das Anforderungsmanagement

Werkzeuge für das Anforderungsmanagement erlauben die Verwaltung und Organisation von Anforderungen. Eine Anforderung ist eine Bedingung oder Fähigkeit, die das System erfüllen muss [1]. Das Anforderungsmanagement ist ein systematischer Ansatz zur Ausarbeitung, Organisation und Dokumentation von Systemanforderungen; dieser Prozess etabliert und unterhält eine Übereinkunft zwischen dem Kunden und dem Projektteam bezüglich des Änderns von Systemanforderungen [2]. Es gibt viele Anforderungsmanagementsysteme, wie RequisitePro von Rational und DOORS von QSS.

B.3.1.1 RequisitePro

RequisitePro ist ein Windows-Werkzeug, das alle Anforderungen durch Verbinden von Microsoft Word mit einer Anforderungsdatenbank und Bereitstellung von Verfolgbarkeit und Änderungsmanagement des gesamten Projektlebenszyklus organisiert (geschäftlich, funktional, Design, Test). RequisitePro kombiniert dokument- und datenbankorientierte Ansätze und kann in den Entwicklungsprozess und in Werkzeuge eingebunden werden. Schlüsselanwender von RequisitePro sind alle Mitglieder von Software- oder Systementwicklungsteams – Geschäftsanalysten, Projektmanager, für das Produktmanagement zuständige Personen, Enwicklungsleiter, Qualitätssicherungsmanager, Entwickler usw.

Eine der Herausforderungen bei jedem Projekt ist die Verwaltung der unvermeidlichen Änderungen von Benutzeranforderungen, Softwarespezifikationen und Testanforderungen sowie, noch wichtiger, die Vermittlung dieser Änderungen an jeden im Team. Die Eigenschaft der automatisierten Verfolgbarkeit von RequisitePro zeigt Anforderungsbeziehungen in einer geordneten, grafischen Hierarchie an, so dass alle Teammitglieder erkennen können, welche Anforderungen von einer Änderung beeinflusst werden. Verfolgbarkeitsbeziehungen können innerhalb eines Projektes oder über mehrere Projekte etabliert werden. Anforderungen und ihre Änderungen werden den gesamten Weg durch Implementierung und Test verfolgt, um sicherzustellen, dass das geliefert wird, was beabsichtigt war.

Systemspezifikationen

- Microsoft Windows 95 oder NT 4.0

- 64 MB RAM

- Mindestens 55 MB Festplattenspeicher

- Mindestens ein Pentium 133 für eine optimale Leistung

- Irgendein LAN, das von Windows unterstützt wird

- Microsoft Word 95 oder Word 97

B.3.1.2 DOORS

DOORS (Dynamic Object-Oriented Requirements System) ist eine Software für Informationsverwaltung und -verfolgbarkeit. DOORS wird zur Verwaltung von Anforderungen im gesamten Entwicklungslebenszyklus verwendet. DOORS 4.0 ist eine Projektdatenbank, die einige Funktionen mitbringt, um einzelnen Benutzern und Unternehmen bei der Erfassung, Verknüpfung, Analyse, Verwaltung und Verteilung von Schlüsseldaten zu helfen. Die meisten Werkzeuge zum Anforderungsmanagement ermöglichen eine automatische Verfolgung – beispielsweise der Erfüllung der Anforderungen durch die Testverfahren und das Design. Weitere Informationen zu DOORS finden Sie unter http://www.qssinc.com/.

Assistenten von DOORS

- Projekterstellungsassistent

- Berichtverwaltungsassistent

- Seitenformatierungsassistent

- Ansichtsassistent

- Wirkungs-/Verfolgungsassistent

- Diagrammspaltenassistent

- Symbolassistent

Fähigkeiten

- Identifizieren von Anforderungen

- Strukturieren von Anforderungen in Dokumenten

- Verwenden von Anforderungen vieler verschiedener Quellen

- Führen einer Änderungsliste von Anforderungen

- Verfolgen von Anforderungen in vielen Dokumenten

- Verwalten vieler Änderungen

- Bereitstellen früher Risikoanalysen

- Bereitstellen von Lebenszyklusverfolgung und -konformität

- Unterstützen des formalen Analyseprozesses

- Generieren von Dokumentationen und Verfolgbarkeitsberichten

Wichtige Merkmale

- Viele Im- und Exportformate

- Benutzerdefinierbare Attribute

- Benutzerdefinierbare Ansichten

- Gleichzeitig verwendbare Daten und Netzwerkkompatibilität

- Integrierter, gesteuerter Änderungsprozess

- Versionstabelle und Baselines

- Verfolgbarkeit durch die Erstellung von Verknüpfungen

- Anpassbarkeit durch dxl (proprietäte Sprache von DOORS)

- Volle Lebenszyklus- und Projektunterstützung

DOORS ist eine X-Windows-Anwendung mit einer Motif- oder Open-Look-Schnittstelle (in Abhängigkeit von der Host-Plattform). Die Software ist auch für PCs erhältlich. Die empfohlene UNIX-Konfiguration sieht 32 MB

RAM, 10 MB Festplattenspeicher und die Implementierung auf Sun SPARC, HP 9000 oder IBM RS/6000-Einheiten vor.

B.3.2 Werkzeuge zur Anforderungsverifikation

Werkzeuge zur Anforderungsverifikation dienen der Unterstützung des Anforderungsmanagements und sind seit kurzem verfügbar. Das Modellierungswerkzeug Software through Pictures von Aonix umfasst beispielsweise drei Prüffunktionen: Syntaxprüfung, Semantikprüfung und Testfähigkeitsprüfung. Anforderungen, die diese Prüfungen überstehen, werden als für das Testen hinreichend unzweideutig, konsistent und vollständig betrachtet [3]. Ein weiteres Beispiel ist Validator/Req, ein leistungsfähiges, neues Werkzeug zur anforderungsbasierten Validierung und Testerstellung. Weitere Informationen finden Sie unter `http://www.aonix.com`.

B.3.3 Anwendungsfallgeneratoren

Eine Methode der Modellierung von Anfordungen basiert auf Anwendungsfällen. Das Anwendungsfallkonstrukt definiert das Verhalten eines Systems oder anderer semantischer Einheiten, ohne die Struktur der Einheit zu enthüllen. Jeder Anwendungsfall beschreibt eine Folge von Aktionen einschließlich Varianten, welche die Einheit ausführen kann, durch Interaktion mit den Handelnden der Einheit.

Ein beliebter Anwendungsfallgenerator ist Rational Rose (siehe Abschnitt B.4.1.1). Die in dieser Software enthaltene Anwendungsfallmenge ist eine TEilmenge des Behavioral-Elements-Package und spezifiziert die Konzepte, die für eine Definition der Funktionalität einer Einheit, wie zum Beispiel eines Systems verwendet werden. Das Paket verwendet Konstrukte, die sowohl im Foundation-Package der UML als auch im Common-Behavior-Package definiert sind.

Die Elemente des Anwendungsfallpakets werden in erster Linie zur Definition des Verhaltens einer Einheit, wie zum Beispiel eines Systems oder eines Untersystems, verwendet, ohne dass die innere Struktur beschrieben wird. Die Schlüsselelemente dieses Pakets sind der Anwendungsfall und der sogenannte Akteur. Instanzen von Anwendungsfällen und Instanzen von Akteuren interagieren, wenn man mit den Diensten der Einheit arbeitet. Wie ein Anwendungsfall im Sinne kooperierender Objekte realisiert wird, die durch Klassen innerhalb der Einheit definiert sind, kann mit einer Collaboration beschrieben werden. Ein Anwendungsfall einer Einheit kann zu einer Menge von Anwendungsfällen der in der Einheit enthaltenen Elemente verbessert werden. Die Interaktion dieser untergeordneten Anwendungsfälle kann ebenfalls in einer Collaboration ausgedrückt werden. Die Beschreibung der Funktionalität des Systems selbst wird normalerweise in einem separaten Anwendungsfallmodell vorgenommen (das die stereotype Bezeichnung »use-CaseModel« trägt) ausgedrückt. Die Anwendungsfälle und Akteure des Anwendungsfallmodells sind denen aus dem System gleichwertig.

Anwendungsfall (UseCase). Im Metamodell ist UseCase eine Subklasse von Classifier und enthält eine Menge von Operationen und Attributen, welche die Folge von Aktionen beschreiben, die von einer Instanz von UseCase ausgeführt werden. Zu den Aktionen gehören Zustandsänderungen und die Kommunikation mit der Umgebung von UseCase.

Es kann Assoziationen zwischen Anwendungsfällen und den Akteuren der Anwendungsfälle geben. Solch eine Assoziation besagt, dass Instanzen von UseCase und ein Benutzer in einer der Akteursrollen miteinander kommunizieren. Anwendungsfälle können mit anderen Anwendungsfällen nur über Extends- und Uses-Beziehungen in Verbindung stehen – also über Verallgemeinerung mittels »extends« und »uses«. Eine Extends-Beziehung beschreibt die Erweiterung der Sequenz eines Anwendungsfalls durch die Sequenz eines anderen, während Uses-Beziehungen besagen, dass die Anwendungsfälle dasselbe Verhalten zeigen.

Die Realisierung eines Anwendungsfalls kann durch eine Menge von Collaborations spezifiziert werden. Das heißt, die Collaboration könnte definieren, wie Instanzen im System zusammenwirken, um die Sequenz des Anwendungsfalls auszuführen.

Akteur (Aktor). Ein Akteur definiert eine zusammenhängende Menge von Rollen, die ein Benutzer einer Einheit bei der Interaktion mit der Einheit spielen kann. Ein Akteur verfügt über eine Rolle für jeden Anwendungsfall, mit dem er kommuniziert.

Im Metamodell ist Actor eine Subklasse von Classifier. Ein Actor-Objekt hat einen Namen und kann mit einer Menge von UseCase-Objekten und auf der Realisierungsebene mit Classifier-Objekten kommunizieren, die Teil der Realisierung dieser Anwendungsfälle sind. Ein Actor kann außerdem eine Menge von Schnittstellen haben, die beschreiben, wie andere Elemente mit ihm kommunizieren können.

Ein Akteur kann andere Akteure erben. Der erbende Akteur ist dann in der Lage, die gleichen Rollen wie der geerbte Akteur zu spielen – das heißt, dass er mit derselben Menge von Anwendungsfällen wie der geerbte Akteur kommunizieren kann.

B.4 Analyse und Design

B.4.1 Werkzeuge für visuelles Modellieren

Ein Beispiel für ein Werkzeug für visuelles Modellieren, Rational Rose, wird in diesem Abschnitt beschrieben. Weitere Informationen zu diesem Produkt Rational Rose finden Sie unter http://www.rational.com/.

B.4.1.1 Rational Rose

Rational Rose ist ein objektorieniertes Analyse-, Modellierungs-, Design- und Erstellungswerkzeug. Es unterstützt die Unified Modeling Language (UML), die Standardnotation für Softwarearchitektur. Die UML ist die in der Industrie vorwiegend benutzte Sprache für die Spezifizierung, Visualisierung, Erstellung und Dokumentierung der verschiedenartigen Softwaresysteme. Die Sprache vereinfacht den komplexen Prozess des Softwaredesign, indem sie eine »Blaupause« für die Erstellung herstellt. Die UML-Definition wurde von den einflussreichen Rational-Mitarbeitern Grady Booch, Ivar Jacobson und Jim Rumbaugh vorangetrieben [4].

Rational Rose ermöglicht als Werkzeug für visuelle Modellierung Entwicklern die Definition und Vermittlung einer Softwarearchitektur, wobei die Entwicklung durch verbesserte Kommunikation zwischen den verschiedenen Teammitgliedern beschleunigt wird. Das Werkzeug verbessert weiterhin die Qualität, indem Geschäftsprozesse auf die Softwarearchitektur abgebildet werden. Es verbessert durch die explizite Visualisierung kritischer Designentscheidungen die Verständlichkeit und die Berechenbarkeit.

Komponentenbasierte Entwicklung

- Benutzer von Rational Rose können ihre Komponenten und Schnittstellen durch Komponentenmodellierung modellieren.

- Erforderliche Komponenten eines Designs können ausgehend vom fertigen Produkt entworfen werden, um die Schnittstellen und gegenseitigen Beziehungen anderer Komponenten im Modell zu untersuchen.

Programmierung mit mehreren Sprachen

- Rose 98 Enterprise Edition unterstützt mehrere Sprachen – C++, Java, Smalltalk und Ada sowie Sprachen der vierten Generation wie Visual Basic, PowerBuilder und Forte.

- Rose 98 generiert Code in der Interface Definition Language (IDL) für CORBA-Anwendungen und in der Data Description Language (DDL) für Datenbankanwendungen

Roundtrip-Engineering

- Rose 98 ermöglicht den schnellen Übergang von der Analyse zum Design zur Implementierung und wieder zurück zur Analyse und unterstützt somit alle Phasen des Lebenszyklus eines Projekts.

- Rational Rose 98 unterstützt einen Änderungsmanagementprozess für beide Entwicklungsrichtungen (von der Spezifikation zum Produkt und vom Produkt zum Design) und bietet Funktionen zur Modellaktualisierung, die Benutzern die Änderung ihrer Implementierung und die Einschätzung ihrer Änderungen ermöglicht und sie automatisch in das Design einbindet.

Unterstützung des gesamten Teams

- Rational Rose 98 unterstützt Teams von Analysten, Architekten und Ingenieuren, indem es ihnen einen privaten Arbeitsbereich anbietet, der eine individuelle Ansicht des gesamten Modells enthält.

- Mehrere Ingenieure können gleichzeitig an komplexen Problemen arbeiten; Änderungen werden für andere verfügbar, indem sie in ein System für Konfigurationsmanagement und Versionskontrolle eingebunden werden. Die Verfügbarkeit eines geschützten Arbeitsbereichs bedeutet, dass die Änderungen eines Mitarbeiters sich nicht auf das gesamte Modell auswirken, bis diese Änderungen schließlich mit dem Rest des Projekts vereinigt werden.

- Rose 98 kann in die maßgeblichen Werkzeuge zum Konfigurationsmanagement und zur Versionskontrolle, einschließlich Rational ClearCase und Microsoft SourceSafe, integriert werden und ist offen für weitere Systeme dieser Art.

Visuelle Unterscheidung

- Rational Rose enthält ein visuelles Unterscheidungswerkzeug für den grafischen Vergleich und die Modellverschmelzung, das Unterschiede zwischen zwei Modellen oder gesteuerten Einheiten aufzeigt.

Unterstützte Plattformen

- Windows 95 und NT

- Solaris 2.5 und 2.6

- HP-UX 10.2 und 11.00

- SGI IRIX 6.2 und 6.4

- AIX 4.1.4 und 4.2

- Digital UNIX 4.0B und D

Systemanforderungen

Windows

- Microsoft Windows 95 oder NT 4.0

- 486- oder Pentium-basierter PC

- 24 MB RAM (empfohlen)

- 25 MB Festplattenspeicher

- SVGA-kompatible Grafikkarte (mindestens 256 Farben empfohlen)

- Irgendein Zeigegerät mit mindestens zwei Knöpfen

UNIX

- 32 + (16 * N) MB RAM (wobei N die Anzahl der Benutzer ist, die Rose gleichzeitig auf einer gegebenen Workstation verwenden)

- Midrange-UNIX-Server oder UNIX-Workstation

- Irgendeine UNIX-Workstation oder ein PC mit der Möglichkeit der Anzeige von X Windows

- 200 MB Festplattenspeicher zum Laden des Programms + 1 bis 3 MB für jedes Rose-Modell

- CD-ROM-Laufwerk

- Farbgrafik

B.4.2 Struktur-, Fluss- und Sequenzdiagramme

Dieser Abschnitt behandelt mit Micrografx FlowCharter 7 ein Werkzeug, das die Darstellung von Diagrammen. Weitere Informationen zu Micrografx FlowCharter 7 finden Sie unter http://www.micrografx.com/.

B.4.2.1 Micrografx FlowCharter 7

Micrografx FlowCharter 7 ist eine Lösung zur Darstellung von Diagrammen, mit der Geschäftsprozesse verwaltet werden können. Die Software erstellt interaktive Diagramme von Geschäftsprozessen, Arbeitsabläufen, Rechnernetzwerken, Websites, Datenbanken und vielem mehr. Sie kann die folgenden Diagrammtypen erstellen:

- Flussdiagramme
- Prozesspläne
- Organigramme
- Netzdiagramme
- Datenflussdiagramme
- Website-Diagramme
- Projektzeitlinien
- Entscheidungsbäume
- Gliederungen
- SPC-Diagramme
- »Schwimmbahn«-Prozessdiagramme
- Qualitätsdiagramme
- Auditing-Diagramme
- Blockdiagramme
- Kaskadendiagramme
- Prüflistendiagramme
- Vergleichsdiagramme
- Verteilungsdiagramme
- Balkendiagramme
- Pyramidendiagramme
- Kreisspeichendiagramme
- Zieldiagramme

Hardware- und Softwareanforderungen

- Microsoft Windows 95, 98 oder NT 4.0
- Pentium oder schnellerer Prozessor
- 24 MB RAM (32 MB empfohlen)
- 50 bis 250 MB Festplattenspeicher
- VGA oder bessere Grafikkarte
- CD-ROM-Laufwerk und Maus

B.4.3 Generatoren für Testverfahren

Validator/Req von Aonix ist ein Beispiel für ein Werkzeug zum Generieren von Testverfahren (-fällen), das im Paket mit einem Programm zur Anforderungsaufzeichnung geliefert wird. Validator wendet heuristische und algorithmische Mittel auf Anforderungsinformationen an, um Testverfahren zu erstellen. Das Werkzeug Validator/Req von Aonix enthält ein Verfolgungsprogramm (Tracer), sowie Werkzeuge zur Anforderungsaufzeichnung, zur Verifizierung und für die Erstellung von Testverfahren. Es kann in den Umgebungen Sun Solaris, HP-UX, UNIX und Windows NT verwendet werden.

Mit Validator/Req kann man Folgendes tun:

- Die Spezifikation in Englisch erfassen
- Die Spezifikation in testfähigen Anwendungsfällen modellieren
- Die wahrscheinlichsten Fehler in Spezifikationen vermeiden
- Spezifikationen generieren, die Industrienormen entsprechen
- Testfälle und -skripts automatisch erstellen
- Anforderungen zu und von Testfällen automatisch verfolgen

Designer, welche die Software von Aonix über Bildmodellierungswerkzeuge verwenden, können ihre Anforderungen grafisch in Anwendungsfällen aufzeichnen. Außerdem können Designer in Abhängigkeit von der verfolgten Methode ihre Designs entweder in Objektmodellen oder als strukturierte Modelle aufzeichnen. Dann können sie das Werkzeug Validator/Req von Aonix verwenden, um Testverfahren aus Anforderungen zu generieren, und mit Hilfe des Werkzeugs StP/T von Interactive Development Environment Testverfahren aus dem Softwaredesign erstellen.

B.5 Programmierung

B.5.1 Werkzeuge zur Syntaxüberprüfung/Debugger

Werkzeuge zur Syntaxüberprüfung und Debugger sind in die Compiler von Programmiersprachen der dritten oder vierten Generation wie C, C++, Visual Basic oder PowerBuilder normalerweise bereits integriert. Obwohl diese Option oft als selbstverständlich vorausgesetzt wird, sind Werkzeuge zur Syntaxüberprüfung und Debugger wichtige Hilfsprogramme, die den Testlebenszyklus verbessern.

B.5.2 Werkzeuge zur Erkennung von Speicherengpässen und Laufzeitfehlern

Im Folgenden wird das Werkzeug Purify beschrieben, das der Erkennung von Laufzeitfehlern und Speicherengpässen dient.

B.5.2.1 Rational Purify

Unter Verwendung der von Rational patentierten Technologie Object Code Insertion (OCI) läuft Rational Purify nach der Kompilierung und verarbeitet im Nachhinein die Objektmodule, aus denen eine ausführbare Datei erstellt wird, und erzeugt dabei eine ausführbare Datei, in der die Laufzeitfehlerprüfung in den Objektcode eingebaut ist. Bei der Ausführung des Codes werden alle Speicherzugriffe validiert, um Fehler zum Zeitpunkt ihres Auftretens zu erkennen und zu protokollieren. Purify weist auch auf Speicherengpässe hin, indem es zeigt, wo Speicher reserviert wurde, aber keine Zeiger existieren, so dass der Speicher nicht benutzt oder freigegeben werden kann [5].

Purify erkennt Laufzeitfehler mit oder ohne Quellcode. Das Programm findet Fehler überall (beispielsweise in Bibliotheken von Fremdanbietern, in gemeinsam verwendeten Bibliotheken, in C-, +-, Fortran- oder Assembler-Code, in C-Bibliotheken und in Systemaufrufen). Zu den erkannten Fehler gehören:

- Nicht initialisierte lokale Variablen

- Nicht initialisierter, aber reservierter Speicher

- Verwendung freigegebenen Speichers

- Freigabe fehlerhaft zugewiesenen Speichers

- Überschreiben von Feldgrenzen

- Überlesen von Feldgrenzen

- Speicherfehler

- Fehlerhafte Dateideskriptoren

- Überlauf des Stack

- Fehler in Verbindung mit den Grenzen des Stack

- Zugriffsfehler auf statischen Speicher

Die intuitiv zu benutzende grafische Benutzerschnittstelle besitzt die folgenden Eigenschaften:

- Eine Gliederungsansicht für das effiziente Durchsuchen von Fehlermeldungen

- Farbliche Kennzeichnung kritischer Fehler

- Bearbeitung des Quellcodes durch Zeigen und Anklicken

- Menüzugriff auf Laufzeitoptionen und Unterdrückungen

- Fortgeschrittene Debugging-Fähigkeiten: Debuggen des Quellcodes schrittweise und zeilenweise, Just-In-Time-Debugging zur schnellen Isolierung von Fehlern mit dem Debugger und die Schaltfläche NEW LEAKS zum Erstellen von Speicherfehlerberichten an jedem Punkt des Programms

Purify erkennt und meldet Fehler in Multithreading-Anwendungen sowie in Speicherbereichen, die mit benutzerdefinierten Speichermanagern reserviert wurden. Das Werkzeug kann zur Erstellung einer integrierten Entwicklungslösung mit den meistverwendeten Debuggern und PureCoverage (zur Identifizierung ungetesteten Codes) verwendet werden. Es ist leicht zu installieren und läuft auf verschiedenen Plattformen.

Fähigkeiten

- Purify erkennt Ausführungsfehler und Speicherengpässe innerhalb der Anwendung, wo auch immer sie auftreten.

- Die Software hilft Entwicklern bei der Eliminierung von Laufzeitproblemen, bevor sie die Endanwender erreichen.

- Das Programm verbessert die Produktivität und reduziert durch die Darstellung genauer Informationen mit einer einfach zu benutzenden und leicht verständlichen Schnittstelle die Entwicklungszeit. Bei den heutigen komplexen Softwareentwicklungsprojekten gehören Laufzeit- oder Speicherzugriffsfehler zu den am schwierigsten zu lösenden Problemen. Das Lesen oder Schreiben außerhalb der Grenzen eines Feldes, unvorhersehbare Speicherfehler oder die Verwendung nicht initialisierten Speichers mit zufälligem Inhalt sind möglicherweise verheerende Fehler, deren Erkennung und Entfernung Wochen dauern kann. Purify löst diese Probleme durch die Kombination der Laufzeitfehlerprüfung mit einer grafischen Benutzerschnittstelle.

• Purify verwendet die OCI-Technologie, um Speicherzugriffe durch Einfügen zusätzlicher Anweisungen in den Objektcode vor jeder Lese- oder Schreiboperation abzufangen. Der Hauptvorteil von OCI ist die Vollständigkeit: der gesamte Code, auch solcher von Fremdanbietern und aus gemeinsam verwendeten Bibliotheken, wird auf diese Weise überprüft. Sogar von Hand optimierter Assembler-Code kann untersucht werden. OCI verhilft Purify zur präzisen Lokalisierung von mehr Fehlertypen in mehr Anwendungsberichten als jedes andere vergleichbare Werkzeug. Codefehler, die sich in Bibliotheken des Herstellers oder eines Fremdanbieters eingeschlichen haben, können so erkannt werden.

• Purify bietet eine automatische Prüffunktion, indem das Programm das Wort »purify« zur Make-Datei der Anwendung hinzufügt Das resultierende Programm ist eine normale ausführbare Datei, die unter einem Debugger ausgeführt werden kann.

• Das Werkzeug bietet zur Erleichterung der Fehleranalyse sowohl interaktives als auch sequenzielle Berichte von Fehlermeldungen an. Eine grafische Benutzerschnittstelle erlaubt dem Benutzer, die Fehlermeldungen einzusehen. Die Struktur- oder Gliederugnsansicht bietet detaillierte Informationen zu speziellen Fehlern und richtet die Aufmerksamkeit des Benutzers zuerst auf die kritischsten Fehler. Der Zugriff auf den Quellcode der Anwendung oder Entwicklungsprozesse wie Ausführen, Kompilieren und Debuggen ist nur einen Mausklick entfernt. Der sofortige Zugriff macht die Korrektur von Anwendungsfehlern einfach und leicht.

Unterstützte Umgebungen

• Sun SPARC-Workstations unter SunOS 4.x

• Sun SPARC-Workstations unter Solaris 2.3 bis 2.5.1

• HP 9000 Serie 700-Workstations unter HP-UX 8.07, 9.0.x oder 10.x

• HP 9000 Serie 800-Workstations unter HP-UX 8.07, 9.0.x oder 10.x

- SGI-Workstations unter IRIX 5.2, 5.3 oder 6.2

- Windows NT (kann in der Microsoft Visual Basic 6-Entwicklungsumgebung eingesetzt werden)

B.5.3 Werkzeuge zur Codeüberprüfung

In diesem Abschnitt wird CodeCheck, ein Werkzeug zur Prüfung von Code, beschrieben. Weitere Informationen zu CodeCheck finden Sie unter http://www.abxsoft.com.

B.5.3.1 CodeCheck

CodeCheck (von Abraxas Software) misst Faktoren wie Pflegbarkeit, Portierbarkeit, Komplexität und Konformität zu Normen von C- und C++-Quellcode. CodeCheck Version 8.0 ist ein programmierbares Werkzeug zur Verwaltung von C- und C++Quellcode auf Datei- oder Projektbasis. CodeCheck wurde für die Lösung vieler Probleme in den Bereichen Portierbarkeit, Pflegbarkeit, Komplexität, Wiederverwendbarkeit, Qualitätssicherung, Stilanalyse, Bibliotheks-/Klassenverwaltung, Codereview, Softwaremetriken, Normerfüllung und Einhaltung von Firmenstandards entworfen.

Merkmale

- Pflegbarkeit – Erkennen und Einstufen komplexen, unpräzisen und schwer zu pflegenden Codes

- Portierbarkeit – Erkennen von Code, der sich nicht zwischen den DOS-, OS/2-, UNIX-, VMS-, Microsoft Windows- und Macintosh-Umgebungen oder auf 64-Bit-Rechner portieren lässt

- Komplexität – Messung der Programmgröße (nach Halstead) auf der Basis objektorientierter Metriken, der Programmkosten und der Programmkomplexität (nach McCabe)

- Konformität – Automatisierung der Validierung der Konformität mit den in Ihrem Unternehmen gültigen Standards zur Programmierung und zur Projektspezifikation

CodeCheck ist eingabekompatibel zu allen Varianten von K&R, ANSI C und C++ (Microsoft, Metaware, Borland, Intel, Vax/Vms-Ultrix, HP/Apollo, Microtec, Watcom, Symantec, Apple MPW, CodeWarroir, AT&T und GNU).

B.5.4 Werkzeuge für die statische und dynamische Analyse

Beispiele für Werkzeuge zur statischen und dynamischen Codeanalyse sind LDRA Testbed von LDRA und Discover von Software Emancipation Technology. Weitere Informationen zu LDRA Testbed finden Sie unter http:// www.ldra.co.uk und Angaben zu den Werkzeugen von Software Emancipation unter www.seech.com.

B.5.4.1 LDRA Testbed

LDRA Testbed ist ein einzigartiges Werkzeug zur Qualitätskontrolle für das anspruchsvolle Testen von Rechnersoftware, die so zuverlässig, stabil und fehlerfrei wie möglich sein muss. Als vollständiges Paket von Testmodulen, das in eine Sammlung von Werkzeugen zum automatisierten Testen von Software integriert ist, ermöglicht LDRA Testbed eine größere Bandbreite an Softwaretests.

Die beiden hauptsächlichen Testbereiche von LDRA Testbed sind die statische und die dynamische Analyse. Statische Analyse analysierte den Code. Dynamische Analyse beinhaltet die Ausführung mit Testdaten durch eine instrumentalisierte Version des Quellcodes zum Auffinden von Fehlern zur Laufzeit. Innerhalb dieser beiden Testbereiche analysiert LDRA Testbed den Quellcode und erstellt Berichtsdateien in textlicher und grafischer Form, welche die Qualität und die Struktur des Codes veranschaulichen. Der Testprozess erweitert das Verständnis des Quellcodes und hebt betroffene Bereiche hervor. Diese Bereiche können dann überarbeitet oder entfernt werden.

Statische Analyse durchsucht den Quellcode nach Verletzungen von Programmiernormen bezüglich der gesamten oder eines Teils der folgenden Liste. Beachten Sie, dass »***« bedeutet, dass die Zahl »benutzerdefiniert« ist.

1. Wiederholter Prozedurname

2. Wiederholte Sprungmarke

3. Mehr als *** ausführbare Zeilen

4. Prozedur ist länger als *** Zeilen

5. Leerer then-Block

6. Prozedurzeiger deklariert

7. Sprung verlässt die Prozedur

8. Leerer else-Block

9. Zuweisungsoperator in einem Ausdruck

10. Keine Klammern um Prozedurrumpf (von LDRA Testbed hinzugefügt)

11. Keine Klammern um Schleife (von LDRA Testbed hinzugefügt)

12. Keine Klammern um `then/else` (von LDRA Testbed hinzugefügt)

13. `goto` gefunden

14. Prozedurparameter deklariert

15. `Null`-Feld in Struktur

16. Mehrere Sprungmarken deklariert

17. Codeeinfügung gefunden

18. Mehr als *** Parameter in der Prozedur

19. Prozedurparameter nicht verwendet

20. Parameter nicht explizit deklariert

21. Anzahl der Parameter stimmt nicht überein

22. Verwendung einer veralteten Spracheigenschaft

23. Unerreichbare Prozedur

24. Verwendung einer nicht analysierbaren Anmerkung

25. Keine Fälle in `switch`-Anweisung

26. Endlose `for`-Schleife

27. `void`-Prozedur enthält `return`-Anweisung

28. McCabe-Maß größer als ***

29. Prozedur mit nicht reduzierbaren Intervallen

30. Prozedur enthält potenzielle Probleme

31. Prozedur ist nicht strukturiert

32. Prozedur enthält eine Endlosschleife

33. Prozedurparameter nicht verwendet

34. Funktion gibt nicht auf allen Pfaden einen Wert zurück

35. Aktueller Parameter ist für die Prozedur auch global

36. Variable deklariert, aber nicht verwendet

37. Anomalien des Datenflusses gefunden

38. Rekursion bei Prozeduraufrufen gefunden

39. Definierter Parameter hat möglichen klaren Pfad

40. Globale Variable in einer Prozedur verwendet

41. Parameter passen nicht zu erwarteten Aktionen

42. Referenzierter Parameter hat möglichen klaren Pfad

43. Globale Variable, auf die in der Prozedur zugegriffen wird, stimmt mit lokalem Parameter überein

44. Versuch, einen Parameter zu ändern, der per Wert übergeben wurde

45. Prozedurparameter nicht verwendet

46. Lokale Variablen tragen nichts zu den Ergebnissen bei

Die Ergebnisse der statischen und dynamischen Analyse von LDRA Testbed werden von vielen internationalen Normungsgremien als klares Indiz für die Qualität des Codes und den Umfang der durchgeführten Tests betrachtet.

Unterstützte Windows-Plattformen

* Windows NT

* Windows 95

* Windows 3.1x

* OS/2 2.1 (Win-OS/2-Erweiterungen)

* OS/2 3.0 (mit installierter Windows-Version)

Unterstützte UNIX-Plattformen

* Sun OS

* Solaris

* HP-UX

* IRIX

* SCO

* AIX

* DEC UNIX (OSF/1)

Unterstützte Großrechneranlagen

- VAX/VMS 5.x, 6.x und 7.x

- OpenVMS 5.x, 6.x und 7.x

- MVS

- Unisys A-Serie

- Unisys 2200-Serie

Unterstützte Sprachen

- Ada

- Algol

- C

- C++

- COBOL

- Coral 66

- FORTRAN

- Pasal

- Pl/1

- Pl/mx66

- Intel-Assembler

- Motorola-Assembler

B.5.4.2 Discover

Discover ist ein Informationssystem für die Softwareentwicklung, das aus einer umfangreichen, integrierten Menge von Anwendungen und Werkzeugen zusammengesetzt ist. Das Programm analysiert Quellcode und erstellt eine Datenbank mit Informationen (dem Informationsmodell), welche die gegenseitigen Beziehungen zwischen allen Einheiten in der Codedatenbank erfasst, so dass ein detailliertes Bild und eine hoch entwickelte architektonische Perspektive der gesamten Anwendung entsteht. Das Informationsmodell enthält kritische Informationen sowohl für das Management als auch für das Entwicklungsteam.

Discover erfasst detailliertes Wissen über die Struktur und die Arbeitsweise der Software einer Organisation, die andernfalls nur in den Köpfen der einzelnen Programmierer vorhanden wäre, und bringt auf diese Weise Genauigkeit, Verwaltbarkeit und Vorhersagbarkeit in den Softwareentwicklungsprozess. Dieses Werkzeug ermöglicht Softwareexperten ein besseres Verständnis für ihre großen Softwaresysteme, um Änderungen am umfangreichen Quellcode effizienter und genauer vornehmen und ein komplexes Softwaresystem besser überarbeiten oder umordnen zu können.

Das Finden einer Lösung für das Jahr-2000-Problem ist bzw. war nur eine der vielen Anwendungsmöglichkeiten des Discover-Systems (siehe Abschnitt B.8.6.1). Mehr als 150 Organisationen weltweit profitieren bereits von Discover. Ein wesentlicher Vorteil bei der heutigen Verwendung von Discover-Y2K ist der Nutzen der Automatisierung des Softwareentwicklungsprozesses und die Verbesserung der Softwarequalität über den Jahrtausendwechsel hinaus. Discover hilft Organisationen bei der bevorstehenden Erweiterung der Telefon- und Sozialversicherungsnummern sowie bei der Einführung des Euro.

Discover unterstützt C- und C++-Quellcode, Oracle embedded SQL und PL/SQL sowie Java. Es läuft unter SunOS, Solaris, HP-UX, SGI IRIX und Windows NT.

B.5.5 Werkzeuge für den Einheitentest

Um eine Funktion von einem Hauptprogramm zu isolieren und zu testen, muss ein Ingenieur einen Treiber, Stub(s) und spezielle Testfälle für jede Funktion schreiben. In gewissen Situationen muss der Ingenieur mehrere Treiber und Stubs (das heißt Leerroutinen) zum Testen einer einzigen Funktion programmieren. Der Code für den Treiber und alle Stubs ist in der Regel umfangreicher als die Funktion selbst. Darum erscheint es, als müsste man für jeden Schritt vorwärts mit dem Schreiben der Treiber und Stubs einen Schritt rückwärts machen. Dieser manuelle Ansatz zum Testen von Einheiten ist zeitaufwendig, fehleranfällig, langweilig und in den meisten Fällen nicht wiederholbar.

Das Produkt MTE verleiht Ingenieuren die Fähigkeit, den Einheitentest zu automatisieren. Aus der Analyse des Quellcodes gewinnt MTE Informationen zu Problemen wie Aufrufbeziehungen und Variablenverwendung. Unter Verwendung dieser Informationen erstellt MTE automatisch ein Testgerüst zur Automatisierung des Einheitentest.

MTE kann folgende Aufgaben automatisch durchführen:

- Quellcode für einen Treiber erstellen

- Quellcode für Stubs erstellen

- Die Eingabedatei für einen Testfall erstellen

- Globale Variablen auflisten, die initialisiert werden müssen

- Eine Make-Datei erstellen

- Ein Modultestprogramm erstellen

- Das Modultestprogramm kompilieren und ausführen

- Eine globale Variable während der Ausführung des Programms erfassen und darstellen

- Während der Ausführung des Programms Informationen zur Testabdeckung sammeln

- Überprüfen, ob die Ausgabe den Erwartungen entspricht

- Ergebnisse der Programmausführung im Tabellenformat zur leichten Einsicht speichern

- Testeingabedateien zur späteren Wiederverwendung archivieren

MTE ist für Windows NT, 95 und 98 erhältlich. Weitere Informationen zu MTE finden Sie unter `http://www.integrisoft.com`.

B.6 Metrikwerkzeuge

B.6.1 Werkzeuge zur Analyse der Code- bzw. Testabdeckung und zur Codeinstrumentalisierung

Es folgen Beispiele für Werkzeuge zur Analyse der Code- bzw. Testabdeckung und zur Codeinstrumentalisierung.

B.6.1.1 TCAT

Das Analysewerkzeug TCAT (Software Research) gibt es für C, C++ und Java. TCAT Version 2.1 für Windows 95 und NT 4.x bietet native ausführbare 32-Bit-Dateien, eine fortgeschrittene, kompilerbasierte Technologie zur Bestimmung der Quellcodesprache, verbesserte Laufzeitunterstüzung und vollen GUI-Zugriff auf die Aufrufbäume eines Projekts, Funktions- und Methodenanalysen und aktuelle Testabdeckungsdaten auf der Zweig- (C1) und Aufrufpaarebene (S1). Weitere Informationen zu TCAT finden Sie unter `http://www.soft.com/`.

Nutzen

- Messen der Effizienz von Werkzeugen und Werkzeugsammlungen
- Erkennen von ungetestetem Code und Auffinden weiterer Fehler
- Verbessern der Testeffizienz

Schlüsselfunktionen

- Kombinierte Zweig- und Aufrufpaarabdeckung für C und C++
- Kommentierbare Aufrufbaumanzeigen mit Zugriff auf die Quelle
- Kommentierbare gerichtet Graphen mit Zugriff auf die Quelle

Anwendungen

- Zweigabdeckung: Einheitentest, Integrationstest
- Aufrufpaarabdeckung: Integrationstest, Systemtest, Testreihenvalidierung
- Grafische Kommentierung: alle Stufen bis zum Abschluss der Codetests, Analyse

Unterstützte Umgebungen

- Alle wichtigen UNIX-Plattformen
- SPARC SunOS 4.1.3
- Solaris 2.x
- x86 Solaris 2.x
- x86 SCO ODT 5.0 (3.0)
- SGI Irix 5.3, 6.2
- IBM RS/6000-AIX 4.2
- HP 9000-700 HP-UX 9.05
- DEC Alpha OSF/1
- 386/486 UNIX
- MS-DOS, Windows 95, Windows NT

B.6.1.2 Hindsight

Hindsight (von IntegriSoft) verwendet Quellcodeinstrumentalisierung für dynamisches Testen. Hindsight analysiert C-, C++- und FORTRAN-Code und erstellt Tabellen, Diagramme und Berichte, die beim Verstehen des Programms helfen. Diese visuellen Darstellungen des Programms des Benutzers geben Ihnen einen Einblick in die Programmstruktur, Logik und Variablenverwendung. Dieses Produkt läuft unter UNIX.

Hindsight verwendet Quellcodeinstrumentalisierung für dynamisches Testen. Dabei werden mehrere Stufen der Testabdeckung gemessen, einschließlich der Abdeckung von Segmenten, Verzweigungen und Bedingungen. Die passende Ebene der Testabdeckung hängt davon ab, wie kritisch die Anwendung ist. Um die Testabdeckung zu erweitern, simuliert Hindsight UNIX-Systemfunktionen, damit man Fehlerbehandlungsroutinen für Funktionen wie `malloc` erreichen kann.

Die Modultestumgebung des Produkts bietet Entwicklern eine automatisierte Umgebung zur Erstellung von Modultestprogrammen für das Testen und die Verifikation von Softwareeinheiten. Die Testverfahrenumgebung erlaubt die Verfolgung von Anforderungen zu Funktionen (oder Klassen) und Testverfahren, wobei Messungen der Testabdeckungsmessungen durchgeführt werden. Dieser Ansatz unterstützt die Wirkungsanalyse und ermöglicht die Feststellung, welche Testverfahren bei der Änderung einer Funktion ausgeführt werden sollen, um bei Gelegenheit sofort noch einmal ausgeführt werden zu können. Ein Minimalisierungsalgorithmus bestimmt eine minimale Menge von Testverfahren bei Gewährleistung maximaler Testabdeckung.

Hindsight berechnet Quellcodemessungen und Softwaremetriken zur Verwendung bei der Qualitätssicherung. Die berechneten Metriken umfassen zyklomatische Komplexität, Datenkomplexität, Halstead-Metriken und Designkomplexität. Metrikberichte wie Kiviat-Diagramme und Ausnahmeberichte werden zur leichten Visualisierung der Qualitätsmessungen erstellt. Weitere Informationen zu Hinsight finden Sie unter `http://www.IntegriSoft.com/`.

B.6.1.3 EZCover

EZCover (von Integrisoft) ist ein Testabdeckungswerkzeug für C/C++. Es bietet Ingenieuren Einblick in die Effizienz ihrer Tests, indem es anzeigt, welche Teile des Quellcodes ausgeführt wurden. Es ist vielleicht noch interessanter, dass das Werkzeug feststellt, welche Teile nicht getestet wurden. Einer der größten Vorteile besteht darin, dass EZCover dem Kunden zu erkennen hilft, welcher Testfall noch einmal ausgeführt werden sollte, falls der Quellcode geändert wird. Es ist nicht länger notwendig, die gesamte Testreihe auszuführen, um kleine Teile des Codes zu testen. Eine weitere hilfreiche Fähigkeit ist die Tatsache, dass das Werkzeug dem Ingenieur die kleinstmögliche Anzahl von Testfällen unter Beibehaltung der Abdekkung zeigen kann. (Die beiden Eigenschaften sind die gleichen wie beim UNIX-basierten Werkzeug Hindsight.)

EZCover berechnet Messwerte, die zur Erkennung komplexen oder fehleranfälligen Codes sowie schwierig zu testender und zu pflegender Codebereiche verwendet werden können. Das Werkzeug unterstützt die folgenden Metriken:

- Zyklomatische Komplexität mit und ohne Fall

- Geänderte Komplexität

- Datenkomplexität

- Eingangswerte

- Ausgangswerte

- Anzahl der Leer-, Kommentar-, Deklarations- und Anweisungszeilen

EZCover läuft unter Windows NT, 95 und 98.

B.6.1.4 STW/C

STW/C (Software Testworks/Coverage) ist eine Sammlung von Werkzeugen für die Abdeckungsanalyse, mit deren Hilfe sichergestellt werden soll, dass die Testverfahren das Programm auf möglichst vielfältige Weise untersuchen. Die STW/C-Analysewerkzeuge messen, wie gut Testverfahren das Programm beim Einheiten-, System- und Integrationstest untersuchen. STW/C verwendet drei Maße, um zu gewährleisten, dass Testverfahren so gründlich wie möglich die folgenden Operationen durchführen:

- Messen der logischen Zweigvollständigkeit (CI) auf der Einheitentestebene mit TCAT-II

- Messen der Aufrufpaarvollständigkeit (SI) auf der Integrations- oder Systemebene mit TCAT-II

- Messen, wie oft ein Pfad oder eine Pfadklasse in einem Modul untersucht wird (Ct), auf der Einheitentestebene mit TCAT-PATH

STW/C misst die Laufzeitabdeckung auf den folgenden Ebenen:

- Logischer Zweig: Misst beim Einheitentest, wie oft ein Zweig für True- und False-Bedingungen untersucht worden ist

- Aufrufpaar: Misst bei Integrations- und Systemtests, wie oft jede Funktion untersucht worden ist, da Fehler in Parametern sehr häufig vorkommen

- Pfad: Misst bei kritischen Funktionen, wie oft jeder Pfad, d.h. eine Folge von Zweigen untersucht worden ist

Eigenschaften. STW/C kann beim Auffinden der meisten Softwarefehler behilflich sein, die aus nicht untersuchtem und unbenutztem Code resultieren. Man kann sich dann auf die Erstellung effizienterer Testverfahren und die Behebung der entdeckten Fehler konzentrieren.

Abdeckungsmetriken

- CI-Metrik – TCAT bietet logische Zweigabdeckung mit der CI-Metrik.

- SI-Metrik – S-TCAT bietet Aufrufpaarabdeckung mit der SI-Metrik.

- Ct-Metrik – TCAT-PATH bietet Pfadabdeckung mit der Ct-Metrik.

- Vollständige Abdeckung – STW/C bietet die Abdeckungslösung für die Testverfahrensvalidierung.

- Kritische Abdeckung – STW/C bietet Abdeckung für missionskritische Anwendungen, wie zum Beispiel für eine Anwendung, die ein FDA-Zertifikat benötigt.

Instrumentalisierung

- Selektive Instrumentalisierung – Das Programm ermöglicht die Intrumentalisierung isolierter Module oder die Ausschließung von Modulen, die schon eine bestimmte Ebene der Abdeckung erreicht haben.

- Make-Datei-Unterstützung – STW/C integriert Intrumentalisierungsschritte in die vorhandene Make-Datei des Benutzers

- Steuerstrukturen – Die Software erkennt und verarbeitet alle Steuerstrukturen

Laufzeitunterstützung

- Plattformübergreifende Entwicklung – Durchführung der Abdeckung in Entwicklungsumgebungen auf verschiedenen Plattformen, entfernten und eingebetteten Systemen.

- Mehrere gleichzeitige Prozesse – Unterstützung von Mehrprozessprogrammen

- Speicherinterne Reduktion – Optionales Sammeln von Verfolgungsaufzeichnungen im Speicher, anstatt sie auf die Festplatte zu schreiben

Abdeckungsberichte

- Berichte über vergangene, aktuelle und kumulative Testergebnisse

- Berichtstypen – Berichte über Treffer, Fehlschläge, erneute Treffer und neuerliche Fehlschläge sowie lineare und logarithmische Histogramme

Analyse durch Anzeigen

- Gerichtete Graphen – Verwendung von Aufrufbäumen mit grafischen und farbigen Bereichen zur Darstellung der Modulabhängigkeiten eines Programms in einem Diagramm

- Unterbäume – Isolierung eines Unterbaums eines Aufrufbaums relativ zu einem speziellen Modul, das der Benutzer genauer untersuchen will

- Pfadanzeige – Einzeldarstellung der Pfade eines ausgesuchten Moduls

- Farbige Kommentare – Verwendung verschiedener Farbbereiche für niedrigere und höhere Schwellenwerte, um anzuzeigen, ob ein Funktionsaufruf oder eine logische Verzweigung nicht untersucht oder oft genug ausgeführt wurde

- Quellcodeanzeige – Möglichkeit der Navigation von einem Diagramm zu einem Funktionsaufruf, einem logische Zweig oder einem logischen Pfad im Quellcode

- Statistik – Zusammenfassung von Informationen zum dargestellten Aufrufbaum oder gerichteten Graphen

- Druckoption – PostScript-Ausgabe von gerichteten Graphen und Aufrufbäumen

Dynamische Visualisierung

- Ausführung von Programmteilen – Erstellung von Daten zur Abdeckung von logischen Zweigen und Aufrufpaaren in Echtzeit

- Darstellungsauswahl – Anzeige der ermittelten Abdeckung für logische Zweige in gerichteten Graphen und für Aufrufpaare in Aufrufpaardarstellungen und Ausgabe der prozentualen Gesamtabdeckung mit Hilfe von Schiebereglern

Unterstützte Umgebungen

- Sun SPARC

- x86 Solaris

- SCO

- SGI

- IBM RS/6000

- HP 9000 und 700/800

- DEC Alpha

- UNIXWare

- MS-DOS

- Windows NT und 95

Weitere Informationen zu STW/C finden Sie unter http://www.ppg-soft.com.

B.6.1.5 PureCoverage

Um nicht getestete Codebereiche aufzufinden, verwendet PureCoverage die Rational-Technologie Object Code Insertion (OCI) und fügt Verfolgungsanweisungen in den Objektcode für jede Funktion, jede Codezeile und jeden Codeblock ein. OCI verhilft PureCoverage zur Bestimmung aller Teile des Anwendungscodes, die beim Testen nicht berücksichtigt wurden, einschließlich Code in Bibliotheken des Herstellers und von Fremdanbietern. Somit können alle Bereiche der Anwendung verfolgt werden, um Testlücken schnell zu finden, wertvolle Testzeit zu sparen und sicherzustellen, dass nicht getesteter Code die Endanwender nicht erreicht [7].

Eigenschaften

Erkennung nicht getesteten Codes mit oder ohne Quellcode

- Erkennt nicht getesteten Code überall: in Bibliotheken von Fremdanbietern, in gemeinsam verwendeten Bibliotheken, in C-, C++-, FORTRAN- und Assembler-Code, in C-Bibliotheksaufrufen und in Systemaufrufen

- Detaillierte Datensammlungen zur Abdeckung jeder Funktion, jeder Zeile, jedes grundlegenden Blocks, jeder Anwendung, jeder Datei, jeder Bibliothek oder jedes Verzeichnisses

Intuitive grafische Benutzerschnittstelle

- Gliederungsansicht zum effizienten Suchen von Abdeckungszusammenfassungen

- Konfigurierbare Ansichten zur Steuerung der angezeigten Daten und Sortierkriterien
- Zugriff auf zeilenweise Daten durch Zeigen und Anklicken über eine kommentierte Quellansicht

Robuster Berichtsmechanismus

- Zusammenführung von Daten über mehrere Durchläufe und dynamische Aktualisierung der Abdeckungsstatistiken
- Zusammenführung von Daten mehrerer Anwendungen, die Code gemeinsam verwenden
- Erstellung von Differenzberichten zu mehreren Durchläufen oder ausführbaren Dateien
- Erstellung von Differenz- und Unterschreitungsberichten
- Allabendliche E-Mails mit Abdeckungsdaten an das Entwicklungsteam
- Export von Daten zur Weiterverwendung in einer Tabellenkalkulation

Integrierte Entwicklungslösung

- Arbeitet mit den gebräuchlichsten Debuggern zusammen
- Arbeitet mit Purify zur Erkennung von Laufzeitfehlern zusammen
- Arbeitet mit ClearDDTS zur Erstellung sofortiger Abdeckungsberichte mit PureCover-Ausgaben zusammen
- Unterstützt sowohl C- als auch C++-Entwicklungsumgebungen

Vorteile

- Verbessert die Gesamtqualität der Anwendung
- Hilft dabei, sicherzustellen, dass der ganze Code ausgeführt und damit auch getestet wurde
- Verhindert, dass nicht getesteter Code den Endanwender erreicht
- Hilft bei der Lieferung zuverlässigeren Codes
- Vergrößert die Produktivität der Entwickler und verbessert die Testarbeit
- Reduziert die Entwicklungszeit
- Fügt sich in die vorhandene Entwicklungsumgebung ein

- Bietet eine konsequente Integration in Entwicklungswerkzeuge wie Debugger und Werkzeuge zum Entdecken von Laufzeitfehlern und zur Fehlerverfolgung mit dem Ziel, die Effizienz der Softwareentwicklung zu verbessern.

Unterstützte Umgebungen

- Sun SPARC-Workstation unter SunOS 4.x

- Sun SPARC-Workstation unter Solaris 2.3 bis 2.6

- HP 9000 Serie 700-Workstation unter HP-UX 9.0.x oder 10.30

- HP 9000 Serie 800-Workstation unter HP-UX 9.0.x oder 10.30

B.6.2 Werkzeuge zur Usability-Beurteilung

Es ist wichtig, im Zusammenhang mit Testwerkzeugen auch auf die Beurtei-
lung der Benutzerfreundlichkeit bzw. Usability einzugehen. Automatisierte
Testwerkzeuge, welche diesen Aspekt überprüfen, müssen gewährleisten, dass
Usability-Faktoren wie Anforderungsspezifikationen, Analyse- und Designer-
gebnisse, Anwendungsprototypen und Online-Hilfen angemessen in die
Dokumentation des Entwicklungslebenszyklus einbezogen werden.

B.6.2.1 ErgoLight

ErgoLight-Lösungen umfassen Werkzeuge zum Spezifizieren der Aufgaben
des Benutzers, zum automatischen Protokollieren der Benutzeraktionen, zum
Protokollieren von Anmerkungen, zum Erkennen von Schwierigkeiten während der Ausführung, zum direkten Eingehen auf die Absichten des Benutzers, zum Nachvollziehen der Benutzeraktionen unter Berücksichtigung der
aufgetretenen Probleme und Beobachtungen, zum Treffen von Analyseent-
scheidungen und zum Erstellen von Berichten. ErgoLight-Lösungen integrieren diese Werkzeuge in Methodiken der Softwareentwicklung und sprechen
dabei den gesamten Entwicklungszyklus von der Produktspezifikation bis zur
Entwicklung an. Die von diesem Werkzeug automatisierten Verfahren unterstützen den Wissenstransfer von den Personen, welche die Usability bewerten,
zu den Teammitgliedern, die sich mit der funktionalen Beschreibung, dem
GUI-Design, der Benutzerdokumentation, der Online-Hilfe und dem Kun-
dendienst befassen. Weitere Informationen zu ErgoLight finden Sie unter
http://www.ergolight.co.il.

B.7 Werkzeuge zur Testunterstützung

B.7.1 Testdatengeneratoren

Im Folgenden beschreiben wir TestBytes, einen Testdatengenerator.

B.7.1.1 TestBytes

TestBytes ist ein Werkzeug zur Erzeugung von Testdaten, zum Testen von Datenbankanwendungen. Das Programm kann Daten generieren, um in Abhängigkeit davon, ob Sie die Funktionalität einer Anwendung, einer Datenkomponente oder das Verhalten der Anwendung unter Belastung testen wollen, in kürzester Zeit SQL-Server- oder PC-Datenbanken auszufüllen. Weitere Informationen zu TestBytes finden Sie unter http://www.platinum.com/.

Eigenschaften

- Generierung sinnvoller Testdaten und automatisches Ausfüllen der Zieldatenbank, ohne dass ein Skript geschrieben oder eine einzige Codezeile programmiert werden müsste

- Erstellung maskierter Daten innerhalb einer Spalte, so dass Benutzer Profile für Feldsegmente (das heißt Vorgaben für Anreden wie Herr oder Frau), eine oder mehrere Stellen von Postleitzahlen oder Telefonvorwahlen angeben können

- Unterstützung referenzieller Integrität entweder direkt aus der Datenbank oder aus einem ERwin-Modell

- Generierung von Daten für mehrere Tabellen mit einem einzigen Mausklick

- Unterstützung von Schlüsselvereinheitlichung und Beziehungskardinalitäten

- Ermöglicht Entwicklern und Testingenieuren, sich mittels Standardberichten über die Bedürfnisse zur Generierung von Testdaten zu verständigen

- Optionale Erstellung zweidimensionaler Dateien, d.h. von Dateien, deren Daten durch Trennzeichen getrennt sind und mit denen Datenbanken schnell und einfach mit sehr vielen Daten gefüllt werden können

- Möglichkeit der Definition von Formaten für zweidimensionale Dateien, die von den Tabellendefinitionen der Datenbank unabhängig sind

- Ermöglicht weniger versierten Qualitätssicherungs- und Testteammitgliedern die frühe Beteiligung am Testzyklus

- Unterstützung von 32-Bit-Windows-Umgebungen mit einer ODBC-konformen Datenbank

Systemanforderungen

- Windows NT oder 95

- Mindestens 24 MB Festplattenspeicher

- 32 MB RAM

B.7.2 Werkzeuge für den Dateienvergleich

B.7.2.1 EXDIFF

EXDIFF ist das erweiterte Dateiunterscheidungssystem, das als eigenständiges Produkt oder als Teil der voll integrierten TestWorks/Regression-Multiplattformsuite von Testwerkzeugen arbeitet. EXDIFF unterscheidet sich von den in diesem Bereich sonst üblichen Hilfsprogrammen dadurch, dass Dateien verschiedener logischer Strukturen vergleichen kann. Zu diesen Strukturen gehören nicht nur ASCII- und Binärdateien, sondern auch Bitmap-Dateien, die entweder mit dem Capture/Replay-Werkzeug von TestWorks/Regression (CAPBAK) oder dem standardmäßigen X Window-Dump-Werkzeug xwd geschrieben wurden. In Verbindung mit den TestWorks/Regression-Werkzeugen CAPBAK und SMARTS wird der Testprozess vollständig automatisiert. Weitere Informationen finden Sie unter http://www.soft.com.

Unterstützte Umgebungen

- SPARC SunOS 4.1.3

- SPARC Solaris 2.3 bis 2.6

- x86 Solaris 2.4 und 2.5

- RS/6000/AIX 3.2.5, 4.1.2 und 4.2

- HP 9000/7xx HP-UX 9.05 und 10.10

- HP 9000/8xx HP-UX 9.04, 10.01 und 10.10

- x86 SCO/ODT 2.0 und 5.0 (3.0)

- SGI Irix 5.3 und 6.2

- DEC-Alpha OSFI 3.2 und 4.0

- NCR 3000

- SCO/UnixWare 2.1.1

- DOS

- Windows 3.x, NT und 95

B.7.3 Simulationswerkzeuge

Simulationswerkzeuge können verwendet werden, um Modelle für zu testende Anwendungen zu simulieren, und Was-wäre-wenn-Szenarien zu untersuchen, die für die Vorhersage der Leistungsfähigkeit unter wechselnden Bedingungen nützlich sind. Ein Beispiel für ein Simulationswerkzeug ist OPNET.

B.7.3.1 OPNET

OPNET ist ein Werkzeug zur Entscheidungsunterstützung, das Einblicke in die Leistungsfähigkeit und das Verhalten vorhandener oder geplanter Netzwerke, Systeme und Prozesse geben kann. (OPNET und MIL 3 sind registrierte Warenzeichen von MIL 3, Inc.) Jede OPNET-Lizenz enthält spezielle Werkzeuge, die Benutzern durch die folgenden Phasen des Modellierungs- und Simulationszyklus leiten.

Modellerstellung und -konfiguration

- Netzwerkeditor – Definieren oder Ändern von Modellen für Netzwerktopologien

- Knoteneditor – Definieren oder Ändern von Modellen des Datenflusses (der Systemarchitektur)

- Prozesseditor – definieren oder ändern von Modellen des Steuerflusses (der Verhaltenslogik)

Ausführen von Simulationen

- Simulationswerkzeug – Definieren von Simulationsstudien und Durchführung der Studien unter Verwendung von Modellen, die mit den OPNET-Editoren erstellt wurden

- Interaktiver Debugger – Eingreifen in laufende Simulationen

Analyse von Ergebnissen

- Analysewerkzeug – Darstellen und Vergleichen statistischer Ergebnisse
- Animationsanzeige – Beobachtung des dynamischen Verhaltens von Modellen während des Ablaufs einer Simulation

Die OPNET-Modellbibliothek wird mit OPNET Modeler und OPNET Planner geliefert und enthält einen umfangreichen Satz von Netzwerkprotokollen und Analyseumgebungen. Beispielmodelle der Bibliothek sind:

- Ethernet
- Fiber Distributed Date Interface (FDDI)
- Client/Server-Analyseumgebung
- Eine Analyseumgebung für leitungsvermittelte Netzwerke
- Transmission Control Protocol (TCP)
- Internet Protocol (IP)
- Open Shortest Path First (OSPF)
- Asynchronous Transfer Mode (ATM)
- Frame Relay
- AMPS Cellular Telephone System
- Cellular Digital Packet Data (CDPD)
- LAN-Emulation

Unterstützte Hardware

- Hewlett-Packard 9000/7xx HPPA
- Sun Microsystems Sun-4 SPARC
- Verschiedene PC-Kompatible ab Intel Pentium

Unterstützte Betriebssysteme

- HP-UX 10.20
- Solaris 2.5.1
- Windows NT 4.0, 95 und 98

B.8 Testphase

B.8.1 Werkzeuge für das Testmanagement

Ein Beispiel für ein Testverwaltungswerkzeug, TestStudio, finden Sie in Abschnitt B.8.3.1.

B.8.2 Werkzeuge zum Testen von Netzwerken

Im Folgenden beschreiben wir NETClarity, ein Werkzeug zum Testen von Netzwerken.

B.8.2.1 NetClarity

Die NetClarity-Suite mit Werkzeugen zur Verwaltung der Netzwerkleistung und zur Netzwerkdiagnose ermöglicht dem Netzwerkadministrator die Überwachung, die Messung, das Testen und die Diagnose der Leistungsfähigkeit des gesamten Netzwerks. Die folgenden Produkte sind für das Testen von Netzwerken mit Hilfe der NETClarity-Suite verfügbar. Weitere Informationen zu NETClarity finden Sie unter http:/www.lanquest.com/.

Network Checker+. Diese Sammlung von Werkzeugen zur Netzwerkdiagnose erlaubt die entfernte Überprüfung aller LAN/WAN-Segmente und des Internet nach Verzögerungen und gestörten Verbindungen über einen Web-Browser.

Eigenschaften

- Check Network testet Antwortzeit und Erreichbarkeit zwischen dem NET-Clarity-Server und allen Sentry Agents, die mit dem Netzwerk verbunden sind, um das Bestehen der Verbindungen zu verifizieren.

- Remote Trace Route findet alle Hops zwischen NETClarity Sentry Agents oder zwischen NETClarity Sentry Agents und einer Host/IP-Adresse im Internet.

- Path Integrity Test versendet viele verschieden Typen von IP-Paketen zwischen NETClarity Server und Sentry Agents, um den Pfad und die erfolgreiche Datenübertragung zu verifizieren.

Entfernte Analyse

- Führen Sie eine entfernte Protokollanalyse durch

- Installieren Sie entfernte Analyseprogramme auf standardmäßigen NT-PCs

- Erfassen Sie Traces im Sniffer-Dateiformat

- Verwenden Sie einen Browser zur Übertragung von Trace-Dateien zum Analysewerkzeug

Serveranforderungen

- Pentium-Rechner mit 200 MHz

- 64 MB RAM

- 1 GB Festplattenspeicher

- CD-ROM-Laufwerk

- 10 Base-T-, 100 Base-T- oder Gigabit-Ethernet-Netzwerkkarte

- Windows NT 4.0 SP3

Sentry Agent-Anforderungen

- Nicht dedizierter Pentium-Rechner mit 133 MHz

- 32 MB RAM

- 10 MB Festplattenspeicher

- 10 Base-T-, 100 Base-T- oder Gigabit-Ethernet-Netzwerkkarte

- Windows NT 4.0 SP3

B.8.3 Werkzeuge zum Testen von GUI-Anwendungen

Es folgt ein Beispiel für ein Werkzeug zum Testen von GUI-Anwendungen.

B.8.3.1 Rational Suite TestStudio

TestStudio von Rational ist eine Sammlung automatisierter Werkzeuge zum Testen von GUI-Anwendungen in Client/Server-Systemen, die integrierte Programmier- und Testwerkzeuge bietet, um die Erstellung von Komponenten zu vereinfachen und teures, langweiliges und fehleranfälliges manuelles Testen zu ersetzen, so dass Anwendungen von höherer Qualität in kürzerer Zeit und mit weniger Risiko entstehen. Dieses Produkt kann im gesamten Entwicklungsprozess zur effizienteren Erstellung von Komponenten und zur Überprüfung eingesetzt werden, ob Komponenten fehlerfrei zusammenarbeiten, wenn sie ein Teil der kompletten Anwendung sind, ob das resultierende System zuverlässig läuft und ob das System seinen Benutzern die erwartete Leistungsfähigkeit anbietet. Diese Suite umfasst Werkzeuge zum Anforderungsmanagement, zum Testen von Web- und Client/Server-Anwendungsfunktionalität, -zuverlässigkeit und -leistungsfähigkeit, zur Fehlerverfolgung sowie zum Erstellen von Systemberichten und stellt darüber hinaus eine Wissensdatenbank zu bewährten Verfahren in der Softwareentwicklung bereit. Das Unternehmen, das dieses Produkt herstellt, Rational Software, verfügt über integrierte Lösungen, die viele Sprachen und Plattformen unterstützen [8].

TestStudio ist eine voll integrierte Produktsuite, die aus den Werkzeugen Rational Robot, TestFactory, TestManager, RequisitePro und ClearTest für automatisiertes Testen von Windows-Client/Server-Anwendungen auf mehreren Rechnern besteht.

TestManager. Mit dieser Komponente kann man alle Aspekte des Testens von Windows-Client/Server-Anwendungen auf mehreren Rechnern planen, verwalten und analysieren. Dieses Modul greift auf Fehlerverfolgung, Anforderungsverfolgung, Testfortschrittsbericht und andere Werkzeuge zur Verfolgung des Testfortschritts zurück.

Rational Robot. Mit Rational Robot kann man automatisierte Tests von Web- und Windows-Client/Server-Anwendungen auf mehreren Rechnern erstellen, ändern und ausführen. Diese Testautomatisierungslösung bietet Wiederverwendbarkeit und Portierbarkeit der Testaufzeichnungen auf Windows-Plattformen, um eine einzige Aufzeichnung zu erzeugen, die auf allen Windows-Plattformen wiedergegeben werden kann. Die Aufzeichnungs- und Wiedergabefunktion der Skripts verleiht Ihnen viel Flexibilität bei der Entwicklung von Testskripts. Die Skripts verwenden eine Sprache, die an Visual Basic angelehnt ist.

Beispiel für die Benutzung

- Die Benutzerschnittstelle könnte verwendet werden, um einen Benutzernamen, die Adresse, die Telefonnummer, das Alter und das Geschlecht einzugeben.

- Die Anwendung hat ein Visual Basic-Front-End, das Eingaben von Benutzern entgegennimmt.

- Die Anwendung hat ein SQL Server-Back-End.

- Es sind Optionen zum Hinzufügen, Ändern und Aktualisieren auf jedem Benutzerbildschirm verfügbar.

Vorteile. Eine gut integrierte Suite hat fast auf den gesamten Testzyklus Einfluss. Da Rational Software sehr am Erwerb und der Integration verschiedener Werkzeuge interessiert war, die beim Testzyklus helfen, können Sie sich auf die Aufgaben konzentrieren, die Ihr Einschreiten erfordern (wie das Design neuer Tests zur Änderung von Anforderungen). Das Verfolgen der Testanforderungen kann in der Phase der Anforderungsdefinition beginnen. Alle Probleme oder Fehler, die während dieser Phase erkannt werden, lassen sich mit dem Werkzeug zur Fehlerverfolgung beobachten. Dieser Ansatz gewöhnt das Team an das Fehlerverfolgungswerkzeug, das während des Testzyklus intensiv eingesetzt wird.

Verwenden Sie Rational Robot für das Testen von Einheiten. Dieses Werkzeug zwingt den Entwickler, seine Module ausgiebig zu testen, und hilft bei einem Teil der Entwicklung der Skripts, die während des Testens verwendet werden können. Diese Aktion zwingt das Entwicklungsteam, Teil des Testteams zu sein und die Verwendung automatisierter Werkzeuge während der Testphase nicht zu hinterfragen. Das Erstellen von Berichten, die von TestStudio bereitgestellt werden, hilft bei der Verfolgung des Testzyklusfortschritts. Diese Berichte zeigen auch, was jedes Teammitglied leistet, und identifizieren die überlasteten Mitglieder.

Andere Vorteile von TestStudio sind:

- *Flexibilität der Skriptsprache.* Die Skriptsprache von TestStudio orientiert sich an Microsoft Visual Basic. Im Zuge der Installation können Sie auch festlegen, dass Testskripts in Visual Basic erstellt werden sollen. Da Visual Basic sehr beliebt ist, erweitert dies noch einmal Ihre Flexibilität.

- *Komplexität der Skriptsprache.* Die Aufzeichnungs- und Wiedergabefunktion generiert das Skript automatisch. Der Benutzer kann zudem Programmlogik zur Erstellung intelligenter Skripts hinzufügen. Die Skriptsprache ist so robust wie jede andere Programmiersprache. Diese Eigenschaft hilft bei der Erstellung benutzerdefinierter Lösungen für Testsoftware, die sich an Normen orientieren soll.

- *Kompatibilität zur aktuellen Software und zur zukünftigen Integration.* Dieses Werkzeug ist zu einer Vielzahl von Programmen bzw. Sprachen einschließlich Java, PowerBuilder, Visual Basic, Oracle Developer/2000, SAP und PeopleTools kompatibel.

- *Leistungsfähigkeit des Werkzeugs im Netzwerk und gemeinsame Verwendung des Werkzeugs im Netzwerk durch Teammitglieder.* TestStudio wurde für den Einsatz im Netzwerk entworfen. Die Wahl der Datenbank, in der alle Testinformationen abgelegt werden, ist auf Microsoft Access und SQL Server beschränkt. Microsoft Access eignet sich am besten für kleine Teams in einem LAN geeignet, wohingegen SQL Server die beste Lösung für größere Teams darstellt, die Testinformationen auf einem Server gemeinsam verwenden müssen.

- *Klare und prägnante Berichte und Verfolgung von Fehlern.* In TestStudio ist ein Fehlerverfolgungssystem intgeriert. Dieses ist einfach zu verwenden und bietet verschiedene Sicherheitsebenen zur Steuerung des Zugriffs auf Informationen. Dieses Merkmal hilft bei der Fehlerverwaltung und der Überwachung des Testfortschritts. Es gibt zudem viele vorgefertigte Berichte, die Ihnen helfen, das Management über den Testfortschritt zu informieren, sowie Diagramme und Tabellen zur visuellen Darstellung.

Hardware- und Softwareanforderungen

- PC mit 486er-Prozessor (Pentium empfohlen)

- Mindestens 130 MB Festplattenspeicher

- 139 MB + 20 MB freier Speicher (einschließlich aller Beispielprogramme)

- Microsoft Windows NT 4.0 (Service Pack 3), 95 oder 98

B.8.3.2 AutoScriptor Inferno

AutoScriptor Inferno ist ein unscheinbares, hardwaregestütztes System, zum automatisierten Testen von Software für PC-basierte Einzel- und Client/Server-Anwendungen. Dieses umfassende Testsystem wurde für das unbeaufsichtigte Testen mehrerer Betriebssysteme und Umgebungen mit einer einzelnen, einzigartigen Lösung entworfen. AutoScriptor testet sowohl GUI- als auch zeichenorientierte Anwendungen, die auf einem beliebigen PC, Netzwerkrechner oder unter dem Macintosh-Betriebssystem laufen können. Weitere Informationen zu AutoScriptor Inferno finden Sie unter http//www.asit-est.com.

    Durch die Loslösung der Testsoftware vom zu testenden System ist AutoScriptor in der Lage, das Testen jeder Anwendung zu unterstützten, die unter einem beliebigen Betriebsystem läuft, ohne dass irgendwelche Treiber oder Code des zu testenden Systems belastet werden. Dies wird durch das Herstellen einer Verbindung des zu testenden Systems mit der Inferno-Testsystembox erreicht. Das System AutoScriptor Inferno ist mit jedem zu testenden Client über Tastatur, Maus und Monitor verbunden. Die Hardware von AutoScriptor Inferno besteht aus einer externen Box, die sich in der Nähe des Zielrechners befindet. Diese externe Box fängt die Tastatur-, Maus- und Videosignale des Ziels ab und ermöglicht dessen Simulation durch einen Testingenieur.

    In der Erfassungs-/Aufzeichnungsphase untersucht der Testingenieur die zu testende Anwendung auf der Basis des Systemtestplans. Das Inferno-Testsystem zeichnet Tastatureingaben und Mausbewegungen auf. Außerdem werden die Antworten des Systems, wie zum Beispiel der Bildschirminhalt, erfasst. Diese Informationen werden in einem Testskript auf der Basis von

ANSI C++ gespeichert. In der nachfolgenden Wiedergabe-/Ausführungs-phase wird das Testskript auf einem oder mehreren Clients ausgeführt, die über ein Netzwerk an das AutoScriptor Inferno-Dashboard angeschlossen sind. Während der Wiedergabe werden alle Antworten der Anwendung er-fasst, und die tatsächliche Leistung des zu testenden Systems wird genau gemessen. Diese Phase läuft ohne Überwachung ab und synchronisiert die zu testende Anwendung automatisch.

Die Leistungsfähigkeit von AutoScriptor Inferno ist in der Fähigkeit zur Erfassung wieder verwendbarer grafischer Objekte (Symbole, Schaltflächen, Menüeinträge, Listen, Hypertext-Verknüpfungen usw.) und deren gleichzeiti-ger Verwendung in allen Testfällen begründet. Sowohl bei der Aufzeichnung als auch im Offline-Zustand des Systems, können Muster erfasst, aktualisiert oder ersetzt werden. Diese Muster sind in konfigurierbaren Verzeichnisstruk-turen gespeichert und können dann bei der Aufzeichnung zukünftiger Skripts wieder verwendet werden. Diese Technologie reduziert den Zeitaufwand für die Pflege von Testskripts drastisch und ermöglicht die Portierung von Skripts über verschiedene Plattformen.

AutoScriptor Inferno kommuniziert über eine standardmäßige Netzwerk-verbindung und ermöglicht die Testwiedergabe für mehrere Benutzer über viele Clientrechner. Das System kann eine unbegrenzte Anzahl gleichzeitiger Clients unterstützen. Ein Testszenario kann auf jedem Clientrechner, der mit dem AutoScriptor Inferno-Testsystem verbunden ist, denselben Test oder ver-schiedene Tests steuern. Tests mit mehreren Benutzern kommt bei netzwerk-basierten Anwendungen, bei denen Belastungs- und Leistungstests kritisch für den Erfolg sind, eine besonders große Bedeutung zu.

Änderungen an der Hardware, der Netzwerkversion und den Betriebssy-stemen können unerwartete Kompatibilitätsprobleme mit der vorhandenen Hardware und Software verursachen. Vor der Freigabe einer neuen Anwen-dung für eine große Benutzerschaft bietet AutoScriptor Inferno eine saubere Möglichkeit, um zu gewährleisten, dass diese Änderungen die aktuellen An-wendungen und Betriebsumgebungen nicht beeinflussen.

Nicht standardmäßige PCs, Netzwerkrechner und Macintosh-Systeme, wie NextStep, PC Solaris, GEOS, QNX, VENIX, Linux, PSOS und MacOS, werden von den meisten Herstellern von Softwaretestwerkzeugen nicht unterstützt. Für AutoScriptor Inferno gilt jedoch das Gegenteil. Dieses Produkt arbeitet mit Windows 3.x, 95, 98 und NT 3.x bis 5.0 sowie mit QNX, DOS, Geoworks, OS/2, UNIX, NextStep, JavaOS, NCOS, MacOS und anderen proprietären Betriebssystemen. Jede Internet-/Intranet-basierte Anwendung wird vollstän-dig unterstützt, einschließlich der Hyperlink-Überprüfung und dem Testen von Java-Applets. Jede Anwendung auf einem PC, Mac oder Netzwerkrechner kann mit AutoScript Inferno automatisiert werden.

B.8.4 Werkzeuge für Belastungs-/Leistungstests

Im folgenden Abschnitt werden Beispiele für Werkzeuge für Belastungs- und Leistungstests angeführt.

B.8.4.1 PerformanceStudio

PerformanceStudio von Rational Software bietet eine Methode zum Testen von Belastungen und mehreren Benutzern von E-Commerce-, ERP- und Windows-Client/Server-Anwendungen. Dieses automatisierte Testwerkzeug für Windows ermöglicht die vollständige Testsynchronisation mehrerer Rechner ohne Programmierung. PerformanceStudio erlaubt das Testen von 32-Bit- und 16-Bit-Client/Server-Anwendungen unter Windows NT und Windows 95 sowie das Testen von 16-Bit-Client/Server-Anwendungen unter Windows 3.x.

PerformanceStudio ist voll in TestStudio integriert (siehe Abschnitt B.8.3.1) und bietet darüber hinaus die Möglichkeit des Testens von Web-Servern. Mit leistungsfähigen neuen Merkmalen wie virtuellen Benutzertests, DataSmart Recording, ClientSmart Pacing, LoadSmart Scheduling, ServerSmart Playback und eine Analysefunktion für HTTP-Fehlerklassen bietet PerformanceStudio die einfachste und schnellste Methode der Qualitätssicherung eines HTTP-Web-Servers. PerformanceStudio bietet auch weiterhin die einzige Lösung für komplettes Testen mehrerer Rechner mit unterschiedlichen Windows-Versionen indem es Ihnen erlaubt, neben Windows NT- auch Windows 95-Client/Server-Anwendungen zu testen. Durch die Bereitstellung der nahtlosen Integration aller Produkte in TestStudio, bietet Performance-Studio die einfachste und leistungsfähigste Möglichkeit, um sicherzustellen, dass eine Client/Server-Anwendung unter Windows bzw. ein HTTP-Web-Server vor der Freigabe einsatzfähig ist [9].

Funktionen

- DataSmart Recording generiert automatisch parametrisierte Skripts und zufällige Testdaten ohne Programmierung.

- ClientSmart Pacing unterhält im Zuge der Wiedergabe automatisch einen genauen Plan der Benutzeremulation, um aussagefähige, kontrollierte Testergebnisse zu erzeugen.

- LoadSmart Scheduling modelliert komplexe Verwendungsszenarien ohne Programmierung.

- ServerSmart Playback verifiziert automatisch Antworten zu testender Server, um das Funktionieren unter einer zulässigen Last zu gewährleisten.

- Die zu 100% visuelle Schnittstelle erstellt schnell und einfach leistungsfähige Client/Server-Tests für mehrere Rechner durch Zeigen und Anklicken; Programmierung ist nicht notwendig.

- Die umfassenden Diagramm- und Analysewerkzeuge bieten Ihnen die Möglichkeit, sämtliche Leistungsmetriken zwecks einer weiter reichenden Analyse der Testergebnisse grafisch darzustellen.

- Die Datenbank der Leistungsmetriken sammelt statistische Informationen über mehrere Testläufe hinweg.

- Benutzerdefinierte Standarddiagramme erlauben die Definition eigener Diagramme als standardmäßige Schablonen zur Erstellung wieder verwendbarer, einheitlicher Analysen zu Projekten.

- Die Synchronisation mehrerer Rechner ermöglicht die Zeitplanung zwischen Rechnern, einschließlich Verzögerungen, Iterationen, Wartephasen u.a., um ausgefeilte Szenarien mit mehreren Benutzern in der Anwendung zu testen.

- Die automatisierte Ressourcenüberwachung überwacht die Ressourcen jedes Clientrechners automatisch – beispielsweise Arbeitsspeicher und Festplattenspeicher – um leistungsfähige Belastungs- und Konfigurationstests zu ermöglichen.

Belastungstests. Ein Belastungstest ist ein Prozess, bei dem eine Reihe von Clientrechnern gleichzeitig agieren, um das Client/Server-System zu »belasten« und die Antwortzeiten zu messen. Dazu gehört in der Regel das Erstellen verschiedener Szenarien, mit denen analysiert wird, wie das Client/Server-System auf verschiedene Belastungen reagiert. Man muss in der Lage sein, das Starten und Anhalten vieler Rechner gleichzeitig zu steuern und die Auswirkungen zeitlich präzise aufeinander abzustimmen.

PerformanceStudio bietet alle Informationen, die zur Analyse der Belastungstests notwendig sind. Das Programm erstellt automatisch berechnete Statistiken für Zeitverzögerungen, einschließlich der maximalen, minimalen und Mittelwerte. Die Diagramme von PerformanceStudio geben eine schnelle visuelle Analyse der Änderung von Antwortzeiten bestimmter Teile der Anwendung mit der Anzahl der Benutzer. Diese Information gibt einen Hinweis darauf, wie die Client/Server-Anwendung auf Ende-zu-Ende-Belastung reagieren wird.

Lasttests. Ein Lasttest ist ein Prozess, bei dem Clientrechner in Szenarien mit maximaler Belastung laufen, um herauszufinden, ob sie »zusammenbrechen«. Beispiele für derartige Bedingungen sind die ununterbrochene Ausführung einer Clientanwendung über viele Stunden, die Durchführung vieler Wiederholungen eines Testverfahrens oder die Ausführung vieler verschiedener Testverfahren. Lasttests stellen eine wesentliche Voraussetzung dar, um gewährleisten zu können, dass die Clientanwendung mit Bedingungen umgehen kann, bei denen die ineffektive Verwaltung von Systemressourcen schnell zu Abstürzen führt.

PerformanceStudio macht Lasttests durch seine Funktion der automatischen Recherressourcenüberwachung zu einem Kinderspiel, ist aber dennoch wirkungsvoll. Bei der Auswahl der zu testenden Ressource beginnt das Werkzeug mit der automatischen Überwachung der Rechnerressourcen wie USER, GDI, globaler Speicher, DOS-Speicher, freie Datei-Handles und Festplattenspeicher auf jedem Clientrechner. In Kombination mit der Fähigkeit von PerformanceStudio zur tausendfachen Wiederholung eines Testverfahrens bietet die automatische Ressourcenüberwachung eine Methode zur Messung von Spitzenbelastungen, denen ein Client durch eine Anwendung ausgesetzt ist.

Man kann mit der von PerformanceStudio generierten Information schnell alle Probleme der clientseitigen Ressourcenverwaltung erkennen. Berichte zeigen beispielsweise an, welche Rechner wann versagen. Grafiken heben Tendenzen bei der Ressourcenverwendung hervor, die bei der schnellen Entdeckung gewöhnlicher Fehler, wie zum Beispiel von Speicherengpässen und übermäßigem Verbrauch von Systemressourcen und Festplattenspeicher, helfen.

Tests mit mehreren Benutzern. Ein Test mit mehreren Benutzern ist ein Prozess, bei dem mehrere Rechner gleichzeitig laufen, um die reale Benutzung eines Client/Server-Systems zu simulieren. Man könnte beispielsweise mehrere Stationen synchronisieren, damit diese auf denselben Datensatz in einer Datenbank zugreifen, um Probleme mit Sperren, mit Deadlock-Bedingungen, mit gleichzeitigen Zugriffen usw. zu untersuchen. Tests mit mehreren Benutzern sind manuell schwer zu realisieren, weil sie eine präzise Synchronisation von Benutzern voraussetzen.

Die Synchronisation mehrerer Rechner unter PerformanceStudio vereinfacht die Definition von Testszenarien, bei denen Teststationen auf zu erfüllende Bedingungen warten, bevor sie weiter arbeiten.

Man kann beispielsweise von einer Arbeitsstation einen Datensatz zu einer Datenbank hinzufügen lassen, während die nächste Station darauf wartet, den Datensatz zu lesen, bis die erste Station ihre Aufgabe vollendet hat. Mit PerformanceStudio ist die Synchronisation mehrerer Rechner einfach und leistungsfähig und kann durch die visuelle Benutzerschnittstelle mit wenigen Mausklicks ohne Programmierung realisiert werden.

Man kann alle Probleme mit mehreren Benutzern in einer Client/Server-Anwendung erkennen, indem man die Ergebnisse, die im Testprotokollbetrachter von PerformanceStudio angezeigt werden, und die automatisch erstellten Berichte auswertet. Die Berichte von PerformanceStudio helfen beim Erkennen von Rechnern, die übermäßige Verzögerungen erfahren oder sich aufgrund von Deadlock-Bedingungen in einer Endlossschleife befinden. Die Farbanzeige des Testprotokollbetrachters stellt alle funktionalen Probleme heraus, die aus Fehlern in gemeinsam verwendeten Daten oder Datenbankaktualisierungen resultieren. Diese Funktionalität wird Ihnen dabei helfen, sicherzustellen, dass Ihre Client/Server-Anwendung auch in einer Mehrbenutzerumgebung korrekt funkioniert.

Konfigurationstests. Mit Konfigurationtests kann man feststellen, ob eine Client/Server-Anwendung auf verschiedenen Rechnern funktioniert. Man kann beispielsweise dieselben Tests gleichzeitig auf vielen Testrechnern mit verschiedenen Hardware- und Softwarekonfigurationen ausführen. Außerdem kann man die Antwortzeiten jeder Arbeitsstation messen, um die minimale und die optimale Konfiguration für Clientrechner herauszufinden. Diese Betrachtung ist wichtig, weil inkompatible Software, unzureichender Speicher oder zu langsame Prozessoren eine Anwendung zum Absturz bringen können.

Mit PerformanceStudio lässt sich die Arbeitsweise einer Client/Server-Anwendung auf einer Vielzahl von Clientrechnern gleichzeitig validieren. Durch Anwendung derselben Tests auf eine Reihe verschiedener Clients kann man feststellen, wie jeder Teil der Anwendung auf jedem Rechner ausgeführt wird. Außerdem kann man die PerformanceStudio-Funktionen zur automatischen Ressourcenüberwachung als leistungsfähige Methode für Konfigurationstests einsetzen.

Man wird beispielsweise schnell in der Lage sein, festzustellen, wie gut und wie schnell eine Client/Server-Anwendung auf verschiedenen Clientsystemen läuft. Die Berichte von PerformanceStudio enthalten Statistiken über die Dauer jedes Testverfahrens auf jedem Rechner. Grafiken helfen beim visuellen Vergleich der Leistungen aller Teststationen. Zudem stellen die Grafiken von PerformanceStudio alle Probleme mit der Ressourcenverwaltung heraus, die bei bestimmten Clientkonfigurationen auftreten. Mit PerformanceStudio kann man leicht feststellen, welche Rechner am besten an die Client/Server-Anwendung angepasst sind.

Mit einem Aufzeichnungsassistenten erfasst PerformanceStudio Benutzeraktivitäten – einschließlich Tastatureingaben, Mausbewegungen und SQL-Abfragen – um automatisch Skripts zu erstellen, die eine realistische Belastung durch mehrere Benutzer darstellen. Durch den Einsatz eines Steuerrechners, der viele tausend Benutzer simulieren kann, deckt PerformanceStudio das tatsächliche Verhalten einer Anwendung einschließlich aller Engpässe auf, die während des Anwendungsentwicklungsprozesses auftauchen. Probleme, die bei der Belastung durch mehrere Benutzer zu Tage treten, können so vor der Auslieferung beseitigt werden. Mit Hilfe von PerformanceStudio lassen sich Client/Server-, Web- und ERP-Anwendungen testen.

Die Aufzeichnungstechnologie von PerformanceStudio spart auch auf andere Weise Zeit. Da Benutzertransaktionen erfasst bzw. eingefroren werden, gibt es kein Einschreiten von Menschen und somit kein Fehlerpotenzial.

Vorteile

- Vollautomatisierte Aufzeichnung von Skripts

- Genaue, klare und prägnante Skripterstellung

- Effiziente Berichtswerkzeuge, welche die Antwortzeiten und den Datendurchsatz innerhalb von Sekunden nach einem Test messen und ausgeben

- Umfassende Überwachungswerkzeuge zur Verfolgung und zur Fehlersuche in Skripts während eines Tests

- Eine vollständige Dokumentation, einschließlich Referenzhandbuch mit Skriptbefehlen und einer Bedienungsanleitung

- Optionen zum getrennten und gemeinsamen Testen von Client und Server

- Möglichkeit des Hinzufügens von Schleifen, Verzweigungen und Zufallsoperationen zu Skripts

- Simulierte Rechen-, Schreib- und Mausverzögerung

- Dynamische Anpassung des Datendurchsatzes während der Testdurchführung zur Modellierung aller Arten von Benutzerbelastungen

- Mehrere Skripts, die Daten aus einer gemeinsamen Menge von Eingabedateien lesen

- Zentrale Steuerung und Synchronisation, einschließlich Starten, Anhalten, Verfolgen und Synchronisieren während der Erfassung von Leistungsdaten und der Überwachung des Systems

- Volle Synchronisation von Skripts, Datenübergabe zwischen Skripts und Aneinanderreihung von Skripts beim Eintritt in kritische Bereiche

- Zugriffe auf Daten, die von der zu testenden Anwendung zurückgegeben werden

- Möglichkeit, den Client und den Server mit demselben Skript anzusteuern

- Skriptausführung mit minimalen Treiberressourcen zur Emulation vieler Benutzer mit leistungsschwachen Rechnern

- Leicht zu lernende, vereinfachte Schnittstelle

- SQL-Aufzeichnung in Client/Server-Skripts, die in Skriptanweisungen höherer Ordnung eingebettet ist

B.8.5 Werkzeuge zum Testen von Web-Anwendungen

In diesem Abschnitt wird ein Beispiel für ein Werkzeug zum Testen von Web-Anwendungen vorgestellt.

B.8.5.1 Silk-Werkzeuge

Die Silk-Familie der Web-orientierten Testwerkzeuge besteht aus SilkTest, SilkPerformer und Surf!. Dieses Werkzeugpaket zum automatisierten Testen von Software wurde speziell für die Anforderungen des Testens von Web-Anwendungen entworfen [10]. Weitere Informationen zur Silk-Familie der Testwerkzeuge finden Sie unter http://www.segue.com/.

SilkTest verwendet die Universal Testing Architecture von Segue für Funktions- und Regressionstests zur Gewährleistung der Zuverlässigkeit von Internet- und Intranet-Anwendungen. SilkPerformer simuliert realistische Web-Belastungen zur Messung der Kapazität und Skalierbarkeit eines Web-Servers. Durch die Normalisierung der Leistung eines Servers kann man die Gesamtleistung von Web-Anwendungen vor der Auslieferung vorhersagen und abstimmen. Surf! testet automatisch Anwendungen, die sowohl für Intranets als auch für das World Wide Web entwickelt wurden. Man kann mit Surf! automatisch funktionale Regressionstests erstellen, um alle Verknüpfungen in Web-Anwendungen zu validieren – ohne jegliche Aufzeichnung oder Programmierung.

Funktionen von SilkTest

- Testen Sie die Mischung von Technologien, die gewöhnlich in Web-Anwendungen gefunden wird. (Java-Applets, HTML, ActiveX, Bilder u.a.) SilkTest ist an kein Hersteller-API gebunden, so dass Skripts von SilkTest wieder verwendet werden können, wenn andere Technologien zum Einsatz kommen.

- Testen Sie Anwendungen, die in mehreren Browsern laufen. Universal verfügbare Web-Anwendungen laufen unter mehreren und zunehmend verschiedenen Browsern und müssen in jeder Umgebung getestet werden. Ein einziges SilkTest-Skript kann die Web-Anwendung unter verschiedenen Browsern testen (Netscape Navigator, Microsoft Internet Explorer usw.).

- Testen Sie die gesamte Web-Anwendung. SilkTest-Skripts steuern Clients und Server – für Web, Datenbanken und Anwendungen – von einem zentralen Punkt, selbst wenn sie sich auf vollkommen verschiedenen Plattformen befinden. Diese Funktion vermittelt eine genaue Vorstellung davon, wie Systemkomponenten zusammenarbeiten.

- Automatisieren Sie den Testprozess. Die Notwendigkeit zum Testen so vieler Zugriffsmethoden und Szenarien wie möglich vergrößert die Testkomplexität und den Testumfang erheblich – automatisiertes Testen ist für Web-Anwendungen die einzige lebensfähige Alternative.

Funktionen von SilkPerformer

- Simulieren Sie realistische Belastungen, um die tatsächliche Kapazität des Web-Servers zu messen und Leistungsprobleme zu vermeiden.

- Validieren Sie Leistungs- und Skalierbarkeitsanforderungen Ihrer Web-Anwendung, um das Softwarerisiko zu minimieren.

- Sehen Sie Engpässe des Web-Servers und Probleme voraus, bevor Ihre Anwendung freigegeben wird, um die Zuverlässigkeit Ihrer Software zu gewährleisten.

- Stellen Sie Fehler heraus und erstellen Sie Berichte der Testergebnisse.

- Testen Sie Leistungverbesserungen wiederholt ohne die Kosten und Mühen der vollständigen Neukompilierung Ihrer Web-Anwendung.

- Sichern Sie Ende-zu-Ende-Leistungsfähigkeit und -Zuverlässigkeit der Web-Anwendung mittels einer voll integrierten Testwerkzeugsuite.

Hardware- und Softwareanforderungen

- Windows NT 4.0 und 95

- Pentium oder besser

- Irgendein Browser oder eine Internet-/Intranet-Anwendung, welche die standardmäßigen Internet-Protokolle verwendet

B.8.6 Jahr-2000-Testwerkzeuge

Es ist bzw. war für eine Organisation schwierig, die gesamte Software mit nur einem Werkzeug auf Jahr-2000-Tauglichkeit zu testen. Es gibt auf dem Markt viele Jahr-2000-Testwerkzeuge. In diesem Abschnitt beschreiben wir zwei Werkzeuge, die gebräuchliche Plattformen und Jahr-2000-Tests unterstützen.

B.8.6.1 DiscoverY2K

DiscoverY2K ist eine Ende-zu-Ende-Lösung zur Verwaltung der Jahr-2000-Tauglichkeit von Client/Server-Anwendungen. Durch den Einsatz des Discover-Systems (siehe Abschnitt B.5.4.2) versetzt DiscoverY2K Unternehmen in die Lage, die Jahr-2000-Softwareanpassung mit einem Bruchteil der Kosten und Zeit zu erledigen, die andernfalls anfallen könnten. Mit dieser soliden Möglichkeit der Prüfung sowie der schnellen Einschätzung und Änderung bietet DiscoverY2K ebenfalls eine leistungsfähige Versicherung und einen Sicherungsplan, um die Zuverlässigkeit über das Jahr 2000 hinaus zu gewährleisten.

DiscoverY2K stellt Software entwickelnden Unternehmen eine Technologie zur Verfügung, um die Bedeutung des Jahr-2000-Problems abzuschätzen, die Auswirkung auf die Nichtkonformität zu verstehen, die notwendigen Änderungen vorzunehmen und Anwendungen zu testen. Das Programm unterstützt alle vom Kunden ausgewählten Umstellungsmethodiken und richtet sich an alle vier Umstellungsphasen: Abschätzung des Aufwands, Analyse der Auswirkungen, Beheben der Probleme und Testen.

DiscoverY2K/SET von Software Emancipation ist ein Entwicklungsinformationssystem, das bei der Verwendung in der gesamten Entwicklungsorganisation Teams die schnelle Ausarbeitung, Überarbeitung und Wiederverwendung vorhandener Software erlaubt. Das Produkt besteht aus vier Komponenten: Y2K Base, Y2K TPM Filter, Y2K TaskFlow und Y2K Trace.

Unterstützte Plattformen/Betriebssysteme

- Sun OS
- Solaris
- HP-UX
- SGI IRIX
- Windows NT

Unterstützte Sprachen

- ANSI C/C++
- K&R C
- Visual C++
- VAX C
- Oracle Embedded SQL
- Java
- PL/SQL

B.9 Weitere Hersteller von Testwerkzeugen

Dieser Anhang nennt nur einige der vielen heutzutage auf dem Markt erhältlichen Werkzeuge. Weitere Details zu den verschiedenen Testwerkzeugen finden Sie auf den Websites der Hersteller und unter http://methods-tools.com.

Die Firma Software Quality Engineering (800-423-8378, sqeinfo@sqe.com, http://www.sqe.com) verkauft einen umfangreichen Überblick zu Testwerkzeugen.

Revision Labs gibt *A Guide to Automated Testing Tools* heraus, worin Informationen über mehr als 30 verschiedene Capture/Replay-Werkzeuge enthalten sind (http://www.revlabs.com).

Ovum Ltd. veröffentlicht und verkauft eine große Anzahl von Berichten zu vielen Themen der Informations- und Kommunikationstechnologien, einschließlich der Testwerkzeuge (info@ovum.mhs.compuserve.com, http://www.ovum.com, Compuserve: MHS: INFO@OVUM).

Rodney C. Wilson, *UNIX Test Tools and Benschmarks* (Prentice Hall, 1995, ISBN 0-13-125634-3) ist eine Anleitung zum Testen und zu Werkzeugen, die dabei behilflich sind.

Literaturhinweise

1. http://www.rational.com.

2. Oberg, R., Probasco, L., Ericson, M., *Applying Requirements Management with Use Cases*. Rational Software Corporation, 1998.

3. Poston, R. »A Guided Tour of Software Testing Tools.« www.aonix.com.

4. Siehe Hinweis 1.

5. Siehe Hinweis 1.

6. Siehe Hinweis 1.

7. Siehe Hinweis 1.

8. Siehe Hinweis 1.

9. Siehe Hinweis 1.

10. http://www.segue.com.

C. Die Karriere des Testingenieurs

Bei dem Versuch mehr mit weniger zu erreichen, wollen Organisationen ihre Software angemessen testen, und zwar so schnell und gründlich wie möglich. Um dies zu realisieren, setzen sie zunehmend automatisiertes Testen ein. Der Übergang zum automatisierten Testen zeigte schon größere Auswirkungen auf die Softwareindustrie, und die Testexperten, die ihre Karriere auf das Testen von Software ausrichten wollen, sind gut beraten, dies zur Kenntnis zu nehmen. Änderungen in der Softwareindustrie, die aus dem Umfang des automatisierten Testens resultieren, führen zu einer größeren Nachfrage nach Testingenieuren, die außerdem Softwareexperten sind, und zur Abkehr von manuellen Testmethoden. Zudem bietet der Arbeitsmarkt viele Einstiegsmöglichkeiten für Hochschulabsolventen der Fachrichtungen Informatik und Informationstechnologie.

In der Vergangenheit wurden die Durchführung von Softwaretests und die Softwareentwicklung als völlig verschiedene Verantwortlichkeiten betrachtet, die grundverschiedene Kenntnisse erfordern. Der heutige Testingenieur muss dagegen ein Softwareexperte mit Programmierkenntissen und Wissen über Netzwerke, Datenbanken und Betriebssysteme sein. Die Unterschiede der Kenntnisse zwischen Testingenieuren und Softwareentwicklern werden auch in Zukunft an Bedeutung verlieren.

Die Evolution der automatisierten Testfähigkeiten führt zusammen mit dem steigenden Interesse an Qualitätsnormen und Richtlinien zur Softwarereife zu neuen Karrieremöglichkeiten für Softwareingenieure. Auf dem Arbeitsmarkt gibt es eine explosionsartig gestiegene Nachfrage nach Experten für automatisierte Softwaretests. Viele Softwareingenieure entscheiden sich wegen der Vielseitigkeit der Aufgabenstellungen und der Anwendungen für eine Karriere im Bereich des automatisieren Testens. Außerdem können Erfahrungen mit automatisierten Testwerkzeugen zu einem Karrieresprung führen. Der Softwareingenieur gewinnt auf diesem Weg umfangreicheres Wissen und möglicherweise Konkurrenzfähigkeit für eine weitere Stufe auf der Karriereleiter.

Die Testarbeiten in heutigen zwei- und mehrschichtigen Client/Server- und Webumgebungen sind komplex, so dass Testingenieure über ein weit reichendes technisches Hintergrundwissen verfügen müssen. Testingenieure und -teams benötigen daher Erfahrungen mit verschiedenen Plattformen, mehreren Schichten zur Unterstützung von Anwendungen, Schnittstellen und anderen Produkten und Systemen, verschiedenen Typen von Datenbanken und Anwendungssprachen. In einer automatisierten Testumgebung muss der Testingenieur weiterhin die Skriptprogrammiersprache des wichtigsten automatisierten Testwerkzeugs kennen.

Welche Erwartungen an die Karriere eines Testingenieurs sind aufgrund der Breite und Tiefe der für die Durchführung einer Testrolle erforderlichen Kenntnisse angemessen? Tabelle C.1 veranschaulicht die Entwicklungsmöglichkeiten eines Testingenieurs.

In den ersten Jahren könnte die Person die Position eines Testingenieurs oder Programmanalysten bekleiden. Bei mehr Erfahrungen und der Entwicklung zusätzlicher Kenntnisse käme er für eine führende Stelle in einem Team zur Testdurchführung oder -programmierung in Frage. Schließlich könnte die Person auch einen leitenden Posten übernehmen.

Als Testingenieur könnte man fragen: »Wie kann ich bei diesen Entwicklungsmöglichkeiten meine Aufstiegschancen verbessern?« Man könnte auch fragen: »Wie könnte ein Plan zur Verbesserung meiner Karriereaussichten aussehen?« Tabelle C.2 zeigt ein sechsstufiges Programm zur Entwicklung der Karriere eines Testingenieurs. Dieses Entwicklungsprogramm soll die verschiedenen Kenntnisse und Aktivitäten jeder Stufe oder Ebene herausstellen, auf die ein Testingenieur Zeit und Aufmerksamkeit verwenden sollte, um seine Fähigkeiten zu verbessern. Wenn Sie schon eine leitende Tätigkeit ausüben, dient Tabelle C.2 als Wegweiser bezüglich der Schulung und Entwicklung Ihres Personals.

Tab. C.1 Fortschritte in der Karriere des Testingenieurs

Karrierefortschritt	Beschreibung
Junior-Testingenieur	Einstiegsposition. Entwickelt Testskripts.
Testingenieur/ Programmanalyst	1-2 Jahre Erfahrung. Programmiert automatisierte Testskripts.
Senior-Testingenieur/- Programmanalyst	3-4 Jahre Erfahrung. Definiert Prozesse und leitet Junior-Testingenieure an.
Teamleiter	2-6 Jahre Erfahrung. Beaufsichtigt 1-3 Mitarbeiter bei der Aufgabenerfüllung. Unterstützt Umfangs-/Kostenabschätzung.
Testleiter/Leitender Programmierer	4-10 Jahre Erfahrung. Beaufsichtigt 4-8 Mitarbeiter. Plant und leitet Aufgaben. Entwickelt technische Ansätze.

Tab. C.1 Fortschritte in der Karriere des Testingenieurs (Forts.)

Karrierefortschritt	Beschreibung
Test-/QS-/Entwicklungs-/Projektmanager	Mindestens 8 Jahre Erfahrung. Verantwortlich für das Personal mehrerer Projekte. Volle Verantwortung für Lebenszyklusleitung.
Programm-Manager/Geschäftsleiter	Mindestens 15 Jahre Erfahrung. Verantwortlich für das Personal mehrerer Projekte. Verantwortlich für Projektleitung und Gewinne/Verluste.

Tab. C.2 Die Stufen der Karriereleiter des Testingenieurs

Entwicklungsstufe	Zeitrahmen	Aufgaben
Technische Kenntnisse	Jahre 1-2	• Kennenlernen des gesamten Testlebenszyklus
		• Ersteinführung in die Geschäftsbereiche der zu testenden Anwendungen
		• Bewerten von/Experimentieren mit automatisierten Testwerkzeugen
		• Entwickeln und Ausführen von Testskripts
		• Lernen von Programmiertechniken zur Testautomatisierung
		• Weitere Entwicklung technischer Kenntnisse zu Programmiersprachen, Betriebssystemen, Netzwerken und Datenbanken
Testprozess	Jahre 3-4	• Verbessertes Verständnis des Testlebenszyklus
		• Review, Entwicklung oder Verbesserung von Test- und/oder Entwicklungsnormen und definierten Prozessen
		• Mitwirkung an Anforderungs-, Design- und Codeinspektionen, -Walkthroughs und -Reviews
		• Anleitung mehrerer Junior-Testingenieure oder -programmierer
		• Verbessern von Programmiertechniken zur Testautomatisierung
		• Kennenlernen der Einsatzgebiete der zu testenden Anwendung
		• Weitere Entwicklung technischer Kenntnisse zu Programmiersprachen, Betriebssystemen, Netzwerken und Datenbanken

Tab. C.2 Die Stufen der Karriereleiter des Testingenieurs (Forts.)

Entwick-lungsstufe	Zeit-rahmen	Aufgaben
Teamarbeit	Jahre 4-5	• Beaufsichtigung von 1-3 Testingenieuren oder Programmierern
		• Durchführung der Aufgabenteilung, -verfolgung und -berichterstattung
		• Entwickeln von Umfangs-/Kostenabschätzungen
		• Pflege technischer Kenntnisse, Teilnahme an Führungskursen und Testkonferenzen
		• Weitere Entwicklung der Kenntnisse zu für den Testlebenszyklus relevanten Werkzeugen, wie zum Beispiel zu Testwerkzeugen und zu Werkzeugen für Anforderungsmanagement, Problem-/Fehlerverfolgung und Konfigurationsmanagement.
Technische Leitungstätigkeit	Jahre 5-6	• Beaufsichtigung von 4-8 Testingenieuren oder Programmierern
		• Durchführung der Aufgabenteilung, -verfolgung und -berichterstattung
		• Verbesserung der Fähigkeiten zur Umfangs-/Kostenabschätzungen
		• Entwickeln technischer Ansätze für Test- und Entwicklungsarbeiten
		• Durchführen der Testplanung und Erstellen von Testplänen
		• Pflege technischer Kenntnisse und zeitintensive Anleitung anderer Testingenieure im Testprozess, in der Planung, im Design und in der Entwicklung
		• Pflege der Kenntnisse in den Werkzeugen, die den Testlebenszyklus unterstützen sollen.
		• Beginn des Umgangs mit Kunden und Durchführen von Vorführungen
Test-/Projektleitung	Jahre 6-12	• Beaufsichtigung von 8 oder mehr Testingenieuren oder Programmierern
		• Leitung der Testarbeiten in einem oder mehreren Projekten
		• Weiterbildung in einem artverwandten Studiengang oder im Managementbereich
		• Umgang mit Kunden und Durchführen von Vorführungen

Tab. C.2 Die Stufen der Karriereleiter des Testingenieurs (Forts.)

Entwicklungsstufe	Zeitrahmen	Aufgaben
		• Pflege der Kenntnisse in Werkzeugen zur Unterstützung des Testlebenszyklus
Geschäfts-/Produktleitung	Jahre 12+	• Erkennen und Kultivieren von Chancen für das Unternehmen und Partnerschaften
		• Bereitstellen der Projekt- und/oder Produktentwicklungsleitung
		• Vergrößerung des Unternehmens/Verbessern der Produktumsätze
		• Verantwortlichkeit für Gewinn/Verlust

C.1 Technische Kenntnisse

Die erste Stufe auf der Karriereleiter konzentriert sich auf die Weiterentwicklung einer Person in einer Einstiegsposition oder in der Position eines Junior-Testingenieurs. Auf dieser Stufe geht es um die Verbesserung technischer Kenntnisse. Testingenieure müssen ihre technischen Kenntnisse erweitern, indem sie sich mit Testwerkzeugen und Testtechniken sowie mit Programmiersprachen, Betriebssystemen, Netzwerken und Datenbanken befassen.

Wenn dies noch nicht geschehen ist, muss sich der Testingenieur mit dem gesamten Testlebensprozess vertraut machen und das Einsatzgebiet der zu testenden Anwendung kennen lernen. Wenn der Testingenieur über mehrere Jahre Berufserfahrung verfügt und zu einer Testkarriere überwechselt, dann kann die Person das Einsatzgebiet der zu testenden Anwendung schon kennen gelernt haben. Gewöhnlich rotieren Personen aus den Bereichen der Softwareentwicklung, der Systemadministration, der Netzwerkverwaltung und der Softwarequalitätssicherung in die Softwaretestdisziplin. Dabei ist es nicht selten der Fall, dass diese Personen wegen der Vielfältigkeit der Softwaretestarbeiten, der Gelegenheit des Umgangs mit automatisierten Testwerkzeugen und der Möglichkeit der Anwendung von Programmierkenntnissen bei der Durchführung der Testskriptentwicklung von sich aus Verantwortung beim Testen von Software übernehmen.

Um Wissen zu Testwerkzeugen und Testtechniken zu sammeln, kann der Testingenieur Zeitschriften und Zeitungen oder auch Bücher aus den Bereichen Softwareentwicklung und -tests lesen sowie das Web nach Informationen durchsuchen. Eine weitere Möglichkeit des Wissenserwerbs über das Testen und für die Beantwortung von Fragen umfasst örtliche Benutzergruppen zu Testwerkzeugen, Test- und Softwarekonferenzen sowie Seminare und Vereine, die sich mit Qualitätssicherung oder Prozessverbesserung befassen.

Es ist wichtig, Kenntnisse und ein Verständnis für automatisierte Testwerkzeuge zu entwickeln. Beziehen Sie Evaluationsversionen automatisierter Testwerkzeuge und experimentieren Sie mit den Werkzeugen, um sich mit ihrer Arbeitsweise und ihren Möglichkeiten vertraut zu machen. Wenn Ihre Organisation eine Lizenz für ein Werkzeug zum automatisierten Testen von Software besitzt, dieses bei dem von Ihnen unterstützen Projekt aber nicht verwendet, dann experimentieren Sie mit dem Testwerkzeug.

Testingenieure können ihre technischen Kenntnisse erweitern, indem sie sich für technische Schulungen einschreiben, die von Universitäten, öffentlichen Hochschulen und technischen Schulungseinrichtungen angeboten werden. Schulungen zu Testwerkzeugen und Testmethoden sind wertvoll. Einige nordamerikansiche Organisationen, die solche Schulungen anbieten, sind in Tabelle C.3 aufgelistet. Aktualisierungen dieser Liste finden Sie unter http://www.autotestco.com/.

Der Arbeitgeber des Testingenieurs kann ebenfalls Schulungen anbieten. Technische Schulungen, die für den Testingenieur hilfreich sind, beschäftigen sich mit Softwareprogrammierung, Netzwerkverwaltung, Datenbankmodellierung und -entwicklung, Betriebssystemen und anderen technischen Fragen.

In erster Linie sollte sich der Testingenieur im Umgang mit dem Testwerkzeug üben, das im aktuellen Projekt verwendet wird oder das für ein zukünftiges Projekt eingeplant ist. Außerdem ist es lohnenswert, nach Möglichkeit Schulungen zu Werkzeugen zu absolvieren, die der Testingenieur noch nicht kennt. Solche Schulungen verhelfen dem Testingenieur zur Entwicklung der Fähigkeit, die Testanforderungen im Auge zu behalten und Testherausforderungen aus einer Vielzahl verschiedener Perspektiven zu betrachten. Mit diesen verschiedenen Perspektiven bekommt der Testingenieur mehr Freiheiten zur Erforschung kreativer Lösungen bei der Testarbeit.

Tab. C.3 Organisationen mit Weiterbildungsmöglichkeiten im Testsektor

Schulungseinrichtung	Ort	Kontaktinformation
Andrews Technology, Inc.	San Francisco	www.andrewstech.com
Bender and Associates	San Francisco	www.softtest.com
DC Systems	Oakbridge Terrace, IL	www.dcsys .com
Dynamic Software Technologies Inc.	Cincinnati, OH	www.expertest.com
ETEC	Atlanta, Dallas	www.asketec.com
Expertest, Inc.	West Chester, OH	

Tab. C.3 Organisationen mit Weiterbildungsmöglichkeiten im Testsektor (Forts.)

Schulungseinrichtung	Ort	Kontaktinformation
Godhead Consulting	Houston	www.godheadconsulting.com
Greenbrier and Russel	Atlanta, Dallas, Denver, Milwaukee, Phoenix	www.gr.com
Interface Design Group	San Francisco	www.interfacedesign.com
Internet Connection Services and Solutions Inc.	St. Louis	www.icss .net
NobleStar Systems	Washington, DC	www.noblestar.com
Real Time Technology Solutions	Tuckahoe, NY	www.rttsweb.com
Revision Labs	Portland, Seattle	www.revlabs.com
SoftGear Technology Inc.	Los Attos, CA	www.softgeartech.com
Software Quality Engineering	Washington, DC, Tampa, Portland	www.sqe.com
Software Testing Laboratories	Bellevue, WA, Boise, Los Angeles, Baltimore	www.stlabs.com
STA Group	Bellevue, WA, Boston, Santa Clara, CA	www.stagroup .com
Visual Systems Development Group	Montreal	www.visual .com
Waterfield Technology Group	Boston, New York	www.wtgi.com
Winmill Software	New York, Boston	www.winmill.com
XXCAL Testing Laboratories	Los Angeles	www.xxcal.com

C.2 Testprozesse

Die zweite Stufe der Karriereleiter konzentriert sich auf das Verstehen des Softwareentwicklungs- und Testlebenszyklus. Der Testingenieur muss sich zuerst mit dem gesamten Testlebenszyklus der Organisation vertraut machen. Die Automated Test Life-cycle Methodology (ATLM) kann übernommen werden, um bei der Definition einer Methode für die Implementierung und Durchführung des automatisierten Testens in der Organisation zu helfen. Der Testingenieur muss außerdem ein umfassendes Verständnis der verschiedenen Teststrategien und der Typen der verfügbaren Testwerkzeuge entwickeln.

Neben dem Testlebenszyklus der Organisation sollte das Testteam speziellere Prozesse (Testverfahren) zur Durchführung von Testaktivitäten entwikkeln. Die Prozessdatenbank der Organisation sollte einen Standardtestplan (eine Vorlage), den allgemeinsten Testlebenszyklus und die detaillierten Testverfahren zusammen mit anwendbaren Entwicklungs- und Testnormen enthalten.

Der gesamte Softwareentwicklungsprozess wurde als »die Menge der Aktivitäten, Methoden, Praktiken und Transformationen, die Manager und Softwareingenieure in die Verwendung von Technologien zur Entwicklung und Pflege von Software integrieren« definiert [1]. Die Erfahrung zeigt, dass die Verbesserung des gesamten Softwareentwicklungsprozesses durch die Einbeziehung des Testlebenszyklus erhöhte Produktivität und Produktqualität liefert [2]. Neunundsechzig Prozent aller Unternehmen verfügen über keinen messbaren, wiederholbaren Softwaretestprozess. Vierundsiebzig Prozent aller Unternehmen halten die Forderung »nach dem Aufbau eines Prozesses, der Ziele setzt und mit dem Testen zu Beginn des Entwicklungslebenszyklus beginnt« für die beste Möglichkeit zur Erfüllung von Softwarequalitätsanforderungen [3].

Damit vorhandene Testprozesse eine Bedeutung erlangen können, müssen sie benutzt werden, was eine effiziente Implementierung voraussetzt. Die Implementierung erfordert, dass Prozesse nicht nur definiert, sondern auch etabliert, in das System einbezogen, normalisiert und schließlich als Standard angenommen werden. Implementierung bedeutet auch, dass Testingenieure in den vorhandenen Testprozessen geschult werden und sie als Eigentum betrachten.

Ein effektiver Ansatz zur Implementierung des Testprozesses ist die Erstellung einer Prozesseinführung. Die *Prozesseinführung* repräsentiert eine rechtzeitige und effiziente Möglichkeit der Schaffung einer Prozessdefinition. Sie erfordert, dass das Testteampersonal Präsentationen für alle definierten Prozessbereiche entwickelt. Jede Präsentation folgt einem vorgeschriebenen Format, wobei der Testingenieur wesentliche Prozesselemente wie Eingangs/Ausgangskriterien, Eingaben, Prozessschritte, Prozessbeteiligte, relevante Werkzeuge und Ausgaben herausstellt. Das Testteam realisiert mehrere Ziele durch die Übernahme dieses Ansatzes. Testingenieure, die Präsentationen durchführen, eignen sich den Prozess an und lernen ihn, andere Testteammitglieder werden für den definierten Prozess geschult, und Verbesserungen des Prozesses werden möglich, weil der Prozess sowohl definiert als auch zur Grundlage gemacht wurde.

Das Testteam sollte zuerst fordern, dass eine Prozesseinführung des gesamten Testprozesses für die Organisation durchgeführt wird. Innerhalb dieser obersten Prozessdefinition würden 5 bis 10 primäre Testschritte (Verfahren) definiert werden. Dann würden den definierten Testverfahren zuständige Testingenieure zugewiesen und diesen der Auftrag gegeben, Prozesseinführungen für jedes der Testverfahren zu erstellen.

Die Prozesseinführung wird so entworfen, dass sie die Prozessdefinition durch die Vorbereitung von Präsentationsfolien, welche die primären Bestandteile der Standardprozessdefinition darstellen, durch die Testingenieure vereinfacht. Das heißt, dass die Prozesseinführung aus einfachem Text und Diagrammen besteht. Die Zeit, welche die Entwicklung der Präsentationsfolien erfordert, sollte minimal sein.

Die Prozesseinführung dient als Transportmittel zur Definition eines Testprozesses; sie stellt außerdem eine Möglichkeit dar, einen Konsens zwischen dem Management und dem Projektteam bezüglich des definierten Prozesses herzustellen. Weiterhin dient das Abhalten einer Einweisung der Schulung des übrigen Testpersonals im Prozess. Tabelle C.4 schlägt ein Format für die Prozesseinführungspräsentation vor. Die Struktur des Prozesskontextdiagramms (Folie 3 der Prozesseinführung) ist in Abbildung C.1 zu sehen.

Tab. C.4 Gliederung einer Prozesseinführung

Folien-nummer	Titel	Inhalt
1	Einführung	Definition des Prozessziels, des Prozessbereichs, der Testziele und -strategien und der Prozessbeteiligten sowie Angabe von Werkzeugen und Methoden
2	Prozessübersicht	Grafik (Diagramm) des übergeordneten Prozesses
3	Prozesskontextdiagramm	Strukturiertes Format, das Eingangs-/Ausgangskriterien, Eingaben, Prozessschritte und Ausgaben benennt
4	Prozessfluss	Textblöcke zur Beschreibung jeder bedeutsamen Aktivität (Schritt oder Verfahren) des Prozesses
5-7	Detaillierte Prozessdiagramme	Detaillierte Prozessdiagramme für alle in der groben Gliederung genannten Prozessschritte
8	Prozessausgaben	Tabelle zur Angabe von Ausgaben, des Zwecks/Werts der Ausgaben und der Datenbank für die Ausgaben
9	Probleme/Empfehlungen	Textblöcke, die Testingenieuren die Gelegenheit geben, behandelte Probleme und empfohlene Verbesserungen zu diskutieren

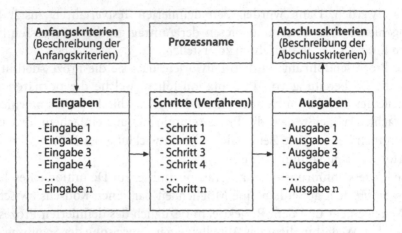

Abb. C.1 Aufbau eines Prozesskontextdiagramms

Die Testprozessstufe der Karriereleiter des Testingenieurs sollte außerdem Gewicht auf andere Aktivitäten als die Kenntnisse des Testprozesses und die Einbeziehung in Prozesseinführungen legen. Der Testingenieur sollte an Anforderungs-, Design- und Codeinspektionen, -Walkthroughs und -Reviews teilnehmen. Er sollte beginnen, andere, unerfahrenere Testingenieure im Testteam anzuleiten. Projekt- und Testmanager müssen der Versuchung widerstehen, Junior-Testingenieure mit Testprozess- und Testwerkzeugdokumentationen abzuspeisen, wenn diese weniger erfahrenen Mitarbeiter Hilfestellungen anfordern. Die Bereitstellung eines Mentors ist für den Junior-Testingenieur nützlicher, und der anleitende Testingenieur lernt aus dieser Erfahrung im Allgemeinen ebenfalls.

In diesem Abschnitt seiner Karriere muss der Testingenieur seine Automatisierungskenntnisse zu einer neuen Qualität bringen. Der Testingenieur muss Testautomatisierungaktivitäten als eigene, separate Entwicklungsmaßnahmen mit zugehöriger Strategie- und Zielplanung, Testanforderungsdefinition, -analyse, -design und -implementierung betrachten. Er muss die Tatsache zu schätzen lernen, dass effektive automatisierte Testentwicklung wie jede andere Entwicklungstätigkeit sorgsame Design- und Planungsarbeiten erfordert.

Der Testingenieur muss sich Techniken in der Programmierung aneignen, um Testskripts zu erstellen, die solche Aufgaben wie das Testen verschiedener Datenwerte, das Testen einer großen Anzahl verschiedener Anwenderschnittstelleneigenschaften oder Umfangstests erledigen. Es müssen automatisierte Testskripts entwickelt werden, die Schleifenkonstrukte aufrufen, um ein Skript wiederholt aufzurufen, oder die bedingte Anweisungen verwenden, um eine Anweisung nur unter einer bestimmten Bedingung auszuführen. Zudem müssen Testskripts entwickelt werden, die API-Aufrufe oder .dll-Dateien,

Dateien und Bibliotheken verwenden. Schließlich muss der Testingenieur seine sich entwickelnden Kenntnisse anwenden, um bei der Realisierung von Normen und Rahmenbedingungen für die Programmierung von Testskripts behilflich zu sein.

C.3 Teamarbeit

In der Phase der Teamarbeit muss der Testingenieur seine verbalen Kommunikations- und Schreibkenntnisse verbessern. Er muss die Fähigkeit entwikkeln, Gedanken, Konzepte und Vorstellungen bei der schriftlichen Korrespondenz, wie zum Beispiel in E-Mails und Berichten, sowie in Vorträgen bei Konferenzen und in Präsentationen effektiv darzulegen. Ohne diese Kommunikationsfähigkeiten wird die Karriereentwicklung des Testingenieurs unnötig verzögert. Die Teamleiter-, Testleiter- und Testmanagerpositionen erfordern allesamt, dass der Kandidat Aufgabenverteilungen erläutern, komplexe Teststrategien konzeptionalisieren und diskutieren und über schwierige technische Herausforderungen sprechen kann. Gute Kommunikationsfähigkeiten sind auch notwendig, um Vorgesetzten mittels geschriebenen Zustandsberichten zu versichern, dass geeignete Aktionen unternommen werden, um Testprogrammrisiken zu lindern und technische Probleme zu lösen.

Der Testingenieur sollte sich über Weiterbildungsangebote zur Verbesserung seiner kommunikativen Fähigkeiten erkundigen, um seine mündlichen und schriftlichen Kenntnisse zu verbessern. Es ist außerdem wichtig, Erfahrungen mit formalen Präsentationen vor einer Zuhörerschaft zu sammeln. Wenn möglich, sollte der Testingenieur Vereinen und Organisationen wie Toastmaster (www.toastmaster.org) beitreten, die Gelegenheiten für Testingenieure zur Erweiterung ihrer rhetorischen Fähigkeiten bieten.

Neben der Entwicklung der Kommunikationsfähigkeit sollte der Testingenieur in Übungen zur Einschätzung eines Testprogramms eingebunden werden. Das Testteammitglied könnte zunächst freiwillig bei der Entwicklung einer Prozessgliederung für eine neue Testaufgabe behilflich sein. Die Prozessgliederung bietet eine Möglichkeit der Angabe verschiedener Typen von Testaktivitäten, von denen man erwartet, dass sie bei der Testarbeit durchgeführt werden (siehe Abschnitt 5.2). Der Testingenieur kann zudem seine Hilfe bei Zeitsparmaßnahmen anbieten, bei denen Aufzeichnungen aus abgeschlossenen Projekten bezüglich des Aufwands zur Durchführung verschiedener Testaktivitäten gepflegt werden. Die Pflege von Aufzeichnungen hilft bei der Unterstützung der Abschätzung von Testarbeiten, die für ein Projekt erforderlich sind. Der Testingenieur sollte sich mit verschiedenen Methoden zur Abschätzung der Testteamgröße vertraut machen (siehe Abschnitt 5.3.1).

Wenn möglich, sollte der Testingenieur die Testaufgabenzeitplanung, -verfolgung und -berichterstattung erlernen und darin einbezogen werden.

Der Personal Software Process (PSP) ist ein Weiterbildungsprogramm, das Kenntnisse zur Abschätzung im Zusammenhang mit Aufgabenzeitplanung, -verfolgung und -berichterstattung vermittelt. Testingenieure sollten *A Discipline for Software Engineering* von Watts Humphrey lesen, worin das PSP-Programm erläutert wird [4]. Testingenieure können zudem durch eine Organisation namens Advanced Information Services (AIS) zentrale und Vor-Ort-Schulungen zum PSP erhalten [5]. Weitere Informationen zu PSP-Schulungen von AIS finden Sie unter http://www.advinfo.net/.

Eine weitere Möglichkeit der Weiterentwicklung als Testexperte auf dieser Stufe ist eine intensivere Teilnahme an den Testaktivitäten, die in Abschnitt 5.3 erläutert wurden. Der Testingenieur könnte sich beispielsweise mit neuen Aktivitäten befassen, bei denen er noch keine Erfahrungen gesammelt hat, wie der Unterstützung für die Referenzumgebung, der Entwicklung und Pflege von Testdaten und der Pflege der Bibliothek wieder verwendbarer Testskripts.

Weiterhin kann der Testingenieur seine Kenntnisse der Werkzeuge zur Unterstützung des Testlebenszyklus verbessern, wie zum Beispiel seine Fähigkeiten in der Testwerkzeugen oder in Werkzeugen für das Anforderungsmanagement, die Verfolgung von Fehlern/Problemen und das Konfigurationsmanagement.

C.4 Technische Leitung

In der Phase seiner Funktion als technischer Leiter muss der Testingenieur mit der Durchführung von Aktivitäten zur Unterstützung des Managements beginnen. Hierzu gehören die Einstellung von Testingenieuren, die Entwicklung von Beziehungen zu Testwerkzeugherstellern, die Beaufsichtigung des Personals, das Pflegen von Kundenbeziehungen und die Koordination von Testwerkzeugbewertungen und -einführungen. Es ist im Rang des technischen Leiters wichtig, dass der Testingenieur Verantwortung für die Abschätzung des Testaufwands und die Durchführung von Aktivitäten zur Zeitplanung, zur Aufgabenverfolgung und zur Erstellung von Berichten übernimmt.

Der Testingenieur muss die technische Führung bei jedem Testprogramm übernehmen. Diese Führungsaufgabe umfasst die Anleitung untergebener Testingenieure im Hinblick auf Testplanung, -design-, -entwicklung und -ausführung. Der Testingenieur muss über die neuesten Testansätze und Testwerkzeuge auf dem Laufenden sein und muss dieses Wissen an den Rest des Testteams übermitteln können. Er muss außerdem Führungsaufgaben bei der Implementierung und Verbesserung der Testprozesse übernehmen. Die Leitung des Testprozesses kann Reviews von Testmetriken, gewonnenen Erkenntnissen und der Ergebnisse von Benutzerbefragungen in einer Besprechung mit dem Rest des Testteams umfassen. Zudem hat der technische Leiter die Aufgabe, untergeordnete Testingenieure mit der Überprüfung der vorhandenen Testverfahren und der Entwicklung von Einführungen in neue Testprozesse zu betrauen, welche die Testverfahren verbessern.

Um die notwendigen Führungsqualitäten effektiv demonstrieren zu können, könnte der Testingenieur eine persönliche Effizienzschulung absolvieren. Diese Schulung umfasst Kurse und Seminare, welche die Fähigkeiten des Testingenieurs in den Bereichen Menschenführung, Teamzusammenstellung und freies Sprechen verbessern. Das Ziel des Testingenieurs ist der effektivere Umgang mit Menschen und die verbesserte Fähigkeit, technische Herausforderungen zu bewältigen. Wichtige Kenntnisse in dieser Phase der Karriere umfassen Verhandlungsfähigkeit, Kreativität und Konzeptionalisierung.

Auf dieser Stufe der Karriereleiter kann der Testingenieur beginnen, als außergewöhnlicher Softwareexperte hervorzutreten, indem er klare Unterscheidungen von Problemen trifft und sich auf Optionen und Lösungen konzentriert. Die Fähigkeit, klare Unterscheidungen zu treffen, ist das Ergebnis einer verbesserten Fähigkeit zuzuhören und Gesagtes zu verstehen, zu hören, wie etwas gesagt wird, und manchmal auf etwas zu achten, was nicht gesagt wird. Der Testingenieur muss sehr ehrlich beim Umgang mit Kollegen sein – aber nicht brutal ehrlich. »Ehrlich sein« impliziert, dass der Testingenieur konstruktiv, kollegial und respektvoll Fragen stellen und Beobachtungen aussprechen kann.

Um über die neuesten Testansätze und Testwerkzeuge auf dem Laufenden zu bleiben, kann es erforderlich sein, dass der Testingenieur an Software-, Qualitäts- und Testkonferenzen teilnimmt. Wenn möglich, kann er seine rhetorischen Fähigkeiten festigen, indem er bei diesen Konferenzen Präsentationen abhält. Während der Entwicklung eines Präsentationsthemas und bei der Vorbereitung der Präsentationsfolien vertieft der Testingenieur sein Wissen auf dem jeweiligen Gebiet. Bei der tatsächlichen Präsentation und der auf die Präsentation folgenden Diskussion wird er dann weiter dazulernen.

C.5 Test-/Projektmanagement

Auf dieser Stufe der Karriereleiter muss sich der Testingenieur aus der Rolle der technischen Führungskraft herausarbeiten und die Verantwortung für ein Testprogramm und vielleicht sogar für ein vollständiges Entwicklungsprojekt übernehmen. In der Rolle eines Testmanagers muss der Testingenieur sicherstellen, dass jeder Projekttestplan vollständig und genau ist. (Weitere Informationen zur Entwicklung von Testplänen finden Sie in Kapitel 6.) Der Testmanager ist weiterhin dafür verantwortlich, die zusammenhängende Integration von Test- und Entwicklungsaktivitäten zu erzwingen.

Der Testmanager muss dafür sorgen, dass die Anschaffung der erforderlichen Hardware und Software innerhalb des notwendigen Zeitrahmens korrekt vonstatten geht, dass die Testumgebung korrekt entwickelt und gepflegt, das Konfigurationsmanagement durchgeführt und der Testprozess definiert und gepflegt wird. Gleichfalls muss er gewährleisten, dass das Testprogramm den Zeitplan einhält, und dabei korrekte Maße des Testfortschritts erfassen.

Aufgrund der zahlreicheren zu überwachenden Mitarbeiter muss sich der Testmanager Gedanken über deren Motivierung machen. Es ist eine gute Praktik, gute Leistungen anzuerkennen, nach Möglichkeit öffentlich. Der Testmanager sollte außerdem Mitarbeiter mit Prämien belohnen, die besonderen Anteil am Erfolg eines Testprogramms haben, und die Glaubwürdigkeit des Testteams fördern.

Als Manager und Leiter eines Testteams ist diese Person für die Kultivierung eines guten Rufes des ganzen Testteams verantwortlich. Das Testteam muss als Organisation betrachtet werden, die Aufgaben professionell erfüllt und den Wert jedes Projekts steigert. Durch die Pflege des guten Rufs wird das Testteam in der Lage sein, Geschäftsentscheidungen des höheren Managements wie die Anschaffung eines neuen Testwerkzeugs zu beeinflussen. Der Testmanager muss zudem die Mitglieder des Testteams sorgsam gegen ungerechtfertigte oder harte Kritik schützen. Probleme und kritische Äußerungen sollten dem Manager vorgetragen werden, anstatt einen bestimmten Testingenieur damit zu konfrontieren.

Da der Testmanager für Testarbeiten in mehr als einem Projekt verantwortlich sein könnte, muss er sich auf gebildete und fähige Testleiter verlassen können, die ihm bei jedem Projekt beistehen. Der Testmanager muss darum Mitarbeiter mit Sorgfalt einstellen und dann jeden Testleiter motivieren und für seine Weiterbildung sorgen. Die Fähigkeit des Delegierens ist eine wichtige Eigenschaft, welche die Etablierung eines ehrlichen und vertrauensvollen Verhältnisses mit jedem Testleiter einbezieht. Tatsächlich ist es wesentlich, über eine kompetente Belegschaft zur Ausführung verschiedener Testprogrammaktivitäten zu verfügen.

Ein primärer Aspekt für den Testmanager ist die Gewährleistung der Testfähigkeit. Darum muss der Manager mögliche Schwachpunkte ausmachen und korrigierende Maßnahmen einleiten. Ein Schwachpunkt wäre die Situation, wenn nur ein Mitglied der Testorganisation über Kenntnisse eines spezielles Werkzeug oder einer bestimmten Technologie verfügt. Wenn diese Kenntnisse für die Vertrauenswürdigkeit und die Fähigkeit zum erfolgreichen Durchführen von Projekten des Testteam unabdingbar sind, stellt der Verlust dieses Mitglieds ein signifikantes Risiko dar.

Zur Entwicklung einer klaren Vorstellung von den Testwerkzeug- und Technologiekenntnissen der Mitarbeiter sollte der Testmanager ein Testteamfähigkeitsprofil entwickeln. Solch ein Profil listet die Namen jedes Testteammitglieds zusammen mit den vorhandenen Kenntnissen auf. Irgendwo auf dem Zettel muss der Testmanager die 10 kritischsten Testwerkzeug- und Technologiekenntnisse auflisten, die das Testteam benötigt. Wo es Nachholbedarf gibt, sollte der Testmanager Mentoren, interne Schulungen und formale Weiterbildungen zuweisen, um die Fähigkeiten des Teams zu gewährleisten. Es sollte gewährleistet sein, dass das Testteam wenigstens zwei Mitarbeiter hat, die sich mit den wichtigsten Testwerkzeugen und Technologiebereichen auskennen.

Wenn der Testmanager in der Organisation weiter aufsteigen soll, ist ein fortgeschrittener Hochschulabschluss notwendig. Der Manager sollte die Promotionsangebote von Hochschulen und Universitäten in der näheren Umgebung untersuchen. Er ist in einer Position, in der enge Koordination und Abmachungen mit dem höheren Management und vielleicht mit einem Klienten oder Kunden erforderlich sind. In dieser Umgebung ist das Verständnis von Unternehmenspolitik für die Sicherheit des Arbeitsplatzes und Karrierefortschritte entscheidend.

Ein bedeutsamer Aspekt der Unternehmenspolitik ist die Vorstellung, dass der Testmanager vielleicht ein Thema technisch korrekt behandelt, aber dem höheren Management die Information auf ineffektive Weise darlegt. Der Testmanager muss sensibel für die politische Umgebung und hinreichend geschickt sein, um das gewünschte Endergebnis im Auge zu behalten. Es ist wichtig, andere zu respektieren und ihnen unterschiedliche Ansichten zuzugestehen. Ihre Ansicht mag hinsichtlich Ihres Wissens und der Ihnen zugänglichen Informationen richtig sein. Die Ansicht einer anderen Person kann hinsichtlich ihres Wissens und der ihr zugänglichen Informationen aber ebenso richtig sein. Der Testmanager kann einige Schlachten verlieren, aber er muss verstehen, dass das angestrebte Endergebnis der Kriegsgewinn ist.

C.6 Geschäfts-/Produktmanagement

Auf der nächsten Stufe der Karriereleiter arbeitet sich der Testingenieur aus der Testmanagerrolle heraus und beschäftigt sich mit der Unternehmensgesundheit und -zufriedenheit eines Teils der Organisation oder mit einer Produktpalette. In dieser Umgebung muss der Manager seine Aufmerksamkeit von Belangen der Organisation auf Aktivitäten und Belange von Personen und Organisationen außerhalb der Organisation richten. Entwicklungsmöglichkeiten für das Unternehmen müssen jetzt erkannt und Partnerschaften mit anderen Organisationen kultiviert und geschlossen werden.

Als Geschäftsführer oder Produktmanager muss man in der Lage sein, eine Vorstellung für die Zukunft des Unternehmens bzw. der Produktpalette zu entwickeln und notwendige Ressourcen zur Unterstützung dieser Vorstellung zu gewinnen und zu organisieren. Das Augenmerk liegt jetzt weniger auf der Art und Weise der Aufgabenbewältigung. Die Person muss nun von Mitarbeitern umgeben sein, die verstehen, welche Aufgaben erledigt werden müssen, und die wissen, wie sich das erreichen lässt.

Literaturhinweise

1. Curtis, B. »Software Process Improvement: Methods for Modeling, Measuring an Managing the Software Process.« Tutorenaufzeichnungen, 15. Internationale Konferenz für Software Engineering, 17.-21.Mai 1993.

2. Curtis, B., Kellner, M., Over, J. »Prozess Modeling« *Communications of the ACM,* 1992; 35:75-91.

3. The 1996 CenterLine Survey.

4. Humphrey, W. *A Discipline or Software Engineering,* Reading, MA: Addison Wesley, 1995.

5. Pauwels, R. E-Mail vom 4.Mai 1998.

D. Beispiel eines Testplans

WallStreet-Finanzhandelssystem
Auslieferungsstufe 2

Testplan

(Datum)

Erstellt für:

Financial Tradewinds Corporation

Erstellt von:

Automation Services Incorporated (AMSI)
Straße und Nummer
Stadt

Inhalt

D.1 Einleitung

D.1.1 Absicht

Dieser Testplan wird die Strategie und den gewählten Ansatz für das Testen beim Projekt Wallstreet Finanzhandelssystem (WFHS) umreißen und definieren. Er ist für die Verwendung durch die Mitarbeiter im WFHS-Projekt vorgesehen und soll ihnen beim Verstehen und Durchführen der vorgeschriebenen Testaktivitäten und beim Steuern dieser Aktivitäten bis hin zum erfolgreichen Abschluss helfen. Dieses Dokument definiert die Einzelheiten der Testverantwortlichkeiten und -aktivitäten und beschreibt die durchzuführenden Tests.

Dieser Testplan wurde erstellt, um die folgenden Ziele zu erreichen:

- Darlegen der Verwaltungsmaßnahmen und technischen Anstrengungen, die zur Unterstützung der Tests über den gesamten Systementwicklungsablauf erforderlich sind.

- Erstellen eines umfassenden Testplans, der die Natur und den Umfang der Tests bestimmt, die als notwendig für das Erreichen der Testziele für das WFHS-Projekt angesehen werden, wobei auch Software- und Hardwareanforderungen mit einbezogen werden.

- Koordinieren einer geordneten Reihenfolge von Ereignissen, Bestimmen von Ausrüstung und organisatorischen Anforderungen, Beschreiben von zu verwendenden Testmethodologien und Strategien und Bezeichnen von zu liefernden Objekten.

- Bereitstellen eines Plans, der den Inhalt der detaillierten Testskripts und die Ausführung dieser Skripts umreißt (also welche Testtechniken verwendet werden sollen).

Um die Standardisierung der Testmaßnahmen zu unterstützen und diese effizienter zu machen, werden in Anhang D.A Entwicklungsrichtlinien für Testverfahren angegeben. Diese Richtlinien wurden vom AMSI-Testteam für das WFHS-Projekt akzeptiert und von diesem umgesetzt. Das Testteam wird sich Testwerkzeuge zu Nutzen machen, um den Testablauf zu verbessern und zu optimieren. Weitere Einzelheiten zur Teststrategie finden sich in Abschnitt D.3.3 dieses Plans.

Die Testverfahren werden mittels des Anforderungsmanagementwerkzeugs für das Dynamic Object-Oriented Requirements Management System (DOORS) identifiziert und erfasst. Dieser Ansatz ermöglicht eine einfache Steuerung des Testfortschrittsstatus. Wenn ein Test durchgeführt worden ist, wird der Status des Testverfahrens innerhalb des DOORS aktualisiert, um tatsächliche Testergebnisse wie etwa Erfolg/Misserfolg wiederzugeben. Anhang D.B enthält eine Matrix der Testkontrollzusammenfassung, die mittels DOORS erzeugt wird. Sie ordnet die Testverfahren den Testanforderungen zu, um so die Testabdeckung bemessen zu können. Die Testverfahren und Testskripts für den Systemakzeptanztest (SAT) befinden sich in Anhang D.C.

D.1.2 Hintergrund

Das WFHS-Projekt wurde ins Leben gerufen, weil die Firmenleitung den Bedarf für eine Verbesserung der Dienstleistungsverwaltung bei Financial Tradewinds Corporation (FTC) erkannt hatte. Es wurde eine Absichtserklärung über die grundlegenden Anforderungen an das Projekt erstellt und genehmigt, die zur Errichtung eines neuen Systems namens WallStreet Financial Trading System (WFHS) führte.

Das Projekt besteht aus mehreren Auslieferungsstufen. Die erste Stufe des WFHS, die kürzlich implementiert wurde, bestand aus den grundlegenden Systemanwendungen. Stufe 2 befasst sich mit der Entwicklung von Kernanwendung und Hilfsprogrammen, mit denen FTC seine Wertpapieraufträge und sonstige Geschäfte an der Wall Street effektiver durchführen kann.

Die Definition der Anforderungen für das WFHS-Projekt wird von detaillierten Anforderungen und fallbasierten Szenarien (siehe Abschnitt D.3.6) sowie der evolutionären Natur zusätzlicher Benutzerangaben bestimmt. Fallbasierte Anforderungen werden innerhalb des DOORS-Anforderungsmanagementwerkzeugs verwaltet. Für die zweite Stufe des WFHS sind detaillierte fallbasierte Anforderungen erstellt worden, die Testanforderungen und -verfahren definieren. Testdokumentationen – Testpläne, -verfahren und -ergebnisse – werden innerhalb des DOORS erfasst und gespeichert. Zusätzlich wird PVCS Tracker zum Verwalten von Softwareproblemberichten eingesetzt.

D.1.3 Systemübersicht

Dieser Abschnitt bietet einen Überblick über das WFHS und bestimmt kritische und hochriskante Funktionen des Systems.

Systembeschreibung. Das WFHS besteht derzeit aus einer Reihe von Hard- und Software einschließlich nicht zu entwickelnder Software bzw. Fertigprodukten sowie Entwicklungssoftware. Das WFHS wird FTC Unterstützung beim täglichen Handel und bei Geschäftsentscheidungen bieten. Automation Services Incorporated (AMSI) hat die 1. Stufe des WFHS umgesetzt und ist Vertragspartner für die Entwicklung und den Test der 2. Stufe. Abbildung D.1.1 veranschaulicht die Softwarearchitektur der 2. Stufe des WFHS. Jedes Kästchen steht für eine Softwarekomponente (Konfigurationsobjekt) des

Systems. Tabelle D.1.1 fasst die WFHS-Softwarekomponenten und ihre veran-
schlagte Fertigproduktstruktur (nicht entwicklungsrelevante Software (NDI)
bzw. kommerzielle Software (COTS)) zusammen.

Kritische und hochriskante Funktionen. Während der Analyse der Systemanforderungen und der Entwicklung der Anforderungsspezifikationen nahm
das AMSI-Testteam an der Ergebniskontrolle fallbasierter Analysen und an
Sitzungen der Gruppe WFHS Joint Application Development (JAD) teil. Es
wurden Funktionen bestimmt, die wesentlich für den Erfolg des WFHS-
Systems bzw. hochriskant sind. Zu diesen Funktionen gehören diejenigen, die
am wesentlichsten für den Erfolg des Systems sind sowie solche, die das größte
Risiko für den erfolgreichen Betrieb des Systems mindern können. Diese
Funktionen wurden wie in Tabelle D.1.2 gezeigt ihrer Priorität nach geordnet.
Dieses Verständnis der funktionalen Bedeutung fließt mit in die Priorisierung
der Testaktivitäten durch das Testteam ein.

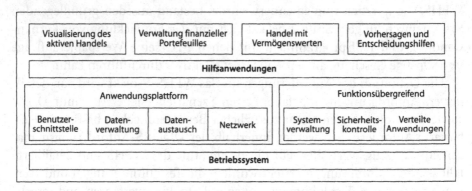

Abb. D.1.1 Softwarearchitektur der 2. WFHS-Stufe

Tab. D.1.1 WFHS-Softwarekomponenten

ID-Nummer	Beschreibung	DI	NDI/COTS	D1	D2
OS-01	Betriebssystem	-	COTS	D1	-
UI-02	Benutzerschnittstelle	-	COTS	D1	D2
DM-03	Datenverwaltung	DI	-	D1	D2
DI-04	Datenaustausch	DI	-	D1	D2
NW-05	Netzwerk	-	COTS	D1	-
SM-06	Systemverwaltung	20 %	80 %	D1	D2
SG-07	Sicherheitskontrolle	-	COTS	-	D2

Tab. D.1.1 WFHS-Softwarekomponenten (Forts.)

ID-Nummer	Beschreibung	DI	NDI/COTS	D1	D2
DC-08	Verteilte Anwendungen	30 %	70 %	D1	D2
SA-09	Hilfsanwendungen	80 %	20 %	-	D2
TV-10	Visualisierung des aktiven Handels	25 %	75 %	-	D2
FP-11	Verwaltung finanzieller Portefeuilles	20 %	80 %	-	D2
AT-12	Handel mit Vermögenswerten	DI	-	-	D2
DS-13	Vorhersage- und Entscheidungs- hilfe	DI	-	-	D2

Tab. D.1.2 Kritische und hochriskante Funktionen

Rang	Funktion	Software-komponente	Metrik
1	Vor dem automatischen Austausch irgendwelcher Handelsinformationen die Identifizierung des Kontos beim Handelspartner überprüfen.	SG-07	Hoch-riskant
2	Die Handelsmöglichkeiten sortieren, die lohnende Möglichkeit ermitteln und diesen Handel abschließen.	AT-12	Kritisch
3	Die Kommunikation und den Informationsfluss zwischen Softwarekomponenten mit verschiedenen Sicherheitsklassen ermöglichen.	SG-07	Hoch-riskant
4	Wechselkurse und primäre Metriken für Veränderungen am Wertpapiermarkt bzw. der Weltwirtschaft überwachen.	DS-13	Hoch-riskant
5	Wertpapiere und die wichtigsten Bewegungen in diesem Bereich überwachen.	TV-10	Kritisch
6	Simulationsmodelle für ausführliche Vorhersagen bereitstellen, die Zukunftsaussichten von entstehenden Trends analysieren und langfristige Unterstützung für Geschäftsentscheidungen geben.	DS-13	Kritisch

D.1.4 Relevante Dokumente

In diesem Abschnitt sind die für das Testprogramm der 2. Stufe des WFHS relevanten Dokumente aufgeführt.

Projektdokumentation

- Spezifikation der Systemanforderungen, Stufe 2

- Dokument der fallbasierten Szenarien, Stufe 2

- Softwaredesigndokument, Stufe 2

- Schnittstellendesigndokument, Stufe 2

- WFHS-Statement of Work (SOW, Werkvertrag)

- Operationskonzept

- Verwaltungsplan

- Softwareentwicklungsplan

- Sicherheitstestplan, Stufe 1

- Testplan, Stufe 1

- Testbericht, Stufe 1

- Sicherheitszertifizierungstestbericht, Stufe 1

- Präsentationsfolien der Eröffnungssitzung für das Projekt der Stufe 2

- Informationen zu den Systemanforderungen und Entwurfbesprechungen (Stufe 2)

- Protokoll des Treffens zur Sicherheitsinspektion

- Präsentationsfolien zur Inspektion der Benutzeroberfläche, Stufe 2

- Plan der Systemimplementierung (Stufe 2)

- Sicherheitsplan, Stufe 2 (Entwurf)

- Sicherheitstestplan, Stufe 2 (Entwurf)

Dokumentation der Standards

- Automated Test Life-Cycle Methodology (ATLM)

- Standards für Entwurf und Entwicklung von Testverfahren

- IEEE/EIA 12207 Information Technology Software Life-Cycle Prozess

- AMSI-Standards und -Verfahren (Standardverfahren für die Phasen von Geschäftsanalyse, Anforderungen, Design, Entwicklung, Tests und Wartung)

- AMSI-Quelltextkontrollverfahren

- AMSI-Programmierstilrichtlinien

- AMSI-GUI-Stilrichtlinie

- AMSI-Usability-Stilrichtlinie

Werkzeugdokumentation

- TeamTest-Handbuch (Testmanagementwerkzeug)

- PVCS Tracker-Dokumentation

- Performance Studio-Dokumentation

- DOORS-Handbuch (Anforderungsmanagementwerkzeug)

- PVCS-Handbuch (Konfigurationsmanagementwerkzeug)

- Softwaredokumentation für SystemArmor Security Guard

- Softwaredokumentation für das UNIX-Betriebssystem

- Dokumentation der InsitFul Securities Trade Visibility-Software

D.1.5 Übergeordneter Zeitplan

Dieser Abschnitt geht auf den übergeordneten Zeitplan für das WFHS-Test-programm ein. Der Zeitplan für das Testprogramm enthält die wesentlichen Ereignisse, Aktivitäten und Freigabe des Testprogramms. Zu den Aktivitäten des Testteams gehört das Design, die Entwicklung und die Durchführung von Tests ebenso wie Inspektionen der Projektdokumentation und der Software-produkte. Das Testteam wird außerdem die aus den in Tabelle D.1.3 aufge-führten Elementen bestehende Testdokumentation erstellen.

Tab. D.1.3 Testdokumentation

Testprogramm-dokument	Beschreibung	Liefer-termin/Zeitrahmen
Testplan	Das Dokument zur Testplanung	(Datum)
Tabelle der Testüber-prüfungszusammen-fassung	Eine Zuordnungstabelle für Anforderungen, welche die Abdeckung der Testverfahren Anfor-derungen zuordnet und eine Testqualifizierungs-methode für jede Systemanforderung angibt.	(Datum)
Testverfahren	Die Skripts für die Durchführung der Tests	(Zeit-rahmen)

Tab. D.1.3 Testdokumentation (Forts.)

Testprogramm-dokument	Beschreibung	Liefer-termin/ Zeitrahmen
Sitzungsprotokolle der Test- und Integrationsarbeitsgruppe	Protokolle von den Treffen der Arbeitsgruppe für Test und Integration	Regelmäßig
Fortschrittsbericht der Testentwicklung	Metrikbericht, der den Fortschritt bei der Entwicklung der Testverfahren darlegt.	14-tägig
Bericht oder Präsentationsfolien zur Einsatzbereitschaft des Tests	Bericht oder Präsentation, welche die Einsatzbereitschaft des Testprogramms zum Durchführen der Benutzerakzeptanztests darlegen.	(Datum)
Fortschrittsbericht zur Testdurchführung und andere Fortschritts- und Qualitätsmetriken	Bericht über den Status der Testdurchführung.	14-tägig
Fehlerverfolgungsbericht	Berichte über die Anzahl und Schwere von ausstehenden Softwareproblemberichten	14-tägig
TPM-Statusbericht	Bericht über den Fortschritt des Systems in Bezug auf das Erfüllen technischer Leistungsmetriken (Technical Performance Measures – TPM)	14-tägig
Testbericht	Bericht über das Ergebnis des Tests	(Datum)

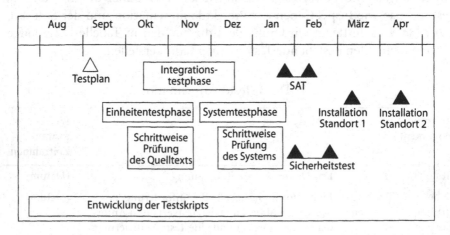

Abb. D.1.2 Eckdaten des Testprogrammzeitplans

Die wesentlichen Ereignisse, Aktivitäten und Dokumentationen, die für das WFHS-Testprogramm durchgeführt oder vorbereitet werden müssen, werden durch die in Abbildung D.1.2 dargestellten Eckdaten des Testprogrammzeitplans umrissen.

D.2 Aufgaben und Verantwortlichkeiten

In diesem Abschnitt werden die Aufgaben und Verantwortungsbereiche der verschiedenen Gruppen definiert.

D.2.1 Projektorganisation

Abbildung D.2.1 stellt die Organisation des WFHS-Projekts dar. Dem Projektmanager sind vier Bereichsleiter für Softwareentwicklung, Systemtechnik, Produktsicherung und Funktionsanforderungen unterstellt. Der Leiter der Softwareentwicklung ist für den Entwurf und Entwicklung von Software und Datenbank sowie für die Tests auf Einheiten- und Integrationsebene zuständig. Der Leiter der Systemtechnik kümmert sich um das Design der Systemarchitektur und um die Bewertung neuer Fertigprodukte. Er wartet das Netzwerk für Systementwicklung sowie Testumgebung und ist für die Verwaltung der Datenbank der eingesetzten 1. Stufe des WFHS-Systems zuständig. Der Produktsicherungsleiter ist für die Aktivitäten in den Bereichen Test, Konfigurationsmanagement und Qualitätssicherung verantwortlich.

Der Testmanager muss sich um den System- und den Benutzerakzeptanztest beim WFHS-System kümmern. Der Verantwortliche für Funktionsanforderungen ist für die Anforderungsanalyse, Spezifikationen der Systemanforderungen und die Pflege des Anforderungsschemas zuständig. Die Mitarbeiter der Funktionsanalyse unterstützen auch die Entwicklung und Kontrolle detaillierter Designaktivitäten.

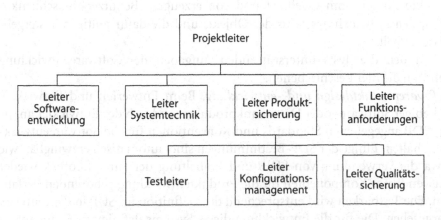

Abb. D.2.1 Organisation des WFHS-Projekts

D.2.2 Projektaufgaben und -verantwortlichkeiten

D.2.2.1 Projektmanagement

Der Projektmanager ist verantwortlich für die Beziehung zum Kunden, Projektfreigaben, Zeitpläne und Kostenverwaltung. Er oder sie stimmt sich mit dem entsprechenden Bereichsleiter jeweils über die auszuführenden technischen Aufgaben ab. Der Stab der Projektmanagementspezialisten kümmert sich um Projektpläne, Zeitpläne und Kostenverwaltungsinformationen. Die Projektleitung ist dafür verantwortlich, dass die Standards und Verfahren angemessen befolgt und umgesetzt werden.

D.2.2.2 Funktionsanforderungen

Die Anforderungsgruppe ist für die Analyse der Anforderungen und die Systemanforderungsspezifikation sowie die sich daraus ergebenden zu testenden Fälle verantwortlich. Sie unterstützt auch die Entwicklung und Kontrolle von detaillierten Design-Schritten.

D.2.2.3 Softwareentwicklung

Die Softwareentwicklung beschäftigt sich neben der Entwicklung der Software auch mit den Einheiten- und Integrationssoftwaretests. Sie muss Softwareprodukte entsprechend der im Software Development Plan (SDP) vorgegebenen Entwicklungsstandards und Konventionen erstellen. Die Softwareentwicklung führt außerdem die Planung für die Phase der Einheiten- und Integrationstests durch. Die Ergebnisse dieser Planung werden dann in den Abschnitt D.3 des Testplans übernommen.

Für die Objekte der Softwareentwicklung pflegt jeder Entwickler einen System Development Folder (SDF), der die Design-Dokumentation, ausgedruckte Kopien vom Quelltext und von erzeugten Benutzer-Bildschirmkopien, den Entwicklungsstatus des Objekts und die dafür gültigen Testergebnisse enthält.

Zu den die Tests unterstützenden Aufgaben der Softwareentwicklung gehören die hier beschriebenen.

Softwareproduktdesign und -entwicklung. Beim Entwerfen und Entwickeln beliebiger Software- oder Datenbankprodukte wird sich der Entwickler an die im SDP angegebenen Standards und Konventionen für die Softwareentwicklung halten. Einige der SDP-Bestimmungen sind automatisch erzwingbar, wie etwa die Verwendung von SDFs und Einhaltung der zur Bibliothek wieder verwendbarer Komponenten für die Produktentwicklung gehörenden Verfahren. Die Testbarkeit wird entsprechend der Definition im SDP in der Software vorgesehen. Die für die Entwicklung dieses Systems definierten Fremdanbieter-Komponenten (Widgets) müssen der Liste der Fremdanbieter-Komponenten entstammen, die zum automatisierten Testwerkzeug kompatibel sind. Das Testteam wird über Peer Reviews und Walkthroughs informiert, die vom Entwicklungsteam veranlasst werden.

Entwicklungsdokumentation. Die Entwickler werden SDFs pflegen. In den Zeilen des Quelltexts wird Dokumentation in Form von Kommentaren eingebettet sein. Diese eingefügten Kommentare erleichtern das Verständnis der Programmstruktur und definieren den Zweck von Programmroutinen. Sie werden sich auf Pseudocode beziehen bzw. darauf abgebildet sein, um die Verfolgung des Softwaredesigns vom eigentlichen Quelltext bis zurück zum Designdokument zu ermöglichen.

Einheitentestphase. Entwickler werden individuelle Programmeinheiten in Bezug auf ihre Funktion und Integrität testen. Die Programme von Softwareeinheiten werden analysiert, um sicherzustellen, dass sie den funktionalen Anforderungen entsprechen. Verfolgungswerkzeuge werden den Programmumfang minimieren und nutzlose Programmteile entfernen. Es werden Werkzeuge zum Ermitteln von Speicherlöchern eingesetzt und Abdeckungswerkzeuge werden kontrollieren, dass alle Pfade getestet worden sind. Das Systemtestteam wird die Einheitentests entsprechend der AMSI-Standards und -Verfahren durchführen.

Integrationstestphase. Integrationstests werden durchgeführt, um die Konsistenz zwischen dem Softwaredesign und dessen Implementation in Übereinstimmung mit den AMSI-Standards und -Verfahren zu demonstrieren. Ihre Ergebnisse werden in den SDFs aufgezeichnet und zur Softwarequalitätssicherung kontrolliert. Wenn Softwaremodule für die Integrations- und Systemtestphase bereit sind, werden der Quelltext und alle für das ordnungsgemäße Erzeugen der ausführbaren Dateien erforderlichen Dateien in das Softwarekonfigurationsmanagementwerkzeug eingeordnet. Jede neue Softwareversion wird mittels der in diesem Werkzeug verzeichneten Quelltextprodukte erzeugt. Das Systemtestteam wird entsprechend der Integrationstestsverfahren Integrationstests durchführen und die Vollständigkeit überprüfen.

Die Softwareentwicklung ist ebenfalls für den Entwurf und die Entwicklung der Datenbank und alle Datenmigrations- und -synchronisationsmaßnahmen zuständig. Außerdem unterstützt sie die Testingenieure beim Einrichten einer Testumgebung. Die Datenbankgruppe entwickelt die Datenbank entsprechend der im SDP vorgegebenen Standards und Konventionen für die Entwicklung von Datenbanken.

D.2.2.4 Systemtechnik

Die Systemtechnikgruppe ist verantwortlich für die Entwicklung der Systemarchitektur, die Integration sowie die Erprobung und Bewertung von Fertigprodukten. Als Teil der Integration fertiger Software sind die Systemtechniker
sowohl für den Entwurf und die Entwicklung von Softwaremodulen als auch
für das Testen der integrierten Fertigprodukte zuständig. Sie werden mit dem
OPNET-Simulationswerkzeug ein Simulationsmodell für das WFHS entwik-
keln und pflegen. Dieses wird die Hauptfunktionen des Systems simulieren
und Informationen über Flaschenhälse und sich bildende Warteschlangen liefern.

Die Systemtechnikgruppe wartet das Netzwerk und die Hardware der
Systementwicklungstestumgebung und ist für die Verwaltung der Datenbank
und der Systemsicherheit bei der im Einsatz befindlichen Stufe 1 des WFHS-
Systems zuständig. Die Gruppe installiert und konfiguriert nach Bedarf Fertigprodukte, um sie in den Rest des Systems zu integrieren. Die erforderlichen
Parameter für Fertigprodukte werden von dieser Gruppe definiert und dann
in der Zielumgebung in Gang gebracht. Die Hardware wird installiert und
dann so konfiguriert, dass sie einem typischen Endnutzerstandort entspricht.
Nach dem Erhalt der neuen Systemausstattung für den Einsatz der Anwendung an einem Endnutzerstandort werden die geeigneten Hardware- und
Systemsoftwarekonfigurationen installiert.

D.2.2.5 Produktsicherung

Die Produktsicherungsgruppe setzt Test-, Konfigurations- und Qualitätssicherungsaktivitäten um. Das Systemtestteam führt verschiedene Testaktivitäten für das WFHS-System anhand der ATLM durch. Es übernimmt die Verantwortung für die Durchführung von System- und Benutzerakzeptanztests
für das WFHS-System und führt auch die in Abschnitt D.3 beschriebenen
Phasen des Einheiten- und Integrationstests aus.

Das Systemtestteam entwickelt den Testplan sowie Verfahren und nimmt
die Tests vor, die für die Feststellung erforderlich sind, ob die funktionalen,
leistungsbezogenen und sonstigen technischen Anforderungen erfüllt sind.
Zu den Testprogrammaktivitäten gehören die Pflege der Bibliothek der für die
Testautomatisierung wieder verwendbaren Komponenten, das Planen und
Ausführen von Tests sowie das Erstellen von Testberichten. Diese Verantwortlichkeiten werden im folgenden detailliert aufgeführt.

Entwickeln von Testverfahren. Es werden Testverfahren für die Tests auf Systemebene vorbereitet, die dem Testingenieur eine Schritt-für-Schritt-Anleitung
(Testskript) für die Durchführung des Tests zur Verfügung stellen. Sie erpro-

ben sowohl Systemsoftware (Fertigprodukte und Entwicklungsobjekte) als auch Hardware.

Testverfahren umfassen den Namen des Verfahrens, eine Beschreibung, Verweise auf die Systemspezifikationen, Vorbedingungen für den Test, die Schritte für die Testdurchführung (Skript), erwartete Ergebnisse, Datenanforderungen für den Test, Akzeptanzkriterien und tatsächliche Ergebnisse. Die für Standortakzeptanztests zu verwendenden Verfahren werden aufgrund von Endnutzerbefragungen ermittelt.

Einheiten- und Integrationstestphase. Das Systemtestteam wird Zeuge der Einheiten- und Integrationstestaktivitäten werden.

Systemtestphase. Das Systemtestteam ist für den Systemtest verantwortlich, dessen Umfang in Abschnitt D.3 beschrieben ist. Das Team wird die Ergebnisse innerhalb des Anforderungsmanagementwerkzeugs dokumentieren und Fortschrittsberichte erstellen, auf die in Abschnitt D.1.5 ausführlicher eingegangen wird.

Phase des Systemakzeptanztests (SAT). Das Systemtestteam führt die in Abschnitt D.3 beschriebenen Benutzerakzeptanztests durch. Es wird die Ergebnisse innerhalb des Anforderungsmanagementwerkzeugs dokumentieren und Fortschrittsberichte erstellen, die in Abschnitt D.1.5 ausführlicher vorgestellt werden.

Testberichte. Testrohdaten und Berichte werden aufbewahrt, um die jeweiligen Erfolgs-/Misserfolgsergebnisse aller Systemhardware- und -softwaretests aufzuzeigen. Das Testteam wird zum Abschluss von System- und Benutzerakzeptanztest einen Testbericht vorbereiten, der die Testrohdaten, Berichte und Zusammenfassungen der Testergebnisse sowie Schlussfolgerungen und Empfehlungen enthält.

Feld-/Standortakzeptanztests. Dieser Schritt wird Freigabe- und Leistungstests umfassen, um sicherzustellen, dass Ausrüstung und Software ordnungsgemäß installiert sind. Zu den Testmaßnahmen gehört die Überprüfung, dass das System sich entsprechend der Vorgaben verhält und in der Lage ist, die Betriebsanforderungen zu erfüllen. Standortakzeptanztests bestehen aus einer reduzierten Reihe von Bestätigungstests, die eine vernünftige Kontrolle der Einsatzbereitschaft des Systems erlauben.

D.2.3 Struktur der Testaufgaben

Tabelle D.2.1 zeigt die Arten von Testaufgaben, die vom Systemtestteam für das WFHS-Testprogramm durchgeführt werden müssen. Diese Aufgabenstruktur stellt den detaillierten Ablaufplan dar, die das Testteam zum Zwecke der Kostenverwaltung für das Projekt verwenden wird.

Tab. D.2.1 Detaillierter Ablaufplan des Testprogramms

Num-mer	Element des detaillierten Ablaufplans
1	**Projektstart**
1.1	Umfang. Vorläufige Testziele und -absichten skizzieren
1.2	Größenabschätzung. Die Größe des Tests abschätzen.
1.3	Zusammensetzung der Gruppe. Die Zusammensetzung der Gruppe analysieren und Beschreibungen der Aufgaben der Testingenieure erstellen.
1.4	Personaleinstellung. Anzeigen für das Einstellen von Testingenieuren erstellen und Bewerbungsgespräche führen.
2	**Frühe Projektunterstützung**
2.1	Ziele/Absichten. Testziele und -absichten genauer definieren und mit Projektleitung, Entwicklern und Testingenieuren abstimmen, um Verständnis und Akzeptanz der Testziele und -absichten zu erreichen.
2.2	Untersuchung der Zwänge. Projektzwänge wie etwa kurze Entwicklungszeit oder begrenzte Ressourcen untersuchen.
2.3	Testbarkeitskontrolle. Sicherstellen, dass die Anwendung zu testen ist.
2.4	Anforderungskontrolle. Kontrollieren, ob die Anforderungen so angegeben sind, dass sie getestet werden können.
2.5	Kontrolle der Standards. Die anzuwendenden Standards ermitteln und sich damit vertraut machen.
3	**Entscheidung für die Testautomatisierung**
3.1	Testziele/-strategien. Verfeinern der Testziele für das Objekt und Entwickeln von Teststrategien.
3.2	Testwerkzeugwert. Skizzieren des Nutzens/der Vorteile, die sich aus dem Einsatz eines automatisierten Testwerkzeugs ergeben.
3.3	Testwerkzeugvorschlag. Erstellen eines Vorschlags für ein Testwerkzeug.
4	**Auswahl und Bewertung von Testwerkzeugen**
4.1	Systemtechnikumgebung. Inspektion der Umgebung der Systemtechnik der Organisation.
4.2	Testwerkzeugverfügbarkeit. Inspektion der verfügbaren Testwerkzeuge.
4.3	Testwerkzeugkandidaten. Untersuchung, Bewertung und Benotung der Testwerkzeugkandidaten.
4.4	Bewertung der Domänendefinition.
4.5	Manuelle Erprobung der Testwerkzeuge.
4.6	Testwerkzeugbewertungsbericht. Dokumentieren der Werkzeugauswahl und der Untersuchungsergebnisse.

Tab. D.2.1 Detaillierter Ablaufplan des Testprogramms (Forts.)

Nummer	Element des detaillierten Ablaufplans
4.7	Testwerkzeuganschaffung. Erstellen einer Bestellung und Koordination mit der Einkaufsabteilung.

5	**Testwerkzeugeinführung**
5.1	Testablauf. Implementieren von (oder Anpassen von vorhandenem) Testablauf, Methodologien und Ablaufansätzen, welche die Einführung eines automatisierten Testwerkzeugs zulassen. Sicherstellen, dass die Tests parallel zur Entwicklung stattfinden. Einführung des Testwerkzeugs.
5.2	Fehlerverfolgungsmaßnahmen. Inspektionen und Walkthroughs vornehmen.
5.3	Testwerkzeugexpertise. Teilnahme an formalen Testwerkzeugschulungen, Inspektion von Testwerkzeughandbüchern und praktische Übungen mit dem Werkzeug.
5.4	Überprüfung des Testwerkzeugs. Kontrolle neuer Versionen des Testtools, um sicherzustellen, dass das Werkzeug den Spezifikationen entsprechend und in der speziellen Betriebsumgebung arbeitet.
5.5	Testberatung. Einrichten einer Test-Hotline, die Fragen zum Testablauf und den Werkzeugen innerhalb der Organisation beantwortet. Bereitstellen von Anleitung und Training im Bereich automatisierter Softwaretests.
5.6	Testwerkzeugorientierung. Präsentationen und Demonstrationen durchführen, um Projekte und Mitarbeiter mit dem Einsatz und der Anwendung von Testwerkzeugen vertraut zu machen.
5.7	Beziehungsaufbau. Entwickeln einer Arbeitsbeziehung mit der Entwicklungsgruppe und erleichtern der Kommunikation zwischen Mitgliedern des Projektteams.
5.8	Einrichtung der Netzwerkumgebung. Beratung zur Errichtung eines zentralen Archivs für das Testwerkzeug im lokalen Netzwerk. Bei Bedarf Anforderung zusätzlichen Netzspeicherplatzes.
5.9	Fehlerbehandlungsablauf. Einrichten eines Ablaufs (Arbeitsflusses) bei der Fehlermeldung und -behebung für ein Projekt. Skizzieren der passenden Standards und Formate.
5.10	Fehlerbehandlungstraining. Schulung für den Ablauf beim Melden und Beheben von Fehlern anbieten.
5.11	Testwerkzeugberichte. Festlegen der Art von automatisiert zu erstellenden Testberichten für das Projekt.

6	**Testplanung**
6.1	Testanforderungen. Dokumentieren der Anforderung der zu testenden Anforderung.

Tab. D.2.1 Detaillierter Ablaufplan des Testprogramms (Forts.)

Nummer	Element des detaillierten Ablaufplans
6.2	Untersuchung der Einschränkungen. Zwänge wie knappe Entwicklungszeit und begrenzte Ressourcen ermitteln und skizzieren.
6.3	Testziele/-absichten. Dokumentieren von Zielen und Absichten der Tests (beispielsweise Skalierbarkeit, Regression) innerhalb des Testplans, wobei auch Ziele berücksichtigt werden, die mit der Einbeziehung von Endnutzern in den Testablauf zu tun haben.
6.4	Teststrategie. Dokumentieren der Teststrategien und der Arten von Testwerkzeugen, die im Projekt verwendet werden.
6.5	Testprogrammaktivitäten. Entwickeln einer Strategie, welche die Testaktivitäten früh im Entwicklungsablauf ansiedelt.
6.6	Freigaben. Bezeichnen der Produktfreigaben des Projekts, die vom Testpersonal inspiziert oder überprüft werden.
6.7	Für den Erfolg wesentliche Funktionen. Zusammenarbeit mit der Projektgruppe und den Geschäftsbenutzern zum Ermitteln der für den Erfolg wesentlichen Funktionen und deren Dokumentation innerhalb des Testplans.
6.8	Testprogrammparameter. Definieren von Testprogrammparametern, wie etwa Annahmen, Voraussetzungen, Systemakzeptanzkriterien und Testprogrammrisiken und deren Dokumentation innerhalb des Testplans.
6.9	Qualitätsstufe. Zusammenarbeit mit der Projektgruppe und den Geschäftsbenutzern zum Ermitteln der Qualitätsstufe des Projekts und deren Dokumentation innerhalb des Testplans.
6.10	Testablauf. Dokumentieren des Testablaufs innerhalb des Testplans einschließlich der Testwerkzeugeinführung und des Fehlerbehandlungsablaufs.
6.11	Testtraining. Dokumentation von Trainingsanforderungen und -plänen innerhalb des Testplans.
6.12	Entscheidung für die Testautomatisierung. Dokumentieren der Abschätzung bezüglich der Vorteile beim Einsatz eines automatisierten Testwerkzeugs für das Projekt und der Möglichkeit zur Berücksichtigung eines solchen Werkzeugs im Projektzeitplan.
6.13	Technische Umgebung. Dokumentation der technischen Umgebungen, in der die zu testende Anwendung entwickelt wird und später arbeiten soll. Bestimmen von potenziellen Problemen mit dem Anwendungsdesign oder automatisierten Werkzeugen, die möglicherweise gelöst werden müssen.
6.14	Kompatibilitätsprüfung beim Testwerkzeug. Dokumentieren der Ergebnisse der Kompatibilitätsüberprüfung beim Testwerkzeug. Wenn ein Kompatibilitätsproblem vorliegt, müssen eine Lösung und alternative Testmethoden dokumentiert werden.
6.15	Qualitätsschranken. Vorsehen der Eingliederung von Qualitätsschranken.

Tab. D.2.1 Detaillierter Ablaufplan des Testprogramms (Forts.)

Num-mer	Element des detaillierten Ablaufplans
6.16	Risikoabschätzung. Durchführen von Risikoabschätzungen zur Unterstützung von Kontrollen durch die Projektleitung und von Berichtanforderungen.
6.17	Testeinsatzbereitschaftsinspektionen. Durchführen von Planungs- und Analyseschritten für Einsatzbereitschaftsinspektionen. Bei Bedarf Erstellung von Präsentationsfolien und Veranstalten von Präsentationen.
6.18	Testplandokument. Zusammenstellen und Verpacken der Testplanungsdokumentation in einen Testplan. Einfügen von Änderungen am Testplan als Ergebnis von Testplankontrollen durch die Projektleitung und Endnutzer oder Kunden. Pflegen des Testplandokuments über den gesamten Testablauf hinweg.
6.19	Testdaten. Dokumentieren des Testdatenbedarfs und der Pläne zum Entwickeln und Pflegen eines Testdatenarchivs.
6.20	Testumgebung. Ermitteln des Bedarfs für ein Testlabor oder eine Testumgebung und Einteilen des Personals, das für die Vorbereitung und Wartung dieser Umgebung zuständig ist.
6.21	Berichtanforderungen. Berichtanforderungen definieren und innerhalb des Testplans dokumentieren.
6.22	Aufgaben und Verantwortlichkeiten. Aufgaben und Verantwortlichkeiten im Testablauf definieren und dokumentieren.
6.23	Testwerkzeugsystemverwaltung. Angeben des Bedarfs für das Einrichten und Warten den automatisierten Testwerkzeugs und dessen Umgebung sowie Einteilen des Personals, dass für das Einrichten und Warten des Testwerkzeugs verantwortlich ist. Zur Verwaltung gehört das Einrichten von Werkzeugbenutzern und verschiedenen Priveleggruppen.
7	**Testdesign**
7.1	Prototyp der automatisierten Umgebung. Vorbereiten und Einrichten einer Testlaborumgebung für Testdesign und -entwicklung.
7.2	Techniken und Werkzeuge. Bestimmen von Testtechniken/-strategien und automatisierten Werkzeugen für die Projektanwendung und deren Schnittstellen.
7.3	Designstandards. Vorbereiten und in Kraft setzen von Entwicklungsstandards für Testverfahren.
7.4	Design von Testverfahren/-skripts. Erstellen einer Liste und Hierarchie von Testverfahren und -skripts. Bestimmen, welche der Verfahren und Skripts manuell durchgeführt werden sollen und welche ein automatisiertes Testwerkzeug erfordern.
7.5	Zuweisung der Testverfahren/-skripts. Einteilung von Personal zu den verschiedenen Testverfahren und -skripts.
7.6	Ein-/Ausgaben. Eingabedaten für das Design von Testverfahren bzw. -skripts und erwartete Ergebnisdaten entwickeln.

Tab. D.2.1 Detaillierter Ablaufplan des Testprogramms (Forts.)

Nummer	Element des detaillierten Ablaufplans
7.7	Testautomatisierungsskriptbibliothek. Ermitteln von Testautomatisierungsskripts, die in der Skriptbibliothek der Organisation vorhanden sind und für das Projekt verwendet werden können.
8	**Testentwicklung**
8.1	Beste Vorgehensweisen/Standards. Entwickeln und Anpassen der besten Vorgehensweisen und Standards für die Testentwicklung des Projekts.
8.2	Skripterstellungsstandards. Implementieren von Standards für die Erstellung von Testskripts. (Beispielsweise das Kommentieren jedes Schritts im Skript des automatisierten Testwerkzeugs, das Ausfüllen der Header-Dateiinformationen für Testskripts, Einhalten der Modularität usw.)
8.3	Skriptausführungsstandards. Implementieren von Standards für die Durchführung von Tests (zum Beispiel eine konsistente Umgebung, Sichern und Wiederherstellen der Testdatenbank).
8.4	Testvorbereitung. Implementieren von Testskriptstrategien für die verschiedenen Testphasen (beispielsweise Regressionstestphase, Leistungstestphase).
8.5	Testverfahrenpseudocode. Vorbereiten von Schritt-für-Schritt-Pseudocode für die Testverfahren.
8.6	Problemlösungen. Entwickeln von Lösungen für Kompatibilitätsprobleme zwischen Werkzeug und zu testender Anwendung.
8.7.1	Testverfahren/-skripts für die Einheitentestphase. Bezeugen der Durchführung der Einheitentestverfahren bzw. -skripts.
8.7.2	Testverfahren/-skripts für die Integrationstestphase. Bezeugen der Durchführung der Integrationstestverfahren bzw. -skripts.
8.7.3	Testverfahren/-skripts für die Systemtestphase. Entwickeln von Testverfahren und automatisierten Skripts, die alle Phasen des Systemtestzyklus (also Regression, Leistung, Belastung, Backup und Wiederherstellbarkeit).
8.7.3.1	Entwickeln eines Zeitplans zur Durchführung der Testverfahren.
8.7.3.2	Durchführen der Wiederverwendbarkeitsanalyse für automatisierte Tests.
8.7.3.3	Durchführen der Analyse der Automatisierbarkeit der Tests.
8.7.3.4	Erstellen einer Modularitätsbeziehungstabelle.
8.7.4	Testverfahren/-skripts für die Akzeptanztestphase. Entwickeln und Pflegen von Testverfahren und -skripts.
8.8	Koordinierung mit der Datenbankgruppe zum Entwickeln einer Datenbankumgebung für den Test. Testdaten für die Testdurchführung in einer Baseline aufnehmen und pflegen.

Tab. D.2.1 Detaillierter Ablaufplan des Testprogramms (Forts.)

Nummer	Element des detaillierten Ablaufplans
8.9	Peer Reviews der Testskripts. Inspektion der Testskripts anhand der Standards für die Skripterstellung. (Kommentare für jeden Schritt im Skript des Testwerkzeugs, Header-Dateiinformationen, Modularität usw.)
8.10	Bibliothek wieder verwendbarer Komponenten. Entwickeln und Pflegen einer Bibliothek wieder verwendbarer Testverfahren für das Projekt.
8.11	Testhilfsprogramme. Unterstützung der Erstellung oder Anpassung von vorhandenen Hilfsprogrammen, welche die Effizienz des Tests erhöhen.
9	**Testdurchführung**
9.1	Einrichten der Umgebung. Entwickeln von Skripts zum Einrichten der Umgebung.
9.2	Testbed-Umgebung. Entwickeln von Testbed-Skripts und Durchführen der logistischen Testbed-Entwicklung.
9.3	Durchführen der Systemtestphase. Ausführen der Testverfahren als Teil von Walkthroughs oder Testdemonstrationen.
9.4	Durchführen der Akzeptanztestphase. Ausführen der Testverfahren als Teil von Walkthroughs oder Testdemonstrationen.
9.5	Testberichte. Vorbereiten der Testberichte.
9.6	Problemlösung. Lösen alltäglicher Probleme mit den automatisierten Testwerkzeugen.
9.7	Pflegen des Testarchivs. Durchführen von Aktivitäten zur Sicherung/Reparatur der Testwerkzeugdatenbank und zur Problemlösung.
10	**Testverwaltung und -unterstützung**
10.1	Prozessinspektionen. Durchführen einer Testprozessinspektion, um sicherzustellen, dass die Standards und der Testprozess befolgt werden.
10.2	Spezielle Schulungen. Organisieren von Schulungen für Testingenieure in speziellen Nischentestanforderungen, die während des Testablaufs auftreten. Weiterentwicklung der technischen Fähigkeiten des Testpersonals.
10.3	Konfigurationsmanagement (KM) für das Testbed. Pflegen des gesamten Testbeds/Archivs (also Testdaten, Testverfahren und -skripts sowie Softwareproblemberichte) in einem KM-Werkzeug. Definieren des Testskript-KM-Prozesses sowie Sicherstellen, dass das Testpersonal eng mit der KM-Gruppe zusammenarbeitet.
10.4	Testprogrammstatusberichte. Bestimmen von Mechanismen zum Erfassen des Testprogrammfortschritts. Erstellen regelmäßiger Berichte über den Fortschritt des Tests. Die Berichte sollten Abschätzungen über den Abschluss laufender Arbeiten wiedergeben.

Tab. D.2.1 Detaillierter Ablaufplan des Testprogramms (Forts.)

Nummer	Element des detaillierten Ablaufplans
10.5	Fehlerverwaltung. Durchführen von Fehlerverfolgung und -berichten. Teilnahme an Fehlerinspektionstreffen.
10.6	Sammlung und Analyse von Metriken. Sammeln und analysieren von Metriken, um festzustellen, ob Änderungen am Prozess erforderlich sind und ob das Produkt für die Auslieferung freigegeben werden kann.
11	**Testablaufverbesserungen.**
11.1	Schulungsmaterial. Erstellen und Pflegen von Testablauf- und Testwerkzeugschulungsmaterial.
11.2	Auswertung der gewonnenen Erkenntnisse. Durchführen dieser Auswertung über den gesamten Testzyklus hinweg und Sammeln von Informationen über die vorteilhaften Aspekte des Testzyklus.
11.3	Metrikenanalyse und -bericht. Analysieren von Testablaufmetriken der gesamten Organisation und Ergebnisbericht dieser Analyse.

D.2.4 Testteamressourcen

Die Zusammensetzung des WFHS-Testteams wird im in Tabelle D.2.2 dargestellten Testteamprofil skizziert. Diese Tabelle bezeichnet die Testteampositionen des Projekts und die Namen der Personen, die diese Positionen ausfüllen. Es werden die Pflichten jedes Mitarbeiters beschrieben und die Fähigkeiten der einzelnen eingesetzten Personen dokumentiert. Die letzten beiden Spalten geben die Länge der Erfahrung in Jahren für jedes Mitglied des Testteams in Bezug auf sowohl die allgemeine Erfahrung mit Testprogrammen als auch die Erfahrung mit dem für das Projekt ausgewählten Testmanagementwerkzeug an.

Das WFHS-Testteam besteht sowohl aus Vollzeitmitarbeitern als auch Personen, die das Testen auf Teilzeitbasis vornehmen. Die von jedem Testteammitglied unterstützen Phasen und die Verfügbarkeit während jeder Testphase wird in Tabelle D.2.3 aufgeführt.

Das WFHS-Testteam wird für sein Testprogramm auf praktisches Wissen über mehrere Werkzeuge zurückgreifen müssen. Tabelle D.2.4 gibt die Erfahrung der Testteammitglieder mit den Werkzeugen zur Test- und Anforderungsverwaltung, zum Konfigurationsmanagement sowie zur Fehlerverfolgung an. Die letzte Spalte bezeichnet die für jedes Mitglied des Testteams erforderliche Schulung.

D.3 Testprogramm

D.3.1 Umfang

Das WFHS-Testprogramm soll verifizieren, dass die Stufe 2 des WFHS-Systems die Anforderungen bzw. fallbasierten Szenarien erfüllt und für den Einsatz in der Produktionsumgebung von FTC bereit ist. Das Testprogramm umfasst die Implementation einer Reihe von Teststrategien über mehrere Testphasen einschließlich Einheiten-, Integrations-, System-, Benutzerakzeptanz- und Standortakzeptanztests.

Zu den Maßnahmen auf Systemebene gehören Funktions-, Leistungs-, Sicherungs- Wiederherstellbarkeits-, und Sicherheitstests sowie die Verifizierung der Systemverfügbarkeit. Es werden zusätzliche Sicherheitstests vorgenommen, um sicherzustellen, dass die notwendigen Sicherheitsmechanismen entsprechend den Vorgaben funktionieren. Standortakzeptanztests werden gemeinsam mit den Aktivitäten zur Standortinstallation und -freigabe durchgeführt.

Tab. D.2.2 Testteamprofil

Position	Name	Aufgaben/Fähigkeiten	Test-erfahrung (in Jahren)	Testwerk-zeug-erfahrung (in Jahren)
Testmanager	Todd Jones	Verantwortlich für Testprogramm, Benutzerschnittstelle, Personal, Einführung von Testwerkzeugen und Führung der Mitarbeiter Fähigkeiten: MS Project, SQA Basic, SQL, MS Access, UNIX, Testwerkzeugerfahrung	12	1
Testleiter	Sarah Wilkins	Führung der Mitarbeiter, Kosten-/Fortschrittsstatusberichte, Testplanung/-design/-entwicklung und -durchführung. Fähigkeiten: TeamTest, Purify, Visual Basic, SQL, SQA Basic, UNIX, MS Access, C/C++, SQL Server	5	3
Testingenieur	Tom Schmidt	Testplanung/-design/-entwicklung und -durchführung. Fähigkeiten: Testwerkzeugerfahrung, Erfahrung mit Finanzsystemen	2	0,5

Tab. D.2.2 Testteamprofil (Forts.)

Position	Name	Aufgaben/Fähigkeiten	Test-erfahrung (in Jahren)	Testwerk-zeug-erfahrung (in Jahren)
Testin-genieur	Reggie Miller	Testplanung/-design/-entwicklung und -durchführung. Fähigkeiten: Testwerkzeugerfahrung, Erfahrung mit Finanzsystemen	2	1
Testin-genieur	Sandy Wells	Testplanung/-design/-entwicklung und -durchführung. Fähigkeiten: Erfahrung mit Finanz-systemen	1	-
Testin-genieur	Susan Archer	Verantwortlich für Testwerkzeugumge-bung, Netzwerk und Middleware-Tests. Führt alle anderen Testaktivitäten durch. Fähigkeiten: Visual Basic, SQL, CNE, UNIX, C/C++, SQL Server	1	-
Testin-genieur in Aus-bildung	Lisa Nguyen	Testplanung/-design/-entwicklung und -durchführung. Fähigkeiten: Visual Basic, SQL, UNIX, C/C++, HTML, MS Access	-	-

Tab. D.2.3 Testteamprofil

Position	Name	Testphase	Verfügbar
Testmana-ger	Todd Jones	Einheitentest/Integrationstest/Systemtest/ Akzeptanztest	100 %
Testleiter	Sarah Wilkins	Einheitentest/Integrationstest/Systemtest/ Akzeptanztest	100 %
Test-ingenieur	Tom Schmidt	Systemtest/Akzeptanztest	100 %
Test-ingenieur	Reggie Miller	Systemtest/Akzeptanztest	50 %
Test-ingenieur	Sandy Wells	Systemtest/Akzeptanztest	50 %
Test-ingenieur	Susan Archer	Einheitentest/Integrationstest/Systemtest/ Akzeptanztest	100 %
Test-ingenieur in Ausbildung	Lisa Nguyen	Einheitentest/Integrationstest/Systemtest/ Akzeptanztest	100 %

Tab. D.2.4 Testteam-Schulungsanforderungen

Teammitglied	Testmanage-mentwerkzeuge	RM-Werkzeug	KM-Werkzeug	Fehlerverfol-gungswerk-zeug	Schulung erforderlich
Todd Jones	+	+	+	+	Keine
Sarah Wilkins	+	+	+	+	Keine
Tom Schmidt	+	+	+	+	Keine
Reggie Miller	+	+	+	+	Keine
Sandy Wells	-	+	+	+	TestStudio
Susan Archer	-	+	+	+	Perfor-manceStudio
Lisa Nguyen	-	-	-	-	Alle vier Werkzeuge

Die Tests werden umfassend genug sein, um Netzwerk, Hardware, Anwendungssoftware und Datenbanken abzudecken. Die Softwaretests werden sich auf Fertigprodukte und entwickelte Software konzentrieren. Die Einheiten- und Integrationstestphasen werden das Testen sowohl neu erstellter und veränderter Software als auch bei der Entwicklung der WFHS-Stufe 2 verwendeter Fertigprodukte umfassen, wie in Tabelle D.1.1 veranschaulicht wird. System- und Benutzerakzeptanztest werden die Entwicklungsprodukte der Stufe 2 erproben und einen Regressionstest der vorhandenen Anwendungssoftware der Stufe 1 vornehmen. Somit wird das gesamte WFHS-System inspiziert.

D.3.2 Testansatz

Beim Entwickeln des WFHS-Testansatzes inspizierte das Testteam die Systemanforderungen bzw. die daraus abgeleiteten fallbasierten Szenarien. Es studierte ebenfalls die Systembeschreibung und die in Abschnitt D.1.3 aufgeführten Informationen zu kritischen/hochriskanten Funktionen. Mittels dieser Informationen führte das Testteam eine Testablaufanalyse durch, um einen Testzyklus festzulegen. Zusätzlich analysierte es die Testziele und -absichten, die für den WFHS-Test gelten. Die Ergebnisse dieser Analysen sind in Tabelle D.3.1 aufgeführt.

Tab. D.3.1 Dokumentation der Testablaufanalyse

Ablaufbetrachtung

Das Projekt wird den Standardtestablauf der Organisation verwenden, der die ATLM übernimmt.

Um eine reibungslose Implementation der automatisierten Testwerkzeuge zu gewährleisten, wird sich das Projekt den ATLM-Testwerkzeugeinführungsprozess zu Nutze machen.

Testziele

Erhöhen der Wahrscheinlichkeit, dass sich die zu testende Anwendung unter allen Umständen ordnungsgemäß verhält.

Erkennen von allen Fehlern in der zu testenden Anwendung und Unterstützung bei deren Behebung durch Beteiligung an den in der Teststrategie definierten Aktivitäten zur Fehlervermeidung und Fehlererkennung.

Erhöhen der Wahrscheinlichkeit, dass die zu testende Anwendung alle definierten Anforderungen erfüllt.

Durchführen von Testaktivitäten, die sowohl zur Fehlervermeidung als auch zur Fehlerbehebung beitragen.

In der Lage sein, einen vollständigen Test der Anwendung innerhalb eines kurzen Zeitraums durchführen zu können.

Befolgen eines Testdesigns, dass Überarbeitungen an den Testskripts aufgrund von Änderungen bei der Anwendung minimiert.

Testabsichten

Sicherstellen, dass das System die definierten Antwortzeiten für Client und Server einhält.

Sicherstellen, dass die wichtigsten Endnutzerpfade durch das System ordnungsgemäß funktionieren.

Ermitteln jeglicher signifikanter Fehler im System, Erfassen von Softwareproblemberichten und Verifizieren des Abschlusses aller signifikanten Softwareproblemberichte.

Sicherstellen, dass die Benutzerbildschirme ordnungsgemäß funktionieren.

Sicherstellen, dass Änderungen am System sich nicht nachteilig auf vorhandene Softwaremodule auswirken.

Verwenden von automatisierten Testwerkzeugen, wann immer möglich, um für das Testprogramm eine möglichst positive Kosten-/Nutzenrechung zu erhalten.

Verwenden von Testdesign und Entwicklung, so dass Überarbeitungen an den Testskripts aufgrund von Änderungen bei der Anwendung minimiert werden.

Abgesehen vom Festlegen von Testzielen und -absichten hat das Testteam Testprogrammparameter dokumentiert, die seine Annahmen, Voraussetzungen, Systemakzeptanzkriterien und Risiken umfassen.

D.3.2.1 Annahmen

Das Testteam hat diesen Plan unter der Annahme einer Reihe von Fakten in Bezug auf die Durchführung des WFHS-Projekts und der dazugehörigen Auswirkungen auf das Testprogramm erstellt.

Testdurchführung. Das Testteam wird alle Tests des WFHS-Projekts mit Ausnahme der Einheiten- und Integrationstests durchführen, die von den Systementwicklern durchgeführt und durch die Systemtestgruppe bezeugt werden.

Sicherheitstests. Systemsicherheitstests, die der Erfüllung der innerhalb des Sicherheitstestplans festgelegten Sicherheitstestanforderungen dienen, werden während des Systemtests durchgeführt und in die Testverfahrensreihe aufgenommen, die den Systemakzeptanztest (SAT) bildet.

Frühe Einbeziehung. Das Testteam wird entsprechend der ATLM von Projektbeginn an in die Entwicklung der WFHS-Anwendung mit einbezogen. Frühe Einbeziehung umfasst die Kontrolle der Anforderungsdefinitionen und der fallbasierten Szenarien sowie die Durchführung von Inspektionen und Walkthroughs.

Systemtechnikumgebung. Die Sammlung der automatisierten Werkzeuge und die in diesem Plan umrissene Konfiguration der Testumgebung basieren auf vorhandenen Systemtechnikumgebungsplänen, die im WFHS-Verwaltungsplan enthalten sind, und auf dem Softwareentwicklungsplan. Veränderungen der Systemtechnikumgebung werden potenziell erhebliche Änderungen an diesem Plan nach sich ziehen.

Zusammensetzung des Testteams. Das Testteam wird drei Analysten für Geschäftsbereichfunktionen umfassen. Sie werden beim Testen entsprechend ihres Expertenwissens in diesem Geschäftsbereich eingesetzt. Während die Analysten dem Testteam leihweise zur Verfügung stehen, werden sie in Bezug auf die Testaufgaben dem Testmanager unterstehen und sich bei den Testaktivitäten engagieren. Dabei werden sie in den in Abschnitt D.2.4 aufgeführten Phasen und Zeitanteilen zum Test beitragen.

Testbeschränkungen. Angesichts der begrenzten Ressourcen des Testprogramms und der unbegrenzten Anzahl an Testpfaden und möglichen Eingabewerten wurde der Test so gestaltet, dass er sich auf die kritischsten und riskantesten Funktionen des Systems konzentriert. Auch die Fehlerverfolgung und die dazugehörenden Verifizierungen widmen sich vor allem dem Einschätzen dieser Funktionen und das Erfüllen der Akzeptanzkriterien um festzustellen, wann die zu testende Anwendung für die Produktion freigegeben werden kann.

Projektzeitplan. Die innerhalb des Testplans definierten Testressourcen basieren auf dem derzeitigen WFHS-Projektzeitplan und der Anforderungs-Baseline. Änderungen an diesen Grundlagen machen auch Anpassungen an diesem Plan notwendig.

D.3.3.3 Testvoraussetzungen

Der in Abbildung D.1.2 dargestellte WFHS-Testprogrammzeitplan umfasst eine schrittweise Verfifizierung des Systems. Zu dieser Kontrolle gehört eine Demonstration, dass die Systemtestverfahren für Benutzerakzeptanztests bereit sind.

Die Durchführung dieser schrittweisen Verifizierung und der nachfolgenden SAT hängt von bestimmten Voraussetzungen ab. Dazu können Aktivitäten, Ereignisse, Dokumentationen und Produkte gehören. Für das WFHS-Testprogramm bestehen die folgenden Voraussetzungen:

- Die vollständige Testumgebungskonfiguration ist vorhanden, in Betrieb und unter KM-Kontrolle.

- Die Testdatenumgebung ist eingerichtet und in einer Baseline angeordnet.

- Alle detaillierten Einheiten- und Integrationstestanforderungen sind als Bestandteil der Einheiten- und Integrationstestphasen erfolgreich erprobt worden.

- Materialien für Inspektionstests und Zertifizierungsmethoden liegen bereit. Gleiches gilt für Materialien, die als Beweis für Analysetests dienen.

- Der Durchführungszeitplan für die Systemtestverfahren ist in Kraft.

- Die Wiederverwendbarkeitsanalyse für automatisierte Testverfahren ist durchgeführt worden.

- Eine Modularitätsbeziehungstabelle wurde erstellt.

- Die Systemtestskripts sind entsprechend der Standards entwickelt worden.

- Die Baseline-Software der WFHS-System ist in der Testumgebung installiert worden und einsatzbereit.

D.3.2.3 Systemakzeptanzkriterien

Das WFHS-Testprogramm innerhalb der AMSI-Testumgebung schließt mit der Erfüllung der nachfolgend aufgeführten Kriterien. Entsprechend des in Abbildung D.1.2 dargestellten Testzeitplans werden im Anschluss an die Erfüllung dieser Kriterien noch zwei Standortakzeptanztests vorgenommen.

- Der SAT wurde durchgeführt.

- Während des SAT aufgetretene Softwareproblemberichte der Prioritätsstufen 1 bis 3 und bereits vorher vorhandene Softwareproblemberichte der Stufen 2 bis 3 sind gelöst worden. Die Testgruppe hat verifiziert, dass die implementierten Systemkorrekturen diese Fehler auch beheben.

- Wenn notwendig wurde ein nachgeschalteter SAT durchgeführt, um die zu den ausstehenden Softwareproblemberichten gehörenden Testverfahren zu kontrollieren. Die erfolgreichen Abschlüsse dieser Softwareproblemberichte sind demonstriert worden.

- Ein abschließender Testbericht ist durch das Testteam erstellt und von FTC gebilligt worden.

D.3.2.4 Risiken

Risiken für das Testprogramm (siehe Tabelle D.3.2) sind erkannt, auf ihre möglichen Auswirkungen hin abgeschätzt und dann für den Fall des Eintretens mit einer Strategie für einen möglichen Umgang damit abgemildert worden.

D.3.3 Teststrategien

Unter Annahme der definierten Testziele und -absichten und unter Verwendung des ATLM als Baseline hat das Testteam die Teststrategien definiert, die beim WFHS-Testprogramm zur Anwendung kommen sollen. Das Testteam wird wie in Tabelle D.3.3 dargestellt sowohl Fehlervermeidungs- als auch Fehlerbehebungsstrategien verfolgen.

Das AMSI-Testteam wird den SAT durchführen. Es wird Testabläufe entwickeln, um die in den detaillierten Anforderungen bzw. fallbasierten Testszenarien vorgegebenen Anforderungen zu testen. Die Testverfahren werden angeben, wie ein Testingenieur den Test durchführen soll, indem sie die erforderlichen Eingaben und die zu erwartenden Ergebnisse definieren. Die Einzelheiten dieser Informationen werden durch das Testwerkzeug DOORS kontrolliert und sind online zugänglich. Die DOORS-Datenbank dient als Archiv für System- und Testanforderungen.

Das Anforderungsmanagementwerkzeug DOORS wird für das Verwalten aller Systemanforderungen einschließlich Geschäfts-, Funktions- und Designanforderungen verwendet. Es wird ebenfalls zum Erfassen von Testanforderungen und Testverfahren eingesetzt und ermöglicht so eine einfache Verwaltung des Testablaufs. Unter Verwendung der DOORS-Skriptsprache und der dazugehörenden .dxl-Dateien kann das Testteam automatisiert eine Verfol-

gungstabelle erstellen, die den Abdeckungsfortschritt der Testverfahren in
Bezug auf Testanforderungen messbar macht. Umgekehrt werden die Testverfahren von den detaillierten Geschäftsanforderungen und fallbasierten Szenarien abgeleitet und in der DOORS-Datenbank gespeichert.

Die Funktionalität mit dem höchsten Risiko ist bestimmt worden und die
Tests werden sich auf diese Funktionalität konzentrieren. Es wird eine Wiederverwendbarkeitsanalyse der vorhandenen Testverfahren durchgeführt, um
die redundante Erstellung von automatisierten Testverfahren zu vermeiden,
die von früheren Tests vorhanden sind. Wenn das automatisierte Testwerkzeug mit bestimmten Funktionalitäten nicht kompatibel ist und keine automatisierte Lösung machbar ist, werden diese Tests manuell durchgeführt.

Tab. D.3.2   Risiken des Testprogramms

Nr.	Risikobe- zeichnung	Beschreibung	Auswirkung	Abmilderungs- strategie
1	Test ferti- ger Soft- ware	Es wurde noch keine Methode zum Testen der Anforderungen gefun- den, die vom Testwerkzeug InsitFul unterstützt wird. Problem: Zertifi- zierung im Vergleich zur Testquali- fizierungsmethode. Es ist ebenfalls unklar, ob das automatisierte Test- werkzeug mit der InsitFul-GUI kompatibel ist.	150 zusätz- liche Test- stunden 24000,– DM Kosten 2 Wochen Verzöge- rung im Zeitplan	Der Hersteller von InsitFul ist koope- rativ. Es gibt Pläne zum Feststellen der Produktkom- patibilität. Über zusätzlichen Support durch den Hersteller wird verhandelt.
2	Sicherheits- test	Sicherheitsplan und Sicherheits- testplan befinden sich noch im Entwurfsstadium. Die Sicherheits- anforderungen sind noch nicht abgeschlossen.	50 Stunden Überarbei- tung der Tests 8000,– DM Kosten 2 - 4 Wochen Verzöge- rung im Zeitplan	Es stehen poten- zielle Systement- wickler zur Verfü- gung, um die Überarbeitung der Testskripts und den Zeitraum der größten Belastung zu unterstützen.
3	Anforde- rungsände- rungen	Die Anforderungen bezüglich der Komponente für den Handel mit Vermögenswerten wurden noch spät verändert. Die Entwickler liegen bei dieser Komponente hinter dem Zeitplan zurück.	2 - 4 Wochen Verzöge- rung im Zeitplan	Beobachten der Situation. Es ist keine Strategie zur Abmilderung erkennbar.

Tab. D.3.2 Risiken des Testprogramms (Forts.)

Nr.	Risikobe-zeichnung	Beschreibung	Auswirkung	Abmilderungs-strategie
4	Dokumen-tation von Fertigpro-dukten	Die Fertigprodukt für Portfolios ist eine Betaversion und es ist keine Produktdokumentation vorhanden.	40 Stunden Überarbei-tung der Tests 6400,– DM Kosten 2 Wochen Verzöge-rung im Zeitplan	Das Testteam arbeitet mit der Dokumentation der Vorgängerver-sion und versucht, Abweichungen telefonisch zu ermitteln.
5	Anforde-rungsdefi-nition	Die Anforderungsdefinition für die Komponente für den Handel mit Vermögenswerten hat eine hohe Stufe und die Testanforderungen sind unklar.	60 Stunden Überarbei-tung der Tests 9600,– DM Kosten 2 - 4 Wochen Verzöge-rung im Zeitplan	Das Testteam arbeitet mit Funk-tionsanalysten, um umfangreichere Definitionen durch detaillier-tere fallbasierte Analyse zu erhal-ten.
. . .	. . .	. . .	. . .	. . .

Tab. D.3.3 Teststrategien und -techniken

Fehlervermeidungstechniken
Untersuchung von Zwängen
Frühe Einbeziehung in den Test
Verwendung von Standards
Inspektionen und Walkthroughs
Qualitätsschranken

Fehlerbehebungstechniken
Inspektionen und Walkthroughs
Testen von Produktfreigaben
Vorsehen der Testbarkeit im Anwendungsdesign

Tab. D.3.3 Teststrategien und -techniken (Forts.)

Fehlerbehebungstechniken
Verwendung automatisierter Testwerkzeuge
Einheitentestphase: Fehlerbehandlung, Speicherlöcher, Pfadabdeckung, Einfügen von Fehlern, Entscheidungsabdeckung
Integrationstestphase: Integrationstest
Systemtestphase: Funktionen, Sicherheit, Last/Volumen, Leistung, Usability
Akzeptanztestphase: Funktionen, Sicherheit, Last/Volumen, Leistung, Usability
Strategisches manuelles und automatisiertes Testdesign
Durchführung und Verwaltung automatisierter Tests
Zufallstests
Testverifizierungsmethode
Einbinden der Benutzer

Es wird ein Modularitätsmodell erstellt, dass die Beziehung zwischen den Testverfahren abbildet. Testverfahren werden zerlegt und den verschiedenen Testingenieuren basierend auf der Anforderungskategorie und der Geschäftskenntnisse und -erfahrungen der Testingenieure zugewiesen. Der Fortschritt wird überwacht und es werden Walkthroughs der Testverfahren durchgeführt, um die Genauigkeit der Verfahren zu verifizieren und etwaige Abweichungen von den Geschäftsanforderungen aufzudecken.

Das WFHS-System wird mittels des Simulationsmodellwerkzeugs OPNET im Hinblick auf Skalierbarkeit gestaltet. Dieses Modell wird die Hauptfunktionen des WFHS-Systems simulieren und Informationen über Flaschenhälse und auftretende Warteschlangen bereitstellen. Zu den Eingabedaten für OPNET zählen das Aufkommen der verschiedenen Transaktionen, deren Umfang und die Bearbeitungszeiten der verschiedenen Phasen des Prozessablaufs. Nach dem Erstellen des Modells muss es anhand der bei den Leistungstests gewonnenen Testdaten validiert werden. Sobald diese Validierung abgeschlossen ist, kann das Modell verwendet werden, um Was-Wenn-Szenarien zu untersuchen und die Leistung unter unterschiedlichen Bedingungen vorherzusagen.

D.3.4 Automatisierte Werkzeuge

Das Testteam für das WFHS-Projekt wird die in Tabelle D.3.4 aufgeführten automatisierten Testwerkzeuge verwenden. Das Entwicklerteam benutzt bei den Einheitentests die Werkzeuge PureCoverage und Purify. Beim Systemtest greift das Testteam auf TestStudio zurück. Die Anwendung wird auf Funktionalität hin analysiert, die sich für die Automatisierung anbieten. Diese Strategie wird den Prozess des Entwickelns und Testens bestimmter redundanter Transaktionen rationalisieren. Testskripts werden entsprechend den in Anhang D.A definierten Entwicklungsrichtlinien für Testskripts entwickelt.

Wenn Softwareprobleme festgestellt werden, wird das Team Fehlerberichte erstellen. Softwareproblemberichte werden den Systementwicklern mittels PVCS Trakker übermittelt. Die DOORS-Datenbank unterstützt das FTC-Archiv für Systemanforderungen, Testanforderungen und dazugehörende Softwareproblemberichte.

TestStudio wird als automatisiertes GUI-Testwerkzeug eingesetzt. DOORS dient als Anforderungsmanagementwerkzeug. Performance Studio wird für Leistungs- und Belastungstest verwendet. Der Testverfahrengenerator von TestStudio wird zum Erstellen einer Baseline von Testverfahren genutzt.

Tab. D.3.4 Automatisierte Testwerkzeuge

Aktivität/Aufgabe	Automatisierter Test
Geschäftsmodellierung	Rational Rose
Simulationsmodellierung	OPNET
Anforderungsverwaltung	DOORS
Lasttests	Performance Studio
Testverwaltung	TestStudio
Konfigurationsmanagement	PVCS
Fehlerverfolgung	PVCS Tracker
GUI-Tests	TestStudio

D.3.5 Qualifikationsmethoden

Für jede Testanforderung wird eine Testbarkeitsmetrik bzw. eine Qualifikationsmethode verwendet. Die folgenden Qualifikationsmethoden werden in Schritten von Testverfahren eingesetzt, um zu verifizieren, dass Anforderungen erfüllt sind:

- *Inspektion.* Inspektionen verifizieren die Erfüllung von Anforderungen durch visuelle Untersuchung, Kontrolle beschreibender Dokumentation und Vergleich der tatsächlichen Eigenschaften mit den vorbestimmten Kriterien.

- **Demonstration.** Demonstrationen verifizieren die Erfüllung von Anforderungen durch das Erproben einer Auswahl von beobachtbaren Funktionsoperationen. Diese Methode ist für das Demonstrieren erfolgreicher Integration, Funktionen auf höherer Ebene und durch fertige Software verwirklichter Verbindungen geeignet. Fertigprodukte werden von den Herstellern für Entwicklung und Tests entsprechend bestimmter Softwareentwicklungs- und Qualitätsprozesse zertifiziert.

- **Tests.** Tests verifizieren die Erfüllung von Anforderungen durch das Erproben beobachtbarer Funktionsoperationen. Diese Methode ist im allgemeinen umfangreicher als die bei Demonstrationen verwendete und eignet sich für Anforderungen, die durch Entwicklungsaspekte erfüllt werden.

- **Manuelle Tests.** Manuelle Tests werden durchgeführt, wenn automatisierte Überprüfungen nicht möglich sind.

- **Automatisierte Tests.** Wenn das Ergebnis der Automatisierungsanalyse positiv ist, werden die Testverfahren automatisiert.

- **Analyse.** Analysen verifizieren die Erfüllung von Anforderungen durch technische Bewertung, Bearbeitung, Kontrolle oder Studium gesammelter Daten.

- **Zertifizierung.** Zertifikate verifizieren die Erfüllung von Anforderungen durch Untersuchung der Dokumentation von Herstellern (oder Lieferanten), die zusichert, dass das Produkt entsprechend der internen Standards des Herstellers entwickelt und getestet wurde.

D.3.6 Testanforderungen

Testanforderungen sind aus den für die Anwendung entwickelten Anforderungen bzw. fallbasierten Szenarien abgeleitet. Die in der DOORS-Datenbank gepflegte Anforderungsverfolgungstabelle ordnet die System- den Testanforderungen zu. Das Testteam arbeitet mit dem Projektmanager und dem Entwicklerteam zusammen, um die Systemanforderungen für Testzwecke mit Prioritäten zu versehen. Das Testteam gibt die Prioritätswerte wie in der Testverifizierungstabelle in Appendix D.B dargestellt in DOORS ein.

D.3.7 Testdesign

D.3.7.1 Testprogrammmodell

Gerüstet mit einer Definition der Testanforderungen und einem Verständnis der Testtechniken, die gut in das WFHS-Testprogramm passen, hat das Testteam ein Modell des Testprogramms entwickelt, dass den Umfang des Programms absteckt. Wie Abbildung D.3.1 zeigt, umfasst das Modell ebenso Testtechniken, die bei den Entwicklungstests und den Tests auf Systemebene eingesetzt werden, wie die passenden statischen Teststrategien.

D.3.7.2 Testarchitektur

Nach der Definition eines Testprogrammmodells konstruierte das Testteam als nächstes eine Testarchitektur für das WTFS-Projekt. Die Testarchitektur bildet die Struktur des Testprogramms ab und definiert somit die Art und Weise, wie Testverfahren im Testablauf organisiert werden. Abbildung D.3.2 stellt die Testarchitektur für das WTFS-Projekt dar, wobei Tests auf Entwicklungsebene designbasiert und Tests auf Systemebene technikbasiert sind.

Die in Abbildung D.3.2 gezeigten Designkomponenten wurden durch das Testteam aus der Softwarearchitektur des Projekts ermittelt. Auf der Entwicklungsebene werden fünf Komponenten getestet: Systemverwaltung (SM-06), Sicherheitskontrolle (SG-07), verteilte Anwendungen (DV-08), Hilfsanwendungen (SA-09) und Active Trade Visibility (TV-10). Für jede dieser Designkomponenten ist die zu verwendende Testtechnik vermerkt.

Testprogrammmodell	
Statische Teststrategien	**Andere Qualifizierungsmethoden**
• Anforderungskontrolle	• Demonstration
• Produktfreigabetests	• Analyse
• Teilnahme an der Designkontrolle	• Inspektion
• Inspektionen und Walkthroughs	• Zertifizierung
Techniken auf Entwicklungsebene	**Techniken auf Systemebene**
• Fehlerbehandlung	• Funktionstests
• Speicherlöcher	• Sicherheitstests
• Pfadabdeckung	• Belastungs-/Volumentests
• Einfügen von Fehlern	• Leistungstests
• Entscheidungsabdeckung	• Usability-Tests

Abb. D.3.1 Testprogrammmodell

Testarchitektur auf Entwicklungstestebene				
SM-06	SG-07	DC-08	SA-09	TV-10
Fehlerbehand-lung	Fehlerbehand-lung	Fehlerbehand-lung	Fehlerbehand-lung	Fehlerbehand-lung
Speicherlöcher	Speicherlöcher	Speicherlöcher	Speicherlöcher	Speicherlöcher
		Pfadabdeckung	Pfadabdeckung	Pfadabdeckung
		Einfügen von Fehlern	Einfügen von Fehlern	Einfügen von Fehlern
		Entscheidungs-abdeckung	Entscheidungs-abdeckung	Entscheidungs-abdeckung
Systemtestebene				
Funktionen	Sicherheit	Belastung/ Volumen	Leistung	Usability
SM-06	SM-06			SM-06
SG-07	SG-07			SG-07
DC-08	und Sicherheits-plananforderun-gen			DC-08
SA-09				SA-09
TV-10				TV-10

Abb. D.3.2 Beispiel der Testarchitektur

D.3.7.3 Definition der Testverfahren

Ein Vorbereitungsschritt im Prozess des Testdesigns beschäftigt sich mit dem Entwickeln der Definition für Testverfahren. Sie unterstützt die Entwicklung der Tests und hilft, sie in vernünftigen Grenzen zu halten. Die Definition der Testverfahren bestimmt die Reihe der Verfahren, die für den Test entwickelt und durchgeführt werden müssen. Diese Designübung umfasst die Organisation der Testverfahren in logische Gruppen und die Zuweisung der Testverfahrennummernserie für jede benötigte Reihe von Tests.

Tabelle D.3.5 zeigt ein Beispiel einer Testverfahrendefinition für Tests auf Entwicklungsebene. Die erste Spalte dieser Tabelle bezeichnet die Serie von Testverfahrennummern, die dem Testen der speziellen Designkomponente mittels der bestimmten Technik zugewiesen ist. Spalte 2 führt die zu testenden Software- oder Hardwaredesignkomponenten auf. Die zugeordneten Designkomponenten werden der Testarchitektur entnommen. Die Testtechnik ist in Spalte 3 und die Anzahl der zu jeder Testreihe gehörenden Testverfahren in Spalte 4 aufgeführt.

Tab. D.3.5 Testverfahrendefinition (Entwicklungstestebene)

Zugewiesene TV-Nummer	ID der Design-komponente	Testtechnik	Anzahl der Testverfahren
100-150	SM601-SM634	Fehlerbehandlung	35
151-199		Speicherlöcher	35
200-250	SG701-SG728	Fehlerbehandlung	30
251-299		Speicherlöcher	30
300-350	DC801-DC848	Fehlerbehandlung	50
351-399		Speicherlöcher	50
400-599		Pfadabdeckung	200
600-650		Einfügen von Fehlern	50
651-849		Entscheidungsabdeckung	200
850-899	SA901-SA932	Fehlerbehandlung	35
900 950		Speicherlöcher	35
951-1150		Pfadabdeckung	200
1151-1199		Einfügen von Fehlern	35
1200-1399		Entscheidungsabdeckung	200
1400-1450	TV1001-TV1044	Fehlerbehandlung	45
1451-1499		Speicherlöcher	45
1500-1699		Pfadabdeckung	200
1700-1750		Einfügen von Fehlern	45
1751-1949		Entscheidungsabdeckung	200
1850-1999		Integrationstest	25
			Insgesamt: 1.745

Tabelle D.3.6 zeigt ein Beispiel einer Testverfahrendefinition für Tests auf Systemebene. Die erste Spalte dieser Tabelle bezeichnet die Serie der zugewiesenen Testverfahren für jede spezielle Testtechnik. Spalte 2 führt die Testtechnik auf.

Die Spalte 3 bis 5 geben Informationen über die Anzahl der Testverfahren beim Test auf Systemebene. Die Anzahl der für den Test erforderlichen Designeinheiten oder Funktionspfade findet sich in der dritten Spalte. Für die Belastungs- und Leistungstests sind vier Funktionspfade geplant. Beachten

Sie, dass die Usability-Tests als Teil der Funktionstests aufgeführt sind. Demzufolge werden für diese Testtechnik keine weiteren Verfahren benötigt. Die Anzahl der zu den Tests gehörenden Systemanforderungen wird in Spalte 4 und die Anzahl der Testanforderungen in Spalte 5 aufgeführt.

Tab. D.3.6 Testverfahrendefinition (Systemtestebene)

TV-Nummerie-rungskonvention	Testtechnik	Anzahl der Einheiten oder Pfade	Anzahl der Systemanfor-derungen	Anzahl der Testanfor-derungen	Anzahl der Testverfah-ren
2000-2399	Funktion	186	220	360	360
2400-2499	Sicherheit	62	70	74	74
2500-2599	Belastung	4	12	24	96
2600-2699	Leistung	4	14	14	56
-	Usability	186	4	4	-
					586

Tab. D.3.7 Testverfahrenbenennungskonvention

TV-Benennungs-konvention	Designkomponente/Testtechnik	Testebene	Geschätzte Anzahl der Testverfahren
WF100-WF199	Systemverwaltung (SM)	Entwicklung	70
WF200-WF299	Sicherheitskontrolle (SG)	Entwicklung	60
WF300-WF849	Verteilte Anwendung (DC)	Entwicklung	550
WF850-WF1399	Hilfsanwendungen (SA)	Entwicklung	505
WF1400-WF1949	Active Trade Visibility (TV)	Entwicklung	535
WF1950-WF1999	Integrationstest	Entwicklung	25
WF2000-WF2399	Funktion/Usability	System	360
WF2400-WF2499	Sicherheit	System	74
WF2500-WF2599	Belastung	System	96
WF2600-WF2699	Leistung	System	56
WF2700	Systemtest-Shell	System	1

Die letzte Spalte schätzt die Anzahl der Testverfahren, die für jede der aufgeführten Techniken erforderlich ist. Bei Funktions- und Sicherheitstests ist für jede Anforderung vielleicht nur ein Testverfahren notwendig. Für Belastungs- und Leistungstests sind vier Pfade geplant, die für jedes Testverfahren geändert werden müssen, um verschiedene Systemanforderungen zu testen.

D.3.7.4 Testverfahrenbenennungskonvention

Mit der vorhandenen Testverfahrendefinition sowohl auf Entwicklungs- als auch auf Systemebene konnte das Testteam eine Testverfahrenbenennungskonvention übernehmen, um die Testverfahren des Projekts eindeutig bezeichnen zu können. Tabelle D.3.7 gibt das Benennungsschema für Testverfahren beim WFHS-Projekt wieder.

Mit der Definition der verschiedenen Tests bestimmte das Testteam, welche Testverfahren sich für Automatisierung anbieten und welche am effizientesten mit manuellen Methoden ausgeführt werden können. Tabelle D.3.8 stellt einen Ausschnitt der in DOORS gepflegten Zuordnungstabelle dar, die jedes für die Tests auf Systemebene benötigte Testverfahren zerlegt. Jedes Testverfahren in Tabelle D.3.8 ist mit mehreren anderen Elementen, wie etwa Designkomponenten und Testtechniken, querverbunden. Die letzte Spalte gibt an, ob der Test mit einem automatisierten Testwerkzeug (A) oder manuell (M) durchgeführt wird.

D.3.8 Testentwicklung

Tests werden auf Basis der Ergebnisse der Automatisierungsanalyse in der Testdesignphase automatisiert, wie Tabelle D.3.8 zeigt. Sie werden entsprechend des Zeitplans für die Testentwicklung und dem Modularitätsbeziehungsmodell entwickelt. Die Testentwicklung muss sich an den in Anhang D.A enthaltenen Richtlinien orientieren. Testskripts werden mit der Funktion zur automatisierten Testverfahrengenerierung von TestStudio erstellt.

Tab. D.3.8 Automatisierte oder manuelle Tests

TV-Nr.	Designkomponente	Testtechnik	SR-ID	SWR-ID	TR-ID	A/M
.	.	.	.	.	.	.
.	.	.	.	.	.	.
2330	TV1016	Funktional	3.2.3c	TV029	2220	A
2331	TV1016	Funktional	3.2.3c	TV030	2221	A
2332	TV1016	Funktional	3.2.3c	TV031	2412	M
2333	TV1017	Funktional	3.2.3d	TV032	2222	A

Tab. D.3.8 Automatisierte oder manuelle Tests (Forts.)

TV-Nr.	Designkom-ponente	Testtechnik	SR-ID	SWR-ID	TR-ID	A/M
2334	TV1017	Funktional	3.2.3d	TV033	2412	A
2335	TV1018	Funktional	3.2.3e	TV034	2223	A
2336	TV1018	Funktional	3.2.3e	TV035	2412	M
2337	TV1019	Funktional	3.2.3f	TV036	2224	A
2338	TV1019	Funktional	3.2.3g	TV037	2412	A
2339	TV1019	Funktional	3.2.3g	TV038	2225	A
.	.	.	.	.	.	.
.	.	.	.	.	.	.
.	.	.	.	.	.	.

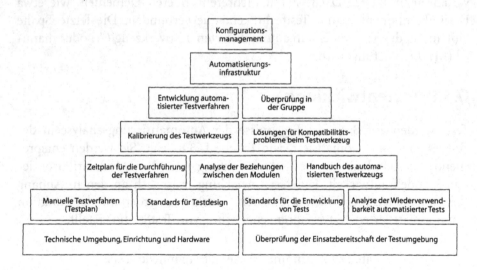

Abb. D.3.3 Testentwicklungsarchitektur

Tab. D.3.8 Wiederverwendbarkeitsanalyse der Automatisierung

TV-Nr.	Design-kompo-nente	Testtechnik	SR-ID	SWR-ID	TR-ID	A/M	Wieder ver-wendbares Element
2330	TV1016	Funktional	3.2.3c	TV029	2220	A	-
2331	TV1016	Funktional	3.2.3c	TV030	2221	A	MMS2079
2332	TV1016	Funktional	3.2.3c	TV031	2412	M	-

Tab. D.3.8 Wiederverwendbarkeitsanalyse der Automatisierung (Forts.)

TV-Nr.	Design-kompo-nente	Testtechnik	SR-ID	SWR-ID	TR-ID	A/M	Wieder ver-wendbares Element
2333	TV1017	Funktional	3.2.3d	TV032	2222	A	-
2334	TV1017	Funktional	3.2.3d	TV033	2412	A	-
2335	TV1018	Funktional	3.2.3e	TV034	2223	A	LW2862
2336	TV1018	Funktional	3.2.3e	TV035	2412	M	-
2337	TV1019	Funktional	3.2.3f	TV036	2224	A	-
2338	TV1019	Funktional	3.2.3g	TV037	2412	A	ST2091
2339	TV1019	Funktional	3.2.3g	TV038	2225	A	ST2092
.	.	.	.	.	.	.	.
.	.	.	.	.	.	.	.

Das Testteam bereitete die in Abbildung D.3.3 dargestellte Testentwicklungsarchitektur vor, die ein klares Bild der Testentwicklungsaktivitäten (Grundsteine) vorgibt, die zum Erstellen von Testverfahren erforderlich sind. Die Testentwicklungsarchitektur illustriert die Hauptaktivitäten, die als Teil der Testentwicklung durchzuführen sind.

Um seine Testentwicklungsaktivitäten effizient vornehmen zu können, führte das Testteam eine Analyse zum Ermitteln des Potenzials für die Wiederverwendbarkeit vorhandener Testverfahren und -skripts innerhalb der AMSI-Automatisierungsinfrastruktur (der Bibliothek wieder verwendbarer Komponenten) durch. Die Ergebnisse dieser Wiederverwendbarkeitsanalyse werden mittels des DOORS-Werkzeugs gepflegt und sind in Tabelle D.3.9 dargestellt.

D.4 Testumgebung

D.4.1 Testumgebungskonfiguration

Die Testumgebung spiegelt die Produktionsumgebung wider. Dieser Abschnitt beschreibt die Hardware- und Softwarekonfigurationen, welche die Systemtestumgebung bilden. Die Hardware muss ausreichend dimensioniert sein, um die vollständige Funktionalität der Software zu gewährleisten. Außerdem sollte sie Leistungsanalysen zum Demonstrieren der Einsatzleistung unterstützen. Nachfolgend sind Informationen über die Testumgebung in Bezug auf Anwendung, Datenbank, Anwendungsserver und Netzwerk angegeben.

Anwendung

Visual Basic 5.0

Ionas Orbix V2.3

Microsofts Internet Information Server

Neonet V3.1

MQ Series V.20

Windows NT V40 mit Service Pack 3

Anwendungsserver

Dualprozessor PC, 200 MHz-Pentium-Prozessor

256 MB Arbeitsspeicher

4 - 6 GB Festplatte, CD-ROM-Laufwerk

2 Syngoma 503E SNA-Karten

Microsoft SNA Server 3.0

Digital DCE 1.1C mit Eco-Patch

Encina 2.5 mit Patchs

Windows NT 4.0 mit Service Pack 3

Datenbank

Sybase 11 Server V11.x.1-Anwendungsserver

Microsofts SNA Server 4.0

Digital DCE Client und Server mit Eco-Patch V1.1c

Encina 2.5 mit Patchs

Arbeitsplatzrechner

Windows NT V4.0 mit Service Pack 3

Ionas Orbix V2.3

Sybase-Konfiguration

Anwendung: Sybase 11 Open Client CT-Lib V11.1.0

Datenbank: Sybase 11 Server V11.x.1

Sun Solaris für den Datenbankserver

Netzwerkkonfiguration

Ethernet-Netzwerk

Die Baseline der Testlaborausrüstung für die Konfiguration des zentralen WFHS-Standorts wurde beim Entwickeln und Testen für die Stufe 1 des WFHS-Systems ermittelt. Bei den Anforderungen der zweiten Stufe geht es um zusätzliche Funktionalitäten, weshalb der Umfang der Tests entsprechend angepasst werden muss. Der EFTS-Testlaborkonfiguration müssen zwei Standortkonfigurationen hinzugefügt werden. Die Beschaffung zusätzlicher Hardware- und Softwareressourcen wird von der in Tabelle D.4.1 aufgeführten Testausrüstungsliste wiedergegeben.

D.4.2 Testdaten

In Zusammenarbeit mit der Datenbankgruppe wird das Testteam die Testdatenbank erstellen. Diese wird mit unklassifizierten Produktionsdaten gefüllt werden. Die Konfigurationsmanagementgruppe wird die Testumgebung einschließlich der Testdatenbank in einer Baseline ausrichten. Während der Leistungstests werden zusätzlich Daten mit Rationals Werkzeug Performance Studio generiert. Diese Daten werden mit dem PVCS-Konfigurationsmanagementwerkzeug in eine Baseline aufgenommen. Um eine adäquate Testtiefe (Volumen der Testdatenbank von 10 Datensätzen im Vergleich zu 10.000 Datensätzen) sicherzustellen, wird das Testteam bei den Leistungstests die Datenbank im Produktionsformat spiegeln. Um auch eine angemessene Testbreite (Variation der Dateninhalte) zu erreichen, werden Daten in vielen Varianten eingesetzt, wobei wiederum die Produktionsdatenumgebung nachgestellt wird. Testdaten werden, wann immer möglich, die Verfahrendatendefinitionen verwenden.

Tab. D.4.1 Einkaufsliste für Testausrüstung

Standort	Produktbedarf	Produktbe-schreibung	Lieferant	Menge	Kosten pro Einheit	Jährliche Wartungskosten
Standort 1	Anwendungs-server	Compaq ProLiant 6500	Compaq	1	(Kosten)	(Kosten)
Standort 1	Kommunika-tionsserver	Compaq ProLiant 1600	Compaq	1	(Kosten)	(Kosten)
Standort 1	Datenbank-server	Sun Workstation	Sun	1	(Kosten)	(Kosten)

Tab. D.4.1 Einkaufsliste für Testausrüstung (Forts.)

Standort	Produktbedarf	Produktbe-schreibung	Lieferant	Menge	Kosten pro Ein-heit	Jährliche War-tungsko-sten
Standort 1	Serverbetriebs-system	Windows NT	Micro-soft	2	(Kosten)	(Kosten)
Standort 1	Serverbetriebs-system	Sun Solaris	Sybase	1	(Kosten)	(Kosten)
Standort 1	Datenbank-management-system (DBMS)	Sybase Server	Sybase	1	(Kosten)	(Kosten)
Standort 1	CORBA-Server	Iona Orbix	Iona	1	(Kosten)	(Kosten)
.	.	.	.	.	.	.
.	.	.	.	.	.	.
.	.	.	.	.	.	.

Tab. D.4.2 Systemtestdatendefinition

TV-Nummer	Designkom-ponente	Datenanforderung	Beschreibung
.	.	.	.
.	.	.	.
.	.	.	.
2330	TV1016	Datenbanktabellen	Bildschirmeingaben
2331	TV1016	Variableneingaben	Bereich von Datenwerten (siehe Test-anforderungen)
2332	TV1016	Variableneingaben	Bereich von Datenwerten (siehe Test-anforderungen)
2333	TV1017	Datenobjekt	Erfordert ein Bitmap-TIFF-Datenobjekt
2334	TV1017	Variableneingaben	Bereich von Datenwerten (siehe Test-anforderungen)
2335	TV1018	Datenbanktabellen	Bildschirmeingaben
2336	TV1018	-	Druckausgabetest mit vorhandenen Daten
2337	TV1019	Datenobjekt	Erfordert ein Bitmap-TIFF-Datenobjekt

Tab. D.4.2 Systemtestdatendefinition (Forts.)

TV-Nummer	Designkom-ponente	Datenanforderung	Beschreibung
2338	TV1019	Variableneingaben	Bereich von Datenwerten (siehe Test-anforderungen)
2339	TV1019	Datenbanktabellen	Bildschirmeingaben
.	.	.	.
.	.	.	.
.	.	.	.

Tabelle D.4.2 zeigt die Querverbindungen zwischen den Testdatenanforderungen und jedem einzelnen Testverfahren, das für den Systemtest vorgesehen ist.

D.5 Testdurchführung

D.5.1 Testprogrammberichte

Es wird ein Ertragsverwaltungssystem mit Kosten- und Zeitplanmetriken zum Erfassen des Fortschritts beim Testprogramm verwendet. Das Bestimmen des Ertrags umfasst das Verfolgen des Werts der abgeschlossenen Arbeit im Vergleich zu den geplanten und tatsächlichen Kosten, um eine wirkliche Metrik für den Kostenstatus zu haben und das AMSI-Personal in die Lage zu versetzen, effektive Korrekturmaßnahmen zu definieren. Der Ertragsprozess besteht aus vier wesentlichen Schritten:

1. Ermitteln kurzer Aufgaben (Funktionstestphase).

2. Zeitplanung für jede Aufgabe (Start- und Endtermin).

3. Zuweisen eines Budgets zu jeder Aufgabe. (Die Aufgabe wird 3100 Arbeitsstunden von vier Testingenieuren erfordern.)

4. Erfassen des Fortschritts bei jeder Aufgabe (Abweichungen bei Zeitplan und Kosten).

Die Hauptaufgaben für das Testteam wurden entsprechend des in Tabelle D.2.1 dargelegten detaillierten Ablaufplans festgelegt, der jede Aufgabe bezeichnet. Für jede Aufgabe wurden Zeiträume bestimmt sowie Arbeitsstunden und Personal zugewiesen. Der Durchführungszeitplan für den SAT-Test findet sich detailliert in Abschnitt D.6.

Nachdem ein Testverfahren durchgeführt wurde, wird das Testteam Bewertungsaktivitäten unternehmen, um sicherzustellen, dass das Testergebnis nicht aufgrund einer nur vermeintlich positiven oder negativen Bedingung zustande kam. Der Status des Testverfahrens wird dann mit dem Anforderungsmanagementwerkzeug aktualisiert, um die tatsächlichen Testergebnisse widerzuspiegeln, wie etwa vollständige, teilweise oder gar keine Demonstration der Übereinstimmung mit dem im Testverfahren erwarteten Ergebnis.

D.5.2 Testprogrammmetriken

Tabelle D.5.1 zeigt die Testfortschrittsmetriken, die gesammelt und für Berichte verwendet werden. Die Qualitätssicherungsgruppe wird über die Qualitätsmetriken berichten.

Tab. D.5.1 Testprogrammmetriken

Metrikname	Beschreibung
Ausführungs- status der Test- verfahren	Anzahl der ausgeführten Testverfahren/Gesamtzahl der Testverfahren. Die Metrik für die Ausführung der Testverfahren misst den Umfang der noch ausstehenden Testverfahren.
Fehlererken- nungsrate	Gesamtzahl der gefundenen Fehler/Anzahl der durchgeführten Test- verfahren. Die Fehlererkennungsrate verwendet dieselbe Berechnung wie die Fehlerdichtemetrik. Sie wird zur Analyse und Unterstützung einer sinnvollen Entscheidung zur Produktveröffentlichung eingesetzt.
Fehlerlaufzeit	Zeitpunkt des Anlegens eines Fehlers im Vergleich zum Zeitpunkt des Behebens des Fehlers. Die Metrik der Fehlerlaufzeit beschreibt die Dauer bis zum Beheben eines Fehlers.
Kontrolle von Fehlerkorrek- turen	Zeitpunkt der Behebung eines Fehlers und Veröffentlichung der Kor- rektur in einer neuen Version im Vergleich zum Zeitpunkt der Wieder- überprüfung der korrigierten Funktion. Die Kontrolle von Fehlerkor- rekturen gibt an, ob das Testteam die korrigierten Funktionen schnell genug erneut überprüft, um eine aussagekräftige Fortschrittsmetrik zu erhalten.
Fehlertrend- analyse	Gesamtzahl der gefundenen Fehler im Vergleich zu Anzahl der durch- geführten Testverfahren in einem bestimmten Zeitraum. Die Fehler- trendanalyse verrät den Trend der gefundenen Fehler. Verbessert er sich im Laufe der Testphase?
Problem- berichte	Anzahl der Softwareproblemberichte unterteilt nach Priorität. Die Metrik der Problemberichte führt die Anzahl der SPRs gemäß der Prioritäten auf.

D.5.3 Fehlerverfolgung

Um Fehler zu erfassen wurde ein Arbeitsprozess implementiert. Alle Testingenieure werden sich dem Fehlerablauftraining unterziehen. Der Fehlerprozess besteht aus den folgenden Schritten.

1. Wenn ein Fehler das erste Mal erzeugt wird, wird der Status auf »Neu« gesetzt. (Beachten Sie: Wie der Fehler zu dokumentieren ist, welcher Felder ausgefüllt werden müssen usw., muss ebenfalls festgelegt werden.

2. Der Testingenieur wählt die Fehlerart aus:
   Fehler

   - Veränderung

   - Erweiterung

   - Auslassung

3. Der Testingenieur legt dann die Priorität des Fehlers fest:

   - Kritisch – Ein fataler Fehler

   - Hoch – Muss unmittelbar berücksichtigt werden

   - Mittel – Muss so schnell wie möglich behoben werden, verzögert das Programm aber nicht

   - Niedrig – ein Schönheitsfehler

4. Eine dafür zuständige Person (in einigen Firmen der Leiter der Softwareabteilung, bei anderen eine spezielle Gruppe) bewertet den Fehler, weist ihm einen Status zu und nimmt Veränderungen an der Fehlerart oder -priorität vor, falls dies notwendig ist.

   Der Status »Offen« wird zugewiesen, wenn es ein gültiger Fehler ist.

   Der Status »Abgeschlossen« wird verwendet, wenn es sich um einen redundanten Fehler oder einen Benutzerfehler handelt. Der Grund für das »Abschließen« des Fehlers muss dokumentiert werden.

   Der Status »Zurückgestellt« wird bei Fehlern gewählt, die in einer späteren Version berücksichtigt werden.

   Der Status »Erweiterung« wird vergeben, wenn es sich bei einem Fehler um eine Erweiterungsanforderung handelt.

5. Wenn der Status mit »Offen« festgelegt wird, weist der Leiter der Softwareabteilung (oder eine andere dafür vorgesehene Person) den Fehler dem verantwortlichen Mitarbeiter zu und setzt den Status auf »Zugewiesen«.

6. Wenn der Entwickler an dem Fehler arbeitet, kann der Status zu »In Bearbeitung« verändert werden.

7. Nachdem der Fehler behoben wurde, dokumentiert der Entwickler die Korrektur im Fehlerverfolgungswerkzeug und setzt den Status auf »Korrigiert«, wenn der Fehler behoben wurde, oder »Duplikat«, wenn der Fehler redundant ist (wobei der andere Fehler angegeben werden muss). Der Status kann auch auf »Wie vorgesehen« gesetzt werden, wenn die Funktion korrekt abläuft. Gleichzeitig weist der Entwickler den Fehler wieder dem Urheber zu.

8. Nachdem eine neue Softwareversion mit der implementierten Fehlerkorrektur freigegeben worden ist, überprüft der Testingenieur den korrigierten Programmteil und andere womöglich betroffene Bereiche. Wenn der Fehler durch die Korrektur behoben worden ist, setzt der Testingenieur den Status auf »Abgeschlossen«. Wurde die Fehlfunktion nicht behoben, setzt er den Status auf »Wieder offen«.

Fehlerbehebung fällt in die Verantwortlichkeit der Systementwickler. Fehlererkennung hingegen ist Aufgabe des AMSI-Testteams. Die Testleiter steuern den Testablauf, aber die Fehler fallen unter die Aufsicht der Konfigurationsmanagementgruppe. Wenn während des Anwendungstests ein Softwarefehler entdeckt wird, informiert der Testingenieur die Systementwickler, indem er den Fehler in das PVCS Tracker-Werkzeug eingibt und die zutreffenden Informationen ausfüllt.

Die AMSI-Testingenieure werden alle Informationen, wie beispielsweise Bildschirmkopien, die für einen Fehler relevant sind, als Anhang dem Fehler zuordnen. Die Systementwickler werden das Problem in ihrer Einrichtung beheben und die Operationsumgebung implementieren, nachdem die Software in die Baseline eingeordnet wurde. Dieser Build wird von Anmerkungen begleitet, die Einzelheiten über den in dieser Version korrigierten Fehler sowie andere Bereiche enthalten, die als Teil des neuen Softwarebuilds verändert wurden. Nach der Implementierung wird das Testteam einen Regressionstest für alle veränderten Bereiche durchführen.

Die Namenskonvention für Anhänge ist Fehler-ID (yyy) plus Attx (wobei x = 1,2,3...n). (Der erste Anhang für Fehler 123 sollte beispielsweise 123Att1 genannt werden.) Wenn andere als die durch kürzlich spezifizierte Softwareproblemberichte erforderliche Veränderungen vorgenommen wurden, werden diese durch den Testmanager inspiziert, der die Notwendigkeit zusätzlicher Tests bewertet. Wenn dies als notwendig erachtet wird, wird der Testmanager zusätzliche Testaktivitäten planen. Er wird die Verantwortung für die Verfolgung von Fehlerberichten haben und dafür sorgen müssen, dass alle Berichte rechtzeitig bearbeitet werden.

D.5.4 Konfigurationsmanagement

Die KM-Abteilung ist für alle KM-Aktivitäten zuständig und wird verifizieren, dass alle beteiligten Parteien den definierten KM-Prozeduren folgen. Systementwickler werden für alle Anwendungsaktualisierungen nur Objektcode bereitstellen. Es wird erwartet, dass die Systementwickler ihren Objektcode vor jeder Testversion mittels eines KM-Werkzeugs in eine Baseline einordnen. Das AMSI-Testteam wird den Fehlerberichtablauf kontrollieren und die Lieferung der dazugehörenden Programmkorrekturen überwachen. Dieser Ansatz erlaubt es dem Testteam, zu verifizieren, dass alle Fehlerbedingungen ordnungsgemäß erledigt wurden.

D.6 Detaillierter Testzeitplan

Tabelle D.6.1 enthält einen detaillierten SAT-Testzeitplan (Teil des Zeitplans).

Tab. D.6.1 Testzeitplan

Aufga-ben-ID	Aufgabenbeschreibung	Dauer	Start	Ende
.	.		.	.
.	.		.	.
.	.		.	.
22	Entwickeln der SAT-Test-Verantwortlichkeiten	1 T	25.11.	25.11.
23	Entwickeln der Kontroll- und Berichtmethoden	1 T	26.11.	26.11.
24	Entwickeln der Verwaltung von Testsitzungen	1 T	27.11.	27.11.
25	Verifizieren der KM-Aktivitäten	1 T	27.11.	27.11.
26	Verifizieren der Kontrollwechselaktivitäten	1 T	27.11.	27.11.
27	Entwickeln von Standards für Problemberichte	1 T	30.11.	30.11.
28	Entwickeln von SAT-Testverfahren	59 T	12.12.	12.2.
29	Entwickeln von Funktions-/Usability-Testverfahren	55 T	12.12.	8.2.
30	Entwickeln von Sicherheitstestverfahren	15 T	22.12.	7.1.
31	Entwickeln von Belastungs-/Volumentestverfahren	16 T	7.1.	23.1.
32	Entwickeln von Leistungstestverfahren	14 T	23.1.	27.1
33	Entwickeln von Systemtest-Shell-Prozeduren	3 T	9.2.	12.2.
.	.		.	.
.	.		.	.
.	.		.	.

Anhang D.A Entwicklungsrichtlinien für Testverfahren

Im folgenden werden AMSIs Standardentwicklungsrichtlinien für Testverfahren für das WFHS-Projekt umrissen. Diese Richtlinien sind in der AMSI-KM-Bibliothek zugänglich.

Tab. D.A.1 Entwicklungsrichtlinien für Tests

Themenbereich der Richtlinie	Beschreibung
Übergang vom Design zur Entwicklung	Festlegen, wie die Design- und Vorbereitungsaktivitäten in die Entwicklungsphase überführt werden.
Wieder verwendbare Testverfahren	Testverfahren müssen wieder verwendbar sein, um eine größtmögliche Kosteneffektivität des Testprogramms zu erreichen.
Daten	Das direkte Einfügen von Datenwerten in Skripts sollte vermieden werden, da diese sonst nicht wieder verwendbar sind.
Anwendungsnavigation	Um wieder verwendbare Testskripts zu erhalten, müssen standardisierte Navigationsmethoden verwendet werden.
Aufzeichnen von Bitmap-Bildern	Beschreibt die Methode, bei der man Bitmap-Bilder für das Entwickeln von Testverfahren aufzeichnet.
Automatisierungsplatzhalter	Entwicklungsrichtlinien für wieder verwendbare Testverfahren
Aufzeichnung/Wiedergabe	Gibt an, wie Aufzeichnungs-/Wiedergabeelemente angewendet werden.
Wartungsfreundliche Testverfahren	Ein Testverfahren, dessen Fehler einfach behoben werden können und das leicht an neue Anforderungen angepasst werden kann.
Formatierungsstandards	Richtlinien, die für Quelltext in Testprogrammen sorgen, der einfach zu lesen und zu verstehen ist.
Kommentare in Testskripts	Gibt an, wo und wie Kommentare in Skripts und Programmen verwendet werden.
Dokumentation von Testskripts	Legt fest, dass die Dokumentation von Testskripts wichtig für die Wartbarkeit der Testverfahren ist.
Synchronisierung von Anwendung und Test	Wie wird der Server/die GUI/die zu testende Anwendung mit dem Testskript synchronisiert?
Index der Testverfahren	Richtlinien für das Pflegen eines Index, um gesuchte Testverfahren auffinden zu können.

Tab. D.A.1 Entwicklungsrichtlinien für Tests (Forts.)

Themenbereich der Richtlinie	Beschreibung
Fehlerbehandlung	Richtlinien dafür, wie Testverfahren mit Fehlern umgehen.
Namenskonventionen	Definition der standardisierten Namensgebung für Testverfahren.
Modularität	Richtlinien für das Erstellen modularer Skripts.
Schleifenkonstrukte	Schleifenkonstrukte unterstützen die Skriptmodularität.
Verzweigungskonstrukte	Verzweigungskonstrukte unterstützen die Skriptmodularität.
Kontextunabhängigkeit	Bestimmt das Entwickeln der Testverfahren entsprechend der Beziehungen zwischen den Verfahren.
Globale Dateien	Global deklarierte Funktionen stehen allen Verfahren zur Verfügung und unterstützen die Wartbarkeit.
Konstanten	Richtlinien bezüglich der Verwendung von Konstanten mit dem Ziel leicht wartbarer Testverfahren.
Sonstige Richtlinien	Weitere Richtlinien für die Entwicklung der Tests.
Ausgabeformat	Die Benutzer müssen festlegen, wie das Ausgabeformat der Ergebnisse von Testverfahren aussehen soll.
Testverfahren/ Verifizierungspunkte	Richtlinien können vorgeben, welche Verifizierungspunkte am häufigsten verwendet und welche vermieden werden sollen.
Benutzerdefinierte Verifizierungen	Beschäftigt sich mit der Verwendung von Skriptprogrammierung für benutzerdefinierte Tests.
API-Aufrufe, Dynamic Link Libraries (.dll)	Widmet sich der Testautomatisierung mittels Anwendungsprogrammierschnittstellen und .dll-Dateien als Teil der Methoden zur benutzerdefinierten Verifizierung.

Anhang D.B Tabelle der Testverifizierungszusammenfassung

Tabelle D.B.1 enthält eine Beschreibung der Spalten innerhalb der Tabelle der Testverifizierungszusammenfassung. Die eigentliche Tabelle der Testverifizierungszusammenfassung für die 2. Stufe des WFHS gibt Tabelle D.B.2 wieder. Die Tabelle der Testverifizierungszusammenfassung ist ein Beispiel für die Art von Anforderungszuordnungstabelle, die mit DOORS erzeugt werden kann. Diese Tabelle verbindet die Testverfahren mit den Testanforderungen und ermöglicht es dem Testteam somit, die Testabdeckung zu verifizieren.

Tab. D.B.1 Terminologie für die Testverifizierungs-
zusammenfassungstabelle

Spaltenname	Beschreibung
Para-Nr.	Die Absatznummer der speziellen Anforderung im WFHS-Systemspezifikationsdokument.
Text	Der Text der Anforderungserklärung.
Schlüssel	Die eindeutige Anforderungsidentifikationsnummer, die vom Anforderungsmanagementwerkzeug für diese Anforderung erzeugt wurde.
Methode	Die Verifizierungs- bzw. Qualifizierungsmethode zum Verifizieren, dass die Anforderung durch die Systemlösung erfüllt wurde.
Priorität	Bezeichnet die Priorität der Anforderung: CR = kritisch, HR = hohes Risiko, PM = technische Leistungsmetrik, NN = unkritisch.
D1/D2/D3	Gibt die Systemversion (entweder D1, D2 oder D3) an, bei der die Lösung für diese Anforderung implementiert wurde.
Testverfahren	Bestimmt das Testverfahren, mit dem diese Anforderung getestet wird.

Tab. D.B.2 Tabelle der Testverifizierungszusammenfassung

Para-Nr.	Text	Schlüssel	Methode	Priorität	D1	D2	D3	Testverfahren
3.2.1a	Das System soll Softwareinstallation und Aktualisierungen durchführen.	178	Test	NN	D1	-	-	SM2012
3.2.1b	Das System soll den Softwaresystemlastausgleich für WFHS-Systemserver durchführen.	179	Test	NN	-	D2	-	SM2013
3.2.1c	Das System soll im Fall eines Systemfehlers das System und die Daten wiederherstellen.	180	Test	HR	-	D2	-	SM2014

Tab. D.B.2 Tabelle der Testverifizierungszusammenfassung (Forts.)

Para-Nr.	Text	Schlüssel	Methode	Priorität	D1	D2	D3	Testverfahren
3.2.1d	Das System soll die Platten- und Dateistruktur und -belegung verwalten, einschließlich der Fähigkeit den belegten und verbrauchten Plattenplatz zu ermitteln.	181	Test	NN	-	D2	-	SM2015
3.2.1e	Das System soll in der Lage sein, E-Mail zu konfigurieren und Verzeichnisdienstkomponenten zu verwalten.	182	Test	NN	D1	-	-	SM2016
3.2.1f	Das System soll die Softwarekonfiguration kritischer Systemkomponenten und Arbeitsplatzrechner überwachen und auf veraltete Versionen hin überprüfen.	183	Test	NN	-	D2	-	SM2017

Anhang D.C Testverfahren und -skripts

Manuelle Testverfahren für den SAT werden innerhalb der DOORS-Datenbank dokumentiert. Automatisierte Testverfahren und -skripts für den SAT werden mittels des TeamTest-Testwerkzeugs gepflegt.

E. Empfohlene Vorgehensweisen

Das Befolgen der in diesem Buch vorgestellten ATLM führt zur Annahme mehrerer bewährter Praktiken. Dieser Anhang fasst diese empfohlenen Vorgehensweisen zusammen und gibt weitere Empfehlungen und Vorschläge, die zusammen ein Fundament für die Entwicklung und Ausführung automatisierter Tests legen. Diese Richtlinien sollen dem Testteam helfen, die Art von Fehlern im Testprogramm zu machen, welche die Zeit der Testingenieure kosten und den Aufwand des Testens erhöhen. Zu den allgemeinen Feststellungen, die in diesem Buch getroffen wurden, gehört, dass es nicht möglich ist, sämtliche Testanforderungen durch Testautomatisierung zu unterstützen. Andere allgemeine Ausführungen betreffen die durchdachte Testplanung und dazu gehörende Verwaltungsaktivitäten, wie zum Beispiel das Verfolgen der Entwicklungstätigkeiten in bzw. an der Testumgebung.

Gute Planung geht mit der Philosophie einher, dass man sich den Testarbeiten von einem systematischen, strukturierten und schrittweisen Standpunkt nähern muss. Jede Testaktivität sollte an sich eine Bedeutung haben und den nächsten Schritt im Testlebenszyklus unterstützen. In manchen Fällen ist Geduld eine Tugend, insbesondere wenn die zu testende Anwendung instabil läuft und ständig geändert wird. Während einer solchen Phase muss das Testteam die Automatisierung von Black-Box-Tests zurückstellen und seine Zeit stattdessen anderen Testaktivitäten widmen.

Die Automatisierung von Tests sollte wie die Entwicklung von Software als professionelles Handwerk aufgefasst werden. Es sollten bewährte Praktiken und Standards für die Testautomatisierung entwickelt und angewandt werden, so wie es auch bei der Softwareentwicklung der Fall ist. Eine Auflistung mehrerer empfehlenswerter Vorgehensweisen finden Sie in Tabelle E.1.

Tab. E.1 Empfohlene Vorgehensweise für das automatisierte Testen

Dokumentieren Sie den Prozess.
Begegnen Sie den Erwartungen anderer.
Verwenden Sie ein Pilotprojekt.
Verifizieren Sie die Kompatibilität des Testwerkzeugs.

Tab. E.1 Empfohlene Vorgehensweise für das automatisierte Testen (Forts.)

Verifizieren Sie Testwerkzeugaktualisierungen.

Erstellen Sie eine Grundspezifikation bzw. Baseline von Systemeinrichtung und -konfiguration, bevor Sie ein neues Werkzeug installieren.

Vermeiden Sie inkompatible Testwerkzeuge

Vermeiden Sie die unnötige Installation von Software in einer Testumgebung, für die bereits eine Baseline definiert wurde.

Führen Sie sich die Ziele des Testprogramms vor Augen.

Machen Sie sich klar, dass nicht alles automatisiert werden kann.

Halten Sie die Automatisierung einfach.

Halten Sie sich beim Design und bei der Entwicklung von Testverfahren bzw. -skripts an Standards.

Analysieren Sie, was manuell und was automatisiert getestet werden sollte.

Analysieren Sie die Eignung zur Wiederverwendung.

Streben Sie eine Zusammenarbeit des Testteam mit allen Beteiligten am Softwareentwicklungslebenszyklus an.

Kommunizieren Sie.

Sorgen Sie für eine Verträglichkeit der Zeitpläne.

Beziehen Sie den Kunden bereits mit Beginn der Systementwicklung ein.

Dokumentieren Sie Fehler und erstellen Sie Fehlerberichte.

Ziehen Sie einen Experten in der Testautomatisierung oder einen Vertreter für das Werkzeug hinzu, um dem Projektteam die Vorteile des automatisierten Werkzeugs zu verkaufen.

Sorgen Sie für eine klare Aufgabenverteilung im Testteam.

Nehmen Sie an Treffen von Benutzergruppen und einschlägigen Diskussionen im Web teil.

Schlagen Sie dem Anbieter des Testwerkzeugs Verbesserungen vor.

Werden Sie ein Beta-Tester.

Machen Sie sich das Wissen der Experten in den jeweiligen Gebieten (von Fachleuten für die Werkzeuge) zunutze.

E.1 Dokumentierter Prozess

Das Testteam kann keinen Prozess automatisieren, der nicht definiert ist. Automatisierte Testwerkzeuge nehmen dem Testingenieur keinen Prozess ab, sondern sie unterstützen einen Testprozess. Werkzeuge bieten auch kein besonderes Fachwissen. Dementsprechend können in Prozessfragen durchaus technische Probleme auftreten.

Das Testteam sollte damit beginnen, den in der Organisation aktuell verwendeten Testlebenszyklus zu dokumentieren, und dann diesen Prozess verändern, um der Einbeziehung automatisierter Testwerkzeuge Rechnung zu tragen. Eine ausführliche Erläuterung der Testprozessdefinition finden Sie in Kapitel 4.

E.2 Umgang mit Erwartungen

Der langfristige Erfolg des Testteams hängt von seiner Fähigkeit ab, die finanziellen Mittel, die Schulungen und die personellen Ressourcen zu erhalten, die erforderlich sind, um Projekte im Bereich des automatisierten Testens von Software durchzuführen. Den zum Erlangen dieser Ressourcen nötigen politischen Einfluss erreicht das Testteam am besten dadurch, dass es sich mit den Erwartungen der Geschäftsführung bzw. der Abteilungsleitung in Einklang bringt. Kapitel 2 befasst sich mit der Beeinflussung der Erwartungen, der Vermittlung der Vorteile der Testautomatisierung und dem Verkaufen der Testautomatisierung gegenüber der Geschäftsführung – alles wichtige Punkte einer Erfolg versprechenden politischen Strategie.

E.3 Pilotprojekt

Das Testteam muss mit einem automatisierten Testwerkzeug erst Erfahrung sammeln und es in einem kleinen Projekt einsetzen, bevor es beginnt, die Testautomatisierung in ein großes Projekt einzuführen. Es ist daher von Vorteil, sich eine kleine, in der Entwicklung befindliche Anwendung herauszusuchen, die als Pilotprojekt für die Testautomatisierung oder das erste Ausprobieren eines neuen Testwerkzeugs herhalten kann.

Eine gute Strategie besteht darin, die Testautomatisierung zunächst in einer isolierten Testumgebung (einem Testlabor) anzuwenden und dann ein Pilotprojekt durchzuführen, bevor die Testautomatisierung in großem Maßstab in zwei oder noch mehr Projekten gleichzeitig in Gang gebracht wird. (Richtlinien zur Auswahl einer Pilotanwendung finden Sie in Kapitel 3.) Idealerweise ähneln die Testumgebung und das Pilotprojekt den realen Zuständen im Unternehmen so weit, dass das Testteam für ein größeres Testprojekt hinreichend vorbereitet werden kann. Bitte beachten Sie, dass die Testdurchführung mit dem Pilotprojekt auch als Möglichkeit zur Bewertung der tatsächlichen Anwendung des Testwerkzeugs in einem ersten Projekt dient.

E.4 Überprüfung der Testwerkzeugkompatibilität

Es ist wünschenswert, in Frage kommende Testwerkzeuge in einer isolierten Testumgebung überprüfen zu können, bevor sie in der realen Testumgebung installiert werden. Wenn zum Zeitpunkt der Testwerkzeugstudie bereits ein Teil der Zielanwendung in irgendeiner Form vorhanden ist, dann sollte das Testteam das bzw. die Werkzeug(e) zusammen mit der Anwendung installieren und bestimmen, ob die Komponenten kompatibel sind. Falls bei dieser Kompatibilitätsprüfung Probleme auftreten, muss das Testteam untersuchen, ob es geeignete Lösungen gibt. In Kapitel 4 erhalten Sie weitere Erläuterungen zu Kompatibilitätsfragen.

Wenn für die Anwendungsentwicklung Steuerelemente von Drittanbietern (Widgets, OCX oder ActiveX) verwendet werden, muss das Entwicklungsteam schon vorher in Erfahrung bringen, ob das automatisierte Werkzeug zu den einzelnen Steuerelementen kompatibel ist. Eine empfehlenswerte Strategie besteht darin, den Werkzeuganbieter nach einer Liste mit zum Werkzeug kompatiblen Steuerelementen zu fragen und diese Liste an die Entwickler weiterzugeben, welche die Implementierung von fremden Steuerelementen beabsichtigen.

Beachten Sie außerdem, dass die Testwerkzeuge nicht nur zur aktuellen Softwareanwendung, sondern auch zu den zukünftigen Entwicklungsumgebungen kompatibel sein müssen. Das vom Testteam bevorzugte Testwerkzeug sollte zu den wichtigsten Entwicklungswerkzeugen am Markt kompatibel sein. Das Testteam sollte mit der Evolution der Entwicklungswerkzeuge und -umgebungen Schritt halten, um so die Umgebung vorhersehen zu können, in der die Tests in näherer Zukunft durchgeführt werden.

Ein ganz spezieller Aspekt ist die Verfügbarkeit von Speicher zur Unterstützung sowohl der Anwendung als auch des Testwerkzeugs.

E.5 Aktualisierung von Testwerkzeugen

Mitunter hat ein Testteam ein Testwerkzeug in einer isolierten Umgebung umfassend getestet und es dann auf ein oder mehrere Projekt(e) angewandt. In direkter Konsequenz daraus ist das Testteam mit diesem Testwerkzeug möglicherweise sehr vertraut und auch in der Lage, es geeignet einzusetzen. Darüber hinaus besteht eine Zufriedenheit darüber, dass das Werkzeug mit dem Produkt wie spezifiziert zusammenarbeitet. Stellen Sie sich nun vor, dass der Hersteller des Testwerkzeugs im Rahmen eines Software-Upgrades eine größere und bessere Version des Produkts ankündigt. Sollte das Testteam die neue Version sofort übernehmen und auf das laufende Projekt anwenden?

Das Testteam wird sicherstellen wollen, dass die in der alten Version des Testwerkzeugs erstellten Testskripts auch in der neuen Version noch reibungslos funktionieren werden. Die meisten Anbieter versprechen zwar Abwärtskompatibilität, was bedeutet, dass die in der aktuellen Version des Werkzeugs erstellten Skripts ohne Änderungen in der neuen Version wieder verwendet werden können, doch lehrt die Erfahrung, dass diese Versprechen nicht immer gehalten werden.

Zum Beispiel arbeitete der Testingenieur Neil an einem Projekt, in dessen Verlauf bereits 250.000 Euro in ein automatisiertes Testwerkzeug investiert wurden. Als in der Testumgebung die neue Version des Testwerkzeugs implementiert wurde, entdeckte Neil, dass diese neue Version MS Exchange als Mail-Engine unterstützte, wohingegen Neils Unternehmen und die Vorgängerversion MS Mail einsetzten. Angesichts dieses Problems wurde eine Lösung gesucht und gefunden, welche die Installation von MS Mail und MS Exchange auf den Computern erforderte, die mit dem automatisierten Testwerkzeug ausgestattet waren. Dieser Ansatz ermöglichte die Verwendung von MS Mail zur Unterstützung der E-Mail-Anforderungen, während MS Exchange die Anforderungen hinsichtlich der Fehlerbenachrichtigung und der Koordinierung unterstützte. Diese ausgefeilte Lösung hätte vermieden werden können, wenn der Anbieter des Testwerkzeugs diese wesentliche Änderung dem Testteam kundgetan hätte.

Jedes Testteam muss neuen Produktversionen mit Vorsicht begegnen. Es sollten einige Tests durchgeführt werden, um zu gewährleisten, dass die Testaktivitäten mit der neuen Version in derselben Weise durchgeführt werden können wie mit der vorherigen Version. Das Testteam muss darüber hinaus sicherstellen, dass sich das Software-Upgrade nicht auf die aktuelle Systemeinrichtung auswirkt. Ein sehr wertvoller Test besteht deshalb darin, die Kompatibilität der neuen Version des Testwerkzeugs zu der Systementwicklungsumgebung des Unternehmens zu verifizieren. Ohne diese Art von Überprüfung kann sich das Testteam plötzlich mit dem Umstand konfrontiert sehen, dass die Testwerkzeugaktualisierung seine Fähigkeit unterlaufen hat, Aktivitäten mit anderen Werkzeugen in der Testumgebung durchzuführen. Wenn die Untersuchen zeigen, dass Teile des Testwerkzeugs nicht mehr wie gehabt funktionieren, kann es erforderlich werden, dass das Testteam eine umfassende Lösung für das Problem findet oder entwickelt.

E.6 Festlegen einer Baseline für Systemeinrichtung und -konfiguration

Um die Integrität der aktuellen Systemumgebung zu gewährleisten, hat es sich bewährt, dass das Testteam die aktuelle Systemeinrichtung/-konfiguration in einer Baseline sichert, bevor ein neues automatisiertes Testwerkzeug oder eine neue Version eines vorhandenen Programms installiert wird. Insbesondere bietet es sich an, vor neuen Installation etwaige DLL-Dateien zu sichern, um sicherzustellen, dass diese Dateien nicht überschrieben werden. Diese Vorsichtsmaßnahme sollte auch dann getroffen werden, wenn das Testteam die neue Testwerkzeugsoftware erfolgreich in einer isolierten Umgebung getestet hat.

E.7 Softwareinstallationen in der Testumgebungs-Baseline

Es stellt eine gute Strategie dar, die Installation unnötiger neuer Software in der vorgesehenen Testumgebung zu vermeiden, sobald diese Umgebung verwendet wird und eine entsprechende Baseline definiert wurde. In einem Fall installierte ein Testingenieur ein Produkt namens Microsoft Plus!, das hübsche neue Maussymbole und Bildschirmschoner bereitstellte. Die Testskripts, die vor der Installation von Microsoft Plus! noch perfekt funktionierten, liefen danach allerdings nicht mehr. Die Testumgebung hatte sich geändert, und die Änderung betraf die Systemintegrität.

E.8 Übergeordnete Ziele des Testprogramms

Das Testteam muss sehr behutsam vorgehen, um nicht in die Falle zu geraten, Zeit für die Entwicklung von Testskripts aufzuwenden, die den Testingenieur von seiner eigentlichen Mission abbringen – nämlich von dem Entdecken von Fehlern. Insbesondere sollte der Testingenieur Test nicht überautomatisieren und der Versuchung widerstehen, einen Test zu automatisieren, der besser manuell durchgeführt würde. Ein offensichtliches Beispiel liefert die Situation, in der drei Tage für die Automatisierung eines Tests aufgewandt wurden, der manuell in wenigen Minuten durchgeführt werden konnte.

Halten Sie sich an die Richtlinie, genau zu analysieren, was automatisiert werden sollte. Es ist nicht erforderlich oder machbar, alles zu automatisieren. Warum sollten Sie Tage investieren, um eine Funktion zu automatisieren, die in fünf Minuten manuell ausgeführt werden könnte, oft genug im Zuge der normalen Verwendung des Programms benutzt und nur bei Testmeilensteinen intensiv getestet wird.

E.9 Die Automatisierung einfach halten

Auch das ausgefeilste Testskript ist nicht immer die nützlichste und kostengünstigste Möglichkeit zur Durchführung automatisierter Tests. Beim Verwenden eines tabellenorientierten Ansatzes sollte das Testteam die Größe der Anwendung, die Höhe des Testbudgets und den erwarteten Ertrag im Hinterkopf haben, der von einem datenorientierten Ansatz erwartet werden könnte. Betrachten Sie das Beispiel des Testingenieurs Bill, der auf einer Benutzerkonferenz zu einem bestimmten Testwerkzeug einen ausgefeilten tabellenorientierten Ansatz vorstellte. Bill hatte eine größere Anzahl von Skripts entwickelt, um einen datenorientierten Ansatz zu unterstützen, obwohl die per Automatisierung zu testende Anwendung eher einfacher Natur war, da sie im Wesentlichen Funktionen zum Hinzufügen, Löschen und Aktualisieren von Datensätzen enthielt. Es wäre bedeutend effizienter gewesen, zur Eingabe der verschiedenen Datensätze eine Datendatei zu benutzen, da hierfür nur ein Entwicklungsaufwand von etwa einer halben Stunde erforderlich gewesen wäre. Das sich dabei ergebende Skript könnte darüber hinaus auch noch beliebig oft wieder verwendet werden. Der von Bill vorgestellte tabellenorientierte Ansatz nahm für die Entwicklung zwei Wochen in Anspruch.

Testingenieure könnten beispielsweise eine Möglichkeit finden, um mit Hilfe eines GUI-Testwerkzeugs durch den Einsatz von API- oder RPC-Aufrufen die Benutzerschnittstelle gänzlich zu umgehen. Eine derart ausgefeilte Lösung könnte zu einer eleganten Automatisierungslösung führen, doch zu welchem Preis? Als Testingenieur sollte man nicht mehr Zeit für die Programmierung aufwenden als im Testplan oder im Testbudget vorgegeben oder als für die Entwicklung der zu testenden Anwendung erforderlich wäre.

E.10 Standards für das Design und die Entwicklung von Testverfahren

Testingenieure müssen sich beim Design und bei der Entwicklung von Testverfahren an eine durchdachte Vorgehensweise halten. Insbesondere müssen sie sich streng an Design- und Entwicklungsstandards und -normen halten, um für die resultierenden automatisierten Testskripts ein Maximum an Wiederverwendbarkeit und Pflegbarkeit zu erzielen. Es gehört zu den Aufgaben der Testingenieure die Testverfahren ausfindig zu machen, die von ihrem Wesen her öfter wiederholt werden und sich somit perfekt für die Automatisierung eignen. Anfangs sollte sich das Testteam darauf konzentrieren, die Durchführung manueller Tests durch Automatisierung zu unterstützen. Die Testentwicklung sollte in natürlicher Weise an die Aktivitäten des detaillierten Designs anschließen, für die in Kapitel 7 geeignete Richtlinien erläutert wurden.

Vor allem potenziell fehlerhafte und auftragskritische Funktionalität sollte schon früh in den Zeitplänen für die Testentwicklung und -ausführung auftauchen.

E.11 Automatisierte oder manuelle Tests?

Zum in Kapitel 7 umrissenen Testdesign gehört eine Analyse, um herauszufinden, ob ein Test manuell oder automatisiert durchgeführt werden soll. Das Testteam sollte erkennen, dass sich nicht alles zur sofortigen Automatisierung eignet. Stattdessen sollte die Automatisierung schrittweise erfolgen. Es bietet sich an, die Automatisierungsbemühungen auf dem Zeitplan für die Durchführung der Testverfahren aufzusetzen, um redundante Entwicklungsaktivitäten zu vermeiden.

E.12 Wiederverwendungsanalyse

Wie in Kapitel 8 beschrieben wird, muss der Testingenieur die Wiederverwendbarkeit vorhandener Testskripts analysieren, um bestimmte Automatisierungsaktivitäten nicht mehrfach durchzuführen. Die Testressourcen sind beschränkt, aber die Erwartungen des Testteams könnten größer sein als es das Budget zulässt. Daraus folgt, dass das Testteam es sich nicht leisten kann, wertvolle Zeit und Energie in überflüssige Testarbeit zu stecken. Zu den Maßnahmen, mit deren Hilfe dies vermieden werden kann, gehört die Durchführung eines bewährten Designansatzes. Betrachten Sie das Beispiel von Testskripts, die in Anlehnung an die funktionalen Anforderungen erstellt wurden. Eine solche Vorgehensweise kann die Anzahl der automatisierten Tests in die Höhe treiben. In dieser Situation sollte das Testdesign eine Strategie enthalten, die es ermöglicht, Testverfahren auf mehrere funktionale Bereiche auszudehnen.

E.13 Kommunikation des Testteams mit anderen Teams

Das Testteam kann nicht isoliert arbeiten, sondern muss von Beginn des Systementwicklungslebenszyklus an einbezogen werden und mit allen am Lebenszyklus beteiligten Teams zusammenarbeiten, um ein effizientes Testprogramm zu implementieren. Das Testteam muss die Einführung jedes automatisierten Testwerkzeugs oder -skripts im voraus mit den Entwicklern absprechen. Wenn der Quellcode durch das Einfügen von Marken, WrapperFunktionen oder zusätzlichen Anweisungen um Quellcodeanweisungen und -funktionen herum erweitert oder vergrößert werden muss, kann das Werkzeug als lästig angesehen werden, und es wird erforderlich, die Entwickler auf dieses potenzielle Problem aufmerksam zu machen.

Beispielsweise führte ein Testteam ein Testwerkzeug ein, das für das Testen von in einer bestimmten Version von Visual Basic entwickelten Anwendungen ein Zusatzprodukt erforderte. Das Testteam setzte die Entwickler während der Testdurchführung (sehr spät im Prozess) routinemäßig davon in Kenntnis, dass ein Zusatzprodukt verwendet wurde und bestimmte Fehler darauf zurückzuführen sein könnten. Die Entwickler waren von diesem Zusatzprodukt allerdings vollkommen überrascht worden. Später gab das Entwicklungsteam an, dass das Zusatzprodukt für mehrere der aufgetretenen Fehler verantwortlich gewesen sei. Das Testteam erkannte, dass es die Entwickler besser in einer früheren Phase des Testprozesses zur Verwendung dieses Zusatzprodukts zu Rate gezogen hätte.

E.14 Verträglichkeit der Zeitpläne

Der Zeitplan für das Projekt sollte ein hinreichend großes Zeitfenster enthalten, um die Einführung und Verwendung automatisierter Werkzeuge zu berücksichtigen. Ein automatisiertes Testwerkzeug wird im Idealfall am Anfang des Entwicklungslebenszyklus eingeführt. Eine frühe Einführung stellt sicher, dass das Testteam eine geeignete Vorlaufzeit besitzt, um sich mit dem Werkzeug und seinen speziellen Eigenschaften vertraut zu machen. Eine genügend große Vorlaufzeit ist auch erforderlich, damit die Systemanforderungen in das Testmanagementwerkzeug geladen, das Testdesign auf die Fähigkeiten des Testwerkzeugs abgestimmt und Testverfahren sowie -skripts für die planmäßige Durchführung der Tests rechtzeitig generiert werden können.

Ohne eine genaue Überprüfung des Projektzeitplans kann sich das Testteam in der unangenehmen Situation wiederfinden, in der es aufgefordert ist, zu viel in einer zu kurzen Zeit machen zu müssen. Dies bedeutet, dass die Erwartungen an das Testteam größer werden könnten als das, was das Testteam zu leisten vermag. Daraus resultieren oftmals Spannungen und Animositäten. Das Testteam oder das Testwerkzeug könnten den Löwenanteil der Schuld für Verzögerungen im Zeitplan oder Kostenexplosionen zugeschoben bekommen. Die Testautomatisierung muss von dem Projekt schon sehr früh im Entwicklungslebenszyklus aufgenommen werden, um wirklich effektiv zu sein. Außerdem muss das Testteam sehr wählerisch sein, wenn es entscheidet, welche Tests effizienter automatisiert oder manuell durchgeführt werden würden. Kapitel 4 erläutert die Überprüfung des Projektzeitplans durch das Testteam im Zuge der kritischen Auseinandersetzung mit der Verwendung automatisierter Verfahren in den geplanten Tests.

E.15 Einbeziehung des Kunden

Beim Einrichten der Testumgebung muss sich das Testteam darüber im Klaren sein, wie die Testergebnisse schließlich dem leitenden Management und den Kunden präsentiert werden. Der Testingenieur kann die Reaktion von Management und Kunden auf die Berichtsformate und die Testergebnisse schon sehr früh einholen, um ein Gefühl dafür zu entwickeln, wie gut die Ausgabe des Testwerkzeugs verstanden wird. Dabei kann es erforderlich werden, dass das Testteam die Ergebnisse auf andere Automatisierungswerkzeuge überträgt, damit die Testergebnisse besser verstanden und konzeptionalisiert werden.

Die Form und das Erscheinungsbild der Testausgabe stellen einen äußerst wichtigen Punkt hinsichtlich der Zufriedenheit der Kunden bzw. der Endbenutzer dar. Selbst wenn das Testteam zum Erzeugen der Testergebnisse das eleganteste und beste Skript entwickelt hätte, könnte es passieren, dass der Kunde bzw. der Endbenutzer mit der Form bzw. dem Erscheinungsbild der Ausgabe nicht einverstanden ist.

Ein anderer Aspekt hinsichtlich der Einbeziehung des Kunden betrifft das Verständnis der eingesetzten Teststrategien und des verfolgten Testdesigns. Diese Überlegung ist besonders wichtig, wenn der Endbenutzer oder Kunde an der Entwicklung der System- und Testanforderungen nicht beteiligt war. Die beste Lösung besteht darin, den Kunden schon früh in den Lebenszyklus und die Testaktivitäten einzubeziehen.

E.16 Fehlerdokumentation und Fehlerberichte

Bei der Entwicklung der Testverfahren und noch vor der offiziellen Testausführung kann das Testteam bereits auf Fehler stoßen. Wenn dies geschieht, sollte das Testteam die Fehler dokumentieren und das Entwicklungsteam über sie in Kenntnis setzen. Es sollte vermeiden, die Fehlerdokumentation und das Erstellen der Fehlerberichte bis zum offiziellen Testbeginn herauszuzögern.

E.17 Fürsprecher und Experten im automatisierten Testen

Bevor die Entscheidung getroffen wird, automatisierte Testverfahren zu entwickeln, um die Testanforderungen zu unterstützen, muss das Testteam sicherstellen, dass es in der Testautomatisierung über ein ausreichendes Knowhow verfügt. Im Idealfall sollte der Projektleiter als Fürsprecher für das automatisierte Testen fungieren. Angesichts der vielen falschen Vorstellungen über das automatisierte Testen (siehe Kapitel 2) wird ein geeigneter Fürsprecher benötigt, um die Missverständnisse rund um das automatisierte Testen aufzuklären.

Zum Beispiel setzen erfolgreiche automatisierte Tests voraus, dass sich die Testingenieure mit der Anwendung schon früh im Lebenszyklus vertraut machen und dass im Zeitplan genügend Zeit für die Entwicklung der Testverfahren vorgesehen ist. Wenn ein Projektleiter mit diesen Notwendigkeiten nicht hinreichend vertraut ist, besteht die Gefahr, dass er im Testzeitplan nicht genügend Zeit vorsieht. Wenn die Testaktivitäten dann hinter den Zeitplan zurückfallen, kann das Testwerkzeug als das ursächliche Problem angesehen werden. Um dieses Hindernis zu umgehen, muss es bei einem Projekt einen oder mehrere Fürsprecher für das automatisierte Testen geben, die den Wert und die Anforderungen des automatisierten Testens verstehen und in der Lage sind, dem Management und dem Rest des Teams die Erfordernisse des automatisierten Testlebenszyklus beizubringen.

E.18 Zuordnungen innerhalb des Testteams

So wie es wichtig ist, in das Testteam einen Experten und Fürsprecher für das automatisierte Testen aufzunehmen, sollte nicht jeder im Testteam auf die Durchführung der Testautomatisierung fixiert sein. Wenn sich das gesamte Testteam auf die Automatisierung konzentriert, ist keiner mehr übrig, um die Testaktivitäten zu bewerten, manuelle Tests vorzunehmen oder andere Testanalysen durchzuführen. Eine geeignete Strategie besteht darin, diese Aufgabenbereiche zu trennen, was bedeutet, dass sich ein Testingenieur auf die Automatisierung der Testskripts konzentriert, während sich die anderen mit den geschäftlichen Aspekten der zu testenden Anwendung befassen.

Es ist für Testingenieure nicht unüblich, dass sie sich so sehr auf die Automatisierung eines oder mehrerer Testskripts stürzen und versuchen, die optimale Testbibliothek zu entwickeln, dass sie den Blick für das wesentliche Ziel verlieren – das Finden von Fehlern. Die Ausführung der Testverfahren nimmt möglicherweise mehr Zeit in Anspruch, weil der Testingenieur versucht, buchstäblich alles zu automatisieren. Probleme, die mit Hilfe manuell ausgeführter Skripts schon früher hätten gefunden werden können, werden in der Konsequenz so lange nicht gefunden, bis jedes Testverfahren automatisiert worden ist. Trotz Automation stellt das manuelle Testen immer noch ein geeignetes und zulässiges Verfahren für bestimmte Aufgaben dar. Der Testingenieur muss dementsprechend genau analysieren, was automatisiert und wieder verwendet werden kann, und sollte nicht den Sinn dafür verlieren, dass sich nicht alles automatisieren lässt.

E.19 Beteiligung von Benutzergruppen

Für die führenden Testwerkzeuge hat sich eine Vielzahl von Benutzergruppen etabliert. Das Testteam sollte sich bei dem Hersteller des jeweiligen Testwerkzeugs nach entsprechenden Benutzergruppen erkundigen, die in der näheren Umgebung tätig sind. Bei Treffen mit den Benutzergruppen kann das Testteam herausfinden, wie andere das Werkzeug verwenden, Tipps und Tricks kennen lernen und andere nützliche Informationen über das Werkzeug und seine Zukunft sammeln.

Außerdem kann das Testteam an verschiedenen einschlägigen Diskussionsforen oder Newsgroups teilnehmen, um das kollektive Testwissen auszubauen.

E.20 Vorschläge für die Verbesserung von Testwerkzeugen

Beim Entwurf eines Testverfahrens kann dem Testingenieur der Gedanke kommen, dass es eine bessere Möglichkeit zur Entwicklung von Tests gibt, sofern das Testwerkzeug diese Idee unterstützt. In diesen Situationen sollte der Testingenieur an den Hersteller des Werkzeugs einen Verbesserungsvorschlag senden. Die Unternehmen begrüßen solche Anregungen. Nicht selten gibt es auf den Websites der Firmen Stellen, an denen Testingenieure ermutigt werden, ihre Verbesserungsvorschläge online zum Besten zu geben.

E.21 Beta-Tests

Eine weitere großartige Möglichkeit, mehr über die jüngsten und wichtigsten Entwicklungen der Testwerkzeughersteller zu erfahren, besteht darin, sich als Beta-Tester zu bewerben. Als Beta-Tester kann der Testingenieur spezielle Probleme mit seiner zu testenden Anwendung entdecken und auf diese Weise initiieren, dass diese Probleme vor der nächsten Version des Werkzeugs entfernt werden.

E.22 Expertenwissen

Unabhängig davon, für welches Werkzeug sich das Testteam entscheidet, wird es Automatisierungsfachleute geben, die sich bereits Gedanken über eine bessere Verwendung des Werkzeugs gemacht haben. Das Testteam sollte im Internet surfen, um auf kostenlose Erweiterungssoftware, Automatisierungsideen und die Unterstützung durch Experten zurückgreifen zu können. Diese Ressourcen werden die Effizienz des Testteams weiter verbessern. Auf der Webseite der Autoren (http://www.autotestco.com/) finden Sie weitere Informationen zur Unterstützung durch Testwerkzeugexperten sowie Links zu verschiedenen Weiterbildungsangeboten.

Stichwortverzeichnis

Gesamtherstellung: Druckhaus Beltz, Hemsbach